insel taschenbuch 1779

Harry Graf Kessler

Tagebücher

Harry Graf Kessler Tagebücher

1918–1937

Herausgegeben von
Wolfgang Pfeiffer-Belli
Insel Verlag

insel taschenbuch 1779
Erste Auflage 1996
Insel Verlag Frankfurt am Main und Leipzig

Hinweis zu dieser Ausgabe am Schluß des Bandes
Vertrieb durch den Suhrkamp Taschenbuch Verlag
Umschlag nach Entwürfen von Willy Fleckhaus
Satz: LibroSatz, Kriftel
Druck: Nomos Verlagsgesellschaft, Baden-Baden
Printed in Germany
ISBN 3-458-33479-3

3 4 5 6 7 – 08 07 06 05

Tagebücher
1918–1937

1918

Berlin–Magdeburg. 6. November 1918. Mittwoch

Früh um acht telephonierte mich Hatzfeldt an, das Kabinett habe doch noch gestern abend in Sachen Pilsudski einen Beschluß gefaßt, allerdings in Abwesenheit des Kanzlers und nach aufgehobener Sitzung im Stehen, aber unter Zustimmung von Groener und Hoffmann. Er soll freigelassen werden, aber vorher eine schriftliche Erklärung abgeben, deren Wortlaut von General Hoffmann aufgesetzt ist. Ich wurde beauftragt, hinzufahren und ihn zu der Erklärung zu bestimmen.

Mit Hatzfeldt ins Kanzlerpalais, wo der Kanzler nicht zu sehen war; dagegen Groener, den ich nur einen Augenblick, ohne Pilsudski zu erwähnen, sprach; dann Haeften, der die Sache formal in die Hand nahm. Im gewaltigen Kongreßsaal berieten derweilen an einem Tischchen der Marinestaatssekretär Mann und der Sozialdemokrat Ebert; Haeften hatte Eile, weil er Hermann Müller in ein Flugzeug setzen mußte, damit er nach Hamburg fliege, wohin die Verbindungen unterbrochen sind; Scheidemann schritt majestätisch im Gespräch mit einem anderen Staatsmanne durch die Säle. Auf der Treppe traf ich Oberndorff, der mir zurief, daß er um fünf mit Erzberger zu Foch ins französische Hauptquartier fahre, um die Waffenstillstandsbedingungen zu erfahren. Das débâcle ist vollständig, Kapitulation und Revolution; in diesen durch den Berliner Kongreß bismarckisch geweihten Räumen ebenso packend wie vor fünfzig Jahren die Kaiserkrönung in Versailles. Büdingen im Kriegsministerium, wohin ich mit Hatzfeldt wegen Pilsudski ging, erzählte, außer Kiel seien Hamburg, Lübeck, Cuxhaven von der meuternden Marine genommen, in Hamburg die Truppen übergelaufen, eine rote Regierung. Rote strömten mit allen Zügen von Hamburg nach Berlin. Man erwarte für heute abend hier einen Putsch. Die Russische Botschaft ist heute früh aufgeflogen wie eine Kaschemme, Joffe mit Personal abgeschoben. Das bolschewistische Hauptquartier in Berlin damit zerstört. Vielleicht werden wir sie noch zurückrufen.

Um drei nach Magdeburg. Drei Viertel sieben an. Keine Weisungen angetroffen. Daher Verhandlungen heute abend unmöglich. Der Hauptmann d. R. Schloessmann, der Bewachungsoffizier von Pilsudski, sagt mir, es sei ausgeschlossen, daß dieser unsere Erklärung unterschreibe oder überhaupt etwas Schriftliches von sich gebe; er und Sosnkowski seien genau über die politische Lage unterrichtet und hätten ihm bereits gesagt, daß sie infolge des Waffenstillstandes in wenigen Tagen freikommen müßten. Weshalb sollten sie da sich jetzt noch binden?

Magdeburg. 7. November 1918. Donnerstag

Da früh noch immer keine Weisungen, an Hatzfeldt über Generalkommando telegraphiert.

Gegen zwölf telephonierte mir Hatzfeldt, die Antwort auf meine Depesche sei unterwegs und zustimmend. Da zu spät, um noch heute den Zug nach Warschau in Berlin zu erreichen, solle ich morgen fahren und es so einrichten, daß Pilsudski möglichst kurz in Berlin bleibe. Daher das geplante Frühstück bei Hiller mit Pilsudski, Hatzfeldt, Langwerth aufgegeben. Ich mache die Freilassung morgen früh und fahre mit beiden um eins nach Berlin, von wo sie um sechs nach Warschau weiterreisen.

Nachmittags kam für mich über das Generalkommando vom Kriegsministerium Telegramm: ›Staatssekretär mit sofortiger Freilassung unter Berufung auf die Ihnen neulich gemachten mündlichen Erklärungen einverstanden. Es liegen neue politische Gründe vor, welche möglichst baldige Freilassung dringend erwünscht erscheinen lassen.‹

Schloessmann morgens bei mir in großer Aufregung, weil der Kommandierende ihm den Befehl geschickt hat, die Garnison in Alarmbereitschaft zu setzen. Er meint – was wohl richtig ist –, dadurch würden die Truppen nur nervös und zu Putschen geneigter; bat mich, zu intervenieren. Ich sagte, meine Mission gebe mir nicht das geringste Recht, in militärische Maßnahmen einzugreifen; wenn der Kommandierende aber meine Ansicht als Privatmann hören wolle, werde ich auffälligen und nicht unbedingt notwendigen Vorkehrungen widerraten. Gleich darauf wurde vom Generalkommando angeklingelt, der Kommandierende wünsche mich zu sprechen. Ich fuhr hinaus und hörte dort, daß inzwischen auch Hannover von den Roten genommen ist. Sie haben den Kommandierenden verhaftet und das Generalkommando besetzt. Man erwartet eine Abordnung roter Matrosen in Magdeburg heute nachmittag, hofft, sie am Bahnhof abzufangen. In den Kruppwerken wird gearbeitet, jedoch unter Unruhe.

Der Kommandierende, ein General der Kavallerie von Werder, ein fetter, müder Mann, der aus dem Kriege heimgekehrt und hier den Verhältnissen nicht gewachsen ist, saß ziemlich zusammengebrochen vor seinem Schreibtisch. Den Befehl zur Alarmbereitschaft hatte er bereits wieder zurückgezogen auf Vorstellungen des Polizeipräsidenten. Er fragte mich, wie man es in Berlin mache? Ich sagte, soviel ich weiß, benutze man möglichst die Arbeiter selbst, die Organisation der Gewerkschaften und Sozialdemokratischen Partei, um die Ordnung aufrechtzuerhalten. Werder meinte müde, das sei auch seine Absicht, möglichst die Arbeiter selbst vorzuschieben, ließ aber durchblicken, daß er sich nicht wundern würde, wenn ihn selber noch im Laufe des heutigen Tages die Revolutionäre abführten. Zu den Truppen hat offenbar weder er noch irgendeiner seiner Offiziere, die ich sprach, wirklich Zutrauen. Er sagte kleinlaut, ›er habe ja nichts da‹. Womit solle er einen Aufstand niederwerfen? Ich mußte an die Zeit in Lüttich im August 1914 denken, wo wir auch nichts hatten und dann der Aufstand wirklich kam, die gräßliche Unterdrückung. Man muß hoffen, daß wir das jetzt nicht in Deutschland erleben! Bisher sind die Vorgänge in Kiel, Lübeck, Altona, Hamburg, Hannover ziemlich unblutig. Aber alle Revolutionen fangen unblutig an. Der Durst nach Blut kommt erst allmählich mit den Anstrengungen, die die neue Ordnung kostet, um sie durchzuführen.

Auf der Straße hier grüßen die Mannschaften prompt und stramm, ihre Straßendisziplin hat bisher nicht gelitten.

Die Physiognomie der Revolution beginnt sich abzuzeichnen: allmähliche Inbesitznahme, Ölfleck, durch die meuternden Matrosen von der Küste aus. Sie isolieren Berlin, das bald nur noch eine Insel sein wird. Umgekehrt wie in Frankreich revolutioniert die Provinz die Hauptstadt, die See das Land: Wikingerstrategie. Vielleicht kommen wir so gegen unseren Willen an die Spitze des Sklavenaufstandes gegen England und das amerikanische Kapital. Liebknecht als Kriegsherr in diesem Endkampf; die Flotte hat die Führung.

Magdeburg. 8. November 1918. Freitag

Die sozialdemokratische Parteileitung hat gestern nachmittag um fünf durch Ebert und Scheidemann dem Reichskanzler eine Erklärung überreicht, in der unter anderem gefordert wird, daß die Abdankung des Kaisers und des Kronprinzen bis heute mittag bewirkt würde. Der Kanzler ist zum Kaiser ins Hauptquartier gefahren.

Schloessmann kam morgens um achteinhalb, um mir zu sagen, daß der Bahnverkehr mit Berlin unterbrochen sei. Ich beschloß, ein Militärauto zu requirieren und Pilsudski im Auto nach Berlin zu bringen. Während Schloessmann telephonisch deshalb verhandelte, kamen Nachrichten, daß sich ein großer Demonstrationszug auf dem Breiten Weg gebildet habe, daß Offizieren die Achselstücke abgerissen und der Degen abgenommen würden. Die Arrestlokale seien gestürmt und die Gefangenen befreit worden. Offenbar war es höchste Zeit, wenn ich Pilsudski überhaupt noch aus Magdeburg hinausbringen wollte. Ich ging daher mit Schloessmann zum Kommandanten der Kraftfahrtruppen, dem Rittmeister von Gülpen, und bat diesen, mir sofort ein Auto zur Verfügung zu stellen. Gülpen, ein äußerst energischer Mann, der die Armeniergreuel und den Krieg bei den Türken im Kaukasus mitgemacht hat, erbot sich, selbst zu fahren. Fraglich war, ob die Meuterer bereits die Elbbrücken besetzt hätten. Wir beschlossen daher, uns zu trennen. Gülpen sollte das Auto aus der Stadt hinausbringen und an der Berliner Chaussee jenseits der Elbe warten, während ich mit Schloessmann in die Festung ging und Pilsudski befreite.

Da man als Offizier nicht mehr unbelästigt über die Straße gehen konnte, zogen Schloessmann und Gülpen sich in Zivil um; ich lieh mir von Gülpen wenigstens einen Zivilmantel und Zivilhut. In diesem Aufzuge gingen Schloessmann und ich durch Seitenstraßen zur Zitadelle. Hier war noch alles ruhig. Etwa zwei Dutzend Soldaten von der Genesenden-Kompanie lungerten vor dem Tor. Auf der Wache bat der wachhabende Unteroffizier um Verhaltungsvorschriften.

Wir hielten uns nicht auf, sondern eilten über den Hof zum Hause, in dem Pilsudski und Sosnkowski interniert waren. Beide gingen zusammen im Garten auf und ab: Pilsudski in polnischer Uniform, Sosnkowski in Zivil. Ich trat auf sie zu und sagte, ich freute mich, ihnen sagen zu dürfen, daß sie frei seien. Der Reichskanzler und die Regierung hätten auf Grund des Berichtes, den ich ihnen über mein Gespräch mit Pilsudski erstattet hätte, und der darin zum Ausdruck gekommenen Gesinnung Pilsudskis seine Freilassung beschlossen und mich beauftragt, ihm davon Mitteilung zu machen sowie ihn und den Obersten Sosnkowski nach Berlin zu bringen, damit sie von dort noch heute abend nach Warschau führen. Pilsudski und Sosnkowski verbeugten sich schweigend, während ich ihnen die Hand drückte. Jetzt mußte ich ihnen aber auch noch sagen, daß der Eisenbahnverkehr mit Berlin unterbrochen sei, daß in der Stadt Demonstrationen stattfänden, wir daher zu Fuß über die Elbbrücke und bis auf die Berliner Chaussee hinausgehen müßten, wo uns ein Auto erwarte. Sie möchten das Nötigste zusammenpacken und gleich mitkommen.

Schloessmann, der befürchtete, daß die Meuterer die Zitadelle stürmen könnten, mahnte zur Eile. In einer Viertelstunde hatte jeder sein Päckchen gepackt, und wir zogen, Pilsudski mit mir, Sosnkowski mit Schloessmann, zur Zitadelle hinaus, die allgemeine Neugier der herumstehenden Soldaten erregend. Pilsudski ging in seinem alten, abgetragenen Soldatenmantel, eine Decke über dem Arm, etwas gebeugt neben mir, nachdenklich und ernst. Er meinte, wir hätten zu lange gewartet; er kenne die Psychologie der Revolution: man müsse entweder sofort energisch unterdrücken (er machte mit der Faust eine Handbewegung) oder sofort Konzessionen machen. Jetzt sei es schon für beides zu spät. Deutschland werde schwere Zeiten durchmachen. Der Bolschewismus passe nicht für zivilisierte Länder, die gut organisiert seien. Unsere Roten wüßten offenbar selbst nicht, was sie wollten. Auch für Polen passe der Bolschewismus nicht. Ich sagte, Polen brauche wie Deutschland Ruhe; weil auch er diese Auffassung habe und daher Frieden mit Deutschland wollte, sei er freigelassen worden. Er murmelte: »Selbstverständlich.« Dann fragte er, ob ich wisse, warum er und Sosnkowski das Eiserne Kreuz, zu dem sie Gerok eingegeben habe, nicht bekommen hätten? Es sei eine Dekoration für tapfere Männer, die man gern trüge.

Hinter einer Vorstadt stand Gülpen und führte uns zum Auto. Schloessmann verabschiedete sich; der Wagen wurde angekurbelt, wir fuhren los. Es war ein frühlingswarmer, himmelblauer Tag, etwas feucht und erschlaffend, so daß draußen zwischen Wald und Acker der Gedanke an Feindschaft, Krieg, Revolution bei uns allen vieren in die Ferne schwand. Pilsudski, der hustete und sich einen alten Filzhut zum Schutz vorm Luftzug vor den Mund hielt, stieß mich einmal an und sagte, so sei die Gegend bei ihm zu Hause, ganz heimatlich, dieser arme Boden, die Kiefern und Waldstückchen, nur hügeliger sei es, wo er aufgewachsen sei auf dem Familiengut bei Wilna. Seine Familie sei mit dem Lande von alters her verwachsen, heiße eigentlich Ginet (Ginaitis), nach dem Gute aber Ginet-Pilsudski. Sie seien Litauer; er selbst könne aber nur Polnisch, kein Litauisch. Auch Sosnkowski taute auf, fand Gefallen an den Erzählungen von Gülpen aus Armenien.

In Genthin machten wir halt bei einem Molkereibesitzer Ballhöfer, der auf Gülpens Weisungen ein Mittagsmahl gerüstet hatte, friedensmäßig, mit schöner und reichlicher Butter, einer Milchsuppe, Fleisch, Käse, Sahne zum Kaffee. Wir saßen im Molkereigebäude im oberen Stock. Pilsudski lag glücklich in einem bequemen Rohrstuhl, Sosnkowski meinte, es sei wie ein Märchen ›Tischleindeckdich‹.

Eine Anfrage in Brandenburg beim Garnisonältesten ergab, daß dort alles ruhig sei. Bald nach zwei fuhren wir weiter. ›Komfortabel‹, wie Sosnkowski beim Losfahren bemerkte.

Plaue und Brandenburg waren ganz ruhig. Erst in Wustermark trat die Unruhe wieder zutage. Das Dorf auf den Beinen, am Bahndamm versammelt, kurz dahinter ein Posten von Landwehrleuten, die uns anhielten, mitten dazwischen ein Husarenoffizier, der jede Kenntnis oder Verantwortung ablehnte. Eben fuhren zwei dicht mit Matrosen besetzte Züge in der Richtung auf Berlin durch; ›Deputationen‹, wie der Unteroffizier des Postens erläuterte. Niemand dachte daran, sie aufzuhalten.

Am Reichskanzlerplatz, wo Gülpen wohnt, machten wir Station und stiegen zu ihm hinauf. Frau und Kinder empfingen uns, etwas überrascht. Ich telephonierte an Hatzfeldt, um ihm unsere Ankunft mitzuteilen. Er antwortete, weiterreisen könne Pilsudski heute nicht, da der Eisenbahnverkehr eingestellt sei. Zimmer seien im ›Continental‹ bestellt. Pilsudski und Sosnkowski sehr niedergeschlagen, als ich ihnen dies mitteilte. Pilsudski seufzte: »Einen Tag zu spät«; Sosnkowski fragte, ob sie nicht morgen auf einem Extrazuge oder Auto wenigstens bis an die Grenze kommen könnten? Ich brachte sie ins ›Continental‹. Beim Abschied bat mich Pilsudski, ob ich ihm nicht einen Degen verschaffen könne, da er in Uniform ohne Degen hier nicht ausgehen könne. Ich sagte ja, aber allerdings nur einen preußischen, wenn ihn das nicht störe? »Nicht im geringsten«, antwortete er. Ich versprach ihm, einen morgen früh zu bringen.

Berlin. 9. November 1918. Sonnabend

Der Kaiser hat abgedankt. Die Revolution hat in Berlin gesiegt.

Vormittags von zu Hause fortgehend sehe ich einen Soldaten im Hofe des Potsdamer Bahnhofs neben der aufgefahrenen MG-Kompanie eine Menschenmenge harangieren. Auf den Straßen (Friedrichstraße–Linden) ist um diese Zeit (zehneinhalb bis elf) alles still. Ich gehe in Uniform unbehelligt bis zur Disconto-Gesellschaft gegenüber von der Bibliothek. Von da zu Pilsudski ins ›Continental‹. Der Diener, dem ich den Auftrag gegeben hatte, mir für Pilsudski einen Degen zu besorgen, wartete am ›Continental‹, um mir zu sagen, daß alle Waffen in den Geschäften beschlagnahmt, ein Degen deshalb nicht zu bekommen sei. Ich ging zu Pilsudski, sagte es ihm, schnallte mein altes Feldzugsseitengewehr ab und gab es ihm als Erinnerung an unsere frühere Waffenbrüderschaft.

Wir sprachen dann noch einmal in Anwesenheit von Sosnkowski über Politik. Ich wiederholte, daß eine schriftliche Bindung Pilsudskis auf mein ausdrückliches Betreiben und im Einverständnis sowohl mit dem Reichskanzler Prinzen Max wie mit Groener und dem Kriegsminister unterblieben sei, weil ich es für klüger hielte, mich ganz allein auf seine Ehre und seinen Patriotismus zu verlassen, die ihm eine für Deutschland genehme Bahn wiesen, nämlich Frieden mit Deutschland, um Ruhe zum inneren Aufbau zu gewinnen. Pilsudski sagte, dieses sei um so richtiger, als Polen nicht selber über seine Grenzen zu bestimmen habe, sondern sie von der Entente bestimmt bekommen würde. Was die Entente ihnen schenke, würden sie gewiß nicht zurückweisen; aber selber würden sie kaum gefragt werden. Ich sagte, es gebe Geschenke, die dem Beschenkten nicht zum Vorteile gereichten. Eine Zerstückelung Deutschlands durch Herausreißen von Westpreußen würde eine Revanche und Irredentabewegung hervorrufen, die weder Polen noch Deutschland je zur Ruhe kommen ließe. Allerdings wäre eine solche Unruhe für Amerika und England durchaus erwünscht, nicht aber für Deutschland und Polen, die nur in gegenseitiger Hilfe und guter Nachbarschaft vorwärtskommen könnten.

Von Pilsudski ging ich ins Amt zu Hatzfeldt, um einen Extrazug für die beiden Polen zu besorgen; sie müssen, auch nach Hatzfeldts Wunsch, noch heute abreisen. Hatzfeldt erzählte mir hierbei vertraulich, zu einem Waffenstillstand im bisher erwarteten Sinne werde es wahrscheinlich nicht mehr kommen, da inzwischen in Frankreich ähnliche revolutionäre Zustände eingetreten zu sein schienen wie bei uns. Hintze habe aus dem Hauptquartier telephoniert, daß sich an unserer und an der französischen Front Soldatenräte gebildet hätten, die direkt miteinander über den Frieden verhandelten. Das sei unsere Rettung, wenn es wahr wäre. Ich ging einen Augenblick zu Langwerth in sein Zimmer, um ihn zum Frühstück mit Pilsudski einzuladen; während wir sprachen (es war ein Uhr), wurde er angeklingelt und bekam die Nachricht, daß eben die Maikäferkaserne gestürmt sei. Damit ist die Revolution auch in Berlin erfolgreich ausgebrochen. Hatzfeldt und ich gingen ins Kriegsministerium, um den Zug für Pilsudski zu besorgen. Hier arbeitete alles noch wie gewöhnlich. Ein Major, der im alten Schnodderton sprach (von Pilsudski als ›der Kerl‹), wies uns an die Linienkommandanten am Schöneberger Ufer. Durch die Königgrätzer Straße zog eine Demonstration gegen den Potsdamer Platz; wir kamen hinten daran vorbei. An der Ecke der Königgrätzer und Schöneberger Straße wurden Extrablätter verkauft: ›Abdankung des Kaisers‹. Mir griff es doch an die Gurgel, dieses Ende des Hohenzollernhauses; so kläglich, so nebensächlich, nicht einmal Mittelpunkt der Ereignisse. »Längst überholt«, sagte Ow schon heute morgen. Ich zog mir zu Hause Zivil an, weil Offizieren die Achselstücke und Kokarden abgerissen wurden; ging dann zu Hiller. In der Wilhelmstraße sah ich das erste rotbeflaggte Auto, ein feldgraues mit dem kaiserlichen Adler.

Von zu Hause ging ich, um Schickele zu treffen, in die Viktoriastraße zu Paul Cassirer, wo der ›Bund Neues Vaterland‹ tagte; in den Sälen unten hielt Pfemfert eine Rede. Wir aßen ohne Cassirers in ihrem Eßzimmer mit Hugo Simon und seiner Frau. Schickele warf den Gedanken auf, das Elsaß durch Matrosen zu revolutionieren, als rote Republik auszurufen und so für das deutsche Volk zu retten. Währenddessen hörte und sah man aus dem Hinterzimmer die Schießerei beim Schloß. Langsames Infanteriefeuer, einzelne Schüsse am Himmel aufleuchtend wie in einer stillen Nacht an der Front. Das Schloß war nach Nachrichten bereits in den Händen der Revoltionäre, der Marstall noch zum Teil von Offizieren und Jugendwehr besetzt.

Um den Einfall ins Elsaß zu besprechen, gingen Schickele, Kestenberg und ich gegen zehn in den Reichstag. Vor dem Hauptportal steht in den Scheinwerferstrahlen von mehreren feldgrauen Autos eine Nachrichten abwartende Menge. Leute drängen die Stufen hinauf ins Portal. Soldaten mit umgehängten Karabinern und roten Abzeichen fragen jeden, was er drinnen will. Kestenberg bringt uns auf den Namen Haase anstandslos hinein. Innen herrscht ein buntes Treiben; treppauf, treppab Matrosen, bewaffnete Zivilisten, Frauen, Soldaten. Gut, frisch und sauber, vor allen Dingen sehr jung sehen die Matrosen aus; alt und kriegsverbraucht, in verfärbten Uniformen und ausgetretenem Schuhzeug, unordentlich und unrasiert die Soldaten, Überreste eines Heeres, ein trauriges Bild des Zusammenbruchs. Wir werden zuerst in ein Fraktionszimmer hinaufgewiesen, wo am grünen Tisch drei blutjunge Matrosen Waffenscheine ausstellen, mit dem Ernst und dem Willen zur Wichtigkeit von Schuljungen prüfend, bewilligend, verwerfend.

Dann geht es auf die Suche nach Haase. Unter den Säulen der Wandelhalle liegen und stehen auf dem mächtigen roten Teppich Gruppen von Soldaten und Matrosen; Gewehre sind zusammengestellt, hier und da schläft einer auf einer Bank lang hingestreckt: ein Film aus der russischen Revolution, Taurisches Palais unter Kerenski. Die Tür des Sitzungssaals fliegt auf. Während die Wandelhalle ziemlich dunkel ist, ist dieser grell beleuchtet, Bogenlicht. Mir fällt zuerst nur seine Häßlichkeit auf; nie ist er mir so würdelos und kneipenhaft vorgekommen, dieser lächerliche ›altdeutsche‹ Kasten, eine schlecht imitierte Augsburger Truhe. In ihm wogt zwischen den Bänken eine Menschenmenge, eine Art Volksversammlung, Soldaten ohne Kokarden, Matrosen mit umgehängtem Karabiner, Frauen, alle mit roten Schleifen, dazwischen Abgeordnete, um die sich kleine Gruppen bilden: Dittmann, Oskar Cohn, Vogtherr, Däumig. Haase steht vorgebeugt über den Bundesratstisch und spricht auf einen jungen Zivilisten ein, einen der Hauptbolschewisten, wie erzählt wird. Endlich dringen wir zu ihm durch; Schickele begrüßt ihn und stellt mich vor. Er ist auf die Idee eines Matroseneinbruchs ins Elsaß scheinbar vorbereitet, geht kurz darauf ein, schlägt morgen eine Besprechung vor. Dann ziehen ihn andere ins Gespräch.

Wir drängen uns wieder zum Sitzungssaal hinaus; steigen einige Stockwerke hinauf in ein Sitzungszimmer, wo eine Frau, anscheinend die eines Abgeordneten, Legitimationen austeilt. Auf Kestenbergs Empfehlung erhalte ich eine Karte, wonach ich als ›Inhaber dieses Ausweises‹ beauftragt bin, ›den Ordnungs- und Sicherheitsdienst in den Straßen der Stadt zu versehen‹. Gezeichnet: Oskar Cohn, Vogtherr, Dittmann. Ich bin also sozusagen Schutzmann in der roten Garde. Außerdem bekomme ich eine Legitimation auf meinen Namen vom Arbeiter- und Soldatenrat, daß ich ›vertrauenswürdig und berechtigt‹ sei, ›frei zu passieren‹. Beides mit dem Stempel des Reichstages.

Kestenberg und Schickele gehen nach Hause. Ich durchschritt auf Grund meiner neuen Papiere die Absperrung am Potsdamer Platz und ging gegen das Schloß zu, wo noch einzelne Schüsse fielen. Die Leipziger Straße war menschenleer, die Friedrichstraße mäßig belebt von dem üblichen Publikum; die Linden gegen die Oper dunkel. In der Schinkelschen Wache sah man im hellen Licht Qualm und viele Soldaten. Auf der Schloßbrücke niemand. Die weißen, nackten Krieger mit ihren Siegesgöttinnen allein. Im Schlosse waren einzelne Säle hell beleuchtet, aber alles still. Patrouillen ringsherum, die mich anriefen und durchließen. Am Marstall lagen viele Steinsplitter. Der Posten sagte, ›Lausejungens‹, Pfadfinder, seien noch verborgen, sowohl im Schloß wie im Marstall. Es gebe geheime Gänge, durch die sie flüchteten und wieder auftauchten. In der Enckestraße schössen aus einem Hause noch zwei Offiziere und einige kaisertreue Mannschaften. Autos, die mit Bewaffneten über die Schloßbrücke heranbrausten, wurden angehalten, umgedreht und nach der Enckestraße 4 gewiesen. Jenseits der Schloßbrücke wieder eine Absperrung. Dahinter lichtscheues Gesindel in kleinen Rudeln an beiden Ecken der Königstraße, von den Posten zerstreut, aber immer wieder sich sammelnd. Ein Unteroffizier sagte zu mir, sie warteten auf das Plündern; man müsse sie fortbringen. Ich ging von hier langsam nach Hause.

In der Leipziger Straße rannte mir flüchtendes Publikum entgegen; ich fragte, wovor? Einige riefen, Gegentruppen seien aus Potsdam angekommen, gleich werde geschossen. Ich bog durch die Wilhelmstraße ab, hörte nichts. Einige Schüsse sollen aber am Potsdamer Platz um diese Zeit gefallen sein. Zu Hause war ich gegen eins. So schließt dieser erste Revolutionstag, der in wenigen Stunden den Sturz der Hohenzollern, die Auflösung des deutschen Heeres, das Ende der bisherigen Gesellschaftsform in Deutschland gesehen hat. Einer der denkwürdigsten, furchtbarsten Tage der deutschen Geschichte.

Berlin. 10. November 1918. Sonntag

Bei Cassirer Gespräch mit Schickele und anderen über die Lage. Die meisten beurteilten sie pessimistisch. Alles dreht sich jetzt um die Frage, ob die Liebknechtleute und mit ihnen der rote Terror oder ob der gemäßigte Teil der Sozialdemokratie siegen wird. Schickele meinte, die Bolschewisten hätten schon gesiegt. Haase treibe eine zweideutige Politik. Alle Anstrengungen müßten darauf gerichtet sein, Haase und den rechten Flügel der Unabhängigen vom Bolschewismus fernzuhalten und auf die konstituierende Nationalversammlung einzustellen. Während wir sprachen, wurde beim Reichstag geschossen. Anscheinend Maschinengewehrfeuer. Nachher hörten wir, daß die Schießerei während einer Volksversammlung vor dem Bismarckdenkmal gewesen war.

Abends aß ich bei Schickeles im ›Excelsior‹ mit seinem Freund Dr. Licktrig und Theodor Däubler. Schickele wird durch den Frieden, wenn er nicht optiert, Franzose, Däubler Italiener; beides deutsche Dichter, schon dadurch die ganze Unsinnigkeit und die Brüchigkeit des projektierten Friedens beleuchtend. Schickele erklärte seine feste Absicht, nach Berlin überzusiedeln, obwohl er Norddeutschland nicht mag. Die Person des Kaisers, der das Preußentum verschandelt und dadurch zugrunde gerichtet hat, wurde mit Verachtung besprochen. Daß Deutschland Republik wird, scheint schon nicht mehr fraglich. Der König von Sachsen ist heute abgesetzt worden. Der Großherzog von Hessen befindet sich, wie Schickele erzählt, in Schutzhaft. Die Wahl der neuen Regierung hat Schickele und alle, die ich sprach, sehr beruhigt.

Der Chef der roten Garde, der das Excelsior-Hotel bewacht, ein Kamerad vom Matrosenregiment Nr. 1, entwickelte mir sein Programm, das Gehorsam gegen die neue Regierung, Wahrung von Ordnung und Ruhe, Feindschaft gegen alle Gewalt einschließlich von Plünderungen umfaßte – ein junger Mensch von etwa dreiundzwanzig bis vierundzwanzig Jahren, der die Revolution seit Kiel mitmacht; ein einfacher Mann, der die Gesinnung der großen Mehrheit unserer Revolutionäre ausspricht. Alles in allem war trotz der Schießereien die Haltung des Volkes in den beiden bisherigen Revolutionstagen ausgezeichnet: diszipliniert, kaltblütig, ordnungsliebend, eingestellt auf Gerechtigkeit, fast durchweg gewissenhaft. Ein Gegenstück zur Opferfreudigkeit im August 1914. Ein so großes und tragisches Erleben, so reinen Sinnes und tapfer getragen, muß es innerlich zusammenschweißen zu einem Metall von unzerstörbarer Spannkraft. Wenn nur der politische Sinn nicht so selten wäre!

Das, was jeder italienische Makkaronihändler hat! – Den Schluß des Abends bildete ein komisches Intermezzo. Däubler, der seiner Schwester versprochen hatte, wegen der Gefahren der Straße die Nacht im Hotel zu bleiben, sich aber als ›Österreicher‹ einschrieb, wurde vom Direktor als Hotelgast energisch abgelehnt, weil er als ›Ausländer‹ keinen Ausweis habe. Es gab eine Szene, bis ich als Beauftragter des Arbeiter- und Soldatenrates, der auf Grund meiner Karte für Sicherheit und Ordnung zu sorgen hatte, einschritt und dem Direktor kraft meiner Autorität befahl, Däubler zu behalten; worauf der Direktor nach guter, alter preußischer Art vor der Disziplin, wenn auch revolutionären Ursprungs, sich beugte und Däubler ein Zimmer anwies. Alles ist wie ausradiert, nur nicht der Knick in der Wirbelsäule.

Berlin. 11. November 1918. Montag

Die furchtbaren Waffenstillstandsbedingungen sind heute unterschrieben worden. Langwerth sagt, etwas anderes sei nicht möglich gewesen, da unsere Front in voller Auflösung begriffen sei. – Der Kaiser ist nach Holland geflohen.

Berlin. 12. November 1918. Dienstag

Nachmittags im Reichstag im Fraktionszimmer des ›Bundes Neues Vaterland‹. Auf Kestenbergs Anfrage sagte ich zu, in den Vorstand einzutreten. Wie in der Französischen Revolution bilden sich Klubs, in denen die politisch wichtigen Fragen vordebattiert und entschieden werden. Ihren Sitz haben sie sich in den Fraktionszimmern des Reichstags erobert: der ›Bund Neues Vaterland‹, die ›Aktivisten‹ (Kurt-Hiller-Gruppe) und andere, die neben den Soldaten- und Arbeiterräten dort tagen. Das Bild des Reichstags hat sich trotz der strengen Absperrung (man kommt nur noch mit dem roten Passierschein des Soldatenrates hinein) seit der ersten Revolutionsnacht nicht geändert, bis auf den größeren Schmutz, der sich anhäuft. Überall Zigarettenstummel, fortgeworfene Papierstücke, Staub, Straßendreck auf den Teppichen. Gänge und Wandelhalle wimmeln von Bewaffneten, Soldaten und Matrosen. In der Halle stehen auf dem Teppich die Pyramiden zusammengestellter Gewehre; in den Klubsesseln liegen Matrosen. Eine große Unordnung, aber Ruhe. Die alten Diener in ihren Livreen gehen dazwischen machtlos und schüchtern herum als letzter Rest des früheren Regimes. Die Abgeordneten der bürgerlichen Parteien sind ganz verschwunden.

In der Stadt ist heute alles ruhig; die Fabriken arbeiten wieder. Von Schießereien ist nichts bekanntgeworden. Bemerkenswert übrigens, daß während der Revolutionstage trotz der Straßengefechte die Elektrischen regelmäßig gefahren sind. Auch das elektrische Licht, Wasserleitung, Telephon haben keinen Augenblick ausgesetzt. Die Revolution hat nie mehr als kleine Strudel im gewöhnlichen Leben der Stadt gebildet, das ruhig in seinen gewohnten Bahnen drum herumfloß. Auch gab es trotz dem vielen Schießen merkwürdig wenig Tote oder Verwundete. Die ungeheure, welterschütternde Umwälzung ist durch das Alltagsleben Berlins kaum anders als im Detektivfilm hindurchgeflitzt.

Berlin. 13. November 1918. Mittwoch

Um eins ging ich zu Haase ins Reichskanzlerpalais. Im schönen Empirevestibül viele wartende Bittsteller in Schlapphüten. Nie ist hier ein solches Gedränge gewesen. Ein kleiner Junge, der als Laufbursche amtiert, wies mich in den ersten Stock, wo noch einige befrackte Diener aus der früheren Zeit ihren Dienst versehen. Zum letzten Male war ich vor acht Tagen, noch unter dem Prinzen Max zu Anfang des débâcle, hier; seitdem rapider Fortschritt in der Verwahrlosung. Die Boheme ist eingedrungen. Der Kongreßsaal war leer bis auf einen Literaten mit einer roten Schleife im Knopfloch, der mit mir wartete.

Haase kam aus einem der Salons links heraus und holte mich zu sich hinein. Er ist ein kleiner, unscheinbarer Mann mit einer freundlichen jüdischen Manier; erinnerte mich, ins Semitische transponiert, an Chlodwig Hohenlohe. Er sitzt an Bismarcks

Schreibtisch, erkennbar an der Kupferplatte. Ich kam wegen der Anknüpfung mit Frankreich, namentlich jetzt sofort mit den französischen Sozialisten. Haase sagte, am liebsten wäre er selber nach der Schweiz gekommen; augenblicklich sei das aber nicht möglich. Aber die Franzosen wüßten, daß er schon vor August 1914 gegen den Krieg gewesen sei und nur mitgemacht habe, um die Einigkeit der Partei nicht zu gefährden, bis es ihm schließlich unmöglich geworden sei. Schickele solle die Sache machen, ich mitwirken. Auch die kulturelle Anknüpfung, die in meinen Händen liege, sei äußerst wichtig. Ich sagte, selbstverständlich stellte ich mich weiter zur Verfügung; aber wenn ihm oder der neuen Regierung eine andere Persönlichkeit lieber wäre, würde ich sofort zurücktreten. Haase antwortete, ihm sei ich sehr recht, er müsse aber noch die Sache bei seinen Kollegen vorbringen; er bäte mich, ihn vor meiner Abreise noch einmal zu besuchen.

Um fünf bei Paul Cassirer, wo noch Schickele. Beide reisen heute abend über München nach der Schweiz. Cassirer ist erfüllt von der Gefahr einer Reaktion. Das ganze Bürgertum habe schon heute die Revolution satt. Die Potsdamer Regimenter, die ihre Offiziere in den Soldatenrat gewählt haben, könnten mit leichter Mühe alles wieder umstoßen. Schickele und Cassirer machten beide einen mißmutigen, verschlossenen, verlegenen Eindruck.

Von hier ins Auswärtige Amt, wo ich Langwerth sehen wollte wegen der Anknüpfung mit den französischen Sozialisten und Ferdinand Stumm wegen anderer Dinge. Langwerth über das mit Haase und Solf Besprochene informiert. Dann einen Augenblick bei Hatzfeldt, der über Pilsudskis Tätigkeit in Warschau sehr erfreut; Pilsudski ist vom Regentschaftsrat als eine Art von Diktator eingesetzt und hat als erste Amtshandlung den deutschen Soldaten die Waffen wiedergegeben. Wenn er so weiterregiert, ist meine Politik glänzend gerechtfertigt. Riezler, den ich traf, erzählte, am Sonntag habe Liebknecht einen wüst aussehenden ›Hauptmann Wagner‹ zum Reichskanzler Ebert geschickt mit einem roten Zettel, auf dem sofortige Gestellung eines Autos zur Befreiung von Pilsudski verlangt wurde. Ebert schickte den Mann zu Riezler, der ihm sagen konnte, daß Pilsudski längst in Warschau sei.

Berlin. 14. November 1918. Donnerstag

Vormittags bat mich Hatzfeldt zu einer Besprechung und fragte mich, ob ich den Gesandtenposten in Warschau annehmen würde. Die polnische Regierung verlangt die Abberufung von Lerchenfeld und Oettingen und die sofortige Ernennung eines Gesandten. Meine Hauptaufgabe werde zunächst sein, dafür zu sorgen, daß unsere Truppen aus Polen und aus der Ukraine herauskommen. Eine äußerst schwere und verantwortungsvolle Aufgabe. Ich nahm an.

Gleich nachher traf ich im Amte Erzberger. Er zog mich in ein Zimmer und meinte, ich hätte hierbleiben sollen. Jetzt würden energische Männer hier gebraucht, sonst bekämen wir keinen Frieden. Mit der jetzigen Regierung werde die Entente keinen Frieden schließen, wenn nicht bürgerliche Elemente hineinkämen. Er bedauere, daß er während der Revolution abwesend gewesen sei; sonst wäre keine rein sozialistische Regierung zustande gekommen. Er unterschätzt jetzt wieder wie in der Abdankungsfrage die Linkskräfte, die der Krieg bei uns entwickelt hat. Seine Reise ins französische Hauptquartier hat bei ihm einen sehr schlechten Eindruck hinterlassen. Die Behandlung sei gemein gewesen; Foch eisig und ganz von oben herab.

Zum Tee bei der Gräfin Bernstorff, wo auch er, der Botschafter, und ihre Schwiegertochter. Bernstorff bereitet sich auf die Reise nach den Haag zu den Friedensverhandlungen vor.

Nachher im Amt nochmals bei Hatzfeldt, dem ich meine Wünsche für meine Gesandtschaft vortrug: als erstes sofort einen im Eisenbahnwesen erfahrenen, tüchtigen Generalstabsoffizier, der mir bei den Verhandlungen über den Abtransport der Truppen hilft. Dann einen jüngeren Diplomaten, der in polnischen Dingen schon gearbeitet hat. Ferner einen guten, polnisch re-

denden Journalisten. Schoeler als meinen persönlichen Adjutanten. Gülpen als Stütze in brenzligen Lagen und als Freund von Sosnkowski. Schließlich ein ausreichendes Budget, auch für Repräsentation. Hatzfeldt gestand dies alles zu. Ich bat ferner um Weisungen in den Grenzfragen und über das Verhältnis zu Oberost. Hatzfeldt sagte, für die Grenzfragen solle ich auf die Friedenskonferenz verweisen, die bestimmen werde, welche Gegenden rein polnisch seien. Die Truppen in Polen unterstünden noch dem Oberbefehlshaber Ost. Mit diesem muß ich mich also verständigen. Langwerth gratulierte mir im Gang; er schien wohlwollend und erfreut. In Wirklichkeit werden wohl die wenigsten diesen Posten begehren.
Heute um eins, als ich die Linden hinunterging, kam die Schloßwache vom Brandenburger Tor mit dem Hohenfriedberger Marsch anmarschiert, genau wie früher, nur mit roten Revolutionsfahnen, die Mannschaften ohne Kokarden und die Unteroffiziere oder Ordner mit schwarzrotgelben großdeutschen Armbinden. Die Leute marschierten etwas lässiger als die Garde vor dem Kriege, aber in guter Ordnung und durchaus soldatisch. Eine große Menschenmenge mit roten Schleifen und Armbinden begleitete sie. Vor der in den Revolutionstagen arg zerschossenen Passage stimmte die Musik die Weise an: ›Es liegt eine Krone im grünen Rhein.‹ Sie klang wie ein Trauermarsch; mir schnitt sie ins Herz. Ich dachte an das verlorene Elsaß, das französische linke Rheinufer. Wie werden wir im Gefühl das jemals verwinden? Mag der Völkerbund noch so schön werden, diese Wunde kann er nur verewigen.

Viele Soldaten tragen jetzt wieder die schwarzweißrote Kokarde über der roten revolutionären, die an die Stelle der preußischen getreten ist.

Berlin. 15. November 1918. Freitag

Früh um neun bei Erzberger in der Budapester Straße. Ich warnte davor, die jetzige Regierung durch Hineindrängen Bürgerlicher zu erschüttern. Augenblicklich sei die Hauptsache die

Front gegen Spartakus, daneben die Vorbereitung der Wahlen zur Nationalversammlung. Erzberger beschimpfte die Feigheit der bürgerlichen Klassen und namentlich der Offiziere, die der Revolution überhaupt keinen Widerstand entgegengesetzt hätten. Der Chef des Gardedukorps, der den Soldaten verboten habe zu schießen, gehöre erschossen. Jetzt müsse man wenigstens nicht wieder vor den Spartakusleuten kampflos das Feld räumen. Für den Präliminarfrieden entwickelte Erzberger folgende Grundsätze: er wolle ihn mit der größten Beschleunigung, womöglich innerhalb von acht Tagen, abschließen, um das linke Rheinufer vor der Besetzung zu retten. Das Besetzungsrecht gelte nur für den Waffenstillstand. Um den Präliminarfrieden schnell fertigzubringen, wolle er Elsaß-Lothringen preisgeben; anders bekomme er ihn nicht zustande, und Elsaß-Lothringen sei doch nicht für uns zu retten. Polen wolle er zurückstellen für den großen Frieden, im Präliminarfrieden nur grundsätzlich ein neutrales Polen zugestehen und Vorarbeiten ethnographischer und anderer Art besprechen. Keine Grenzen für Polen im Präliminarfrieden. Oberschlesien dürften wir unter keinen Umständen verlieren; es sei wirtschaftlich für uns unentbehrlich, kein unzweifelhaft polnisches Gebiet, habe nie zu Polen gehört, die Polen seien nur eingewandert. Oberschlesien sei *Kernpunkt*. Danzig könne Freihafen werden, oder wir könnten den Polen als Freigebiet einen anderen Mündungsarm der Weichsel zugestehen und ein Stück am Haff; Geldfrage.

Auf der Straße am Potsdamer Platz sah ich zum ersten Male seit der Revolution wieder einen Offizier mit Achselstücken.

Das Auswärtige Amt für die Republik ... Vor acht Tagen wäre diese Vorstellung geradezu grotesk erschienen, wo alles noch die monarchische Gesinnung als selbstverständlich voraussetzte. Und doch glaube ich, daß die wahre Gesinnung *jetzt* herauskommt. Der monarchische Gedanke war durch das völlige Versagen des Kaisers, namentlich im Kriege, aber auch schon durch seine glitzernde und beunruhigende Unfähigkeit vorher langsam abgetötet worden. Das konstatiert heute abend in der ›Deutschen Tageszeitung‹ Ernst Reventlow selber, der mit fliegenden Fahnen zur Republik übergeht.

Berlin. 16. November 1918. Sonnabend

Hatzfeldt zeigt mir heute vormittag eine Bleistiftnotiz von Solf: die Regierung scheine mich als Gesandten abzulehnen, weil sie eine Frau nach Warschau schicken wolle. Hatzfeldt meint, es handele sich um eine theoretische Liebhaberei von Haase, der wünsche, daß die sozialistische Regierung mit einer weiblichen Ernennung in der Diplomatie anfange. Natürlich könne eine Frau in dieser furchtbaren Lage in Warschau nichts ausrichten. Solf war nicht zu sprechen, da er in einer Sitzung des Kriegskabinetts war und bis zwei nicht gestört werden durfte. Ich schlug vor, Breitscheid als Adlatus von Kautsky um seine Vermittlung zu bitten. Inzwischen sind von verschiedenen Arbeiter- und Soldatenräten, von der deutschen Kolonie in Warschau und von Oettingen dringende telephonische Bitten um sofortige Entsendung des neuen Vertreters eingelaufen. Auch das Hauptquartier Oberost schickt einen Notschrei im selben Sinne.

Hatzfeldt und ich besprachen die Sache mit Bussche und gingen dann ins Ministerium des Inneren zu Breitscheid, der mit Gerlach zusammensaß. Breitscheid erklärte sich bereit, mit Kautsky zu sprechen, fand die Liebhaberei für weibliche Vertretung in diesem Augenblick unbegreiflich, da er sich keine Frau denken könne, die sie im Auge hätten. Kautsky war dann aber auch nicht zu sprechen, da er ebenfalls im Kriegskabinett saß. So gingen Hatzfeldt und ich zum Unterstaatssekretär David, einem ausgesprochen kleinbürgerlichen, pedantischen grauen kleinen Mann von etwas abstoßendem Mangel an Wärme (früher Lehrer), der gegen weibliche Vertretung in Warschau ziemlich stark polemisierte, ohne aber irgendeinen praktischen Vorschlag zu machen, wie meine Ernennung schnell gefördert werden könne. Es blieb nichts übrig, als auf den Schluß der Kabinettssitzung zu warten. So geht wieder ein halber oder sogar ein ganzer Tag verloren, so wie es unter der alten Regierung aus denselben

Desorganisationsgründen bei der Freilassung Pilsudskis war. David machte außerdem ängstlich darauf aufmerksam, daß die Bestätigung des Kriegskabinetts für meine Mission nicht genüge; ich müsse außerdem eine Vollmacht vom Vollzugsrat haben, sonst würden mich die Arbeiter- und Soldatenräte nicht anerkennen.

Nachmittags um fünf war Sitzung des Kriegskabinetts, in der David meine Ernennung in Solfs Auftrage zu vertreten hatte. Hatzfeldt und David baten mich, während der Beratung im Vorzimmer bei der Hand zu bleiben. Die Sitzung fand in der Reichskanzlei, links hinter dem großen Kongreßsaal statt. Ich wartete in einer Art von Eßzimmer, wo der Schreibtisch Bismarcks aus der Konfliktszeit steht und noch zwei Kaiserbilder hängen. Nacheinander kamen Landsberg, Ebert, Scheidemann, Dittmann und verspätet Haase. Den mir noch nicht Bekannten ließ ich mich vorstellen. Ebert mit seinem schwarzen Knebelbart und seiner breiten, untersetzten Figur sieht aus wie ein Südfranzose, ein Schiffskapitän aus Marseille. Alle bis auf Landsberg und Haase waren sehr reserviert und, wie mir schien, mißtrauisch. Daß der erste von der Deutschen Republik ernannte Gesandte ein Graf und Garde-Kavallerie-Offizier sein soll, ist offenbar allen ungemütlich und nicht geheuer; obwohl die ›Freiheit‹, das Organ der Unabhängigen, mir heute früh, wahrscheinlich durch Breitscheid, ein gutes Zeugnis ausstellt.

Ich ging auf dem Bismarckischen Speisesaalteppich auf und ab, nicht ohne die Eigenart der Situation zu empfinden. Nach etwa drei viertel Stunden kam David heraus und sagte mir, das Kabinett habe meine Ernennung gebilligt, sie bedürfe aber noch der Bestätigung durch den Vollzugsausschuß des Arbeiter- und Soldatenrates, der gegenwärtig die Stelle des Souveräns vertritt und von Brutus Molkenbuhr und R. Müller geleitet wird. Es werde gewünscht, daß ich den sozialdemokratischen Rechtsanwalt Rawicki aus Bochum, der polnisch spreche und gute Beziehungen zu den polnischen Sozialdemokraten habe, mitnehme. Der Sozialdemokrat Baake, der neue Chef der Reichskanzlei, ein überaus schätzenswerter Mann, gab mir außerdem ein Empfehlungsschreiben für den sozialistischen polnischen Ministerpräsidenten Daszynski mit. So ausgestattet wanderte ich wieder ins Amt, wo Hatzfeldt, Langwerth, Victor Wied mich als republikanischen Gesandten begrüßten. Mein Agrément durch die polnische Regierung wird noch heute nacht, ohne die Entscheidung von Brutus Molkenbuhr und R. Müller abzuwarten, nachgesucht, um möglichst wenig Zeit zu verlieren. Ich soll am Montag abend mit dem polnischen Vertreter in Berlin Niemozecki nach Warschau abreisen. Als Sekretär habe ich mir Ow und vertretungsweise, bis er aus Spa heran ist, den Dr. Meyer ausgebeten. Als Eisenbahnsachverständiger schließt sich in Thorn ein vom Kriegsministerium empfohlener Baurat an. Auch der juristische Vertreter wurde von Hatzfeldt in privater Stellung zugestanden.

Berlin. 17. November 1918. Sonntag

Erster Sonntag nach der Revolution. Am späten Nachmittag bewegten sich große Massen von Spaziergängern über die Linden bis zum Marstall, um die Spuren der Gefechte an den Gebäuden zu sehen. Alles sehr friedlich in spießbürgerlicher Neugier; namentlich die sehr auffallenden Einschläge am Marstall wurden begafft. Das einzige gegen frühere Sonntage im Straßenbild Veränderte ist das Fehlen der Schutzleute und die nicht sehr zahlreichen bewaffneten Matrosen, Wachen und Patrouillen, Ferdinand Stumms Leute.

Vormittags im Amt verschiedene für meine Mission in Betracht kommende Leute besucht. Zuerst Nadolny, um über Ukraine Auskünfte zu erhalten. Er sagt, unsere Soldatenräte nähmen in der Ukraine in Übereinstimmung mit unserer Regierung gegenüber allen Wirren und Kämpfen eine neutrale und abwartende Haltung ein. Das Einrücken der Entente in die Ukraine stehe bevor; unsere Truppen hätten dann dort keinen Zweck mehr, da sie nur den Schutz gegen die Bolschewiki bildeten. Sie sollen sich daher dort halten, bis die Entente hereinkommt, dann aber sofort abbauen. Ich solle in Warschau mit Hochdruck arbeiten, damit der Durchtransport durch Polen gewährt werde. Dazu nötig Verständigung mit Oberost.

Sodann zum Botschafter Bernstorff. Er will wie Erzberger die polnische Frage für die große Friedenskonferenz zurückstellen. Ich solle bei jeder Gelegenheit öffentlich und privatim sagen, daß wir die internationale Regelung der polnischen Frage zugestanden hätten gemäß Wilsons Punkt XIII; sie sollten daher jetzt keine Dummheiten machen.

Von Bernstorff zu Solf. Dieser fügte den Aufklärungen von Erzberger und Bernstorff nichts hinzu, warnte aber dringend vor Verbindung mit dem Zionismus oder jüdischen politischen Tendenzen, da dieses Pilsudski mißtrauisch gegen mich machen würde. Ich solle möglichst gute Beziehungen zu Pilsudski pflegen und diesem auch sagen, Solf habe sehr bedauert, ihn bei seiner Durchreise durch Berlin nicht gesehen zu haben. Solf sagte, er habe ziemlich hart kämpfen müssen, um meine Ernennung bei der Regierung durchzusetzen, weil diese eigentlich einen Sozialdemokraten und am liebsten ein sozialdemokratisches Frauenzimmer geschickt hätte. Ebert habe ihn aber unterstützt und ebenso Landsberg.

Berlin. 18. November 1918. Montag

Ich bin noch immer in Berlin trotz der flehentlichen Hilferufe der Deutschen in Polen nach einem deutschen Vertreter. Erst heute abend um acht bekam ich mein von Ebert und Haase unterzeichnetes Beglaubigungsschreiben bei der polnischen Regierung. Die schriftliche Bestätigung des Vollzugsrats der Arbeiter und Soldaten steht noch immer aus. Allerdings telephonierte mir Breitscheid mittags, sie sei im Prinzip erteilt. Spätabends meinen neuen Legationssekretär Dr. Meyer ins Herrenhaus geschickt, um die Unterschrift des Vollzugsrats unter meiner Ernennung zu erwirken.

Wenn morgen das Agrément der polnischen Regierung eintrifft, können wir morgen abend reisen.

Morgens meldete sich bei mir wieder der mir beigegebene sozialdemokratische Rechtsanwalt Rawicki. Ich bat Hatzfeldt, ihn für die Dauer seiner Tätigkeit in Warschau zum Legationsrat ernennen zu lassen, damit er nach mir die erste Stelle einnimmt. Bis vor zwei Monaten war er Armierungssoldat und als solcher meistens vorne. Er erzählte vom großen Haß der Soldaten gegen die Offiziere, ähnlich wie Wieland Herzfelde, hauptsächlich wegen der Bevorzugungen und des rücksichtslosen Gebrauchs, den die Offiziere davon machten. Am schlimmsten und verhaßtesten seien die Feldwebelleutnants gewesen. Die Verpflegung für die Soldaten sei zum großen Teil unterwegs hängengeblieben. Man gewinnt doch allmählich den Eindruck eines großen moralischen Fehlschlagens des Offizierkorps, wodurch eigentlich der Krieg verlorenging, zum Beispiel in der unrechtmäßigen Aneignung von Verpflegung, in einem unleidlichen Dünkel und Ton, in stellenweise direkter Bestechlichkeit. Die preußische Armee war nicht auf materielle Gesinnung des Offizierkorps zugeschnitten. Der ungeheure Aufschwung hat sie unterwühlt.

Nachmittags um vier Versammlung der jüngeren Beamten des Auswärtigen Amtes, die den Aufruf unterzeichnet haben, im ›Kaiserhof‹ im Hohenzollernsaal. Ferdinand Stumm präsidierte. Farbe etwas akademisch, Riezlerisch. Ich versuche, soweit ich kann, sie nach links festzulegen; verlangte Knochen, irgend etwas Hartes, worauf man baue und von dem man nicht ablasse. Drum herum könne meinetwegen auch Molluskenhaftes sein zum Aufputz, über das man handeln könne; aber ein Rückgrat, und ein absolut steifes, sei irgendwo im Programm und in der Gesinnung nötig. Das, was bisher als Skelett der ganzen Staatsanschauung gegolten habe, die monarchische Gesinnung, habe sich als durch und durch morsch erwiesen. Daher gelte es jetzt, ein neues Gerüst zu finden. Ich möchte als solches auf dem definitiv anzuerkennenden Boden der Republik und des Sozialismus den Kampf um das Selbstbestimmungsrecht und die möglichste Freiheit des Individuums. Trotz Sozialismus, oder gerade weil Sozialismus, keine Staatssklaven, sondern freie Menschen. In der auswärtigen Politik Selbstbestimmungsrecht der Völker und gerechte Rohstoffverteilung, den wachsenden oder schwindenden Bedürfnissen der Völker jeweilig angepaßt. Kein starrer Völkerbund. Freiheit der Meere und Häfen für die Schifffahrt. Also: freie Meere, freie Völker, freie Menschen. Selbstbestimmungsrecht der Völker innerhalb des Völkerbundes, Selbstbestimmungsrecht des einzelnen innerhalb des sozialistischen Staates.

Es wurden drei Kommissionen eingesetzt: 1. für Ausarbeitung des Programms, 2. für Propaganda und Werbung, 3. für Ausarbeitung einer deutschen Verfassung. In die Propagandakommission wurde ich gewählt, Ferdinand Stumm als mein Vertreter.

Berlin. 19. November 1918. Dienstag

Ich erhielt heute meine Ernennung zum Gesandten, unterschrieben von Solf und bestätigt vom Vollzugsrat des Arbeiter- und Soldatenrates. Sie haben unter Solfs Unterschrift vermerkt: ›Einverstanden. Der Vollzugsrat des Arbeiter- und Soldatenrates Berlin. 18. November 1918. Molkenbuhr. Müller.‹ Ihr beigefügter Stempel lautet: ›Vollzugsrat des A. u. S.-Rates von Groß-Berlin. Deutsche Sozialistische Republik.‹

Nachmittags Abschiedsbesuche und Scherereien, um mein Personal zusammenzubekommen, im Amt. Berger war empört, daß sich ein Gesandter die Bestätigung des Vollzugsrates der Arbeiter und Soldaten holen müsse; ›eine Frechheit!‹ Auch sonst voll Sorge wegen der Zukunft; sie könnten in der Wilhelmstraße jeden Tag ausgehoben werden.

Morgen findet die feierliche Bestattung der Revolutionsopfer statt. Ein ungeheurer Zug bewegt sich durch das Brandenburger Tor und die Linden hinunter; etwas anders, als man sich die Feier des Kriegsendes gedacht hatte. Hatzfeldt sagte mir, er gehe um elfeinhalb aus dem Amt fort, ›um nicht abgeschnitten zu werden‹. Die Spartakuspartei mit ihrer ›Roten Fahne‹ und ihren drei starken Leuten, Rosa Luxemburg, Liebknecht, Mehring, wirkt als Schreckgespenst.

Abends um zehn Uhr dreiundvierzig von der Friedrichstraße abgefahren in dem nur für die Dauer meiner Gesandtschaft zur Verfügung gestellten Extrazug: ein Salonwagen, Schlafwagen, Speisewagen – etwas amerikanisch-milliardärhaft. Ich nahm den polnischen Geschäftsträger Niemozecki nebst Frau mit und von der Gesandtschaft Rawicki, Dr. Meyer, Gülpen, den Attaché von Strahl, Otto Fürstner, einen Feldjäger und das Unterpersonal, Chiffreure, Bürovorsteher, Stenotypistinnen usw. Alles in allem etwa zwanzig Personen. Mit Niemozecki und den anderen Herren bis zwölf im Salon geplaudert, dann ruhig geschlafen. Morgens gegen sieben in Alexandrowo meldeten sich bei mir sehr stramm und militärisch der Präsident des deutschen Soldatenrates, ein junger Soldat, und mit ihm zusammen ein polnischer Legionsoffizier. Hier ist alles ruhig. Die Schienen, die aufgerissen waren, sind wieder geflickt. Wir können glatt nach Warschau durchfahren. Der Pendelverkehr von Flüchtlingen aus Polen und aus Deutschland geht seit einigen Tagen ungestört vonstatten; nur brachte der Soldatenrat durch seinen Präsidenten bei mir eine Beschwerde vor, daß die Polen dreihundert Waggons schuldig geblieben seien. Die Pünktlichkeit und Ordnungsliebe unserer Leute hat durch die Revolution nicht gelitten. Sie haben sich auch wieder einen Offizier herangeholt, einen Leutnant von Oppen, der irgendwo in der Nähe amtiert. Viele Offiziere seien allerdings, wie der junge Präsident mir sagte, ›fort‹.

So fahre ich in meinen neuen Wirkungskreis ein, in diesen Osten, den ich liebe, der irgendeine unformulierbare, tiefe Schönheit für mich hat.

Warschau. 20. November 1918. Mittwoch

Unterredung mit Niemozecki im Speisewagen beim Frühstück. Er betont seinen Wunsch nach einem engen freundschaftlichen Verhältnis mit Deutschland. Ich bejahte und sagte, dieses sei nur möglich, wenn sowohl Polen wie Deutschland Opfer brächten und auf gefährliche Hoffnungen verzichteten. Wir hätten die Wilsonpunkte angenommen und damit gewisse Gebietsabtretungen; Danzig könnten wir aber nicht hergeben. Niemozecki bestätigte: »Unmöglich!« Ich fuhr fort, am besten würden Polen und Deutschland eine gegenseitige dauernde Freundschaft vorbereiten, wenn sie miteinander direkt verhandelten und ein gemeinsames Programm auf die Friedenskonferenz mitbrächten. Voraussetzung hierfür seien aber starke Regierungen sowohl in Polen wie in Deutschland. Wenn Pilsudski Fuß fasse, so sei direkte Verständigung vielleicht möglich. Niemozecki: Die Entente spiele ein Doppelspiel zum Zwecke, Polen und Deutschland dauernd zu entzweien. Den Polen habe sie große Versprechungen gemacht, scheine davon aber jetzt abzurücken.

Niemozecki erzählte, er wolle aus der diplomatischen Laufbahn ausscheiden und in Warschau bleiben. Hier hoffe er mir gute Informationen geben und Dienste leisten zu können. Mir scheint, er will mich einfangen.

Mittags im Salon für Niemozecki, Rawicki, Meyer, Gülpen, mich servieren lassen. Wir fahren durch die großen, berühmten Stellungen der Jahre 1914 und 15. Noch einzelne Ruinen. In Warschau begrüßten mich am Bahnhof ein Vertreter des polnischen Ministers des Auswärtigen, ein Vertreter des Kriegsministeriums, ein Adjutant von Pilsudski und noch ein halbes Dutzend Legionsoffiziere. Ein polnisches Militärauto fuhr uns ins Hotel (wahrscheinlich eines von unseren ›beschlagnahmten‹, mit dem polnischen roten Adler bemalt).

Im ›Bristol‹ abgestiegen. Gleich nach Ankunft besuchte mich der Major Ritter, der Vertreter der Obersten Heeresleitung in Warschau. Er hatte es offenbar eilig, den Vertretern des Soldatenrates zuvorzukommen. Aus seinen zurückhaltend vorgebrachten Schilderungen ging die jämmerliche Haltung des Generalgouverneurs der Kommandantur, des Chefs Nelke, gegenüber den meuternden deutschen Soldaten und den aggressiven

Legionären am Montag vor acht Tagen deutlich hervor. Der Generalgouverneur ließ sich als erster abtransportieren. Nelke sei zusammengebrochen und hilflos dagesessen. Die Polen ›übernahmen‹ ohne Schwertstreich für Hunderte von Millionen Munitionsdepots, Rohstofflager, Pferde, Büroausstattungen. Natürlich muß jetzt darüber abgerechnet werden. Ein Rumpf des deutschen Soldatenrates hat sich ohne Ermächtigung als ›Liquidationskommission‹ aufgetan, sich selber hohe Diäten und andere Annehmlichkeiten zuerkannt. Ritter verlangte, daß ich sie absetze.

Bald nachher erschienen die Vertreter des Soldatenrates, zuerst ein Hauptmann von Knoblauch, später zwei Journalisten, Roth und Brunner. Ich stellte mich auf den Standpunkt, daß deutsche Militärpersonen nach unserem Versprechen an die polnische Regierung nichts mehr in Warschau zu suchen hätten. Die Militärs im Soldatenrat müßten die Liquidation einstellen und sofort abreisen. Ich werde für ordnungsgemäße Erledigung durch einen höheren Intendanturbeamten sorgen. Alle drei fügten sich.

Mit Knoblauch kam ein Pfarrer Geisler, der mir die halbe Million Deutschstämmiger in Polen ans Herz legte. In der Tat eine große und wichtige Frage, da sie durch die Schuld unserer Okkupationsbehörden jetzt dem Haß und Ruin ausgesetzt sind.

Dann kam ein Herr Sarnow, der Sekretär von Lerchenfeld. Er hat dessen Akten und noch einige andere gerettet; möchte gern bei mir ankommen. Lerchenfeld und Oettingen sind heute früh abgereist. Unser Funkspruch, der meine Ankunft meldete, ist ihnen von der polnischen Regierung, die die Funkerstation besetzt hat, nicht übermittelt worden. Sie sind abgereist, ohne zu wissen, daß ich heute ankam. Sarnows Schilderungen vom Zusammenbruch stimmten ungefähr überein mit denen von Ritter.

Auf Sarnow folgte ein Herr Korff, Präsident des deutschen Hilfsvereins. Er hat die Legationskasse in Verwahrung genommen, möchte sie mir übergeben. Er ist ein großer Fabrikant, lebt seit über fünfzehn Jahren in Warschau, sagte, er schäme sich, seinen polnischen Freunden zu begegnen, gehe nur noch nachts aus dem Hause, so unwürdig hätten sich unsere Truppen und Beamten von oben bis unten benommen. Der Schaden, der den Deutschen erwachsen sei, sei unermeßlich und nicht wiedergutzumachen. Die Schuld trifft, wie er zugab, die Offiziere, die sich um ihre Leute nicht mehr kümmerten und zum Teil, ebenso wie die Beamten, bestechlich waren. Verlust jeder moralischen Autorität.

In meine Unterredung mit Korff platzte ein Adjutant von Pilsudski hinein, derselbe Franzose, der mich am Styr führte. Pilsudski lasse sich entschuldigen, daß er mich gleich am ersten Tage so brüsk in Anspruch nehme, ehe noch zwischen uns die offiziellen Formalitäten erfüllt seien. Aber es handele sich um sehr Wichtiges. Deutsche Truppen aus Brest-Litowsk hätten in den Dörfern Biala und Miedzyrzec, angeblich als Repressalie für Entwaffnungen, Häuser angesteckt und Gefangene fortgeschleppt, die sie sofort zu erschießen gedroht hätten. Ich möge einschreiten, damit sie wenigstens ordnungsgemäß abgeurteilt würden; sonst könnten sehr ungünstige Rückwirkungen eintreten. Ich versprach, an Oberost zu telegraphieren. Tat dieses und schickte dann eine Verbalnote an das Ministerium des Äußeren, daß das Telegramm fort sei, ich gleichzeitig aber darauf aufmerksam mache, daß fünfzehn Reichsangehörige von den Polen ohne Prozeß eingekerkert seien, worunter einer angeblich schon erschossen sei. Ich bäte auch in diesen Fällen Rücksicht auf unsere Beziehungen zu nehmen.

Nachdem Pilsudskis Adjutant fort war, sagte mir Korff, er glaube nicht, daß Pilsudski sich halten könne. Er sei kein Politiker, stützte sich jetzt ausschließlich auf die Sozialisten, habe ein rein sozialistisches Ministerium gebildet. Das ließen sich die polnischen Bourgeois und Bauern auf die Länge nicht gefallen.

Ein Vertreter des Ministers des Auswärtigen kam, um mir zu sagen, daß der Minister mich zur Überreichung meines Beglaubigungsschreibens morgen empfangen werde.

Das Verhalten der deutschen Offiziere und Beamten in Polen

am 11. November ist gewiß schmachvoll. Aber in Berlin war es am 9. nicht viel besser, und man hat das Gefühl, daß überall nicht einzelne Menschen, sondern ein System versagt hat, das schließlich nur noch die nackte Gewalt als Mittel kannte und hilflos zusammenbrach im Augenblick, wo diese ihm entglitt.

Warschau. 21. November 1918. Donnerstag

Alles war auf dem Prestige aufgebaut. Als dieses im Westen und in Bulgarien zusammenbrach, stürzte auch die Verwaltung in den besetzten Gebieten zusammen. Deshalb trifft Beseler und Nelke nur eine indirekte Schuld, sowenig ihr persönliches Verhalten am Schluß zu verteidigen ist. Der Krieg war schließlich eine ungeheure Spekulation, deren Mißlingen alles andere mitriß; der größte Krach aller Zeiten.

Um elf machte ich dem Minister des Äußeren Wassiliewski meinen Antrittsbesuch. Er empfing mich mit seinem Unterstaatssekretär Filippovicz. In den Vorzimmern, auf Treppen und Gängen herrschte eine große Unordnung, weil das Ministerium gerade einzog, natürlich in eine ›besetzte‹ deutsche Behörde. Vor acht Tagen war hier noch die Presseabteilung des Gouvernements. Tische, Sofas, kleine Jungens bewegten sich durcheinander: ein Ausverkauf, ein Chaos von Altem und Neuem, von Nachlaßgut und Anfängen eines neuen Staates. Das haben wir mit unserem Blute erreicht; aber die Schuld ist an uns, weil nichts war in unserem Volke, um das kostbare junge Blut auszuwerten. Ich sagte bei Überreichung meines Beglaubigungsschreibens dem Minister einige freundliche Worte, auf die er ähnliche, aus einem Manuskript verlesene erwiderte. Was echt, was falsch daran war, ließ sich bei diesem ersten Zusammentreffen nicht erkennen. Positives wurde nur besprochen in bezug auf die festgesetzten Deutschen. Filippovicz, der außer Polnisch nur Englisch spricht, sagte mir zu, über diese bis heute nachmittag um fünf mir Nachricht zu geben und ihre baldige Freilassung erwirken zu wollen.

Nachmittags um fünf empfing mich in feierlicher Audienz

Pilsudski im Palais am Sachsenplatz. Ich überreichte ihm das Original meines Beglaubigungsschreibens und hielt eine kleine Ansprache. Er erwiderte als Staatsoberhaupt. Bemerkenswert, daß er dabei von ›unserer (seiner und meiner) Aufgabe‹ in bezug auf die Beziehungen zwischen Deutschland und Polen sprach. Ich griff den Ausdruck auf und sprach meine Freude aus, daß er von einer ›gemeinsamen Aufgabe, die ihm und mir zugefallen sei‹, gesprochen hätte. Er ergänzte: ›die gemeinsame Aufgabe, unsere beiden Völker aus der alten Feindschaft in eine neue Freundschaft überzuführen‹. Er sieht sehr krank aus, das Gesicht blaß und eingefallen, aber noch immer mit dem alten Ausdruck von Energie und Güte; und er sprach lebhaft und heiter. Er wolle möglichst bald das Land in einen konstitutionellen Zustand überführen; die irreguläre Macht, die ihm zugefallen sei, ablegen. Dem Sozialismus müsse man in Worten weit entgegenkommen; die Zeit verlange das. Ob die Ausführung mit den Worten Schritt halten würde, sei eine andere Frage. Sehr beunruhigt sprach er sich über die Zustände im Etappengebiet Bug aus. Unsere Soldaten schössen dort Dörfer in Brand, verschleppten Gefangene. Das sei sehr gefährlich für die von uns beiden angestrebte Freundschaft. Er möchte möglichst bald durch Verhandlungen hier klare Zustände schaffen. Ich sagte ihm, daß ich für meine Gesandtschaft einen Verbindungsoffizier vom Oberbefehlshaber Ost bereits angefordert habe. Pilsudski nahm dieses mit sichtbarer Erleichterung auf. Ich kam dann auf unsere Gefangenen im Gefängnis hier. Meine sehr vorsichtig ausgesprochene Hoffnung, daß er sich halten werde, verstand er richtig als Frage und erwiderte, Gefahren sehe er nur im Südosten und Südwesten: im Südosten die russischen und ukrainischen Bolschewiki und Banden, im Südwesten die sehr unruhigen Zustände im Gebiet von Dombrowa, wo der revolutionäre Funken aus Deutschland nach Polen überspringen könne. Im übrigen gehe er seinen Weg und lasse die anderen schreien. In der posenschen Opposition sehe er keine Gefahr, denn diese werde sich immer in legalen Bahnen bewegen. Wir sprachen dann noch einiges Private, alte Erinnerungen, die Pilsudski jedesmal beglücken. Seine schönste Zeit, seine eigentliche Jugend, ist doch offenbar die gewesen, wo er mit seinen Legionären kämpfte.

Warschau. 22. November 1918. Freitag

Früh um halb neun kam der Major Ritter zu mir, um über heute bevorstehende Verhandlungen mit den Polen wegen Abtransports der Truppen aus der Ukraine zu berichten. Um halb elf besuchte ich Nieniewski, den stellvertretenden Chef des Generalstabes, mit dem ich bei Gerok im Stabe zusammen war.

Kaum war ich wieder zu Hause, erschien bei mir unangemeldet um elf Pilsudski mit seinem Adjutanten. Er ist gestern durch ein von ihm selber unterzeichnetes Dekret Diktator von Polen geworden. Um so überraschender war sein Besuch, da Staatsoberhäupter sonst Besuche nicht persönlich erwidern. Er knüpfte im Laufe der Unterhaltung an sein gestriges Wort an, daß unsere gemeinsame Aufgabe sei, die alte deutsch-polnische Feindschaft in eine neue deutsch-polnische Freundschaft überzuführen, um hinzuzufügen, daß die Verhältnisse in der Bugetappe das Gelingen dieser Aufgabe gefährdeten, um so mehr, als nach dem Lösen der Frage von Lemberg die Bugetappenfrage in den Brennpunkt des öffentlichen Interesses rücken werde. Die Einnahme von Lemberg konnte er nicht bestätigen, sie stehe aber unmittelbar bevor. Mit Stolz erwähnte er, daß er seine eigene alte 1. Legions-Brigade zusammengezogen und hingeschickt habe. Dabei erwähnte er, daß die polnische Armee gegenwärtig dreißigtausend Mann zähle, die in etwa vierzehn Tagen genügend ausgebildet sein würden. Er blieb ungefähr eine halbe Stunde, plauderte, lachte, erzählte seine Wohnungspläne, er wolle in ein kleines Palais ziehen, besitze gegenwärtig kaum ein zweites Hemd, zeigte aber mit Stolz seinen Ehrendegen, den ihm die Legionen nach zweijährigem Krieg geschenkt hätten.

Nachmittags unter einem Ansturm von Besuchern meinen ersten Bericht über die Lage in Polen diktiert. Um halb acht besuchte mich noch Hutten, der vormittags in meinem Badezimmer gesessen hatte, ohne daß er vorkam, weil zuerst Pilsudski und nachher Wassiliewski bei mir waren. Er schimpfte über Oberost und die Bugetappe, wo unsere Soldaten wie die Wilden hausten, Leute totschlügen, Häuser ansteckten usw. Er empfahl mir dringend, noch heute meinen Antrittsbesuch beim Generalstabschef, dem Grafen Sczeptycki, zu machen. Er war noch keine zehn Minuten fort, als Sczeptycki mir sagen ließ, er müsse mich in einer äußerst dringenden Angelegenheit noch heute abend sprechen. Ich antwortete, ich würde ihn um halb elf empfangen.

Präzise um halb elf erschien Sczeptycki allein bei mir und brachte mündlich die Forderung vor, daß wir sofort die Bugetappe links des Bug räumen sollten, widrigenfalls Polen sich um Hilfe an die Entente wenden werde. Er betonte nochmals, daß er als Chef des Generalstabes spreche, und fügte hinzu, ich werde dasselbe Verlangen morgen von der Regierung offiziell gestellt bekommen. Ich stehe also in einem Augenblick, wo ich vollkommen von meiner Regierung abgeschnitten bin, vor einem kaum noch verschleierten Ultimatum. Sczeptycki begründete seine Forderung mit den von unseren Soldaten angeblich verübten Greueln, die er selber übrigens, als ich ihm die Untaten seiner eigenen österreichischen Armee, zu der er bis vor einem Jahr gehörte, vorhielt, als unter den Verhältnissen im Bandenkrieg als kaum vermeidbar zugab. Aber die Erregung der öffentlichen Meinung sei bereits so groß, daß keine polnische Regierung ihr widerstehen könne. In Wirklichkeit sind es natürlich unsere Schwäche und die Verachtung für das Verhalten unserer Beamten und vieler Offiziere am 11., die die polnische Regierung zu dieser brüsken Forderung ermutigt haben.

Warschau. 23. November 1918. Sonnabend

Vormittags Besuch beim Erzbischof Kardinal Kakowski. Er wohnt in einem großen, aber spießbürgerlich möblierten Palais, das nach Chlor riecht. Sein Hauskaplan führte uns die Treppen hinauf in einen steifen, altmodischen Salon, wo nach kurzer Zeit der Kardinal erschien, ein großer, stattlicher, noch junger Mann mit einem ziemlich gewöhnlichen Gesicht und hellen blauen Augen. Er sowohl wie der Kaplan erkundigten sich mit großem Interesse nach dem Umsturz bei uns, ob wirklich alle Dynastien beseitigt seien, ob Ruhe jetzt herrsche, ob die Bolschewiki uns gefährlich werden könnten. Polen werde durch die deutsche Revolution weit mehr gefährdet als durch die russische, weil alles, was vom Westen komme, hier einschlage. Ich brachte absichtlich das Gespräch auf Pilsudski. Der Kardinal machte ein böses, ins Verächtliche hinüberspielendes Gesicht, aus dem zu sehen war, daß er Pilsudski nicht gerade Sympathien entgegenbringt. Er sei sehr populär; le peuple a besoin d'un héros (wir sprachen Französisch); seine Verhaftung sei es, die ihn zum Märtyrer und Nationalhelden gemacht habe. Ich hatte das Gefühl, daß der Kardinal sie gerade deshalb uns besonders verargt. Wir haben ihm und seinen Heiligen eine Konkurrenz geschaffen. Pilsudski sei kein Soldat, verstehe von militärischen Dingen nicht viel, da er nie regulär gedient habe. Ich hatte im ganzen den Eindruck verletzter Eitelkeit und einer aristokratischen Mißachtung gegen den populären Helden.

Um halb zwölf brachte ein polnischer Offizier mein Telegramm über Sczeptyckis Ultimatum vom Funkerturm, wo es um sechs Uhr morgens durch Gülpen aufgegeben worden war, unerledigt zurück. Meine eigenhändige Unterschrift sei nötig. Ich nahm es an mich und schrieb an Sczeptycki einen ziemlich schroffen Brief, in dem ich ihn ›ersuchte‹, Anordnungen zu treffen, damit die von ihm mit mir getroffenen Verabredungen gehalten würden. Inzwischen sei ich außerstande, den Inhalt unseres gestrigen Gesprächs nach Berlin zu übermitteln. Bereits um halb zwei erschien bei mir daraufhin Sczeptyckis persönlicher Adjutant, ein kleiner Graf Josef Michatowski, um Entschuldigungen auszusprechen; sie seien noch in der Organisation begriffen, große Unordnung herrsche, es solle nicht wieder vorkommen, von jetzt an würden alle meine Telegramme anstandslos befördert werden.

Das von Sczeptycki in Aussicht gestellte Ultimatum der polnischen Regierung ist bis jetzt, halb vier, nicht eingetroffen.

Nachmittags beim Generalsuperintendenten Bursche und im Festungslazarett III, wo unsere letzte Formation liegt. Bursche sagte, er erwarte bestimmt Unruhen in nicht ferner Zeit, und zwar von seiten der Nationaldemokraten. Im Lazarett das ganze Elend des Krieges, zum Teil Schwindsüchtige, die sich die Krankheit in russischer Gefangenschaft geholt haben. Ein armer Kerl, der ›Schweizer‹ ist und ein Bein verloren hat, sagte mit Tränen in den Augen, daß er seinen Beruf nicht mehr ausüben könne.

Abends gegen zehn, während ich mit Meyer im Speisesaal des ›Bristol‹ allein aß, hörten wir plötzlich in der Hotelhalle einen lauten Stimmenwirrwarr und Lärmen einer großen Schar von Menschen. Ich ging mit Meyer an die Tür des Speisesaals, um zu sehen, was los sei. Plötzlich kam ein Kellner an mich herangelaufen und rief mir leise zu: »Fliehen Sie; hier, hier durch die Hintertür.« Die Menge schrie: »Nieder, Kesslera«, wollte meine Zimmer stürmen; »Kesslera heraus, heraus.« Einige wilde Leute liefen im Rudel die Treppe hinauf, ein gestikulierender Mann hielt von einem Tische eine Ansprache, die ich nicht verstand. Der Hotelwirt kam zu mir und sagte, wir müßten morgen vor zehn aus dem Hotel ausziehen, sonst werde er erschossen. Ich besprach mich mit Meyer, ging nach oben, holte Gülpen, vor dessen Tür im Korridor die erschreckte Gesandtschaft sich versammelt hatte, und begab mich mit ihm und Meyer nach dem Sachsenplatz 6, um mit Pilsudski zu reden. Er war abwesend; die Wache gab uns aber einen Mann mit, der uns in eine ziemlich entlegene Straße führte, wo er sein sollte. Es war eine etwas altmodische, halb elegant mit verschlissenen Empiremöbeln eingerichtete Wohnung. Zunächst kam sein Adjutant Winiawa, mein Freund vom Kormin, dann Sosnkowski, der General geworden ist und jetzt den Korpsbezirk Warschau kommandiert. Diesem sagte ich, ich käme als Privatmann, nicht als Gesandter, um ihm mitzuteilen, daß hundert bis zweihundert Leute ins ›Bristol‹ eingedrungen seien und meinetwegen den Wirt bedroht hätten. Dieser habe uns deshalb morgen früh um zehn auf die Straße gesetzt. Da ich nicht gern in dieser Weise ausziehen möchte, bäte ich, den Wirt zu beruhigen und das Hotel unter militärischen Schutz zu nehmen. Sosnkowski sagte zu und bat mich, auf Pilsudski zu warten, der gleich kommen müsse. Wir plauderten dann noch lachend, obwohl es Sosnkowski offenbar unangenehm gewesen war, als ich sagte, die Menge habe gedroht, morgen früh um zehn Uhr wiederzukommen, und obwohl er dazwischen auch auf die Bugetappe kam; vierzig Leute seien auf einen Haufen von unseren Soldaten erschossen worden. Da es bald eins wurde, brach ich auf, ohne auf Pilsudski zu warten.

Warschau. 24. November 1918. Sonntag

Heute früh war von Sosnkowskis Schutzmaßregeln noch nichts zu sehen. Um neun brachte Gülpen vom Sachsenplatz drei Mann, die sich mit aufgepflanztem Bajonett auf dem Korridor vor meinem Zimmer aufstellten. Um halb zwölf kam die für die Gesandtschaft bestimmte Wache, ein Zug Infanteristen. Um die Mittagszeit ziehen fortwährend in langsamsten, feierlichem Schritt Trupps P.P.S.-Leute mit roten Fahnen am Hotel vorbei zum Sachsenplatz, wo große Versammlung ist. Um dieselbe Zeit meldet sich bei mir ein polnischer Leutnant, der beauftragt ist, für mich eine Gesandtschaftswohnung zu suchen. Er will sie bis morgen finden. Drei Viertel eins Ansammlung von einigen hundert Menschen vor dem Hotel. Die Direktoren lassen sich melden und zeigen sich besorgt für meine Sicherheit. Sie sind terrorisiert, meinen, die Wache sei nicht zuverlässig, kurz, wollen mich möglichst schnell los sein.

Gefrühstückt bei Langner. Der Kaisermaler Kossak, der jetzt hier in der Uniform eines polnischen Rittmeisters herumläuft und an einem Nebentisch saß, rief einem Bekannten im Saale laut zu: »Je ne voudrais pas être dans la peau de l'Ambassadeur; il va passer un mauvais quart d'heure.« Dann erkannte er mich, stellte sich vor und entschuldigte sich.

Nachmittags bei Korff. Gülpen meldet, daß vor dem Hotel die Menge bis an die gegenüberliegenden Häuser sich staut, die Wagen der Elektrischen steckenbleiben, die Wache bis auf die Hoteltür zurückgedrückt ist. Ich setzte eine Meldung nach Berlin auf, die ich versuchen werde, chiffriert hinzufunken. Alle telegraphischen Verbindungen sind unterbrochen. Wassiliewski hat heute früh Meyer, den ich hinschickte, erklärt, daß das polnische Außenministerium jede Garantie für unsere persönliche Sicherheit übernehme. Später schränkte er das Strahl gegenüber ein, indem er sagte, Garantien könne es zwar nicht übernehmen, es werde aber alles tun, was möglich sei.

Abends um sieben meldet Meyer, daß die Menge die Gesandtschaftswache überrannt, ins Hotel eingedrungen und meine Zimmer sowie die sämtlicher Gesandtschaftsmitglieder durchsucht hat. Unser Gepäck war vorher durch den Direktor in den fünften Stock geschafft worden. Eine Aufforderung, sofort jemanden auf das Ministerium zu schicken, fand Meyer im Hotel vor. Im Ministerium wurde Meyer eröffnet, wir müßten noch heute abend umziehen. Eine Wohnung werde uns um neun Uhr im Ministerium bezeichnet und zur Verfügung gestellt werden. Meyer ließ sich zum Minister Wassiliewski führen und legte Protest ein gegen die völkerrechtswidrige Behandlung, die uns zuteil werde, indem die polnische Regierung trotz ihrer Garantie uns nicht gegen die Durchsuchung der von der Gesandtschaft benutzten exterritorialen Räume geschützt habe. Ich setzte mit Meyer die Meldungen nach Berlin auf, die ich morgen per Bahn durch einen unserer Chiffreure hinschicke, da alle telegraphischen Verbindungen unterbrochen sind.

Im Ministerium wurde Meyer gesagt, sieben Zimmer stünden in zwei verschiedenen Wohnungen zur Verfügung, aber ungeheizt und zum Teil unbeleuchtet. Ich ging mit Fürstner in die uns vom Bankdirektor Theusner angebotenen Räumlichkeiten in seinem ›Heim‹. Die Gesandtschaft ist in der großen Stadt drolligerweise trotz aller angeblichen Anstrengungen der polnischen Behörden wie ein gehetztes Wild, offenbar ist die jetzige Regierung zu schwach, um Ordnung zu halten. Die Polen sind nur mit einer eisernen Faust und viel Glanz und Ruhm zu regieren. Daher bieten sie das beste Material für einen imperialistischen Großstaat, wenn der richtige brutale und ehrgeizige Mann an die Spitze kommt. Allerdings sind sie selbst politisch Kinder. Deshalb sind die bisherigen polnischen Imperien immer bald zerfallen, wenn eine überragende Persönlichkeit an der Spitze fehlte. Vieles hiervon ist auch von Preußen-Ostelbien wahr.

Warschau. 25. November 1918. Montag

Um halb zwölf bei Wassiliewski, dem ich durch Meyer hatte sagen lassen, ich wünschte eine Unterredung mit ihm, bedauere, ihn infolge der gestrigen Ereignisse nicht bei mir empfangen zu können, und werde daher zu ihm kommen. Ich sagte ihm, ich hätte auch nach dem, was gestern vorgefallen ist, den Wunsch, freundschaftliche Beziehungen zwischen Deutschland und Polen anzubahnen, müsse ihm aber sagen, daß die Lage nicht eines gewissen Ernstes ermangele. Ich werde um halb vier bei ihm nach Büroräumen und um sechs nach einer standesgemäßen und militärisch gut zu sichernden Wohnung für die Gesandtschaft fragen lassen. Er schrieb sich auf einen Zettel die beiden Stunden auf und versprach, daß alles zur Zeit bereitstehen werde. Er war so verlegen und hilflos, wie ich selten einen Menschen gesehen habe, versicherte, die Demonstrationen richteten sich mehr gegen die Regierung als gegen mich; kam nicht einmal auf die Greuel der Bugetappe zurück.

Nachmittags um sechs wurde uns endlich eine winzige kleinbürgerliche Wohnung in der Ujazdowska für Büroräume angewiesen und gleichzeitig eine Wache von zehn Mann gestellt, die wir in der Küche unterbringen müssen, da sonst kein Platz ist. Ich nahm diese Abspeisung unter Protest vom Beamten des Außenministeriums an, der geschickt war, um uns hinzubegleiten. Eine Wohnung haben wir noch immer nicht. Die Stimmung scheint heute gegen uns weniger feindlich; die Zeitung, die den ersten bösartigen Artikel brachte, schreibt heute abend, eine deutsche Gesandtschaft in Warschau mit einem zahlreichen Personal sei zweifellos nötig. Ich habe nur den Fehler gemacht, täglich mehrere hundert Menschen (!) zu empfangen. Wie mir das gelungen sein soll, verrät die Zeitung nicht.

Auch die Verhandlungen über den Abtransport aus der Ukraine und die Benutzung der polnischen Bahnen zu diesem Zwecke, die heute begonnen haben und zu denen ich als meinen Vertreter Rawicki abgeordnet hatte, haben einen guten Verlauf genommen, zum Teil infolge der Anwesenheit eines Stabsarztes und eines Gefreiten aus Oberost, die heute morgen angekommen sind und sich zuerst durch einen Ausweis von Hoffmann als legitimiert zu Verhandlungen mit der polnischen Regierung erklärten. Ich ließ ihnen durch Gülpen sagen, mit der polnischen Regierung zu verhandeln, die Legitimation habe nur ich. Wenn sie trotzdem zu verhandeln versuchten, werde ich das Resultat nicht anerkennen. Dagegen sei ich bereit, sie als Sachverständige und Berater zu meiner Kommission zuzulassen. Dieses nahmen sie an. Sie sagen, Eile tut not. Die Soldaten in Oberost wollten nach Hause und seien kaum noch zu halten. Wenn die polnische Regierung Schwierigkeiten mache, würden sich die sechshunderttausend Mann mit Gewalt einen Weg durch Polen bahnen. Dieses scheint auf Sczeptycki Eindruck gemacht zu haben.

Warschau. 26. November 1918. Dienstag

Heute vormittag in unsere von der Regierung gestellten Büros eingezogen, Ujazdowska 22, Hinterhaus. Kleine-Leute-Wohnung; in die gute Stube, die den Eingang bestreicht, kommen ein Maschinengewehr und sechs Mann.

Vormittags beim Unterstaatssekretär Filippovicz. Ich richtete an ihn erneut die Frage, wann die von der polnischen Regierung in ›Schutzhaft‹ genommenen deutschen Beamten befreit werden würden. Er antwortete, es sei nicht gut möglich, sie alle auf einmal herauszulassen, er wolle sie ›in batches‹ von drei oder vier befreien, die ersten bereits diese Woche.

Niemozecki, den ich traf und der polnischer Geschäftsträger

in Berlin werden soll, sagte, er sehe eine weitere Radikalisierung der Verhältnisse und der Regierung hier spätestens in einigen Wochen voraus, auch wahrscheinlich Unruhen. Die polnische Telegraphenagentur (WAT) verbreitet inzwischen einen Artikel des Djiennik Poznansk (Korfanty), wonach ich von jeher linksdemokratisch, ja Internationalist gewesen sei. Mein Zusammentreffen mit der Baumgarten (bei Breitscheid) wird ausgebeutet, offenbar, um alle rechtsstehenden und bourgeoisen Kreise gegen mich einzunehmen und der Entente in die Arme zu treiben. Korfanty hat am Tage der Kundgebungen gegen mich von meinem Fenster aus eine glühend ententophile Ansprache an die Menge gehalten.

Plötzlich um ein Uhr ist unsere Wache abmarschiert. Es sei von der Kommandantur Befehl gekommen, daß sie sofort dorthin zurückkehren solle. Meyer hingeschickt, um zu sehen, was los ist, und erneut Bedeckung zu verlangen.

Abends gegessen beim Schweizer Konsul Wettler mit dem norwegischen Konsul und einem Ehepaar Lippmann oder Lippert, sie Polin, er Reichsdeutscher und früher bei der Zivilverwaltung beschäftigt. Sie erzählte einen Sketch, den sie gestern im Kabarett ›Mirage‹ gesehen habe: Ein Jude bekommt nicht die Telephonverbindung; er bittet, schimpft, droht, schließlich ruft er ins Telephon: »Wenn ich jetzt nicht sofort den Anschluß bekomme, gehe ich zu Beseler. Ach nein, Beseler ist nicht mehr da; aber, Fräulein, wenn Sie mir nicht sofort den Anschluß geben, gehe ich zu Kessler, der hat ja Beseler ersetzt.« Darauf bekommt er den Anschluß umgehend. Stimmungsmache, recht geschickte. Eine Zeitung schreibt, *Hunderte* von Polen und Deutschen hätte ich im ›Bristol‹ am ersten Tage empfangen; deshalb sei das Volk erbost gewesen und habe demonstriert, weil dieser Strom von Besuchern verdächtig war. Natürlich habe ich nicht Hunderte, sondern höchstens ein paar Dutzend Leute gesehen.

Warschau. 27. November 1918. Mittwoch

Die Wache ist wieder da, neun Mann im Vorderzimmer mit einem deutschsprechenden Sergeanten. Vormittags kam Morawski, um mir seinen Stellvertreter, einen Grafen Raczynski, vorzustellen. Auf die Note kam er nicht zurück. Ferner besuchte mich Studnicki, der wegen seiner bei mir im ›Bristol‹ vom Mob gefundenen Visitenkarte durch die Zeitungen arg zerzaust worden ist. Er möchte die polnischen ›östlichen Provinzen‹, das heißt ein großes Stück Rußland, haben. Die Polen entwickeln einen Appetit wie ein neu aus dem Ei gekrochener Sperling. Studnicki ist ein kleiner, etwas unordentlicher schwarzer Mann mit hübschen, guten Augen, der sehr schlecht Deutsch spricht, aber Deutschland lieben soll. Etwas Theoretiker und Idealist, wie mir schien, ohne viel Gefühl für das Reale.

Warschau. 28. November 1918. Donnerstag

Von Berlin habe ich noch immer keine Weisungen, überhaupt keine Antwort auf meine Telegramme über die Bugetappe.

Abends aß ich im ›Angielski‹ mit dem bisherigen deutschen Direktor der polnischen Darlehnskasse Theusner und Otto Fürstner. Das Lokal bei Musik überfüllt, auch viele hübsche, ganz elegante Frauen. Gegenüber in einem Hause sah man durch das Fenster Legionäre mit Mädchen tanzen. Auf der Straße zog einmal ein Zug Demonstranten vorbei, die ›Nieder mit der Regierung‹ johlten. Beim Weggehen zog mich der Oberkellner schnell durch eine Seitentür. Fürstner, der mit Theusner die Treppe vorn herunterging, sagte, vier oder fünf junge Leute, darunter ein polnischer Offizier, hätten draußen auf mich gewartet und meinen Namen gerufen; offenbar einen Affront vorgehabt. Sie wollen sich noch schnell für den Einzug der Entente Verdienste erwerben; nicht sehr tapfer, aber klug.

Warschau. 29. November 1918. Freitag

Heute früh steht an den Litfaßsäulen ein großes Plakat ›Zu den Waffen‹, das zum Kriege gegen Deutschland aufruft. Keine

Unterschrift. Offenbar nationaldemokratische Arbeit mit Ententegeld. Mittags stehen vor diesem Plakat überall kleine Gruppen, die es still studieren. Studnicki, der vormittags bei mir war, bat mich, ihm keine Bedeutung beizumessen.

Warschau. 30. November 1918. Sonnabend

Mein polnischer Diener Biskupick meldet morgens beim Wecken, daß heute nacht ›Tausende von Menschen‹ vor dem Haus Ujazdowska 22, wo unsere Büros sind, bis um fünf Uhr früh demonstriert hätten; sie hätten den Sdrusz (Portier) herausgeholt und wissen wollen, wo ich wohnte. Der Sdrusz behauptet, sie hätten gedroht, ihn zu erschießen, wenn er meine Adresse nicht verrate. Viele Frauen seien bei den Demonstranten gewesen. Sie sind bis in unsere Räume vorgedrungen.

Nach den Morgenzeitungen, die mir Roth auf dem Büro vorliest, ist gestern abend um elf Uhr das Ministerpräsidium von der Menge gestürmt worden; sie haben die Minister haben wollen. Vor unserem Büro ist wahrscheinlich derselbe Pöbelhaufen um ein Uhr angelangt: Beweis, wie eng die Hetze gegen uns mit der gegen die Regierung zusammenhängt.

Um zehneinhalb vormittags wird mir mitgeteilt, daß unsere Gesandtschaftswache den Befehl zum Abmarsch erhalten hat. Daraufhin schicke ich das Personal nach Hause, schließe die Büros und entsende Meyer, um Rücksprache zu nehmen und zu protestieren, zum Unterstaatssekretär Filippovicz. Er wird wieder Worte, aber keinen Schutz geben. Eine ordnungsmäßige Arbeit ist unter diesen Verhältnissen unmöglich.

Zeligowski, der neue Posener Polizeipräsident, besuchte mich in meiner Privatwohnung. Er sagt, daß ich offenbar beobachtet werde; unten vor der Tür habe er sehr verdächtige Gestalten herumlungern sehen. Ich steckte ihm, da er heute Korfanty und Scyda sehe, könne er ihnen sagen, nach meiner Ansicht handelten die N.D.s (Nationaldemokraten) sehr unvernünftig und gegen das Interesse Polens, indem sie mich zu vertreiben und die Beziehungen zwischen Deutschland und Polen zum Bruch zu bringen suchten. Denn meine Arbeit hier gelte dem Versuch, einen ordnungsmäßigen Abtransport der Truppen aus der Ukraine im Einvernehmen mit der polnischen Regierung zu bewerkstelligen. Am Tage, wo diese Verhandlungen abgebrochen würden, würden sich unsere ukrainischen Truppen, fünfhunderttausend Mann, wohlausgerüstet mit Artillerie und Munition, nicht mehr halten lassen und über Polen herfallen, um sich gewaltsam den Weg in die Heimat zu bahnen. Am Tage, wo ich hier abführe, werde sich diese Truppenmasse in Bewegung setzen, und für das, was dann geschehe, müsse meine Regierung jede Verantwortung ablehnen. Ich sei der einzige Damm zwischen Polen und dieser drohenden Lawine; wenn die N.D.s mich beseitigten, werde sie wie eine Dampfwalze über Polen hingehen. Zeligowski schien beeindruckt und schlug eine Zusammenkunft zwischen mir und Korfanty vor heute nachmittag an einem dritten Orte.

Meyer kam von Filippovicz und sagte, dieser habe sich in Entschuldigungen überboten. Meyer hat in meinem Auftrag Requirierung einer leerstehenden Villa, ausreichenden militärischen Schutz unter einem zuverlässigen und deutschsprechenden Offizier und eine Audienz für mich bei Pilsudski gefordert.

Um sechs Uhr bei Pilsudski. Er ist ins Schloß Belvedere übergesiedelt. Vorfahrt in einem großen, vornehmen Hof, der dick beschneit und von den hell erleuchteten Schloßfenstern blaßrot beschienen ist. Adjutanten und Unteroffiziere flitzen in der Eingangshalle hin und her. Winiawa kommt heruntergeeilt und führt uns in ein Vorzimmer mit steifen Möbeln, in dem ein Papiermachémodell eines preußischen Gardedukorps aus den Befreiungskriegen unter einer Glasglocke steht; offenbar ein Geschenk Friedrich Wilhelms III. oder IV. an den Kaiser Nikolaus. Beseler hat es vielleicht ausgegraben.

Nach wenigen Minuten kam Winiawa zurück und führte Meyer und mich zu Pilsudski hinauf. Er empfing uns in einem großen altmodischen, ziemlich leeren Salon im ersten Stock. In Benehmen und Haltung bei aller Einfachheit schon ganz das

Staatsoberhaupt. Eine merkwürdige Metamorphose seit meinem Besuch in Magdeburg. Er sieht krank aus, aschgrau und mager; klagte über seine Gesundheit. Die mystischen Augen aber brennen noch im blassen und zerfurchten Gesicht. Sorgenvoll und von einer tiefen Traurigkeit war der Ausdruck. Ich sagte, nachdem der Pöbel in der vorigen Nacht zum dritten Male in meine Gesandtschaft eingedrungen sei, müsse ich gewisse Forderungen stellen: ein eigenes Palais, das militärisch requiriert, jedoch von mir zum vollen Wert bezahlt werden solle (ich schlug Ujazdowska 11 vor, das leer steht und einem abwesenden Russen gehört); eine starke Wache unter einem zuverlässigen und deutschsprechenden Offizier. Pilsudski versprach, diese Forderungen unter Vorbehalt einer Rücksprache mit der Regierung zu erfüllen, entschuldigte sich und setzte hinzu, die Kundgebungen richteten sich ebenso gegen ihn wie gegen mich. Bisher habe er versucht, in Güte auszukommen. Jetzt sei er aber entschlossen, die Unordnung auch mit Gewalt zu unterdrücken. Er habe Befehle gegeben, die vielleicht zu Blutvergießen führen würden (indem er dieses sagte, wurde sein Gesicht noch blasser und grauer; ein schauerlicher Kampf und Schmerz war darin sichtbar). Schon heute nacht würden einige Verhaftungen vorgenommen. Die Nationaldemokraten hätten es nicht anders gewollt. Er bedauere die Notwendigkeit, sein Entschluß sei aber fest. Er werde den Bolschewismus von rechts ebenso niederhalten wie den von links. Allerdings könne er mir nicht verhehlen, daß die Erregung der Bevölkerung gegen die Gesandtschaft nicht ohne Ursache sei. Die Meldungen über Greueltaten unserer Soldaten im Buggebiet, der Ausschluß der polnischen Beamten aus dem zweifellos zum polnischen Staate gehörenden Gebiet von Suwalki, die durch das Zurückgehen unserer Truppen in Litauen und Weißrußland verursachte Furcht vor den nachrückenden russischen Bolschewiki böten einen großen Agitationsstoff. Er müsse mir sagen, daß, wenn die Dinge so weiterliefen, er selbst vielleicht in einigen Tagen gezwungen wäre, gewisse Anordnungen zu treffen (also ein drittes Ultimatum).

Ich erwiderte, die Leute, die hier zum Bruch und zur Abberufung der Gesandtschaft trieben, schienen mir merkwürdig töricht. Denn wenn es zum Abbruch der Beziehungen und Verhandlungen komme und unsere Soldaten in der Ukraine dieses erführen, würde nichts sie halten; sie würden sich selbständig und gewaltsam einen Weg durch Polen in die Heimat bahnen. Meine Abberufung werde das Signal sein, auf das sich diese Masse in Bewegung setze; und ehe die Entente Hilfe bringe, werde Polen schon zerstampft sein. Pilsudski gab mir völlig recht, selbst der schweigsame Winiawa stimmte zu.

Wieder habe ich den Eindruck erhalten, daß Pilsudski einen Ausgleich mit uns sucht und fest und klaren Blickes seinen Weg geht; fraglich ist, welche Macht ihm zur Verfügung steht oder welche Macht er sich noch rechtzeitig schaffen kann. Gegen die Einmischung der Entente und gegen den Bolschewismus genügen Einsicht und Wille nicht. Er selbst sagte, die N.D.s wollten durch alle Mittel und unter anderem durch die Hetze gegen mich einen Zwischenfall hervorrufen, der den Einmarsch der Entente zur Folge habe. Ganz sicher, daß ihnen dieses nicht gelingen werde, schien er nicht.

Nach meiner Unterredung nach Berlin telegraphiert, noch einmal auf die Gefahren der Bugetappenfrage aufmerksam gemacht und wieder dringend um Weisungen gebeten. Seit meiner Ankunft in Warschau habe ich trotz der kritischen Lage und des Ultimatums kein einziges politisches Telegramm oder anderes Schriftstück aus Berlin bekommen. Das Auswärtige Amt antwortet auf nichts. Meyer meint, vielleicht sei es so in der Auflösung begriffen, daß niemand eine Entscheidung zu fällen wage. Nach unverbürgten Nachrichten soll Eisner den Rücktritt von Solf und Erzberger gefordert haben. Meyer sagt, das ganze Amt werde sich mit Solf solidarisch erklären und mit ihm zurücktreten.

Mit Meyer allein gegessen in einer kleinen Weinstube. So endet dieser weltgeschichtliche Monat November 1918, der neben dem August 1914 ewig einen denkwürdigen Klang haben wird.

Warschau. 1. Dezember 1918. Sonntag

Auch heute noch keine Weisungen und kein Feldjäger. Es ist, als ob man uns in Berlin vergessen hätte.

Wir haben jetzt in unserem Haus Ujazdowska einen Zug Infanterie und zwei Maschinengewehre. Ein Posten steht auf der Straße vor der Tür. Pilsudski hat also Ernst gemacht. Außerdem sind uns neue Räume für die Gesandtschaft zur Verfügung gestellt.

Verschiedene Versammlungen nationaldemokratischen Charakters sind für heute angekündigt. Die eine abends um zehn auf dem Sachsenplatz, die jedenfalls zu Kundgebungen führen wird.

Meine Wirtin in der Bodnena 4, wohin ich gestern gezogen bin, kam nachmittags sehr höflich, aber sehr ängstlich zu mir und gab zu erkennen, daß sie froh wäre, wenn ich auszöge. Ich werde in der Stadt gesucht vom Pöbel; man wisse nicht, was geschehen könne. Sie gab mir schließlich meine Papiere zurück, weil sie nicht riskiert, mich bei der Polizei anzumelden.

Abends Abschiedsessen beim Festungslazarett III, das morgen im Lazarettzug mit sämtlichen Kranken und Verwundeten nach Deutschland fährt. Es war unsere letzte geschlossene Formation in Polen. So endet die Besetzung dieses Landes, in das wir 1914 so hochgemut und mit solchen Hoffnungen einrückten. Jetzt muß ich froh sein, daß diese letzten armen Kerle, die hier nicht mehr sicher waren, heil herauskommen. Der Chef, ein Oberstabsarzt Haenisch aus Stettin, erwies sich als noch immer alldeutsch; seine Redensarten wirkten unter den traurigen Umständen dieses Abschiedsessens zugleich harmlos und ärgerlich. Als ich nach elf fortfuhr, bewegte sich ein großer Volkshaufen gegen das Belvedere, ›Prezd‹-(Nieder-)Rufe im Takte feierlich brüllend. Der Eindruck der dunklen, wilden Masse in der Nacht war schauerlich. Ich ging gegen ein Uhr zur Ujazdowska revidieren, ob alles in Ordnung sei. Die Wache meldete, die Volksmenge sei vorbeigezogen, ohne sich vor unserem Hause aufzuhalten.

Warschau. 2. Dezember 1918. Montag

Endlich heute durch den Feldjäger Weisungen aus Berlin erhalten. Die Oberste Heeresleitung einverstanden mit der Räumung der Bugetappe westlich des Bug bis auf einen Brückenkopf bei Brest-Litowsk, ferner mit dem Einrücken polnischer Truppen in Teile des Ostgebiets, ehe diese von uns geräumt werden, um das Nachrücken der Bolschewiki zu verhindern. Allerdings scheint es einen Kampf gekostet zu haben, denn die Einwilligung der O.H.L. ist vom 27., und am 26. erklärt Oberost in einem gleichzeitig eingetroffenen Schreiben die Räumung der Bugetappe noch für ausgeschlossen. An Pilsudski abends geschrieben und ihm das Einverständnis meiner Regierung mit der Räumung der westlichen Bugetappe mitgeteilt; sofortige Verhandlungen über die Modalitäten angeregt. Damit haben wir der Pilsudskischen Regierung einen Erfolg verschafft, der sie zweifellos festigen wird. Die gestrigen Versammlungen haben ebenfalls ein Fiasko der N.D.s gebracht.

Schoeler angekommen, das heißt seit gestern früh ist er hier, hat uns gestern den ganzen Tag gesucht, unterwegs zwischen Berlin und Thorn sein ganzes Gepäck verloren, liegt mit Fieber zu Bett, klagt über eine entsetzliche Reise. In Berlin hat er in den letzten Tagen gesehen, wie einem alten General am Knie in Charlottenburg die Achselstücke heruntergerissen wurden und wie am Potsdamer Platz ein blutjunger Leutnant Burschen, die ihm die Achselstücke nehmen wollten, einen Browning vorhielt: »Zehn Schritt vom Leibe, oder ich schieße.« Von Frankfurt bis Berlin ist er zwei Tage dritter Klasse gefahren mit Truppen aus der Etappe; die Demoralisation sei furchtbar, namentlich unter den Offizieren, die einfach fortgelaufen sind. Die Truppen aus der wirklichen Front dagegen noch immer glänzend. Den Kaiser bezeichnet Schoeber als Deserteur. Diese Erbitterung gegen den Kaiser gerade in konservativen Kreisen geht auch aus einem Artikel des roten ›Tag‹ hervor.

Abends besuchte mich der alte Graf Milewski. Vor vier Wochen habe er noch seinen Paß ins Belvedere zu seinem alten

Freund Beseler getragen. Als er wiederkam, herrschte dort ›ce bolchévique de Pilsudski!‹ Als Edelleute müßten wir zusammenhalten gegen diese in allen Ländern wütende Kanaille.

Warschau. 4. Dezember 1918. Mittwoch

Nachmittags um fünf erste Verhandlung über die Räumung der Bugetappe beim Generalstabschef Sczeptycki im ›Bristol‹. Anwesend außer Sczeptycki der Unterstaatssekretär Filippovicz, sein Gehilfe Jodko, Winiawa, der Pilsudski vertrat, der Rittmeister Górka. Ich hatte Meyer, Rawicki, den Major Ritter, den Major Schmidt als Vertreter des Feldeisenbahnchefs und den Hauptmann Rabien als Vertreter von Oberost mitgebracht.

Jodko führte die Verhandlungen auf seiten der Polen. Er begann sofort mit der Frage, innerhalb welcher Frist wir die Bugetappe bis zum Bug räumen wollten. Es werde der polnischen Regierung schwerfallen, sie über den 23. Dezember, zwölf Uhr mittags, zu verlängern. Ich antwortete, die Frist hänge nach unserer Auffassung ab von der Zeit, die nötig sei, um unsere Vorräte und Materialien fortzuschaffen. Hierzu sei das sachverständige Urteil eines Offiziers der Bugetappe nötig. Ich hätte heute telegraphisch den dortigen Chef hergebeten. Erst wenn ich diesen gehört hätte, werde es mir möglich sein, über Fristen zu reden. Sodann verlangte Jodko Organisierung und Bewaffnung der polnischen Bevölkerung in Litauen zum Widerstand gegen die Bolschewiki. Ich antwortete, ich werde mir Mühe geben, unsere Regierung zu bewegen, daß sie der polnischen Regierung ihre Absicht zu räumen eine angemessene Zeit vorher mitteile, so daß die Verteidigung vorbereitet werden könne. Hierbei erlaubte sich Jodko, Wünsche in bezug auf Posener Dinge vorzubringen. Ich wies ihn scharf zurück mit der Bemerkung, daß Posen vorläufig noch zum Deutschen Reich gehöre, ich daher jede Erörterung Posener Verhältnisse mit der polnischen Regierung ablehne. Er wurde sehr rot, aber schwieg.

Die Verhandlung fand im Schlafzimmer von Sczeptycki statt, der krank ist; einem großen gelbseidenen Raum mit Alkoven im Hintergrunde. Merkwürdige Köpfe unter den Teilnehmern: Sczeptycki selbst, ein schlauer Pole, der den Heißsporn und undiplomatischen Haudegen spielt; Jodko, ein alter Sozialdemokrat mit einem Sokrateskopf und einer scharfen, schulmeisterlichen Stimme, aber weicher, als er scheinen möchte; Winiawa, der Adjutant Pilsudskis, ganz, wie er sagt, Soldat und trotzdem noch mit einer sympathischen Pariser Quartier-Latin-Atmosphäre; Filippovicz, der aus dem Exil ein etwas brüchiges Englisch und die Haltung eines amerikanischen Professors zurückgebracht hat. Die Polen versuchten, äußerst bestimmt und hitzig in ihren Forderungen aufzutreten. Sie werden aber hauptsächlich vom Gefühl ihrer Schwäche getrieben.

Warschau, 6. Dezember 1918. Freitag

Heute lungern in den Straßen eine Anzahl französischer Kriegsgefangener aus deutschen Lagern; die meisten mit trikoloren Schleifen und Bändchen. Das Publikum achtete auf sie wenig. Dagegen hat Rabien gestern abend im Theater eine Ovation erlebt. Es gab die ›Schöne Helena‹. Vier französische Offiziere saßen im Proszenium. Agamemnon ist vorgetreten und hat das glorreiche Frankreich auf polnisch als Brudervolk begrüßt. Die Marseillaise ertönte. Ein französischer Hauptmann dankte aus der Loge, worauf wieder Marseillaise und tosender Beifall des Publikums. Eine Szene für Daumier oder Flaubert.

Nachmittags kamen aus Biala der Vertreter der Bugetappe, Major Wolpmann, und der Präsident des Soldatenrates der Etappe, Gefreiter Müller; sie sollen mich informieren wegen der Räumung des Buggebiets. Konferenz mit beiden auf der Gesandtschaft, nach der ich sie zum Diner mit Korff, Rawicki und Fürstner im ›Europejski‹ einlud. Der geschniegelte Generalstabsmajor und der in einen Schafspelz gehüllte Gefreite Müller, seines Zeichens Dekorateur in Essen, waren für ein elegantes Souper im Cabinet particulier des ›Europejski‹ selbst mir etwas merkwürdig. Korff erblaßte sichtlich, als ich mit dem Paar eintrat. Aber die Überlegenheit des einfachen Soldaten Müller über den Generalstäbler stellte sich so schnell heraus, daß die Befangenheit verwehte. Er kam ganz natürlich als der Besonnenste und Klarste in den Mittelpunkt der Unterhaltung. Der Major saß daneben wie eine Hofschranze, höflich und zustimmend, wogegen Müller mit einer unbefangenen, natürlichen Würde ihm die Meinungen vorschrieb und das Tafelgespräch beherrschte. Seine Aszendenz war so unwiderstehlich wie ein Sonnenaufgang. Plötzlich saß er als Führer da. Der bisherigen Organisation in Krieg und Frieden warf er vor allem ›den Herrenstandpunkt‹ vor. Der müsse aufhören, so dächten alle seine Kameraden, der Standpunkt: ›Wenn es dir nicht paßt, dort ist die Tür. Ich bin nämlich der Herr.‹ Dieser Standpunkt habe die Kluft zwischen Offizier und Mann erweitert, bis der Zusammenbruch erfolgte. Sie wollten Ruhe und Ordnung und für jeden einzelnen Freiheit und einen gerechten Anteil am Arbeitsertrag und Arbeitsregelung. Ich sagte, das ›Bildungs‹-Ideal sei durch den großen Zusammenbruch getötet; an seine Stelle müsse im neuen Deutschland das Ideal der Tüchtigkeit treten.

Müller stimmte begeistert zu. Das schmachvolle Verhalten der Truppen und Beamten in Warschau am 11. November vernahmen sowohl der Major wie sein Begleiter erst durch uns. Müller sagte, wenn seine Kameraden das erführen, wisse er nicht, was geschehen werde, so groß werde die Empörung sein, daß die Kameraden in der Etappe ihre Kameraden an der Front so schändlich im Stich gelassen hätten. Zur Räumung der Bugetappe meinten sowohl der Major wie Müller, wenn die Ukraine-Truppen das Gefühl bekämen, daß die Polen der Bahn zu nahe kämen, dann würden sie losbrechen. Niemand werde sie halten können. Sie wollten ›nach Hause‹; alles andere sei ihnen gleichgültig. Aber wenn dieses Ziel gefährdet werde, dann würden sie sich zusammenschließen und durchbrechen wie die Löwen.

Warschau, 7. Dezember 1918. Sonnabend

Ein Leutnant, der im Auftrage des Kriegsministeriums heute morgen aus Berlin eingetroffen ist, brachte die Nachricht mit, daß die Wahlen zur Nationalversammlung auf den 16. Februar anberaumt sind und daß Deutsch-Österreich wahrscheinlich mitwählen wird. So abgeschnitten sind wir, daß wir dieses nicht erfahren hatten. Außerdem erzählt er, daß die zurückkehrenden Fronttruppen aus dem Westen gar nicht rot sind, sondern mit ihren Offizieren an der Spitze einrücken. Die Unabhängigen und Spartakusleute würden dadurch sehr zurückgedrängt und seien schon verängstigt.

Vormittags Beratung bei mir mit Wolpmann und Müller über die Fristen für die Räumung des Buggebiets. Sie schlugen zwei Zonen vor, die erste bis zum 23. Dezember, die zweite bis zum 1. Februar zu räumen.

Nachmittags Verhandlungen im Generalstab bei Sczeptycki, zu denen ein Haufen von Menschen aus allerlei Ministerien herankam. Jodko führte wieder das große Wort. Er verhandelt im Tone der Volksversammlung und schweifte immer wieder über das eigentliche Verhandlungsthema hinaus nach Litauen, hierin unterstützt von Winiawa, der aufgeregt hineinquasselte.

Sczeptycki hatte nichts gegen den Durchtransport bewaffneter Kolonnen, Jodko erklärte aber, daß seine Vollmachten zu diesen Zugeständnissen nicht ausreichten; er werde mir schriftlich Bescheid geben. Wir würden also gegen Räumung der Bugetappe doch noch ein wertvolles Recht eintauschen. Das war der Höhepunkt der Diskussion, die im übrigen in den Formen des polnischen Reichstags vor sich ging. Alles redete durcheinander, Sczeptycki saß unbekümmert dabei, ließ reden, tat so, als ob er zu dieser Gesellschaft nur halb dazugehörte, was seinen Gefühlen auch entsprochen haben mag. Müller meinte nachher, das sei nichts gewesen; diese Art, eine Versammlung zu leiten, könne ihm nicht imponieren; ›mies, mies, eine ganz miese Sache‹. Der Einblick ins polnische Staatsleben stimmte ihn offenbar nachdenklich. Er selbst hatte, seine rote Binde um den

Arm, die einzige verständige und eindrucksvolle Rede gehalten. Bemerkenswertes Bild: ein deutscher Gefreiter, der als Repräsentant der Revolution mit dem Chef des Generalstabes eines fremden Landes von gleich zu gleich verhandelt!

Abends aßen Wolpmann und Müller wieder bei mir. Müller meinte, ein Sieg wäre kein Glück für uns gewesen, denn er hätte die Klassengegensätze verschärft und verewigt. Infolge der Niederlage und Revolution werde das ganze Volk, näher zusammengeführt, gemeinsam zur Arbeit an Staat und Wirtschaft herantreten. Deshalb werde Deutschland durch die Niederlage stärker und glücklicher werden, wenn nur Ruhe und ein geordnetes und nicht durch den Feind versklavtes Wirtschaftsleben erhalten blieben. Allerdings, wenn die Entente uns zu Lohnsklaven herabdrücke, dann bedeute das einen neuen Krieg.

Warschau. 8. Dezember 1918. Sonntag

Endlich ist heute ein Kurier angekommen, aber ohne Zeitungen. Unter den Depeschen eine von Oberost an das Auswärtige Amt, in der Oberost die Unverschämtheit hat, auszusprechen, sie hätten versucht, mich über die wirklichen Verhältnisse in Oberost zu unterrichten, ›damit ich in Warschau nicht bloß polnische, sondern auch deutsche Interessen vertrete‹. Den Militärs von der Art des Generals Hoffmann ist noch immer nicht ihr Dünkel gebrochen. Man staunt, ob mehr Borniertheit oder mehr Frechheit in diesen verbrecherischen Maulhelden und Intriganten wie Hoffmann gesteckt hat. Zum Glück sind ihre Zähne zum Beißen schon zu locker. Diese Leute, die durch ihre Diplomatie Deutschland in die furchtbare Katastrophe hineingeritten haben, besitzen die Schamlosigkeit, noch diplomatische Vorschriften geben zu wollen.

Der Kurier erzählt, daß bei seiner Abreise aus Berlin am Freitag nachmittag eine Schießerei zwischen Spartakusleuten und Regierungstruppen gewesen sei, etwa zwanzig Tote.

Warschau, 9. Dezember 1918. Montag

Vollkommene Ruhe. Eine Krakauer Zeitung bringt noch einen Artikel, welch schlechten Eindruck auf die Entente meine Ernennung als Gesandter nach Warschau gemacht habe; Polen sei dadurch aus der Reihe der alliierten Länder ausgeschieden, habe sich neutral erklärt. In den Warschauer Blättern und in Grabskis Interviews aber nichts dergleichen. Krakau scheint nachzuhinken. In den Straßen sieht man eine Anzahl von zerlumpten französischen Kriegsgefangenen, Mannschaften und Offiziere. Sie tragen ostentativ trikolore Bändchen und Schleifen; das Publikum achtet aber kaum auf sie. Die große Mehrheit ist dieser Ententepropaganda gegenüber offenbar gleichgültig.

Abends nach einer Aufführung der ›Csárdásfürstin‹ ging ich mit Schmieden einem Straßenlärm nach, den man vom ›Bristol‹ her hörte. Etwa dreihundert bis vierhundert Leute, die aus einer N.D.-Versammlung kamen, schrieen vor Grabskis Fenstern (den früher meinigen) Hochs auf die Entente. Die Passanten eilten, ohne sich umzusehen, vorüber.

Warschau, 10. Dezember 1918. Dienstag

Vormittags erscheint bei mir ein kleiner Sekretär vom Auswärtigen Ministerium und überbringt mir ein Schreiben Wassiliewskis von gestern, wonach mir vom 9. an das Recht entzogen wird, Chiffretelegramme zu schicken.

Nachmittags um Viertel nach vier bei Wassiliewski. Er war bemüht, kalt und unfreundlich zu sein. Es sei aufgefallen, daß wir sehr viele Chiffretelegramme abschickten und empfingen; damit werde gegen die Regierung Stimmung gemacht. Sie seien in einer sehr schwierigen Lage. Die Maßregel könne zur Zeit nicht rückgängig gemacht werden. Ich sagte, leiden würden darunter hauptsächlich die Verhandlungen über die Bugetappe und Litauen. Wenn ich auf den Kurier angewiesen bliebe, so sei ein rasches Fortschreiten unmöglich. Wassiliewski antwortete, die Verhandlungen führten ja doch zu keinen Ergebnissen. Wir seien heute noch auf demselben Fleck wie vor drei Wochen.

Ich habe den Eindruck, daß die Regierung dem Ententedruck nachgibt, auch durch Verstimmung über die langen Räumungsfristen und Furcht vor der eigenen öffentlichen Meinung getrieben wird. Möglich ist, daß sie jetzt einen Befehl zur Räumung gegen uns von der Entente erwirkt. Was dann unsere Ukraine-Truppen machen, ob sie ruhig bleiben oder durchbrechen, steht dahin. Wenn sie durchbrechen, kann Frankreich das zum Vorwand nehmen, um den Waffenstillstand zu kündigen. Das Risiko, das für uns mit dem Abbruch der Beziehungen hier verbunden ist, ist daher unermeßlich. Unter diesen Umständen mich entschlossen, nach Kowno zu Oberost zu fahren, teils um mit Hoffmann zu verhandeln und Konzessionen in den Fragen der Bugetappe und Litauens zu erreichen, teils um ungestört mit der Regierung in Berlin sprechen zu können. Offen diese Absicht und das Verbot des Chiffrierens heute abend nach Berlin telegraphiert.

Warschau. 11. Dezember 1918. Mittwoch

Statt meiner Meyer nach Kowno geschickt. Ich sah ein, daß es bedenklich sei, wenn ich in der jetzigen kritischen Lage Warschau verließe. Meyer einen Bericht ans Amt und genaue schriftliche Weisungen mitgegeben für seine Verhandlungen mit Hoffmann. Strahl, der im Auswärtigen Ministerium war, ist von Morawski und Raczynski eisig empfangen worden. Offenbar ist eine Parole ausgegeben. Bluff oder Angst, Angst vor der Entente? Wahrscheinlich beides. Jedenfalls versuche ich den Bruch zu verhindern oder hinauszuschieben, weil die Gefahren, die er brächte, riesengroß sind, aber mit jedem Tage, den wir dem Frieden näher kommen, abnehmen. Außerdem ist mir Pilsudski auf der Friedenskonferenz lieber als der mit den Franzosen intime, ihr unbedingtes Vertrauen genießende Dmowski.

Warschau. 12. Dezember 1918. Donnerstag

Abends bei Korff mit B. zusammen, einem früheren höheren Beamten des russischen Auswärtigen Amtes, der Warschauer von Geburt ist und hier gute Beziehungen hat. Er erzählt, daß bei

Pulawski, dem von uns eingesetzten früheren Kronmarschall, eine Versammlung stattgefunden habe, in der Grabski meine sofortige Entfernung aus Warschau verlangt habe; und zwar solle das so gemacht werden, daß Polen in Form eines Ultimatums von Deutschland die sofortige Räumung Oberschlesiens, Posens und Westpreußens mit Danzig fordere. Auf meine negative Antwort sollten mir die Pässe zugestellt werden. Pilsudski aber habe abgelehnt, indem er darauf hinwies, daß die polnische Armee keine Stiefel, keine Munition, keine Ausbildung habe; in diesem Zustande könne sie keinen Krieg gegen Deutschland führen. Die Kampagne in der Presse ist, wie B. sagt, der Überrest von Grabskis Bemühungen, von diesem organisiert und von zwei hier anwesenden Amerikanern, Daniel W. Strickland (Korrespondent der ›Saturday Evening Post‹) und Charles B. Sherman aus New York, mit großen Geldmitteln bezahlt. B. meinte (was mir nicht sehr wahrscheinlich scheint), daß sogar ein Attentat gegen mich möglich sei, da um jeden Preis der Bruch mit Deutschland herbeigeführt werden solle. Gegen Pilsudski sei vor vierzehn Tagen ein Komplott unter den Offizieren des Musnickischen Korps vorbereitet gewesen, aber vereitelt worden; er sollte verhaftet und erschossen werden.

B. sagt, Grabskis Hauptargument sei, daß Polen unter den sozialistisch angehauchten Nachbarstaaten – Deutschland, Ukraine, Rußland – der einzige den Kapitalisten Amerikas und Englands sichere werden müsse, indem es die sozialistische Regierung und mich hinausschmeiße, die N.D.s ans Ruder lasse und ein Bündnis mit der Entente abschließe. Dann werde ihm diese Ostelbien, Ostgalizien mit den Petroleumquellen, Litauen, Danzig anvertrauen und unermeßliches Kapital zur Verfügung stellen. Dadurch, aber nur dadurch könne Polen Großmacht werden. B., der vor fünf Wochen in Petersburg war, sagt, daß Hunderte von Leichen Verhungerter und Erfrorener in den Straßen unbeerdigt herumliegen; niemand kümmere sich darum.

Eine sehr merkwürdige Schilderung gibt er von Rasputin, den er persönlich gekannt hat. Er sei ein ganz ehrlicher Bauer gewesen und schon mit zwölf Jahren bei Hofe angestellt als Lampenanzünder, der die vor den heiligen Ikonen brennenden Lampen ansteckte. In dieser Eigenschaft sei er wohl auch nachts gelegentlich in die Zimmer der jungen Großfürstinnen gekommen, um die Lampen anzuzünden, aber dabei habe sich irgend etwas Besonderes nicht ereignet. Zu Anfang sei Rasputin vollkommen ehrlich und anständig gewesen. Dann habe ihn allmählich der Hof korrumpiert. Die Damen seien ihm, als sie merkten, daß er Einfluß hatte, geradezu in die Hosen gekrochen. So sei er schließlich ein Wüstling und Schlemmer geworden. Die Kaiserin habe nie intime Beziehungen zu ihm gehabt, sondern sich mit ihm nur gezeigt, um zu beweisen, daß sie eine gute orthodoxe Russin sei. Dadurch sei der Klatsch entstanden. Der Zar habe ihn ›als Stimme der schwarzen Erde‹ angesehen. Was brauchte er eine Duma, wenn Rasputin ihm die Stimme des Volkes direkt übermittelte? So sei allmählich ein ungeheurer Einfluß ihm zugefallen und eine entsprechende Menge Neid und Feindschaft gegen ihn entstanden. Im Kriege sei er immer gegen den Krieg gewesen. Das habe den Haß Englands und der Großfürsten-Partei noch gesteigert. England habe ungeheure Summen gegen ihn aufgewendet. Letzten Endes sei er immer der einfache Bauer und Lampenanzünder geblieben. Alles andere sei Romantik.

Als ich um zwei vor meinem Hause stand, wurde anscheinend jemand in der Nebenstraße umgebracht. Es gab schreckliche Angstrufe, dann mehrere Revolverschüsse, Leute liefen. Die Straßen sind noch immer recht unsicher.

Warschau. 13. Dezember 1918. Freitag

Tragikomödientag. Von der Buginspektion aus Biala waren mir zwei Vertreter angesagt, die mittags ankommen und mit Sczeptycki verhandeln sollten; ich möchte einen Vertreter schicken. Nachmittags um sechs erschienen bei mir ein Hauptmann Knackfuß, Generalstäbler, und der Gefreite Müller, der famose Soldatenratsvorsitzende von neulich. Sie erklärten, die Bugetappeninspektion sei bereit, das ganze Gebiet westlich des Bug bis auf den Brückenkopf von Brest bis zum 28. Dezember zu räumen; Knackfuß fügte hinzu, sie *müßten* es räumen, sogar wenn die Polen es nicht verlangten, da sie ihre Truppen zum Schutz der Bahn brauchten; die Landwehrleute an der Strecke seien unruhig und unzuverlässig geworden.

Um acht Uhr läßt sich der Chef der politischen Abteilung im Auswärtigen Ministerium, Dr. Bader, bei mir melden; er komme, um mir ein wenig angenehmes Schreiben zu überreichen, das ich aber vielleicht erwartet habe. Damit übergab er mir ein Schriftstück, in dem die polnische Regierung die diplomatischen Beziehungen zum Deutschen Reiche abbricht, mich bittet, ›immédiatement‹ mit der ganzen Gesandtschaft das Land zu verlassen, gleichzeitig aber die Hoffnung ausspricht, daß bei Rückkehr normaler Verhältnisse die Beziehungen wieder angeknüpft werden. Begründung des Bruches: der unbefriedigende Verlauf der Verhandlungen über die Bugetappe und über Litauen (Selbstschutz), die noch unbefestigten Regierungsverhältnisse in Deutschland, die Haltung von Oberost, die eine befriedigende Lösung der Schwierigkeiten als aussichtslos erscheinen ließen. Ganz besonders wird Bezug genommen auf die letzte Verhandlung und die lange Räumungsfrist, die einer Ablehnung des polnischen Vorschlags (Räumung bis zum 23. Dezember) gleichgekommen wäre. Unterschrieben war das Schriftstück vom Vizeminister Filippovicz.

Bader fügte hinzu, mündlich und vertraulich habe er mir mitzuteilen, daß die im Schreiben angeführten Gründe nicht die wirklichen seien; sondern in Wirklichkeit müsse die Regierung die Gesandtschaft bitten, fortzugehen, weil meine Person nicht mehr in Sicherheit sei und die Regierung nicht die Macht habe, mich zu schützen. Es seien zwei Komplotte gegen mich im Gange; das eine von Personen, die bereits öfter in der Gesandtschaft gewesen seien, das andere von anderen Elementen, die die Regierung nicht zügeln könne (vermutlich N.D.s). Sie wolle mir um jeden Preis, schon wegen der katastrophalen politischen Folgen, das Schicksal Mirbachs ersparen. Ich sagte Bader, es sei tragisch, daß der Bruch komme, gerade eine Stunde nachdem mir Oberost und die Bugetappe Konzessionen gemacht hätten, die mit Sicherheit einen günstigen Abschluß der Verhandlungen in Aussicht stellten. Ich betrachte den Bruch aber als Tatsache, an der nichts mehr zu ändern sei, und bäte morgen um einen Extrazug. Der Ton der Unterredung war im Gegensatz zu ihrem Inhalt freundlich und fast von einer gewissen Wärme.

Ich rief mein Personal zusammen, teilte ihnen den Bruch mit, schickte zu Wettler, damit er den Schutz der deutschen Interessen übernehme, ließ Ritter, den Soldatenrat, Knackfuß, Korff usw. benachrichtigen und sandte dann Strahl, wie mit Bader verabredet, zu diesem ins Auswärtige Ministerium, um die Einzelheiten der Reise zu verabreden. Nach einer Stunde kam Strahl sehr aufgeregt zurück, sagte, er habe mit Bader gesprochen, ihm noch einmal ›rein privatim‹ gesagt, wie unglücklich der Moment für den Bruch sei, da wir gerade heute große Konzessionen von Oberost erreicht hätten; darauf habe Bader ihn gebeten, einen Augenblick das Zimmer zu verlassen, da er mit dem Minister telephonieren wolle. Nach einer halben Stunde habe er ihn wieder hereingerufen und ihm gesagt, er müsse mich noch heute abend von neuem sprechen, ich möge alles, was heute geschehen sei, vertraulich behandeln und nichts weiter unternehmen, bis er bei mir gewesen sei.

Um elf erschien Bader, nahm den Mantel nicht ab, da er nur einen Augenblick bleiben wolle, bat mich, ihm das Schriftstück wieder auszuhändigen, da es einen Formfehler enthalte, von Filippovicz, statt vom Minister selbst, Wassiliewski, unterschrieben sei. Ich fragte, wie ich diesen Schritt auffassen, ob das Schriftstück damit aus der Welt geschafft werden solle? Bader sagte: »Ja, nul et non avenu.« Wassiliewski lasse mich bitten, ihn morgen zu besuchen. Ich sagte mich um elf bei ihm an. Damit waren nach einem dreistündigen Abbruch die Beziehungen vorläufig wieder angeknüpft. Über die Komplotte, ob die auch zurückgenommen sind, äußerte sich Bader dieses Mal nicht. Ein solches Beispiel von Wankelmütigkeit und Angst vor der eigenen Courage hat wohl selten irgendeine Regierung gegeben. Die Motivierung mit der ungültigen Unterschrift des Vizeministers ist die reinste Operette.

Warschau, 14. Dezember 1918. Sonnabend

Filippovicz ist zurückgetreten wegen des gestrigen Vorfalls. Um elf fuhr ich zu Wassiliewski (nebenbei bemerkt im Schlitten; Warschau ist ganz in Weiß gehüllt, prächtige Schlittenbahn). Er entschuldigte sich wegen des gestrigen Zwischenfalls; es sei ›Mißbrauch‹ getrieben worden; der betreffende ›Beamte‹, Filippovicz, sei ›sofort seines Amtes enthoben worden‹. Ich möge das mir überreichte Schriftstück als ungültig betrachten. Hierbei zeigte Wassiliewski auf die Unterschrift von Filippovicz hin; dieser habe nicht das Recht gehabt, ein solches Schriftstück zu unterschreiben. Wassiliewski war auffallend herzlich, ganz im Gegensatz zu seiner Haltung bei unserer letzten Unterredung. Ich sagte ihm, ich hätte weitgehende Vollmachten erhalten und bäte, daß baldmöglichst verhandelt werde; ich hoffte, daß wir uns noch heute einigen und den Vertrag über Buggebiet und Litauen paraphieren könnten. Wassiliewski war einverstanden und offenbar erfreut. Die Krisis scheint vorläufig vorbei; das Ministerium hat sich endlich fest für eine Politik, die der Neutralität, entschieden.

Nachmittags um viereinhalb Sitzung im Generalstab bei Sczeptycki. Ich nahm Meyer, Ritter, Rabien, den Gefreiten Müller, seinen Begleiter, den Hauptmann Knackfuß, und den Major Schmidt von Etra IV mit. Die Polen schickten Sczeptycki, Jodko, Górka, den üblen Eisenbahnmann, und einige andere. Ich brachte Punktationen mit. Eine Einigung in den großen Zügen über Bug und Litauen wurde rasch erzielt, die Detailarbeit einer Kommission übergeben, in die ich Meyer delegierte. So wurde über das Schicksal von großen, menschenreichen Gebieten, über Tausende von Einzelexistenzen entschieden – in wenigen Stunden, was sonst ein großer Krieg zuwege bringt. Oder richtiger, es wurde für diese Gebiete das Fazit des

Krieges festgestellt – ohne innere Anteilnahme. Jodko drängte sich privatim an mich heran, sprach und saß ostentativ freundschaftlich mit mir. Auf Jodkos Wunsch wurde beschlossen, noch heute eine zweite Sitzung abzuhalten, um womöglich zu paraphieren. Es handelt sich um drei Verträge: über Bug, Litauen und Eisenbahnen und einen Zusatzvertrag, der Ausführungsbestimmungen enthält.

Die Abendzeitungen ergeben den Eindruck, daß durch Filippovicz Sturz zwischen uns und der Regierung von Pilsudski eine einheitliche Front hergestellt ist. Wir haben eine Partei hinter uns bekommen, weil die Regierung jetzt mit mir steht und fällt.

Gegessen in der Weinstube von Müller mit Schoeler, Meyer, Rabien und dem Feldjäger Oberleutnant Schuster. Ein Nachbartisch mit polnischen Offizieren nahm eine drohende und höhnische Haltung ein.

Warschau. 15. Dezember 1918. Sonntag

Heute sind die Beziehungen endgültig abgebrochen worden. Morgens um zehn kamen Bader und Morawski zu mir und überreichten mir ein diesmal von Wassiliewski unterschriebenes Schriftstück, das, auf eine Menge von mehr oder weniger faulen Gründen gestützt, die Beziehungen abbricht, genau gesagt ›unterbricht‹, und mich ersucht, ›immédiatement‹ mit der Gesandtschaft abzureisen. Bader sagte, Nachrichten, die sie ›aus dem Westen‹ hätten (soll wohl heißen Posen), und der Mangel eines Resultats bei den gestrigen Verhandlungen hätten den Entschluß hervorgebracht.

Ich protestierte energisch gegen den zweiten Grund, da volle Übereinstimmung erzielt war und Jodko mir abends, beim Aufschub der Unterzeichnung, keinen einzigen Punkt gesagt hat, an dem er noch sachlich etwas auszusetzen hätte. Den Aufschub begründete Jodko lediglich mit dem Wunsche, die Formulierung der Verträge noch nachzuprüfen. Hierauf wußte Bader nichts zu erwidern. In Wirklichkeit ist natürlich ein energischer Druck der Entente erfolgt, die die Kaltstellung von

Filippovicz sich nicht gefallen läßt und als Sühne die sofortige Entfernung der Gesandtschaft gefordert hat.

Gleichzeitig mit der Notifizierung des Abbruchs wurden mir zwei Schriftstücke überreicht, in denen in einem höchst erregten und arroganten Ton gegen angebliche Greuel unserer Truppen im Buggebiet protestiert wird; offenbar für ein Weißbuch bestimmte Machwerke. Uns trifft an diesem Abbruch keine Schuld; wir haben uns hier in Warschau Unerhörtes gefallen lassen, ohne jemals die Konzilianz und die Versuche, auszugleichen, aufzugeben. Auch habe ich auf Oberost und Regierung immer den möglichsten starken Druck ausgeübt, damit sie den Polen entgegenkämen. Pilsudski und die polnische Regierung wollten offenbar den Bruch nicht. Aber die N.D.s, gestützt auf Frankreich, haben ihn erzwungen. Frankreich zeigt sich auch hier unersättlich in Rachgier und Ehrgeiz, sein dämonischer Haß ist durch unsere Niederlage, wie es scheint, in keiner Weise gedämpft worden. Auch künftig wird es gegen uns hassen und kämpfen, bis es selber oder wir zugrunde gehen.

Nachmittags melden Extrablätter den Abbruch oder die ›Unterbrechung‹ der Beziehungen mit Deutschland. Das Publikum kauft sie ziemlich eifrig. Gülpen, den ich zu Pilsudski wegen Freilassung der festgesetzten Polizeikommissare schickte, berichtet, Pilsudski sei sehr freundlich gewesen, habe aber gesagt, jetzt könne er zum ersten Male wieder frei atmen, so sei er von rechts und links bedrängt worden. Den ganzen Tag kamen Deutsche, die sich Ausweise zur Abreise mit der Gesandtschaft holten. Um fünf besuchte mich der Schweizer Konsul Wettler, dem ich den Schutz der deutschen Interessen übertragen will. Er übernahm ihn provisorisch, sagte aber, er müsse unter den veränderten Umständen bei seiner Regierung anfragen, ehe er ihn endgültig übernehme.

Gegessen dann im ›Europejski‹, im großen Saal, wo im Nachbarsaal gleichzeitig ein großer Rout polnischer Soldaten und Damen vor sich ging; Musik, Jugend, Begeisterung, eine Stimmung wie im Manöver.

Um zehn meldete sich bei mir als Begleitungsoffizier ein junger polnischer Leutnant, Leutnant Bednarz, der bis zur Grenze mitfährt, gleich nachher ein zweiter Offizier, dann ein Automobiloffizier mit einem Personen- und einem Lastauto. Vor der Tür patrouillierte Miliz. Der Bahnhof militärisch besetzt. Gülpen hat von einem befreundeten Legionsoffizier eine Warnung erhalten, ›man befürchte den Anschlag irgendeines Verrückten‹. Bednarz drängte uns schnell durch die Menge durch, die neugierig, aber ruhig war. Am Bahnsteig stand der Extrazug vorgefahren mit meinem Salonwagen, einem Personen- und einem Gepäckwagen. Wir nehmen etwa sechzig Personen mit; die meisten Deutschen sind in Warschau geblieben. Um halb zwölf kam ein Vertreter des Ministeriums des Auswärtigen und richtete mir einen Abschiedsgruß vom Minister aus. Gegen Filippovicz soll ein Disziplinarverfahren eingeleitet sein.

Auf dem Bahnsteig dauerte das Durcheinander von Gepäck, Personal, patrouillierenden Soldaten etwa eine Stunde. Ein großer Teil der Akten kommt, da Kisten heute nicht zu haben waren, unverpackt mit; ganze Schübe, die in den Gepäckwagen hineingeworfen werden. Sonst waren die Vorkehrungen, die die Polen getroffen hatten, mustergültig. Um zwölf fuhren wir aus dem Bahnhof. Die beiden polnischen Leutnants, von denen der eine, Bednarz, gut Deutsch spricht und ein Mitkämpfer vom Styr ist (mit siebzehn Jahren Legionär, jetzt einundzwanzig, seit vier Jahren im Krieg), hatte ich in meinen Salon eingeladen. In freundschaftlichster Stimmung saßen sie mit uns um unseren Tisch. Nichts von der Möglichkeit, daß wir morgen Feinde sein könnten, trübte das Gefühl. Gegen halb zwei hielten wir, und es hieß, wie führen nach Warschau zurück; die Strecke nach Alexandrowo sei nicht frei, wir müßten über Mlawa und Ostpreußen fahren. Um zwei waren wir wieder im Vorbahnhof Warschau und fuhren langsam um die Stadt herum in die andere Strecke ein.

Mlawa. 16. Dezember 1918. Montag

Kurz nach zwölf meldet sich bei mir ein preußischer Leutnant mit Achselstücken. Nach halb eins konnten wir aus Mlawa fort. Die polnischen Offiziere standen salutierend, als wir ausfuhren. Um ein Uhr sieben Minuten über die Grenze bei Illowo. Der Kommandant des Grenzschutzes, ein Ulanen-Rittmeister, meldete sich mit seinem Adjutanten und fragte, warum die Gesandtschaft fortführe. Ich antwortete, weil sie mich herausgeschmissen hätten; aber kein Kriegszustand. Immerhin sei Vorsicht geboten. Der Rittmeister sagte, bei ihm sei alles ruhig; aber in Westpreußen, dicht hierbei, werde die polnische Bevölkerung unbotmäßig: beim geringsten Anstoß könne die Lage umschlagen. Seine eigenen Leute seien vernünftig. Übrigens trug auch er die Achselstücke, aber mit roten Streifen.

Berlin. 17. Dezember 1918. Dienstag

Früh um acht in Berlin. Mein Personal und Gepäck ausgeladen am Bahnhof Friedrichstraße. Fahrt durch die Stadt am frühen Morgen. Brandenburger Tor, Pariser und Potsdamer Platz mit Girlanden bekränzt und im Flaggenschmuck für die rückkehrenden Truppen. Auffallend, daß keine rote Fahne mehr zu sehen ist; alles nur Schwarz-Weiß-Rot, Schwarz-Weiß und vereinzelt Schwarz-Rot-Gold. Mannschaften und Offiziere gehen meistens wieder mit Kokarden und Achselstücken. Der Unterschied gegen Mitte November ist groß.

Um halb zehn kam ein Reporter von der ›BZ‹ (Dr. Leimdörfer), um mich zu interviewen. Um elf gab ich Ludwig Stein ein politisches Interview für die ›Voss‹. Stein sagt, ich sei von gewissen Leuten als Nachfolger von Solf zum Staatssekretär ausersehen. Dann ging ich ins Amt zu Solf, um ihm zu berichten. Ich fand ihn sehr geknickt, mit grauer Gesichtsfarbe und ganz an der Möglichkeit, die Geschäfte des Staatssekretärs unter dem jetzigen Regime zu führen, verzweifelnd. Mit dem, was ich in Warschau getan habe, erklärte er sich vollkommen einverstanden. Fragte, was ich zu einem Protest wegen Ausschreibung der

Wahlen durch die polnische Regierung auf Reichsgebiet meine; die Beziehungen seien ja bloß unterbrochen, nicht abgebrochen. Ich erklärte mich einverstanden.

Von Solf ging ich zu Haase ins Reichskanzlerpalais. Haase empfing mich sehr freundlich, billigte ausdrücklich meine Tätigkeit in Warschau, ›niemand hätte mehr tun können; ich sei einer vis maior erlegen‹. Der überwiegende Eindruck, den Haase macht, ist der einer großen Geschmeidigkeit bei fundamentaler Härte; die eiserne Faust im Gummihandschuh. Ein kleiner, verbissener, etwas jesuitischer Jude mit klugen, harten Augen.

Berlin. 18. Dezember 1918. Mittwoch

Als ich nachmittags gegen zwei aus dem Amt kam, marschierte gerade eine aus dem Felde zurückkehrende Division durch die Linden ein. Die Soldaten alle im Stahlhelm, zum Teil bekränzt, Blumensträuße an Rock und Gewehr; Protzen und Geschütze mit Girlanden geschmückt, zahllose schwarzweißrote, preußische und großdeutsche Fahnen, kleine und große in der Marschkolonne wehend, keine einzige rote; die Offiziere mit Blumen bekränzt zu Pferde an der Spitze ihrer Formationen. Rechts und links eine ungeheure Menschenmenge schwach hurra rufend; aus den beflaggten Häusern Winkende. Mir schnitt das Schauspiel ins Herz, Wehmut, Scham, Trauer, Liebe zu diesem tapferen Heer, das ruhmbedeckt, aber unglücklich einzieht. Das Pathos dieser gewaltigen Tragödie hier Unter den Linden in diese blumengeschmückte Wehmut ausmündend.

Berlin. 19. Dezember 1918. Donnerstag

Der Kongreß der A.u.S.-Räte im Reichstag zankt sich weiter und wird von Zeit zu Zeit von unlegitimierten Deputationen vergewaltigt. Liebknecht erreicht mit seiner Agitation eine allgemeine Beunruhigung. Die Regierung scheut sich, energisch durchzugreifen; und wenn sie dieses nicht jetzt tut, ehe die Fronttruppen demobilisiert sind, werden später die Spartakusleute, die bewaffnet sind und dreißig Mark täglich erhalten,

Oberwasser haben. Der dreiundfünfzigste Ausschuß der Matrosen, die den Marstall und andere Gebäude halten, ist schon zu Liebknecht übergegangen. Metternich ist vor vierzehn Tagen auf einem Flugzeug nach Holland entkommen. Seitdem sind die Matrosen immer radikaler geworden; Folge der Liebknechtschen Bearbeitung und Geldmittel.

Berlin, 20. Dezember 1918. Freitag

Nachmittags Sitzung bei Lewald wegen Einleitung einer Untersuchung über die Mißbräuche in Polen. Der frühere Verwaltungschef Kries und Geheimrat Überscheer nahmen daran teil. Lewald war es darum zu tun, die ihm unterstellte Zivilverwaltung zu rechtfertigen. Kries gab die Korruption der unteren Stellen zu. Am Anfang sei alles unbestechlich, 1916 dagegen schon eine starke Bestechlichkeit der unteren und mittleren Stellen zu merken gewesen. 1917 wäre der große Umschwung zur allgemeinen Korruption bis ziemlich weit hinauf eingetreten. Die Juden hätten sich an die Leute herangemacht und sie korrumpiert. Den Polen sei diese deutsche Korruption härter, drückender und ärgerlicher als die russische gewesen, weil bei den Russen auch die höchsten Beamten bestechlich waren, die Bestechung daher sicher zum Ziele führte, während bei den Deutschen manchmal eine niedere Stelle, nachdem sie Geld bekommen hatte, nicht durchdrang, der Geldgeber also sein Geld oft umsonst los wurde.

Berlin, 21. Dezember 1918. Sonnabend

Mittags Beisetzung der Putschopfer vom 6. Dezember. Durch Liebknecht inszenierte Demonstration. Trauerzug von der Siegessäule, wo die Särge aufgebahrt waren und Liebknecht redete. Ich traf den Zug am Potsdamer Platz. Die Särge zu zweien auf gewöhnlichen Rollwagen, bedeckt mit roten Blumenkränzen und Schleifen. Bierkutscher fuhren sie im Arbeitsanzug, den runden Straßenhut auf dem dicken Schädel. Hinterher zuerst rote Matrosen, dann mehrere tausend Männer und Frauen, gut geordnet mit zahlreichen roten Fahnen und Tafeln, die an Stangen mitwanderten und wie Mohnblumen an langen Stielen über dem unabsehbaren schwarzen und grauen Zug hin und her schwankten. Das Ganze nicht sehr schrecklich oder feierlich, aber herb malerisch im Dezembersonnenschein.

Oscar Fried besuchte mich. Er kommt aus der Ukraine, wo er dirigiert hat. Erzählte von der Auflösung unserer Truppen und ihrer Gefährdung durch den ukrainischen Bürgerkrieg, der zu Petljuras Gunsten ausschlägt. Die Entente mache nichts, werde sich auch wahrscheinlich hüten hineinzugehen. Fried war bei Petljura selbst in seinem Hauptquartier, ist dann bei der Rückreise nach Deutschland in allerlei Kämpfe und Schießereien hineingekommen.

Nachmittags in der Sitzung des Preußischen Staatsministeriums Bericht erstattet über Polen. Die meisten Minister – Rosenfeld, Hirsch, Braun usw. – jüdisch. Südekum mit seinem weißen, vornehmen Botschafterkopf der einzige Vertreter des Ancien régime, auch der einzige, soweit ich hörte, der die andren mit ›Herr‹ anredet. Üblich ist unter den Ministern in der Debatte die Anrede ›Genosse‹. In dem geschmacklosen, in W. II.-Barock dekorierten Sitzungssaal mit vier schlechten Hohenzollern-Prunkbüsten in den Ecken wirkt die sozialdemokratische Phrase noch weniger unästhetisch als die höfische. Praktisch wichtig war, daß ich die militärische Schwäche der Polen feststellte. Beherrscht wurde die Debatte vom Bewußtsein unserer Ohnmacht. Im ganzen war der Eindruck, den die Korona auf mich machte, der einer Stadtverordnetenversammlung; salopp und schwunglos.

Im Amte berichtete mir, als ich zurückkam, Meyer, daß, was wir befürchteten, eingetreten sei: unsere Truppen in der Ukraine seien losgebrochen und würden wahrscheinlich auf eigene Faust durch Polen zurückmarschieren. Anlaß: Petljuras Leute haben ihnen vertragswidrig die Bahnstrecke Golocz–Kowel gesperrt. Deshalb sind sie wild geworden und selbständig losmarschiert. Verschiedene Funksprüche, auch einer an die polnische Regierung, sollen noch heute abend abgehen. Die Gefahr besteht, daß der Waffenstillstand deshalb gekündigt wird. Die Polen werden jedenfalls das Losbrechen der Truppen als eine abgekartete Sache und eine Wiedervergeltung für meine Ausweisung auffassen.

Berlin, 22. Dezember 1918. Sonntag

Paul Cassirer besucht, der aus der Schweiz kommt, wo er mit Schickele in Verbindung mit den französischen Sozialisten steht. Er sagt, Grumbach sei jetzt ganz für uns gewonnen aus Abscheu vor dem französischen Imperialismus und bearbeite die ›Humanité‹ in unserem Sinne. Auch hätten sie jetzt die N.K.-Agentur ganz zur Verfügung und könnten durch sie Nachrichten in die Northcliffe-Presse lancieren. Hier hat er mit Bolschewiki (Spartakus) gesprochen und skizzierte ihr Programm, das keinen Frieden mit den Entente-Imperien will, im Gegenteil den Krieg bis aufs Messer, mögen dabei die deutschen Bourgeois verhungern. Sie wollen die Entente zwingen, mobil zu bleiben, damit die Revolution bei ihnen ausbreche. Die deutsche Revolution bis jetzt bezeichnet Cassirer als nichts anderes denn eine große Schiebung. Nichts Wesentliches sei geändert, nur einige Vettern hier und dort hineingeschoben. Für später sei Spartakus eine Gefahr. Die Mehrheitssozialisten würden zwar in der Nationalversammlung die große Majorität für sich haben, die Verhältnisse seien aber für die Spartakusleute und würden die ruhige Arbeit der Majorität verhindern.

Als ich um eins aus dem Amte kam, zog wieder wie neulich eine aus dem Felde heimkehrende Division durch die Linden ein im Stahlhelm und geschmückt mit Blumen. Aber an der Ecke der Wilhelmstraße erwarteten sie Scharen von Kriegsverstümmelten, die ihre Krücken hochhoben und Plakate trugen: ›Keine Gnade, nur Recht‹ und ›Wir wollen die Schuldigen hinauswerfen, die uns in Elend und Not führten.‹ Ein langer Zug von solchen Unglücklichen, offenbar von Liebknecht herdirigiert, bewegte sich als Demonstration der einziehenden Division entgegen, bedrängte sie, hielt sie auf, brach in ihre Reihen ein. Es war ein peinliches Schauspiel, das offenbar auf die Heimkehrenden einen tiefen Eindruck machte. Alle Gesichter waren ernst, die Stimmung bedrückt, das Publikum ärgerlich, aber still.

Gefrühstückt im ›Adlon‹ mit Rudi Schröder, den ich seit Kriegsanfang nicht gesehen hatte. Er deklamierte mir nach Tisch drei Gedichte an Hofmannsthal. Seine Lebenspläne sind durch die Revolution umgeworfen.

Berlin. 23. Dezember 1918. Montag

Sitzung unseres Ausschusses für auswärtige Politik: Prittwitz, Roediger, Schott usw. Ich warf die Frage auf, ob und welche auswärtige Politik wir jetzt haben könnten, auch mit welchen Methoden die neue Politik durchzuführen sein werde, nachdem mit der alten Machtpolitik die ihr angepaßten bisherigen Methoden gleichfalls unbrauchbar geworden seien. Als ich gegen fünf mit Roediger aus der Deutschen Gesellschaft ins Amt hinüberging, bemerkten wir an der Tür eine Auseinandersetzung zwischen bewaffneten Matrosen und irgendwelchen Leuten, die aus dem Amte herauswollten. Wir achteten nicht darauf und gingen hinein.

Abends gegen zehn hieß es, irgendwo sei wieder eine Schießerei gewesen; es gebe zwanzig Tote. Die einen sagten, am Potsdamer Bahnhof, die anderen, am Alexanderplatz. Ich fuhr nach dem Alexanderplatz, um zu sehen, was los war, und bekam hier die richtige Auskunft, die Schießerei sei in der Nähe des Schlosses gewesen. Am Marstall standen Gruppen von Matrosen, die erzählten, ihre Kameraden seien vor die Kommandantur gerückt, um Löhnung zu fordern. Plötzlich sei von der Universität auf sie geschossen, zwei Mann tot; darauf hätten sie den Stadtkommandanten Wels verhaftet und in den Marstall abgeführt. Dieses sei gegen acht gewesen.

Als ich die Linden hinunter an die Universität kam, rückte in der Dunkelheit ein Regiment in Sturmhauben vor: große, schöne Leute, in denen ich erst nach einiger Zeit 3. Garde-Ulanen, mein eigenes Regiment, erkannte. Einige junge Offiziere, Schimmelmann, Krieglstein, erzählten, Ebert habe sie hergeholt und vorhin eine Ansprache gehalten. Halb zerlumpte Soldaten von der Straße und Zivilisten drängten sich währenddem an die Mannschaften und redeten auf sie ein. Keine Antwort von unseren Leuten, die schwiegen. Nach einigen Minuten kam ein Befehl, und die Truppe verschwand geschlossen in die Universität. Ich hatte mein Regiment seit August 1914 vor Namur nicht gesehen. Ein trauriges Wiedersehen in dieser konfusen, gefahrschwangeren Revolutionsnacht am Rande des Bürgerkrieges und der Auflösung.

Jetzt ist aber die Situation durch diese Schießerei, das geflossene Blut und den Einmarsch der Potsdamer Truppen reif für eine große Entscheidung. Wenn die Regierung Energie hat, wird sie sie benutzen, um die ganze radikalisierte Matrosendivision aus Berlin hinauszubringen; wenn nötig mit Gewalt. Die überwiegende Stimmung unter den Soldaten und der Zivilbevölkerung Berlins ist den Matrosen feindlich, weil man sie als Unruhestifter ansieht. Radikal sind sie aber erst geworden nach Aufdeckung der Komödie, die Metternich mit ihnen gespielt hat. Diese hat den Nährboden für die Spartakuspropaganda unter ihnen geschaffen. Jeden Tag ist auf den Straßen Berlins etwas Neues los; aber das Reich geht dabei zum Teufel.

Berlin, 24. Dezember 1918. Dienstag

Weihnachtsabend hat heute früh mit einem Artilleriegefecht am Schloß begonnen. Die Regierungstruppen haben versucht, die Matrosen aus Schloß und Marstall herauszuschießen.

Ich ging gegen elf ins Amt, wo Meyer triumphierte. Jetzt mache die Regierung endlich Ernst; sie solle nur eine Anzahl von Matrosen gegen die Wand stellen. Er machte mir gelinde Vorwürfe, daß ich diese gegenrevolutionäre Stimmung nicht teilte.

Gegen zwölf die Linden hinauf, die in der Höhe der Friedrichstraße von republikanischer Sicherheitsgarde abgesperrt war. Man kam aber durch Mittel- und Charlottenstraße um die Absperrung herum. Vor der Universität eine ziemlich große

Menschenansammlung, die durch die Gitter die Soldaten im Vorgarten beobachtete. Sonst alles ruhig. Aber schon aus dieser Entfernung sah man große helle Flecken in den Schloßmauern, Spuren der Artilleriebeschießung. Im Lustgarten wogte unbehindert eine gewaltige Volksmenge. Das große Portal nach dem Lustgarten ist ganz zerschossen, eine von den Säulen liegt zertrümmert am Boden; die eisernen Torflügel klafften durchlöchert und verbogen. Der Balkon darüber, von dem der Kaiser am 4. August 1914 seine Rede hielt, hängt zerfetzt herunter. Die Fenster in der Fassade sind leer und dunkel, ohne Scheiben, mit schief baumelnden Fensterkreuzen und zerkerbten, zerhauenen Brüstungen. Am schmerzlichsten haben die schönen Barock-Karyatiden unter dem Balkon gelitten: ein michelangelesker Arm weggeschossen, die ausdrucksvollen Köpfe scheinen noch pathetischer gebeugt als früher. Matrosen halten vor dem gefechtsbereiten Portal Wache. Vorläufig ist aber Pause.

Ähnlich sieht es auf dem Schloßplatz aus. Auch hier Matrosen mit Maschinengewehren in den Fenstern der zur Ruine geschossenen Fassade. Der ganze Platz schwarz von Menschen. Irgend etwas wird erwartet, ein Gefecht, eine Volksrede, Liebknecht: man weiß nicht, alles wartet und fürchtet sich nicht. Die Neugier ist bei Tausenden größer als die Furcht. Gleichzeitig bilden diese Neugierigen die beste Schutzwehr für die meuternden Matrosen. Bis sie nicht zerstreut oder zurückgedrängt sind, können die Regierungstruppen ihren Angriff nicht erneuern. Plötzlich kommt aus der Breiten Straße ein Maschinengewehrtrupp der Regierungstreuen durch die Menge, gleich umringt von tosenden, schimpfenden Menschen. Viele hier am Schloß sind also liebknechtisch. Ein Unteroffizier mit einer schwarzrotgoldenen Binde steigt auf die Protze und hält eine Rede, die man weithin über den Platz vernimmt. Es werde verhandelt, man solle doch nicht unter Brüdern sich totschießen. Das wirkt, das heißt vielleicht vor allem die laute, ruhige Stimme. Das Gewehr wird durchgelassen und fährt ab.

In der Menge halten überall Spartakusagitatoren kleine

Volksversammlungen ab; man tritt ihnen entgegen, hört sie aber an. Ein großer, fanatischer Kerl an der Ecke der Schloßbrücke schreit einen Herrn, der ihn zu überzeugen sucht, mit bösartig blitzenden Augen und verbissener Wut nieder: Taten wolle man sehen, nicht immer bloß Worte. Die Regierung habe jetzt genug geredet, endlich solle sie mit dem Sozialismus Ernst machen, sonst werde man nicht lange fackeln. Ein anderer alter, zerschlissener Mann ohne Kragen, eine Art Vagabund, predigt Vernunft: Immer mit der Vernunft, etwas Vernunft auf beiden Seiten, dann werde man sich schon verständigen. Jeder Redner hat sein Publikum. Diese kleinen Konventikel, wo teils fanatisch, teils leise diskutiert wird, erinnern mich an Hyde Park am Sonntagabend.

Während dieser blutigen Ereignisse geht unbekümmert der Weihnachtsmarkt seinen Gang: Leierkasten spielen in der Friedrichstraße, Straßenverkäufer bieten Salonfeuerwerk, Lebkuchen und Silberflitter an, die Juwelierläden Unter den Linden sind sorglos geöffnet, hell erleuchtet funkeln ihre Schaufenster; in der Leipziger Straße, bei Wertheim, Kayser usw. drängt sich das übliche Weihnachtspublikum. Gewiß brennen in Tausenden von Häusern Christbäume, und Kinder spielen drum herum mit Geschenken von Papa, Mama und der lieben Tante. Daneben liegen im Marstall die Toten, und in der Weihnachtsnacht klaffen frisch gerissen die Wunden des Schlosses und des deutschen Staates.

Berlin. 25. Dezember 1918. Mittwoch

Alle Zeitungen, selbst der ›Vorwärts‹, konstatieren heute früh, daß die Regierung kapituliert hat. Besser wäre es gewesen, sie hätte nicht erst angefangen mit Schießen.

Nachmittags war wieder eine große Spartakusdemonstration von der Siegesallee bis zum Schloß, wo sie mit der siegreichen Volksmarinedivision fraternisierte. Darauf ist die Menge zum ›Vorwärts‹ gezogen, hat ihn besetzt und Flugblätter gedruckt mit der Überschrift: ›Der rote Vorwärts‹, in denen verkündet wird: »Heute, am 25. Dezember 1918, wurde der ›Vorwärts‹ von uns, den revolutionären Arbeitern, in Besitz genommen kraft des neuen Rechtes, das (sic!) mit der Revolution am 9. November geboren wurde ... Es lebe die revolutionäre Marinedivision, das revolutionäre Proletariat, die internationale sozialistische Weltrevolution. Nieder mit der Regierung Ebert-Scheidemann! Alle Macht den Arbeiter- und Soldatenräten! Bewaffnung der Arbeiterschaft! Entwaffnung der Bourgeoisie und ihrer Helfershelfer! Gezeichnet: Revolutionäre Obleute und Vertrauensleute der Großbetriebe Groß-Berlins.« Das Ganze auf rotem Papier.

Einige andere Flugblätter besagen auf weißem Papier Ähnliches. Zwei Sicherheitsmannschaften vom Polizeipräsidium brachten sie mir abends in eine Bar, wo getanzt wurde und wo ich überraschenderweise auch Theodor Däubler traf. Die beiden Leute (alte Soldaten) erzählten, wie sie den ›Vorwärts‹ wieder der rechtmäßigen Redaktion zurückgegeben hätten. Der jüngere schien allerdings nicht sehr taktfest gegen Spartakus, war stolz, daß er Liebknecht gesprochen hatte. Der andere meinte, wenn es noch lange so weitergehe, würden wir bald die Tommies in Berlin sehen.

Berlin. 26. Dezember 1918. Donnerstag

In der Reichskanzlei, wo ich Baake warnen wollte, nur seinen Sekretär Böhme getroffen, den ich beauftragte, meine Mitteilung an Baake weiterzugeben. Böhme sagte, sie erwarteten jeden Augenblick ›etwas‹. Im Amt Bussche gesprochen und erhöhte Alarmbereitschaft empfohlen. Er behauptet, daß die Infanterie im Amte zuverlässig sei.

Um neun Sitzung unseres politischen Vereins; Riezler referierte über die Lage. Er sagte, nach seinen Nachrichten seien heute schon in den Spartakusversammlungen Ledebour und Liebknecht zu Volksbeauftragten gewählt worden; Liebknecht werde heute nacht oder morgen als Oberhaupt der Regierung ausgerufen werden. Der jetzigen Regierung stünden in Berlin alles in allem vielleicht noch hundert Mann zuverlässiger Truppen zur Verfügung. Ebert habe sich bis heute abend noch nicht entschlossen, was er tun wolle. Riezler äußerte, das einzige, was helfen könne, sei die Verlegung der Hauptstadt (Auskneifen). Rücker von meinem Regiment, der zufällig anwesend war, berichtete, dieses sei durch den Mißerfolg von neulich so verärgert, daß es für einen neuen Versuch nicht zu haben sei; die Leute meinten, sie seien mißbraucht worden.

Bei der Debatte ergab sich viel Geschwätz und Ausmalen trüber Bilder, aber nichts Praktisches. Eigentlich hat sich alles schon in das hereinbrechende Schicksal ergeben. Die Stimmung war, daß wir noch heute nacht oder spätestens morgen hilflos verhaftet würden. Zwischendurch referierte Haase über seine Erfahrungen in Trier und Spa in der Waffenstillstandskommission: eisige und habgierige Franzosen, sympathische und fast deutschfreundliche Haltung der Amerikaner.

Um zehn gingen Riezler, Trautmann, Kamphoevener und ich zum Schloß, um der Ausrufung Liebknechts beizuwohnen. Es war in dieser Gegend der stillste und leerste Abend, den ich seit langem erlebt habe. Nur eine kleine Volksversammlung, in der ein junger, gut angezogener, sympathischer Spartakusmann, offenbar ein Intellektueller, auseinandersetzte, daß das deutsche Volk noch nicht reif sei für die politische Herrschaft; es müsse erst einen langsamen und mühevollen Aufstieg durchmachen. Daher keine Nationalversammlung, sondern Arbeiter- und Soldatenräte. Riezler versuchte sich mit ihm einzulassen, hielt aber nicht stand, bekam Angst, wollte fortgehen und wurde von der Menge höhnend verfolgt. Riezler soll Ebert morgen Mut machen! Der Kern des politischen Problems ist, ob noch irgendwo irgendwelche brauchbaren und zuverlässigen Truppen sind. Oder, wenn nicht, ob man die Matrosen kaufen und bestechen kann, damit sie abziehen. Byzanz! Käuflich sind sie, aber wie kaufen? So schimpflich ist kaum je eine Regierung schwach gewesen.

Berlin. 27. Dezember 1918. Freitag

Die Krisis dauert ungemildert an. Hatzfeldt, der heute in der Kabinettssitzung war, sagt, nur die Unabhängigen – Haase, Dittmann, Barth – hätten teilgenommen. Landsberg sei einen Augenblick hereingekommen; Ebert und Scheidemann blieben fort. Zur Beratung stand ein von den Polen durch Górka in Kowno vorgeschlagenes Abkommen zur gemeinsamen Verteidigung von Wilna gegen die russischen Bolschewiki, wogegen die Polen uns den Abtransport unserer Truppen aus der Ukraine garantierten. Das Kabinett hat unter dem Einfluß von Cohen-Nordhausen den Vertrag abgelehnt. Grund: Man dürfe sich nicht mit den Bolschewiki überwerfen; im Gegenteil, man solle mit dem bolschewistischen Rußland ein Abkommen und Handelsverträge suchen.

Abends aßen mit mir bei Hiller Paul Cassirer, Kestenberg, Hilferding und die Unabhängigen-Minister Breitscheid und Hugo Simon. Breitscheid und Simon machten keinen Hehl daraus, daß ihre Ministerschaft vielleicht nur noch Stunden dauern werde. Alles hänge vom Zentralrat ab. Wenn er gegen die Unabhängigen in der Reichsleitung entscheide, würden sie als preußische Minister ebenfalls gehen. Simon, der an den finanziellen Auseinandersetzungen mit den Matrosen in erster Linie beteiligt war, sagt, ihm sei es hauptsächlich darum zu tun gewesen, sie aus dem Schloß herauszubekommen wegen der Plünderungen. Sie hätten zwar die Schlüssel zum Weinkeller, nicht aber die zur Silberkammer abgegeben. In einem Schloßflügel, den er besichtigt hat, sei entsetzlich geplündert worden. Die Matrosen hätten auch eingewilligt, die Schlüssel abzugeben, aber nicht an Wels, den sie haßten. Dagegen habe Wels einen ›point d'honneur‹ daraus gemacht, daß gerade ihm die Schlüssel übergeben würden. Dadurch sei die ganze unglückselige Verwicklung entstanden. Jetzt bricht an den Folgen dieses törichten Kommentstandpunktes die deutsche Reichsregierung und vielleicht Deutschland zusammen.

Breitscheid hatte starke Bedenken gegen Rantzau, vor allem

seine Homosexualität, die an sich gleichgültig, aber für seine Bewegungsfreiheit hemmend sein könne; und dann die Schieber, mit denen er sich in Kopenhagen umgeben habe.

Berlin. 28. Dezember 1918. Sonnabend

Die Frage, ob ich die Gesandtschaft in Bern als Sprungbrett für Anknüpfung mit Frankreich übernehmen will, tritt immer dringender an mich heran. Gestern telegraphierte Schickele und sondierten mich Kestenberg, Breitscheid und Hilferding deshalb. Heute früh sprach wieder Kestenberg mit mir, und mittags war bei Cassirer zur weiteren Besprechung ein Frühstück mit Breitscheid, Hilferding und Kestenberg. Ich erklärte mich, nachdem ich mehrmals abgelehnt habe, jetzt prinzipiell bereit, die Stellung zu übernehmen, aber unter der Bedingung, daß ich von den örtlichen Schweizer Geschäften und der Ausmistung der Gesandtschaft, die auf weniger als ein Zehntel ihres Personals zurückgeführt werden muß, entlastet werde. Mir bliebe als einzige wirkliche, allerdings weltpolitische Aufgabe die Anknüpfung mit Frankreich und England.

Meine Politik erläuterte ich Breitscheid und Hilferding dahin, daß ein Gewaltfrieden mir unentrinnbar erscheine, ich dann zu seiner Beseitigung nur drei Wege sähe: einen neuen Krieg, Bolschewismus oder Stärkung der dem Gewaltfrieden abgeneigten Parteien in den bisher feindlichen Ländern, damit diese zur Macht gelangten und ihn nachträglich beseitigten. Ein neuer Krieg scheine mir in absehbarer Zeit für Deutschland unmöglich, Bolschewismus, solange irgendeine andere Hoffnung bestehe, zu kostspielig; daher hätte ich mich für den dritten Weg entschieden.

Vor dem Frühstück mit Breitscheid das Schloß besichtigt. Hugo Simon hatte uns zu diesem Zweck den Dr. Hübner als Führer zur Verfügung gestellt. Die Verwüstungen im Innern durch die Beschießung sind überraschend gering. Eine Granate ist durch den Pfeilersaal gegangen und hat die Marmorwand hinten durchschlagen. Ein Bild von Skarbina ist dabei zerfetzt worden. Sonst sind nur Fensterscheiben draufgegangen. Dagegen ist in den Privatgemächern des Kaisers und der Kaiserin ziemlich arg geplündert worden, namentlich in den Garderoben. Die Kleiderschränke der Kaiserin sind bis auf einen ausgeräumt, die des Kaisers stark gelichtet, besonders von den Spazierstöcken die Krücken abgeschraubt, die Rohrschäfte kopflos und zerbrochen fortgeworfen. Ebenso sind überall Photographien, Puderschachteln, Andenken herumgestreut. Der Schreibtisch der Kaiserin ist erbrochen, der Inhalt verschwunden; man soll ihn in der Stadt verhökern, namentlich Briefe des Kaisers und der alten Königin Victoria. Die Nippesschränke des Kaisers sind leer, die Glasscheiben zerschlagen. Was den Matrosen an den Plünderungen zuschulden kommt, scheint nicht festzustellen. Die Privaträume, Möbel, Gebrauchsgegenstände, übriggebliebenen Andenken und Kunstobjekte der Kaiserin und des Kaisers sind aber so spießbürgerlich nüchtern und geschmacklos, daß man keine große Entrüstung gegen die Plünderer aufbringt, nur Staunen, daß die armen, verschreckten, phantasielosen Wesen, die diesen Plunder bevorzugten, im kostbaren Gehäuse des Schlosses zwischen Lakaien und schemenhaften Schranzen nichtig dahinlebend weltgeschichtlich wirken konnten. Aus dieser Umwelt stammt der Weltkrieg oder was an Schuld am Weltkrieg den Kaiser trifft: aus dieser kitschigen, kleinlichen, mit lauter falschen Werten sich und andere betrügenden Scheinwelt seine Urteile, Pläne, Kombinationen und Entschlüsse. Ein kranker Geschmack, eine pathologische Aufregung die allzu gut geölte Staatsmaschine lenkend! Jetzt liegt diese nichtige Seele hier herumgestreut als sinnloser Kram. Ich empfinde kein Mitleid, nur, wenn ich nachdenke, Grauen und ein Gefühl der Mitschuld, daß diese Welt nicht schon längst zerstört war, im Gegenteil in etwas andren Formen überall noch weiterlebt.

Erschütternd wirkten im Erdgeschoß in einem Portal, durch das ich oft bei Hoffesten hinaufgegangen bin, die aufgebahrten, gefallenen Matrosen, teils schon in offenen Särgen, teils noch auf Bahren. Einige Angehörige, kleine Leute, standen herum, ließen die Deckel abheben, um die Toten zu rekognoszieren. Ein fader Leichengeruch schwebte in der kalten Luft. Die Nüchternheit des fast geschäftlichen Tuns der Verwandten entsprach der Sinnlosigkeit dieser Todesfälle. Kein Mensch könnte angeben, wofür eigentlich diese jungen Leben geopfert worden sind oder wofür sie sich selbst geopfert haben.

Berlin, 29. Dezember 1918. Sonntag

Das Leichenbegräbnis der Matrosen war über Erwarten großartig. Ich sah es vom Lustgarten. Die sieben Särge standen vor dem zerschossenen großen Schloßportal. So weit man sehen konnte, eine ungeheure Menschenmenge: im Lustgarten, an der Schloßfreiheit, am Nationaldenkmal hochgeklettert, auf der Schloßbrücke, zwischen Zeughaus und Kommandantur und Oper auf der Opernrampe und bis zum Denkmal Friedrichs des Großen.

Der ganze gewaltige Raum, unregelmäßig eingerahmt von strengen, prunkvollen Gebäuden, vielleicht der ernsteste und schönste große Platz der Welt, wurde durch diese unabsehbare, gewaltige, überall gleichartig grauschwarze Proletariermenge zu einer Einheit. Irgend jemand hielt von der Terrasse am Schlosse eine Rede. Dann setzte sich der Zug mit Musik in Bewegung. Voran auf sieben von Kutschern des Marstalls gefahrenen kaiserlichen Wagen die sieben ganz gleichen schwarzsilbernen Särge, jeder mit Kränzen aus roten und weißen Blumen. Man sah sie in langer Reihe langsam hoch über den Köpfen der ungeheuren Menschenmenge dahingleiten. Dahinter Kränze und Blumen, alle rot oder rot gemischt mit Weiß, von Deputationen getragen, in solcher Fülle, wie ich sie noch nie gesehen habe; namentlich prachtvolle rote Rosen, ein wandernder Garten, ja hängende Gärten, die auf Tragbahren, fast so hoch erhoben wie die Särge, über der grauen Menge weiß und rot üppig leuchteten.

Das Ende war nicht abzuwarten. Ich ging zum Brandenburger Tor. Hier rückte gerade der Demonstrationszug der Demokratischen Partei, die ›Wacht am Rhein‹ singend und schwarzrotgoldene Fahnen schwenkend, ein. Wie vorauszusehen, traf er an der Ecke der Wilhelmstraße auf den Trauerzug der Matrosen. Da die Linden gestopft voll von Menschen waren, konnte er nicht ausbiegen; der Führer sagte: »Der Klügere gibt nach« und bog um, zurück zum Brandenburger Tor. Dadurch riß der Zug ab, Spartakusleute mischten sich hinein, alles geriet in Unordnung, man schrie: »Hoch Liebknecht«, »Nieder mit Liebknecht«, merkwürdigerweise aber nicht ›Hoch‹ irgend jemand von der Demokratischen Partei. Plötzlich rief ein Unteroffizier, der eine schwarzrotgoldene Fahne trug: »Mir nach! Die Straße ist für jedermann. Wir lassen uns das nicht gefallen, daß wir aufgehalten werden; wir brechen durch!« und machte den Ansatz zu einem Sturm die Linden hinunter. Leute fingen an, sich zu prügeln. Es sah so aus, als ob jetzt der große Zusammenprall kommen sollte. Da wurde ein Herr mit Schlapphut, den er schwenkte, aus der Menge emporgehoben und hielt eine Ansprache: Die Demokraten seien die Partei der Ordnung; sie dürften die Ordnung nicht stören. Deshalb sollten sie jetzt wieder umkehren. Das Ganze wurde zu einer spießbürgerlichen Groteske, bei der an der Spitze des Zuges nur das eine fehlte, der Nachtwächter. Abends wird bekanntgegeben, daß drei Mehrheitssozialisten, Noske, Loebe-Breslau und Wissell, als neue Volksbeauftragte in die Regierung eingetreten sind. Noske soll energisch und klug sein.

Berlin. 30. Dezember 1918. Montag

Diner beim Geheimrat von Berger. Becker von der ›Deutschen Tageszeitung‹, Frau Taegert (die Freundin der Kronprinzessin), Westernhagens, Georg Bernhard mit Frau. ›Deutschnationaler‹, reaktionärer Kreis; monarchistisch, aber nicht für Wilhelm II. Frau Taegert trat natürlich für den Kronprinzen ein. Überwiegend war aber der Widerwille gegen die jetzige Regierung und Anarchie. Becker begehrte leidenschaftlich gegen meine Äußerung auf, daß man die Ebertsche Regierung stützen müsse; im Gegenteil, man müsse alles tun, um sie zu stürzen. Was dann kommen soll, sagte er nicht. Unfruchtbare Politik.

Die Beziehungslosigkeit des Kaisers und der Kaiserin zu unserer Zeit bestätigte die Taegert nachdrücklich, als ich meinen Eindruck im Schlosse schilderte. Sie sagte, noch während des Krieges hätte ›die gute Kaiserin‹ keine Ahnung gehabt, was ein Sozialdemokrat ist; es habe Mühe gekostet, ihr klarzumachen, daß Sozialdemokraten ›nicht kleine Kinder fräßen‹.

Merkwürdig war mir Beckers scharfes Urteil über Ludendorff, wobei er aber die Erzählung vom ›Nervenzusammenbruch‹ als unwahr hinstellte. Ludendorff habe bereits sechs Wochen vor den verhängnisvollen letzten Septembertagen die Reichsregierung ersucht, schnellstens Frieden zu schließen. Als immer und immer wieder nichts geschah, sei er schließlich ungeduldig geworden und habe sich seiner Natur entsprechend vielleicht etwas zu stürmisch an die Telephonstrippe gehängt. Dadurch sei in Berlin der Eindruck seines Nervenzusammenbruchs entstanden, der aber falsch sei. Er habe energisch werden müssen, weil sämtliche Armeeführer berichtet hätten, ihre Armeen könnten nicht mehr weiterkämpfen.

Berlin, 31. Dezember 1918. Dienstag

Letzter Tag dieses furchtbaren Jahres. 1918 wird wohl ewig die schrecklichste Jahreszahl der deutschen Geschichte bleiben.

Vormittags im Amt ein Telegramm von Montgelas aus Bern, daß Wassiliewski einem ›Secolo‹-Berichterstatter erklärt hat, ich habe in Polen ein bolschewistisches Komplott angezettelt; die Beweise seien in Händen der polnischen Regierung. Diese lächerliche Lüge dementiert durch WTB.

Nachher bei Hermann Keyserling, der morgen auf mehrere Monate zu Bismarcks nach Friedrichsruh fährt. Er meinte, in der auswärtigen Politik könnten wir gar nicht links genug sein (unter Ausschluß von Spartakus); nur durch weitgehende Sozialisierung im Gegensatz zu den reaktionär bleibenden Westmächten könnten wir uns wieder an die Spitze der Völker stellen. Wir müßten der Musterstaat des Sozialismus werden, dann bekämen wir mit unseren siebzig Millionen notwendig die Führung in

Europa. Ich sagte, die Crux sei, wie man weitgehende Sozialisierung ohne Einschränkung der Produktion durchführen könne. Wenn wir dieses Problem lösten, würden wir allerdings der Welt vorangehen. Gegen Rantzau hat Keyserling, der ihn, wie er sagt, intim gekannt hat, große Bedenken.

1919

Berlin, 1. Januar 1919. Mittwoch

Heute abend, als ich mich zu Tisch setzen wollte, erschien im Lokal eine Deputation von streikenden Kellnern, die den Betrieb stillegten und dem Direktor ein Ultimatum mit zehn Minuten Frist stellten, innerhalb deren er die Forderungen der Streikenden anzunehmen habe; sonst würde sein Restaurant geschlossen. Nach fünf Minuten verkündete ein Angestellter die Annahme. Die Streikenden, die rote Zettel in ihren Hüten stecken hatten und eine rote Fahne trugen, zogen ab; wir konnten nach dieser Erpressung weiteressen. Viele Lokale sind schon geschlossen, andre gestürmt und demoliert. Außerdem haben heute nachmittag Katholiken und einige Evangelische das Kultusministerium Unter den Linden gestürmt, um den Unabhängigen-Kultusminister Adolf Hoffmann herauszuholen. Wir kommen in die Zeiten des Faustrechts zurück. Die Staatsgewalt ist ganz ohnmächtig.

Berlin, 2. Januar 1919. Donnerstag

Der Antiquar Lippmann ist mit Wertgegenständen der Kaiserin und mehreren Matrosen, zu denen er ein zartes Verhältnis hat, gestern morgen nach Holland gefahren. Ein kleines Satyrspiel, da L. nur durch seine Beziehungen zu Matrosen im Vollzugsrat, die er während der Revolution bei sich aushielt, der Kaiserin den Dienst leisten kann.

Berlin, 3. Januar 1919. Freitag

Abends las Däubler in der Deutschen Gesellschaft größere Teile seines ›Nordlichts‹ vor. Wie er selber körperlich sozusagen unbegrenzt, eine Art von Element ist, so ist auch das Pathos seiner Stimme scheinbar unerschöpflich: eine schöne, dunkle Stimme, von der seine großen und kleinen Gedichte wie Schiffe und Schifflein auf Meereswogen getragen werden. Er meinte, sein ›Nordlicht‹ sei noch fast gänzlich unbekannt – ein Skandal. Es sei doch als Dichtung gar nicht schwer, man müsse in sich nur das nötige Pathos finden, um es richtig lesen zu können. Er selbst erinnerte mich bei seinem Vortrag an den Satyr aus der Ekloge von Vergil, dessen mächtiges Flötenspiel Menschen, Tiere, Bäume, ja selbst das Gebirge in Bewegung bringt.

Ich lernte unter anderen Hans Blüher kennen, wohl den originellsten Kopf unter den jüngeren Denkern. Rothaarig, mit Ohren, die auffallen, weil sie so messerartig scharf und dünn rechtwinklig abstehen.

Berlin. 4. Januar 1919. Sonnabend

Abends gegessen beim heute zurückgetretenen Unabhängigen-Finanzminister Simon in Zehlendorf mit seinem Kollegen Südekum, dazu dem Direktor der Nationalgalerie Justi, Dr. Käsbach und Dr. Hübner. Wenig von Politik, viel von Kunst die Rede. Allgemeine Übereinstimmung, daß in der deutschen Kunst eine Wandlung vom Bürgerlichen zum Volkstümlichen bereits der Revolution vorausgegangen sei. Wandlung vom Impressionismus, der in Tafelbildern intime, bürgerliche Kunst bietet, zum Expressionismus, der Öffentlichkeit, große Räume, monumentale Aufträge, Wirkung auf breite Massen, Pathos und Rhetorik will. Unterschied wie der zwischen einer Causerie in einem Pariser Salon und einer Volksrede in Berlin O oder Schwabing. Käsbach und Justi wollen im Prinzessinnen-Palais eine besondere Galerie für diese moderne, expressionistische Kunst begründen.

Justi, der ein Protegé des Kaisers war, ist jetzt ganz modern und revolutionstreu. Er erzählte Anekdoten vom Kaiser, die nicht zu dessen Vorteil waren. Südekum, recht amüsant, ebenfalls; insbesondere, wie S. M. den alten Plessen in seiner Gegenwart, also in Gegenwart eines Sozialdemokraten, einmal angeschnauzt habe, weil er sich auf den Namen irgendeines Majors nicht besinnen konnte. Justi berichtete eine ähnliche Brüskierung Platens. Man macht immer wieder die Beobachtung, wie vollkommen lieblos über den Kaiser von denen gesprochen wird, die ihm nahestanden – schon vor seinem Sturze, im Frieden, vom Kronprinzen und den anderen Söhnen. Er war ein schüchtern-forscher Mensch, der laut schrie und aufgeregt redete, um seine Verlegenheit zu verbergen; seine Brutalität und kitschige Pose Selbstschutz und Selbstbetrug, eine rein persönliche Angelegenheit, die wir alle jetzt mit Vernichtung des Reiches und Ruin des deutschen Volkes bezahlen. Dieser brüllende, wie ein Löwe brüllende Hase wäre das lächerlichste Ungeheuer der Geschichte, wenn nicht Elend und Blutströme sein Werk wären. Die Verlogenheit seiner Haltung, die nichts Echtes neben sich duldete, hat Staat und Politik ausgehöhlt, Schein und Flitter an die Stelle des altpreußischen Kerns geschoben und dazu das Augenmaß fast des ganzen Volkes verdorben.

Berlin. 5. Januar 1919. Sonntag

Der Berliner Polizeipräsident Eichhorn, eine Figur wie aus einer Offenbachschen Operette, der die öffentliche Ruhe sicherte, indem er bei Aufruhr die Aufrührer bewaffnete und der deutschen Regierung diente, ohne auf seine Monatsgage aus Rußland zu verzichten, ist gestern vom sozialdemokratischen Minister Hirsch abgesetzt worden. Heute morgen erklärt er, von seinem Posten nicht weichen zu wollen, und gleichzeitig rufen in der ›Roten Fahne‹, der ›Republik‹ und sogar der ›Freiheit‹ die Spartakisten und Unabhängigen das Volk zu seinem Schutze auf. Nachmittags soll für ihn demonstriert werden. Die Regierung erklärt dagegen, daß sie bereits mittags den neuen Polizeipräsidenten Ernst in sein Amt einführt.

Ich fuhr nachmittags um fünf zum Alexanderplatz, um zu sehen, wie die Sache steht. Um diese Zeit war jedenfalls Spartakus im Besitz des Polizeipräsidiums. Davor staute sich eine dichte Menschenmenge, alle Elektrischen standen, und vom Balkon redete Liebknecht. Ich hörte ihn zum ersten Male; er redet wie ein Pastor, mit salbungsvollem Pathos, langsam und gefühlvoll die Worte singend. Man sah ihn nicht, weil er aus einem verdunkelten Zimmer sprach, man verstand nur einzelne von seinen Worten, aber der Singsang seiner Stimme tönte über die lautlos lauschende Menge bis weit hinten in den Platz. Am Schluß brüllte alles im Chore ›Hoch‹, rote Fahnen bewegten sich, Tausende von Händen und Hüten flogen auf. Er war wie ein unsichtbarer Priester der Revolution, ein geheimnisvolles, tönendes Symbol, zu dem diese Leute aufblickten. Halb schien das Ganze eine Messe, halb ein riesiges Konventikel. Die Welle des Bolschewismus, die von Osten kommt, hat etwas von der Überflutung durch Mohammed im siebenten Jahrhundert. Fanatismus und Waffen im Dienste einer unklaren neuen Hoffnung, der weithin nur Trümmer alter Weltanschauungen entgegenstehen. Die Fahne des Propheten weht auch vor Lenins Heeren.

Auf dem Potsdamer Platz inmitten einer Gruppe denselben jungen Spartakusredner getroffen, vor dem Riezler neulich auf dem Schloßplatz kniff. Er machte einen breiten Mund auf, fast ohne Widerspruch zu finden. Ich trat ihm entgegen, und sofort war die Majorität der Versammlung auf meiner Seite, namentlich alle Soldaten, weil festgestellt wurde, daß er nie im Felde gewesen ist. Er schrie, er sei am 2. August Unter den Linden verhaftet worden wegen Gegnerschaft gegen den Krieg. Ich hielt ihm aber vor, daß er jetzt den Bürgerkrieg zu Hause und den neuen Weltkrieg draußen wolle; die Versammlung wurde gegen ihn unverhohlen feindlich. Spartakus findet vor sich nur Feigheit, unterstützt durch mangelnde Organisation.

Berlin. 6. Januar 1919. Montag

Elf Uhr Ecke Siegesallee und Viktoriastraße: Zwei Demonstrationen ziehen aneinander vorüber, die eine nach der Siegesallee, die andere nach der Wilhelmstraße. Beide bestehen aus den gleichen, genau gleich gekleideten grauen Kleinbürgern und Fabrikmädchen, schwingen dieselben roten Fahnen, marschieren den gleichen Familienmarschtritt. Nur tragen sie verschiedene Inschriften, höhnen einander im Vorbeiziehen und werden heute noch vielleicht aufeinander schießen. Um diese Zeit ist Spartakus in der Siegesallee noch ziemlich dünn. Aber als ich zehn Minuten später am Brandenburger Tor bin, kommt er in unabsehbaren grauen Scharen die Linden herunter vom Osten. An der Wilhelmstraße kreuzt er sich mit einem ebenso gewaltigen Strom von Regierungssozialisten; vorläufig friedlich.

Mittlerweile werden von Vertrauensleuten aus den Regierungssozialisten die mitdemonstrierenden Soldaten herausgezogen gegen die Linden zu und bewaffnet. (Kommando: »Alles, was gedient hat, heraus! Waffen holen!«) Eine Front gegen die Linden wird gebildet. Man sieht dort eine ungeheure Menschenmenge aufgereiht stehen: Spartakus und die Unabhängigen. Zwischen beiden Fronten, vor der Englischen Botschaft, entsteht ein leerer Platz. Von der Rampe des Palais des Prinzen August Wilhelm halten Regierungssozialisten Ansprachen, lassen die Menge »Hoch Ebert und Scheidemann«, »Nieder mit Liebknecht« rufen.

Plötzlich, kurz nach ein Uhr, ein großer Tumult: »Liebknecht, Liebknecht! Liebknecht ist hier.« Ich sehe einen zarten blonden Jungen laufen, verfolgt von einer Menschenmenge; sie umringen ihn, er bekommt den ersten Faustschlag. Noch immer läuft der blonde Kopf, das atemlose rote Knabengesicht zwischen Fäusten und Stöcken. Man schreit überall: »Der junge Liebknecht, Liebknechts Sohn!« Jetzt stolpert er, verschwindet unter einer siedenden Menschenmasse. Ich habe den klaren Eindruck, jetzt schlagen sie ihn tot. Guttmann klammert sich an mich: »Helfen Sie, helfen Sie! Sagen Sie den Leuten, daß sie ihn nicht totschlagen!« Plötzlich taucht er wieder auf, blutig, mit zerfetztem Gesicht, aufgedunsen, gestützt und gehalten von Spartakusleuten, die blitzschnell herangelaufen sind und ihn herausholen.

Inzwischen ist eine Droschke von der Menge eingekeilt worden zwischen der Rampe und der Mauer des Palais. Man versucht die Insassen herauszuzerren. Der eine von den beiden soll Liebknecht sein; ein alter Bourgeois in einer Droschke. Ich sehe ihn ziemlich deutlich, seine Brille, seinen Schlapphut. Die Menge reißt die Droschke hin und her; der Gaul, ein magerer Fuchs, schwankt nach rechts, nach links wie ein Betrunkener. Plötzlich kommt auch hier Sukkurs. Spartakus ist heran, reißt die Angreifer mit Faustschlägen herunter, läuft im Triumph mit dem müden trabenden Fuchs und der alten Droschke davon.

Jetzt rückt Spartakus aber geschlossen an. Gegen halb zwei sind wir in der Deutschen Gesellschaft bereits hinter der spartakistischen Front. Die Vertrauensmänner rufen die Bewaffneten vor, die gegen das Reichskanzlerpalais aufmarschieren. »Frauen und Kinder nach Hause«, schallt es hier und dort. Vorläufig erfolgt nichts.

Ich gehe zum Mittagessen nach Hause durch die Mauerstraße und Leipziger Straße. Vor Wertheim steht aufgereiht eine Schar bewaffneter Zivilisten, Gewehr bei Fuß; man weiß nicht, ob Regierung, ob Spartakus. Auf dem Potsdamer Platz ungeheure Menschenmengen; ein gewaltiger Regierungszug bewegt sich, meistens im Laufschritt, um aufzuschließen, in der Richtung nach dem Belle-Alliance-Platz. Fortwährend wird geschrien. Ganz Berlin ist ein brodelnder Hexenkessel, in dem Gewalten und Ideen durcheinanderquirlen. In der Tat handelt es sich heute um Weltgeschichtliches; nicht nur um den Fortbestand des Deutschen Reiches oder des demokratisch-republikanischen Staates, sondern um die Entscheidung zwischen West und Ost, zwischen Krieg und Frieden, zwischen einer berauschenden Utopie und dem grauen Alltag. Nie seit den großen Tagen der Französischen Revolution hat soviel bei den Straßenkämpfen in einer Stadt für die Menschheit auf dem Spiel gestanden.

Gegen drei gehe ich wieder durch die Wilhelmstraße nach der Karlstraße zum Professor Helbing, der mich am Halse schneidet.

Auf dem Rückwege, kurz nach vier (es war noch ziemlich

hell), gehe ich einen Augenblick ins Amt. Der Posten vor der Tür läßt mich nur ungern durch. Drinnen ist alles leer; kein Beamter, kein Diener, geschweige denn ein Diplomat; die Zimmer öde und verlassen, nur Soldaten in einigen Fenstern. Die auswärtige Politik des Deutschen Reiches hat ausgesetzt. Ich sehe zum Fenster des großen Vorzimmers beim Staatssekretär hinaus. Auf der Straße brennt vor dem Palais des Prinzen Friedrich Leopold ein Scheiterhaufen, irgendwelche Druckschriften. Vor der Reichskanzlei steht ein großes Lastauto voll von Soldaten. Der Wilhelmplatz ist abgesperrt und leer. Ich gehe hinunter; einige Schüsse fallen. Man weiß nicht warum. Mit meinem Ausweis von Ebert werde ich nach dem Wilhelmplatz durchgelassen. Die Absperrung ist also noch regierungstreu, die Reichskanzlei jetzt, gegen halb fünf, noch in Händen der Regierung.

Ich gehe zum ›Kaiserhof‹, wo ich mir für alle Fälle ein Zimmer geben lasse. Im Inneren ist um diese Zeit der Betrieb noch wie gewöhnlich. Die roten Pagen sitzen reihelang im Vestibül, die alte Garderobenfrau nimmt mir meinen Mantel ab, die Kellner servieren den Tee, allerdings nur vereinzelten Gästen. Um fünf gehe ich hinauf ins Zimmer, um etwas zu schreiben. Während ich schreibe, fallen genau um fünfeinviertel eine Anzahl von Schüssen. Ich höre die Soldaten unten auf der Straße, die diese halten sollen, einander zurufen; einige laufen über das nasse, glänzende Pflaster und suchen Deckung. Dann Stille.

Plötzlich um halb sechs geht eine gewaltige Schießerei los, Maschinengewehre, Artillerie oder Minenwerfer, Handgranaten: Es ist ein Höllenspektakel, ein Schlachtgetöse. Dann Pause, dann um fünf Uhr vierzig dasselbe. Ich gehe hinunter. Auf den Treppen sind jetzt Soldaten. Man erwartet, daß das Hotel von Spartakus angegriffen, vielleicht gestürmt werde. Gäste und Personal, ein kleiner Haufen, sind in der Halle versammelt und beratschlagen, was zu tun sei. Ein Soldatenführer sagt mir, daß wir auf drei Seiten umzingelt sind. Die Regierungstruppen hielten sich noch im Zentrum der Stadt. Darum herum bilde aber Spartakus einen Ring. Wir müßten halten, bis die von der

Regierung herangerufenen Entsatztruppen den Spartakusring durchbrächen. Offenbar sind die Regierungstruppen hier viel zu schwach.

Zwei Soldaten kommen herein, die sich, wie sie sagen, von der Friedrichstraße durchgedrückt haben, und bitten um Waffen. Gleich nachher bringt ein Infanterist einen alten Zivilisten mit zwei Gewehren, die er toten Spartakisten in der Wilhelmstraße abgenommen haben will. Der Mann ist im Gesicht verwundet. Die Gewehre werden ihm genommen; ihn selbst führt ein Soldat auf die Wache ins Palais Friedrich Leopold.

Da es so aussieht, als ob das Hotel ganz abgeschnitten werden könnte, entschloß ich mich, nach Hause zu gehen. Im Augenblick, wo ich aus dem Hotel hinaustrete, beginnt wieder Infanteriefeuer. Ich benutze die erste Pause, um mich nach der Untergrundbahn auf dem Wilhelmsplatz in Bewegung zu setzen. Diese ganze Gegend ist jetzt Kriegsschauplatz, öde und dunkel, menschenleer wie zwischen zwei Schützengräben. Mitten auf dem Platz kommt mir aber ein unbewaffneter Infanterist in Mütze entgegen; offenbar ein Verirrter. Er habe sich vom Potsdamer Platz durch die Voßstraße durchgeschlagen. Wie er durchgekommen sei, wisse er nicht. Der Untergrundbahnhof ist geschlossen. Ich gehe mit dem Infanteristen zurück und bis zum Untergrundbahnhof Friedrichstraße, der offen ist. Fahre bis zum Potsdamer Platz, wo die Menge noch immer wogt. In der Potsdamer Straße gibt es wieder Infanteriefeuer, so daß man Deckung suchen muß.

Berlin. 7. Januar 1919. Dienstag

Heute früh um zehn bei mir zu Hause Rattern von Maschinengewehren. Die Ploetz kommt und sagt, die Straße wird beschossen. Ich herunter. Im Hauseingang Hausbewohner und Passanten, die Deckung suchen. Das Gefecht ist fünfzig Meter entfernt am Hafenplatz. Diesen halten Regierungstruppen, die das jenseits des Kanals stehende, von Spartakus besetzte Eisenbahndirektionsgebäude angreifen. Ich gehe bis zum Hafenplatz, wo ein paar Züge Regierungssoldaten hinter Brückenpfeilern und Gerätehäuschen in Deckung stehen. Mitten durch das Feuergefecht fährt oben auf dem Viadukt ein Hochbahnzug. Die Regierungstruppen scheinen nur Gewehre und Maschinengewehre zu haben; keine Minenwerfer oder Artillerie. Wie sie damit das große Gebäude der Eisenbahndirektion nehmen wollen, verstehe ich nicht.

Als ich um elf durch die Siegesallee komme, ist dort große Spartakusparade. Die einzelnen Betriebe marschieren mit ihren Fahnen und Plakaten auf. Darunter viele Soldaten und einzelne Bewaffnete, auch Soldaten mit Maschinengewehren und Munitionskästen. In der Königgrätzer Straße fallen gerade Schüsse. Auf dem Brandenburger Tor stehen Regierungstruppen und ein Maschinengewehr, man sieht die Bedienungsmannschaft herumgehen neben der riesigen Viktoria und den edlen Schinkelschen Rossen.

Die Wilhelmstraße ist wieder schwarz von Menschen, Regierungstreue. Alle Fenster der Reichsämter und Palais starren von Soldaten. Um elfeinviertel spricht vom Balkon des Reichsamts des Innern ein älterer Soldat oder Unteroffizier: »Es wird losgehen! So geht es nicht mehr weiter. Wir müssen die Spartakusbande ausräuchern. Truppen sind unterwegs. Ihr müßt aber mithelfen. Wer für die Regierung ist, soll sich zur Verfügung stellen. Ich habe hier Waffenscheine. Kommt herein und holt sie euch. Mit den Waffenscheinen geht ihr nach der Invalidenstraße zur II. Garde-Ulanen-Kaserne. Dort bekommt ihr Waffen. Aber die Kinder müssen weg von der Straße. Liebknecht wird sie nicht schonen; er braucht Reklameleichen. Nieder mit Liebknecht! Hoch die Regierung Ebert-Scheidemann!« Ziemlich viele aus der Menge drängen nach dem Tor zu den Waffenscheinen.

Nachmittags um vier auf dem Wege zu meinem Arzt beim Brandenburger Tor heftige Knallerei mit Handgranaten und Gewehren; Panik des Publikums. Hunderte von Menschen kommen durch das Tor gelaufen und fliehen nach dem Tiergarten. Ich bleibe unter dem Tore stehen und kann erkennen, daß die Spartakusleute von den Linden in die Wilhelmstraße einzudringen versuchen. Angeblich soll auch eine Gruppe von Spartakusleuten in dem Tor hinaufgeklettert sein und den Regierungszug mit dem Maschinengewehr oben genommen haben. Jedenfalls schießt dieses Gewehr nicht auf die vorgehenden Spartakusse. Als diese bei der Wilhelmstraße abgeschlagen sind und die Schießerei aufhört, gehe ich über den Pariser Platz und durch die Neue Wilhelmstraße unbehelligt weiter. Nicht einmal eine Absperrung. Am Laternenpfahl bei der Wilhelmstraße liegt ein Verwundeter oder Toter.

Die Unabhängigen suchen mit der Regierung ein Kompromiß. Heute mittag wurde verhandelt. Aber Spartakus hat Verhandlungen abgelehnt, und die Unabhängigen sind bisher zu keinem Resultat gekommen.

Als ich vom Arzt zurückkehre, gegen halb sechs, sind der Pariser Platz und die Wilhelmstraße abgesperrt durch Regierungstruppen. Ich komme mit meinem Passierschein von Ebert durch und gehe die Wilhelmstraße hinunter, die vollkommen dunkel und leer ist, eine Einöde zwischen dunklen Gebäuden. Nur Patrouillen mit Sturmhauben. Ein Patrouillenführer schildert mir die Lage, wie sie sich in seinem Kopfe spiegelt. Sie wäre ziemlich verzweifelt. Das Brandenburger Tor in Händen von Spartakus, ebenso das Kriegsministerium und das Leipziger-Straßen-Ende der Wilhelmstraße. Die Regierungstruppen also eingekeilt in der Wilhelmstraße. Als ich durch die Voßstraße weitergehen will, die ebenfalls ganz öde ist, ruft mir eine Patrouille zu: »Umkehren!« Das Voßstraßen-Ende an der Budapester Straße halte Spartakus; ich könne aber durch die Leipziger Straße. Dort stehen an der Ecke in der Tat Regierungstruppen, ebenso im Kriegsministerium. Am Potsdamer Platz ist die Budapester Straße abgesperrt, ebenfalls, wie es scheint, durch Regierungstruppen. Daß Spartakus das Voßstraßen-Ende hat, kann daher kaum richtig sein. Jedenfalls ist heute um diese Zeit die Lage sehr unklar. Die Regierung hat bisher nichts erreicht, ist im Gegenteil in der Verteidigung und hart bedrängt.

Eben um neueinviertel fällt ein Schuß vor meiner Tür. In der Ferne höre ich seit einer Viertelstunde Maschinengewehre und Handgranaten. Wahrscheinlich am Potsdamer Platz. Neuneinhalb Maschinengewehrfeuer und Infanterieschüsse vor der Tür. Unruhige Nacht. Gegen ein Uhr kurzes, lebhaftes Feuergefecht in meiner Straße; Infanterie und Maschinengewehr. Gegen zwei wieder Gewehrschüsse.

Berlin. 8. Januar 1919. Mittwoch

Das Amt ist noch immer außer Betrieb. Mein Kanzleivorstand Lortz, den ich im Weggehen traf, sagte mir, alle hätten den Befehl bekommen, nach Hause zu gehen. Die Wilhelmstraße ist abgesperrt. Vor der Reichskanzlei wird auf dem Fahrdamm ein Geschütz eingebaut. Vom Balkon des Reichsamts des Innern schießt von Zeit zu Zeit ein Maschinengewehr auf das Haus von Loeser & Wolff an der Ecke der Neuen Wilhelmstraße, um Spartakus zu hindern, dort auf dem Dache ein Maschinengewehr in Stellung zu bringen. Ich gehe an den Häusern entlang nach der Behrenstraße und durch die kleine Passage nach den Linden. Hier, am oberen Teil der Linden, spielt sich bei fernem Maschinengewehr-Rattern das Leben fast normal ab; viel Verkehr, einzelne Läden, namentliche Cafés und Konditoreien, offen. Auch die Leierkästen und Straßenverkäufer wie gewöhnlich.

Auf dem Rückwege finde ich den Pariser Platz abgesperrt; durchschreite aber die Sperre. Durch das Brandenburger Tor hindurch sieht man am Tiergarten eine dichte Menge Menschen. Ich will über den Platz hinüber. Aber als ich in Höhe des Eckhauses Nr. 78 bin (des Hauses, wo Frau Richter wohnt), gibt es plötzlich Schüsse, das Maschinengewehr vom Brandenburger Tor rattert nach dem Tiergarten, die Menge dort stiebt auseinander, man hört ein fürchterliches Wehgeschrei. Dann Stille. Ich bleibe einen Augenblick im Hausflur von Nr. 78 stehen. Es ist eben drei Viertel eins. Um weiterzukommen, gehe ich zurück nach der Neuen Wilhelmstraße, von wo ich am Wasser entlang will. An der Dorotheenstraßen-Ecke stehen Gruppen verängstigter Menschen. An der Ecke des Reichstagsufers ebensolche. Als ich gerade dort herum will, geht hier die Schießerei los. Spartakus hat das Neue Operetten-Theater und das Eckhaus am Schiffbauerdamm besetzt und schießt nach dem Reichstag. Einzelne verirrte Kugeln sausen ping! mir am Ohr vorbei. Die Leute laufen in die nächsten Hausflure in Deckung. Ich muß zurück zur Dorotheenstraße und komme schließlich über den Schlütersteg weiter und durch den Tiergarten nach der Viktoriastraße.

Um vier zum Arzt nach der Karlstraße. Auf dem Rückwege in der Friedrichstraße, wo viel Verkehr war und viele Menschen diskutierten, in Höhe der Linden plötzlich Gewehrschüsse. Die Menge floh schreiend in die Mittelstraße. Ich ging die Linden hinunter, die abgesperrt und dunkel waren. Posten in Sturmhauben in den Hauseingängen. Die Wilhelmstraße abgesperrt, aber beleuchtet. Der Posten am Wilhelmplatz sagt, die Häuser in der Mohrenstraße seien von Spartakus besetzt. Im ›Kaiserhof‹, der geschlossen und dunkel ist, liegen Regierungstruppen. Die Leipziger Straße sieht, bis auf die geschlossenen Läden, wie gewöhnlich aus; am Potsdamer Platz sind die großen Konditoreien, Josty, Fürstenhof, Palastcafé, Vaterland, offen, hell erleuchtet und überfüllt.

Nach dem ›8-Uhr-Abendblatt‹ sollen Haase und Breitscheid noch in letzter Stunde einen neuen Vermittlungsversuch machen. Wenn dieser scheitert, wird es wahrscheinlich zu einer Katastrophe kommen. Die heutigen Gefechte machen den Eindruck von Vorpostengeplänkel; sie sind bloß ein Vorspiel, auf das erst die Tragödie folgen soll. Um halb acht im ›Fürstenhof‹ gegessen. Die eisernen Gittertore wurden eben geschlossen, weil ein Spartakusangriff auf den gegenüberliegenden Potsdamer Bahnhof erwartet wurde. Fortwährend fallen einzelne Schüsse. Als wir herauskommen, gegen neun, stehen aber noch immer Gruppen erregt diskutierender Menschen auf den Bürgersteigen (der Ton dieser Pflasterredner ist seit heute merkbar aufgeregter geworden). Die Straßenhändler mit Zigaretten, Malzbonbons, Seife schreien noch immer ihre Waren aus. Café Vaterland ist hell erleuchtet. Ich gehe einen Augenblick hinein. Obwohl jede Minute Kugeln einschlagen können, spielt die Wiener Kapelle, die Tische sind gut besetzt, die Dame unten im Zigarettenhäuschen lächelt wie im tiefsten Frieden ihren Kunden zu.

Berlin. 9. Januar 1919. Donnerstag

Die Einigungsverhandlungen sind gescheitert. Der Bürgerrat von Groß-Berlin veröffentlicht einen Aufruf: ›Zu den Waffen!‹ Die Regierung erklärt wieder einmal ihren Entschluß, durchzugreifen.

Die Straße sieht heute vormittag ruhiger aus als in den letzten Tagen, weil bewaffnete Regierungssoldaten Ansammlungen zerstreuen. Linden, Wilhelmstraße sind abgesperrt. Gegen eins, als ich über den Potsdamer Platz gehe, fallen einige Schüsse, das Publikum flieht panikartig in die Seitenstraßen. Das Wetter ist heute wunderschön, Vorfrühling, ein leichter, lauer Duft schwebt über Menschen und Dingen im Sonnenschein.

Nachmittags von Helbing in seiner Klinik operiert; kleine Operation am Halse, bei der aber die Anästhesie nicht richtig funktionierte, so daß ich das Einsetzen des Messers durch die beginnende Betäubung hindurch fühlte und nachher, wie mir Helbing sagte, fast erstickt wäre. Ich sei schon ganz blau gewesen ›wie ein Maikäfer‹, die Zunge mußte herausgezogen, künstliche Atmung angewendet werden. Als unangenehme Folge ist meine Zunge stark geschwollen; die Wunde schmerzt dagegen gar nicht. Ich blieb aber in der Klinik. Während der Nacht wurde unten in der Karlstraße fast alle halbe Stunde geschossen, bald nur ein paar Revolverschüsse, bald auch Maschinengewehre und Handgranaten. Man gewöhnt sich daran wie draußen im Felde. Während der Schießereien hört man Nachtdroschken trapp, trapp auf dem Pflaster ihres Weges trotteln und verspätete Passanten mit ruhigem Schritt nach Hause wandern. Im halbwachen, noch von Narkose, Blutverlust und Schlafmittel umnebelten Bewußtsein verschwimmen diese Revolutionsgeräusche mit Träumen zu merkwürdigen Gebilden. Einmal war es ein Erlebnis in Mexiko oder irgendwo im wilden Westen von Amerika mit Cowboys und einem wunderbaren bunten Vogel, aus dem mich ratternde Maschinengewehre aufweckten, in das ich dann aber beim beruhigenden Trapp-Trapp eines Droschkenpferdes unmerklich wieder hinüberschlummerte.

Berlin. 10. Januar 1919. Freitag

In der Nacht ist ein regelrechtes Gefecht um das Haus des Mosseschen Verlages entbrannt. Bisher hatten es die Spartakisten.

Berlin. 11. Januar 1919. Sonnabend

Unheimlich war der Eindruck der verdunkelten, beschossenen Leipziger Straße im schmutzigen Regenwetter. Die in der Dunkelheit gewaltiger ragenden toten Hausfassaden, die sich deckenden, ratlosen Menschen hinter den Straßenecken, an jeder Kreuzung ein kleines, dunkles, formloses Gewühl, vor dem die Leere der im Strichfeuer liegenden Querstraße wie ein Abgrund klafft, die trotzdem noch fahrenden, vollkommen verdunkelten Straßenbahnen, von Zeit zu Zeit elektrische Funken sprühend, die wie ein Feuerwerk knisternd in die Nacht gehen und ein kurzes Nachspiel auf dem nassen, glänzenden Fahrdamm als Widerschein haben. Die Patrouillen ermuntern die verängstigten Menschen, die Straßenbahn als verhältnismäßig sicherstes Mittel, um fortzukommen, zu benutzen. Viele riskieren es aber nicht, bleiben in den Hausfluren kleben. Diese stumme Panik in der weglosen Nacht eines zum Kriegsschauplatz gewordenen Straßengewirres gehört zu den phantastischsten Eindrücken der Revolutionszeit; ein E. T. A. Hoffmannsches Berliner Nachtstück, besonders in Begleitung des schemenhaften kleinen Guttmann, des ›Königs von Zion‹.

Merkwürdig war auch der Eindruck des großen Kongreßsaals im Reichskanzlerpalais; im halbverdunkelten Riesensaal ein

Heerlager: Soldaten zum Teil im Dienst an Maschinengewehren, zum Teil sozusagen biwakierend auf Teppichen für die Nacht eingerichtet. Alle gleich lässig und äußerlich verwahrlost; dazwischen die alten goldbordierten oder befrackten Diener hin und her laufend. Der eine, der mich aus früheren Zeiten kennt, ging mit mir hinauf, um mich durchzulotsen, wobei er flüsterte: »Es ist nicht mehr wie früher, Herr Graf; es sind oben so viele unbekannte Menschen, so viele Menschen, Menschen . . .« Am tiefsten war aber der Eindruck, den eine Frau auf mich machte, eine junge Frau, die Guttmann zu mir in die Klinik begleitete: ziemlich elegant, hübsch, totenblaß, übernächtigt, offenbar die Geliebte eines der im Zeitungsviertel eingeschlossenen Spartakisten. Ihre Augen verfolgten jedes Wort, das gesprochen wurde, als ob ihr Leben davon abhinge. Selbst schwieg sie, stieg dann an der Weidendammbrücke aus, da ich ablehnte, sie durch die beschossenen Stadtteile mitzunehmen, und verschwand im Gewühl. (Wie mir Herzfelde später mitteilte, war es die Geliebte von Drach, ein Fräulein Bergmann, ein schwindsüchtiges, dem Tode verfallenes Mädchen.)

Berlin. 13. Januar 1919. Montag

Nachmittags, als ich von Helbing kam, in der Nähe des ›Vorwärts‹-Gebäudes und am Belle-Alliance-Platz Schüsse, anscheinend von den Dächern. Infolgedessen Absperrungen und Beunruhigung des Straßenpublikums, was der Hauptzweck der schießenden Spartakusnachzügler ist. Im allgemeinen ist aber in Berlin der Aufstand zu Ende.

Nachts, zehn Uhr vierzig, heftiges Gefecht, wie mir schien, vor meiner Tür, Gewehrschüsse, Pochen und Rattern schwerer und leichter Maschinengewehre. Manchmal klang es, als ob mit Kolben die Haustür eingeschlagen würde. Dazwischen wie Peitschenknallen Gewehrschüsse. Der ganze Spuk dauerte zwanzig Minuten. Um elf war plötzlich alles still. Die Spartakisten führen, nachdem ihr großer Schlag mißlungen ist, einen Guerillakrieg in Berlin, tags von den Dächern, nachts in abgelegenen

Straßen. Wahrscheinlich wird als letzter Rest einer Anzahl bewaffneter Räuberbanden übrigbleiben. Liebknecht und Eichhorn sind verschwunden. Von Marquis Posa zu Karl Moor. Übrigens sind die beiden Figuren auch bei Schiller Zwillingsbrüder.

Berlin. 14. Januar 1919. Dienstag

Unsere Umwälzung ist leider nicht von einer bis zur Übermacht gewachsenen Gesinnung hervorgerufen, sondern der alte Staat ist zusammengebröckelt, weil er etwas zu verlogen und ausgehöhlt war, um dem äußeren Ansturm zu widerstehen. Ohne Krieg hätte er noch lange fortgewurstelt. Das Schrecklichste wäre, wenn diese ganzen Verwüstungen und Leiden nicht die Geburtswehen einer neuen Zeit wären, weil nichts da wäre, was geboren sein will; wenn man schließlich nur kitten müßte. Das Gefühl, daß es so kommen könnte, die Angst vor diesem Ende, ist, was die Besten der Spartakisten antreibt. Die alte Sozialdemokratie will rein materielle Veränderungen, gerechtere und bessere Verteilung und Organisation, nichts ideell Neues. Dieses dagegen schwebt den Schwärmern weiter links vor, und nur dieses lohnte in der Tat die ungeheuren Blutströme des Weltkrieges.

Die Frage ist, ob bereits neue Gefühls- und Ideenwellen von solcher Potenz und Tiefe vorhanden sind, daß sie die Wirklichkeit umgestalten könnten, wenn sie freie Bahn bekämen, oder ob wir uns in Ermangelung materieller Kriegsgewinne ein falsches Paradies vorgaukeln. Recht oder Unrecht von Spartakus hängt an dieser Frage.

Unten im Lichthof des Polizeipräsidiums hinter dem arg zerschossenen Hauptportal und zwischen Glastrümmern spielte die Kapelle der republikanischen Sicherheitswehr Lohengrin. Massen stauten sich auf der Straße, teils um die Verwüstungen zu sehen, teils um Lohengrin zu hören. Dabei wird noch immer geschossen. Kein Ort in der Stadt ist sicher vor den spartakistischen Dachschützen. Heute nachmittag knallten mehrere

Schüsse neben mir am Halleschen Ufer bei der Großbeerenstraße.

Berlin, 15. Januar 1919. Mittwoch

Rantzau läßt ein Interview veröffentlichen, das auf jeden, der ihn kennt, einen verblüffenden Eindruck machen muß: ›*Uns liegt am endgültigen Sieg der Demokratie in der Welt* ... Dieser Sieg kann nicht herbeigeführt werden durch Intrigen und Vorzimmergeheimnisse. Ebensowenig ... dadurch, daß wir Verwirrung in die Reihe unserer Gegner bringen ... Das dringendste Erfordernis für die Zugehörigkeit zum Völkerbund bedeutet *die sittliche Überzeugung!*‹ Die ›sittliche Überzeugung‹ Rantzaus von der Demokratie: Bruder Hofmarschall und Tante Obersthofmeisterin! Die ›sittliche Überzeugung‹ Rantzaus gegen Intrigen und Vorzimmergeheimnisse: dabei er der skrupelloseste Intrigant im Auswärtigen Amt. Wenn irgend etwas ihn und uns um jeden Kredit bringen muß, so ist es eine so schamlose Tartufferie. Schlimmer als Kühlmann. Wen soll das täuschen? Wer soll daran glauben? Etwa Wilson? Die Gesinnungslosigkeit, von der ich gestern schrieb, nimmt hier groteske und gemeingefährliche Formen an. Rantzau wirkt wie eine alte Kokotte, die sich und andren ihre frische Jungfernschaft einreden will.

Die alte Sozialdemokratie hat auf Grund von Marx eine neue materielle Weltanschauung aufgebaut und dazu auch die zu deren Verwirklichung fähigen Männer und Typen herangebildet. Auf ideellem Gebiete sind dagen bloß Anläufe und Fragmente zustande gekommen; Schopenhauer und Nietzsche haben nichts der marxistischen praktischen und menschlichen Fruchtbarkeit Ähnliches bewiesen. Hier hinkt die Sache, jetzt, wo es ans Verwirklichen geht; nur das materiell Neue ist reif.

Die Entwaffnung in Berlin geht vor sich. Die Stadt ist von den regierungstreuen Truppen sozusagen okkupiert. An jeder Straßenkreuzung stehen Soldaten in der Sturmhaube mit aufgepflanztem Bajonett und einem Koppel voll Handgranaten. An der Brücke zwischen Wilhelm- und Luisenstraße sind zwei

7,5-cm-Geschütze, Front gegen die Luisenstraße, aufgebaut. Ansammlungen auf der Straße sind verboten. Verschwunden die kleinen Debattierklubs an den Straßenecken mit dem Spartakusredner als Hauptfigur! Vorige Nacht ist die Helbingsche Klinik von Regierungstruppen, die einen Kampf in der Karlstraße bestanden hatten, durchsucht worden. Jetzt sitzt die Regierung vielleicht noch immer auf schwankenden Überzeugungen, aber auf einer ganzen Anzahl von gehorsamen Bajonetten. Sie stützt sich ganz prosaisch wie jede bisherige Regierung auf die militärische Gewalt.

Arnold Korff aus Warschau bei mir in der Deutschen Gesellschaft gefrühstückt. Er war als Haupt des angeblich von mir in Warschau angestifteten und bezahlten bolschewistischen Komplotts verhaftet und hat vierzehn Tage in der Zitadelle gesessen. Zum Glück hat die polnische Regierung bei ihm die Quittung gefunden, die ich über die von ihm am Tage unserer Abreise (Sonntag) gepumpten paar tausend Mark für die Gesandtschaft ausgestellt hatte. Daraus ging überzeugend hervor, daß ich nicht zwanzig Millionen mithatte, da ich sonst nicht nötig gehabt hätte, für die Gesandtschaft von einem Privatmann eine kleine Summe zu leihen.

Berlin. 16. Januar 1919. Donnerstag

Liebknecht und Rosa Luxemburg haben ein furchtbares und phantastisches Ende genommen. Mittags bringt die ›BZ‹ die Nachricht! Liebknecht ist vorige Nacht auf dem Transport durch den Tiergarten bei einem angeblichen Fluchtversuch von hinten totgeschossen worden. Rosa Luxemburg hat die Menge im Eden-Hotel, wo sie beim Stabe der Garde-Kavallerie-(Schützen-)Division vernommen worden war, bewußtlos geschlagen und dann, als sie im Auto fortgebracht wurde, an der Brücke über den Kanal zwischen Kurfürstendamm und Hitzigstraße aus dem Wagen herausgeholt und angeblich getötet; ihr Körper soll verschwunden sein. Bei der Art, wie Liebknecht umgekommen ist, muß ich an meine mexikanischen Erinnerungen und die ›Ley Fuga‹ denken. Rosa Luxemburg könnte nach dem, was bisher bekannt ist, auch von Parteigenossen befreit und in Sicherheit gebracht worden sein.

Blumenreich brachte das Blatt der ›BZ‹ mit den beiden Nachrichten bei Paul Cassirer herein. Nicht der Tod selbst, aber die Art des Todes wirkte konsternierend. Sie haben durch den Bürgerkrieg, den sie angezettelt haben, so viele Leben auf dem Gewissen, daß an sich ihr gewaltsames Ende sozusagen logisch erscheint.

Abends Wedekinds ›Musik‹ im Theater an der Königgrätzer Straße. Das Haus trotz der Unruhen gut besetzt. Das Stück im Grotesk-Tragischen, als Anlauf zu Umwertungen, interessant, aber skizzenhaft: namentlich ist der letzte Akt, der die Höhe anstrebt, dünn und trocken, literatenhaft, statt menschlich; mehr ein Einfall als eine Schöpfung. Diese Wedekindsche, überhaupt berlinische Café-des-Westens-Welt mit ihren kühn gemeinten, fragmentarischen, etwas schwach-geistigen und naiven Tastversuchen nach neuer Ethik ist die, aus der Liebknecht zu verstehen ist. Für eine Weltrevolution ist das alles zu wenig, zu unreif, nicht menschlich und überzeugend genug. Liebknecht könnte aus einem Wedekindschen Stück entsprungen sein; er hatte das närrische Revolutionäre, Donquichottehaft-Abenteuerliche, Prédikantenhafte, echt Humane, aber um jeden Preis Sensationelle des typischen Wedekindschen Räsoneurs: die Wedekindsche Mischung. Jetzt dieser gräßliche Tod im Tiergarten, nachts am Neuen See erschossen von eigenen Transporteuren, ist ein echt Wedekindscher Schluß.

Berlin, 17. Januar 1919. Freitag

Am Brandenburger Tor werden heute die Festdekorationen, Laubgirlanden, roten Schleifen und Bänder, Inschriften ›Friede und Freiheit‹ heruntergenommen, die für den Einzug der Truppen angebracht worden waren. Der ganze Spartakusaufstand, dessen Brennpunkt zwischen Brandenburger Tor und Wilhelmstraße war, hat in dieser festlichen Umrahmung gespielt. Heute steht an der Ecke Linden und Wilhelmstraße ein 10,5-cm-Flachbahngeschütz mit Bedienungsmannschaften in Sturmhauben.

Zweifellos ist der gesunde, guterzogene Leutnant oder Junker eine menschlich angenehmere Erscheinung als der durchschnittliche Proletarier. Ebenso sind Liebknecht oder Rosa Luxemburg mit ihrer echten und tiefen Liebe zu den Ärmsten und Bedrücktesten, mit ihrem Opfermut erfreulicher als die Streber und Gewerkschaftssekretäre. Das Entscheidende ist, daß beides Raubbauprodukte sind; daß es wohl wichtiger ist, das ganze Niveau des Volkes zu heben, als einzelne physisch oder ethisch besonders hervorragende Menschen künstlich zu erzeugen. Aristokratisches oder eugenisches Ideal? Daß der Gardeleutnant, daß Liebknecht und Rosa Luxemburg individuell besser waren und menschlich höher standen als die Proletarier und Kleinbürger, die heute über sie triumphieren, bleibt allerdings bestehen.

Abends in einem Kabarett in der Bellevuestraße. Rassige, spanische Tänzerin. In ihre Nummer krachte ein Schuß hinein. Niemand achtete darauf. Geringer Eindruck der Revolution auf das großstädtische Leben. Dieses Leben ist so elementar, daß selbst eine weltgeschichtliche Revolution wie die jetzige wesentliche Störungen darin nicht verursacht. Das Babylonische, unermeßlich Tiefe, Chaotische und Gewaltige von Berlin ist mir erst durch die Revolution klargeworden, als sich zeigte, daß diese ungeheure Bewegung in dem noch viel ungeheureren Hin und Her von Berlin nur kleine örtliche Störungen verursachte, wie wenn ein Elefant einen Stich mit einem Taschenmesser bekommt. Er schüttelt sich, aber schreitet weiter, als ob nichts geschehen wäre.

Berlin. 18. Januar 1919. Sonnabend

Nachmittags besuchte mich Wieland Herzfelde. Er gibt sich ganz offen als Kommunist und Anhänger des Spartakusbundes. Er sagt, nicht aus sentimentalen und ethischen Gründen wie Liebknecht, sondern weil der Kommunismus ökonomischer als unsere heutige Produktionsweise und bei der Verarmung Europas notwendig sei. Auch den Terror hält er für notwendig, weil die menschliche Natur nicht an sich gut, daher Zwang nötig sei. Allerdings brauche es nicht blutiger Terror zu sein; ihm schwebe eine Form des Boykotts als Terror vor. Der Spartakusaufstand sei nicht irgendwie vorbereitet und dilettantisch organisiert gewesen. Das Gerede von russischer Organisation und russischem Geld sei Unsinn. Der Aufstand sei gegen den Willen und die Erwartung der Führer ausgebrochen.

Ich besprach mit Herzfelde die Gründung einer neuen literarisch-künstlerischen, auch politischen Zeitschrift, die an Stelle von Pfemferts ›Aktion‹ treten könnte, zwanglos erscheinend, billig (nicht mehr als fünfzig Pfennig für die Nummer), typographisch im Zeitungsstil gesetzt, aber nach Herzfeldes typographischen Ideen, und eingestellt in erster Linie auf den Straßenverkauf. Auf meine Frage, wer von den jüngeren Dichtern und Künstlern spartakistisch-bolschewistischer Gesinnung sei, antwortete Herzfelde: Däubler, Grosz, er selbst und viele andre, der ganze Malik-Verlag und was damit zusammenhänge. Diese würden die Zeitschrift mit Beiträgen stützen.

Berlin, 19. Januar 1919. Sonntag

Wahltag. Vormittags gewählt in einer Kneipe in der Linkstraße. Polonäse von Wählern und Wählerinnen. Alles ruhig und grau in grau; weder Aufregung noch Begeisterung. Die Zettelverteiler der verschiedenen Parteien stehen um die Polonäse herum und schieben wortlos die Zettel den Leuten in die Hand. Köchinnen, Krankenschwestern, alte Damen, Familien mit Vater, Mutter und Dienstmädchen, selbst mit kleinen Kindern kommen gezogen und stellen sich an. Das Ganze untheatralisch wie ein Naturereignis, wie ein Landregen.

Berlin, 20. Januar 1919. Montag

Heute nachmittag, während ich Lenins ›Staat und Revolution‹ lese, um halb sieben, wird fortdauernd vor der Tür geschossen. Mehrere Schüsse, dann ein, zwei Minuten Pause, dann wieder mehrere Schüsse usw. Warum geschossen wird, was los ist, erfährt man nie! Aber man lebt wie in einer Oper von Verdi, wo hinter jeder Straßenecke mauerfarbene Verbrecher mehr oder weniger gutmütigen Schlages lauern und losschießen, sobald jemand die Nase heraussteckt.

Im Lichte der Leninschen und Engelsschen Theorien haben wir in den letzten vierzehn Tagen der Neuentstehung eines Staates beigewohnt, das heißt der Entstehung einer ›Repressionsgewalt‹, die durch die Spaltung der Gesellschaft in Klassen und durch den bewaffneten Kampf der Klassen gegeneinander hervorgelockt und gerechtfertigt wurde. Wir haben sozusagen bei der Fibel wieder angefangen. Ebensogut hätte der ›Gegenstaat‹, das bewaffnete Proletariat, die Macht gewinnen können. Nach meiner Ansicht hat am Montag die Sache auf des Messers Schneide gestanden. Dann wäre die Entwicklung wie in Rußland fortgelaufen, vielleicht bis zum Verduften des Staates. Wenn das Schwergewicht Deutschlands und des deutschen Beispiels in die Waagschale gefallen wäre, wäre der weltgeschichtliche Umschwung nicht mehr ausgeschlossen. Insofern haben die Straßenkämpfe in Berlin und die Person Liebknechts eine wenigstens für die Phantasie kaum ermeßliche Tragweite. Das groteske Ende kommt hinterher. Ludwig Stein erzählte heute, Rantzau wolle als Gefolge nach Paris zu den Friedensverhandlungen mitnehmen: Lichnowsky, Harden, Theodor Wolff und Kautsky; der reine Maskenball! Vorrat für die Damenwahl. Jeder drüben kann sich aussuchen, mit wem er tanzen will. Es fehlen nur noch Schlieben und Annette Kolb. Rantzau wird es fertigbringen, unser Unglück komisch zu machen. Er wird wie im Varieté, umgeben von lauter ›ersten Nummern‹, auf der Friedenskonferenz auftreten. Eine richtige alte Schauspielerin. Offenbar fehlt ihm in katastrophalem Maße der Humor.

Berlin. 22. Januar 1919. Mittwoch

Bei Kestenberg Kautsky mit Frau getroffen. Er hat so gar nichts Wildes oder Loderndes. Heute war er in Verlegenheit, wie er nach der Schweiz zum Sozialistenkongreß kommen solle wegen der Formalitäten für die Einreise. Ich setzte für ihn daher ein Telegramm nach Bern auf an Herbert Hindenburg, damit dieser dort mit der Polizei die Sache direkt abmacht.

Heute abend bis halb neun saß ganz Berlin im Dunkeln, die Elektrischen fuhren nicht, es gab kein Telephon, die Läden waren um fünf geschlossen, weil die Elektrizitätswerke streikten. Die Störung war im ganzen genommen größer als die durch die Revolution und den Spartakusaufstand. Diesmal stockte das Leben wirklich und überall, nicht bloß inselartig. Die törichte Schießerei ist die unwirksamste Waffe der Arbeiter, dilettantenhaft und veraltet: Revolutionsromantik. Wie groß die Störung heute war, sah ich in der Wilhelmstraße, wo um halb sechs die Reichskanzlei, das Auswärtige Amt, das Reichsamt des Innern außer Betrieb waren und in tiefer Finsternis verlassen dalagen. Die 1400 Arbeiter der Elektrizitätswerke haben es also fertiggebracht, die ganze Reichsmaschine zum Stehen zu bringen: was in dieser Vollkommenheit den Panzerautos und Maschinengewehren der Spartakusleute samt ihren brigantenhaften Methoden nie gelungen ist.

Vielleicht deutet das auch auf die Überwindung des Krieges in seiner internationalen Form, weil wirksamere Druckmittel heranwachsen. Eines Tages werden Massenmord und Kanonen im Kampf zwischen Staaten ebenso naiv und veraltet erscheinen wie das Maschinengewehr im Klassenkampf. Schon der Weltkrieg ist wirtschaftlich entschieden worden, nicht militärisch. Allerdings steht der Einwand offen, daß die wirtschaftlichen Organe der militärischen Gewalt innerhalb gewisser Grenzen gehorchen müssen, wenn die militärische Gewalt sie erreichen kann. So die Blockade, ein militärisches Zwangsmittel bei der Niederzwingung Deutschlands. Trotzdem bleibt aber auch dann noch die Frage offen, ob unter modernen Verhältnissen militärischer Zwang auf die Dauer gegen den Willen aller in einem Betriebe oder Lande Tätigen sein Ziel erreichen könnte, das heißt, ob Sklaverei unter modernen Verhältnissen auf die

Dauer möglich ist. Sowohl die Bolschewisten wie eine radikal antisozialistische oder imperialistisch-annexionistische Regierung könnten gezwungen sein, das Experiment zu machen und ihre Ohnmacht zu erkennen.

Berlin. 24. Januar 1919. Freitag

Gefrühstückt bei Ludwig Stein mit dem Fürsten und der Fürstin Bülow, Georg Bernhards und dem Schweizer Gesandten Mercier. Natürlich war hauptsächlich von Spartakus die Rede. Bülows wohnen im Eden-Hotel, nachdem die Schießerei sie aus dem ›Adlon‹ vertrieben hat, und haben mit der Garde-Schützen-Division dort Verkehr. Die Fürstin sagt, sie habe von den Vorgängen bei Liebknechts und Rosa Luxemburgs Ermordung nichts gemerkt; das Hotel sei ganz still gewesen. Ihre Kammerjungfer sei der Rosa Luxemburg zwischen Soldaten auf dem Flur begegnet; eine kleine Frau, die ganz ruhig mitging.

Der Fürst interessierte sich für Drach und zitierte Maxime Du Camps ›Colvulsions de Paris‹ zum Vergleich für ähnliche Typen aus der Kommune. Was bei Bülow frappiert, ist, daß er, der Hauptschuldige am Weltkrieg und an Deutschlands Untergang, ein so offenbar ruhiges Gewissen hat. Er trägt dasselbe rosige, ausgeruhte, fast niedliche Gesicht, mit dem er schon vor zwanzig, ja vor vierzig Jahren (so lange kenne ich ihn) Zitate verzapfte und geistvoll, wie es sich vor schönen Frauen gehört, plauderte. Er hat von allen Dingen, die in der Welt vorgingen, immer nur sein eigenes rosiges Antlitz im Spiegel gesehen. Ein Glücksschweinchen, das immer nur sein eigenes Glück betrachtet hat, jetzt sogar noch nach der Katastrophe.

Berlin. 25. Januar 1919. Sonnabend

Beisetzung Liebknechts und der Opfer des Spartakusaufstandes. Die Spartakisten hatten Versammlung und Abgang des Zuges um zwölf von der Siegesallee angezeigt. Vormittags ließ die Regierung aber die ganze innere Stadt und den Tiergarten absperren. Es gab ein gewaltiges Militäraufgebot, Geschütze und

Maschinengewehre an der Siegesallee, am Reichstag, am Brandenburger Tor, am Potsdamer Platz; dazu Sperren, die nur mit Ausweis durchschritten werden konnten. Infolgedessen war die Siegesallee um zwölf menschenleer; der Trauerzug bewegte sich vom Volkstheater am Bülowplatz zum Friedrichshain, an diesem vorbei und weiter hinaus nach Friedrichsfelde. Ich sah ihn zwischen Bötzow-Brauerei und Landsberger Straße. Voran Fuhren von Särgen zu je vieren auf gewöhnlichen Lastwagen (auf dem einen las man ›Obstverkauf‹ und den Namen des Besitzers), dreiunddreißig Särge, die weggekarrt wurden; der Liebknechts, durch eine feuerrote Schleife ausgezeichnet, neben drei andren auf dem vordersten Wagen, den ein Kutscher in verwaschenem Feldgrau lenkte. Ein wirkliches Proletarierbegräbnis für den Volkstribunen. Sehr anders wie die feierliche Beisetzung der sieben Matrosen auf Wagen des kaiserlichen Marstalls. Auch der Kontrast dieses proletarischen Massenbegräbnisses im trostlosen Osten von Berlin mit dem zu seiner Fernhaltung aus den besseren Stadtvierteln aufgebotenen militärischen Schutz, den Kanonen und Soldaten in Sturmhauben mit Maschinengewehren sehr bezeichnend für die jetzige Situation, für den Stand der Revolution. Die Bewegung ist in zwei Teile zerfallen, denn auch die Truppen, die das Zentrum schützen, sind sozialistisch und wären wahrscheinlich für keine bürgerliche Regierung zuverlässig gewesen. Seine elf Millionen Wähler geben Ebert die Macht, die er hier in Truppen umsetzt.

Berlin. 26. Januar 1919. Sonntag

Hasenclevers ›Sohn‹ in den Kammerspielen. Etwas Glanz und Schimmer der Pubertät als Salz eines schlechten, verzerrten Stückes. Poetisch erträglich sind nur die Szenen mit dem Fräulein. Sonst lauter wie Fledermäuse im Dunkeln durcheinanderschwirrende Gestalten; man findet den Faden nicht. Auf die Zeit wirkt die hysterisch-revolutionäre Stimmung. Und eines empfindet man auch bei diesem sehr brüchigen Werke: den Übergang der deutschen Intellektualität von einem fast reinen Kultur-Revolutionarismus, wie ihn Nietzsche und später in den neunziger Jahren unser Kreis in Kunst und Literatur vertrat, zum praktischen, politischen und wirtschaftlichen Radikalismus, dessen Extrem augenblicklich die Spartakusbewegung ist. Wer Ernst machen wollte mit unseren Forderungen, mußte wahrscheinlich diese Bahn beschreiten. Der Vorwurf des Ästhetizismus, der der Bewegung der neunziger Jahre gemacht wurde, war vielleicht berechtigt, insofern sie nicht mit genügender Energie diese politischen und wirtschaftlichen Folgerungen zog. Die deutschen Intellektuellen sind heute im Begriff, wieder einen politischen Glauben zu bekommen, möglicherweise einen Irrglauben, aber etwas konsequent aus den Verneinungen, Träumen und Erfahrungen der letzten dreißig Jahre Abgeleitetes, eine Doktrin, die sie erarbeitet haben: mag man sie der Bequemlichkeit halber Kommunismus nennen. Es fragt sich aber, ob und wieviel Kraft zur Tat, nicht bloß zu bewaffneten oder geistigen Putschen, sondern zu fruchtbarem politischem und sozialem Aufbau dahintersteckt. Dieser Zweifel ist vielleicht, was uns gehemmt hat; zu einem Experiment war uns Deutschland zu gut. Allerdings war das das Deutschland von damals.

Berlin. 27. Januar 1919. Montag

Kaisers Geburtstag; heute vor einem Jahr ungefähr begann die Revolution.

Berlin. 28. Januar 1919. Dienstag

Wieland Herzfelde frühstückte bei mir. Er zeigte Probebogen seiner Zeitschrift mit einer Phantasie von Grosz ›Jeder Mensch sein eigener Fußball‹; der Komik und des Aufsehens wegen riet ich ihm, diese Überschrift vorläufig als Titel zu wählen. Er will die erste Nummer durch Straßenverkäufer, Soldaten, Studenten in Droschken, auf Autos jahrmarktschreierisch an den Mann bringen. Sie soll einen halb grotesken, halb ernsten Inhalt haben. Grosz wird Hauptmitarbeiter und will zum Beispiel eine Serie ›Der schöne deutsche Mann‹ veröffentlichen. Als ihr gemeinsames Hauptziel bezeichnete Herzfelde, ›alles, was den Deutschen bisher lieb gewesen sei, in den Dreck zu treten‹, das heißt alle abgelebten ›Ideale‹, um freie Bahn und frische Luft zu schaffen. In der auswärtigen Politik bat er um Fingerzeige, da er davon zu wenig verstehe. Ich sagte ihm ungefähr meine Ideen (siehe 18. Januar 1919), die er als ›sehr sympathisch‹ annahm. Das Ganze ist ein aristophaneskes Unternehmen, das die Geister in Bewegung halten kann; zuwider jeder Form des ›Pompier‹haften, der abgelebten Tradition, dem unantastbaren ›Großen Mann‹, der sakrosankten Dummheit und Dumpfheit auch im radikalen Lager. Sein Manifest ›Nein, Karl Marx‹ ist ein Anfang. Viel Kinderei, aus der aber ein frischer Wind weht.

Berlin. 30. Januar 1919. Donnerstag

Wedekinds ›Büchse der Pandora‹ in Reinhardts Kleinem Schauspielhaus (Hochschule für Musik) gesehen. Lulu: Eysoldt; Athlet: Jannings. In diesem Stück bleibt von Wedekind eigentlich nur das übrig, was ihm mit dem ›roman picaresque‹, Le Sage, Schelmuffsky usw. gemein ist. Allerdings wächst ihm sein Orchideenstrauß auf einem neuen, ganz ursprünglich und sehr amüsant beobachteten Dünger. Der zweite Akt, namentlich der Schluß, ist ein Meisterwerk der Burleske (die immer an die Tragik grenzt). Revolutionär ist Wedekind eigentlich nicht, sondern bloß rebellisch gegen Mächte, die er anerkennt, zum Beispiel sexuell. Er stand Liliencron näher, als er selber dachte. Der prickelnde Geschmack seiner Produktion beruht gerade auf dem Gegensatz, daß er den Bourgeois und ›die Sünde‹ im tiefsten Herzen anerkennt, ja Puritaner ist wie Barbey d'Aurevilly Katholik. Figuren wie die Geschwitz, wie der Liftjunge würden seine Aufmerksamkeit nicht so stark kitzeln, wenn die laufende Moral ihm weniger imponierte. Erst durch diese Beleuchtung bekommen sie für ihn ihr Relief. Man atmet in Wedekinds Werk daher nicht eine Atmosphäre wirklicher Freiheit. Er ist ein Sklave, der an seinen Fesseln in höchst pikanter Weise rüttelt: mehr Sadist als Freiheitskämpfer.

Berlin. 31. Januar 1919. Freitag

Bei Alfred Nostitz in der Deutschen Gesellschaft gefrühstückt. Österreich und Spartakus besprochen. Er denkt besser als ich von den politischen Fähigkeiten der Deutsch-Österreicher; meint, vor zehn Jahren wäre der österreichische Staat noch zu retten gewesen, allerdings nicht unter deutsch-österreichischer Hegemonie, aber mit Einschluß der Deutsch-Österreicher: Hofmannsthals und Pannwitzens Ideen hätten nicht bloß literarischen Reiz gehabt. Bei Spartakus ist der wunde Punkt, wie Nostitz sehr richtig sagt, das Sich-Hinwegsetzen über die wirtschaftlichen Tatsachen und Bedürfnisse. Sie sind darin die Antipoden von Karl Marx. Merkwürdig, daß eine so gelehrte und gescheite Marxistin wie die Luxemburg das verkannt hat. Nostitz sagt, auch die Hellerauer, Dichter wie Paul Adler usw. seien ganz zu Spartakus übergegangen, ebenso wie Vogeler und die Worpsweder in Bremen. Es ist der neue Glaube der intellektuellen und künstlerischen Jugend: in der Kunst schon von dem Kriege vorgebildet.

Abends Premiere von Georg Kaisers ›Von morgens bis Mitternacht‹ im Deutschen Theater. Die Tragödie eines Mannes mit einer Primanerphantasie. Ein plattes ›fait divers‹. Man ermißt recht das Verdienst Goethes, daß der ›Faust‹ nicht auch ein ›Fall‹ geblieben ist. Pallenberg machte als großer Künstler aus der Hauptrolle stellenweise etwas Faszinierendes, fast Ergreifendes. Aber die Poesie im Stück erinnert als Geschmacksniveau an die Malerei von Franz Stuck: so ein auf dem Kronleuchter erscheinendes Skelett. Welchem billigen Begriff von ›Poesie‹ soll das entsprechen? Im ganzen, kein Dichter von Belang. Am Schluß gab es Klatschen und Widerspruch, etwas mehr als sonst bei Premieren. Erich Reiss sagte mir, er sei ›leidenschaftlicher Anti-Kaiserianer‹. Zur Leidenschaft reicht das Stück bei mir nicht aus.

Berlin. 1. Februar 1919. Sonnabend

Abends Vorlesung von Rilke durch Ludwig Hardt, einen kleinen Juden, der mich an Felix Hollaender erinnerte und Worte verschluckt. Keine große deklamatorische Leistung, aber Rilke war schön und merkwürdig zeitlos.

Berlin. 2. Februar 1919. Sonntag

Die nach Weimar vorausgeschickte Ehrenkompanie des Regiments Reinhard zum Schutz der Nationalversammlung ist dort entwaffnet worden. Die ›Vossische Zeitung‹ bringt heute früh eine Notiz über ›Neue kommunistische Putschpläne‹.

Auch andre Zeitungen drucken seit gestern ähnliche Nachrichten. Gleichzeitig steht an den Litfaß-Säulen: ›Ganz Berlin tanzt und dreht sich an jedem Mittwoch, Donnerstag, Sonnabend, Sonntag in dem neueröffneten, eleganten ‚Fox-Trott-Casino» Friedrichstraße 105 an der Weidendammbrücke (Hotel Atlas). Jeden Sonntag von vier bis sieben Uhr Tanztee (Danse intime).‹

Abends aßen Georg Bernhards und Bergers (der Geheimrat und sein Bruder) bei mir. Der Geheimrat, der den Nachrichtendienst im Preußischen Staatsministerium organisiert, führte schmunzelnd Tatsachen an, die zeigen sollten, wie gut es sich unter der sozialistischen Regierung leben lasse. Der sozialdemokratische Minister und Polizeipräsident Ernst pfeife seine Schutzleute an wie Blücher. Reinhard, der Führer des berühmten Freiwilligenregiments (früher Kommandeur des 4. Garde-Regiments) sei ganz ›ancien régime‹; man könne ihn nicht öffentlich loslassen, weil er gefühlsmäßig von ›Seiner Majestät, unserem allergnädigsten Herrn‹ rede. Er ist es, der Berlin in der Spartakuswoche gerettet hat. Ich sagte, daß ich gerade deshalb dem jetzigen Regime kein langes Leben prophezeie; das sei alles zu dünn, könne nicht halten! Das Paradox, daß eine republikanisch-sozialdemokratische Regierung sich und die kapitalistischen Geldschränke durch bezahlte Arbeitslose und royalistische Offiziere verteidigen lasse, sei zu verrückt.

Berlin. 3. Februar 1919. Montag

Die Reichsregierung ist heute früh nach Weimar abgereist. Ob sie jemals wiederkehrt, scheint mir unsicher. Zwischen Bremen und den gegen die Bremer spartakistische Regierung ausgeschickten Regierungstruppen ist inzwischen eine Art von Kriegszustand ausgebrochen.

Abends Tolstois ›Und das Licht scheinet in der Finsternis‹ bei Max Reinhardt. Ein erstaunlich aktuelles Stück; tief revolutionär, nicht bloß wie Wedekind rebellisch. Tolstoi hätte recht, wenn das Produkt der Arbeit nicht vermehrt werden könnte, alle sich deshalb in das ein für allemal feststehende Quantum zu teilen hätten und es daher nur eine ethische, keine gleichzeitig wirtschaftliche Lösung des Problems gäbe. Glänzende Regie Reinhardts. Das bestgespielte Salonstück, das ich gesehen habe; gerade hierin Tolstois Kunst angepaßt und den tragischen Kontrast in seinem Wesen unterscheidend. Nur Moissi in der Hauptrolle fiel heraus. Das Haus war voll und andächtig; aber ganz gewiß hat niemand nachher sein Vermögen verschenkt. Tolstoi war ein Mann der immer unzulänglichen Mittel; auch seine Kunst ist als Instrument unzulänglich. Und nur als Instrument war sie ihm von Wert.

Berlin. 4. Februar 1919. Dienstag

Abends hielt im Auswärtigen-Amt-Verein vom 16. November der Führer der Antibolschewistischen Vereinigung Stadler einen Vortrag über Bolschewismus. Er schilderte die Lage von seinem Standpunkte aus so schwarz, daß kaum ein Lichtblick blieb. Seinen Versuch, dem Bolschewismus in Deutschland entgegenzutreten, bezeichnete er selbst als eine Desperadopolitik, an deren Erfolg er kaum noch glaube. Deutschland werde durch seine wirtschaftliche Zerrüttung und die Behandlung der Entente in den Bolschewismus hineingetrieben.

Auf Stadlers sehr bedeutende und interessante Ausführungen antworteten zwei jüngere Beamte des Auswärtigen Amtes, Dr. Kraus und Riesser, in geradezu kindlicher Weise: Kraus, indem er Nichtstun und auf das Beste Hoffen empfahl, Riesser, indem er dem Bolschewismus jede Idee und Bedeutung absprach und behauptete, er sei, wie man ihm mitgeteilt habe, in Sibirien entstanden bei Gefangenen, die dort aus Verzweiflung über die Kälte diese merkwürdige Richtung erfunden hätten.

Ich trat beiden in einer längeren Rede entgegen, indem ich das Fehlen jeder Idee im Bolschewismus bestritt, seine Zertrümmerungstheorie im Gegenteil auf eine Grundanschauung von Karl Marx und eine Tendenz der ganzen modernen intellektuellen Welt zurückführte; und auch sonst die Tiefe und Breite der bolschewistischen oder spartakistischen Bewegung, ihre weit hinter den Krieg zurückreichenden Anfänge sowohl bei uns wie in England und Frankreich, ihre Verwandtschaft mit den bereits seit zehn Jahren die Kunst revolutionierenden Richtungen betonte. Dem Wunsche Stadlers, daß wir unser bisheriges ganz verfehltes, am wirklichen Ernste der Dinge vorbeigehendes (Erzbergersches) System des Verhandelns mit Wilson und der Entente aufgeben und von ihnen eine wirksame Hilfe gegen den Bolschewismus in Gestalt von weitester Unterstützung für unsere Wirtschaft und Ernährung kategorisch fordern sollten, schloß ich mich an; fügte hinzu, wir sollten ganz unverhüllt der Entente jetzt sofort die Alternative stellen: Entweder du verhandelst mit uns auf einer ganz neuen Basis weitestgehender Hilfe und Zufuhren, brüderlichsten Ausbaus des Völkerbundes, oder wir brechen die Verhandlungen ab: ›Und dann: wehe dir!‹

Berlin. 5. Februar 1919. Mittwoch

Die Regierungstruppen haben Bremen genommen; die Spartakisten sind geschlagen.

Vormittags Besuch beim Maler George Grosz in Wilmersdorf (Nassauische Straße 4). Dort Wieland und Hellmuth Herzfelde. Grosz hatte ein großes politisches Gemälde ›Deutschland, ein Wintermärchen‹, in dem er die bisher regierenden Klassen als Pfeiler der sattgefressenen, aktivitätsunlustigen Bourgeoisie verhöhnt (Schlummerrolle). Er sagte, er möchte der ›deutsche Hogarth‹ werden, bewußt gegenständlich und moralistisch; predigen, bessern, reformieren. Für abstrakte Malerei habe er kein Interesse. Dieses Bild habe er sich so gedacht, daß es in den Schulen aufzuhängen sei. Ich machte die Einschränkung, daß es nach dem Prinzip der Kräfteersparnis unwirtschaftlich sei, Dinge, die sich ohne Kunst ebensogut oder gar besser predigen ließen, durch Kunst propagieren zu wollen, zum Beispiel die Vorsicht vor Geschlechtskrankheiten. Hierzu sei ein anatomisches Kabinett geeigneter. Dagegen gebe es allerdings komplizierte ethische Erlebnisse, die sich vielleicht nur durch Kunst übermitteln und verbreiten ließen. Insoweit es diese gebe, sei eine moralistische Kunst berechtigt.

Grosz meinte dann, die ganze Kunst sei überhaupt etwas Unnatürliches, eine Krankheit; der Künstler ein Besessener, ein Mann mit einer Manie. Die Welt brauche die Kunst nicht, die Menschheit könne auch ohne Kunst auskommen.

Im Grunde genommen ist Grosz ein Bolschewist in der Malerei. Er hat einen Ekel vor der Malerei, vor der Zwecklosigkeit der bisherigen Malerei; will etwas ganz Neues mit malerischen Mitteln oder, richtiger, etwas, was die Malerei früher geleistet hat (Hogarth, religiöse Malerei), was ihr aber im 19. Jahrhundert verlorengegangen ist. Reaktionär und revolutionär, eine Zeiterscheinung. Dabei sind seine Gedankengänge intellektuell zum Teil primitiv und leicht anfechtbar.

Berlin. 6. Februar 1919. Donnerstag

Eröffnung der Nationalversammlung in Weimar. Eberts Rede schön und würdig, namentlich darin, daß er den Abbruch der Verhandlungen mit der Entente unter gewissen Umständen in Aussicht stellt.

Artikel für das ›Weltecho‹ über ›Polen und Deutschland‹ fertiggestellt und Nadolny zum Durchlesen gegeben. Er hatte keine Einwände.

Abends Sternheims ›Tabula rasa‹ im Kleinen Theater (Altmann). Mein Interesse blieb von Anfang bis zu Ende gespannt;

Opposition bei andren, die das Stück ›kahl‹ und ›gemacht‹, eine Art von dramatisiertem Zille, fanden. Daß es verstandesgemäß konstruiert ist, stimmt. Aber gerade der scharfe, bis in den Untergrund der politischen Erscheinungen dringende Verstand ist seine fesselnde Qualität. Haarscharf hat sich Sternheim schon 1915 den Gegensatz der Spartakisten, Unabhängigen und Sozialdemokraten konstruiert, nur daß er sich die Unabhängigen *rechts* von den Sozialdemokraten vorstellte. Die Linie des Räsonnements ist auch überall reizvoll. Aber vielleicht ist dieses ein zu rein intellektuelles Schaupsiel, um einem durchschnittlichen Theaterpublikum Spaß zu machen; es ist wie ein sehr amüsant gewebter intellektueller Teppich mit lauter politisch suggestiven Mustern. Das Ätzendste an politischer Satire, was bisher bei uns gewesen ist: weit *politischer* als Wedekind, aber unmenschlicher und daher weniger aufreizend als Tolstoi.

Victor Naumann ist Direktor der Nachrichtenabteilung im Auswärtigen Amte mit dem Titel eines Gesandten geworden. Ein Klerikaler, mit Habsburg (Kaiser Karl), Czernin und dem bayerischen Königshaus eng verbunden, jemand, von dem niemand sagen konnte, ob er Agent des österreichischen oder des bayerischen Hofes sei. Erzberger oder Rantzau haben die öffentliche Meinung Deutschlands damit in sehr merkwürdige Hände gegeben, jedenfalls nicht in sozialdemokratische!

Berlin, 7. Februar 1919. Freitag

Wieland Herzfelde bei mir. Ich skizzierte ihm meine Auffassung der Weltlage. Drei große Ideen und Machtkomplexe, die wirklich international sich in die Welt teilten und einander bekämpften: Klerikalismus, Kapitalismus und Bolschewismus; der Kapitalismus mit Einschluß seiner Ausgeburten Militarismus und Imperialismus. Die drei symbolischen Männer der Zeit der Papst, Wilson und Lenin, jeder mit einer ungeheuren, elementar fundierten Gewalt und Völkermasse hinter sich. Die Größe des weltgeschichtlichen Schauspiels, die Einfachheit seiner Linien, das Tragische, das in der Unentrinnbarkeit des daraus sich entrollenden Schicksals liege, fast beispiellos. Draußen stehend und das Ganze wolkenhaft bedrohend Asien. Deutschland werde jetzt auf Schleichwegen für den Klerikalismus eingefangen, während der Bolschewismus es mit Gewalt von innen und außen an sich reiße und der Kapitalismus durch Vermittlung von Wilson ihm ein Aschenbrödelplätzchen am Tisch des Kapitals anbiete. So sei der Kampf um Deutschlands Seele entbrannt; um Deutschlands Seele, Volkskraft und Aufmarschgebiet, weil jeder fühle, daß hier in dieser Weltkatastrophe die Entscheidung fallen müsse. Vielleicht könnte Deutschland sich, mit Asien verbündend, aus der Tragödie zurückziehen. Aber wie? Wo sind die praktischen Möglichkeiten? Oder führt ins Freie der Weg über die allmähliche und demokratische Sozialisierung? Wird das Schicksal, die ungeheure Tragödie, in die es verwickelt ist, ihm Zeit dazu lassen? (Berner Kongreß.)

Später mit Herzfelde bei George Grosz, der für die erste Nummer der Zeitschrift eine Karikatur gegen den Neo-Klerikalismus in Deutschland zeichnet. Bei ihm ein mich auf das stärkste durch seine Farbenpracht reizendes, noch nicht fertiges Bild gekauft; das zweite, das ich ihm abkaufe. Es erinnert an die Farbenphantasien von Odilon Redon, den Grosz, wie er sagte, nur aus Reproduktionen kennt. Er sei zu dieser Leuchtkraft der Farbe gekommen auf dem Wege über seine Aquarelle: eine langjährige Arbeit. Ähnliches habe ihm schon früher vorgeschwebt, er habe aber nicht gekonnt.

Jede Erziehung ist Vergewaltigung, ebenso wie jeder Staat. Erziehung, Gesellschaft, Staat sind nur dazu da, um rohere Formen der Gewalt in feinere zu sublimieren. Das ist aber nur ein Unterschied der Form und des Grades, kein prinzipieller. Das Objekt der Erziehung usw. ist nicht minder vergewaltigt, aus seiner Bahn gedrängt, entnatürlicht (dieses ist ja sogar der eigentliche Zweck der Kultur) wie durch weniger sublime Gewaltmittel. Auch kann man nicht sagen, daß es unter allen Umständen weniger Schmerz empfindet. Aber das ekelhafte Schauspiel der physischen Vergewaltigung, Blut, verzerrte Mienen,

Schmerzgeheul, Tod bleiben dem Zuschauer erspart. Die Gesellschaft ist nicht minder grausam, aber für die sensiblen Nerven der Zuschauer erträglicher als der Krieg. Das ist der eigentliche Unterschied. Und außerdem ist die Rückkehr zur physischen Gewalt eine Regression, die die Harmonie der Vergewaltigung durch Kultur und Staat stört; auch insofern ein schrilles, häßliches Schauspiel. Objektiv kann die Sublimierung der Gewalt Kraftersparnis sein, zum Beispiel wenn jemand versklavt und nicht mehr getötet wird; er bleibt dann ›der menschlichen Gesellschaft erhalten‹ zur Ausbeutung. Mit Menschlichkeit hat das nichts zu tun; es ist reine Utilität, die durch höhere Zweckmäßigkeit aufgehoben werden kann.

Berlin. 8. Februar 1919. Sonnabend

Vormittags Paul Cassirer gesprochen, der aus Bern zurück ist, ohne Schickele gesehen zu haben, weil dieser in St. Moritz Ski lief. Er brachte daher nichts von Bedeutung mit.

Mittags frühstückten bei mir Hilferding, Theodor Däubler und Hugo Simon, der frühere unabhängige Finanzminister. Wir besprachen die Gründung eines Klubs, wo man sich unter frei gesinnten Leuten treffen könnte, ohne Bindung an eine Partei. Die Vollmoellersche Wohnung am Pariser Platz in Aussicht genommen. Den Abbruch des Waffenstillstandes, falls die Entente neue, übermäßig harte Bedingungen stellt, verwirft Hilferding entgegen Simons und meiner Meinung. Er möchte nur unsere unfähigen Unterhändler, vor allem Erzberger, ersetzen. Die Truppen im Ostschutz halten Hilferding sowohl wie Simon für unzuverlässig. Däubler schilderte das Elend der geistigen Arbeiter. Er bekäme für einen Artikel im ›Jungen Deutschland‹ von Reinhardt zwanzig Mark; für sein großes Gedicht auf das Sternbild der Fische in den ›Weißen Blättern‹ habe ihm Cassirer sechzig Mark als Honorar gezahlt. Er lebe nur von der ›Insel‹. Diese Misere sei ein Grund, warum so viele junge Intellektuelle zu den Kommunisten übergingen.

Nachher im Amt. Langwerth bat mich, über Bern zunächst

mit Romberg zu sprechen, der angekommen ist. Berchem, der aus Kiew zurück ist, sagte, seine Truppen seien mit reißender Geschwindigkeit bolschewisiert worden.

Berlin. 9. Februar 1919. Sonntag

Simon Guttmann bei mir, der ganz Spartakist geworden zu sein scheint. Er sagt, jetzt stünden alle jungen Intellektuellen fast ohne Ausnahme gegen die Regierung. Es sei unmöglich, die Erbitterung dieser Kreise zu übertreiben. Man erkläre, daß die jetzige Regierung viel schlechter sei als die kaiserliche; diese habe wenigstens versucht, etwas zu tun. Die jetzige tue nichts, scheue jede Verantwortlichkeit, außer wo es sich ums Schießen handle. Nichts sei durch die Revolution geändert. Alles arbeite nach dem alten Schema. Die ganze Struktur des deutschen Volkes müsse wahrscheinlich geändert werden. Es gebe auch im Ausland bereits eine deutsche Opposition, die mindestens so stark sei wie die, die gegen die alte Regierung bestand. Viele sagten, Deutschland müsse zum zweiten Male besiegt werden, ehe etwas Anständiges daraus werde. Diese Leute arbeiteten bewußt darauf hin, Deutschland Schwierigkeiten mit der Entente zu schaffen. Dr. Meyer, der jetzt die Leitung der Spartakusbewegung übernommen hat, sei besonnener und fähiger als Liebknecht.

Gefrühstückt mit Romberg in der Deutschen Gesellschaft. Er sagt, mit dem Auswärtigen Dienst habe er endgültig abgeschlossen; er wolle sich jetzt in Deutschland orientieren und sehen, was hier zu machen sei. Keine der Parteien befriedige ihn. Er scheint in den Kreisen, die bisher die Beamten und Offiziere geliefert haben, sich umsehen zu wollen, um hier Kräfte zu sammeln, die sich für den Aufbau eignen. Die Sozialdemokratische Partei erscheine ihm als die relativ tüchtigste. Von den Demokraten will er nichts wissen. Die früheren Offiziers- und Beamtenfamilien hätten schon immer nach einem staatlichen Ideal gelebt, das sich dem Sozialismus nähere. Vielleicht lasse sich durch diese mit den Sozialisten zusammen etwas machen. (Im Hintergrunde schweben bei Romberg sicherlich auch christliche Ideen.) Ich denke, er wird bei einer Art von christlichem Sozialismus mit jungen Leuten aus guter Familie landen. Sehr anständig, aber nicht lebensfähig.

Meinen Plan mit Bern billigte er mit Einschränkungen. Bei August Müller (den ich nicht kenne) hätte ich keine gute Note. Mit Frankreich sei nur in Verbindung mit den Kreisen, die dort anti-englisch seien, etwas zu machen. Aber in der jetzigen Situation sei es für uns leichter und richtiger, uns mit England als mit Frankreich zu verständigen. So schließe das eine das andere fast aus. Außerdem sei Frankreich durch seine Rachsucht, seine aufgeregte, habgierige Politik auf dem besten Wege, sich seinen Bundesgenossen unbequem zu machen und bei ihnen in Mißkredit zu kommen; wir hätten jetzt kein Interesse mehr an einer Mäßigung Frankreichs, im Gegenteil, je toller es sich gebärde, um so besser. Er halte es für wichtiger, daß ich hierbleibe und mich weiter mit Polen befasse. Ich sagte, sehr richtig, dann müßte man mich aber bei den polnischen Dingen auch heranziehen. Hier sitzen und nichts tun sei nicht meine Sache. Schließlich riet er mir, unter dem Vorwande der Abwicklung meiner Geschäfte nach Bern zu fahren, dort Müller zu sondieren und zu sehen, ob mit Frankreich etwas zu machen sei. Er war aber nur mit halbem Herzen dabei.

Nachher mit Langwerth in dieser Sache gesprochen. Mit ihm verabredet, daß ich an Schubert schreibe und unter dem obigen Vorwande hinunterfahre. Langwerth dann meine Befürchtungen wegen Spartakus gesagt, daß ich die zweite Revolution kommen fühle. Er war sehr betroffen und bat mich dringend und wiederholt, Rantzau in Weimar dieses zu sagen. Rantzau sei der einzige, der etwas machen können. Daß Erzbergers Tätigkeit verhängnisvoll sei, gab er ohne Einschränkungen zu. Erstaunlich war, wie wenig Langwerth von der Spartakusbewegung wußte. Alles, was ich ihm sagte, war ihm anscheinend neu. Das Amt lebt zwischen Aktenschränken in einer eigenen kleinen Welt, und die Politik, die es in dieser macht, heißt dann Weltpolitik. Romberg, den ich nach Weimar einlud, zögerte, weil er meinte, Rantzau werde annehmen, daß er gegen ihn bohre, wenn es ihm auch ganz fernliege. Rantzau könne sich das aber nicht anders vorstellen.

Abends, von Bekannten verschleppt, in einem Lokal, wie es jetzt Hunderte in Berlin gibt, wo bis morgens getanzt wird. Für die zweite Periode der Revolution von den Dezemberputschen und dem Austritt der Unabhängigen aus der Regierung bis jetzt wäre als Bezeichnung die treffendste: ›Der Tanz auf dem Vulkan‹.

Berlin. 10. Februar 1919. Montag

Früh Wieland Herzfelde bei mir. Eindruck der ungemein frischen, fleißigen und witzigen Persönlichkeit dieses jungen Menschen, dessen Tätigkeit irgendwie fruchtbar werden wird.

Kestenberg bei mir gefrühstückt. Die mit Hugo Simon, Hilferding und Däubler erörterten Ideen eines Klubs und einer davon unabhängigen ›Fabian Society‹ besprochen. Letztere denke ich mir zum Zwecke, Menschen von geistiger Bedeutung, die durch die Ereignisse ihre Orientierung verloren haben, durch Diskussionen und möglichst objektive Untersuchungen wieder zu einer fest fundierten Haltung in politischen, wirtschaftlichen, ethischen Dingen zu verhelfen. Als Namen wurden notiert: Hilferding, Däubler, Breitscheid, Dr. Meyer (von der ›Roten Fahne‹, der Führer der Spartakusbewegung), Georg Bernhard, Schücking, Prof. Delbrück, Wieland Herzfelde, Becher, Eisner, Albert Einstein, Arco, S. Friedländer, Blüher, Harden, Wolfgang Heine, Landsberg, Hugo Simon, Moissi, Eysoldt, Mechthilde Lichnowsky.

Ich bin der Ansicht, daß eine solche Gesellschaft sich statutenmäßig binden müßte, keine Kundgebungen nach außen zu erlassen; sonst kann ihre Arbeit nicht fruchtbar sein. Sie müßte zunächst überhaupt eine Art von Geheimgesellschaft sein.

Abends in einem Vortrag von Stadler über Bolschewismus im ›Rheingold‹. Er redete platt, aber begeisternd. Die Diskussion nachher war beschämend; so trivial. Das ungeheure Erlebnis des Bolschewismus ist trotz der Spartakuswoche noch dem Berliner

Spießer fern. Ein fakirhaft sich gebärdender und überschreiender Kommunismus, der auftrat, wirkte bloß belustigend, ebenso eine deutschnationale Dame.

Berlin. 11. Februar 1919. Dienstag

Gestern ist in Weimar die provisorische Verfassung angenommen. Damit endet offiziell die Revolution. Allerdings tatsächlich ist es bloß ein Abschnitt.

Ebert ist heute von der Nationalversammlung zum Reichspräsidenten gewählt worden. Ein gekrönter Sattlermeister, solide, sympathisch und tüchtig; ob politisch fruchtbar, zum mindesten fraglich. Ein großer Schädel, dick und schwer, der keine Seitensprünge machen wird; insofern besser als Wilhelm II. Aber ich fürchte, noch kein Cromwell.

Berlin. 12. Februar 1919. Mittwoch

Frühstück mit Romberg und Nadolny. Ich fragte Nadolny, wie Rantzau sich das Weitere denke, wenn wir einmal uns entschließen müßten, gewisse Entente-Bedingungen abzulehnen und den Waffenstillstand nicht zu erneuern? Nadolny antwortete, trotz Rantzaus und Eberts Drohungen bestehe die Absicht zu brechen nicht. Erzbergers Einfluß sei dagegen. Man wolle die Zeit wirken lassen, die, wie man glaube, für uns arbeite, indem Frankreich bei jeder Erneuerung des Waffenstillstandes durch Übersteigerung seiner Forderungen mit seinen Alliierten immer weiter auseinanderkomme. Unser Programm sei daher: warten und protestieren, aber nicht abbrechen. Es frage sich, wer die besseren Nerven habe. Das ist also die Erzbergersche Waffenstillstandspolitik. Ich machte den Einwand, warten könne, wer Zeit habe. Aber wenn bei uns der große Kladderadatsch komme, ehe die Entente mürbe sei, dann würden wir unfreiwillig die Politik mit den russischen Bolschewiki machen müssen, die wir heute noch freiwillig wählen könnten.

Erzberger ist nach Romberg ein kleiner Schieber von großem Fleiß und mit offener Hand, die rechts und links Geschenke und

Gefälligkeiten austeilt, um Anhänger zu werben. Ein jeder wisse, daß er bei Erzberger etwas profitieren könne. System der guten Trinkgelder. Berchem hat er ein Auto samt Chauffeur unter großen Kosten (Staatskosten) nach der Schweiz besorgt.

Berlin. 13. Februar 1919. Donnerstag

Radek ist heute früh in Berlin verhaftet worden.

Meyer, zu dem ich einen Augenblick hineinging, war über das Innere auch sehr beunruhigt, wollte aber ›nur noch Gewalt‹. Aushebung und Stützung auf das Militär. Daß das Militär nicht zuverlässig ist und die Revolution in den Geistern liegt, will diese Sorte nicht einsehen. Und das nennt sich ›Realpolitik‹.

Auf dem Korridor Ferdinand Stumm getroffen, der also seinen Unterschlupf in Holland verlassen hat. Er lachte und war wie immer guter Dinge, obgleich er zugab, daß wir in den Abgrund rollen. Typus: der Mensch, für den alle anderen Menschen nur Gegenstände sind, mit denen seine Phantasie spielt (der Puppenliebhaber). Ein solcher Mensch ist unendlich anziehend, weil die andren sich in ihm wie im Zauberspiegel sehen, aber gefährlich wie trügerisches Eis, wo das Spiegelbild plötzlich in die Tiefe sinkt und den eitlen Selbstbeschauer mit in den Abgrund reißt. Wenn nicht ein sehr gutes und zartes Herz korrigierend wirkt, sind solche Menschen Ungeheuer, die, wen sie lieben, in Tod und Elend locken.

Berlin. 14. Februar 1919. Freitag

Frühstück bei Hiller mit Hugo Simon, Breitscheid, Hilferding, Königs und einem Engländer Mr. Young (Quäker) von der Independent Labour Party, der hier Korrespondent der ›Daily News‹ ist. Young meint, die Streiks in England würden nicht zur Revolution führen, aber vielleicht den Sieg der Arbeiterpartei bei den nächsten Wahlen, die voraussichtlich innerhalb eines Jahres stattfinden würden, vorbereiten. Es sei sehr möglich, daß die nächste englische Regierung eine reine Arbeiterregierung sein werde. Hilferding kritisierte heftig die Drohung Eberts und

Rantzaus, die Waffenstillstandsverhandlungen eventuell abzubrechen. Entweder sei es ein leeres Gerede, oder Deutschland werde, wenn man breche, dem Hunger und Bolschewismus ausgeliefert. Richtig würde es nach Hilferding sein, ein genaues positives Programm aufzustellen, wie wir uns im einzelnen die Anwendung der Wilsonschen 14 Punkte dächten, zum Beispiel in bezug auf Polen, auf Wiederaufbau usw., nicht immer bloß passiv uns Bedingungen auferlegen zu lassen und zu protestieren.

Berlin, 16. Februar 1919. Sonntag

Der Völkerbund-Plan der Entente wird heute früh von den Zeitungen veröffentlicht. Der erste Eindruck ist der eines dürrjuristischen Paragraphenbündels alten Geistes, das schlecht verhüllte imperialistische Knechtungs- und Raubabsichten einer Anzahl siegreicher Staaten dürftig umhüllt; ein Notariatsvertrag, wie man ihn armen Verwandten auferlegt. Die ganze Situation erinnert an Becques Stück ›Les corbeaux‹; Ausplünderung der Witwe durch die Associés des Verstorbenen in stilvollen juristischen Floskeln. Frage: wie man sich dazu verhalten soll? Ablehnen könnte man nur aufgrund eines besseren Planes, der die ganze Frage breiter und tiefer, nicht bloß juristisch, sondern menschlich anpackt und überzeugend löst. Ein Fehler, der in die Augen springt, ist, daß er von den Staaten ausgeht, die in einer natürlichen Kampfstellung zueinander stehen, statt von den großen wirtschaftlichen und menschlichen Interessen und Verbänden, die von sich aus zur Internationalität streben. Diesen internationalen Verbänden (Arbeiterinternationale, internationale Verkehrs- und Rohstoffverbände, große Religionsgemeinschaften, Zionisten, Assoziationen auf humanitärem oder wissenschaftlichem Gebiete, internationale Bankenkonsortien usw.) müßte man Macht- und Zwangsmittel gerade *gegen* die Staaten verleihen, sie rechtlich immer mehr von den Einzelstaaten ablösen und verselbständigen und dafür Rahmen und Vorschriften schaffen; nicht aber dem lächerlichen alten Ausschuß der Großstaaten gerade umgekehrt noch mehr Macht verleihen als bisher.

Ein Völkerbund, wie ich ihn mir denke, wäre das natürliche Organ für die internationale Abtragung der Kriegsschulden und den Wiederaufbau des Verwüsteten; ebenso für die internationale Verwaltung der Kolonien (Rohstoffgebiete). Vorfrage: Ob wir Wilson überhaupt opponieren können? Ob Vorteile meiner Lösung so groß, daß Opposition lohnt?

Berlin. 17. Februar 1919. Montag

Hilferding bei mir gefrühstückt (Hiller; Kleines Kabinett). Meine Ideen zum Völkerbund lehnte Hilferding im großen und ganzen ab. Er meinte, man werde doch die Starken zu dessen Trägern machen müssen, schon weil nichts anderes durchzusetzen sei. Den Wilsonschen Plan müsse man durch einzelne Amendements zu verbessern suchen (also ganz das Gegenteil meines Vorschlags).

Der Waffenstillstand ist gestern unter niederschmetternden Bedingungen wieder unterzeichnet worden. Rantzau hat Rücktrittsabsichten zu erkennen gegeben, ist dann aber geblieben.

Berlin. 18. Februar 1919. Dienstag

Besprechung vormittags im Amte mit Nadolny, der mir sagte, nach Langwerths Auffassung habe sich in meiner Stellung als Gesandter nichts geändert; die Geschäfte der Gesandtschaft lägen nach wie vor in meinen Händen. Ich verabredete mit Nadolny daher, daß ich mir ein kleines Personal zusammenstellen und die Geschäfte wiederaufnehmen werde.

Gefrühstückt mit Romberg im Automobilclub. Ihm meine Völkerbundideen entwickelt. Er brachte ihnen großes Interesse entgegen und drängte, daß ich der Sache praktisch nachgehen solle. Max Weber hält er für sehr fähig und rednerisch wirksam, aber professoral und ohne großes praktisches Können. Prinz Max ebenfalls mehr durch seine ethische Persönlichkeit und sein Verständnis für Völkerpsychologie als durch politische schnelle Entschlußkraft ausgezeichnet.

Irgend jemand, der an unseren Tisch herankam, erzählte

Romberg, er habe vorige Nacht bei Friedländer-Fulds mit Kühlmann bis um fünf getanzt. Romberg sagte nur: »Geschmacklos«, was gegen Kühlmann, der Deutschlands Unglück zum erheblichen Teile mitverschuldet hat, milde ist. Berlin tanzt, und Kühlmann, der Bankrotteur, tanzt mit. Das wenigstens wird uns Ludendorff ersparen. Kühlmann bleibt seinem Charakter treu; er war und ist unter aller Hülle geistiger Befähigung und zynischer Gleichgültigkeit ein dicker Genußmensch.

Berlin, 19. Februar 1919. Mittwoch

Herzfelde bei mir; klagte, daß die bürgerlichen Zeitungsfrauen sein Blatt boykottieren, weil sie Spartakusluft wittern. Anselm Ruest schreibt und bittet verhüllt um Stützung seiner Wochenschrift ›Der Einzige‹. Die Publikationen, zum Teil interessante, schießen wie die Pilze empor. Aber es fehlt an Geld und Papier, auch an Geist. Herzfelde war halb niedergebrochen unter dem Eindruck der Verständnislosigkeit bei seinen Mitarbeitern.

Mittags war das erste Redaktionsfrühstück unserer eigenen Zeitschrift ›Deutsche Nation‹; anschließend Redaktionssitzung. Ich brachte meine Ideen zum Pariser Völkerbundplan und zu einem wirklichen Völkerbunde vor. Sie fanden die sofortige widerspruchslose Zustimmung von Bülow, Ferdinand Stumm, Prittwitz, Bornstädt, Grunelius, Neven-Dumont. Ihr antistaatlicher, bolschewistischer Charakter (da sie sich zum großen Teil der Rätebewegung bedienen) wurde begriffen und gebilligt. Namentlich Bülow und Stumm traten ihnen mit großer Wärme bei (Stumm, wie mir schien, allerdings nur aus opportunistisch-diplomatischen Motiven).

In der anschließenden Sitzung, zu der Kraus von der Rechtsabteilung des Auswärtigen Amtes und Dr. Führ zitiert wurden, trat Kraus, der ein reiner Jurist ist, sehr scharf meinem Plane entgegen. Nur der Staatenbund als Ausbau der Haager Verträge sei möglich. Sonst entstehe eine historische Lücke.

Berlin. 20. Februar 1919. Donnerstag

Der erste Frühlingstag. Warmes, helles Wetter, in dessen Weichheit schon der Sommer spürbar ist.

Bei Walther Rathenau im Palais seiner Mutter gegenüber der Italienischen Botschaft. Schön geordnete Treppen und Säle im Renaissance- und Empirestil; Grundriß, den er, wie er sagt, mit Seidel gemeinschaftlich entworfen hat. Ich hatte ihn seit der Revolution nicht gesehen; wollte ihn aber wegen der politischen Lage und besonders des Völkerbunds jetzt sprechen. Wir saßen in einem kunstvoll parkettierten, mit Deckenfresken versehenen, etwas steifen italienischen Renaissanceraum auf Löwensesseln.

Rathenau empfängt, wie er sagt, seit einiger Zeit den Besuch von Dutzenden von Amerikanern und Engländern, die ihn sehen wollen, deren Haltung aber übereinstimmend die des Mitleids gegen ihn sei, daß er einem solchen Volke angehöre, einem Volke, das sie mit einer noch nie in der Weltgeschichte dagewesenen Mischung von Abscheu und Verachtung betrachteten. Ihre Haltung sei dieselbe wie die der Christen gegen einzelne hervorragende Juden, die geduldet, aber wegen ihrer üblen jüdischen Verwandtschaft bemitleidet würden. Er kenne als Jude diese Blicke und höflich verächtlichen Wendungen ganz genau. Allerdings sei es hart, nachdem man sie sein ganzes Leben als Jude ertragen habe, jetzt zum zweiten Male als Deutscher darunter zu leiden. Man dürfe aber sein Volk nicht als Sprungbrett benutzen, um sich darüber zu erheben; sondern müsse sich dazu halten, auch wenn einem Bequemeres offenstünde.

Zum Bolschewismus ließ er starke Hinneigung durchblicken. Es sei ein großartiges System, dem wahrscheinlich die Zukunft gehören werde. In hundert Jahren werde die Welt bolschewistisch sein. Der gegenwärtige russische Bolschewismus gleiche einem wunderbaren Theaterstück, das auf einer Schmiere von Schmierenschauspielern gespielt werde. Und Deutschland werde den Kommunismus, wenn er zu uns komme, genauso im Schmierenstil aufführen. Uns fehlten die Männer für ein so überaus kompliziertes System. Es verlange eine viel feinere und höhere organisatorische Begabung, als bei uns zu finden sei. Wir hätten keine Menschen von genügender Statur; vielleicht die Engländer und Amerikaner. Wir Deutschen könnten nur à la Feldwebel organisieren, nicht auf der hohen Stufe, die der Bolschewismus fordere. Des Nachts sei er Bolschewist; aber am Tage, wenn er unsere Arbeiter, unsere Beamten sehe, sei er es nicht oder noch nicht (er wiederholte mehrmals das ›noch nicht‹).

Die Idee, dem Wilsonschen Staatenbunde einen Völkerbund auf Basis der internationalen Organisationen entgegenzustellen, kritisierte er, indem er von der Verachtung und dem Haß der Welt gegen Deutschland ausging. Er meinte, diese Gefühle seien so mächtig, daß sie in jede internationale Körperschaft, sei es Freimaurerei oder Internationale oder Kirche, einschnitten, in der Entente-Angehörige säßen. Daher dürfe man nichts aufbauen auf irgendeine internationale Körperschaft, an der die Entente-Völker beteiligt seien; denn dort würden wir immer in der Hinterhand sein. Mit der Entente verquickt seien aber alle bestehenden internationalen Verbände und Vereinigungen.

Sein Plan sei ein andrer. Eigentlich sollten wir allerdings den Eintritt in den Wilsonschen Bund überhaupt ablehnen. Aber das werde unsere öffentliche Meinung, besonders die Sozialdemokratie, nicht zulassen. Er setzt daher das Schlimmste: wir würden beitreten. Andre Länder, zum Beispiel Rußland, würden wahrscheinlich draußen bleiben. Mit diesen sollten wir zunächst ganz unpolitische Berührungen und Anknüpfungspunkte suchen, eine Art ›Salon des Refusés‹ gründen: durch interparlamentarische Besprechungen, wissenschaftliche Kongresse und ähnliches die Bande immer enger knüpfen; und dann, wenn innerhalb des Völkerbundes die unausbleiblichen Intrigen und Spaltungen anfingen, auf jene Zurückgewiesenen gestützt den Bund sprengen, eine bessere Organisation erzwingen.

Das alles bewegt sich in den alten diplomatischen Geleisen, für die wir ein so großes Talent bewiesen haben! Ich verspreche mir auch dementsprechend viel davon! Er trug es aber vor wie höhere Weisheit und fügte hinzu: allerdings arbeite er eigentlich nur noch für die Zukunft, mit der Gegenwart sei nichts anzufangen. Man könne nur hier oder dort eine Kleinigkeit zurechtrücken. So habe er zu Anfang des Krieges die Rohstoffversorgung geordnet, allerdings unter Gewissenskämpfen, weil er sich gefragt habe, ob es nicht besser sei, den Dingen ihren Lauf zu lassen, das Ende schrecklich, aber kurz zu machen, und ›das, was fällt, noch zu stoßen‹. Abgesehen von solchen Aushilfen wirke er für die Zukunft. Die werde nicht an ihm vorbeigehen.

Heute sei die Zeit der kleinen Leute. Einer sehe aus wie der andere: Scheidemann, Naumann, Kühlmann; alles Knieholz: alle diese ›-männer‹ könne man untereinander vertauschen, ohne daß es jemand merke. In Deutschland komme nur der Bierbankpolitiker vorwärts. Man müsse ›beliebt‹ sein, durch die Kneipen sich durchwälzen, sonst bringe man es zu nichts. Wer aber das könne, der sei kein Geistiger. Er kenne nur einen einzigen Mann von wirklich großem Format in Deutschland: Hugo Stinnes. Aber der sei nicht zu haben, um Deutschland zu regieren, habe 300 bis 400 Millionen im Kriege verdient und arbeite nur für sich und seine Hausmacht. In Regierung und Parlament sehe man heute überall dieselben alten Leute wie gestern. Die Revolution habe nur einen neuen Mann hervorgebracht: Noske. Der schiene allerdings gut. Sonst: Die Offiziere, die Beamten, die Schutzleute auf der Straße, die Spießer auf der Bierbank seien noch die alten. Wie könne man da vor die Menschheit treten und ihr sagen, das deutsche Volk habe sich erneuert? Darin bestehe die Unwahrhaftigkeit Eisners. Seine Publikationen und Selbstbeschuldigungen hätten einen Sinn nur, wenn fünfzig Millionen Deutsche dahinterstünden; da aber kaum ein paar tausend Deutsche so dächten, so seien sie eine Irreführung. Eine Revolution habe bei uns gar nicht stattgefunden; nichts sei passiert: nur ein kleiner Militärstreik.

Rathenau doziert das alles in selbstsicheren, langen Reden, die auch das Richtige häufig falsch beleuchten. Überhaupt ist er der Mann der falschen Noten und schiefen Situationen: als Kommunist im Damastsessel, als Patriot aus Herablassung, als Neutöner auf einer alten Leier. Allerdings ein Virtuose; aber leider auch ›der große Mann‹, derjenige, welcher an sein Denkmal denkt und dieses posthume Erz auf seinem Geiste lasten läßt: vor fünfzehn Jahren war dieser üppiger und beweglicher. Heute ist sein Gespräch trotz des pomphaften Tones bis auf einzelne richtige Beobachtungen steril; seine Haltung eine Mischung aus Verbitterung und Eitelkeit, wobei sein sehr undurchsichtiges Verhältnis zu den Frauen gewiß mitspricht; etwas von der männlichen alten Jungfer steckt in ihm und seinem Denken, seiner Überhebung. Schickeles Wort auf ihn: ›Vom Rohstoff zu Christus‹ wird der Disproportion in ihm fast gerecht.

Der U-Boot-Matrose Willy, den ich kenne und heute traf, war so bedrückt, daß ich fragte, was ihm fehle; er gab schließlich scheu zu, daß er die Auslieferung der Flotte nicht verwinden könne. Er habe keine Freude mehr am Leben. Auf dem U-Boot hätten sie es gut gehabt, Kameradschaft geübt, Schweres und Schönes erlebt, und immer habe es mit den Kameraden geheißen: ›Nach den schweren Stunden mutig sein!‹ Von seinem U-Boot besitze er noch eine Photographie, die könne man ihm wenigstens nicht nehmen. Ich fragte, ob er an eine solche Kameradschaft auch mit unserem ganzen deutschen Volke und mit der Menschheit glaube? Er sagte: er verstehe wohl, was ich wolle. Es sei auch sehr schön, ›aber es gibt zu viele schlechte Menschen in der Welt‹.

›Nach den schweren Stunden mutig sein‹ – diese einfache Lebensregel eines einfachen Mannes ist eine der schönsten und tapfersten, die ich kenne. Die fast gedankenlose Verzweiflung dieses armen, tapferen Jungen gehört auch zu unserer Volkstragödie, die so dunkel und tief durch das wilde Tanzen und Gewirre neben und zwischendurch läuft. Wieviel würdiger und menschlicher als die hohle Herablassung von Rathenau.

Weimar. 21. Februar 1919. Freitag

Früh im Nationalversammlungszug nach Weimar gefahren.

Eisner ist heute morgen in München ermordet worden von einem jungen Grafen Arco. Nadolny, der seit zwei Tagen bei mir wohnt, brachte nachmittags die Nachricht, daß die Spartakisten Eisner gerächt hätten, indem sie den Kriegsminister Rosshaupter überfallen und getötet, den Minister Auer schwer verwundet haben. Landsberg, von dem Nadolny kam, hatte ihn gefragt, ob er glaube, daß die Regierungstruppen in Berlin und hier zuverlässig seien. Man erwarte, daß die Münchener Morde weitere Kreise ziehen würden. Wenn die Truppen zuverlässig seien, dann heiße es die Zähne zusammenbeißen und die Sache durchfechten; wenn nicht, dann könne alles zusammenbrechen.

Ich skizzierte Nadolny meine Völkerbundidee. Er erwärmte sich langsam, und je deutlicher sie ihm wurde, um so mehr. Vor allem, daß die Arbeiter der Welt den Frieden in die Hand nehmen sollten und durch die von der Exekutive dekretierte Arbeitseinstellung auf einfachem Wege den rebellischen Staat zum Frieden zwingen könnten, halte er für eine höher als der Staatenbund stehende Idee, die deshalb geeignet sei, die Wilsonsche veraltete zu besiegen. Aber ich sollte den Plan praktisch ausarbeiten, damit man ihn plastisch vor sich sehe und zeigen könne.

Nadolny ist heute zum Vertreter des Auswärtigen Amtes bei Ebert ernannt worden.

Am Salonwagen der Regierung Stresemann getroffen, den ich, um Nadolnys Anregung zu folgen, auf Montag abend einlud. Sprung ins Spinngewebe Weimarer Intrigen!

Ich habe nach den Gesprächen mit Nadolny den Eindruck, daß die Nationalversammlung ein Mittelding zwischen Bierbank und Konklave sein dürfte, das heißt, die große Politik im Stile der Bierbank, die kleine im höheren und feineren des Kardinalskollegiums betreibend. In mein Haus, das bisher ganz von den Erinnerungen an van de Velde, Hofmannsthal, Gordon Craig, Maillol, Rodin, Bodenhausen, Ludwig von Hofmann,

Nietzsche erfüllt war, schlägt das sonderbar herein; wie ein Fabrikschlot in eine Landschaft.

Stresemann erzählte, daß er Frau und Kinder unter Spartakusherrschaft untergebracht habe im Braunschweigischen. Es gehe ihnen glänzend, Verpflegung, Wintersport usw. Er habe seinen Kindern einen Rektor hingeschickt, denn man könne sie jetzt nicht gut auf Berliner Schulen erziehen lassen.

Weimar, 22. Februar 1919. Sonnabend

Nachmittags mit Rantzau, der abends nach Berlin fährt, kurz vor seiner Abreise Unterredung im Schloß. Sein Diener ist infolge irgendwelcher Familienereignisse fort; Rantzau mußte selber packen und empfing mich infolgedessen etwas ermattet. Ich skizzierte ihm zuerst meine Völkerbundsidee, auf die er durch Nadolny vorbereitet war. Meine Andeutung, daß auf diesem Wege auch ein Zusammengehen mit Rußland und den Bolschewiki zu erreichen wäre, griff er auf und sagte, die ganz großzügige Politik für Deutschland wäre zweifellos die, mit Sowjetrußland zusammen gegen die Entente. Auch er denke an eine solche Politik, ja, es sei die, die er am liebsten machen möchte. Die Verbeugung nach seiten der Bolschewiki in seiner Rede hätte ich wohl bemerkt. Nur fürchte er, daß wir auf diesem Wege zuerst eine sehr schlimme und gefährliche Strecke passieren müßten, und deshalb sei er bisher davor zurückgeschreckt. Wenn uns aber die Entente zur Verzweiflung treibe, wenn wir doch den Bolschewismus ins Land bekämen, dann werde er diesen Weg gehen, dann wolle er sich an die Spitze der Bewegung setzen und sie auswerten. Er habe schon einem englischen Journalisten in Kopenhagen gesagt, wenn die Entente uns durch ihre Maßregeln in den Bolschewismus hineintreibe, dann werde er dafür sorgen, daß er an unseren Grenzen nicht haltmache.

Meine Völkerbundidee war für ihn offenbar hauptsächlich als Sprungbrett nach Rußland anziehend; wenigstens verweilte er am längsten bei dieser Aussicht. Seine einzige kritische Bemerkung bezog sich darauf, daß die nationalen Feindschaften in die internationalen Organisationen wie Arbeiter-Internationale, Kirche usw. eingedrungen seien. Er bat mich um ein schriftliches Exposé, das ich ihm auch noch abends an der Bahn gab. Ich bot ihm dann noch weiter an, falls die Idee ihn interessiere, eine Völkerbundverfassung auszuarbeiten; nur bäte ich ihn, mir zur Hilfe bei der Formulierung jemanden von der Rechtsabteilung zur Verfügung zu stellen. Er genehmigte dieses, meinte aber, es würde schwer sein, jemanden nach Weimar zu schicken; ich müßte dann schon nach Berlin kommen.

Knappe Formulierung meines Gedankens: *Nicht ein Bund der Staaten, sondern eine Organisation der Organisationen, die sowieso für den Frieden und international sind,* soll die höchste Gewalt (Militär, Boykott usw.) über Krieg und Frieden und Völkerrecht erhalten.

Weimar. 23. Februar 1919. Sonntag

Nachmittags Frau Förster-Nietzsche besucht. Bei ihr saß Pachnicke, der Abgeordnete, das große Tier der Demokraten; etwas altfränkisch, etwas preziös, etwas ›Zu-gut-für-diese-Welt‹-Haltung; was dahintersteckt, weiß man nicht. Ich vermute, er zitiert Horaz und denkt dabei an den Bezirksverein.

Die Gegenüberstellung Frau Förster-Nietzsche und Pachnicke war dadurch recht drollig, daß die Förster-Nietzsche ihrerseits noch in ihrem siebenten Jahrzehnt Backfisch ist, ›schwärmend‹ für diesen oder jenen wie ein siebzehnjähriges Mädchen (was übrigens auch in ihrem Verhältnis zu ihrem Bruder ihr Bestes ist), und dadurch trotz ihres Namens das weibliche Ebenbild von Pachnicke, das heißt die Verkörperung gerade dessen, was ihr Bruder bekämpft hat. Was die Komik noch erhöht: Pachnicke hat als junger Student an Nietzsche geschrieben und ihn gebeten, sein geistiger ›Vater‹ zu werden!

Im Bildungssumpf tummelt sich das Getier ahnungslos freudig, bis die ganze schöne Sumpfwelt in der Katastrophe von Weltkrieg und Revolution zusammenbricht! Die harte Berührung mit der Wirklichkeit hat unseren Studierten gefehlt. Zur

Gesundung des ganzen Volkes müßte jeder Junge mindestens zwei Jahre auf sich selbst gestellt werden, abgeschnitten von allen Subsistenzmitteln: ein Handwerk lernen mit dreizehn, vierzehn Jahren und vom achtzehnten bis zwanzigsten ohne Mitleid in die Welt hinausgestoßen werden. Ersatz für die Militärpflicht. Alles andre ist Mumpitz, wenn von Einheitsschule, engerer Berührung mit dem Volke, Demokratie gefaselt wird. Die menschliche Überlegenheit des tüchtigen Proletariers beruht auf dieser Erziehung durch die Tat. Alles Gute in jeder Erziehung geht direkt oder indirekt hierauf zurück. Vielleicht ist ein solches Hinausstoßen in die Wirklichkeit allgemein nur in einer neuen Ordnung der Gesellschaft möglich.

Weimar. 24. Februar 1919. Montag

Sitzung der Nationalversammlung am Regierungstisch beigewohnt. Preuß begründete seinen Entwurf zur Reichsverfassung in einer unendlich langweiligen, farb- und temperamentlosen, schwerfälligen und schleppenden Rede; von der Größe des historischen Moments kein Hauch. Nach einer Stunde schlief ich ein und ging dann hinaus.

Der Anblick des hellgrünseidenen und weißen Hauses mit dem Publikum in den Rängen und Logen in der Theaterbeleuchtung ist nicht sehr feierlich, aber ganz gemütlich kleinstädtisch und solide. Zu hohen Geistesflügen reizt es nicht an, auch nicht zu revolutionären oder verzweifelten historischen Entschlüssen. Danton oder Bismarck würden in diesem niedlichen Rahmen ungeheuerlich wirken. Das Grandiose, das die Volksmassen und der Rahmen den Revolutionstagen in Berlin gaben, fehlt hier ganz. Es müßte viel Blut in diesem Hause fließen, um es zu weihen. Bisher ist der Eindruck der einer Sonntagnachmittagsvorstellung in einer kleinen Residenz. Der kleinbürgerliche Charakter der Revolution wird hier äußerlich sichtbar; die Vertreter aller Parteien von rechts bis links gehören mit wenigen Ausnahmen zum kleinen Mittelstand. Das Kabarett des Dr. Allos, das zur Erheiterung der Mitglieder hier weilt, entspricht durchaus den geistigen Bedürfnissen, die man beim Anblick der Versammlung vermutet.

Nachmittags angefangen, den Entwurf zur Völkerbundverfassung zu diktieren. Abends aß Stresemann bei mir. Er ist in derselben peinlichen Lage wie Bernhard; geächtet und verdächtig einem großen Teil der öffentlichen Meinung. Er erzählte von den Verhandlungen mit Professor Weber zur Begründung der Demokratischen Partei, bei denen ihm Weber in der verletzendsten Weise den Stuhl vor die Tür gesetzt habe, nachdem er bereits mit den Freisinnigen-Abgesandten einig gewesen sei. Allerdings sei, wie er nachträglich erfahren habe, Weber bereits zweimal in einer Nervenheilanstalt gewesen. Stresemann hat infolgedessen seine eigene Partei begründet.

Stresemann hat einen robusten Willen, der kräftig mitwirken könnte, aber nichts von der feinen, ethischen Haut, die jetzt Mode wird und zu schöpferischen Taten für Deutschland künftig nötig ist. Daher ist er eine problematische Erscheinung, die wie alle problematischen Erscheinungen mit einem gewissen subjektiven Recht die Welt als ungerecht empfindet.

Weimar. 25. Februar 1919. Dienstag

Nachmittags Ernst Hardt besucht mit Georg Bernhard. Hardt sprach aus Anlaß der Rückberufung von van de Velde nach Weimar die Ansicht aus, daß Deutschland nach dem Kriege auf der engsten nationalen Basis sich wieder auf sich selbst besinnen müsse, sonst gehe es zugrunde. Das reiche und mächtige Deutschland der Vorkriegszeit habe sich internationale Velleitäten in der Kultur gestatten können. Das sei aber jetzt vorläufig vorbei.

Ich hielt ihm den Radikalismus und Internationalismus der jungen Intellektuellen entgegen. Er meinte (und ebenso Bernhard), diese seien bloß vorübergehend, eine heftige Reaktion werde folgen, wenn erst gemerkt werde, daß das Gerede der Entente von Verbrüderung und Völkerbund nicht ernst sei. Ich glaube, daß in Wirklichkeit die jungen Leute gleichzeitig nach beiden Seiten abschwenken zu zwei extremen Parteien: Radikalismus und Reaktion, Internationalismus und Chauvinismus, zwischen denen der Kampf in den nächsten Jahren bei uns unerhört scharf sein wird.

Später mit Bernhard beim preußischen Ministerpräsidenten Hirsch, der bei einem Dr. Noether in dessen großem Hause in der Elisabethstraße einquartiert ist. Es wurde Skat gespielt und Sekt getrunken. Der Kultusminister Haenisch machte schöngeistige Konversation; mir schien, pour m'épater, denn er zitierte immerfort meine alten Pan-Genossen, Otto Julius Bierbaum, Hartleben, Holz, und ließ sein Gedächtnis glänzen, indem er jedes Buch von Bierbaum fast auswendig zu kennen vorgab. Ich verhehlte nicht meine Bedenken gegen Bierbaum. Haenisch schwelgte aber immer üppiger in seinen Erinnerungen und prunkte weiter, trotzdem Hirsch, der ein langer, eckiger Kerl ist, über ihn sich ziemlich unverblümt lustig machte.

Der Polizeiminister Ernst war ebenfalls da, ein vierschrötiger, zäher Kleinbürger, ohne beunruhigende Phantasie, satt und solide; den Charakter des jetzigen Regimes gut verkörpernd. Er erzählte mir, daß er eine ›reine Parteibibliothek‹ von 2000 Bänden besitze. Ich fragte ihn als Polizeipräsidenten von Berlin, was er von Spartakus erwarte. Er meinte, es werde wohl noch einen großen Putsch geben. Jetzt seien es überall im Reiche fliegende Feuer; einmal werde aber noch ein wirklicher Brand auflodern, und dann werde nur ein großer Aderlaß helfen. Es käme darauf an, so schnell wie möglich die Demobilisation durchzuführen; denn die alten Truppen seien alle verdorben. Die neu aufgestellten sind dagegen nach seiner Ansicht unbedingt zuverlässig. Er spricht wie ein altkonservativer Handwerker und mißbilligte die sozialdemokratische Agitation in West- und Ostpreußen, weil die politisch ahnungslosen Leute ihr gegenüber haltlos dastünden.

Weimar. 26. Febraur 1919. Mittwoch

Meinen Verfassungsentwurf für den Völkerbund früh zu Ende diktiert und in die Cranachpresse zum Druck gegeben.

Abends aß Wolfgang Heine bei mir im ›Goldenen Adler‹. Das Gespräch war insofern merkwürdig, als er immerfort bemüht war, mich von seiner konservativen und nationalen Gesinnung zu überzeugen, während ich durchaus ehrlich ihm mein Bekenntnis zum Sozialismus beizubringen versuchte. Kennzeichnend für die ganze Situation heute. Deshalb geht nichts vorwärts vor lauter Verbeugungen. Wie wenn zwei Deutsche durch eine Tür hindurchwollen, so stockt der Lauf der Dinge. Schließlich einigten wir uns auf das Programm zwecks Sozialisierung, dann Freiheit. Er wandte allerdings ein, ich kenne nicht die Philisterhaftigkeit seiner Partei. Ich antwortete, dann müsse man eben eine neue Partei oder Vereinigung gründen. Meine Idee für den Völkerbund verblüffte ihn. Er sagte, es sei ein Lichtblitz in dunkler Zeit. Er will den Entwurf, den ich heute drucken lasse, durcharbeiten.

Weimar. 27. Februar 1919. Donnerstag

Vormittags in der Nationalversammlung am Regierungstisch. Zusammenstoß zwischen Cohen und Noske, der Cohen die russischen Gelder vorwarf. Cohen suchte sich reinzuwaschen, was Noske zu einer heftigen Erwiderung veranlaßte, in der er die Unabhängigen beschuldigte, mit Worten immer für Ruhe und Ordnung einzutreten, in der Tat aber die Unruhestifter mit Waffen auszuhalten, dagegen jede Waffe, die die Regierung zum Schutze der öffentlichen Ordnung schmiede, sofort stumpf zu machen oder zu zerbrechen. Cohen wurde zweimal zur Ordnung gerufen, Noske einmal von Fehrenbach auf die Unzulässigkeit einer von ihm gebrauchten Wendung aufmerksam gemacht. Die Versammlung war sehr bewegt, schrie: »Huh, huh«, ohne ihren kleinbürgerlichen Charakter zu verlieren: eine Versammlung von aufgeregten Spießern.

Gefrühstückt bei Stresemann. Er bot sich an, Rantzau Material gegen Erzberger zu liefern, wonach Erzberger noch nach dem 19. Juli 1917 für die Annexion von Longwy und Briey agitiert habe. Mit meiner Völkerbundidee, die ich ihm vortrug, schien Stresemann einverstanden. Meinte, die Gewerkschaften auch in England würden zu der ihnen dargebotenen Macht nicht nein sagen können. Er will mir Material über die großen internationalen Schiffahrts- und Rohstoffverbände geben.

Weimar. 1. März 1919. Sonnabend

Nachmittags kam Becher aus Jena herüber. Er sieht überraschend wohl und wie umgewandelt aus; etwas vergröbert auch ins Bäuerliche oder Bürgerliche. Dabei verlegen und errötend, wenn er von seiner Vergangenheit spricht. Er brachte mir sein zweites Drama ›Hans im Glück‹ mit, dazu Szenen aus dem ›Ikaros‹ und ein großes Gedicht ›Zion‹, das er mir vorlas. Er gab mir das Drama, sagte aber, er wolle weder dieses zweite noch das erste veröffentlichen. Sie seien ihm nicht eigen und neu genug. Wenn er ein Drama veröffentliche, müsse es in der dramatischen Technik ebenso neu und eigenartig sein wie seine Gedichte in Verstechnik und lyrischem Stil. Er habe offenbar erst jetzt seine Primanerdramen geschrieben. Er sagte, der Anarchist Mühsam habe ihm geschrieben, er möge sofort nach München kommen und mithelfen bei der Umwälzung; ebenso habe man ihn im Januar aufgefordert, als Spartakist in Berlin mitzukämpfen. Frau Hallwiger habe ihn sogar brieflich heftig beschimpft, weil er nicht kam. Aber er erkenne sich nicht die genügenden politischen und wirtschaftlichen Kenntnisse und Erfahrungen zu, um einzugreifen. Als Dilettant in der Politik mitlaufen und womöglich Unheil anrichten sei ihm widerwärtig.

Später mit dem Justizminister Heine meinen Völkerbundentwurf im gotischen Zimmer der Nationalversammlung durchgearbeitet. Das ›gotische Zimmer‹, das als Konferenzzimmer für die Regierungsmitglieder dient und an das Parlamentsgebäude in Westminster mahnen soll, ist hinter dem Präsidentenstuhl auf der Bühne aus Kulissen zum Lohengrin und Klubsesseln zusammengestellt. Hier beratschlagt der königliche Proletarier Scheidemann, aufgeblasen wie ein Pfau in seiner kurzen Herrlichkeit, Arm in Arm mit Preuß und Erzberger Staatsgeschäfte, hin und her wandelnd. Im leichten Luftzug bewegt sich um sie das gotische Gestühl. Ich gesellte mich heute zu ihnen. Erzberger mit seinen Hängebäckchen und dem listigen, lüsternen Mund empfing mich schmunzelnd. Er sieht immer aus wie jemand, der gerade ein Trinkgeld austeilt und gut gegessen hat. Scheidemann ist mit Korkzieherhosen pomphaft. Preuß ein Ungetüm. Die drei zusammen ein Extrakt aus deutschem Philisterium.

Abends aßen Nostitzens und Becher mit mir im ›Erbprinzen‹; und wir gingen leider weiter zu einer entsetzlichen Aufführung der ›Fledermaus‹ in der ›Armbrust‹. Ernst Hardts saßen neben uns. Nachts Souper bei Heine in seinem Salon im ›Erbprinzen‹. Er hielt Vorträge über Kunst und Literatur, die schon ganz im autoritativen Stile verflossener Bundesfürsten waren. Wie wenig hat sich doch in Deutschland geändert mit Ausnahme von einigen Personalien!

Weimar. 2. März 1919. Sonntag

Vormittags Becher bei mir. Er sagte, wenn er seinen früheren Zustand unter Morphium und Kokain mit dem jetzigen vergleiche, so sei der Unterschied, daß infolge der Reizmittel seine Sensibilität äußerst fein und beweglich gewesen sei, sein Gefühlsleben dagegen stumpf und eingeschrumpft; jetzt sei seine Sensibilität geringer und schwerfälliger, die sinnlichen Assoziationen verliefen langsamer, er sei vergröbert; dafür sei aber sein Gefühl gewachsen.

Gegen Rathenaus Standpunkt in bezug auf den Bolschewismus, daß er ein großartiges System sei, wir aber noch nicht die richtigen Menschen hätten, um eine so feine Organisation, wie er sie brauche, durchzuführen, wandte er ein: es sei dasselbe bei jeder Erziehung, man müsse sich immer fragen, ob man jemanden erst theoretisch ausbilden und dann erst in die Wirklichkeit hinausstoßen wolle oder ob man ihn gleich mit der Wirklichkeit in Berührung bringen wolle, damit er von ihr lerne oder untergehe.

Wir kamen kurz nach zwei in Berlin an. Hier ist für morgen der Generalstreik angesagt. Heute soll schon eine Anzahl von Zeitungen nicht erschienen sein. F. S. sagt, daß die Stimmung unter den Arbeitern gegen die Regierung schlecht sei wegen ihrer Untätigkeit.

Berlin, 3. März 1919. Montag

Früh beim Erwachen höre ich die Elektrischen. Es ist also kein Generalstreik. Abends im ›8-Uhr-Blatt‹ die Mitteilung, daß die Arbeiterräte von Groß-Berlin den sofortigen Generalstreik beschlossen haben. Das ›8-Uhr-Blatt‹ selbst erscheint nur in einer beschränkten Auflage, weil seine Arbeiter bereits streiken. Die Ullstein-, Scherl- und Mosse-Blätter sind heute überhaupt nicht herausgekommen. Abends nach sieben fährt keine Elektrische mehr. Die Regierung zeigt ihre Angst, indem sie alle Mauern mit Plakaten bedeckt, in denen behauptet wird, die Sozialisierung ›sei da‹! Zu spät, wie im November die Abdankung des Kaisers. Ein großer Teil der mehrheitssozialistischen Arbeiter soll bereits gegen die Regierung stehen. Dieses könnte der Anfang der zweiten Revolution sein.

Berlin, 4. März 1919. Dienstag

Der Belagerungszustand ist verhängt. Berger erzählte mir schon in Weimar, daß Scheidemann ihm gesagt habe, wohl werde er sich erst fühlen, wenn er den Belagerungszustand wiederhabe. Ob er sich augenblicklich besonders wohl fühlt, bezweifle ich allerdings.

Im Amte traf ich auf dem Korridor Kühlmann mit Bergen; Kühlmann viel jugendlicher, weniger aufgedunsen, aktiver als bei unserem letzten Zusammensein kurz nach seinem Fall. Beide halten die Lage für sehr ernst. Kühlmann meinte dazu, heute wäre es besser, in der Opposition zu sein.

Ich ging zu Roediger und bat ihn, meinen Besuch bei Rantzau für heute anzumelden; gleichzeitig Rantzau auf das vorzubereiten, was ich ihm zu sagen beabsichtige: daß nur noch ein entschlossenes und schnelles Zugreifen den großen Kladderadatsch verhindern kann und daß er das einzige Regierungsmitglied ist, das die Sache in die Hand zu nehmen in der Lage ist. Ein Teil der Regierung, insbesondere Scheidemann und das Zentrum (Erzberger und Co.), müßte ausgeschifft, dafür Unabhängige und Linksdemokraten hineingenommen werden (Gerlach).

Nachmittags um sieben bei Rantzau. Ihm meine Auffassung der Lage und der Rolle, die er spielen sollte, gesagt, nachdem ich ihm zuerst das Resultat meiner Unterredungen mit Stresemann mitgeteilt hatte. Besonders wies ich darauf hin, daß Rantzau der einzige in Berlin anwesende Reichsminister sei, daß er daher durchaus loyal handle, wenn er die Vermittlung zwischen Unabhängigen und Regierung bei deren Umbildung übernehme. Nach meiner Ansicht sei es unbedingt notwendig und jetzt der letzte Augenblick, die Regierung umzubilden, weil Scheidemann, Erzberger und andere mit dem größten Mißtrauen von den Massen betrachtet würden, keine Maßregel daher wirken könne, wenn sie von diesen diskreditierten Ministern ausgehe. Außerdem sei es nötig, den ganzen wirtschaftlichen Wiederaufbau Deutschlands auf das Rätesystem zu fundamentieren: die Arbeiterräte müßten Recht und Pflicht bekommen, die Produktion wieder in die Höhe zu bringen, für die Arbeitslosen zu sorgen und Ruhe und Ordnung aufrechtzuerhalten. Ihnen müsse die Verantwortung übertragen werden, dementsprechend aber auch die notwendige Macht. Die jetzige Regierung, insbesondere Scheidemann, sei nach früheren Erklärungen nicht in der Lage, das Rätesystem in diesem Umfange durchzuführen. Daher müßten Scheidemann, Erzberger, überhaupt das Zentrum zum Ausscheiden gezwungen und dafür die Unabhängigen herangezogen werden. Voraussetzung sei allerdings, daß die Unabhängigen die Garantie für Arbeit und Ruhe übernähmen.

Rantzau ging lebhaft auf meine Ausführungen ein: ihm sei schon von anderer Seite gesagt worden, daß er die Sache in die Hand nehmen und die Unabhängigen heranziehen müsse.

Abends zuerst Sitzung des November-Klubs (Auswärtiges Amt). Um zehn in die andere Klubsitzung bei Cassirer, wo ich Hilferding und Breitscheid traf. Ich sprach zuerst mit Hilferding. Wir verabredeten schließlich, daß Hilferding und Breitscheid morgen früh mit Haase und noch einem oder zwei führenden Unabhängigen sprechen und Hilferding die sachlichen und Personalforderungen der Unabhängigen formulieren soll, auf die hin sie in die Regierung eintreten und die Verantwortung für Arbeit und Ordnung übernehmen wollen. Um halb eins morgen soll ich sie wiedersehen.

Ich ging zu Rantzau, der nebenan in der Viktoriastraße bei seinem Bruder wohnt, pfiff, wie verabredet, worauf der Bruder herunterkam und mir öffnete. Oben war Rantzau im Straßenanzug und weißen Nachtschuhen, etwas übernächtig, aber sehr begierig und lebendig auf Nachrichten. Ich sagte ihm, was ich erreicht habe, daß ich voraussichtlich morgen von den Unabhängigen beauftragt werden würde, mit einem festen schriftlichen Programm an ihn heranzutreten, ob er die Umbildung der Regierung, das heißt eigentlich den Staatsstreich, unternehmen wolle.

Rantzau war sich der ungeheuren Tragweite des Entschlusses, der eine völlige innere und äußere Umwälzung zur Folge haben kann, wohl bewußt, schien aber gleichzeitig zu schwanken, ob es für ihn vorteilhafter sei, jetzt mit den Unabhängigen zu gehen oder in vier bis sechs Wochen den Anschluß an die Spartakisten und Russen abzuwarten. Er äußerte, wenn er jetzt mit den Unabhängigen die Sache mache und nachher doch die Spartakisten kämen, dann habe er ausgespielt. In dieser Richtung war der Bruder noch viel plumper, was ihm Grobheiten des Ministers zuzog. Ich sagte, einen absolut sicheren Tip könne man in der Politik nicht geben; sie sei eben ein Spiel. Worauf Rantzau, gegen seinen Bruder gewendet (den er ziemlich grob anfuhr), meinte, das sei ja gerade ihr Reiz! Mir fuhr es durch den Kopf, was diesmal der Einsatz ist!

Daß Scheidemann gehen und Haase Ministerpräsident werden müsse, gab Rantzau zu. Noske scheint er nicht sehr stark verteidigen zu wollen; wenigstens bestritt er seinem Bruder, daß die Entente auf Noske Wert lege. Im Gegenteil, sie sehe in ihm einen Vertreter des alten Militarismus. Dagegen hatte er starke Bedenken gegen die völlige Ausschiffung des Zentrums. Dadurch werde der Anschluß Deutsch-Österreichs gefährdet (christlich-soziale Volkspartei) und die Absplitterung einer rheinischen Republik gefördert. Auch die Aufnahme der Beziehungen zu Rußland sei in diesem Augenblick sehr bedenklich, denn in keinem Punkte sei die Entente gegen uns so mißtrauisch wie in dem des Bolschewismus. Wenn wir die diplomatischen Beziehungen zu Sowjetrußland aufnähmen, dann werde dieser Verdacht wieder auf das unangenehmste bestärkt. Radek könne er unter keinen Umständen freilassen. Ich sagte, das sei ja alles Sache der Verhandlung; meine Absicht sei nur, daß es überhaupt zwischen den Unabhängigen und ihm baldigst zu praktischen Besprechungen komme, bei denen sich dann alles Weitere finden werde. Rantzau dankte eifrig und sagte, er stünde mir morgen in jedem Augenblick zur Verfügung; alle andren müßten warten. Ich sah daraus, wie sehr ihn die Rolle lockt.

Berlin. 5. März 1919. Mittwoch

Nachmittags berichtete ich Rantzau über meine Unterhandlungen mit den Unabhängigen. Er war ziemlich erregt, weil ihm eben die Nachricht zugegangen war, daß sein Vetter Klüver in Halle von der Menge in die Saale geworfen und seitdem verschwunden sei. Klüver war mein Regimentskamerad und leitete als Generalstäbler die Operationen der Regierungstruppen gegen Halle. Wegen meiner Völkerbundsideen hat Rantzau mit Simons gesprochen. Wir sollen daran zusammen weiterarbeiten.

Dann war Wieland Herzfelde bei mir und brachte mir die zweite Nummer seiner Zeitschrift, die jetzt ›Die Pleite‹ heißt. Die Karikaturen von Grosz sind blendend, namentlich Ebert als Monarch im Klubsessel: ein Meisterwerk. Der literarische Inhalt dagegen zentnerschwer, das gerade Gegenteil von dem, was ich erwartet hatte: eine Sammlung von Manifesten, Kreischen und Pathos statt Witz und Farbe. Herzfelde sagt, seine Freunde und Mitarbeiter (Spartakisten) wollten es so, hätten gegen den leichten Ton der ersten Nummer revoltiert. Sie bleiben trotz internationaler Pose in den schlechten Eigenschaften deutsch: de lourds Allemands. Sie glauben nicht an die Macht und den Ernst des Witzes. Nur Keulenschläge töten nach ihrer Ansicht. Konsequenterweise ist Gewalt das einzige Mittel der Organisation.

Abends in einem Vortrag von Bölke über die neue Armee. ›Bund Neues Vaterland‹. Lyzeum-Klub. Etwa sechzig Leute dünn gesät in einem kleinen Saal. Der Kapitänleutnant Persius vom ›Berliner Tageblatt‹ hielt eine würdelose, bis zur Lächerlichkeit naive Rede, in der er forderte, daß wir, ohne irgendwelche Kritik zu üben, als reuige Sünder und in tiefer Dankbarkeit, wenn wir zugelassen würden, dem Pariser Völkerbunde beitreten sollten. Ich widersprach ihm auf das schärfste, indem ich den wahren Charakter dieses sogenannten Völkerbundes als eines imperialistischen Bündnisses einiger Großmächte klarstellte.

Berlin, 6. März 1919. Donnerstag

Die Ploetz erzählt mir früh, daß am Molkenmarkt und Alexanderplatz schwere Kämpfe stattfänden mit Minenwerfern. In der Neuen Friedrichstraße seien mehrere Häuser demoliert. In der Stadt sind seit gestern überall Barrikaden und Drahtverhaue, teils von den Spartakisten, teils von den Regierungstruppen errichtet. Zeitungen sind heute früh nicht erschienen. Daher selber hingegangen, um nachzusehen. Ecke Linden und Friedrichstraße kommt in voller Fahrt ein Auto der Feuerwehr mit einem Verwundeten oder Toten auf einer Bahre. Am Schloß ist jetzt, kurz vor ein Uhr, alles ruhig. Beim Rathaus stehen bewaffnete Patrouillen der republikanischen Sicherheitswehr. Diese greift mit der Volksmarinedivision zusammen das Polizeipräsidium an, in dem sich Reinhardtsche Regierungstruppen verteidigen. An der Ecke der Königstraße und der Neuen Friedrichstraße steht hinter einer Absperrung von republikanischer Sicherheitswehr eine ziemlich phlegmatische Menge und hört zu, wie geschossen wird; zu sehen ist nichts, aber am Alexanderplatz ist Infanteriefeuer und von Zeit zu Zeit der dumpfe Einschlag einer Mine. Beide Teile haben Artillerie und Minenwerfer. Deshalb sind es die ernstesten Kämpfe seit Anfang der Revolution. Viel Stimmung ist aber unter der Menge nicht bemerkbar. Wie Hilferding mir erzählte, ist heute früh ein Parlamentär der Volksmarinedivision und später deren Führer, der zu Unterhandlungen ins Polizeipräsidium gegangen war, beim Heraustreten von den Reinhardttruppen totgeschossen worden. Um ein Uhr zwanzig kommt republikanische Soldatenwehr mit Musik die Linden heruntermarschiert. Ecke Linden und Friedrichstraße, bei der Passage, stehen andre Truppen, anscheinend Reinhardtsche, die Offiziere mit Achselklappen, und dazwischen ein Panzerauto mit Totenköpfen und Maschinengewehren. Die Republikaner marschieren unbehelligt am Feind vorbei.

Um drei Viertel fünf treffe ich in der Wilhelmstraße Victor Naumann, der nach Hause geht. Er erzählt, Bergen sei eben heruntergekommen und habe alle Beamten im Amte nach Hause geschickt. An den Mauern kleben gerade heute Plakate: ›Wer hat die schönsten Beine von Berlin? Caviar-Mäuschen-Ball. Am 6. März abends.‹ Während ich jetzt schreibe, um halb sieben, geht plötzlich das elektrische Licht aus. Verschärfung und Ausdehnung des Streiks also auch auf die Elektrizitätswerke.

Inzwischen ist der Kriegszustand bis in unsere Gegend am Potsdamer Bahnhof und Tiergarten vorgedrungen. Als ich mit Simons und Hilferding von der Viktoriastraße nach dem Wannseebahnhof gehen wollte, war die Margarethenstraße von Reinhardttruppen in Sturmhauben abgesperrt. Hilferding und Simons mußten umkehren. Der Leutnant sagte, Spartakus wolle den Potsdamer Platz stürmen; deshalb sei alles abgesperrt. Potsdamer Straße, Potsdamer Bahnhof und Köthener Straße sind menschenleer und an allen Straßenecken von Posten besetzt. Die Sache macht den Eindruck eines viel ernsteren Krieges als der Spartakusaufstand. Keine Guerilla, sondern eine große Operation; allerdings wird diese nichts entscheiden, weil die latente Unzufriedenheit bleibt und wächst. Die Explosion kann durch einen Sieg der Regierungstruppen höchstens um einige Wochen aufgeschoben werden. Reinhardt und Scheidemann handeln jetzt so, wie Westarp im Januar 1918 handeln wollte, und machen dabei denselben Rechenfehler: sie glauben, mit Maschinengewehren und Minenwerfern psychologische Fragen lösen zu können. Dieselben Argumente, die ich damals Westarp entgegensetzte, treiben mich jetzt dazu, die Umbildung der Regierung, wenn nötig durch einen Staatsstreich, anzustreben.

Berlin, 7. März 1919. Freitag

Beim Fortgehen aus dem Amte gegen sechs fällt mir in der Leipziger Straße auf, daß die meisten Kaufhäuser schon geschlossen sind und ihre eisernen Fensterläden herabgelassen haben. Es sieht aus, als ob irgendein Putsch erwartet werde. In der inneren Stadt fielen heute vormittag, als ich dort war, nur noch einzelne Schüsse. Heute nachmittag hört man nichts mehr. Überraschend ist daher diese Furchtsamkeit. Das elektrische Licht brennt seit heute morgen wieder und noch immer jetzt um siebeneinviertel Uhr abends. Die Untergrundbahn fährt. An den Mauern kleben Plakate der S.P., die gegen den Streik ›das Arbeitervolk von Berlin‹ aufrufen. Sachlich unabhängig vom Streik, aber psychologisch wirksam ist die Niederwerfung des Matrosenaufstandes durch die Reinhardttruppen. Als ich heute früh mit Simon an der Schloßbrücke und an der Wallstraße die Posten Reinhardts sah, blitzte mich unter ihren Sturmhauben zum ersten Male seit der Revolution der Geist des alten preußischen Staates wieder an. Es ist nicht ausgeschlossen, daß einmal die alte preußische Disziplin und die neue sozialistische zusammenschießen und eine proletarische Herrenkaste bilden, die der Welt gegenüber die Rolle eines neue Kulturformen mit der Waffe propagierenden Römertums übernehmen. Bolschewismus oder wie man es nennen will! Der arme preußische Junkeroffizier ist immer eine Art Proletarier gewesen. Wenn in diese zur Disziplin vorgebildeten deutschen Massen ein Glaube hineinschießt, Liebknecht oder ein anderer, dann wehe allen Gegnern; wenn nicht heute, so nach einer Generation!

Berlin. 8. März 1919. Sonnabend

Heute morgen sind wieder Zeitungen erschienen. Die letzten beiden Tage sind die seit Beginn der Revolution blutigsten in Berlin gewesen. Nach dem ›Lokal-Anzeiger‹ hat es fünfhundert bis sechshundert Tote gegeben. Ernst hat seinen ›Aderlaß‹ (vergleiche 25. Februar 1919). Der Generalstreik ist vorläufig unterbrochen. Die Arbeiter haben neue Bedingungen gestellt: Entfernung der Freiwilligen-Regimenter aus Berlin, Aufhebung des Belagerungszustandes. Kestenberg, der gestern in meinem Auftrage in der Reichskanzlei war, sagt, es herrsche dort ein Siegesrausch. Der Himmel hänge den Mehrheitssozialisten voller Geigen. Alle Schwierigkeiten schienen ihnen behoben, weil sie mit Hilfe Reinhardts den Aufstand in Berlin zusammengeknallt haben. Er glaubt daher nicht, daß jetzt Aussicht sei, sie zu einem Kompromiß mit den Unabhängigen oder zur Aufnahme von Unabhängigen in die Regierung zu bewegen. Im Norden Berlins soll dagegen der Haß gegen die Regierung und den ›Westen‹ rasen; Reinhardt-Soldaten, die allein gehen, werden von der Menge in Stücke gerissen. Bald soll kein Mensch mit einem Stehkragen dort mehr sicher sein.

Als ich gegen drei Viertel fünf die Wilhelmstraße hinunterging, hielt im Hofe der Reichskanzlei ein Lastauto, auf das Gefangene, Zivilisten und Soldaten, verladen wurden. Die Wachen vor dem Gebäude trieben das Publikum aufgeregt an, schnell vorbeizugehen. Ich blieb auf Grund meines Ausweises stehen. Plötzlich sprang ein Soldat mit einer Peitsche von der Seite auf das Auto hinauf und schlug auf einen der Gefangenen mehrere Male ein. Dann fuhr das Auto an und auf die Straße heraus. Die Gefangenen, meistens Soldaten, standen in der Mitte mit hochgehobenen, hinter dem Kopfe gekreuzten Händen: ein beschämender Anblick bei Leuten in deutscher Uniform.

Ich ging nach einiger Überlegung in die Reichskanzlei, verlangte den Kommandanten, und als dieser mir als abwesend gemeldet wurde, den Adjutanten der Besatzung (Reinhardttruppen). Ich erzählte ihm den Vorfall mit der Durchpeitschung des Gefangenen, verlangte eine Untersuchung und gab meine Aussage zu Protokoll. Der Leutnant sprach sein Bedauern aus, sagte aber zur Entschuldigung, der Gefangene habe drei Ausweise von verschwundenen Offizieren des Regimentes bei sich gehabt; als Begleitmannschaft seien ihm schon einige ganz zuverlässige Leute mitgegeben, weil die Gefahr bestünde, daß er nicht lebend nach Moabit komme. Die Erbitterung der Leute sei grenzenlos. Gestern abend sei ein Wachtmeister des Regimentes von Spartakisten angehalten und kurzerhand auf der Straße erschossen worden. Zwei Soldaten des Regimentes seien von den Spartakisten ins Wasser geworfen, andren die Kehlen durchschnitten.

Alle Scheußlichkeiten des erbarmungslosesten Bürgerkrieges sind auf beiden Seiten im Gange. Der Haß und die Erbitterung, die jetzt gesät werden, werden Früchte tragen. Unschuldige werden die Greuel büßen. Es sind die Anfänge des Bolschewismus!

Das elektrische Licht brennt wieder. Alle Kabaretts, Bars, Theater, Tanzlokale sind im Gange.

Ein neues Element, das gestern und heute unheimlich gewachsen ist, kommt seit einigen Wochen, etwa seit der Ermordung Liebknechts, in die deutsche Revolution: das Element der Vendetta, der Blutrache, das in allen großen Revolutionen schließlich treibend wird und als letzte von den revolutionären Kräften übrigbleibt, wenn alle andren ausgebrannt oder befriedigt sind.

Berlin, 9. März 1919. Sonntag

Gestern ist die Bötzowsche Brauerei, das ›Fort Eichhorn‹ der Spartakisten, von den Regierungstruppen genommen worden. Heute vormittag steht der Kampf an der Frankfurter Allee. Diese wird von den Spartakisten unter Maschinengewehrfeuer gehalten und von der Regierung mit 15,5-cm-Haubitzen beschossen. Flieger greifen in den Kampf ein. Es ist eine regelrechte Schlacht.

Simon Guttmann telephoniert mir heute vormittag, daß Wieland Herzfelde vorgestern verhaftet worden ist wegen ›Jedermann‹, weil er den Aufruf der bayerischen Soldatenräte gegen den weißen Terror darin veröffentlicht hat. Mit Hilferding und Hugo Haase telephonisch eine Zusammenkunft bei Haase heute um sechs verabredet.

Nachmittags Gang durch die innere Stadt, um die Verwüstungen der letzten Kämpfe zu sehen. Sie sind im allgemeinen geringer, als die Zeitungen sie erwarten ließen. Immerhin sind einzelne Bauwerke ziemlich stark beschädigt, und überall liegt viel Glas auf den Straßen, stellenweise auch eine dichte Schicht Ziegelstaub. Das Polizeipräsidium hat zu den alten einige neue Kratzwunden bekommen. Dem Warenhaus von Tietz sind alle Fensterscheiben kaputtgegangen. Davor ist auf dem Straßendamm eine Blutlache. Gegenüber ist das Eckhaus an der Prenzlauer Straße vom Dach aus zwei Etagen tief aufgerissen durch eine Fliegerbombe oder Granate. An der Prenzlauer Allee bei Bötzow ist die Kirchhofsmauer mitsamt einem Baum und einem Laternenpfahl niedergelegt; offenbar ist eine Mine hineingeflogen. Bei weitem am schlimmsten sieht es in der Kleinen Schützenstraße aus, wo zwei gegenüberliegende Häuser durch Minen fast vollständig zerstört sind. Dagegen ist die Volksbühne, die angeblich schwer gelitten haben sollte, ganz unversehrt. Überall sind Stacheldrahtverhaue und Barrikaden, die Regierungstruppen halten. Es wird auch noch viel geschossen; man weiß aber nicht recht, von wem oder wozu.

Um sechs bei Haase in seiner Wohnung Brückenallee 22. Bessere mittlere Bourgeoisie, Einrichtung aus den neunziger Jahren in einem anständigen, etwas schweren Geschmack, dunkel Eiche, Böcklin, Mona Lisa. Guter persischer Teppich. Haase sieht die Situation so wie ich, das heißt sehr ernst. Aber Eintritt mit Mehrheitssozialisten in die Regierung sei nicht mehr möglich und würde nichts nützen; die Unabhängigen würden nur mit den Mehrheitssozialisten zusammen diskreditiert werden. Ich redete sehr eindringlich auf ihn ein, sagte, daß ohne Regierungsänderung mir der Absturz in den blutigen Bolschewismus unvermeidlich scheine, weil die Arbeiter das Vertrauen in die jetzigen Regierungsmänner verloren hätten, an die Ehrlichkeit ihrer Versprechungen deshalb nicht glaubten und so in Verzweiflung gerieten. Wenn Haase nicht eingreife, sähe ich keine Rettung mehr.

Berlin, 10. März 1919. Montag

Noske hat das Standrecht über Berlin verhängt. Er hat gestern angeordnet: ›Die Grausamkeit und Bestialität der gegen uns kämpfenden Spartakisten zwingen mich zu folgendem Befehl: Jede Person, die mit den Waffen in der Hand gegen Regierungstruppen kämpfend angetroffen wird, ist sofort zu erschießen. Noske.‹ Das ist die Antwort auf die Lichtenberger Morde, der die Gegenantwort nicht fehlen wird. So bohren wir uns mit großer Schnelligkeit gegenseitig in den blutigen Abgrund hinein.

Simon Guttmann besuchte mich. Er sagt, die Erbitterung auf beiden Seiten sei grenzenlos. Im Westen (Friedenau, Wilmersdorf usw.) werde von nichts gesprochen, als daß man alle Spartakisten totschießen müsse. Umgekehrt verlange im Osten die Bevölkerung, daß jeder Regierungssoldat, der gefangen abgeführt werde, sofort erschossen werde. Die Begleitleute der Spartakisten könnten die Regierungssoldaten nicht schützen. Eine Vermittlung zwischen beiden Parteien sei nicht mehr möglich. Man müsse für jeden Gefangenen fürchten, der in den Händen der Gegenpartei sei.

Die Hissung der Kaiserstandarte auf dem Schlosse nimmt Guttmann ernst. Das Schloß sei so abgesperrt gewesen, daß kein Spartakist sich einschleichen konnte. Tatsächlich habe ein Teil der Regierungstruppen August Wilhelm zum Kaiser ausrufen wollen. Guttmann meint, jetzt werde die Regierung den Spartakusaufstand noch einmal niederschlagen. Dann werde vielleicht einige Monate Ruhe herrschen.

An eine Beendigung des Krieges will Guttmann nicht glauben; er werde so oder so weitergehen, solange das Prinzip, aus dem er entsprungen sei, fortbestehe. Dieses Prinzip sitze so tief, daß es auch von keinem Sozialismus überwunden werden könne. Guttmann kommt hierbei ins Mystische und Religiöse. Er sieht die Rettung nur in Asien, in einem Zurückgehen auf asiatische religiöse Denkweisen.

Das ›Berliner Tageblatt‹ heult gegen Spartakisten und Unabhängige wie ein Derwisch, dem der Schaum vor dem Munde steht: Blutdurst-Exhibitionismus, berechnet auf die Bourgeoisie von Berlin W. Währenddessen zertrampeln im Osten von Berlin angeblich Arbeiterfrauen verwundete Soldaten auf dem Straßenpflaster. Und die Regierung gibt heute abend bekannt, daß die standrechtlichen Erschießungen begonnen haben; gleich als Anfang dreißig Mann auf einem Haufen.

Noske sitzt in der Bendlerstraße hinter Stacheldraht und mit einer Leibgarde von sieben Offizieren, zwölf Unteroffizieren und fünfzig Mann zu seiner persönlichen Bedeckung wie Nikolaus II. oder Dionys, der Tyrann.

Berlin. 11. März 1919. Dienstag

Die Kämpfe gegen die Spartakisten um Lichtenberg und auch die standrechtlichen Erschießungen gehen weiter. Bis auf die vielen bewaffneten Patrouillen in Sturmhauben und einzelne Drahtverhaue merkt man nichts davon im Westen. Die Roheiten und Erschießungen verpesten aber die moralische Luft bis in den Tiergarten.

Nachmittags Unterredung mit dem Ministerialdirektor Simons, der Nachfolger von Kriege, über meinen Völkerbundplan im Auswärtigen Amte. Rantzau soll ihm gesagt haben, wir sollten in der Kritik des Pariser Planes nicht zu scharf sein, da wir vielleicht doch hinein müßten. Simons meinte, er mache sich anheischig, den Pariser Bund von innen zu sprengen, indem er binnen kurzem alle Großmächte so durcheinanderbringe, daß sie sich sämtlich in den Haaren lägen.

Zu meiner Idee sagte Simons, sie scheine ihm Zukunft zu haben. Im jetzigen Stadium sehe er eine Vertretung, wie ich sie wolle, als Oberhaus über dem nach nationalen Kurien gewählten Völkerparlament. Er war dafür, daß ich den Plan unter meinem Namen veröffentliche. Da ich Gesandter sei, werde man wissen, daß ich nicht ohne Zustimmung der deutschen Regierung den Plan veröffentlicht habe; andererseits sei dann die Regierung nicht so festgelegt, wie wenn sie selber ihn amtlich herausgegeben habe. Jedenfalls soll noch über diesen Punkt eine Konferenz mit Rantzau stattfinden.

Berlin. 12. März 1919. Mittwoch

Sommerwarmer Frühlingstag. Man denkt wider Willen an die in den letzten Tagen Erschossenen, die diese Wärme des neuen Jahres nicht mehr spüren werden.

Der Kommandant der Reichskanzlei, ein Rittmeister von Platen, schreibt mir auf meine Anzeige wegen der Peitschung eines Gefangenen am Achten: Offizier-Stellvertreter Kluge gebe an, ›er habe einen Gefangenen mit der Peitsche bezeichnet. Geschlagen habe er denselben nicht ...‹ Dies ist gelogen. Ich habe genau gesehen, daß der Mann drei- bis viermal auf einen Gefangenen eingeschlagen hat.

Abends aß Bernstorff (der Botschafter) bei mir bei Hiller im Cabinet particulier unter vier Augen. Er macht die Friedensverhandlungen. Äußerte unverblümt, daß wir gezwungen sein würden abzulehnen. Rantzau fährt hin nach Paris und wird nein sagen. Ich wies darauf hin, daß dann alles darauf ankäme, *wer* bei uns als verantwortliches Haupt der Regierung die Ablehnung auf sich nehme.

Berlin. 13. März 1919. Donnerstag

Entwurf des jungdemokratischen Programms diktiert.

Abends Zusammenkunft unseres ›revolutionären‹ Klubs bei Cassirer: Hilferding, Kestenberg, Lederer, Breitscheid, Däubler, Hugo Simon, Justizrat Werthauer, der Redakteur Doescher vom ›Vorwärts‹, der Engländer Young, ein Kommunist aus dem Kultusministerium, Fister. Dieser unterbreitete mir ein Projekt für eine Proletarierschule, die Betriebsräte heranbilden soll. Ich habe etwas Ähnliches in meinem Programmentwurf verlangt und zeigte diesen Fister.

Mit Däubler zusammen den Justizrat Werthauer beauftragt, die Interessen Wieland Herzfeldes in die Hand zu nehmen. Dieser soll nach Däubler von Moabit nach Plötzensee gebracht sein. Den Maler Grosz haben, wie Däubler erzählte, Soldaten in seinem Atelier verhaften wollen; er hat sich auf Grund eines falschen Ausweises für einen andren ausgegeben und ist seitdem ein Flüchtling: schläft eine Nacht hier, die andre dort (so ungefähr wie ich in Warschau).

Der weiße Schrecken wütet ungehemmt. Die Erschießung von vierundzwanzig Matrosen durch Regierungstruppen auf dem Hofe eines Hauses in der Französischen Straße scheint ein grauenhafter Mord gewesen zu sein: Die Leute wollten in dem Hause bei ihrer Kassenverwaltung bloß ihre Löhnung holen.

Young, der in Lichtenberg war, sagt, es seien dort nur wenige hundert Spartakisten gewesen; die Regierungstruppen hätten sofort einmarschieren können, wenn sie gewollt hätten. Warum hätten sie es vorgezogen, die Sache laufen zu lassen? In Halle, wo Young ebenfalls war, sei alles vollkommen ruhig gewesen, bis die Noske-Truppen kamen. Young sagt, er habe sich jetzt überzeugt, daß der Geist, der Noske und seine Garden beseele, nichts andres sei als der alte Militarismus, der sein Haupt wieder erhebe. Er dürfte, insofern mit Militarismus Brutalität und Überheblichkeit gemeint ist, recht haben.

Noske hat heute in Weimar eine im Tone höchst bedauerliche, schnurrbartschnauzende Rede gehalten, in der er seinen Sieg über den inneren Feind verkündet; sehr widerwärtig! Alle geistig und ethisch anständigen Menschen müssen einer so leichtsinnig und frech mit dem Leben ihrer Mitbürger spielenden Regierung den Rücken kehren. Die letzten acht Tage haben durch ihre Schuld, durch ihr leichtfertiges Lügen und Blutvergießen, einen in Jahrzehnten nicht wieder zu heilenden Riß in das deutsche Volk gebracht. Die Stimmung gegen sie heute abend wechselte zwischen Abscheu und Verachtung. So mag man in Frankreich gegen Napoleon III. nach dem Staatsstreich empfunden haben wie heute hier gegen Noske und Scheidemann.

Bemerkenswert war heute abend in dieser revolutionär gestimmten Gesellschaft Arnim in Uniform mit seinem ›Pour le mérite‹.

Berlin, 14. März 1919. Freitag

Die Erschießung der vierundzwanzig Matrosen in der Französischen Straße, wo in dieser ganzen Zeit nichts los gewesen ist, will mir nicht aus dem Kopf. Es ist eines der scheußlichsten Bürgerkriegsverbrechen unter den mir historisch bekannten. Ich versuchte abends, mir ›Wie es euch gefällt‹ bei Reinhardt anzusehen; kam aber nicht in die Stimmung. Diese Morde und Erschießungen an der Tagesordnung in Berlin wollten mir nicht aus dem Sinn.

Von George Grosz heute einen Brief erhalten, in dem er mir schreibt: ›Da ich mich augenblicklich in peinlicher Verlegenheit befinde, bitte ich Sie um gütige Mitteilung, ob ich wohl mit einem etwaigen Vorschuß auf das Ihnen reservierte Bild rechnen darf.‹ Datiert aus seinem Atelier. Er scheint also doch zurück zu sein. Ihm geschrieben, daß ich ihn Sonntag zwischen zwölf und eins besuchen und die Sache in Ordnung bringen werde.

Berlin, 15. März 1919. Sonnabend

Die Erschießungen gehen weiter. Die Stadt starrt heute wieder von Maschinengewehren, als ob eine große Aktion im Gange wäre. In der Charlottenstraße steht je ein schweres MG mit Bedienung an der Ecke der Mohrenstraße beim Bahnhof der Untergrundbahn und an der Ecke der Taubenstraße beim Schauspielhause. Patrouillen in Sturmhauben mit Handgranaten halten die Wagen auf, geben sich kriegerisch, schaffen eine Atmosphäre. Wolfgang Heine hat als Justizminister gestern in der Preußischen Nationalversammlung eine Rede à la Loebell oder Puttkamer gegen die Unabhängigen gehalten, in der er sie als Zuhälter der Spartakisten brandmarkt. Das sieht nicht nach Einigung aus. Allerdings war Heine nach meinem Gefühl schon von jeher mit dem Herzen reaktionär.

Heute zufällig am Bankschalter in der Deutschen Bank Kemnitz getroffen, der die katastrophale Idee des Bündnisangebots an Mexiko ausgeheckt und dem schimmerlosen Zimmermann eingeflößt hat. Er blickte noch feuriger als sonst donquichottisch in die Welt, trug eine herausfordernd große Schleife vom Eisernen Kreuz im Überzieher und teilte mir unaufgefordert mit, er sei ›wegen Monarchismus‹ zur Disposition gestellt (er hat es, glaube ich, bis zum Gesandten gebracht). Mich attackierte er, weil ich ›die Front gewechselt‹ habe, Republikaner sei. Ich gab ihm Bescheid, worauf er nicht ganz mit Unrecht replizierte, Demokraten und Sozialdemokraten würden doch zwischen rechts und links zerrieben: unsere Leute liefen nach beiden Seiten auseinander. Die Monarchie komme früher wieder, als ich glaubte.

Berlin. 16. März 1919. Sonntag

Vormittags George Grosz in seinem Atelier besucht, um ihm das Geld für das von mir gekaufte Bild zu bringen. Nachdem er mich auf den Flur hineingelassen hatte, bat er mich, einen Augenblick hier zu warten, da erst ein Freund, der im Atelier übernachtet habe, verschwinden müsse; wahrscheinlich ein flüchtiger Kommunist.

Grosz sagt, zahlreiche Künstler und Intellektuelle (zum Beispiel Einstein) seien auf der Flucht von Haus zu Haus. Die Regierung habe vor, rücksichtslos die Kommunisten ihrer geistigen Führer zu berauben. Er selbst fühle sich jetzt wieder sicher; er bereitet sogar eine zweite Nummer der ›Pleite‹ vor mit noch bissigeren Karikaturen. Dann schilderte er einige Erlebnisse der letzten Tage, die ihn offenbar tief erschüttert haben: kämpfende Spartakisten, selbst Zuchthäusler, deren Begeisterung und Todesmut unglaublich waren. Fanatismus für eine Idee. Dadurch habe er einen ganz neuen Begriff vom Proletariat gewonnen. Der Künstler, der Intellektuelle habe sich bescheiden einzuordnen. Noch umwälzender: Er hat gesehen, wie in der Nähe des Eden-Hotels ein Leutnant einen Soldaten, der keinen Ausweis hatte und in rüdem Tone antwortete, totschoß. Die Kameraden des Erschossenen hätten heiß geweint, aus Schmerz oder Wut. Er bekennt sich jetzt als Spartakist. Auch Gewalt sei nötig, um die Idee durchzusetzen; denn anders könne man die Trägheit des Bourgeois nicht überwinden. Ich widersprach, weil jede Idee durch Verbrüderung mit der Gewalt entwertet werde.

Bernhard scheint zu hoffen, daß der Rätekongreß (am 8. April) die Scheidemann und Genossen aus dem Inneren der Partei heraus beseitigen werde. Allerdings wäre das der einzige konstitutionelle Weg; sonst gibt es nur Staatsstreich oder dritte Revolution. Daß diese diskreditierte, blutbespritzte Regierung sich noch lange halten könnte, ist nach Bernhards Ansicht ausgeschlossen. Nur sei bei den Kommunisten niemand, der als Staatsmann in Frage komme. Rosa Luxemburg sei der einzige Staatsmann der Partei gewesen, die vielleicht Deutschland hätte regieren können.

Berlin, 19. März 1919. Mittwoch

Es schneit. – Ludwig Stein telephonierte mir morgens halb neun, daß er zurück sei, Haguenin heute ankomme und er mich noch heute sehen müsse, um mich ›auf Haguenin einzustellen‹.

Um eins Stein in der Deutschen Gesellschaft getroffen. Er behauptet, daß er in Bern nicht nur Haguenin, sondern auch noch Poncet, den englischen Militärattaché, den französischen Botschaftsrat Clinchant, den italienischen Gesandten Farinolla und andre Angehörige der Entente gesprochen habe. Auch habe er bei sich Bernstein mit dem englischen Militärattaché zusammengebracht. Die große Angst der Entente sei der Bolschewismus. Die französische Regierung behaupte aber, die vorgemalte Gefahr der Bolschewisierung Deutschlands sei nur ein ›Camouflage‹. Haguenin, Poncet und Clinchant hielten sie dagegen für ernst. Haguenin sei jetzt nach Berlin gesandt, um darüber zu berichten. Stein möchte seine Wohnung als ›neutralen Boden‹ für Zusammenkünfte zur Verfügung stellen. Die Aufgabe sei, Haguenin von der Wirklichkeit der bolschewistischen Gefahr zu überzeugen und ihm Material zu liefern.

Nachher frühstückte Georg Bernhard bei mir bei Hiller. Er sagte, Schlesinger habe aus Bern geschrieben, daß Stein dort einen sehr schlechten Eindruck gemacht habe und nur sozusagen unter dem Druck von Ador von Haguenin empfangen worden sei. Angeblich habe Stein der Entente Kohlen aus dem Ruhrgebiet versprochen.

Berlin. 21. März 1919. Freitag

Früh rief mich Wieland Herzfelde an und teilte mir mit, daß er frei sei. Später besuchte er mich. Er ist etwa acht Tage in Moabit und Plötzensee gewesen. Seine Schilderungen aus den Gefängnissen sind so furchtbar, daß mir schlecht wurde vor Ekel und Empörung. Dostojewskis ›Totenhaus‹ ist übertroffen. Die Mißhandlungen der Gefangenen vom Ins-Gesicht-Spucken bis zum An-die-Wand-Stellen und Totschlagen sind so allgemein, die Quälerei in Gegenwart der Offiziere so selbstverständlich, daß Wielands Glaube an ein einstudiertes Lynchen, mit Instruktionsstunde, wo es gelehrt wird, fast vernünftig scheint. Er sagt, die Erbitterung unter den Gefangenen sei so, daß es gefährlich sei, für das Leben auch nur eines einzigen Bourgeois ihnen gegenüber einzutreten. Wenn sie zur Macht kämen, wollten sie alle ohne Ausnahme ausrotten. Das Bild, das man bekommt, ist das einer vollkommen entmenschten Soldateska, die auf der Gegenseite einen gleich unmenschlichen Blutdurst zeugt. Herzfelde sagte, es sei ihm in der jetzigen Situation, nach dem, was er gesehen habe, unmöglich, den leichten Ton in seinem Blatt anzuschlagen. Es gebe nur noch Kampf mit den äußersten Mitteln.

In der Sitzung des Verfassungsausschusses unseres November-Klubs (Prittwitz, Bülow, Bornstädt, Kraus) brachte ich nachmittags die Sache vor und beantragte, daß eine Kommission unseres Klubs so bald wie möglich Herzfelde höre und dann Schritte ergreife, um die Demokratische Partei zum Einschreiten zu zwingen.

Berlin. 22. März 1919. Sonnabend

In Ungarn ist die Räterepublik proklamiert worden. Grund: die Auslieferung fast ganz Ungarns an Rumänen und Tschechen durch die Entente. Michael Karolyi hat demissioniert und ruft das Weltproletariat gegen die Entente zu Hilfe. Die neue Regierung soll ihr Bündnis mit Sowjetrußland erklärt haben.

Um halb eins bei Georg Bernhard und ihn gebeten, Herzfelde zu empfangen; ich überzeugte ihn von der Notwendigkeit, gegen diese Scheußlichkeiten aufzutreten. Er warf dann im Anschluß an eine vertrauliche Besprechung bei Scheidemann gestern und wegen einer Zusammenkunft, die er heute abend mit Haguenin haben soll, die Frage der Kontinentalpolitik auf. Er sagte, der Inhalt der gestrigen Mitteilungen bei Scheidemann sei katastrophal gewesen, indem eine Bündnispolitik gegen England abgelehnt worden sei mit der Begründung, daß Bündnisse und gegnerische Politik *gegen* irgendeinen Staat überhaupt veraltet seien. Bernhards Ansicht ist, daß wir eine kontinentale Bündnispolitik mit Frankreich und Rußland treiben müßten; und diese werde, ob wir es wollten oder nicht, ihre Spitze gegen England richten, weil England wünschen müsse, die Kontinentalmächte durcheinanderzubringen. Wir sollten daher unsere Truppen – je eher, je lieber – aus Rußland zurückziehen, die Verteidigung gegen die Bolschewiki an unsere Grenze zurückverlegen, mit Frankreich eine direkte Verständigung suchen.

Um drei Sitzung im Redaktionslokal der ›Deutschen Nation‹, um Herzfelde zu hören. Anwesend Prittwitz, Neven-Dumont, Pabst-Weiße, Kraus und Dr. Scheurer. Herzfelde erzählte seine Erlebnisse. Wir wurden uns einig, daß etwas geschehen müsse, vor allem, um sofort das Los der Gefangenen zu verbessern, und dann um die Offiziere, die die Scheußlichkeiten duldeten oder anstifteten, zur Rechenschaft zu ziehen. Kraus und Scheurer machten zwar geltend, daß wir damit die einzige Waffe, die unsere Regierung hätte, um die innere Ordnung aufrechtzuerhalten und den Grenzschutz zu sichern, zerbrächen. Ich drang aber mit meiner Ansicht durch, daß die Feigheit sich auch hier wieder als das schlimmste aller Übel zeigen werde genauso wie im Kriege, wo ebenfalls aus ähnlichen Rücksichten alles stillschweigend spießbürgerlich hingenommen wurde.

Abends war Bierabend im neuen Demokratischen Klub im ›Bristol‹. Ich nahm mir Bernstorff (den Botschafter) vor, gab ihm Herzfeldes Darstellung zu lesen und veranlaßte ihn, mit mir zusammen zu Pachnicke und dem Justizrat Kempner zu gehen, denen wir die Sache vortrugen, indem wir verlangten, daß die Demokratische Partei aktiv vorgehe.

Kempner versprach, daß in Weimar am Dienstag die Partei eine Interpellation einbringen werde. Er selbst und Nuschke hätten auch ein großes Material, namentlich über die Ermordung der Matrosen in der Französischen Straße. Dort seien sogar Mitglieder der Demokratischen Partei mit ermordet worden. Kempner äußerte, es würde zu einer Katastrophe für die Partei führen, wenn sie die Sache den Unabhängigen überließe. Ich drang auf strengste Bestrafung aller irgendwie beteiligten Offiziere. So scheint die Sache wirklich ins Rollen zu kommen und die Soldateska ihre Verbrechen büßen zu sollen. Die so abscheulich Hingemarterten, die diesen Teufeln zum Opfer gefallen sind, werden nicht wieder lebendig. Aber wenigstens ist für die Zukunft eine gewisse Hemmung der bestialischen Instinkte zu erwarten.

Berlin. 23. März 1919. Sonntag

Hellmuth Herzfelde besuchte mich. Aus Anlaß seiner Zeitschrift sprach er seinen absoluten Widerwillen aus, Gedichte von Däubler oder Becher, überhaupt reine Kunst zu bringen. Im Laufe des Gesprächs formulierte er dieses so, daß er und seine Freunde immer feindlicher der Kunst gegenüberständen. Was George Grosz und Wieland machten, sei zwar Kunst, aber sozusagen nur nebenbei. Die Hauptsache sei der Puls der Zeit, die große Gemeinschaft, in der sie mitschwinge. Er lehnte dann auch jede alte Kunst, auch wenn sie in ihrer Zeit gerade diese Eigenschaft der Modernität gehabt habe, ab. Sie wollten keine Dokumente schaffen, nichts, was Bestand habe und den Nachkommenden im Wege stehe.

Nachmittags bei Stresemanns zum Tee. Ich machte ihn ebenfalls mobil gegen die Greueltaten und gab ihm Herzfeldes Bericht. Auch von der Ermordung der Matrosen hatte er eine ganz falsche Vorstellung, glaubte, es seien im Kampfe gefangene Matrosen gewesen. Als ich ihm den wirklichen Hergang schilderte, war er entsetzt. Er versprach, in der Debatte in Weimar persönlich zu sprechen und schon morgen zu Schiffer zu gehen, um diesen aufzuputschen und schnellstens Abhilfe in den Gefängnissen zu schaffen.

Berlin, 24. März 1919, Montag

Nachmittags im ›Kaiserhof‹ bei Claus Albrecht, der mir den hier insgeheim verbliebenen Vertreter der Sowjetregierung Markowski eingeladen hatte. Außerdem kamen noch Gropius, Gleichen, ein Baron Wolff und ein Herr von Manteuffel. Markowski gab auf meine Fragen Schilderungen der Zustände in Rußland.

Berlin, 25. März 1919, Dienstag

Mit Stresemann telephoniert, der Schiffer sucht, um durch ihn wegen der Scheußlichkeiten in den Gefängnissen einen Druck auf die Regierung auszuüben.

Berlin, 27. März 1919, Donnerstag

Haguenin und Hilferding bei mir gefrühstückt. Haguenin ist ganz plötzlich nach Paris berufen und will morgen reisen. Er hatte schon zu übermorgen ein Frühstück mit Roediger bei mir angenommen. Er sagt, die Lage habe sich zugespitzt, schien aber nicht genau zu wissen, warum er so plötzlich zurückberufen worden ist; auch hofft er, in zehn Tagen wieder hier zu sein. In ziemlicher Erregung deutete er allerdings an, daß vielleicht Ludwig Stein schuld sei, weil er in indiskreter Weise zu einem Abgesandten des Generals Dupont, einem halben Spion, über Haguenins hiesige Tätigkeit und Beziehungen geschwatzt hat, trotzdem ihn Haguenin vor dem Manne gewarnt hatte. Haguenin meinte halb scherzend, aber offenbar nervös, es sei nicht unmöglich, daß er bei seiner Ankunft in Paris verhaftet werde; wir seien doch schließlich noch im Kriege.

Stein scheint Haguenin überhaupt stark auf die Nerven gefallen zu sein. Haguenin beklagte sich, daß Stein vor ihm zu jemandem gesagt habe, er habe Haguenin nach Berlin ›kommen lassen‹! Ganz empört meinte Haguenin: das habe er stillschweigend mit anhören müssen!

Die Zuspitzung der Lage führt Haguenin auf das stark getrübte Verhältnis zwischen Frankreich und Amerika zurück. Amerika habe Frankreich durch die Kündigung der Kredite in eine sehr unangenehme Lage versetzt. Außerdem habe sich Frankreich von den Polen und Tschechen an der Nase herumführen lassen. Die ganze polnische Politik Frankreichs sei durch einen kleinen früheren Vizekonsul in Warschau, Degrand, ein Schoßkind der Herzogin von Uzès, gemacht worden.

Abends Klub bei Cassirer. Viele Leute, namentlich auch viele fremde und feindliche Journalisten: Sacerdote vom ›Avanti‹, Young von den ›Daily News‹, Mr. Harrison von einer Zeitung in Chicago, der Franzose Got vom Hagueninschen Stabe. Eine internationale Gesellschaft. Taktloserweise und gegen meinen Einspruch hielt Werthauer einen kurzen juristischen Vortrag, in dem er seine Theorie entwickelte, daß die Regierung unter Druck der Freikorps in Deutschland einen inneren Krieg erklärt habe. Um die Sache abzuschwächen, griff ich ein und stellte an ihn die Frage, wieweit der Gallifetsche Präzedenzfall, indem er nach der Kommune 30 000 Menschen in Paris erschießen ließ, vielleicht juristisch hier in Betracht käme?

Ein Dr. Rüstow sagte: Nein; er sei beim Obersten Reinhard,

den er aus dem Felde kenne, gewesen und habe ihm auf Grund der Schilderungen von Koch erzählt, was in den Gefängnissen vorgehe; Reinhard habe die Sache sehr ernst genommen, gesagt, er habe schon so etwas munkeln hören, es müsse Abhilfe geschaffen werden, er werde möglichst bald seine Truppen aus den Gefängnissen herausziehen, das sei das einzige Radikalmittel. Jedenfalls hat Reinhard eine anständige Auffassung.

Däubler befragte mich, wie er einen Paß nach der Schweiz bekäme, und erwähnte bei dieser Gelegenheit, daß er nach dem Friedensschluß Italiener sein werde. Für Deutschland optieren werde er auf keinen Fall. Die Gründe, die er für dieses passive Ausscheiden aus der deutschen Schicksalsgemeinschaft angab, schienen mir verächtlich klein: die schlechte Aufnahme oder Nichtbeachtung seines ›Nordlichts‹, üble Erfahrungen mit deutschen Verlegern und ähnliches. Er ist doch ein kleiner Mensch. Die etwas verächtliche Beurteilung, die er von Herzfeldes, Becher, Grosz erfährt, ist berechtigt. Ich brachte es nicht über mich, ihm zuzureden, deutsch zu bleiben; ich fühlte die Hemmung meines Stolzes.

Sachs, der kommunistische Bankier (mir übrigens wenig sympathisch, aber unvermeidlich infolge seiner Verbindung mit Breitscheid), erzählte, daß heute am Alexanderplatz wieder geschossen worden sei und im ›Kaiserhof‹ ein Spielklub sich aufgetan habe, der die ganzen großen Säle für vierzigtausend Mark monatlich gemietet und Leute wie den Afrikaleutnant Graetz und einen Hohenlohe als Direktoren mit viertausend Mark monatlich angestellt hat. Das Eröffnungsbankett mit sieben Gängen und reichlich Sekt sei tipptopp gewesen. Hollmann, Sachs, Breitscheid gingen um Mitternacht hin. Die Ausländer waren ganz Ohr, während Sachs mit semitischer Schamlosigkeit und Phantasie vortrug; eine Korona aus Chicago, Rom, Paris stand um ihn herum, die Harrison zeigte ihre weißen Zähne, lächelte und bedauerte. Die zerschossenen Häuser am Alexanderplatz und noch ungerächten Matrosenleichen müssen vielen durch den Kopf gegangen sein.

Berlin. 28. März 1919. Freitag

Nachmittags Ausschuß-Sitzung des Auswärtigen-Amt-Klubs (vom 16. November): Prittwitz, Riezler, Bornstädt, Kraus, Apelt, Grunelius. Bornstädt macht heftige Opposition gegen jede Verurteilung der Berliner Morde in der ›Deutschen Nation‹. Wir dürften der Regierung nicht in den Rücken fallen. Es sei offenbar eine ›konzentrische Aktion‹ von Hilferding bis Bernhard gegen die Regierung im Gange, an der er sich weigere teilzunehmen; dabei warf er mir wütende Blicke zu. Prittwitz wollte ein anständiges Abrücken. Die Sache soll morgen entschieden werden.

Dann Diskussion über den Völkerbund, wobei alle bis auf Kraus meinen Standpunkt einnahmen, allerdings Riezler mit der unnötigen Ideologie, daß das von mir Erstrebte ein ›Bundesstaat‹ sei, ein Welt-Bundesstaat; wogegen Apelt sehr vernünftige juristische Bedenken vorbrachte, denen ich beistimmte.

Riezler ist ein unverbesserlicher Theoretiker; statt das Praktische zu ergreifen, konstruiert er Definitionen. Allmählich verstehe ich die verhängnisvolle Unfruchtbarkeit der Bethmannschen Politik, deren Hauptvertreter Riezler war. Sie stand da wie ein Weihnachtsbaum, ganz mit Ideen behängt, die aber alle ohne Saft oder Triebkraft waren. Für Riezler ist die Idee immer nur ein Vorwand, um etwas nicht zu tun. Obgleich er meinen Standpunkt verteidigte, graute mir vor seinen Verschnörkelungen. Er ist der für Politik als organisiertes Handeln am wenigsten begabte Kopf, der mir vorgekommen ist. Sein ganzes Denken mündet von Natur in organisiertes Nichthandeln, organisierte Impotenz, die irisierend und verführerisch sich als höhere Weisheit ausgibt. Daß Bethmann dieses Gaukelspiel jahrelang ertragen hat, beweist auch seine mangelnde Begabung. Bismarck oder Napoleon hätten Riezler nach dem ersten Vortrag zum Teufel gejagt.

Berlin. 29. März 1919. Sonnabend

Massigli frühstückte bei mir. Unterhaltung hauptsächlich über Sozialisierung. Er erzählte, was anekdotisch und auch politisch interessant ist, daß Longuet Patenkind von Clemenceau sei und intime familiäre Beziehungen zu ihm behalten habe. Clemenceau war der Verteidiger seines Vaters, als dieser im Exil war. Der große politische Gegensatz Longuet–Clemenceau, der die französische Politik zu beherrschen scheint, rückt dadurch in ein eigenartiges Licht: so ungefähr, als ob Ludendorff väterlicher Freund von Liebknecht gewesen wäre.

Sitzung des November-Klubs mit Riezler, Prittwitz, Bornstädt, Neven, Kraus, Apelt. Zeitschriftgründung. Apelt schlug als Verleger Reinhold vor. Ich sekundierte. Nachher über die Berliner Greuel mit Riezler, der aus München kommt. Es war erstaunlich, wie wenig er davon wußte. Er hatte ›etwas davon gehört‹; hielt das Ganze aber offenbar für verhältnismäßig harmlos und natürlich, bis ich ihm Tatsachen sagte, die ihn aufklärten. So ist es offenbar bei dem größten Teil der ›öffentlichen Meinung‹. Die meisten glauben, daß der Matrosenmord und die Erschießungen höchstens bedauerliche Überschreitungen von an sich legitimen Repressions-Maßregeln gewesen seien. Daß es bestialische Verbrechen ohne jede Rechtsgrundlage waren, wissen heute noch die wenigsten.

Berlin. 31. März 1919. Montag

Sie haben Däumig verhaftet. Eine neue Dummheit, die Däumig wahrscheinlich über kurz oder lang an die Spitze der Regierung bringen wird, wenn sie ihn nicht im Gefängnis jetzt ermorden. Allerdings ist auch dieses möglich, nur wachsen immer neue Führer nach. Dabei hat der ›Vorwärts‹ heute früh den guten Geschmack, sich in einer dicken Überschrift darüber aufzuregen, daß ›Der Mörder von Jaurès freigesprochen‹ ist. Und abends kommt er noch einmal in seinem Leitartikel auf *diesen* ›ungesühnten Mord‹ zurück. Es wäre nützlicher, er faßte in den eigenen Dreck.

Der Vollzugsrat hat durch eine Abordnung dem Staatsanwalt erklären lassen, daß die Arbeiter in den Generalstreik eintreten würden, wenn Däumig nicht enthaftet werde. Darauf ist er sofort freigelassen worden. Diese blutige Regierung ist außerdem noch schwächlich.

Deutsch von der AEG bewegte sich in düsteren, reaktionären Prophezeiungen: Erst wenn die Arbeiter wieder zehn oder zwölf Stunden am Tage arbeiteten, werde unsere Wirtschaft in Ordnung kommen! Die Arbeiterräte würden alles zugrunde richten. Frau Deutsch sah schon den Augenblick, wo sie in eine Vier-Zimmer-Wohnung ziehen müßte: dann wolle sie lieber sterben! Sie und ihr Mann hätten eben erst ihr schönes neues Haus bezogen. Sehr modern! Sogar Arbeiten von Gaul. Sie hält die alte Sezession noch immer für eine Avantgarde. Diese Gesellschaftsdamen aus der Vorkriegszeit, Mumien, die ihre Perlen auf alten, vergilbten Hälsen herumtragen, wirken erschreckend im heißen Atem und Blutdunst der Massen, die keine seidenen Vorhänge mehr selbst aus Abendunterhaltungen der besten Kreise ausschließen. Die Leere eines solchen Mummenschanzes alter Weiber wirkt auf mich viel abstoßender als die Tanzerei, in der Natur und Wirklichkeit stecken.

Berlin. 1. April 1919. Dienstag

Riezler, der aus München kommt, meint, der Bolschewismus werde auf Prag übergreifen und dann auch sehr bald Bayern erobern. In Bayern sei keine militärische Macht wie hier die Freiwilligen und deshalb auch keine Möglichkeit, dem Bolschewismus entgegenzutreten. Allerdings ist Riezler von Natur Schwarzseher. Er selbst hält den Bankrott der Staatsidee in der ganzen Welt, wie er in einer Rede heute abend aussprach, für unabwendbar, weil der Weltkrieg diese Idee ad absurdum geführt habe. Er hält sozusagen das Weiterbestehen des Staates mit dem Weiterbestehen der Menschheit für unvereinbar, weil die Staaten sich, solange sie ungeschwächt bestehen, immer wieder bekriegen und daher bei den Fortschritten der Kriegstechnik die Menschheit oder zum mindesten die Kultur ausrotten werden. Aus diesem Grunde tritt er für meinen Gedanken ein.

Berlin, 2. April 1919. Mittwoch

Abends aß Romberg bei mir im Union-Klub. Wir besprachen seine Berufung ins Amt und meine Völkerbundidee. Nachher setzte sich Schillings zu uns und erzählte in seiner närrisch genialischen, oft amüsanten Weise vom Kaiser, von Roosevelt usw. Den Kaiser als pathologische Figur charakterisierte er sehr unterhaltend. Romberg sagte richtig, wir seien alle schuld, weil wir uns mit leeren Protesten gegen dieses Regime begnügt hätten, statt die praktischen Konsequenzen zu ziehen und zu gehen. Über die Ausbreitung des kommunistischen Gedankens auch in wissenschaftlichen und Professorenkreisen regte sich Schillings fast pathetisch auf. Allerdings bezeichnete er auch Paul Cassirer als Bolschewisten, was nicht zutrifft, und seine übrigen Einrangierungen verdächtig machte.

Nach Hause mit Romberg, der mir nochmals seine starken Bedenken auseinandersetzte gegen seine Übernahme des Ostfragen-Referats. Er fühle sich der Sache auch geistig nicht gewachsen. Die ungeheuer verantwortlichen Entscheidungen, die hier zu fällen seien und über das Leben von Millionen verfügten, schrecken ihn. Ich versuchte ihm, so gut es ging, zuzureden. Ich halte ihn augenblicklich in der Tat für den einzigen, der die Sache übernehmen kann.

Der Union-Klub mit all den alten, unveränderten Herren machte auf mich den Eindruck einer Leichenkammer.

Berlin, 3. April 1919. Donnerstag

Abends Klub bei Cassirer. Wieder viele ausländische Journalisten: Ward Price, Young, Miß Harrison, der Mann vom ›Corriere della Sera‹ usw. Mit Price über Rußland. Die Selbstverproviantierung der Fabriken und Regierungsämter auf dem Lande, die Markowski schildert, wurde mir beleuchtet durch eine Bemerkung von Price, daß in vielen russischen Gegenden die Fabrikarbeiter noch gleichzeitig Bauern sind, die zweimal im Jahre zur Aussaat und zur Ernte aufs Land gehen und arbeiten. Dadurch wird es vollkommen natürlich, daß sie sich ihre Lebensmittel von zu Hause selbst holen. Price sagt, wenn diese Selbstverproviantierung nicht gewesen wäre, so wären die Städte verhungert und die Sowjetregierung zusammengebrochen. Er korrespondiert nicht mehr für den ›Manchester Guardian‹, sondern für die neue Arbeiterzeitung, den ›Daily Herald‹, der, wie er mir sagte, eine Gründung von Lansbury ist und katholisierende Tendenzen hat.

Der ›Corriere‹-Mann, der übrigens einen recht gebildeten und eleganten Eindruck macht, studiert wie alle andren fremden Korrespondenten die soziale Umwälzung. Sie scheint sie alle zu verblüffen. Der Klub entwickelt sich allmählich zum ersten internationalen Treff- und Mittelpunkt nach dem Kriege, von wo Eindrücke und Stimmungen in alle Welt gehen.

Berlin. 5. April 1919. Sonnabend

Besuch bei Joseph Bloch, dem meine Idee für den Völkerbund gesagt und angeboten als Broschüre für die ›Sozialistischen Monatshefte‹. Er verhielt sich zunächst sehr vorsichtig, wandte ein, daß der Weltfriede nur gesichert werden könne, wenn dem englischen und amerikanischen Proletariat die Aussicht genommen werde, sein Weltübergewicht und seine höhere Lebenshaltung mit Gewalt auf Kosten des Kontinental-Proletariats aufrechtzuerhalten. Dieser Anreiz zum Imperialismus falle aber erst dann fort, wenn Deutschland sich mit Rußland und Frankreich wirtschaftlich zusammenschließe. Dann sei das angelsächsische Monopol gebrochen. Es ist seine Lieblingsidee, ich ging darauf ein, erklärte ihm aber, daß meine Sicherung der seinen keineswegs Konkurrenz mache, sondern sie nur ergänze. Er gab dann zu, daß mein Vorschlag sozialistischer sei als die bisherigen Völkerbundpläne, und übernahm es, die Herausgabe der Broschüre beim Verlag zu vermitteln. Er hat einen klugen, oben breiten, unten spitz zulaufenden Kopf vom Typus Schopenhauer, dünne weiße Haut und blaue Adern an den Schläfen: etwas Feines, Scharfes und Zähes in der Diskussion. Er könnte wahrscheinlich als einsamer Gelehrter störrisch bis zur Borniertheit sein. Seine Wohnung ist auffallend hell und geistig. Weiße Boiserien und offene Bücherschränke an den Wänden, in denen die Bücher wohlgepflegt in ihren bunten Einbänden wie Blumenbeete bis oben an die Decke stehen. Viel Licht durch breite, kaum verhängte Fenster. Meine Bemerkung, daß der Grad der Organisation ein guter Maßstab für den Grad der schöpferischen Arbeit eines Volkes sei, bestritt er. Im Gegenteil, Organisationen töteten manchmal das Schöpferische. Das sei das Schicksal der Kirchen und auch der Arbeiter-Internationale.

Als ich von ihm kommend über den Reichskanzlerplatz ging, kaufte ich die ›BZ‹ und fand darin den Beschluß der Münchener, in Bayern die Räterepublik auszurufen: das erste Stück von Deutschland, das zum Bolschewismus übergeht. Wenn sich die Kommunisten dort halten könnten, so wäre das ein deutsches und europäisches Ereignis ersten Ranges.

Abends November-Klub unter Vorsitz von Riezler. Weisungen an Bornstädt für den Parteitag. Riezler fährt morgen nach München, wie er mir sagte, mit einem Koffer voll Geld. Er hofft noch hineinzukommen. Berg ist, ebenfalls mit Geld, schon heute gefahren. Riezler hat heute mit Ebert gesprochen. Riezlers Plan ist, daß die jetzige bayerische rechtssozialistische Regierung sich, sobald die Räterepublik ausgerufen ist (also wahrscheinlich übermorgen), irgendwo in Nordbayern, etwa Nürnberg, als Gegenregierung konstituiert. Epp soll von Thüringen mit bayerischen oder angeblich bayerischen Truppen einmarschieren und die Räteregierung stürzen. Ebert erläßt eine Proklamation im geringschätzigen Tone.

Die größte Gefahr wäre, wenn die Räteregierung die Notenpresse in die Hand bekäme; dann könnte sie sich mit Papier eine Zeitlang über Wasser halten. Sonst, meint Riezler, müßte sie aus Geldmangel kapitulieren.

Ich fragte, ob der Einmarsch der Preußen nicht das ganze bayerische Volk für die Räteregierung einigen werde? Riezler meinte, nein, die Angst vor dem Bolschewismus sei noch größer als der Haß gegen Preußen; ebenso wie in Rußland. Das bayerische Volk sei ein Sauvolk, leidenschaftlich, aber unbeständig; vor den Preußen würden alle weglaufen. Die führenden Münchener Kommunisten sieht Riezler im zweifelhaftesten Lichte; zum großen Teil Vorbestrafte oder Unfähige, die es nirgends zu etwas gebracht hätten. Er hofft, ebenso wie Cohen, auf den Abfall von Nordbayern. Die Landbevölkerung sei rätefeindlich, werde sich aber zuerst ducken. Von ihr erwartet er keinen Widerstand. Das Zusammentreffen der Bolschewisierung Bayerns mit der Eröffnung des Rätekongresses in Berlin schafft zweifellos eine höchst gefährliche politische Situation.

Berlin. 7. April 1919. Montag

Die Räterepublik ist heute nacht in München ausgerufen worden. Nachmittags bei Farinolla, der mir vorgestern seine Ankunft angezeigt hatte. Ich gab ihm meine Auffassung der Lage, die pessimistisch ist. Er sagte, daß auch er den Weltbolschewismus für unvermeidlich halte und in ihm als Durchgang zu einer neuen Welt die einzige Lösung sehe. In Italien sei der Sturz der Monarchie sicher. Ob der Kommunismus sofort folgen werde, unsicher. Er sei auf seinem Gute gewesen, wo dreihundert Bauern (Pächter) säßen, die aus dem Schützengraben zurück seien. Diese arbeiteten wieder ganz ruhig, aber wenn man sie aufriefe, um die Gewalten zu stürzen, die für den Krieg verantwortlich seien, würden alle mitgehen. In Frankreich hätten die Soldaten, die aus dem Schützengraben heimkämen, keinen Haß gegen die Deutschen. Dagegen seien sie entschlossen, zu Hause reinen Tisch zu machen. Farinolla glaubt an einen blutigen Umsturz in Frankreich. Meinen Einwand, daß der französische Bauer und kleine Rentner an seinem Besitz klebe, ließ er nicht gelten; stärker sei der Haß gegen die Mächte der Vergangenheit, die den Krieg verschuldet hätten. In England komme Lloyd George vorläufig durch, indem er prinzipiell bis zum Friedensschlusse den Arbeitern alles bewillige, was sie verlangten. Aber auch hier erhöben die Arbeiter den Kopf. Neulich habe in Paris ein aus Bern zurückkehrender Arbeiterführer den englischen Botschafter Lord Derby telephonisch angerufen und, als der Botschafter ihm durch einen Sekretär sagen ließ, er sei augenblicklich nicht abkömmlich, geantwortet: Der Botschafter solle selbst *sofort* ans Telephon kommen! Derby sei darauf auch tatsächlich gekommen. Das sei ein Symptom, wie die Machtverhältnisse wirklich seien.

Farinolla sprach sich vorsichtig warnend gegen Haguenin und sehr gereizt gegen Frankreich aus. Er bat mich, ihm Unterlagen zu schaffen, daß die Franzosen bereits jetzt mit uns Handelsbeziehungen angeknüpft hätten. Die Franzosen wollten alles für sich; den Italienern gönnten sie dagegen nicht einmal den Verkauf ihrer Apfelsinen und Trauben nach Deutschland. Italien sei gegen sie wehrlos, da es nicht einmal für zehn Tage Kohlen habe.

Berlin. 8. April 1919. Dienstag

Die Wilhelmstraße ist mit Kanonen und Maschinengewehren gespickt. Am Wilhelmplatz stehen zwei Revolverkanonen auf Lastautos aufmontiert, um die Straße nach rechts und links zu bestreichen. Überall Noskegarden im Stahlhelm mit Handgranaten.

Berlin. 9. April 1919. Mittwoch

Mit den ›Sozialistischen Monatsheften‹ die Herausgabe meiner Völkerbund-Broschüre abgemacht.

Nachher im Rätekongreß. Rede von Brass, der Noske, das Eden-Hotel und die Regierung auf das heftigste angriff, namentlich wegen ihrer Lockspitzelei, und pathetische Antwort von Wissell, der die verzweifelte Lage Deutschlands, den Trümmerhaufen, in krassen Farben malte, um eine weitgehende Sozialisierung im Augenblick für unmöglich zu erklären. Mir scheint: entweder die Sozialisierung erhöht die Produktion, dann müßte sie jetzt gerade durchgeführt werden, oder sie vermindert sie (wie Wissell offenbar annimmt), dann darf sie nie gemacht werden. Nicht daß Deutschland wirtschaftlich ruiniert ist, sondern daß die Arbeiter infolge des Krieges nicht mehr arbeiten wollen, ließe sich allenfalls einwenden. Aber warum sie in sozialisierten Betrieben noch weniger arbeiten sollten als jetzt, ist nicht einzusehen. Diese ganze Verteidigung scheint mir daher äußerst schwach, namentlich von einem Sozialdemokraten.

Abends Hauptausschuß-Essen des ›Demokratischen Klubs‹ zur Einweihung der Klubräume im ›Bristol‹. Bernstorff (der Botschafter), Nernst, Pabst-Weiße, Dr. Ullstein usw. Ein verlorener Abend. Bis auf einige Ausnahmen übelstes Philisterium; geistige Ebene der Bierbank. Eine Mischung von Fett und Gold, die nur noch Ekel erregen kann. Was daran, außer den Mittelstandsmanieren, demokratisch sein soll, mir unerfindlich. Dieselbe Klasse unterhält in Frankreich wenigstens noch kleine Mädchen oder in England Bibelklassen; hier ist es der unverblümte Sumpf, ideenloses Fett, das zu irgendwelcher Politik überhaupt kein Recht hat. Und dieses Getier kriecht jetzt dank der Revolution als Republikaner heraus.

O Brutus! O Robespierre! O Lassalle! Diese Existenzen werden jetzt mit Blut verteidigt.

Berlin. 10. April 1919. Donnerstag

Abends Klub bei Cassirer. Vortrag eines Direktors Meyer aus dem Saargebiet. Er sagt, die Franzosen träten dort korrekt auf; versuchten die Bevölkerung zu versorgen. Annektieren wollten sie nicht, jedenfalls nicht politisch; aber wirtschaftlich ausbeuten.

Berlin. 12. April 1919. Sonnabend

Ich arbeite an meiner Völkerbund-Broschüre. Ging deshalb nicht in den Rätekongreß, obwohl heute die große Auseinandersetzung zwischen Cohen-Reuß, Kaliski und Däumig über die Rätefrage angesagt war.

Nachmittags besuchte mich Wieland Herzfelde. Brachte mir Nr. 3 der ›Pleite‹. Er sagt, die Straßenhändler wagten nicht, sie zu verkaufen, weil sie Angst hätten, totgeschlagen zu werden. Aber er brächte Tausende von Nummern (vier- bis fünftausend) durch Vertrauensleute in den Betrieben an. Von seiner Broschüre

›Schutzhaft‹ druckt er jetzt sogar eine zweite Auflage. Ich zeigte ihm meinen Völkerbundentwurf. Er nimmt ihn von seinem kommunistischen Standpunkte aus an; meinte, er gehe über den Bolschewismus sogar hinaus, indem er ihn als verwirklicht voraussetze. Er will für die Verbreitung der Idee in seinen Kreisen sorgen. Er selbst hat eine sich einpassende Idee: Die Menschen sollten sich nicht nach Staaten, sondern nach frei zu wählenden Gesetzesgemeinschaften (also nach Analogie von Religionsgemeinschaften) organisieren. Ein jeder solle erklären dürfen, nach welchem Gesetz er leben wolle.

Es geht etwas vor! Eine ungeheure Gärung der Ideen bereitet gegenüber der gänzlich ideenlosen Revolution vom 9. November eine neue friedliche oder blutige, aber wirkliche Revolution vor. Jetzt erst fängt die Revolution an.

Berlin. 13. April 1919. Sonntag

Nachmittags bei Kippenbergs, die auf einen Tag hier sind, im ›Adlon‹. Sie wußten beide von den Matrosenmorden in Berlin, den Zuständen in den Berliner Gefängnissen usw. nichts. In Leipzig habe man davon nichts gehört.

Gestern ist der sächsische Kriegsminister Neuring in Dresden von der Menge aus dem Kriegsministerium herausgeschleppt, in die Elbe geworfen und im Wasser durch Schüsse ermordet worden.

Berlin. 14. April 1919. Montag

Gefrühstückt mit Hugo Simon und Hilferding. Simon sagte mir, er halte jetzt die Finanzkatastrophe Deutschlands für unabwendbar. Schiffer, der gestern zurückgetreten ist, habe die kostbare Zeit vertrödelt und die Vermögen ins Ausland verschwinden lassen. Die Kapitalien versickerten in lauter Rinnsale, wo sie nicht mehr zu fassen seien.

Der Streik der Bankangestellten dauert an und ist sehr unbequem, auch mir, da kein Geld zu bekommen ist.

Berlin. 15. April 1919. Dienstag

Mit Hutten-Czapski gefrühstückt in der neuen Bar in der Wilhelmstraße (Peltzer). Kleines, sehr elegantes Lokal, das eine frühere Ordonnanz des General-Gouvernements Warschau am Sonnabend eröffnet hat. Wir aßen jeder ein Kotelett und bezahlten pro Kopf einundfünfzig Mark. Jeunesse dorée mit Damen an allen Tischen; unter anderen Richard Kühlmann, der kein graues Haar hat und aussieht wie fünfunddreißig. Er kam an unseren Tisch; als er fort war, meinte der alte Hutten: »Einer der größten Verbrecher der deutschen Geschichte.« Kühlmann ist aber wurschtig, wohlhabend und amüsiert sich. Er hatte irgendeine hübsche Kusine mit. Die ganze Gesellschaft, all die kleinen Hohenlohes und Horstmanns von der Garde und der Industrie spüren die Revolution noch nicht. Sie freuen sich nur, daß sie mit heilen Knochen wieder hier sind aus Palästina, Kurland, Frankreich, Georgien. Kühlmann macht in älteren Semestern den Tanz mit.

Abends Vortrag von Schücking über Völkerbund in der Deutschen Gesellschaft. Er beschränkte sich auf Historisches und Anekdoten. Romberg war deshalb sehr enttäuscht, weil er erwartete, daß meine Idee von Schücking lanciert werden würde. Wir saßen nachher mit Eduard Bernstein, der das Korreferat, auch rein historisch, gehalten hatte als Ersatz für Kautsky. Er stellte sich in der Sozialisierung auf einen so bourgeois-liberalen Standpunkt, namentlich in bezug auf die Unternehmer und die Sozialisierung der Betriebe, daß von wirklichem Sozialismus kaum noch etwas übrigblieb.

Berlin. 17. April 1919. Gründonnerstag

Simon Guttmann bei mir. Gespräch über Spartakismus. Ich fragte, ob sie denn Führer hätten, die fähig seien, die Regierung zu übernehmen. Er sagte, augenblicklich nicht; aber das Personal wüchse heran, in sechs bis acht Monaten würden sie so weit sein. Bis dahin würde das jetzige Regime halten. Er will von den Unabhängigen, Breitscheid, Haase usw., nichts wissen; es sei zwischen ihnen und Scheidemann kein prinzipieller Unterschied. Den marxistischen Standpunkt, Enteignung der Produktionsmittel, verwirft er, weil er von der Maschine her gedacht sei; man müsse vom Menschen ausgehen, enteignen, was der Mensch nicht gebrauche, den toten Besitz, ob Produktionsmittel oder nicht. Ich gab ihm meinen Völkerbundentwurf. Herzfelde, dem ich ihn gestern gab, sagte, er gehe über den Bolschewismus hinaus, indem er diesen als schon durchgeführt voraussetze. Gerade deshalb aber, weil er so weit vorausdenke, würden die bourgeoisen Kreise ihn für ungefährlich halten.

Abends kam Gerhard Mutius zu mir, der aus Christiania von Rantzau hertelegraphiert ist. Ich nahm ihn mit in den Klub bei Cassirer, wo auch Massigli, Hesnard, Sacchi vom ›Corriere‹, Hilferding, Hugo Simon, Breitscheid, Charlie Kühlmann usw. Cassirer, der gestern aus München gekommen ist, erzählte von der Räterevolution. Nach seinen Schilderungen ein Karneval, aber ein blutiger. Landauer wollte kein Blut vergießen; die Ereignisse sind stärker gewesen. Bis sehr spät Diskussion mit Breitscheid und Cassirer über das Rätesystem. Meine Rechtfertigung der Räteverfassung, daß der Betrieb als Lebensgemeinschaft Vertretung hat, während der Wahlkreis keine Lebensgemeinschaft ist. Nur die Lebensgemeinschaft erkennt die Führernaturen und kann deshalb *begründet* wählen; Wahlkreiswahlen sind papierene Wahlen, bei denen dem Wähler die Unterlagen zur Beurteilung des Gewählten fehlen. Breitscheid stimmte zu. Cassirer leugnete, daß in der heutigen Fabrik Lebensgemeinschaften sich bildeten. Die Maschine atomisiere im Gegenteil die Menschen.

Berlin. 18. April 1919. Karfreitag

Schücking frühstückte mit mir im ›Adlon‹. Er sagte, ich habe in der gestrigen Kabinettssitzung ›einen großen Triumph gefeiert‹. Simons habe meinen Gedanken vorgetragen und das Kabinett darauf ihm, Schücking, den Auftrag erteilt, auf Grund dieses Gedankens einen Entwurf auszuarbeiten, der als offizieller deutscher Entwurf dem Wilsonschen entgegengestellt werden soll. Man habe darüber diskutiert, ob die Zentralvertretung den Organisationen als Oberhaus über ein demokratisches Völkerparlament oder selber als Völkerparlament eingebaut werden solle? Schließlich sei aber beschlossen worden, daß nur ein Vertretungskörper, und zwar der von mir vorgeschlagene, aufgestellt werden solle. Die Ansichten seien dahin gegangen, daß vielleicht die Sache nicht sofort durchzusetzen sein werde, daß Deutschland durch diese Idee aber wieder die Führung an sich nehme und die Sympathien weiter Kreise gewinne; auch werde sich dieser Vorschlag wohl schließlich, weil er richtig sei, durchsetzen. Schücking fügte hinzu, es werde an dem neuen Völkerbundentwurf bereits fieberhaft gearbeitet; wenn das Kabinett ihn billige, werde er schon Montag oder Dienstag veröffentlicht werden, so daß sie meiner Veröffentlichung vorauskommen. Allerdings solle ich als Urheber der Idee ausdrücklich anerkannt werden.

Ich bin selbst erstaunt, mit welcher Gewalt diese Idee, seitdem ich sie geäußert habe, sich Bahn bricht: die Fesselung des Staates durch die universalen Kräfte der Menschheit. Aus der Verzweiflung geboren, kann sie die Zukunft der Menschheit vielleicht formen und leiten zu neuer Blüte. Karfreitagszauber. Ich fühlte abends bei Anhören eines Volksliedes nur noch schmerzlich als Kontrast die tiefe Erniedrigung unseres Volkes. Plötzlicher, fast völliger Nervenzusammenbruch.

Berlin. 19. April 1919. Sonnabend

Gearbeitet. Abends Redaktionssitzung der ›Voss‹, um über die publizistische Behandlung meiner Idee zu beraten. Bernhard hatte Kaliski, Redlich, Wallenberg, Elben und noch einen geladen. Ich trug ihnen meinen Plan vor. Bernhard unterstützte ihn, ebenso Kaliski. Wallenberg ging von der unpolitischen, rein menschlichen Seite darauf ein; diese sei das Hinreißende daran. Auf seinen Vorschlag wurde beschlossen, am Donnerstag früh die ganze erste Seite der ›Voss‹ einem Referate über meinen Vortrag zu widmen mit einer großen Überschrift, um ihn als das Ereignis des Tages hervorzuheben. Die neue Idee solle als ›die deutsche Völkerbundidee‹ hinausgestellt werden. Bernhard meinte, meine Sorge müsse sein, sie über die Grenzen hinauszugeben, damit sie auch im Auslande wirke. Bernhard will sie dann als Hinaustragung der Räteidee ins Internationale propagieren. Verhindert werden müsse, daß sie die Regierung (Schücking) früher herausbringe als ich, da sie dadurch ›versaut‹ werde.

Berlin, 20. April 1919. Ostersonntag

Romberg im Amte aufgesucht. Ihn gebeten zu vermitteln, damit nicht durch eine vorzeitige Veröffentlichung der Regierung meine Agitation durchkreuzt werde. Er war sehr aufgeregt. Die gestern eingetroffene unverschämte Vorladung der Entente und unsere höhnische Antwort hätten die Lage so zugespitzt, daß die Regierung jetzt sofort mit positiven Gegenvorschlägen hervortreten müsse. Sie könne nicht warten, bis die Friedensbedingungen der Entente abgeholt und von uns devot durchstudiert seien, sondern müsse das Prävenire spielen. Hierzu hätte sie nur zwei Trümpfe, meine Völkerbundidee und ein weitgehendes internationales soziales Programm. Ich beschwor Romberg, etwas zu tun, da ich selbst schwer mit Rantzau reden kann, um nicht den Eindruck besorgter Eitelkeit zu machen.

Abends um neun telephoniert mir Romberg, daß mir Rantzau den Vortritt läßt; aber nur ein paar Tage, lange könne die Regierung nicht warten. Das Wasser steht ihnen offenbar bis an den Hals; sie haben dem Volke nichts zu bieten, wenn der Friede abgelehnt werden muß. Da greifen sie nach dieser Idee wie nach ihrer letzten Planke, gleichgültig, ob sie dabei kaputtgeht!

Berlin, 22. April 1919. Dienstag

Heute steht im ›12-Uhr-Mittagsblatt‹, die Regierung werde einen ›Deutschen Völkerbundentwurf‹ am Mittwochabend (also gleichzeitig mit meinem Vortrage im Herrenhause) veröffentlichen; zu den geistigen Vätern dieses Entwurfs gehöre Erzberger! Es handelt sich um den Schückingschen Entwurf, der auf meinen Ideen aufgebaut ist. Erzberger meldet aber seine Vaterschaft an! Seine dicke Person scheint ihm offenbar immer noch nicht berühmt genug. Nachmittags telephonierte Bernhard, um mich zu warnen; gestern abend sei der Presse mitgeteilt worden, daß der Entwurf morgen, Mittwoch, herauskäme.

Ich ging ins Amt und sprach mit Romberg und Roediger. Dieser telephonierte Simons an, der sagte, *vor* meinem Vortrage und insbesondere morgen werde nichts herauskommen. Erzberger habe die Notiz in die Zeitung gesetzt. Dieser Halunke will im voraus den Schein erwecken, daß sein großer Geist wieder einmal Deutschland gerettet hat. Wer sein Machwerk von Völkerbundentwurf kennt, wird allerdings nicht auf diese Stimmungsmache hereinfallen.

Simon Guttmann, der vormittags bei mir war, lobte gerade meine Preisgabe der Demokratie zugunsten der menschlichen Persönlichkeit, die in ihren lebendigen Teilen gefaßt werde statt als bloße Zahl wie beim demokratischen allgemeinen Stimmrecht. Er bezeichnete den Entwurf als eine gute Grundlage für Weiteres, einen Fortschritt, mit dem er sich als Kommunist im Prinzip einverstanden erklären könne. Die formale Demokratie bezeichnet er als eine Methode zur Ausschaltung der Persönlichkeit.

Berlin. 23. April 1919. Mittwoch

Der Kampf um die Veröffentlichung des Völkerbundentwurfs der Regierung und um die Aufnahme meiner Ideen ist bis heute weitergegangen.

Abends hielt ich meinen Vortrag im großen Sitzungssaale vom Herrenhaus. Der Saal und die Tribünen waren dicht besetzt. Ich redete ungefähr eine Stunde. Nachher sprachen Bülow, Schükking, Pabst-Weiße für meinen Vorschlag, Steinthal zweifelhaft, Gleichen dagegen; Gleichen in einer sonderbar konfusen und schwammigen Rede. Das Haus reagierte auf Steinthal mit eisigem Schweigen, auf Gleichen mit Zischen. Schücking redete leicht und sympathisch, mehr eine geistvolle Causerie als eine Rede. Mein Schlußwort, in dem ich eine energische Absage an die formale Demokratie richtete, aber meinen Glauben an die Demokratie als die Form der Zukunft auf gereinigtem Boden aussprach, wurde mit einem Sturm des Beifalls vom ganzen Hause aufgenommen. Hiermit hatte ich offenbar ins Herz getroffen.

Berlin. 24. April 1919. Donnerstag

Morgens kam ein Photograph von einer Gesellschaft ›Photothek‹ und photographierte mich am Schreibtisch, eine Dame vom ›Weltecho‹ und bat um eine Unterlage für eine Zeichnung. Die ›Voss‹ bringt meinen Vortrag über fünf Spalten auf der vorderen und zweiten Seite. Abends wurde ich interviewt für das ›Wiener Tagblatt‹ und das Stockholmer ›Aftontidningen‹.

Die gleichzeitige Veröffentlichung des Regierungsentwurfs und meiner Idee hat offenbar eine große Konfusion hervorgerufen. Wiegand vom New Yorker ›Sun‹ telephonierte mir, daß bei den amerikanischen Journalisten beides durcheinandergeworfen und zweifellos diese Konfusion auch auf die amerikanische Presse übergreifen werde. Dieselbe Konfusion scheint nach dem, was mir Lesser vom ›Wiener Tagblatt‹ sagte, in Wien zu herrschen. Offenbar hat Erzberger, indem er die Veröffentlichung des Regierungsentwurfs gleichzeitig mit meinem Vortrage im Herrenhause erzwang, gerade diese Konfusion gewollt, um meine Idee dadurch totzumachen. Ein schlauer Winkel-Halunke; fast amüsant.

Berlin. 25. April 1919. Freitag

Bei Haguenin gefrühstückt im ›Adlon‹ mit Georg Bernhard, der heute früh einen sehr warmen Leitartikel über meinen Völkerbund veröffentlicht hat, und Redlich. Außerdem war der französische Professor Hesnard anwesend. Ich hatte eine lange vertrauliche Besprechung mit Haguenin. Er klagte, daß das Auswärtige Amt ihn ›nicht richtig benutze‹, das heißt vernachlässige. Seine Verbindungen in Paris, namentlich mit Poincaré und Clémenceau, hätten ihm erlaubt, uns manchen Dienst zu erweisen, wenn wir uns nur seiner bedient hätten. So habe mein Memorandum über Polen einen großen Eindruck gemacht. Die

Beschlüsse der Konferenz seien dadurch wesentlich beeinflußt worden. Wenn Paderewski nicht gekommen wäre, wären die Ergebnisse noch besser gewesen. Fast sei Danzig vollkommen frei geworden; Paderewski habe diesen Beschluß aber wieder umgeworfen (woraus hervorgeht, daß Danzig unter polnische Verwaltung kommen soll!).

Ich warf hier ein, daß die Danziger Frage eine von denen sei, die den Frieden verhindern könnten. Danzig an Polen abzutreten sei für uns unmöglich.

Haguenin fuhr fort, er hätte Rantzau eine ganze Anzahl vertraulicher Dinge zu sagen gehabt, aber Rantzau habe ihn seit seiner Rückkehr aus Paris noch nicht empfangen. Auch würde er gern einigen besonders geeigneten Mitgliedern unserer Friedensdelegation Empfehlungen mitgeben, damit sie in Paris private Verbindungen anknüpfen könnten. Aber dazu müsse er doch wissen, wer hinfahre. Bisher habe man es ihm nicht mitgeteilt. Eine finanzielle Annäherung oder Zusammenarbeit Deutschlands und Frankreichs sei durchaus erwünscht. Allerdings stoße sie noch auf große Schwierigkeiten; das Mißtrauen gegen Deutschland und insbesondere gegen deutsche Geschäftsleute sei in der französischen Geschäftswelt sehr groß. Man fürchte sich, von den Deutschen übers Ohr gehauen zu werden. Mißtrauen und Angst vor Deutschlands Stärke sei überhaupt das Kennzeichen der öffentlichen Meinung in Frankreich. Auch Foch stehe auf diesem Standpunkte. Er halte es für ein ›malheur irréparable‹, daß er nicht dazu gekommen sei, Deutschland ein Sedan zu bereiten. Man glaube an eine Wiedergeburt des deutschen Militarismus. Die Noske-Truppen würden als Symptom angesehen. Deshalb sei die öffentliche Meinung heute in Frankreich Deutschland gegenüber viel ungünstiger als vor einigen Wochen.

Ich fragte, wie die Stellung der Regierung in Frankreich sei; ob sie sich noch lange halten werde. Haguenin meinte, Clémenceau sei seit dem Attentate sehr gealtert; er stehe jetzt in greisenhafter Weise unter dem Einfluß seiner Umgebung, die schlecht sei (Mandel usw.). Gleich nach dem Frieden werde Clémenceau gehen. Dann kämen Leute wie Thomas, Briand, Renaudel in Betracht. Clémenceau stehe sich mit den Sozialisten und insbesondere mit Thomas sehr schlecht. Gegen Thomas habe er einen wahren Haß, weil er ihn fürchte und verschiedentlich ihn um Hilfe habe bitten müssen. Ich redete wieder für direkte Verhandlungen über finanzielle und soziale Fragen zwischen Deutschen und Franzosen; präzise Punkte sollten besprochen werden. Haguenin sagte, er fürchte, man habe im Auswärtigen Amt den Eindruck, daß er hier sei, um Deutschland zu streicheln, ›pendant qu'on l'opère‹. Und etwas Richtiges wird hieran sein.

Berlin, 26. April 1919. Sonnabend

Gegessen beim Geheimrat von Berger mit dem preußischen Ministerpräsidenten Hirsch, dem früheren Minister des Innern Loebell, Georg Bernhard, dem Kapitän Taegert, dem Major Kalle (bisherigen deutschen Militärattaché in Madrid) und dem Geheimrat Strauß vom Ministerium des Innern. Loebell sprach mich an über meinen Völkerbundentwurf, billigte ihn und bedauerte, daß die Regierung ihn sich nicht zu eigen gemacht habe, da mit ihrem eigenen Entwurf diplomatisch nichts anzufangen sein werde. Nach Tisch setzte mir Taegert, der deutschnational ist (die Frau Freundin der Kronprinzessin), in Gegenwart des sozialdemokratischen Ministerpräsidenten auseinander, daß wir nur gerettet werden könnten durch einen ›königlich-sozialdemokratischen Bolschewismus‹. Diesen total närrischen Plan entwickelte er mit großem Ernst und vielen Argumenten.

Berlin, 27. April 1919. Sonntag

Aufführung von Else Lasker-Schülers ›Wupper‹ vor der ›Junges Deutschland‹-Gesellschaft im Deutschen Theater. Expressionistische Dekorationen. Das Stück eine Mischung von Marlitt und Wedekind mit Lichtblitzen einer eigenen Genialität. Das Publikum war durchsetzt mit Leuten, die klatschten, wollte sich aber im ganzen nicht erwärmen. Mir gegenüber in der anderen

Proszeniumsloge saß Hirsch mit dem Major Kalle und Haenisch. Ich ging nachher ein paar Schritt mit Wolfgang Heine, der mir gealtert und geschrumpft aussah.

Berlin. 28. April 1919. Montag

Heute sind Rantzau und die Friedensdelegation nachmittags nach Versailles abgefahren.

Berlin. 29. April 1919. Dienstag

Abends in Strindbergs ›Vater‹ im Theater an der Königgrätzer Straße. Die Orska spielte die Frau leopardenhaft, wie ein Katzenraubtier schleichend, Hartau den Vater als Löwe brüllend. Man hatte den Eindruck, vor einem Käfig im Zoologischen Garten zu sitzen. Samson und Dalila ins Moderne und Tierische übersetzt. Grandios, auch in der Leistung der beiden Hauptdarsteller, aber ohne jede menschliche Ergriffenheit von mir wahrgenommen.

Berlin. 1. Mai 1919. Donnerstag

Nationalfeiertag. Alles geschlossen, selbst die Gastwirtschaften. Eindruck einer Nationaltrauer über die verfehlte Revolution.

Berlin. 2. Mai 1919. Freitag

Essen bei Frau v. Riedel (Schwester Fürstners). Sie kommt aus der Schweiz; erzählte, ich gelte dort jetzt allgemein als Bolschewik (wahrscheinlich infolge der unsinnigen Warschauer Märchen). Psycha habe mich warnen lassen. Psycha hängt mit der Stryczinska nahe zusammen, die es aus Warschau haben wird.

Berlin. 3. Mai 1919. Sonnabend

Wieland Herzfelde bei mir. Er erzählte von kommunistischen Versammlungen, denen er beigewohnt hat. Überall seien Russen bei diesen Zusammenkünften; viel besser geschult als die Deutschen, ohne Pathos, kühl, berechnend wie Generalstabsoffiziere. Sie sprächen immer rein sachlich und verachteten den deutschen Arbeiter wegen seiner politischen Dummheit und Rückständigkeit. Herzfelde meint, es müßten schon vor der Revolution zahlreiche russische Agitatoren im kommunistischen Sinne in Deutschland tätig gewesen sein. Aber die deutsche Kommunistische Partei leide vor allem an Geldmangel. Sie habe nichts. Die Zustände seien geradezu kläglich. Außerdem seien viele von den kommunistischen Arbeitern offenbar hysterisch. Man merke das bei den Diskussionen, wo nur die Russen kalt überlegen blieben, die Deutschen sich bis zur Sinnlosigkeit aufregten. Von seiner ›Pleite‹ setzt Herzfelde jetzt 10 000 bis 12 000 Exemplare ab.

Berlin. 12. Juni 1919. Donnerstag

Seit 7. Mai, seit der Überreichung der Friedensbedingungen, so gedrückt, daß keine Lust zum Schreiben. Jetzt sind die Aussichten *etwas* besser, da die Entente in sich offenbar nicht mehr so fest steht und modifizierte Bedingungen vorbereitet. Ich will versuchen, wieder zu schreiben.

Ich werde in letzter Zeit viel als Nachfolger von Rantzau genannt, namentlich in der ausländischen Presse. Habe in einem Interview in ›New York Times‹ dementiert, daß ich irgendwelche Absichten hätte, Rantzau zu verdrängen.

Berlin. 13. Juni 1919. Freitag

Die Antwort der Entente auf unsere Gegenvorschläge sollte heute in Versailles überreicht werden. Wurde aber wieder verschoben. Beisetzung Rosa Luxemburgs. Alles ruhig verlaufen.

Berlin. 15. Juni 1919. Sonntag

Pazifisten-Bankett. Ein Herr Meyer-Bremen reichte eine Resolution herum, nach der man sich durch Unterschrift verpflichten sollte, keinen Kriegsdienst zu tun oder irgendeine Beihilfe zum Kriege durch eigene Handlungen oder Unterlassungen zu leisten. Natürlich wäre das das einzig Radikale, wenn es allgemein würde.

Abends Vortrag von Wyneken über Schulreform im Beethoven-Saal. Viele Kinder, zur Hälfte bebrillt, was bei einer Jugendbewegung einen traurigen Eindruck macht.

Berlin. 16. Juni 1919. Montag

Hilferding frühstückte mit mir. Er sieht die unvermeidliche Katastrophe voraus. Meint, Erzberger werde unterzeichnen. Aber so oder so werde es in einigen Wochen zum Kladderadatsch kommen. Er ist noch immer für glattes Unterzeichnen unter Protest. Meinen Vorschlag hält er für zu kompliziert für das Volk. Er sagte, es seien Proskriptionslisten vorbereitet von denen, die im Falle der Nichtunterzeichnung verhaftet werden sollten. Er stehe auch darauf. Meinte, er würde schwer herauskommen, wenn sie ihn einmal hätten, wegen ihres Hasses auf die ›Freiheit‹. Übrigens sagte er, diese habe jetzt die 200 000-Auflage überschritten.

Berlin. 17. Juni 1919. Dienstag

Die Antwort der Entente ist gestern übergeben worden. Heute früh sind wieder die Zeitungen bis auf den ›Vorwärts‹ nicht erschienen; nur der ›Vorwärts‹ und einige Winkelblättchen. Man erfährt daher nichts Näheres. ›Vorwärts‹ bringt bloß Angaben aus französischen Zeitungen über den Inhalt. Die ›Berliner Mittagszeitung‹ bringt eine Reutermeldung, die den Inhalt der Mantelnote der Ententeantwort wiedergibt: angeblich in grobem Tone Deutschlands Kriegsschuld, ›das größte Verbrechen gegen die Menschheit, das jemals begangen worden ist‹, in den Mittelpunkt gestellt. Rantzau und die Delegation sind gestern abend aus Versailles abgereist. Die Mitglieder sollen auf dem Wege zum Bahnhof mit Steinwürfen empfangen und zum Teil verletzt worden sein. Das alles sieht nach neuem Krieg aus.

Die ›Neue Berliner‹ (›12-Uhr-Mittags‹) kommt schon (obwohl ›unabhängig‹) mit einer Riesenüberschrift sensationell: ›Attentat auf die deutsche Friedensdelegation‹. Es ist wie 1914. Und ebenso drückend schwül und sonnig wie damals Ende Juli.

Berlin. 22. Juni 1919. Sonntag

Scheidemann und Rantzau sind zurückgetreten. Neues Kabinett Bauer, das den Frieden unter Vorbehalt und Protest unterzeichnen will. Die Vorbehalte beziehen sich auf das Bekenntnis der alleinigen Schuld Deutschlands am Kriege und die Auslieferung des Kaisers und der andren sogenannten Schuldigen.

Die deutsche Flotte, die in Scapa Flow interniert war, hat sich selbst versenkt.

Abends unbeschreibliche Niedergeschlagenheit; als ob alles Leben im Innern der Seele erstorben wäre.

Berlin. 23. Juni 1919. Montag

Studenten und Soldaten haben heute früh die französischen Fahnen, die ausgeliefert werden sollten, aus dem Zeughaus herausgeholt und vor dem Denkmal Friedrichs des Großen verbrannt.

Nachmittags heißt es, da die Entente die Unterzeichnung *unter Vorbehalt* abgelehnt hat, hätten sich die militärischen Führer gegen die Regierung aufgelehnt, das Zentrum seine Zustimmung zur Unterzeichnung zurückgezogen, die Regierung ihren Rücktritt beschlossen. Heute abend läuft das Ultimatum ab. Die Spannung ist ungeheuer. Die Luft drückt schwül. Gegenrevolution, Krieg, Aufstand drohen wie nahe Gewitterwolken.

Früh Brief von Dietrich Bethmann, der nach seinen eigenen Schilderungen ein Hauptschuldiger am Kriege ist. Er macht geheimnisvolle Andeutungen über meinen ›Ehrgeiz‹ (den ich nicht besitze) und beschwört mich, alles zu tun, um die Auslieferung zu verhindern.

August Müller, der eine ›mauvaise langue‹ ist, erzählt, am Tage vor der Übermittlung des Friedensvertrages durch die Entente (am 5. Mai) habe Ebert ein großes Saufgelage für Minister und frühere Minister gegeben. Nachts um eins habe Trimborn, der frühere Zentrums-Staatssekretär des Innern, eine Karnevalsansprache im Kölner Dialekt gehalten. Gegen drei sei alles schwergeladen nach Hause gewankt. Die Folge sei gewesen, daß, als der Friedensvertrag in der nächsten Nacht ankam, kein Minister aus dem Bett zu bekommen gewesen sei. Müller sagte, er habe allein auf der Friedensdelegation mit noch *einem* andern, dessen Name mir entfallen ist, den Friedensvertrag empfangen und vergeblich versucht, irgendeinen der Minister heranzuholen. Sie waren sämtlich von der früheren Nacht zu überanstrengt. Außerdem habe Erzberger erklärt, am nächsten Tage sei es immer noch früh genug, um vom Vertrag Kenntnis zu nehmen! Dabei habe man nicht einmal gewußt, ob der Vertrag nicht eine ganz kurze Frist zur Entscheidung setzen werde.

Auf Erzberger war allgemein die Verbitterung ungeheuer. Müller sagte, wenn er nicht anders beseitigt werden könne, wollte er selbst hingehen und ihn mit einem Knüttel totschlagen; kein Schwurgericht in Deutschland werde ihn wegen einer solchen Tat verurteilen. Ich fürchte sehr, daß Erzberger das Schicksal Liebknechts teilen wird. Allerdings nicht wie Liebknecht unverdientermaßen, sondern durch seine unheilvolle Tätigkeit selbstverschuldet.

Berlin. 24. Juni 1919. Dienstag

Noske hat heute mit den aufsässigen Truppenführern verhandelt und anscheinend eine Art von Einigung trotz der ›Schmach-Paragraphen‹ des Friedensvertrages erzielt. Die Generäle haben sich vorläufig unterworfen. Im Norden Berlins wird weiter geplündert.

Abends Versammlung bei Gerlach, um Mitteilungen von Montgelas zur Schuldfrage entgegenzunehmen. Anwesend Quidde, Nuschke, Wehberg, Dr. Gumbel. Eduard Bernstein war eingeladen, erschien aber nicht. Montgelas wies nach, daß die ersten Mobilisationsakte auf seiten der Entente geschehen seien. Am 24. Teilmobilisation der englischen Flotte, am 28. und 29. *Gesamt*mobilisation Rußlands, zwei Tage *früher* als die österreichische Generalmobilmachung. Diplomatisch bezeichnete Montgelas als der Aufklärung bedürftig, warum die am 25. in Wien bekanntgewordene Antwort Serbiens nicht telegraphisch oder telephonisch, sondern bloß per Kurier nach Berlin geschickt worden sei, so daß sie erst am 27. in Berlin bekannt wurde. Durch diese Verzögerung ist die Haltung der Berliner Regierung in den entscheidenden Tagen stark im unversöhnlichen Sinne beeinflußt worden. Denn sofort nach Bekanntwerden der serbischen Antwort hat der Druck aus Berlin auf Wien eingesetzt. Inzwischen waren die Dinge aber in Rußland und sonstwo weitergerollt.

Mir ist klar, daß hier der Knoten der Schuldfrage liegt, soweit sie uns trifft; und da stecken mir persönlich Dietrich Bethmanns Mitteilungen ein Licht auf. Er und Hoyos haben in Wien jede Gelegenheit ausgenutzt, um den Krieg herbeizuführen, so sagte er mir selbst. Ich vermute, daß er mit schuld ist an der sonderbar langsamen Übermittlung der serbischen Antwort; er mag Angst gehabt haben, daß sein Vetter Theobald ›umfiele‹, wenn er die Antwort noch rechtzeitig erführe.

In Wien war man in unglaublichem Leichtsinn überzeugt, Rußland werde *nicht* losschlagen! Dabei war Rußland schon eifrig mit seiner Mobilmachung beschäftigt. Wie leichtsinnig man in Wien war, beweisen nicht nur die offiziösen Presseäußerungen, sondern auch die von Montgelas mitgeteilte Tatsache, daß die Österreicher zwei Tage nach der russischen Teilmobilisation verstreichen ließen, ehe sie selbst zu mobilisieren anfingen. Sie ließen ihre Grenze also zwei Tage lang den russischen mobilisierten Truppen offen! Das muß man mit dem Ränkespiel von Dietrich Bethmann und Hoyos zusammenhalten, um die unheilvolle psychologische Situation in Wien zu verstehen, die vielleicht den Ausbruch des Krieges entschieden hat.

Jetzt erkenne ich erst, daß Dietrich Bethmanns Selbstbeschuldigungen und Gewissensbisse nicht bloß Pose, sondern leider bitterer Ernst waren. Öffentlich wird das allerdings vorläufig kaum bekanntwerden, und so rennen die Leute in der Schuldfrage immer mit dem Kopf gegen die Wand, indem sie in Berlin suchen, während der wirkliche Knoten in Wien sitzt, in der Deutschen Botschaft in Wien und am Ballhausplatz bei Hoyos mit seinem hölzernen Gesicht und seiner mathematisch trockenen, närrisch-klugen Psychologie. Dieser närrische Rechenmeister und der Romantiker Dietrich Bethmann sind in ihrer unheimlichen Verbrüderung in der Tat die treibenden Kräfte des Kriegsausbruchs gewesen; Bethmann, dessen Instinkt es ist, alle Situationen zu verwirren, durch unklare Träume und hitziges Temperament ins Pathetisch-Tragische zu steigern, dazu seine Eitelkeit und Genugtuung, in wichtigen Dingen eine Rolle zu spielen.

Gerade heute bekam ich von ihm einen Brief, in dem er mich drolligerweise vor ›persönlichem Ehrgeiz‹ warnt. Er verteidige mich gegen alle in der Schweiz, die mich deshalb angriffen! Was soll ich denn erstreben? Ich habe so, wie ich bin, eine einflußreichere Stellung, als wenn ich, wie die Zeitungen mich immer wieder avancieren lassen, Minister des Äußeren wäre! Warum soll ich mich, ganz ohne mir oder dem Lande nutzen zu können, zur Nachfolge von Rantzau drängen? Bethmann wird mich so lange ›verteidigen‹, bis alles glaubt, daß die Zeitungen recht haben. Er ist, was die Franzosen ›brouillon‹ nennen, bis zum Pathologischen. Und die Hände dieses Mannes haben infolge der Schwäche von Theobald Bethmann und Tschirschky die Geschichte der Menschheit in einem weltgeschichtlich entscheidenden Augenblick gelenkt!

Gerlach trat mit Leidenschaft dafür ein, daß die deutsche Regierung *ganz allein* schuld am Ausbruch des Krieges sei. Er sagte ausdrücklich, in jenem Augenblick seien die andren in der Tat die ›reinen Unschuldengel‹ gewesen. Montgelas, Quidde, Nuschke und ich traten ihm entgegen. Ich trotz Dietrich Bethmann und Hoyos, weil nur das ganz parallele Spiel in Petersburg und Paris (Poincaré) und die relative Energielosigkeit in London schließlich den Ausbruch herbeigeführt haben. Wenn Dietrich und Hoyos keine Kumpane auf der andren Seite gehabt hätten, hätten sie ihr Spiel verloren.

Auf *unserer* Seite Grundschema der Situation: eine schwache Zentralregierung (Theobald Bethmann) in Berlin, Kampf um die Seele dieses schwachen ›leitenden‹ Staatsmannes zwischen Wien und London. In Wien Tschirschky, getrieben und zum Teil hintergangen von Dietrich Bethmann; hinter Berchtold in derselben Richtung und mit noch kühlerer Berechnung tätig Ludwig Hoyos. Kühlmann auf Urlaub auf dem Lande in seiner üblichen Wurschtigkeit verharrend trotz der Gefahr; in London Lichnowsky mit seinen Illusionen über Grey, unterstützt nur von Schubert, den Kampf gegen Wien führend. Berlin war nur ein Schauplatz, auf dem sich alle diese aktiven und passiven Einflüsse kreuzten. Irgendein wirklicher Wille ist in Berlin nie zustande gekommen; es blieb eine bloße Telephonzentrale.

Montgelas erzählte hierzu folgendes, das meine Auffassung bestätigt: in Berlin sei Falkenhayn *gegen*, Moltke *für* die Kriegserklärung gewesen. Falkenhayn habe aber schließlich Moltke überredet, so daß Moltke sich entschloß, die Kriegserklärung an Frankreich, die bereits abgegangen war, *zurückzurufen!* Man schickte hinterher, aber das Telegramm war bereits fort! Zu spät! (Montgelas hat das von Haeften.) Ein fester, klar durchdachter Wille also nicht einmal bei den Militärs.

Berlin. 28. Juni 1919. Sonnabend

Unsere Bevollmächtigten Bell und der neue Außenminister Hermann Müller haben den Friedensvertrag in Versailles unterzeichnet.

Berlin. 29. Juni 1919. Sonntag

Mit Romberg, der zurückgetreten ist wegen der Unterzeichnung, im Demokratischen Klub gegessen. Er sondierte mich wegen Rantzau und einer Diktatur. Seine Idee ist, daß ein Dreimännerkollegium, unter denen Rantzau, die Macht übernehmen sollte: Rantzau, ein Sozialdemokrat und ein Unabhängiger, etwa Hilferding als Sozialisierungsdiktator. Er bat mich, die Unabhängigen wegen Rantzau zu sondieren.

Weimar. 9. Juli 1919. Mittwoch

Ratifikation des Friedensvertrages in der Nationalversammlung. Würdige Sitzung bis auf den Ton, in dem Fehrenbach eingriff, als nach des Deutschnationalen Traubs Rede das Publikum klatschte; ein harter, häßlicher Schulmeisterton, der nicht zur tragischen Größe des furchtbaren Augenblicks paßte.

Weimar. 23. Juli 1919. Mittwoch

Victor Naumann wohnt wieder bei mir. Vormittags in Nationalversammlung. Programmreden des Ministerpräsidenten Bauer und des Außenministers Hermann Müller. Bauers Rede, von Ulrich Rauscher gemacht, recht gut und wirkungsvoll. Sachlich kündigt sie einen mir höchst widerwärtigen Staatssozialismus an. Müllers Rede schwach und farblos. Den einzigen etwas wärmeren Ton traf er, als er von Frankreich sprach; für einen deutschen Außenminister im Augenblick, wo uns Frankreich den Fuß auf den Nacken setzt, etwas merkwürdig.

Alle, die ich sprach, waren von Müllers Rede und Auftreten enttäuscht. Ich habe von der Unterredung, die ich mit ihm hatte, den Eindruck eines etwas naiven, anständigen und frischen jungen Mannes, etwa von der Sorte, die ein solides, mittleres Handlungshaus anständig leiten könnte. Er ist auch fühlbar verlegen und unsicher im persönlichen Verkehr. Unsere Außenpolitik wird unter ihm keine großen Taten vollbringen. Il est un peu gaga! Wird sich mit der Zeit zweifellos auch von seiner eigenen Wichtigkeit und Unentbehrlichkeit überzeugen lassen, obwohl er vorläufig noch bescheiden ist. Meinem Völkerbunde, den er aus der ›Voss‹ kennt, steht er, wie er sagt, sympathisch gegenüber.

Abends aßen van de Velde, der seit kurzem wieder hier ist, und Victor Naumann bei mir. Naumann, der mich als Gesandten in Brüssel in Vorschlag gebracht hat, sagt, Haniel und Rosenberg stünden dieser Ernennung sehr sympathisch gegenüber. Van de Velde war von dem Gedanken begeistert. Verspricht allerlei Unterstützung und Empfehlungen, namentlich an Lefebvre, den Sekretär des Königs, Naumann an die Königin durch ihre Mutter.

Weimar. 24. Juli 1919. Donnerstag

Abends aßen außer Naumann noch Nadolny und Walter Schücking bei mir. Nadolny sagt mir, ich gälte allgemein als ›Unabhängiger‹. Ich machte ihn darauf aufmerksam, daß ich eingeschriebenes Mitglied der Demokratischen Partei bin und den Klassenkampf vermeiden möchte, also nicht gut als Unabhängiger mich bezeichnen könne. Van de Velde sagt auch, Solf habe ihm in der Schweiz gesagt, ich sei Spartakist geworden.

Weimar. 25. Juli 1919. Freitag

Heute kam endlich die große politische Auseinandersetzung. Vormittags begann sie mit Reden des Zentrumsabgeordneten Brauns und des preußischen Landwirtschaftsministers Braun, dann entlud sich nachmittags in einer der dramatischsten Sitzungen, die wohl je ein Parlament abgehalten hat, die Spannung.

Der Deutschnationale Graefe, eine schlanke, feine, etwas spanisch-nervöse Erscheinung mit einem vornehmen und blassen Gesicht und schon leicht ergrauendem Spitzbart, griff Erzberger und die Revolution an, indem er sie für die Katastrophe verantwortlich machte; namentlich Erzberger auf Grund der Enthüllungen Botho Wedels als Urheber der Indiskretion über den Czerninschen Immediatbericht vom April 1917. Graefes Rede war rhetorisch äußerst wirksam, das blasse, feine, ernste Gesicht, die schöne, gepflegte Stimme, der schwere Vorwurf, daß durch Erzbergers Indiskretion der Frieden im Jahre 1917 verhindert worden sei, dann ein Zitat aus einer Rede von Bismarck, durch das angedeutet wurde, Erzberger sei vielleicht bestochen gewesen von Österreich oder Frankreich.

Erzberger, der am Ministertisch bis dahin vollmondartig gelacht hatte, wurde ganz blaß und rot und schrie: »Unverschämtheit, was meinen Sie damit?« Graefe ließ sich aber nicht aus dem Konzept bringen, sondern wiederholte das Zitat. Man fühlte von diesem Augenblick an, daß es ein Ringen auf Tod und Leben war, daß zwei riesenhafte, weit über die Mauern des Theatersaales hinausreichende Gewalten einander an der Kehle hatten.

Als Graefe sich setzte, hatte man das Gefühl, daß die Situation rhetorisch nicht mehr gesteigert werden könne. Erzberger mit seiner Spießergestalt, seinem klobigen Dialekt, seinen grammatischen Sprachfehlern fiel zunächst ganz ab, obwohl er sehr geschickt und dramatisch anfing mit: »Ist das alles?«

Ich stand unmittelbar hinter ihm an der Rednertribüne, sah seine schlecht gemachten, platten Stiefel, seine drolligen Hosen, die über Korkzieherfalten in einem Vollmondhintern münden, seine breiten, untersetzten Bauernschultern, den ganzen fetten, schwitzenden, unsympathischen kleinstbürgerlichen Kerl in nächster Nähe vor mir: jede ungelenke Bewegung des klobigen Körpers, jeden Farbenwechsel in den dicken, prallen Wangen, jeden Schweißtropfen auf der fettigen Stirn. Aber allmählich wuchs aus dieser drolligen, schlecht sprechenden, ungeschickten Gestalt die furchtbarste Anklage empor, die schlecht gemachten, schlecht gesprochenen Sätze brachten Tatsache auf Tatsache, schlossen sich zu Reihen und Bataillonen zusammen, fielen wie Kolbenschläge auf die Rechte, die ganz blaß und in sich zusammengeduckt und immer kleiner und isolierter in ihrer Ecke saß. Als er das Pacellische Telegramm verlas, da stieg uns allen das Blut in die Augen. Der alte Nuschke, der in meiner Nähe stand, sah aus, als ob er einen Geist sehe. Ein Zentrumsabgeordneter rief mit unterdrückter Stimme, die wie ein Seufzer klang, in die lautlose Stille: »Und danach ist mein Bub gefallen!«

Dann ging es wie ein Gemurmel und dann wie ein Meerestosen durch das Haus. Die ganze Linke, drei Viertel des Hauses, war auf den Beinen und gegen die kleine, vor Wut bebende und blasse Rechte gewendet. Man schrie: »Mörder, Mörder!« Es sah aus, als ob sich der ganze Block der Linken zusammengeballt auf die Rechte stürzen und sie auf ihren Sitzen erwürgen würde. Blut lag in der Luft. Einzelne riefen: »Staatsgerichtshof«; Erzberger antwortete: »Wird schon kommen!« Als er geendet hatte und schwitzend sich an mir vorbeidrängte, sprang die Rechte auf, Hugenberg, Semler, Roesicke, Graefe! Ein jeder meldete sich zu persönlichen Bemerkungen; Semler, blaß und in einer lächerlichen Weise, Saint-Just ähnelnd, stand vor Erzberger in Positur, wollte auf ihn mit den Fäusten losgehen, wurde von Parteigenossen zurückgehalten.

Das ungeheure Pathos der Situation – ein Volk, das zum ersten Male die Wahrheit sieht – wuchs gigantisch über die Äußerungen der Erregung empor und schien sogar deren Wirkung zu dämpfen. Etwas weniger, und ich glaube, es wäre wirklich Blut geflossen. Gesamteindruck aber doch, daß Erzberger und seine Gegner einander ungefähr wert sind.

Weimar. 26. Juli 1919. Sonnabend

Dernburg aß abends bei mir mit Naumann und Claus Albrecht. Dernburg war Erzbergers Enthüllungen gegenüber skeptisch, ›vermutete‹, daß das noch nicht veröffentlichte englische ›Friedensangebot‹ nichts sei als die englische Antwort auf die Papstnote und nichts enthalte als einen Hinweis auf die schon bekannten Ententebedingungen. Dernburg fügte hinzu, er sei Erzberger gegenüber vorsichtig geworden; er kenne noch mehr solche ›Erzbergeriaden‹. Erzberger scheint Richthofen heute zugegeben zu haben, daß die englische Note ganz kurz gewesen sei und nichts Neues enthalten habe. Dann hätte Erzberger also ein fast unglaublich unverschämtes und freches Spiel mit der Nationalversammlung und den ernstesten Angelegenheiten des deutschen Volkes getrieben!

Weimar. 30. Juli 1919. Mittwoch

Vormittags den jungen Maler Molzahn besucht und mit ihm zu einem Kameraden von ihm, dem Bildhauer Herrmann. Junge Leute, die eine völlig abstrakte, expressionistische Kunst suchen. Herrmann erreicht in der Tat ein wahres Pathos der abstrakten Form. Ich sagte Molzahn Geld zu, damit sie eine von ihnen geplante Zeitschrift herausgeben können. Sie suchen, wie Molzahn sagt, vor allem ›den neuen Menschen‹.

Berlin. 3. August 1919. Sonntag

Becher besuchte mich. Er hat das Bändchen Lutherscher Psalmen, das ich ihm neulich gab, studiert. Sagt, er hätte sich daraufhin entschlossen, den Stil seines Dramas zu ändern.

Berlin. 4. August 1919. Montag

Heute vor fünf Jahren! Damals der Abend mit Otto Dungern und seiner Frau im ›Habsburger Hof‹, wo Varnbüler hereinkam und uns Bethmanns Rede und den Einmarsch in Belgien mitteilte! Nur fünf Jahre! Und doch ein Jahrhundert, das zwischen damals und heute liegt: eine Weltepoche. Ich entsinne mich, daß wir uns scheuten, in Uniform über die Straße zu gehen wegen der Ovationen, die wir lächerlich fanden.

Nachmittags telephoniert mit Victor Naumann, daß ein wüster Angriff auf mich von Léon Daudet in der ›Action Française‹ steht. Ich sagte ihm durchs Telephon, ich riete, nichts zu unternehmen. Daudet sei ein notorischer Pornograph und Schmutzfink, den man sogar in Frankreich nicht ernst nehme. Mich lasse die Sache ganz kalt. Aber offenbar ist es der Auftakt zum Konzert, das folgen wird, wenn ich nach Brüssel gehen sollte. Beweis, daß die Franzosen Befürchtungen haben, oder wenigstens die Sorte Léon Daudet, die einen dauernden Kriegszustand mit Deutschland wünschen.

Berlin. 5. August 1919. Dienstag

Becher mit der Schwichtenberg zum Essen. Er wiederholte, daß die Psalmen ihn auf einen neuen Weg für seinen Dramenstil gebracht hätten. Zum Ärger der Schwichtenberg erzählte Becher, daß er in den jüngeren P., einen siebzehnjährigen blonden, mir etwas fade erscheinenden Jungen, verliebt gewesen sei. Dessen Naivität, als er zum ersten Male (angeblich) einen Fahrstuhl sah, habe ihn bezaubert. Ich glaube, daß Becher hauptsächlich die Schwichtenberg eifersüchtig machen wollte, was ihm auch vollkommen gelang; namentlich da beide jungen P.s prinzipiell Frauen ablehnen und für die Knabenliebe eintreten (nach Blüherschem Rezept).

Berlin–Weimar. 7. August 1919. Donnerstag

Wieland Herzfelde besuchte mich. Er war deprimiert, meinte, die Revolution sei wahrscheinlich zu Ende. Der Sturz der Räteregierung in Ungarn (gestern ist der Erzherzog Josef in Budapest als Regent eingesetzt worden), die schlechten Nachrichten, die er aus Moskau empfangen hat, stimmten ihn sehr pessimistisch. Schon vor drei Wochen sagte er mir, nach seiner Ansicht sei die Revolution um 50 Jahre vertagt. Er las mir dann aus seinen ›Träumen‹ oder ›Tragigrotesken der Nacht‹ vor, die ich drucken will.

Weimar. 8. August 1919. Freitag

Heute vor einem Jahr war die Schlacht, die den Krieg entschieden hat. Damals waren Romberg und ich bei Haeften, und ich verhandelte mit den Bolschewiki.

Nachmittags nach Berka. Im Zuge auf der Rückfahrt äußerte ein älterer, gutsituierter Mann, er möchte Erzberger erschlagen, man müßte ihm ein paar Handgranaten unter den Wagen packen. Ganz laut, in einem überfüllten Wagen. Niemand erhob den geringsten Einwand.

Weimar. 20. August 1919. Mittwoch

Ich besprach mit Rubakin die Übersetzung meines Buches ins Russische und seine Verbreitung in Rußland. Er sagte, meinen Grundgedanken kenne und billige er. Er wolle die Sache übernehmen (natürlich will er dabei verdienen).

Lasswitz erzählte mir als sehr wichtig, daß jetzt der Botschafter in Washington Richthofen sicher sei. Die Ämterjagd, namentlich in der Diplomatie, geht völlig schamlos hier vor sich. Lasswitz, der als Wolff-Vertreter in Bern zu meiner Zeit vollkommen versagte, ist zum Sekretär von Hermann Müller, dem kleinen Saubayern, gelaufen und hat eine ›große Gesandtschaft‹ verlangt; schlimmstenfalls ein Generalkonsulat erster Klasse.

Weimar. 21. August 1919. Donnerstag

Nachmittags um fünf Vereidigung Eberts in der Nationalversammlung. Die Bühne war festlich geschmückt mit den neuen Reichsfarben, Blattpflanzen und Blumen, Gladiolen und Chrysanthemen, unter denen ein Theaterteppich, offenbar der Moosboden aus dem ›Sommernachtstraum‹, ausgebreitet war. Die Orgel spielte, und alles drängte sich in schwarzem Rock zwischen den Blattpflanzen wie bei einer besseren Hochzeit. Das Haus war dicht besetzt bis auf die Deutschnationalen- und Unabhängigen-Bänke, die ostentativ leer blieben. Einige Sekretäre und Stenographen verteilten sich als Statisten auf die Plätze der Deutschnationalen.

Ebert, im schwarzen Bratenrock, klein und breitschulterig, mit einer goldenen Brille, kam nach einem Orgelvorspiel auf die Bühne vor, gefolgt vom hinkenden Reichskanzler Bauer und dem Reichsministerium, die alle ebenfalls sehr feierlich schwarz waren. Ullsteins ›Berliner Illustrirte‹ hat es passend gefunden, gerade heute das Bild von Ebert und Noske in Badehosen zu bringen: Ebert wie der Wassermann aus der ›Versunkenen Glocke‹. Das Bild schwebt bei der feierlichen Handlung über den Bratenröcken in der Luft.

Als Ebert den Eid leisten soll, fehlt das Manuskript. Es muß erst gesucht werden. Peinliche Pause, da die Orgel aufgehört hat zu spielen. Fehrenbach wird nervös. Schließlich kommt jemand mit dem Blatt durch die Bratenröcke nach vorne gedrängt. Ebert spricht den Eid mit einer ganz sympathischen hellen Stimme. Fehrenbach begrüßt ihn. Ebert redet. Alles sehr anständig, aber schwunglos wie bei einer Konfirmation in einem gutbürgerlichen Hause. Die Republik sollte Zeremonien aus dem Weg gehen; diese Staatsform eignet sich nicht dazu. Es ist, wie wenn eine Gouvernante Ballett tanzt. Trotzdem hatte das Ganze etwas Rührendes und vor allem Tragisches. Dieses kleinbürgerliche Theater als Abschluß des gewaltigsten Krieges und der Revolution! Wenn man über die tiefere Bedeutung nachdachte, hätte man weinen mögen.

Weimar. 22. August 1919. Freitag

Abends aß ich im ›Erbprinzen‹ mit Heinze, dem Führer der Deutschen Volkspartei, und Fräulein v. Gierke von den Deutschnationalen. Die Gierke war außer sich über den Boykott der Eidesleistung durch ihre Partei. Es sei ihr unmöglich gewesen, dagegen durchzudringen. Schulz-Bromberg habe geradezu Streikposten ausgestellt. Vorwand sei gewesen, daß es der Partei ›zu schmerzlich‹ sei, dieser Handlung beizuwohnen. Das habe aber Graefe und andre nicht gehindert, ihr als Zuschauer auf der zweiten Galerie beizuwohnen. Das sei doch eine Komödie! Dabei seien ›die Leute‹ (Ebert und Genossen) so taktvoll; sie hätten die Republik nicht einmal erwähnt. Es fiel mir auf, daß die Gierke von der Regierung nur als ›die Leute‹, wie von Dienstboten, spricht trotz ihrer offenbar ziemlich ehrlichen Sympathie. Sie meinte dann aber, gegen die Arbeitsunlust und die Spartakisten nütze jetzt ›nur Gewalt‹. Ich erlaubte mir, andrer Meinung zu sein. Sie blieb aber dabei, daß ›nur Gewalt‹ heute helfen könne.

Nachher zu Rubakin in den ›Elefanten‹. Er will zwanzigtausend Volksbibliotheken zu je tausend Bändchen auf russisch ins Leben rufen und durch die Kooperativen in Rußland verteilen lassen, um eine deutschfreundliche Stimmung zu schaffen.

Berlin. 2. September 1919. Dienstag

Wieland Herzfelde besuchte mich. Politisch sehr niedergeschlagen. Er glaubt nicht, daß noch irgendwelche revolutionäre Ereignisse in Aussicht stünden. Nach seinen Nachrichten seien die Berliner Arbeiter entschlossen, sich auch nicht provozieren zu lassen. Mein Eindruck ist jetzt auch, daß die Revolution vorläufig zu Ende ist. Was gegenwärtig marschiert, ist die Gegenrevolution, hinter der die Monarchie schon deutlich wiederauftaucht.

Die vollständige Unfähigkeit des sozialdemokratischen Regierungspersonals, die weit überlegene Erfahrung und Schlauheit der konservativen Beamten (wie Berger, Nadolny, Gilsa usw.), die Schwierigkeit, in einem ruinierten Lande Sozialismus zu machen, die physische Ermattung des ausgehungerten Proletariats haben die Revolution auf einen toten Punkt gebracht, und da nichts dauernd stillstehen kann, so kommt jetzt die rückläufige Bewegung, die Gegenrevolution. Das wird Deutschlands wirkliche Niederlage.

Berlin. 4. September 1919. Donnerstag

Becher hält nichts von der revolutionären Energie der Arbeiter. In Thüringen, wo er Vertrauensmann der Kommunistischen Partei ist, sei an einen Putsch nicht zu denken. Im Gegenteil, wenn von andrer Seite Putsche versucht würden, würde die KPD dagegen wirken. Der ganzen Kommunistischen Partei fehle es an Führern, an Erfahrung, an allem, was zu einer erfolgreichen Revolution nötig sei. Sie sei außerdem von Spitzeln ganz zerfressen. Die Arbeiter faßten die ganze Revolution nur als ein Mittel auf, zu Autos und seidenen Strümpfen zu kommen. Revolutionär sei der deutsche Arbeiter nur, wenn er Hunger habe. Eine kommunistische Revolution in Deutschland wäre nur möglich, wenn die Verbindung mit Rußland hergestellt werde, mit russischen Führern und russischen Rotgardisten.

Er erzählte von einem Drama, das er jetzt in Rügen, wo er hinfährt, schreiben will: ›Arbeiter, Bauern und Soldaten. Der Aufbruch eines Volkes.‹ Zuerst ein Einzelmensch, der seine revolutionären Ideen um sich verbreite, und schließlich ein ganzes Volk als handelnde Person. Am Schlusse solle das Drama sogar ins Publikum, ins Parkett mit hinüberspielen.

Nachmittags waren Dr. Peiser und Wesemann vom ›Vorwärts‹ und Jantschge aus Wien bei mir, um mich zu bitten, die Führung der Weltjugendbewegung in Deutschland zu übernehmen. Ich schlug ihnen einige andre Namen vor, machte es aber schließlich wie Julius Caesar mit dem Lorbeerkranz. Ich sagte nur, Bedingung sei dann, daß ich auch die effektive Leitung und nicht bloß den Namen bekäme. Auch daß die *Arbeiter*jugend in erster Linie herangezogen werde.

Für ihren Wunsch, mich an die Spitze zu stellen, brachten sie meinen ›Scheinwerfer‹-Artikel vor. Wesemann sagte, der Herausgeber des ›Marxist‹ (der den Artikel abgedruckt hat) habe gesagt, solange der ›Marxist‹ bestehe, habe noch kein Artikel ein solches Verständnis für die Arbeiterseele gezeigt.

Berlin. 12. September 1919. Freitag

Erstickend heißer Tag wie die vorhergegangenen. Wieland Herzfelde frühstückte bei mir. Ich sprach mit ihm über den Münchener Geiselmordprozeß, der seit Tagen die Zeitungen füllt und unter glänzender gegenrevolutionärer Regie eine gewaltige Propaganda gegen die Kommunisten macht. Ich sagte, trotzdem ich diese Absicht durchschaute, machte er doch auf mich einen starken Eindruck, weil er die kommunistische Seele, das heißt die Gesinnung zum mindesten bei einem Teile der Kommunisten, als genau gleich der der übelsten Reaktionäre und Kriegsschlächter enthülle. Er gab mir dieses zu und sagte, auch in weiteren Kreisen der KPD sehe man dieses ein. Daher sei eine Spaltung in der Partei entstanden zwischen solchen, die erst die Gesinnung reformieren wollten, und solchen, die gleich möglichst schnell die Macht erstrebten. Er gehört natürlich zu den ersteren.

Sitzung des Komitees der Weltjugendliga, das sich allmählich konstituiert. Ich habe den Vorsitz übernommen. Nur kam heute Arthur Zickler vom ›Vorwärts‹, früherer Arbeiter, der einen starken, fast finsteren Eindruck auf mich machte. Er könnte ein sehr wirksamer Agitator werden. Wir waren uns einig, daß wir parteilos, aber auf sozialistischer Grundlage vor allem eine neue Gesinnung hervorrufen wollten.

Abends ›Bund Neues Vaterland‹. Ein aus Rußland zurückgekehrter deutscher Kaufmann Ebert, der Angestellter der Sowjetregierung bei der Lebensmittelverteilung im Gouvernement

Tschernigow gewesen ist, gab seine Erfahrungen und Ansichten zum besten. Er erklärte, er sei Kommunist gewesen, aber durch seine Erfahrungen in Rußland von der Undurchführbarkeit des Kommunismus überzeugt worden. Auf meine Frage, welche *Tatsachen* ihn überzeugt hätten, konnte er nicht antworten, sondern murmelte immer nur: »Der Krieg ist die Ursache, der Krieg, der Krieg.« Als ich ihn darauf hinwies, daß der Krieg doch nicht durch den Kommunismus hervorgerufen sei und ebensowenig die Rohstoffknappheit, schwieg er verlegen ganz still.

Seine einzelnen Daten bestätigten nur, was wir schon längst wissen, daß im Schleichhandel alles zu haben ist, aber sehr teuer (Pfund Brot 45 Rubel usw.), daß die Intellektuellen Zeitungen verkaufen und die Arbeiter hohe Löhne beziehen. Er selbst habe als Beamter zuerst 650, später 1100 Rubel Monatsgehalt gehabt. Als ihm vorgehalten wurde, daß er nach seinen eigenen Preisangaben hiervon nicht leben konnte, antwortete er, er habe auch nicht von seinem Gehalt, sondern von Bestechungen gelebt. Bestochen hätten ihn die ›Spekulanten‹ (die Schieber). Schieber sei aber heute jedermann in Rußland, und wenn es nur mit einem halben Pfund Mehl sei; in erster Linie die Arbeiter. Die Bestechlichkeit sei heute größer als unter dem Zaren; aber ebenso sei die Rote Armee besser diszipliniert als die des Zaren. Die Arbeiter lebten nicht sehr viel schlechter als unter dem Zaren. Die Bauern hätten alles reichlich, nur keine Maschinen. Die Produktion sei viel geringer als unter dem Zaren, nicht nur, weil die Rohstoffe fehlten, sondern auch, weil die Arbeitslust geringer sei. Im ganzen überzeugte er mich nicht, daß das kommunistische Experiment an seiner inneren Unmöglichkeit gescheitert sei, sondern eher an den äußeren Umständen.

Berlin. 13. September 1919. Sonnabend

Rubakin bei mir. Er sagte, sein russischer Bibliothekenplan sei jetzt finanziert und werde in den nächsten Monaten ins Leben treten. Ferner solle jetzt sein großes Institut ›Intellectus et Labor‹ gegründet werden. Er bat mich, für Deutschland mit Albert

Einstein und Professor Nicolai zusammen den Vorsitz zu übernehmen. Das Komitee besteht außerdem für Frankreich aus Romain Rolland, für Belgien aus Vandervelde, für die Schweiz aus Ferrière und Baudouin. Der Amerikaner de Kay soll das Geld geben. Von de Kay brachte mir Rubakin das Buch ›Women and the New Social State‹ mit, in das ich nachher hineinsah und das in einigen Grundideen über den Völkerbund (insbesondere, daß dieser ein Bund von Werktätigen und nicht von Regierungen oder Staaten sein müsse) mit mir übereinstimmt. Bemerkenswert, da ich bisher de Kays Ideen nicht kannte und de Kay nicht die meinigen.

Berlin. 19. September 1919. Freitag

Abends in eine sehr schlechte Aufführung von ›Kabale und Liebe‹ im Theater an der Königgrätzer Straße; die Orska als Lady Milford zum Auspfeifen.

Berlin. 20. September 1919. Sonnabend

Früh Besprechung bei Richthofen mit Naumann. Eintritt der Demokraten. Auswärtiges Programm aufgesetzt. Ich verlangte intensivere Behandlung der russischen Frage, Anbahnung des wirtschaftlichen Völkerbundes, wirksame Reform des Amtes. Richthofen sagte mir, Ebert habe gegen meine Person ein starkes Vorurteil.

Abends Aufführung von Mahlers Auferstehungs-Symphonie (II) in der Philharmonie unter Walter.

Was der gelebt, geliebt, gestritten . . .

Berlin. 21. September 1919. Sonntag

Früh Telegramm, daß Mama schwer erkrankt.

Trotzdem Unterredung mit Nadolny. Er bestreitet, daß Ebert gegen mich etwas hätte. Mein Name sei in ungünstiger Weise lediglich einmal von einem Minister im Salonwagen auf der Fahrt von Weimar genannt worden, der geäußert habe, ich sei ›Unabhängiger‹! Nadolny will dem gleich entgegengetreten sein.

Berlin. 22. September 1919. Montag

Vormittags erneute Unterredung mit Richthofen, zu dem ich hinging, um ihm zu sagen, daß Hermann Müller, wenn er unfähig sei, fort müsse, nicht das Auswärtige als Sinekure behalten dürfe, so was machte ich nicht mit. Schließlich hätten wir nicht die Hohenzollern verjagt, um jetzt sozialdemokratische Princillons in Gestalt von Gewerkschaftssekretären als unabsetzbare Nulpen an entscheidenden Stellen zu haben. Richthofen gab Müllers Unfähigkeit zu, meinte aber, seine Entfernung sei jetzt nicht durchzusetzen. Das Äußerste würde sein, daß man ihm einen Staatssekretär beigebe. Wenn er, Richthofen, dieser Staatssekretär werde, so würden sie allerdings nicht länger als acht Tage miteinander auskommen; dann werde einer von beiden fliegen. Mit anderen Worten, er, Richthofen, werde, wenn er erst Staatssekretär sei, Müller sofort hinausbeißen; dazu sei er Manns genug. Aber anders gehe es nicht. Er erklärte sich dann bereit, Nadolny die Ostfragen (mit Ausschluß des Fernen Ostens) anzuvertrauen, auch ihn zum Unterstaatssekretär und Vertreter des Staatssekretärs zu machen. Ich solle doch Nadolny veranlassen, mit ihm zu sprechen.

Beim Nachhausekommen die Nachricht, daß die arme, gute Mama schon am Freitag gestorben ist. Eine große, unglückliche Frau, mit Schönheit, Leidenschaft, Phantasie und Witz weit über den Durchschnitt, ja bis zur Genialität ausgestattet, aber ohne Lebensklugheit. So zerstieß sie sich an allerlei kleinlichen Widerständen wie eine Löwin im Käfig. Sie hatte zu uns und namentlich zu Wilma eine große, reine Liebe, die sie in den letzten Jahren allein durch alle Leiden trug. Nach dem Telegramm soll ihr letztes Wort mein Name gewesen sein. Sie war von der königlichen Rasse der Engländerinnen, mit der Mischung von matter of fact, hochfliegender Leidenschaft und Phantasie und Irrationalität gewisser Shakespearischer großer Heldinnen. Ihr Schicksal war tragisch, weil sie das, was sie in sich hatte, nie zur Reife bringen konnte; weil ihre Persönlichkeit sich in sich verzehrte! Ich verliere in ihr mehr als eine Mutter, einen großen, auf mich mächtig trotz aller Entfernung wirkenden Lebenshintergrund. Seit fünfeinhalb Jahren hatten wir uns nicht gesehen; jetzt gerade sollten wir uns in der Schweiz treffen. Das ist auch für sie eine wahrhaft tragische Geschichte.

Berlin. 24. September 1919. Mittwoch

Papas Geburtstag. Ich weiß noch immer nicht, ob und wann Mamas Beisetzung gewesen ist. Sehr deprimiert.

Berlin. 10. Oktober 1919. Freitag

Frühstück im Klub in der Bellevuestraße mit Albert Einstein, Nicolai, Rubakin, Sytin (dem russischen Verleger) und Hugo Simon, um Rubakins Volksbüchereiprojekt zu besprechen. Es sollen einige Millionen Bände nach Rußland geworfen werden. Simon wegen Kapitalisierung zugezogen. Meinte, Druckerei und Verlag müßten etwa eine Million aufbringen, dann sei vielleicht Bankengeld zu haben. Im ganzen etwa drei Millionen nötig. Gewinn wird auf rund vierzig Millionen kalkuliert, von dem Teil für Rubakins Institut zu sichern. Beschlossen, Georg Bernhard heranzuziehen.

Abends Becher, der aus Hiddensee angekommen ist, bei mir. Las mir den zweiten Akt seines Dramas (›Aufbruch eines Volkes‹) vor. Er aß mit mir.

Nachher zusammen bei Cassirer. Slevogts ›Zauberflöten‹-Radierungen waren ausgestellt. Er selbst war da; kommt aus dem Saargebiet; erzählt Schlimmes von der kleinlichen Unterdrückung durch die Franzosen. Die Wut sei groß; er fürchtet aber, daß das Gebiet für Deutschland verloren sei, da die kleinliche tägliche Schikane die Bevölkerung und Gesinnung zermürbe.

Berlin. 12. Oktober 1919. Sonntag

Schickele und Annette Kolb bei mir gefrühstückt. Nachher bei Wolde, Meier-Graefes.

Berlin. 14. Oktober 1919. Dienstag

Früh telephonisch mit Arnhold gesprochen. Er sagt, gestern sei die Frage des Eintritts Fremder in deutsche Aufsichtsräte im

Reichswirtschaftsamt eingehend besprochen worden. Die überwiegende Mehrzahl der Anwesenden sei dagegen gewesen, weil bei Unternehmungen wie die deutsche chemische Industrie, die deutsche Schiffahrt, die mustergültig organisiert seien, die Gefahr bestehe, daß unsere Geheimnisse über die Grenzen getragen würden. Ich machte geltend, bei andren Industrien sei diese Gefahr doch wohl gering. Arnhold schloß sich dem an; man könne den Franzosen sagen, die Sache müsse von Fall zu Fall entschieden werden. Im übrigen meint Arnhold, daß wir aus Frankreich nicht viel Kapital bekommen würden, da sie selber ihre Kapitalien gebrauchten.

Nachher bei Helphand (den ich zum ersten Male sah) im ›Kaiserhof‹; dort war auch Victor Naumann mit Pernot. Nachher kam Haguenin. Helphand ist ein ungeheuer dicker Sokrates, und sein Geist scheint ebenso umfassend wie sein Körper. Er hielt uns einen über eine Stunde langen Vortrag über Rußland und den Bolschewismus, der nur durch einzelne kurze Zwischenfragen von Pernot unterbrochen wurde; auf französisch, in einem gebrochenen, aber fließenden und präzisen Französisch. Ganz gegen den Bolschewismus, den aber die Entente in der verkehrtesten Weise durch Gewalt und Blockade bekämpfe. Dadurch sei Lenin und Trotzki die Gelegenheit geboten, sich als nationale Vorkämpfer zu geben. Richtig wäre nur die Bekämpfung durch Hebung der Produktion und Organisation, Lieferung von Rohstoffen, Nahrungsmitteln, Maschinen usw. Ebenso wie in Westeuropa müsse auch in Rußland die Anarchie durch sozialdemokratische Organisationsarbeit ausgemerzt werden. Lenin und Trotzki würden sich einer Wendung nicht widersetzen. Bucharin sei allerdings zu eng, um eine solche mitmachen zu können.

Berlin. 4. Dezember 1919. Donnerstag

Matrosenmord-Prozeß. Marloh: Nach seinen Aussagen macht er den Eindruck einer mörderischen Gliederpuppe. Vollgestopft mit Exerzierreglement, ohne Herz oder Verstand. Ein Scheusal, das nicht einmal böse ist. Die grauenhafte Karikatur des preußischen Militarismus. Er führt die ganze Richtung ad absurdum. Seit Friedrich Wilhelm I. im Werden bis zu diesem Abschluß. In dem ganzen Kerl stecken nur Phrasen und Rohrstock. Dabei mordet er kaltblütig dreißig junge Landsleute ›aus Patriotismus‹! – Reichardt dagegen ein bösartig glatter Schuft, die andre Verkörperung des preußischen Militarismus. Ein kleiner Falkenhayn; mit Blut glattgestrichen.

Letzten Endes ist die Erschießung von Katte und die der zweiunddreißig Matrosen aus demselben Geiste hervorgegangen; eine widernatürliche Unmenschlichkeit, die nur den äußersten Abscheu wecken kann.

Berlin, 6. Dezember 1919. Sonnabend

Aufhebung des Belagerungszustandes für Berlin, der seit dem 3. März gedauert hat.

Berlin, 12. Dezember 1919. Freitag

Gefrühstückt mit dem Erbprinzen Reuss, der mich gestern antelephoniert hatte, ›um wieder Verbindung aufzunehmen‹, wie er sagte. Ich hatte ihn seit 1915 nicht gesehen. Er widmet sich dem Theater; sehr vernünftig, da die Kultur das einzige geblieben ist, wo die gefallenen Fürstenhäuser noch Dienste leisten können. Der Kürassier Schierstädt, der in Frankreich die bekannte Patrouille ritt und gefangen wurde, setzte sich heran. Ein netter, sympathischer Junge. Er ist noch bei der Reichswehr, geht aber, da keine Zukunft dabei. Möchte eine Vortragstournee in Amerika machen. Hat dort einen Verleger für sein Buch gefunden.

Berlin, 13. Dezember 1919. Sonnabend

Der Minister Wolfgang Heine telephonierte mich gestern abend an und bat mich, heute früh als Zeuge im Prozeß von Paul Cassirer nach Moabit zu kommen. Heine plädiert, obwohl preußischer Minister des Innern, selbst; eine mich ziemlich überraschende Vermischung der Funktionen. Es kam dann ein Vergleich zustande.

Nachmittags Sitzung des Vorstandes der Canitz-Gesellschaft. Der frühere Minister des Innern Loebell führte den Vorsitz. Ein kleiner Richthofen, der jetzt Erster in Leipzig ist, gab Aufschlüsse über das Leben der jetzigen Aktiven. Mindestwechsel fünfhundert Mark. Dieses entspräche etwa zweihundertfünfzig Mark früher; man könne sich dafür aber weit weniger leisten als früher für zweihundertfünfzig Mark. Sie bezahlen drei Mark für ihr Essen, bekommen nur zweimal in der Woche Fleisch, sonst Gemüse und viel Kartoffeln. Etwa die Hälfte der Aktiven, lauter Jungens aus den besten alten Familien, hat nicht mehr als den Mindestwechsel von fünfhundert Mark. Dazu ist zu bemerken, daß ein junger zwanzigjähriger Arbeiter heute etwa drei Mark die Stunde, also etwa vierundzwanzig Mark täglich verdient, also über sechshundertfünfzig Mark monatlich. Der Student aus gutem Hause ist also heute bedeutend schlechter gestellt als der gleichaltrige junge Arbeiter. Mit der Zeit muß das doch eine mächtige Wirkung, auch kulturell, haben. Mein Eindruck von meiner Unterhaltung mit Richthofen war, daß das Leben dieser jungen Studenten in Leipzig, die unter den Studenten zu den bestbemittelten gehören, äußerst kümmerlich, fast schon ein Elend ist. Wir beschlossen, von uns aus einen Essenzuschuß zu bezahlen, damit die jungen Leute etwas besser genährt werden; pro Kopf für jeden Aktiven dreißig Mark monatlich.

Berlin. 21. Dezember 1919. Sonntag

Eingeladene Versammlung im Kunstsalon Cassirer zur Begründung von ›Clarté‹. Schickele hielt einen Vortrag. Breitscheid präsidierte. Belanglose Reden. Nachher hatte die Lasker-Schüler die Zudringlichkeit, Däubler auf mich zu hetzen mit dem Auftrage, mich ihr vorzustellen. Seit vier Jahren versuche ich, diese gräßliche Person zu vermeiden. Däubler als Mastodon führte den Auftrag so ungeschickt aus, daß ich die Vorstellung nicht vermeiden konnte. Ich sagte guten Tag und empfahl mich.

1920

Berlin. 9. Januar 1920. Freitag

Johannes R. Becher brachte Rilla, den Herausgeber der ›Erde‹, zu mir zum Essen. Zusammen bis zwei Uhr morgens. Rilla, der radikaler Kommunist ist, macht einen frischen, klugen, wohlerzogenen Eindruck.

Berlin. 10. Januar 1920. Sonnabend

Heute ist der Frieden in Paris ratifiziert worden; der Krieg zu Ende. Eine furchtbare Zeit beginnt für Europa, eine Vorgewitterschwüle, die in einer wahrscheinlich noch furchtbareren Explosion als der Weltkrieg enden wird. Bei uns sind alle Anzeichen für ein fortgesetztes Anwachsen des Nationalismus.

Berlin. 12. Januar 1920. Montag

Becher, Rilla und Schickele bei mir gefrühstückt zum Zwecke einer Aussprache der beiden ersteren mit Schickele. Sie nehmen ihm die Publikation des Artikels von Guttmann ›An meine lieben Proleten‹ tödlich übel. Wollen auch mit ›Clarté‹ nicht mitmachen. Wie Rilla sagt, weil durch ›Clarté‹ Verwirrung in Dinge gebracht werde, die schon klar waren. Man fühlt, daß er hauptsächlich das Werk der III. Internationale durch ›Clarté‹ gefährdet sieht. In der Tat, vielleicht nicht mit Unrecht, denn hier liegt wirklich die große Alternative. Leider mußte ich bald nach Beginn der Aussprache fort, da ich abends nach der Schweiz abreise.

Frankfurt/Main. 13. Januar 1920. Dienstag

Früh in Frankfurt. Ins Goethehaus und Dom. Tiefen Eindruck in Goethes Geburtszimmer; dieses ist fast das einzige, was uns geblieben ist. Abends in der Vorhalle des ›Hessischen Hofes‹ vom Rath (der früher in Bern bei Bismarck war) getroffen; er erzählte, daß heute in Berlin vor dem Reichstag geschossen worden und daß der Rasen vor dem Reichstagsgebäude mit Toten und Verwundeten bedeckt sei. Ich fürchte, daß das der Anfang von sehr Bösem sein kann.

Frankfurt/Main–Basel. 14. Januar 1920. Mittwoch

Nachricht heute morgen in der Zeitung, daß es gestern in Berlin vor dem Reichstag über dreißig Tote und über vierhundert Verwundete gegeben hat. Nachmittags nach Basel. Unterwegs die Anthologie ›Menschheitsdämmerung‹.

Basel–Zürich. 15. Januar 1920. Donnerstag

Vormittags Münster Basel. Auf Turm. Das deutsche Land ringsum; so tief deutsch, und doch nicht mit uns staatlich verbunden. Und weiterhin das verlorene Elsaß. Dazwischen der Rhein, die lebendige, wilde, störrische Seele Deutschlands. Deutschland *ein geistiger Kontinent,* hundert Länder und Ländchen umfassend. ›Les Allemagnes.‹ Daher nie als Einheit von außen anerkannt. Und doch so tief *eins* wie eine Eiche mit zahllosen Zweigen und Ästchen. Die falsche Staatsidee, von Rom und Frankreich ausgebildet, paßt nicht auf diesen Reichtum. Das Problem, wie wir Macht und Kraft gegen außen gewinnen, noch nicht gelöst, kaum begriffen; die Übertragung der römisch-französischen Staatsidee jedenfalls falsch. Zunächst steht fest: *Wir sind.* Vielleicht um so gefährlicher und unzerstörbarer, weil wir so unfaßbar und mannigfaltig sind wie Proteus.

Zürich. 16. Januar 1920. Freitag

Mit Wilma mich im Hotel Royal getroffen nach fast sechs Jahren Krieg und Revolution. Dieses Zusammentreffen, vor dem ich mich etwas gefürchtet hatte, verlief, als ob wir uns gestern getrennt hätten. Im Grunde ist die Zeit nichts, auch die Ereignisse sind nichts gegenüber der ›intelligiblen‹ Natur. Nur die Form und das Tempo des Seelischen sind etwas, und das ist unberührbar, in menschlichen Grenzen ewig. Ich glaube nicht an die ›Wirklichkeit‹; solche Erfahrungen zerstören den Glauben an den Inhalt der Erfahrung. Die Unsterblichkeit der Seele in diesen Grenzen ist zweifellos.

Zürich. 17. Januar 1920. Sonnabend

Mit Wilma auf dem Ütliberg. Wunderbares Frühlingswetter, warm und diesig; die Täler in Licht und Dampf gebadet. Wiesen grün und leuchtend.

Zürich. 21. Januar 1920. Dienstag

Abends mit Wilma und Annette Kolb bei Busoni, der unangenehm spitz war. Möchte nach Berlin zurück, ziert sich aber bei jedem praktischen Vorschlag und nimmt Beethovenhaltungen ein.

Caux. 2. Februar 1920. Montag

Vormittags kam aus Le Locle der junge Bildhauer Gaston Béguin zu Besuch, der während des Krieges für Gaspard Maillol gesorgt hat. Er erzählte von den Verfolgungen, denen Aristide Maillol zu Kriegsbeginn wegen eines angeblichen Einverständnisses mit mir in Spionagesachen ausgesetzt gewesen ist. Lauter Blödsinn. Das ›Volk‹ in Marly und Monval so wütend, daß sie meine Papierwerkstatt halb demolierten. Gaspard möchte Papierfabrikation fortsetzen. Ich sagte, ich ließe ihm frei, die Sache in Frankreich zu machen, wenn er selbst dort Kapital finden könne; ich könne nicht wieder Geld in Frankreich anlegen. Dagegen sei ich bereit, eine Fabrik in Deutschland (Weimar) zu begründen, wenn Gaspard dort hinkommen wolle.

Nachmittags kam A. H. Fried zu Besuch. Er hatte den Wunsch ausgesprochen, eine Anzahl Fragen mit mir zu besprechen. Er brachte die Erweiterung der ›Friedenswarte‹ vor; ferner Gründung eines Reichtsamts für internationale Kooperation, dem ich vorstehen solle. Ich sagte, mir schiene es nicht sicher, ob eine solche Institution nicht besser auf privatem Wege ins Leben gerufen würde. Kriegsschuldfrage. Ich sagte, Deutschland habe wohl den überwiegenden Teil der Schuld am Kriegsausbruch, nicht die alleinige Schuld. Fried trat scharf für die *alleinige* Schuld ein. Zeigte mir dann aber einen Brief des Engländers Morel, der ihn geradezu anfleht, diesen Standpunkt nicht aufrechtzuerhalten, da er damit den englischen Pazifisten ihre Arbeit für die Revision des Versailler Vertrages unmöglich mache. Außerdem sei diese Auffassung tatsächlich falsch; denn die Mitschuld Rußlands sei erwiesen; ›wenn Fried und seine Freunde nicht bereit seien, die in Rußland und sonstwo publizierten Dokumente für Fälschungen auszugeben‹. Fried blieb aber trotzdem bei seinem Standpunkt. Er hat doch sehr viel vom deutschen Stubengelehrten mit dessen eigenartiger Rechthaberei. Sehr klug ist er nicht; für einen Juden sogar gedanklich überraschend schwerfällig und ungewandt. Romberg hatte nicht ganz unrecht, ihn für einen ›Esel‹ zu erklären.

Caux. 13. März 1920. Sonnabend

Als ich mit Jacques in Montreux nachmittags im Buchladen von Faist war, kam eine alte deutsche Dame herein und erzählte aufgeregt, daß in Berlin die Gegenrevolution ausgebrochen sei; Hindenburg solle Präsident werden. Die Depesche stehe im ›Messager de Montreux‹ angeschlagen. Hin; und in der Tat lag im Schaufenster eine getippte Wolffdepesche, die den Staatsstreich meldete, und dazu eine zweite mit einer Proklamation der neuen Regierung, an deren Spitze als ›Kanzler‹ sich Kapp, der Begründer der ›Vaterlandspartei‹ und anonyme Broschürenschreiber, gestellt hat; ein unruhiger Abenteurer. Der General Lüttwitz hat die Truppen verräterischerweise ihm zugeführt und ist dafür zum ›Reichswehrminister‹ ernannt. Spätere Nachrichten vervollständigen das Bild dieser Abenteurerregierung:

Pfarrer Traub Kultusminister, Oberst Bauer Chef des Generalstabes, Jagow Polizeipräsident.

Das alles klingt mehr nach einer Posse als nach ernsthafter Geschichte. Offenbar ist aber Berlin von den gegenrevolutionären Truppen besetzt, die alte Regierung fort; wohin, weiß man nicht. Die Sozialdemokratische Partei hat den Generalstreik erklärt, was hoffentlich der Bande die Gurgel zuschnüren wird. Sonst würde die Situation außerordentlich ernst werden. Ein Bürgerkrieg, fremde Intervention, das Chaos wäre, wenn sich diese Leute hielten, kaum zu vermeiden. Wie verblendet müssen Männer wie Jagow oder Oberst Bauer sein, daß sie sich zu einem solchen Streich hergeben, der vollkommen aussichtslos ist angesichts der allgemeinen Lage. Sie werden wie die verschiedenen Räterepubliken in Budapest, München, Bremen usw. enden.

Spätabends Telephonat aus Zürich, daß Erzberger, Schiffer und Rauscher von den Gegenrevolutionären gefaßt und in Haft genommen sind, der Generalstreik aber funktioniert, München samt Reichswehrtruppen und Kassel für die alte Regierung sich erklärt haben und die alte Regierung die Nationalversammlung nach der Provinz einberufen will. Das Übelste, daß hinter Oberst Bauer vermutlich Ludendorff steht. Aber hoffentlich wird Lüttwitz bloß der Kornilow der deutschen Revolution und bringt sein Streich die revolutionäre Bewegung wieder in Fluß.

Caux–Bern. 14. März 1920. Sonntag

Mit Wilma, Jacques und Géraud nachmittags von Caux nach Bern, wo meine alten Zimmer im ›Bellevue‹ bezogen. Abends mit Wilma und Jacques ins Theater. Kloses ›Ilsebill‹. Zweite Hälfte eindrucksvoll; viel Zartes, Bizarres, Sentimentales und Hausbackenes durcheinander.

Bern. 15. März 1920. Montag

Nachmittags auf der Gesandtschaft. Der Gesandte Adolf Müller verreist. Smend getroffen, der mir ein Rundtelegramm von

Haniel zeigte. Haniel ist in Berlin geblieben und versieht dort die Geschäfte ›unter Vorbehalt der Wahrung seines Amtseides‹. Smend sprach von der Mainlinie; war im übrigen sehr vorsichtig und wollte sich offenbar nach keiner Seite festlegen. Er erwähnte nur, daß doch die Zustimmung aus so vielen Teilen der Provinz zu denken gebe. Mir fällt auf, daß man bisher nichts von den Unabhängigen gehört hat, nicht einmal, ob sie sich dem Generalstreik angeschlossen haben.

Bern. 16. März 1920. Dienstag

Vormittags Nasse besucht, der am Mittwoch aus Berlin abgefahren ist. Er sagt, die Kappleute hätten ihren Streich erst für Mai geplant, hätten aber vorzeitig losschlagen müssen, weil die Regierung von ihrem Komplott Wind erhielt. Die Engländer stünden der Sache sympathisch gegenüber, weil sie eine reaktionäre Regierung in Deutschland gegen Rußland zu verwenden hofften. Meine Frage, ob er unter den ›Engländern‹ den General Malcolm, den Chef, verstehe, bejahte Nasse. Er nahm mehr oder weniger gegen Kapp Stellung, schien aber doch die Sache nicht ganz zu mißbilligen; stimmte mir aber vorbehaltlos bei, daß Kapp und Konsorten nicht die Leute seien, die heute an der Spitze Deutschlands möglich seien.

Lugano. 18. März 1920. Donnerstag

Vormittags beim italienischen Konsul, wo ich Visum für Italien holte, Richard Kühlmann getroffen, der ebenfalls unter der Menge der Bittsteller antichambrierte und schließlich disgusted wegging.

Abends mit Wilma und Jacques bei Kühlmanns, die auf der Hochzeitsreise sind, im Palace-Hotel gegessen. Kühlmann war zuerst schläfrig und indifferent, wachte aber nach Tisch, als ich das Gespräch auf Politik brachte, auf und war dann klug und interessant. Die Hauptschuld am Kriege mißt er Berlin zu, daneben Rußland. Poincarés Verantwortlichkeit wollte er nicht recht zugeben. *Wer* aber in Berlin den Krieg gewollt habe, habe er nie recht herausbringen können. Als ich sagte, der Kaiser, Bethmann und Jagow seien alle drei unentschlossene Leute gewesen, die gewiß den Entschluß zum Kriege nicht gefaßt hätten, meinte er, drei unentschlossene Leute in solcher Stellung seien gerade genug, um eine Katastrophe herbeizuführen.

Den Kampf um Krieg oder Frieden zwischen unseren Wiener und Londoner Botschaften gab er zu, meinte aber, Tschirschky habe gar nicht den Rückhalt und die Stellung gehabt, um einen entscheidenden Einfluß auszuüben. Dietrich Bethmann natürlich erst recht nicht. (Hier bin ich bei dem Einfluß von Dietrich auf seinen Vetter, den Reichskanzler, etwas andrer Ansicht.) Trotzdem, meinte Kühlmann, gebe es Dinge, die ganz unerklärlich seien, zum Beispiel daß die serbische Antwort auf das Ultimatum *nicht direkt* sofort von unserem Gesandten in Belgrad nach Berlin übermittelt worden sei, sondern daß Berlin sich auf die Übermittlung durch die *Wiener* Botschaft verlassen und ruhig abgewartet habe, bis diese sie mit achtundvierzig Stunden Verspätung weitergab! Da höre die Möglichkeit auf, an einen Zufall zu glauben.

Auf meine Äußerung, daß es sehr zu bedauern, ja verhängnisvoll gewesen sei, daß er, Kühlmann, in den entscheidenden Tagen aus London abwesend war, antwortete er: seine Anwesenheit hätte nichts ändern können, nachdem das Ultimatum einmal abgeschickt war. Davon habe er sich bei englischen Politikern vergewissert. Auch habe er nicht zurückkommen wollen, ehe ihn Lichnowsky zurückrief, um diesen nicht zu kränken. Lichnowsky habe gern Dinge allein gemacht. Schließlich habe ihm Lichnowsky in einer sehr wenig dringenden Form telegraphiert, es sei vielleicht ganz gut, wenn er zurückkäme. Daraufhin sei er gefahren und am 29. Juli in London eingetroffen.

Von der Absicht Österreichs, einen Krieg zu forcieren, habe er zuerst durch seinen Bruder Charlie gehört, schon *vor* Absendung des Ultimatums, indem dieser ihm sagte, die Dresdner Bank rechne bestimmt mit einem Konflikt und liquidiere bereits ihre Geschäfte. Da hätte die Regierung in Berlin mindestens doch ebenso früh wie die Dresdner Bank informiert sein sollen. Die angebliche Ahnungslosigkeit der Berliner Regierung sei da recht zweifelhaft. Zusammenfassend meinte Kühlmann von seiner Karriere, er habe immerfort Maßnahmen und politische Direktiven ausführen müssen (zum Beispiel Bagdadbahn, Brest-Litowsk usw.), die er mißbilligte. Darin liegt wohl auch das Geheimnis seiner Indifferenz und schließlich katastrophalen Einwirkung auf die deutschen Geschicke.

Das Kapp-Abenteuer mißbilligt er natürlich; meinte aber, bei der allgemeinen Weichheit und Waschlappigkeit unserer inneren Politik würde den Hochverrätern kein Haar gekrümmt werden. Ich solle mir seine Worte merken: kein Haar! Er selbst würde sie allerdings ohne Bedenken an die Wand stellen.

Im ganzen hatte ich wieder den Eindruck eines eminent klugen, weitsichtigen politischen Kopfes, aber ohne jede Passion oder Glaubenskraft: für sein Innerstes bedeutet Deutschland, dessen Geschick ihm in den entscheidenden Augenblicken anvertraut war, nichts; jedes Frauenabenteuer mehr.

Lugano. 19. März 1920. Freitag

Die Kapp-Groteske ist vorbei; Kapp und Ludendorff sollen aus Berlin geflohen sein. Gegen Kapp, Bauer, Jagow und Konsorten hat die Ebert-Regierung Haftbefehle erlassen. Aber in Berlin, Leipzig, Nürnberg, Chemnitz, Dresden, dem Ruhrrevier wird überall noch heftig zwischen Arbeitern und Reichswehr gekämpft, und die Ebert-Regierung nimmt schon wieder die Front nach links.

Lugano. 20. März 1920. Sonnabend

Noske ist gestern zurückgetreten, heute *bleibt* er wieder. Die Depeschen malen ein Bild zunehmenden Arbeiteraufstandes. Es kann sich noch als richtig erweisen, was ich vorgestern Kühlmann sagte, daß erst dieses die wirkliche Revolution ist. In Berlin hat die Menge an verschiedenen Stellen Offiziere der abziehenden Abenteurertruppen gefangengenommen und totgeschlagen. Die Erbitterung der Volksmassen gegen das Militär scheint grenzenlos; ihr Machtgefühl infolge des siegreichen Generalstreiks stark angeschwollen. Dem gegenüber steht eine zusammengebrochene, halb verräterische Reichswehr und eine schwache, unschlüssige Regierung. So sieht das Spiel, wenigstens von hier, aus. Was aber im Osten vorgeht, weiß man nicht, nur daß Schlesien und Ostpreußen anscheinend noch zu Ludendorff und Kapp stehen.

Der italinische Konsul, der mir Donnerstag anstandslos ein Paßvisum gegeben hatte, hielt mich heute auf der Promenade auf und bat mich, meine Reise um einige Tage zu verschieben, ›parce qu'il y avait une petite difficulté‹; man habe aus Bern telephoniert; ›Vous êtes un diplomate; alors ce n'est pas si simple‹. Aber der Generalkonsul Graf Caccia führe selber am Montag nach Bern und wolle die Sache mit dem Gesandten besprechen. Ich würde vielleicht Mittwoch reisen können.

Lugano. 21. März 1920. Sonntag

Eigentlich wollten wir heute reisen. Infolge der gestrigen Eröffnung hiergeblieben und nachmittags mit Wilma und Jacques im Motorboot nach Morcote und Ponte Tresa. Bei der Rückkehr trafen wir auf der Promenade Kühlmann, der schon gestern nach Pallanza wollte. Er murmelte etwas, daß die Italiener anscheinend noch im Kriegszustande lebten, er wolle morgen früh über Mailand, ohne sich dort aufzuhalten, nach Genf fahren. Offenbar hat man ihm auch das Visum entzogen und nur unter der Bedingung wiedergegeben, daß er sich in Italien nicht aufhält. Das anderthalb Jahre nach Kriegsende.

Lugano. 26. März 1920. Freitag

Meine Paßangelegenheit schleppt sich hin. Vormittags den Generalkonsul Graf Caccia, der nachmittags nach Bern fährt, gesprochen. Er will mit dem Gesandten, meinem alten Freunde Orsini-Baroni, sprechen. Er spielte auf Bolschewismus an; das sei das ›épouvantail‹ der Regierungen. Ich sagte ihm ganz wahrheitsgemäß, meine einzige Berührung seien die *offiziellen* Verhandlungen im Sommer 1918 gewesen.

Heute zum ersten Male seit dem Staatsstreiche wieder Berliner Zeitungen, ›Voss‹, und ›Tageblatt‹. Ludendorffs Beteiligung scheint leider außer Zweifel. Das Niederschmetternde, daß diese ungeheure politische Urteilslosigkeit diktatorisch von 1916 bis 1918, im furchtbarsten Augenblick der deutschen Geschichte, unser Schicksal gelenkt hat. Ludendorff und Bauer waren auch damals die Entscheidenden und haben, wie man jetzt mit Entsetzen spürt, mit derselben engen Verblendung Deutschland in den Abgrund gestürzt, mit der sie jetzt ihren lächerlichen Streich führten. Das Jetzt wirft auf das Damals ein geradezu Entsetzen erregendes Licht. Wir sind politischen Idioten und Abenteurern, nicht großen, unglücklichen Generälen zum Opfer gefallen. So beschmutzt dieses Abenteuer rückwärts unsere Geschichte. Ludendorff sinkt zum genialen Fachidioten, der gleichzeitig ein rücksichtsloser Vabanquespieler war, herab; das militärische Äquivalent des ›deutschen Professors‹, der aus Fachversessenheit jede ethische Bindung abstreift, ja den Verstand verliert: eine tragikomische Figur als Mittelpunkt der Handlung, wo es um Sein und Nichtsein ging. Dadurch das würdige Gegenstück zum Kaiser, bei dem das Groteske nur noch handgreiflicher war. Übrigens sind Wilson, Clémenceau, Lloyd George nachher nicht respektabler gewesen. Eine Gesellschaftsorganisation, die in solchen Gestalten kulminiert und ihre Impulse empfängt, ist damit gerichtet. ›Le ridicule tue‹, auch die Disproportion in einem Organismus, wenn sie zu fühlbar und schädlich wird.

Lugano. 27. März 1920. Sonnabend

Das Kabinett Bauer, das sich umbilden und am Ruder halten wollte, ist im letzten Augenblick von den Gewerkschaften herausgeschmissen worden. Hermann Müller (!) hat jetzt einen Ersatz, der kaum besser ist, zubereitet. Man fühlt vor allem die unheilbare Unfruchtbarkeit und Schwäche dieser Berliner

Scheinregierung. Romulus-Augustulus-Erscheinungen, die zwischen den Prätorianern und Arbeiterorganisationen hin und her gestoßen werden, ohne irgendeinen lebensfähigen Gedanken zu vertreten. Nicht einmal Märtyrer! Die Arbeiterarmee an der Ruhr triumphiert weiter, und unter ihrem Schutz wird, wie alle Korrespondenten berichten, ruhig und normal produziert. Kein Bolschewismus, nur ein bewaffneter Aufstand gegen Noske und Marloh, die nicht sterben wollen.

Lugano. 28. März 1920. Sonntag

Zur Abwechslung einmal etwas Komik. Von Alfred Kerr lese ich im ›Berliner Tageblatt‹ (vom Freitag abend) eine Würdigung von Hölderlin zu seinem 150. Geburtstag, in der unter anderen Geleckheiten folgendes steht: ›(Er war) *eine Melodie in Hosen.*‹ Die Melodie klingt manchmal wie das Lied von Johannes Brahms: ›O wüßt ich doch den Weg zurück . . .‹ Schade, daß der ›Pétomane‹ von der Pariser Weltausstellung tot (ich glaube geplatzt) ist; sonst hätte er Hölderlin als Kollegen Hölderlin begrüßen können. So etwas wird mitten in die Revolution hinein in Berlin ausgeheckt und gedruckt.

Nachmittags in der Villa Spreafico in Crocifisso Besuch bei Frau v. Bothmer, die ich vor dreißig Jahren als Gräfin Kerssenbrock in Kückelink in Westfalen oft bei ihrer Mutter besuchte. Jetzt eine mittelalte, durch die Revolution ruinierte Dame. Ihre sehr hübsche Tochter hat den Maler und Dichter Werner von Alvensleben geheiratet, der mich empfing, ein riesengroßer junger Germane, der riesengroße germanische Bilder malt: etwa im allegorisch-blutleeren Stil von Cornelius mit einer dünnen Gauguin-Sauce; kalt wie der Nordpol, aber nicht ohne Talent teils kunstgewerblicher, teils poetischer Art. Jede Kälte in der Kunst bedeutet irgendwo Verlegenheit: Die deutsche Kunst ist außer im Idyllischen oder Dramatischen fast immer kalt, ebenso wie die französische im Gemütvollen. Die ganze große Villa hing voll von ungeheuren Frauenakten, ›Revolutionen‹, religiösen Bildern: alle geschickt, talentvoll und eisig. Man verstummt vor so viel Fleiß und Absicht.

Alvensleben las dann noch ein politisch-mystisches Manifest vor, in dem mir einige leuchtende Blitze auffielen: ›Ihr werdet eher Welten zertrümmern als Menschen werden.‹ Gut, aber aphoristisch. Vielleicht ist er nur sehr jung und wird sich zu Wahrheiten durchleben. Bei ihm saß der Graf Vetter, mit dem ich Ordonnanzoffizier in Luzk war. Er erzählte, daß er nicht nach Hause, nach Mähren, zurückkönne; die Tschechoslowaken verweigern ihm die Einreiseerlaubnis, weil er für den Kaiser Karl Prangins gemietet habe: er gelte deshalb als gefährlicher Monarchist. Umgekehrt sagte Alvensleben, er sei hier wegen seiner Bilder als Bolschewist verschrien.

Außerdem entnahm ich aus Äußerungen, daß die ganze Familie Bothmer-Alvensleben vor dem Konkurs steht. Die junge Frau von Alvensleben meinte, hoffentlich kämen wenigstens die Bilder nicht mit in den Konkurs. Frau v. Bothmer fragte mich, ob ich für sie nicht eine Stellung in der Schweiz als Gesellschaftsdame wisse. Merkwürdig diese menschliche Auswirkung der großen Zeittragödie: Vetter ein Verbannter, die Frau, die ich als kutschierende Komteß gekannt habe, ruiniert und Stellung suchend, ein Alvensleben als Bolschewist verschrien, ich vorläufig als staatsgefährlich aus Italien ausgeschlossen.

Lugano–Brissago. 29. März 1920. Montag

Beim italienischen Generalkonsul Graf Caccia. Er sagte mir ganz offen, ich sei in Rom verdächtig ›wegen bolschewistischer Propaganda‹. Offenbar auf die Warschauer Verleumdungen zurückgehend. Ich sagte ihm, was ich bereits öffentlich den Polen gesagt habe, ich wäre ein Schuft gewesen, wenn ich als Gesandter unter Schutz der Exterritorialität gegen die Regierung des Landes revolutionäre Propaganda betrieben hätte. Außerdem sei ich kein Bolschewist, sondern Mitglied der deutschen Demokratischen Partei und aktiver deutscher Gesandter, schon als solcher pflichtgemäß von jeder bolschewistischen Propaganda entfernt. Er bat mich, ihm in einem Brief das gleiche zu schreiben, was ich tat.

Brissago. 30. März 1920. Dienstag

Wegen Verlängerung der Aufenthaltserlaubnis in Bellinzona. Nachher in Locarno zur Madonna del Sasso hinauf. Franz von Assisi hat mit größter Genialität den Typus eines neuen Menschen geschaffen, ihn aber nur in ganz geringem Maße verwirklichen können, weil er ihn in eine alte Welt, die er nicht zu ändern vermochte, hineinsetzte. Daran ist die franziskanische Revolution, das heißt einer der größten Revolutionsversuche der Geschichte, gescheitert. Ich mußte an Alvenslebens Wort denken: ›Ihr werdet eher Welten zertrümmern als neue Menschen schaffen.‹ Umgekehrt wie die heutigen Revolutionäre wollte Franz in erster Linie neue Menschen schaffen; diese neuen Menschen waren aber in der ›Welt‹, wie sie nun einmal ist, unmöglich. Wer aber die Welt zertrümmert, ohne neue Menschen für den Neubau zu schaffen, muß ebenso scheitern. Eine wirkliche Revolution kann nur gelingen, wenn die Welt auf ganz neue Grundlagen gestellt und *gleichzeitig* ein neuer Mensch geschaffen wird. Daß das eine ohne den andren ergebnislos oder fast ergebnislos ist, beweisen Franz von Assisi und Robespierre, die beiden großen entgegengesetzten Halbrevolutionäre. Vielleicht wäre die Synthese in Tolstoi und Lenin gegeben.

Brissago. 7. April 1920. Mittwoch

Die Franzosen haben gestern Frankfurt besetzt. Sie spielen sich mit widerwärtiger Heuchelei als Verteidiger der deutschen Arbeiter gegen den preußischen Militarismus auf. Andrerseits ist die deutsche Regierung in dieser ganzen Ruhrangelegenheit von einer beispiellosen Ungeschicklichkeit gewesen. Sie hat alles getan, um nach allen Seiten Vorwände zum Mißtrauen gegen sich auszusäen. Nach Locarno gerudert.

Brissago. 12. April 1920. Montag

Mit André Germain, Stiedenkron und M. S. nach den Inseln, wo die legendenhafte Baronin St. Leger haust, die in der Gegend schon zu einer Art von Sagenfigur geworden ist. Sie soll Zauberkräfte besitzen, sieben Männer gehabt haben, die in der Weihnachtsnacht sie besuchen usw., usw. Eine abergläubische Scheu umgibt sie, die auf ihrer Insel allein mit einem alten Gärtner lebt. Dieser empfing uns auch am Landesteg und nahm unsere Karten entgegen, die er zur Baronin hineintrug. Nach einiger Zeit kam er mit der Erlaubnis zurück, uns den Garten zeigen zu dürfen. Dieser hat in einer scheinbaren Verwilderung und Vernachlässigung eine starke, bezwingende individuelle Stimmung; er schien uns nach wenigen Schritten unter seinen immergrünen, wilden Laubmassen und Palmenbüscheln in der grandiosen Bergumrahmung, beim eintönigen Wellenschlag des Seewassers das Abbild einer ungebändigten, großen, nach Ausdruck ringenden, nur auf Leidenschaft gestimmten Seele.

Ich kenne außer Sanssouci keinen so geistigen, einen einzigen Menschen ausdrückenden Garten. Die Circe, die ihn bewohnt und geschaffen hat, die alte, einsiedlerische Baronin, kam uns, wie es schien zufällig, in der Nähe des Hauses in die Quere, wies zuerst den Gärtner, der uns zu ihr hinführen wollte, mit heftigen kleinen Gebärden ab, kam uns dann aber, wie durch Mißtrauen angelockt, ein paar Schritte entgegen, und ich ergriff die Gelegenheit, sie anzureden und zu bitten, ihre Puppen, die sie fabriziert, zu besichtigen. Sie betrachtete mich und meine Begleiter zuerst mit unverhohlener Abneigung, die sich in dem scharfen, etwas semitischen, mit einem leichten schwarzen Kinnbart und Ringellocken geschmückten Gesicht ohne jede Höflichkeit abzeichnete. Dann wurde sie allmählich sanfter, ließ sich überreden, trippelte ins Haus und stand plötzlich mit einem täuschend lebensähnlichen Jungen auf dem Arm wieder vor uns. Sie behandelte die Puppe ganz wie ein Kind, sprach mit ihr, ließ sie vor uns schöntun und führte uns, als wir unsere Bewunderung ausdrückten, ins Haus, wo auf einem Sofa eine ganze Reihe ebenso lebenswirkliche kleine Mädchen und Knaben in phantasievollen Kostümen mit leuchtenden Puppenaugen nebeneinander saßen: man hätte meinen können, eine Kindergesellschaft. Sie nahm jedes einzelne kleine Wesen auf den Arm, stellte es vor, ließ sie Bewegungen und Verbeugungen machen; es schien ihre Welt.

Die alte Frau, die energisch und häßlich, mit diesen etwas süßlich lächelnden Puppen im Arm vor uns stand, schien wirklich wie eine Zauberin; dabei immer noch mißtrauisch und herrisch: ihr Kopf erinnerte mich jetzt an den des alten Disraeli. Dabei hing gegenüber ein Jugendbildnis, eine junge, sehr schöne Frau mit schwarzem, welligem Haar; so wie sie vor vierzig Jahren ausgesehen haben mag.

Seit dreißig Jahren lebt sie hier auf den Inseln, deren Schönheit sie geschaffen hat. Als sie herkam, erzählte sie, seien nur Steine und unglaublich freche Schlangen dagewesen, die wütend ihre Köpfe aufgerichtet und sie wie einen Eindringling angefaucht hätten. Sie hätte erst die Schlangen vertilgen müssen, dann Erde vom Festland korbweise herübergeschafft. Schließlich jeden Strauch und jeden Baum einzeln gepflanzt und gepflegt. In dreißig Jahren sei all das emporgewachsen, dieses Paradies. Jetzt kämen Menschen, photographierten, nähmen alles hin, als ob es Allgemeingut wäre. Da müßten wir begreifen, daß sie sich manchmal wie eine wilde Katze wehre: »So, so, so!« Dabei krallte sie ihre Finger zusammen, stieß sie gegen uns, fauchte, wie die Schlangen sie angefaucht haben mögen, als sie zuerst hier eindrang.

Daß früher hier ein Tempel der Venus gewesen sei, dann ein Kloster, das seit dem sechzehnten Jahrhundert verfallen war, bestätigte sie, zeigte Nachbildungen von Inschriften. War aber auf das schmerzlichste berührt, daß auch ihr Garten mitphotographiert und sogar als Reklame für die Gegend benutzt werde. Wir schieden mit einem schwer zu definierenden Eindruck von der merkwürdigen Frau. Abends höre ich, daß sie eine Schülerin von Liszt gewesen sein soll.

Zürich. 17. April 1920. Sonnabend

Busoni-Wohltätigkeitskonzert im ›Baur au Lac‹. Nach dem Konzert kam Schickele aus Deutschland an. Mit ihm, Annette Kolb und Busoni nach dem Konzert soupiert.

Zürich. 18. April 1920. Sonntag

Vormittag Spaziergang mit Schickele. Besprochen, ihn mir für meine Völkerbundpropaganda als eine Art Generalsekretär zu verpflichten. Damit zusammenhängend Verlegung des Sitzes von ›Clarté‹ nach Weimar und Ausbau der ›Weißen Blätter‹ zum Organ von ›Clarté‹ in Deutschland. Schickele, der vorher ziemlich deprimiert war, lebte sichtlich unter diesen Hoffnungen auf. Ich unternahm, die Verhandlung mit der Weimarer Regierung einzuleiten.

Nachmittags Sitzung der ›Weltjugendliga‹ mit Kaeser usw. Gründung eines internationalen Informationsbüros für die Jugendbewegung in der Schweiz besprochen.

Berlin. 4. Mai 1920. Dienstag

Abends im Lessingtheater ›Frau Warrens Gewerbe‹. Mächtiger Eindruck der großen Szene im zweiten Akt zwischen Mutter und Tochter. Eine ganz grandiose Theaterszene.

Berlin. 6. Mai 1920. Donnerstag

›Marquis Keith‹ im Schauspielhause. Tilla Durieux als Gräfin Werdenfels. Stilisierte, interessante Inszenierung und Regie nach Art eines Puppenspiels. Das Stück ist aber ältlich und wirkt ältlich: spießig, indem es ganz darauf abgestellt ist, den Spießer zu verblüffen. Eine einzige lange Reverenz vor dem Spießertum, dem es, als idealem Zuschauer, zugedacht ist. Diese Münchener Boheme ist nie aus dem Dunstkreise des Hofbräuhauses hinausgekommen. Komisch, daß solch schales Revoluzzen jemals für ›revolutionär‹ gelten konnte. Man empfindet heute hauptsächlich, daß es Leuten wie Wedekind, Strindberg, Baudelaire, Hauptmann usw. in der materiell gesegneten zweiten Hälfte des neunzehnten Jahrhunderts *zu gut* ging und daß sie aus Mangel an wirklich ernsten Problemen allerlei tragigroteske Kapriolen schlugen, nur um irgendwo und irgendwie einen kleinen Schmerz sich einzubilden. Uns hat diese ganze Generation nichts mehr zu sagen.

Berlin. 7. Mai 1920. Freitag

Im Großen Schauspielhause Hauptmanns ›Weißer Heiland‹. Entsetzlich!

Nachher bei Paul Cassirer mit Hilferding Schickeles Stellung zu den ›Weißen Blättern‹ besprochen. Cassirer erklärte sich bereit, sie Schickele zu überlassen, wenn er für die 100 000 Mark, die er hineingesteckt hat, entschädigt wird.

Berlin. 9. Mai 1920. Sonntag

Die ›Frau ohne Schatten‹ in der Staatsoper gesehen. Schönste Zauberoper, gerade genug Symbolisches, um der Handlung Bedeutung zu geben, in einem Perlenkleid glitzernder, regenbogenfarbiger Musik.

Berlin. 10. Mai 1920. Montag

Abends gegessen bei Frau Richter mit Hannah Wangenheim und dem Maler Kardorff. Hannah erzählte, daß Kapp bei ihr gewohnt habe bis zum Putsch. Sie habe zwar gemerkt, daß er irgendwie konspiriere, aber nichts sehr Ernstes vermutet. Dann sei er plötzlich ein oder zwei Tage vor dem Putsch verschwunden und habe nur durch einen Offizier telephonieren lassen, er verreise auf einige Zeit. Die Haussuchung durch die Sicherheitswehr sei ein Theater gewesen. Die Leute hätten sich gescheut, an den Schreibtisch heranzugehen, weil sie offenbar fürchteten, etwas für Kapp Kompromittierendes zu finden. Der Leiter habe direkt ausgesprochen: »Er wird doch in seinem Schreibtisch nichts dringelassen haben?« Worauf Hannah geantwortet haben will: »Wahrscheinlich nicht, der Schlüssel steckt ja drauf.« Das wirklich Kompromittierende habe er ihr sorgfältig eingewickelt übergeben, ohne ihr zu sagen, was in dem Paket drin war. Nachher habe es seine Tochter abgeholt, und da habe sich herausgestellt, daß es den ganzen Umsturzplan enthielt.

Nachdem Kapp fort war, ist Enver Pascha bei Hannah in Kapps Zimmer eingezogen und hat dort mit ›seinen Bolschewisten‹ konspiriert, bis er nach Rußland fortflog. Hannah, mit ihrer Perlenkette noch immer die elegante Botschafterin, erzählte das alles wie eine kühle englische Romanfigur. Nachher sprang sie, als wir fortgingen, wie eine kleine Putzmacherin in den Autobus.

Bemerkenswert: Hannah hat bei Schwabachs mit Rantzau, Lancken usw. de Martino bei Tisch getroffen. De Martino soll von allen Anwesenden mit Ausnahme von Schwabachs mit der äußersten Kühle behandelt, ja fast geschnitten worden sein. Er habe den ganzen Abend allein mit Frau v. Schwabach in einer Ecke gesessen. Die Stimmung ist hier ganz gegen jeden gesellschaftlichen Verkehr mit Ententevertretern, obwohl Haniel dafür Stimmung machen soll – namentlich gegen jeden geselligen Verkehr mit Franzosen.

Weimar. 13. Mai 1920. Himmelfahrt

Abends Besuch bei Frau Förster-Nietzsche. Prämie für Arbeiten über Individualismus und Sozialismus gestiftet. Frau Förster betonte, sie sei ›Nationalistin‹. Dabei wollte ihr Bruder nicht einmal Deutscher sein! Sondern Pole! Die alten Gräfinnen und Exzellenzen haben ihr den Kopf verdreht.

Duisburg–Düsseldorf. 16. Mai 1920. Sonntag

Vormittags um elf hielt ich einen Vortrag über Völkerbund im großen Saal der Börse. Aufmerksame Zuhörerschaft, der aber meine ganze Auffassung offenbar neu und etwas verblüffend war; daher nur eine Zwischenfrage.

Nachmittags fuhr ich nach Düsseldorf. Der Lehrer Meessen begleitete mich, um meinen Vortrag in Düsseldorf vorzubereiten. Er erzählte von den Unruhen. Drei von seinen Schülern sind als Rotgardisten erschossen worden. Die jungen Leute, die von der Reichswehr an die Wand gestellt wurden (im ganzen sollen etwa zweitausend umgekommen sein), seien zum Teil heldenhaft gestorben mit Hochrufen auf die neue Zeit. Ob hier unter den jungen Proletariern allgemein ein starker Glaube an ein Zukunftsbild herrsche, wollte Meessen aber nicht ohne weiteres bejahen. Die Bevölkerung sei chaotisch, aus zu vielen verschiedenen Gegenden heimatlos zusammengeströmt.

Düsseldorf–Ruhrort. 17. Mai 1920. Montag

Abends in Ruhrort geredet im Saal vom Bahnhofshotel vor Metallarbeitern. Rauchiger Vorstadtsaal, dicht gefüllt; die Leute an Tischen bei Bier. Rednerpult auf einer Bühne. Ich redete fünf viertel Stunden über das Thema: ›Arbeiter und Völkerbund‹. Am Schluß starker Beifall, dem niemand widersprach; aber gar keine Wortmeldungen. Die Sache scheint zu neu, den Arbeitern zu ungewohnt; sie wissen nicht, was sie fragen oder anzweifeln sollen.

Düsseldorf. 18. Mai 1920. Dienstag

In Hagen geredet. Publikum gemischt aus Kleinbürgern und Arbeitern. Sehr starker Beifall. Die Idee schlug offenbar ein. Nachmittags war ich im Folkwang-Museum, wo mich Fuhrmann führte und ich Rohlfs besuchte. Er scheint trotz seines Alters und gebrechlichen Zustandes erstaunlich produktiv zu sein. Ich kaufte vier Blätter; die Aquarelle durchschnittlich für tausend Mark. Auch den Bildhauer Hermann gesprochen, der mich bei Rohlfs aufsuchte. Der Sekretär der Friedensgesellschaft, Küster, sagt, es sei in Hagen während der roten Herrschaft, obwohl das rote Hauptquartier dort lag, vollkommen ruhig und ordentlich gewesen.

Düsseldorf. 20. Mai 1920. Donnerstag

Über Mittag nach Köln gefahren. Dom. Ostasiatische Sammlung. Trotz der englischen Besetzung kommt man ohne Kontrolle hinein. In den Straßen viele englische Soldaten und Autos; sonst hat sich das Straßenbild nicht geändert. Man hat nicht den Eindruck, daß die Besetzung auf der Stadt besonders schwer lastet.

Abends redete ich in Düsseldorf über ›Die deutsche Politik und der Völkerbund‹. Kaisersaal in der Kasernenstraße. Kleiner

Saal, zuerst schwach besetzt, da fast gar keine Reklame (Weitz hat offenbar Angst gehabt, die Aufmerksamkeit der ›gebildeten Jugend‹, Gymnasiasten, Studenten, zu erregen), nachher voll. Ich redete anderthalb Stunden bei gespannter Aufmerksamkeit der Zuhörer, die im Laufe des Abends den Saal ziemlich füllten. Nachher sprach zur Debatte ein Kommunist (im wesentlichen zustimmend, obwohl er die ›Weltrevolution‹ forderte) und der Führer der Heilsarmee, der meine ›Reform der Menschen‹ als wirkliche Friedenssicherung anerkennen wollte. Ich erwiderte dem Kommunisten (der gut und eindringlich geredet hatte) und sprach nach einigen andren Rednern das Schlußwort im Anschluß an die Ansprache des Heilsarmeemannes.

Hamburg. 23. Mai 1920. Pfingstsonntag

›Parsifal‹ im Stadttheater. Von neuem erstaunt, ergriffen und wie bezaubert durch die unerhörte, von jeder Beimischung befreite Geistigkeit und Sinnlichkeit dieser Musik, wobei Geist und Sinne völlig eins zu sein scheinen: ein sonst nur in der allerreinsten Lyrik entstehendes, besondres Element, aus dem hier ein Wundernetz von Klängen gewebt ist.

Hamburg. 24. Mai 1920. Pfingstmontag

Die Alster belebt von Hunderten von Booten, die Lustfahrten kreuz und quer machen: Segel, Wimpel, tänzelnde Kanus, buntbemalt, ein wahres Gewimmel. Im Fährhaus Tausende von Menschen ein und aus gehend, Plätze suchend, familienweise Eisschokolade und Himbeersaft zu fünf Mark die Portion genießend. Man sollte meinen, das Eldorado sei entdeckt. Allerdings streiken gerade die Musiker (vor ein paar Tagen waren es die Kellner), und das Fest geht ohne Musikbegleitung vor sich. Auch ist die Post hier so in Verfall geraten, daß ich seit gestern früh auf ein Telegramm von Weimar warte. Der Empfangsbeamte im Hotel sagt mir, daß Telegramme jetzt oft drei bis vier Tage liegenbleiben; die Beamten arbeiteten, wenn sie gerade Lust hätten.

Hamburg. 25. Mai 1920. Dienstag

Man erfährt, daß in den Pfingsttagen der Pazifist Paasche von Reichswehrsoldaten auf seinem Gute ermordet worden ist. Natürlich ›auf der Flucht‹ (wie unter Diaz in Mexiko oder unter Noske in Berlin); und natürlich wird der Fall wieder vom ›zuständigen Militärgericht‹ ›untersucht‹ wie der Fall Marloh und der Fall Hiller. Die Sicherheit für politisch Mißliebige ist gegenwärtig in Deutschland geringer als in den verrufensten südamerikanischen Republiken oder im Rom der Borgia. Das und die ökonomische Misere hindern nicht das glänzende äußere Lebensbild, die scheinbar fortgesetzt wachsende Menge von Kriegsgewinnlern und soliden Reichen, für die kein Preis zu hoch, kein Genuß zu verschwenderisch ist. Wurzelfäule ist es, die den so üppig blühenden Baum benagt; in seinem Laub und Blütenwerk ist noch nichts zu merken: wahrscheinlich wird er aber eines Tages plötzlich umstürzen. Schon spricht man von einem baldigen neuen Rechtsputsch; das könnte den Sturz sehr beschleunigen.

Weimar. 28. Mai 1920. Freitag

Nachmittags bei Frau Förster-Nietzsche, wo mit ihr und Professor Brahm den von mir gestifteten ›Friedrich-Nietzsche-Preis‹ besprochen. Abends mit Brahm nach Berlin zurück.

Berlin. 29. Mai 1920. Sonnabend

Frau v. Gerlach lädt mich morgen zum Tee ein: »Da mein Mann vielleicht demnächst Berlin verlassen muß, würden wir uns besonders gern noch über dies und jenes mit Ihnen unterhalten.«

Schwann-Schneider, der mich wegen meines Vortrages morgen in Tegel besuchte, erzählte, daß Gerlach seine Versammlung am Freitag hier in Berlin absagen muß, da man gedroht habe, ihn zu ermorden. Ebenso sei ihm aus Hamburg, wo er reden wollte, die Warnung zugegangen, es werde dort mit ihm ›Schluß gemacht werden‹. F. G., den ich abends sprach, erzählte mir von sich aus, ein Reichswehrunteroffizier, der dem Femebunde nahestehe, habe ihm gesagt, daß Gerlach ›nach Paasche jetzt der nächste dran sei‹.

Berlin. 30. Mai 1920. Sonntag

Mittags zum Essen bei Georg Bernhard. Er sagt mit Recht, die Gefahr sei nicht, daß meine Ideen nicht verwirklicht würden, sondern daß sie von andren, insbesondere von den Parteien, aufgegriffen und schlecht verwirklicht würden.

Nachher bei Gerlachs. Ihn gewarnt gemäß den Mitteilungen von F. G. über Hauptmann Schneider, in dessen Umgebung seine Ermordung geplant wird. Er hat schon von andren Seiten Warnungen erhalten. Ich fand die ganze Familie in ziemlicher Erregung, deren Eindruck noch dadurch gesteigert wurde, daß die schwarzgekleidete Hausdame des ermordeten Paasche anwesend war. Dazwischen allerdings auch ein italienischer Diplomat, ein Graf Cadorna, und Frau v. Gerlach, die zwischen Nervosität und Teetisch abwechselte. Sie bat mich aber, im Falle der Not ihren vierzehnjährigen Jungen zu mir zu nehmen, was ich versprach.

Mit Bekannten abends im ›Luna-Park‹, der ein babylonisches Aussehen gewonnen hat mit hoch in den Nachthimmel ragenden Lichtpyramiden und hängenden Terrassen, die, kraß rot gestrichen, dichtgedrängte Menschenköpfe wie Blumenbeete einfassen – Menschenköpfe, die ganz blaßrosa und zart zwischen den gewaltigen roten Brüstungen hin und her schaukeln. Es müssen viele Tausende gewesen sein, die heute, Sonntag, auf den Treppen und übereinander aufsteigenden Terrassen dem Feuerwerk zuschauten. Man hat das Gefühl von etwas Unnatürlichem, Fieberhaftem, von dieser Üppigkeit und scheinbar sorglosen Massenverschwendung im gegenwärtigen blutgetränkten, am Rande eines Abgrundes zitternden Berlin. Und doch wieder: Was geht letzten Endes die, die sich hier amüsieren, der ganze politische Karneval, die Ermordung Paasches oder Gerlachs oder selbst der neunundzwanzig Matrosen an? Diese kompakte, um ihre kleinen Interessen konzentrierte Masse ist vorläufig noch gar nicht bedroht. Das kommt erst nachher.

Berlin, 2. Juni 1920. Mittwoch

Ludwig Stein, der aus Rom von der Sitzung des Völkerbundrates kommt, frühstückte mit mir bei Borchardt. (Nebenbei betrug die Rechnung für das einfache Frühstück mit einer Flasche Wein 403 Mark.) Er lud mich ein, meine Völkerbundideen am Mittwoch über acht Tagen in der Mittwochsgesellschaft vorzutragen, drang aber darauf, daß ich sie nicht weiter in öffentlichen Versammlungen propagiere; angeblich weil ich mich dadurch ›verbrauche‹ und bei der Entente mißliebig mache. Ich sollte mich für die Vertretung Deutschlands im Völkerbunde aufsparen.

Abends redete ich in den Sophiensälen in Berlin C am Hackeschen Markt vor einer dichtgedrängten Zuhörerschaft hauptsächlich von Arbeitern. Der Saal war von Anfang an so voll, daß viele stehen mußten, und füllte sich im Laufe des Vortrages immer mehr. Die Hitze fast unerträglich. Ich selbst fand meine Rede matt, vielleicht infolge der Hitze, erntete aber einen widerspruchslosen Beifall, obwohl viele Deutschnationale heute anwesend waren und Störungen befürchtet wurden.

Berlin, 4. Juni 1920. Freitag

Abends geredet in den ›Prachtsälen des Westens‹ (Spichernstraße). Große Versammlung. Sehr großer Beifall. Rilla, Herzfelde, Misch, Tiet (für Friedensbund der Kriegsteilnehmer) redeten zur Debatte; Herzfelde allerdings verquer und unverständlich schlecht mit ganz schablonenmäßiger Betonung des Klassenkampfes; unreif kindlich. Ausgezeichnet Tiet. Fräulein Sobotka bat mich, über meine Ideen Vorträge halten zu dürfen, was ich ihr zusagte.

Berlin. 5. Juni 1920. Sonnabend

Ludwig Stein rief früh an, lobte die Form meines gestrigen Vortrags, hatte aber sachliche Einwendungen: 1. Wenn ich am Schluß mich für Eintritt in den Völkerbund entscheide, dürfe ich diesen nicht so schwarz malen. 2. Die Ausschaltung des Staates zugunsten der Wirtschaftsorganisationen habe sich in Rußland als fehlerhaft erwiesen und nur zu einer ganz unerhörten Tyrannei des Staates geführt.

Berlin. 6. Juni 1920. Sonntag

Ein einschneidendes Datum für Deutschland. Reichstagswahlen, die ersten der Deutschen Republik. Die Putschbefürchtungen waren unbegründet. Die Straßen heute sogar ruhiger und menschenleerer als an gewöhnlichen Sonntagen, vielleicht, weil es von Zeit zu Zeit regnet. In meinem Wahllokal (Linkstraße) war ich um elf Uhr vormittags der einzige Wähler, während ich mich vor anderthalb Jahren bei den Wahlen zur Nationalversammlung anstellen mußte.

Berlin. 9. Juni 1920. Mittwoch

Sitzung der Mittwochsgesellschaft. Jordan-Mallinckrodt sprach über den Aufbau der deutschen Wirtschaft. Anwesend waren der frühere Reichskanzler Michaelis (hoher, grader, flacher Kopf auf einem kleinen Körperchen, mittlerer Beamtentypus, zum Weltformat der Ereignisse, die er verhängnisvoll beeinflußt hat, ganz außer Verhältnis), ferner der jetzige Vizekanzler Koch, August Müller, später Stresemann, der als Triumphator erschien. Ich saß neben seinem Adjutanten und Parteiorganisator Rheinbaben, der als künftiger Minister des Äußeren sich halb scherzhaft, halb im Ernst feiern ließ. Mir gegenüber gab er ziemlich offenherzig zu, daß für Stresemann und seine Partei jetzt alles auf die Haltung von England ankomme. Wenn England ihnen Erleichterungen in bezug auf Rohstoffe, Nahrungsmittel, Zahlungsbedingungen usw. einräume, dann werde die Sache schon gehen.

Berlin. 16. Juni 1920. Mittwoch

Abends in der Mittwochsgesellschaft gesprochen über das Thema: ›Soll Deutschland in den Völkerbund eintreten?‹ Anwesend Ludwig Stein, Groener, Romberg (der meinetwegen gekommen war sehr netterweise), Pachnicke, der Minister Oeser, der badische Kultusminister Professor Hummel, Georg Bernhard, Wehberg, Simons (Sowohl der Vater wie der Sohn) usw. Nach meinem Vortrag antwortete Simons (der Sohn), offenbar im Auftrage der Liga für Völkerbund, mit einem scharfen Angriff, der sich aber lediglich in rhetorischen Bildern und Vergleichen bewegte und sachlich leer war. Keinen von den Fehlern, die ich am Versailler Völkerbunde auszusetzen habe, leugnete er; nur Beschönigungen und beschwichtigende Hoffnungen auf eine weniger scharfe Auslegung brachte er vor. Meinen positiven Vorschlägen setzte er ebenfalls nur ganz nichtige Kritiken in Gestalt von allerlei wenig geistvollen Vergleichen entgegen, deren Kern wohl sein sollte, daß das Wirtschaftliche sich zur Grundlage einer Weltorganisation nicht eigne. Georg Bernhard flüsterte mir, während Simons sprach, ins Ohr: »Der Mann ist doch ein offenbarer Idiot.«

Berlin. 17. Juni 1920. Donnerstag

Abends in der Universität geredet auf Einladung des Sozialistischen Studentenbundes. Der Erfolg der Rede war, nach dem Beifall zu urteilen, sehr stark. Nachher erklärte mich allerdings ein Kommunist für einen bürgerlichen Gegenrevolutionär, weil ich nicht den Völkerbund ›zertrümmern‹ und die ›Weltrevolution‹ entfesseln wolle. Die Herren wollen nun einmal Gewalt. Über die Frage: ›Was *nachher?*‹, ›Was soll das *Ziel* sein, dem die Gewalt dienen soll?‹ zerbrechen sie sich nicht den Kopf. Sonst würden sie sehen, daß es nicht wesentlich von dem meinigen verschieden sein kann. Die Scheuklappen der revolutionären Phrase sind nicht weniger beengend als die der gegenrevolutionären. Lauter Papageien, die ihre Parteischlagworte aufsagen, ohne sich irgend etwas dabei zu denken.

Mein Schlußwort, in dem ich mich gegen diese Sorte Revolutionäre wendete und mich dabei auf Lassalle berief, brachte wieder ein starkes Beifallsgetrampele, während bei den Diskussionsrednern zum Teil große Unruhe und Scharren herrschten. Die anwesenden deutschnationalen Studenten verhielten sich schweigend.

Leipzig. 18. Juni 1920. Freitag

Früh nach Leipzig gefahren, wo ich abends über Polen vor Oberschlesiern sprach. Im Zuge Noske getroffen und unterwegs ausgiebig gesprochen. Er äußerte sich sehr bitter nicht bloß über Lüttwitz, sondern auch über Seeckt und Oven. Seeckt habe in der entscheidenden Nacht immer nur in seinen Lackstiefeln gewippt, sei aber nicht für irgendwelche Maßregeln gegen die Aufrührer zu haben gewesen. Noske hält ihn offenbar für ebenso unzuverlässig wie Lüttwitz.

Über die jetzige Situation sagte er, er sei gestern bei Ebert gewesen und habe ihm ans Herz gelegt, vor allem keine Machtpositionen aus der Hand zu geben. Wenn man eine Rechtsregierung zulasse und ihr die bewaffnete Macht ausliefere, so werde sie sie zu einem Instrument ausbauen, auf das sich die Reaktion fest stützen könne. Auch die schwankenden Offiziere würden dann nach rechts hinübergezogen werden. Auf meine Frage, warum er Lüttwitz nicht früher entlassen habe, antwortete er: Lüttwitz sei ihm als streng religiös geschildert worden, er hätte einen Eid geschworen, den er halten würde; außerdem würde es das Offizierskorps verstimmen, wenn Lüttwitz entlassen würde. Von den Unabhängigen äußerte er: sie seien als Regierung unmöglich, weil sie die bewaffnete Macht zerschlagen würden! Loeffler als Wehrminister ebenfalls, weil er vorgeschlagen habe, die Reichswehr auf 50 000 Mann herabzusetzen.

Noske ist offenbar ein ganz ehrlicher und eingefleischter Militarist, den die Offiziere mit Hilfe seiner Vorurteile und mit Schlagworten an der Nase herumgeführt haben. Er hat etwas von einem Bären mit einem Nasenring. Sieht übrigens, obwohl

›stellungslos‹, recht wohlhabend aus, fährt erster Klasse, trägt funkelnagelneue gelbe Schuhe und vertilgte unterwegs große Mengen Schinkenbrote und Bier. Wenn nicht so viel unschuldiges Blut an seinen Fingern klebte, wäre er eine etwas komische, fast sympathische Figur. Wo er allerdings in seinem gewaltigen Körper sein soziales Gewissen undesein sozialdemokratisch rotes Herz aufbewahrt, ist sein Geheimnis.

Abends sprach ich im großen Saal des Zoologischen Gartens über ›Der polnische Staat und die Arbeiter‹, vor etwa zweitausend Menschen, meistens Oberschlesiern. Die Rede wurde mehrfach von Beifall unterbrochen, obwohl ich sehr objektiv und ruhig sprach, und endete in einem wahren Beifallssturm; ich mußte immer wieder aufstehen und mich verbeugen. Brahn, der nach mir sprach, sagte, es sei die beste politische Rede, die Leipzig seit langem gehört habe, und Müller, der die Versammlung leitete, forderte alle Anwesenden auf, die Berichte darüber in den Zeitungen in Tausenden von Exemplaren ihren Freunden und Bekannten in die Heimat zu schicken und auch brieflich möglichst ausführlich darüber zu berichten. Nachher war ich noch bei Grafs (Vorsitzender der demokratischen Organisation in Leipzig) mit einem Fräulein von Verschuer zusammen, einem äußerst temperamentvollen älteren Mädchen, das äußerst rote (demokratische) Ansichten äußerte, namentlich gegen die Reichswehr. Seitdem sie sie an der Arbeit gesehen habe in Leipzig, könne sie, obwohl sie aus einer Offiziersfamilie stamme und ihr Bruder Offizier ist, keinen Reichswehrsoldaten mehr sehen! Frau Graf und der junge Graf, der zeitfreiwilliger Offizier ist, machten dazu ein süß-saures Gesicht, und als Fräulein von Verschuer leugnete, daß eine rote Armee in und bei Leipzig aufgestellt werde, explodierten beide: das sei doch stadtbekannt, die Leute versteckten sich nicht einmal, sie exerzierten ganz offen und veranstalteten sogar Scharfschießen. Man höre sie ja! Namentlich der junge Graf war äußerst bestimmt mit diesen Behauptungen und sagte, der sächsische Ministerpräsident komme morgen her, um mit den Leipziger Behörden darüber zu verhandeln. Wir saßen bis halb zwei zusammen, und ich tappte mich dann durch die absolut stockfinsteren Straßen nach meinem Hotel.

Weimar–Magdeburg. 21. Juni 1920. Montag

Abends nach Magdeburg, wo im ›Magdeburger Hof‹ meine alten Erinnerungen aus dem November 1918 vom Ausbruch der Revolution und der Befreiung Pilsudskis wieder starkes Leben gewannen; sie bedrückten mich durch alles, was daran hängt.

Berlin. 23. Juni 1920. Mittwoch

Früh sechs Uhr dreißig nach Berlin zurück. Abends Mittwochsgesellschaft. Redlich redete über unsere wirtschaftlichen Beziehungen zu Frankreich.

Nachher ging ich zu einem Diner von Berger (der nach dem Kapp-Putsch als preußischer Gesandter nach Dresden gegangen ist) im ›Adlon‹. Er hatte seinen Nachfolger in Berlin, den Staatskommissar ›für die öffentliche Ordnung‹ Weismann, Paul Becker von der ›Deutschen Tageszeitung‹, Rheinbaben, Schwarz (den etwas zu berühmten deutschen Vizekonsul in Prag, den sie dort verhaftet haben und der jetzt bei Weismann arbeitet) zu Gast.

Weismann, unser Polizeiminister, der bekannteste und glücklichste Bacspieler Berlins, ist ein blonder Jude, der *noch* blonder sein möchte: markiert den besseren Reserveoffizier, den Union-Klub-Habitué und Lebemann, und zwar mit unleugbarer Eleganz, so daß man ihn für einen bloßen Rennonkel halten könnte. Ist als Parvenü der guten Gesellschaft notwendig erzreaktionär, nicht aus Sentimentalität, sondern weil er seine neugewonnene Stellung verteidigt und in diese Verteidigung die ganze Willenskraft hineinlegt, die er gebraucht hat, um als Jude emporzusteigen. *Dieses* Rädchen wird jedenfalls die Maschine immer nur nach rechts drehen.

Berlin, 25. Juni 1920. Freitag

Stresemann, Berger und Rheinbaben frühstückten bei mir bei Hiller (übrigens zu einem netten Preise; für vier Personen tausend Mark; einfaches Frühstück). Stresemann, der um zwei eine Fraktionssitzung hatte, blieb bis drei Viertel drei, trotz des ungestümen Drängens von Rheinbaben; er meinte, es sei viel besser, die Leute sich erst austoben zu lassen und dann eine Viertelstunde vor der Reichstagssitzung und Präsidentenwahl zu erscheinen und einzugreifen. Souveräne Verachtung seiner Fraktions-Untertanen.

Berger und Stresemann entwickelten ihre auswärtige Politik. Beide rechnen stark mit England, und Stresemann bestätigte, daß vor dem Kapp-Putsch wochenlang Verhandlungen zwischen Lüttwitz und Malcolm stattgefunden hätten. Berger seinerseits teilte mit, daß er als Staatskommissar in dauernder Verbindung mit Brussilow gestanden habe, der schon damals den polnischen Angriff auf Rußland vorausgesagt habe. Brussilow habe den Emissären Bergers (der ausdrücklich betonte, ohne Wissen des Auswärtigen Amtes gehandelt zu haben) erklärt: er sei kein Bolschewik, aber auch kein Zarist, sondern Anhänger eines bürgerlich-demokratischen Rußlands und eines Zusammengehens mit Deutschland. Er habe nicht nur den polnischen Angriff, sondern auch den Zusammenbruch Polens, den russischen Einmarsch in Warschau und eine vierte Teilung Polens vorausgesagt. Berger meint, die Russen müßten eine gemeinsame Grenze mit Deutschland wiederherstellen; deshalb sei für sie die Zertrümmerung Polens eine Lebensfrage. Wenn Brussilow erst in Warschau sitze, dann würde Deutschland der Entente als Schutzwehr gegen den Bolschewismus unentbehrlich werden; unsere Armee werde von England bewaffnet werden. Wir müßten an unserer Ostgrenze aufmarschieren, aber unter der Hand Brussilow die Sicherheit geben, daß wir ihn nicht angreifen würden, im Gegenteil, sobald wir wieder ausgerüstet seien, mit Rußland zusammen die Revision des Versailler Vertrages verlangen, die dann vielleicht ohne Blutvergießen vor sich gehen könne. Frankreich werde sich ihr dann nicht mehr widersetzen können oder allein, ohne England, gegen Deutschland kämpfen müssen.

Berlin. 26. Juni 1920. Sonnabend

Harden frühstückte bei mir. Er schwärmte merkwürdigerweise von Stinnes; meinte, dieser werde nie eine Gewaltpolitik gegen die Arbeiter mitmachen, dazu sei er zu klug. Er polemisierte gegen Bernhards Kontinentalpolitik, soweit sie sich gegen England richtet. (Stresemann ist ja jetzt auch auf England eingestellt.) Hält die jetzige Regierung jedenfalls für besser als die vorige, die unter jeder Kritik gewesen sei. Nahm mich ins Gebet wegen meiner Zugehörigkeit zur Demokratischen Partei, die ›fertig‹ sei. Eine bürgerliche Demokratie habe sich in Deutschland als unmöglich erwiesen. Er habe der Demokratischen Partei in der ›Zukunft‹ vorgeworfen, daß sie mich nicht zum Reichstag aufgestellt habe; jetzt sei er aber froh, daß ich dadurch aus dem ganzen Parteigetriebe draußen geblieben sei.

Er erinnerte dann an die Zeit vor 1905/06, wo wir gemeinsam die verhängnisvolle Marokkopolitik, den Anfang unseres Untergangs, bekämpften, und erinnerte mich an einen von mir völlig vergessenen Brief, den ich damals an ihn schrieb und den er anonym in der ›Zukunft‹ abdruckte. Holstein sei zu ihm gelaufen gekommen und habe ihn gefragt, wer der Verfasser sei; der Brief sei ganz vorzüglich. Seit der Zeit habe Holstein (den ich nie gesehen habe) für mich ›geschwärmt‹.

Merkwürdigerweise wußte Harden nicht von meiner *politischen* Tätigkeit in Bern, von meiner Verbindung mit den Franzosen; war äußerst überrascht (oder tat so), als ich davon sprach. Er blieb bis halb fünf und hatte sich offenbar vorzüglich unterhalten. Ich übrigens auch, da er im Gespräch höchst geistreich, kenntnisreich, klug und gar nicht nach irgendeiner Seite extrem ist; ganz anders als in seinen Artikeln.

Von meinen Völkerbundplänen hatte er gehört, daß ich ›sehr interessante, aber ultrabolschewistische Ideen‹ für den Völkerbund hätte. Ich schickte ihm daher zur Aufklärung nachmittags meine ›Richtlinien‹.

Berlin, 1. Juli 1920. Donnerstag

Nachmittags verabredete Diskussion mit Wieland Herzfelde und seinem Mitarbeiter Gumpertz über meine Völkerbundideen. Ich hatte den Professor Brinkmann vom Auswärtigen Amt mitgebracht und ein Sitzungszimmer im ›Excelsior‹ genommen. Wir einigten uns über folgendes: daß die von mir vorausgesagte und erwünschte durchgehende Weltsyndizierung das Ende des Kapitalismus bedeuten würde; daß die Syndizierung und Demokratisierung nicht bloß *Parallel*erscheinungen sein dürften, so daß etwa auch nachher die Arbeiterorganisationen den Unternehmerorganisationen *gegenüber*ständen und etwa ›Arbeitsgemeinschaften‹ mit ihnen bildeten; sondern daß die *Übernahme* der Produktionsmittel durch die Organisationen der Werktätigen gemeint sei. Die Diskussion soll weitergehen.

In den letzten Tagen hat meine Idee durch die Sitzung und Beschlüsse in der Friedensgesellschaft, Mittwochsgesellschaft und im ›Bund Neues Vaterland‹ große propagandistische Fortschritte gemacht. Man sieht förmlich, wie sie die Flügel zum Aufstiege regt. Diese Wirkung haben zum mindesten meine Vorträge gehabt, daß ich die Aufmerksamkeit für die Idee erzwungen habe, und da es eine gute und überzeugende Idee ist, damit auch ihr unwiderstehliches Vordringen.

Berlin, 4. Juli 1920. Sonntag

Telegramm von Wilma aus Cannes erhalten, das auf der Adresse hinter meinem Namen den merkwürdigen Zusatz auf italienisch trug: Per guerra esteri stato maggiore commissioni. Offenbar aus Versehen weitergegebene Anweisung des italienischen Spionagedienstes, der dieses Telegramm also an das italienische Kriegsministerium, Auswärtige Amt, Generalstab und Überwachungskommission befördert hat. Dabei enthielt es nichts als den Vorschlag, wir wollten uns in Montreux, Hotel Belmont, treffen. Angenehme Zustände, die sich in Europa entwickelt haben! Ich werde anscheinend für ein ganz besonders gefährliches Subjekt gehalten.

Berlin. 9. Juli 1920. Freitag

Erste Sitzung des Arbeitsausschusses des ›Bundes Neues Vaterland‹ für die Propagierung meiner Völkerbundidee. Herantreten an die AFA, die Gewerkschaften, Betriebsräte, Parteien besprochen. Am Schluß kam Lindhagen, der eine stärkere Betonung des Ethischen und des Christlichen wünschte. Er meinte, der Völkerbund müsse sich zur Hauptaufgabe stellen, den *neuen Menschen* zu schaffen. Ich wandte ein, dazu sei die Bergpredigt da, nicht mein Prospekt oder irgendeine neue Organisation. Die christliche Kirche arbeite daran schon seit zweitausend Jahren. Wir könnten durch eine Weltorganisation bestenfalls nur einige Hindernisse hinwegräumen, die der Entwicklung des neuen Menschen im Wege stünden.

Berlin. 11. Juli 1920. Sonntag

Dietrich Bethmann frühstückte bei mir. Er ist vollkommen ruiniert, versucht seinen Kunstbesitz zu verkaufen und will Kunsthändler werden. Im Laufe eines Gesprächs über die ›Schuldfrage‹ gab er zu, daß Deutschland, bis auf einige russische Momente, schuld sei am Ausbruch des Krieges. Das Ultimatum sei so abgefaßt gewesen, daß es den Krieg provozieren mußte. Aber trotzdem hätten wir recht gehabt, denn im Oktober hätte die russische ›Probemobilisation‹ mit einem Kostenaufwande von zweihundertfünfzig Millionen Rubel bevorgestanden; und die wäre gleichbedeutend mit einer Kriegserklärung gewesen. Deutschland mußte nach Dietrich im August den Krieg herbeiführen, weil sonst die Entente den Krieg provoziert hätte unter irgendeinem Vorwande, der Österreich einen Ausweg zur Neutralität offengelassen hätte. Dann wären wir allein geblieben. Dietrich Bethmann hat denn auch damals alles getan, um eine friedliche Beilegung zu hintertreiben. Er sagte heute, wenn er noch mal vor die Entscheidung gestellt würde, würde er wieder genauso handeln. Er glaubt übrigens, daß wir innerhalb eines Jahres wieder im Kriege gegen Frankreich stehen im Bündnis mit Rußland.

Berlin. 12. Juli 1920. Montag

Mein Friseur flüstert mir heute früh beim Rasieren zu, in drei Monaten wären die Bolschewiki in Warschau, und dann ginge es mit ihnen zusammen wieder gegen Frankreich. Da mache er selbst noch einmal mit. Ich erwähne dieses, weil in letzter Zeit gerade im Volk die Stimmung gegen Frankreich und für einen neuen Krieg sich immer mehr ausbreitet. Man trifft sie bei den unwahrscheinlichsten Leuten.

Genf. 26. August 1920. Donnerstag

Vormittags verabredungsgemäß bei Albert Thomas im Internationalen Arbeitsbüro des Völkerbundes. Sie haben ein großes, klosterartiges Gebäude in einem schönen Park ziemlich weit draußen gemietet (La Châtelaine). Alles scheint dort noch im Umziehen und Werden, Tischler, Anstreicher, Scheuerfrauen laufen zwischen den Beamten herum, die Zimmer sind unfreundlich kahl und grau. Man fühlt, daß alles noch sehr in den Anfängen steckt. Der Rest des Völkerbundes, der im Hotel National wohnt, wird nicht viel weiter sein. Thomas empfing mich sehr entgegenkommend und beantwortete bereitwillig meine Fragen. Er sieht trotz seines dicken, krausen, braunen Vollbartes noch jung aus, namentlich die Augen, die klug und gütig sind. Ich konzentrierte mich auf die Erkundung der wirklichen, praktischen (bisherigen) Tätigkeit seines Büros, auf dessen Beziehungen zu den selbständigen internationalen Arbeiterorganisationen (vor allem zur Gewerkschaftsinternationale) und auf die persönlichen Anschauungen von Thomas über das Eingreifen dieser Organisationen in die staatliche Politik.

Als ich die gewaltige Aktion der englischen Arbeiter gegen den Krieg (Council of Action) erwähnte und Thomas' Ansicht zu ergründen suchte, fuhr er zusammen; die Frage war ihm offenbar sehr unbequem. Die Timidität des Beamten, der vom Wohlwollen auch der Regierung abhängig ist, zeigte sich; mir sehr interessant als Symptom der Haltung von Völkerbundbeamten überhaupt. Er wand sich aber dann doch durch zu einer Art von Anerkennung und Billigung des Councils of Action, indem er meinte, die englischen Arbeiter hätten nur deshalb so gewaltig wirken können, weil sie die überwältigende Masse der öffentlichen Meinung hinter sich gehabt hätten, während umgekehrt die Machtlosigkeit der französischen Arbeiter daher komme, daß die öffentliche Meinung gegen sie sei.

Braunschweig. 2. Oktober 1920. Sonnabend

Pazifistenkongreß (seit 30. September). Hillers Dienstverweigerungsresolution hat alles gegeneinandergehetzt. Fast wäre die Friedensgesellschaft auseinandergeflogen. Äußerst erregte Sitzungen. War wegen meiner Rede und Resolution deshalb besorgt. Als ich heute drankam, gegen elf, mußte ich in die ungünstigste Stimmung hinein rede. Aber mein Erfolg war ungeheuer; über Erwarten. Kongreß brach fast einstimmig die Debatte ab, um meine Resolution anzunehmen. Schücking, der präsidierte, sagte, er hätte seit Jahren im Reichstag keine solche Rede gehört. Ich wurde nachher von allen Seiten bestürmt um Vorträge. Hatte innerhalb einer halben Stunde Redeverpflichtungen in ganz Deutschland.

Berlin. 19. November 1920. Freitag

Vormittags war der Korrespondent der ›Nacion‹ aus Buenos Aires, del Vayo, bei mir und interviewte mich über Völkerbund. Ihm einen Artikel diktiert, den er hinüberkabelt. Außerdem bat er mich um Kabel und Artikel (illustriert) über ›Kinderhilfe‹. Da United Press (Amerika) von mir Kabel in 200 Worten und Konti (European Press) Artikel verlangen, so versprach ich del Vayo Abschriften für Argentinien und Spanien. Er will meinen Artikel mit Illustrationen im ›Nuevo Mundo‹

in Madrid und in der illustrierten Ausgabe der ›Nacion‹ in Buenos Aires bringen.

Berlin, 20. November 1920. Sonnabend

Diktierte heute vormittag Leitartikel für die ›Deutsche Allgemeine‹, Kabel für United Press und Artikel für ›Nacion‹ und ›Nuevo Mundo‹; letztere beide auf englisch. Sollte beim General Malcolm frühstücken, der mich gestern besuchte und einlud. Zum Glück wurde das Frühstück im letzten Augenblick verschoben.

Königsberg, 21. November 1920. Sonntag

Früh hier an, nach Fahrt durch Korridor, mit zwei Stunden Verspätung. War zuletzt September 1914 hier mit Dohna gleich nach Tannenberg. Nachmittags bei Kossak (Friedensgesellschaft) und Stadtrat Licht (Schwiegersohn von Ludwig Stein).

Königsberg, 22. November 1920. Montag

Im Börsensaal geredet. Ungeheizt; eisig kalt. Diskussion: zwei Kommunisten, die sich mit meinem *Ziel* einverstanden erklärten, aber meinen *Weg* (über Völkerbund) verwarfen. Ein SPD-Mann machte mir einen Vorwurf daraus, daß ich (aus ›Standesdünkel‹) nicht der SPD beiträte. Anwesend waren auch der Oberpräsident Siehr und sein Oberpräsidialrat Grzimek (beides Demokraten), die mir nachher gratulierten.

Königsberg–Insterburg, 24. November 1920. Mittwoch

Sämtliche Königsberger Zeitungen bringen ausführliche Berichte über meine Rede, selbst die reaktionäre ›Ostpreußische‹. Diese sagt am Schluß des Berichts, daß meine Ansichten ›gefährlich‹ seien. Die andren Zeitungen stimmen meinen Ideen mehr oder weniger zu und heben zum Teil überschwenglich meine Rednergabe hervor.

Mittags nach Insterburg, wo ich zuletzt am 10. oder 11. September 1914 war, gleich nach der Flucht Rennenkampfs. Im

›Rheinischen Hof‹ heute am selben Tisch zu Mittag gegessen wie an jenem heute so märchenhaft ferngerückten Morgen. Eine ganze Geschichtsepoche liegt zwischen damals und heute.

Tilsit. 26. November 1920. Freitag

In Tilsit bei den Hyperboräern geredet. Absteige in einem antediluvianischen Hotel (›Königlicher Hof‹), das riecht und verfällt. Auch Kellner, Portier usw. uralt, seit einem Menschenalter im Hotel. Ein öliges, vollgefressenes Jugendbildnis des Kaisers hängt fast frech über meinem alten, fleckigen, lahmen Sofa. Die Versammlung verlief auch drollig kleinstädtisch, im ›Bürgerhause‹. Nach meinen ersten Worten begann im Nebensaal der Männergesangverein zu proben. Ich brach ab, erklärte, daß ich aus Rücksicht auf mein Publikum nicht weiterreden könne. Der Vorsitzende schickte seinen Sekretär auf die Suche nach einem andren Saal. Schließlich zogen wir mit dem ganzen Publikum samt Stühlen in den ersten Stock. Im übrigen hatte ich einen stürmischen Erfolg.

Nachmittags war ich jenseits der Memel im jetzigen ›Memelgebiet‹. Der Schnitt durch Deutschland verläuft unmittelbar an der Tilsiter Stadtgrenze. Der stille, breite, rasche Strom ist der Abschluß. Hier begegneten sich bereits einmal in einem weltgeschichtlichen Augenblick Orient und Okzident, Napoleon und Alexander. Große, melancholische Landschaft, steppenartig, mit flachen Hügeln am Horizont. Dazwischen Flußarme, verlassene, glitzernde, über denen heute Zugvögel, schwere Regenwolken. Volksliedhafte Schwermut in lauter Molltönen. Dieser Eindruck entschädigte für Hotel und Versammlung.

Danzig. 30. November 1920. Dienstag

Danzig, ein kleines Babylon; unglaublich international und weltstädtisch zwischen seinen altdeutschen Giebeln: Schiebertum, Huren und Matrosen; Amerikaner, Polen, Juden ins Deutsche abschattierend. Viele Polen etwas amerikanisch auflackiert; abends in den Tanzbars besoffen wie die Schweine, amerikanische und polnische Besoffenheitsformen anmutig vereinigend. Osteuropa unter Wilsonschem Einfluß. Das Geld rast: Goldfieber. Ein solcher Karneval ist seit langem nicht dagewesen.

Berlin, 2. Dezember 1920. Donnerstag

Die englische Botschafterin ist gestern auf meine ›Kinderhilfe‹ hin im Osten von Berlin gewesen und hat nachher geäußert, es sei gar nicht so schlimm! Aber abends telephonierte Henckel an und setzte mich mit dem englischen Obersten Stuart Roddie in Verbindung, der gestern mit der Botschafterin mit war und heute wieder hinausgegangen ist. Roddie sagte, gestern seien sie offenbar falsch geführt worden; was er heute gesehen habe, übertreffe die schlimmsten Erwartungen. Er habe gleich einen schriftlichen Bericht für die Botschafterin gemacht und wolle ihr morgen noch mündlich sagen, wie schrecklich das sei, was er gesehen habe.

Vormittags war der Vorsitzende der Vereinigung der Berliner Straßenhändler bei der Föge und sagte ihr, der ›Kinderhilfe‹-Artikel gehe im Straßenhandel so reißend ab, daß er mir vorschlage, ihn durch arbeitslose Frauen verbreiten zu lassen: das Stück zu zwei Mark; eine Mark an den Verlag, vierzig Pfennig für die Kinder und sechzig Pfennig für die Frauen, die das Heft verkaufen. Er glaube bestimmt, daß er in Tausenden von Exemplaren abgesetzt werde.

1921

Genf. 11. Januar 1921. Dienstag

Die Presse, auch die deutschfeindliche ›Suisse Tribune‹, ist für mich ausgezeichnet. Abends Vortrag (englisch) in der Internationalen Frauenliga (Miß Balch). Viele Leute von den beiden Völkerbundsekretariaten. Sehr interessante Debatte. Kontinentalpolitik (Europa) wurde vom Engländer Lloyd empfohlen; auf meine Frage antwortete er, er rechne England zu *Europa*. Europa sei für England mächtiger als das britische Weltreich.

Berlin. 4. Februar 1921. Freitag

Premiere des ›Joseph‹ unter Straussens Leitung. Ungeheurer, fast unerhörter Erfolg. Der Saal ein wahres ›Tout Berlin‹; der Reichskanzler, Simons, Seeckt, viele Minister, alle gesellschaftlichen, künstlerischen, literarischen Spitzen, Albert Einstein usw. usw. Der Applaus am Schluß wollte nicht enden. Wir mußten immer wieder heraus. Die Durieux über alles Lob erhaben. Nachher bei Felix Deutsch.

Berlin. 9. Februar 1921. Mittwoch

Bei Colonel Roddie von der Englischen Botschaft im ›Adlon‹ gegessen. Außer mir lauter Engländer von der Botschaft oder Militärmission. Roddie gilt, wie mir Schubert sagt, als Vertrauensmann Lloyd Georges. Er sagte mir, die Pariser Beschlüsse würden uns nicht zur *Unterzeichnung* diktiert, sondern nur als einseitige Feststellung der Alliierten *mitgeteilt* werden. Er habe das von d'Abernon.

Berlin, 10. Februar 1921. Donnerstag

Lehmann-Rußbüldt fragte früh bei mir an, ob ich im Auftrage einer Pazifistengruppe mit Albert Einstein nach Amsterdam fahren wolle, um dort wegen der Pariser Beschlüsse mit dem Internationalen Gewerkschaftsbund in Fühlung zu treten. Zu den Auftraggebern gehören Eduard Bernstein, Gerlach, Walther Rathenau, Heinrich Ströbel, Hugo Simon usw. Also ›Bund Neues Vaterland‹. Ich sagte, ich würde es nur tun, wenn Simons zustimme und es wünsche.

Amsterdam, 14. Februar 1921. Montag

Früh in Bentheim Grenzkontrolle. Einstein, der zum ersten Male, wie es schien, Schlafwagen fuhr, sah sich alles äußerst interessiert an.

Im Zuge fragte ich Einstein, ob die astronomischen Folgerungen seiner Relativitätstheorie sich auf das ebenfalls gewissermaßen astronomisch konstruierte Atom anwenden ließen? Einstein verneinte dieses mit der Begründung, da spiele doch die Dimension (die Kleinheit des Atoms) eine Rolle. Ich sagte, dann sei die Dimension, das Maß, Größe und Kleinheit, etwas *Absolutes*, ja fast das einzige Absolute, was übrigbleibe. Einstein bejahte dieses, in der Tat sei die Dimension das Letzte, Absolute, über das man nicht hinauskomme. Er wundere sich, daß ich gerade darauf gekommen sei; denn es sei das tiefste Geheimnis in der Physik, diese Unerklärbarkeit und Absolutheit der Dimension. So sei jedes Eisenatom mit jedem andren Eisenatom genau gleich groß, woher im Weltall es auch immer stamme, während der menschliche Geist sich doch beliebig verschieden große Atome *vorstellen* könne. Doch in der Natur existierten nur genau gleich große Eisen- oder Wasserstoffatome.

Ich sagte scherzend, der Mensch sei also intelligenter als Gott, Gott sei dumm, ja die Dummheit, der Mangel an menschlicher Intelligenz sei eigentlich das einzige, was wir mit Bestimmtheit von Gott aussagen könnten. Der Mensch mit seiner unerschöpflich bunten Phantasie und Intelligenz ruhe in Gott wie die Perle in der Auster. Gott sei so alt, er brauche keine Intelligenz mehr.

Einstein erwiderte, im Gegenteil, je tiefer man in die Natur eindringe, um so mehr Respekt bekomme man vor Gott. (Was im übrigen meinem Scherz nicht widerspricht; denn wozu sollte auch ›Gott‹ Intelligenz brauchen?)

In Amsterdam um zwölf angekommen. Eindruck einer patrizierhaften, sehr belebten mittleren Großstadt. Viel Stil und Behäbigkeit. Das ›Bourgeoise‹, das Bürgerliche, ist hier das *Selbstverständliche*. So auch beim Internationalen Gewerkschaftsbund, bei dem wir um drei vorsprachen. Er besitzt ein patrizierhaftes, hübsches Haus in einer vornehmen, ruhigen Wohnstraße, etwa im Stil eines gut praktizierenden Arztes oder Rechtsanwalts. Vornehmer Eingang, gute alte, etwas dunkle Möbel, bunte Glasfenster, Perserteppiche.

Fimmen, der uns empfing, bekam während unseres Besuches eine packend schöne gotische Holzfigur etwa aus dem 15. Jahrhundert (flämisch-burgundisch) zurück, die er vor einigen Tagen gekauft und zum Reparieren geschickt hatte. In seinem Arbeitszimmer steht ein prachtvoller, geschnitzter altniederländischer Schrank. Er ist Sammler, seine ›Leidenschaft‹, wie er sagte. Im übrigen ein Riese mit blondem Haarschopf, der in Arbeiterversammlungen als Genosse großen Eindruck machen muß. Sehr selbstbewußt und anscheinend klug und vorsichtig.

Ich trug ihm unsere Lage vor. Er unterbrach mich aber gleich und sagte, wir wollten doch lieber am andren Ende anfangen, bei dem, was wir wünschten. Ich sagte, unsere Wünsche gingen dahin, die Reparationsfrage aus dem engbegrenzten deutsch-französischen Rahmen herauszunehmen und wieder zu einem Teil zu machen des großen Problems des Weltwirtschafts-Wiederaufbaus oder zum mindesten des Wiederaufbaus Europas mit Einschluß von Rußland. Denn nur auf diesem breiteren Boden sei sie lösbar. Daher müßten Wirtschaftler und nicht bloß Politiker über sie beraten und sie auch in letzter Instanz entscheiden. Hierbei müßten auch die organisierten Arbeiter in maßgebender Weise herangezogen werden.

Fimmen gab mir zu, daß ich theoretisch vollkommen recht

hätte. Aber praktisch fehle dem Internationalen Gewerkschaftsbund die Macht, diese Forderungen im gegenwärtigen Augenblick, vor allem bei der Kürze der Zeit bis zum 1. März (Londoner Konferenz), durchzusetzen. Sie könnten bis dahin nicht einmal die nationalen Führer (Jouhaux, Thomas usw.) zu einer Konferenz zusammenbringen. Auch sei der Moment für eine Machtprobe der Arbeiterschaft sehr ungünstig, weil überall Arbeitslosigkeit herrsche. Die Unternehmer und Regierungen würden gar keine Angst vor einem Generalstreik haben. Bei aufsteigender Konjunktur würde das anders sein. Schließlich sei die Arbeiterschaft überall auch politisch gespalten.

Ich sagte, wenn sie keine Machtprobe machen wollten, sollten sie wenigstens ihren Anspruch anmelden, wie die katholische Kirche bei jeder Gelegenheit es tue. Fimmen meinte, die Kirche sei ein jahrtausendealtes Institut; der Internationale Gewerkschaftsbund erst eine sehr junge Firma, der man noch kein solches Vertrauen entgegenbringe und die erst ihre Lebensfähigkeit erweisen müsse. Die Hauptsache sei für sie vorläufig, daß sie nicht wieder auseinanderginge. Sie müsse sich erst Ansehen gewinnen, nicht Ansehen verlieren in einem ergebnislosen ›beau geste‹. Ja, wenn die französische Arbeiterschaft mächtig wäre, läge die Sache anders; sie sei aber ganz machtlos. In England stehe wiederum die Arbeiterschaft durch die Labour Party in enger Verbindung mit der Regierung, sei daher schwer gegen diese ins Feld zu führen.

Dagegen versprach Fimmen, den Versuch zu machen, zwei Dinge durchzusetzen: einmal, das Internationale Arbeitsamt in Genf dazu zu bringen, seinen Anspruch anzumelden, in London gehört zu werden; und sodann die Heranziehung von Arbeitervertretern bei den englischen und französischen Delegationen in London. Auch in Livorno beim italienischen Gewerkschaftskongreß würde er etwas in unserem Sinne in Form einer Resolution zu erreichen suchen. Im übrigen könnten wir beruhigt sein, daß er und Oudegaast alles tun würden, um uns Deutschen und den deutschen Arbeitern zu helfen. Voraussetzung sei, daß er möglichst schlagendes Material über die Lage in Deutschland und die voraussichtliche Wirkung der Pariser Beschlüsse so bald wie möglich erhalte. Keine dicken, gründlichen Untersuchungen, die niemand lese, sondern kurze, schlagende Ziffern. Ein Muster solcher gut verwendbaren, überzeugenden Darstellung sei Walther Rathenaus Artikel im ›Berliner Tageblatt‹ über ›Arbeitsschrecken‹.

Fimmen ließ dann noch Tee servieren, zeigte das Haus, machte etwas den großen Herrn und lud uns ein, abends mit ihm und Oudegaast im Weinrestaurant Pollmann zu essen.

Bei Pollmann Oudegaast kennengelernt, der das Hauptgewicht auf den Rat legte zu unterzeichnen, was von uns verlangt werde, und es dann zu *interpretieren*. Briand und Lloyd George wüßten ebensogut wie wir, daß das Verlangte unmöglich sei. Briand wolle nur seine öffentliche Meinung und die Kammer beruhigen. Dieses sei auch nötig; sonst komme Poincaré, und das sei das Ende Europas.

Oudegaast ist älter und macht einen viel mehr *politiker*haften Eindruck als Fimmen, der moderner erscheint. Oudegaast betonte auch, daß er im Gegensatz zu Fimmen an die Wirksamkeit ökonomischen Druckes ohne politische Macht nicht glaube. Die Politik sei der Schlüssel auch zur ökonomischen Macht. Oudegaast gehört offenbar einer etwas älteren Generation an als Fimmen.

Amsterdam. 15. Februar 1921. Dienstag

Früh mit Einstein im Reichsmuseum. War von der ›Nachtwache‹ zuerst enttäuscht und dann überwältigt, völlig sprachlos vor Erregung. Diese Nähe des Märchens, des Wunders im Alltäglichen sonst nur noch bei Dostojewskij.

Berlin. 20. Februar 1921. Sonntag

Mittags gefrühstückt beim General Malcolm mit Lord und Lady d'Abernon. Nach dem Frühstück führte Malcolm d'Abernon und mich ins Rauchzimmer und ließ uns allein.

Ich entwickelte d'Abernon, daß wir nach meiner Ansicht fast ebensoviel Interesse wie Frankreich am Wiederaufbau Nordfrankreichs hätten, daß aber für England der Wiederaufbau der Kaufkraft Deutschlands und Osteuropas ebenso oder noch wichtiger sei. Auch die Reparationsfrage sei nur in diesem Zusammenhange zu lösen. Solange Deutschland so elend und arm sei, könne es wenig oder nichts zahlen. Wieviel es überhaupt zahlen könne, hänge ganz davon ab, wie stark seine Kaufkraft und Wirtschaft im ganzen wieder gehoben würden. Beide Fragen, die Frage der Wiedergutmachung und die der Wiederherstellung der deutschen Kaufkraft, seien meines Erachtens unlösbar verbunden. Wir könnten die Summe, die wir zu zahlen imstande seien, überhaupt irgendeine Summe, erst nennen, wenn wir wüßten, ob und wie unserer Wirtschaft geholfen werden solle. Dieses sei eine unerläßliche und untrennbare Vorbedingung für jenes.

D'Abernon sagte, dieses Argument sei wesentlich anders, als was man bisher von deutscher Seite gehört habe. Dieses scheine ihm eine mögliche Basis für die Londoner Verhandlungen.

Berlin, 21. Februar 1921. Montag

Mittags bei Simons, der gestern aus Süddeutschland zurückgekehrt ist. Ich berichtete ihm über mein gestriges Gespräch mit d'Abernon. Simons meinte, dieser Konnex der deutschen Wiedergutmachungszahlungen mit der Hilfe der Alliierten für die deutsche Wirtschaft sei nichts Neues, im Gegenteil, der Gesichtspunkt, unter dem die Brüsseler Konferenz berufen worden sei. Brüssel sei aber durch Paris sabotiert worden, und jetzt wolle d'Abernon offenbar zu Brüssel zurück. Er betreibe dieses scheinbar mit großer Energie, denn er habe sich heute morgen bei ihm, Simons, zu heute nachmittag angesagt, wahrscheinlich, um ihm das zu wiederholen, was er gestern mir gesagt hat. Simons meinte aber, wir hätten eher ein Interesse daran, nicht zu schnell mit den Engländern eins zu werden, wenigstens zu warten, bis die Amerikaner mit in die Kombination hineinkämen. Auch würden die Franzosen furchtbar schreien, wenn wir unsere Leistungen von Gegenleistungen abhängig machen. Aber ungefähr so denke auch er sich die Verhandlungen in London.

Genf. 26. Februar 1921. Sonnabend

Um sechs bei Albert Thomas in seiner Privatwohnung. Ich legte ihm meinen Standpunkt dar, den ich als den auch von Gerlach, Breitscheid, überhaupt der Linksparteien Deutschlands bezeichnete: Ehrliche Anerkenntnis der Zahlungspflicht Deutschlands, in Deutschlands eigenem wirtschaftlichen Interesse, da Deutschland den wirtschaftlichen Wiederaufbau Frankreichs brauche; aber Verurteilung der Pariser Beschlüsse, weil sie die Frage, wie Frankreich sein Geld erhalten solle, ganz aus dem Auge ließen, politische und militärische Gesichtspunkte in den Vordergrund rückten, statt den technisch-wirtschaftlichen Maßnahmen die Hauptaufmerksamkeit zu schenken. Deshalb sei er als Direktor des Internationalen Arbeitsamts und als einer der Hauptfunktionäre des Völkerbundes legitimiert und verpflichtet einzugreifen, ehe es zu spät sei. In vierzehn Tagen könne Foch an der Ruhr stehen; die Lage sei ähnlich gefährlich und furchtbar wie im Juli 1914. Jeder müsse seine Pflicht tun.

Thomas begann, offenbar etwas verlegen, daß er einen ›großen Teil‹ meiner Ansichten teile. Aber Simons habe durch seine Reden in Süddeutschland ›coupé les bras‹ denen, die heute noch etwas tun möchten. Er sehe nicht, wie man im Augenblick eingreifen könne. Briand werde stürzen, wenn er in London die geringste Konzession mache. Poincaré sei ›d'une activité trépidante‹ und warte nur auf Anzeichen von Nachgiebigkeit Briands.

Offenbar sind Briand und Leute wie Thomas von Poincaré terrorisiert. Ich sagte, selbst wenn Deutschland in London unterzeichne, stehe das Abkommen auf recht schwachen Beinen, nämlich auf der Annahme, daß die jetzige militärische und politische Situation, die Übermacht Fochs, zweiundvierzig Jahre anhalten werde. *Das sei aber absurd.* Was wir *gemeinsam* wollen müßten, sei, die Wiedergutmachung für Frankreich und Deutschland und der ganzen Welt mit Einschluß der Arbeiterschaft als vernünftig und vorteilhaft angenommenes freiwilliges Übereinkommen.

Thomas wurde sichtlich sicherer und zustimmender. Er arbeite in diesem Sinne schon seit acht Tagen. Jetzt eben komme er aus Paris, habe mit Briand gesprochen. Ich sagte, dann müsse er aber doch sehen, daß diese Sache vor den Völkerbund gehöre (gemäß Artikel 3 und 11) und daß er als Leiter des Arbeitsamts die Zuziehung der internationalen Arbeiterschaft fordern müsse.

Ich erkenne als Hauptrichtlinien des Thomasschen Denkens: 1. Gefühl der Machtlosigkeit (relativ) des Völkerbundes und der Arbeiterschaft. 2. Furcht vor dem Sturz Briands und der Machtergreifung Poincarés. 3. Erkenntnis der unzuverlässigen Grundlagen der Pariser Beschlüsse und eventueller Londoner Diktate (Veränderlichkeit der militärischen und politischen Machtverhältnisse). 4. Mißtrauen gegen die öffentliche Meinung in Deutschland, gestärkt durch Simons' Redefeldzug. (Er sagte mir: Simons komme ›dans de bien mauvaises conditions‹ nach London; er habe seinen persönlichen Kredit, der sein bester Trumpf gewesen sei, durch seine ›hetzerischen‹ Reden so gut wie aufgebraucht. Ich suchte ihn natürlich zu beruhigen und aufzuklären.) 5. Dämmernde Einsicht in die Notwendigkeit, für ihn persönlich und für die Arbeiterschaft, einzugreifen. 6. Große Angst vor diesem Eingreifen: Umsehen nach einer Rückenstärkung. 7. Angst auch vor dem Chaos, das Fochs Einmarsch zur Folge hätte.

Gut, daß ich gleichzeitig auch an Branting schreiben lasse, um vielleicht den Staat Schweden als Bundesmitglied des Völkerbundes mobil zu machen gemäß Artikel 3 und 11. Schließlich kommt doch vielleicht eine Gruppierung zustande, die Lloyd George und Briand und Thomas den Rücken genügend wärmt und stärkt, damit sie ihren wilden Leuten gegenüber Mut zeigen. Was fehlt, ist heute auch bei den Gegnern nicht die Erkenntnis (siehe auch d'Abernon), sondern der Mut, das heißt die Bereitwilligkeit, ihre Stellung zu opfern, genau wie unseren ›Staatsmännern‹ von Wilhelm II., Bülow und Bethmann. Dreiviertel aller Katastrophen, der großen und der kleinen, entspringt aus Feigheit. Die Feigheit ist die subtilste und die tragischste aller menschlichen Eigenschaften, der allgegenwärtige Kitt und zugleich Sprengstoff der menschlichen Gesellschaft. Der Mensch ist Mensch durch Feigheit, er ist aber *nur* Mensch, auch durch Feigheit.

Ravenna. 14. Mai 1921. Sonnabend

San Vitale: überwältigender Eindruck majestätischer Großräumigkeit auf kleiner Fläche. Das Geheimnisvolle des überirdisch Fürstlichen. Darin mischt sich die Melancholie des einsickernden Wassers, grünen, durchsichtigen Sumpfwassers, das nixenhaft Teile des Fußbodens, der Mosaiken bedeckt.

Grabmal des Theoderich. Mächtig, viereckig (tête carrée), etwas Hindenburg. Denkmal des frühesten germanischen Militarismus und des ersten Versuchs, eine germanische Weltmonarchie, die später als Reich Karls des Großen gelang, aufzurichten.

Nachmittags auf Däublers Rat nach Porto Corsini, wo zwar wenig, das an das klassische Italien erinnert, aber eine unbeschreiblich zarte und blaue See, die abends irisierend märchenhaft wurde.

Würdeloses Grabmal Dantes. Dagegen schönes, giotteskes Freskobildnis daneben in San Francesco, sehr jugendlich und idealisiert, aber so, wie er der Beatrice gegenübergetreten sein könnte. Daneben Fragment einer herrlichen giottesken Kreuzigung.

Ravenna. Rimini. 15. Mai 1921. Pfingstsonntag

Ganz früh vor der Abfahrt noch einmal San Vitale besucht. Noch stärker als gestern erschüttert von der Gesamtwirkung in ihrer grandiosen und bis ins Feinste (Licht, Farbe) gehenden Einheitlichkeit.

Auf dem Wege nach Rimini Halt bei Sant' Apollinare in Classe; sehr gestört von zwei unermüdlich schwatzenden Kustodinnen. Die gewaltige Raumwirkung packt aber unwiderstehlich. Als das Licht durch Alabasterfenster golden einfiel wie in der Grabkapelle der Galla Placidia und alles vielfarbig und mit Mosaiken bedeckt war, muß die Wirkung mystisch hoheitsvoll gewesen sein.

Wenn man diese Basilika (eine der reinsten und schönsten) mit Santo Spirito von Brunelleschi in Florenz vergleicht, so erkennt man, daß an die Stelle der Pracht der Geist und an die Stelle des Mystisch-Zeremoniellen die Musik der Rhythmen beim großen Florentiner getreten ist. Sant' Apollinare muß den Geist wie ein Opiumrausch umnebelt haben, als es in seiner geheimnisvollen Großräumigkeit und Beleuchtung vollendet war. Santo Spirito befreit den Geist zu neuen Taten. Aber trotzdem bleiben San Vitale und Sant' Apollinare höchste Kunstwerke, denen gegenüber von einer ›Dekadenz‹ der spätrömischen Kunst (im Sinne eines Kunstverfalls) zu reden geradezu unsinnig ist. Im Gegenteil: Die römische Kunst hat gerade hier vielleicht erst ihren eigenen, einzigen Höhepunkt erreicht, nicht unter Augustus, wo sie zum größten Teil nur eine Adaptation der griechischen war.

In Rimini enttäuschte mich der Tempio Malatestiano von L. B. Alberti (1450), eine Bastardgeburt aus Gotik und Frührenaissance, ohne jeden eigenen Reiz.

Nachmittags im Auto nach Bologna, da man uns abriet, nach San Marino hinaufzufahren, weil dort ›Bolschewisten‹ hingeflüchtet seien, die Autos anhielten und erst vor wenigen Tagen einen Arzt aus Rimini erschossen hätten. Sonst ist heute trotz des Wahltages alles überall ganz ruhig.

Die zwei großen Knicke in der Geschichte des Christentums; seine Erklärung zur Staatsreligion durch Konstantin mit der Folge, daß es den ganzen Pomp des römischen Kaiserreiches übernahm (Ravenna), und das Auftreten Franz von Assisis, wodurch wenigstens etwas von Christi *Geist* in die Welt eindrang (Assisi). Ravenna und Assisi die beiden großen, weltgeschichtlichen Gegenpole.

Rom. 10. Juni 1921. Freitag

Früh im Vatikan bei Monsignore Giuseppe Migone, Privatsekretär und Vertrautem des Papstes. Ich hatte eine Empfehlung für ihn vom jungen Bartolomeo Migone in Florenz.

Er kannte meine ›Richtlinien‹, die ihm Bartolomeo Migone auf italienisch geschickt hatte. Will mich beim Papst zu einer Audienz anmelden und empfahl mir, Monsignore Cerretti zu besuchen, der die auswärtigen Angelegenheiten im Kardinal-Staatssekretariat bearbeitet und in der nächsten Zeit als Nuntius nach Paris geht. Er will mich auch bei Cerretti anmelden. Migone erklärte sich mit meinen Ideen einverstanden, namentlich mit der von mir betonten Notwendigkeit, ein Gegengewicht gegen den überschäumenden, die Kultur mit dem Untergange bedrohenden Nationalismus zu schaffen. Er stimmte zu, daß an dieser Aufgabe, als Ausgleich und Gegengewicht zu wirken, auch das Papsttum und die katholische Kirche sich beteiligen müßten.

Rom. 11. Juni 1921. Sonnabend

Vormittags um elf im Vatikan bei Monsignore Cerretti, dem Migone mich vorstellte. Cerretti ist, wie Migone mir sagte, der Hauptmitarbeiter des Kardinal-Staatssekretärs Gasparri in der internationalen Politik und geht im Juli als Nuntius nach Paris. Ich hatte den Eindruck eines hellen matter-of-fact-Italieners, eines lebhaften, fest zupackenden Realisten mit einer nur sehr dünnen Hülle kirchlicher Salbung. Wir sprangen ohne weitere Einleitung gleich in medias res, in die Frage des Völkerbundes, deren ganz besondere Bedeutung gerade für Deutschland ich schilderte.

Cerrettis Äußerungen zum Genfer Völkerbund waren durchweg unverhohlen skeptisch; und als ich dieses Institut zuerst erwähnte, umspielte seine Lippen ein sehr deutliches ironisches Lächeln. Er hielt mir dann einen längeren, zusammenhängenden Vortrag über die Politik des Vatikans. Als Wilson die Frage zuerst aufwarf, habe der Vatikan die Idee mit Freuden ergriffen.

Als sich dann aber die Ereignisse entwickelten, die besiegten Mittelmächte nicht aufgenommen wurden, der ›Völkerbund‹ sich als ein Bündnis der Siegerstaaten entpuppte und dementsprechend verschiedentlich Entscheidungen rein politischer Art von zweifelhafter Gerechtigkeit fällte, schließlich Amerika ablehnte, ihm beizutreten, habe auch der Vatikan allmählich das Interesse für *diesen* Völkerbund, der als eine leere Attrappe sich erweise, verloren, und damit sei auch der Wunsch, in ihn aufgenommen zu werden, hier immer mehr geschwunden.

Rom. 12. Juni 1921. Sonntag

Im Auto mit Prittwitzens und Schöns nach Palestrina und Subiaco. Die alten Städte auf den Höhen bieten überall eigenartige Bilder. Sonst ist die Campagna jetzt, nach dem feuchten Frühjahr, so grün, so gut bebaut, namentlich mit Getreide, und ermangelt so ganz der südlichen Vegetation, der Pinien oder Zypressen, daß sie viel weniger südlich wirkt als Toscana. Man könnte sich oft, bis auf das kristallklare, starke Licht, in Mitteldeutschland glauben.

Der Sacro Speco in Subiaco ist mit den vielen übereinandergelegenen Kirchen und Höhlen, den Erinnerungen an Sankt Benedikt und den heiligen Franz und deren Reichtum an früher Malerei eines der merkwürdigsten Denkmäler Italiens. Das Porträt des heiligen Franziskus, angeblich noch zu seinen Lebzeiten gemalt, wirkt trotz offenbarer Restaurierungen wahr und überzeugend, namentlich die sehr schönen, kristallhellen, sanft-fanatischen Augen.

Rom. 16. Juni 1921. Donnerstag

Früh um neuneinhalb bei Nitti (Via Alessandro Farnese 18, hinter der Engelsburg). Ein etwas dicklicher Süditaliener mit dunklen Augen, kurzgeschorenem weißem Haar und einer sehr klar disponierenden, eindringlichen Redeweise. Offenbar auch schlau und nicht ohne Eitelkeit. Durch und durch ›politician‹ (soll nach Lucidi noch schwächer von Charakter als Giolitti sein), auf praktische politische Erfolge mehr als auf dauernde Wirkungen eingestellt, aber mit einer gewissen Weitsicht, die ihn von gewöhnlichen Maschinenpolitikern vorteilhaft unterscheidet.

Er tat, als ob er sehr offen mit mir spräche. Frankreich wolle nicht die Wiedergutmachung, sondern die ›Desorganisation‹ Deutschlands aus Furcht vor einem militärischen Wiedererstarken des geeinten Deutschlands. Frankreich habe französische diplomatische Vertreter in jeden einzelnen deutschen Bundesstaat schicken wollen und nach Berlin nur eine Militärmission, keinen Botschafter, und versucht, ihn, Nitti, zu bestimmen, für Italien dasselbe zu tun. Er habe sich aber absolut geweigert, weil es weder im Interesse Italiens noch mit der internationalen Moral zu vereinigen sei, Deutschland auseinanderzureißen. Ferner habe Frankreich alles vorbereitet, um den Kaiser nach Curaçao zu deportieren. Auch diesen Plan habe er, Nitti, abgelehnt. Er habe auf Lloyd George großen Einfluß gehabt und auch in dieser Frage, bei der dieser wegen seiner Wahlversprechungen besonders stark gebunden war, auf ihn einzuwirken vermocht. Lloyd George sei überhaupt ›beaucoup plus modéré‹, als wir glaubten. Ebenso habe er sich geweigert, mit Frankreich ein Bündnis einzugehen. Italien habe mit Frankreich kein Bündnis, sondern wolle frei bleiben. Deutschland und nur Deutschland könne Europa retten; wenn Deutschland zugrunde gehe, werde ganz Europa mit zugrunde gehen. Deutschland sei letzten Endes auch heute noch viel stärker als Frankreich. Frankreich sei sehr schwach, weil es keine Männer und keine Geburten habe. Dabei besitze es ›das größte Kolonialreich der Erde‹, seitdem Englands Hauptkolonien sich als Dominions frei gemacht hätten, könne aber mit diesen Kolonien nichts anfangen, weil es nicht die Kraft dazu habe.

Gesamteindruck: ein ziemlich durchschnittlicher, aber sehr klarer, namentlich klar ordnender und abwägender Kopf, ein ebenfalls nur durchschnittlicher, durch politische Kleinarbeit sehr biegsam und vielleicht unzuverlässig gewordener Charakter. Kein großer Mann, aber einer, der vielleicht eine große Rolle mit Erfolg spielen könnte.

Rom. 22. Juni 1921. Mittwoch

Zwei Stunden vor Rom aufgestanden. Maremma. Wieder wie in der Campagna gegen Palestrina durchaus nordischer Eindruck, an England erinnernd. Gruppen von Laubbäumen auf weiten Stoppelfeldern, Heumieten, vereinzelte weiße Landhäuser des Adels oder reicher Gutsbesitzer, umgeben von Parks mit grünen Laubkronen. Kleine Herden weißer Büffel stehen oder liegen auf den abgeernteten Feldern. Aber nirgends sieht man die charakteristische Staffage südlicher Landschaften: Zypressen, Pinien, Wein oder Ölbäume; sie fehlen so vollständig wie in Devonshire oder Ostpreußen. Auffallend ist nur die große Seltenheit von Bauernhäusern oder Dörfern: die Einsamkeit der Gegend. Großwirtschaft, Latifundien.

Sanft senkt sich diese menschenleere, mit Heumieten und Baumgruppen bestandene wellige Ebene zum blauen Meer, auf dem einzelne Segel in der Ferne weiß leuchten: Latium, das ›breite Flachland‹, das Getreideland, die weite Kornkammer am Meer, auf dem der lateinische Bauer, der römische Kleinbesitzer und Krieger zur Rasse wurde, die eine Welt schuf. Man empfindet eine Art von Ehrfurcht vor dieser Erde, die so geheimnisvoll und göttlich fruchtbar gewesen ist, die wie ein Zipfel nordischen Wiesen- und Weizenlandes, vielleicht geschwängert von nordischen Göttern, in die blaue Flut des Mittelmeers hineingrünt.

Den Tag zum größten Teil auf dem Forum mit Hülsens ausgezeichneter Monographie. Auf dem Rückwege durch die Via Bonella unerwartet auf gewaltige Mauern und Säulen gestoßen, die ich in Ermangelung des Baedekers nicht benennen konnte und die ich zu Hause als die des Forums des Augustus und des Tempels des Mars Ultor feststellte. Sie machten in ihrer Anonymität auf mich den Eindruck einer überwältigenden Kraft und Größe.

Wie Jahrmarktsbuden erscheint im Vergleich zu diesen den

Stempel der Ewigkeit tragenden Bauten alles Moderne. Man fühlt, daß, was die Römer schufen, die Festigkeit und Größe besaß, um als Fundament für Jahrtausende zu dienen; daß ähnliche Qualitäten dem römischen Recht, dem römischen Staatsbegriff, der römischen Kirche ihre Dauer verbürgen. Eins allein fehlt ihnen: das Herz, die direkte Beziehung zum einzelnen Menschen, zum eigentlichen Kern, der im Staatsbürger, im Civis drinsteckt und ihm Wärme und Impuls gibt. Das unterscheidet zum Beispiel solche gewaltigen, gigantischen Bauten wie die Reste des Mars-Ultor-Tempels von den Bauten eines Brunelleschi oder Michelangelo, von Santo Spirito in Florenz oder von Bramantes und Michelangelos Peterskirche. Hierin besteht der Schritt vorwärts, den die Kolossalbauten des Christentums über die Kolossalbauten des römischen Kaiserreichs machen.

Mittags Besuch im halb abgebrochenen Palazzo Caffarelli. Der Eintritt ist verboten. Große Schutthaufen liegen bis zum ersten Stockwerk. Aber der Guardiano führte mich con molta cortesia gegen ein Trinkgeld hinein und zeigte mir in den durchstoßenen Renaissancemauern zutage kommende mächtige Quadermauern des Tempels des Jupiter Capitolinus: die vier Ecken des Tempels, die seine gewaltigen Dimensionen zeigen, sind auch schon freigelegt. Über dem Schutthaufen, in der halb abgebrochenen Fassade zeigte der Guardiano einen Eisenträger: der Thronsaal Wilhelms II.; alles, was davon übrigbleibt, als Alteisen schwebend in halber Höhe mitten im Tempel des Jupiter Capitolinus.

Auch ein Stück Weltgeschichte: dieser billige, schnell hochgeführte Thronsaal des letzten deutschen Kaisers auf den Ruinen des ältesten und heiligsten Tempels des alten römischen Kaiserreichs, der unter diesem kurzlebigen Überbau tausendjährig jetzt wieder hervorkommt. Aber vielleicht wird man es, und wenn auch nur im Zusammenhang mit dem Weltkrieg, nicht vergessen, daß Wilhelm II. auf den Ruinen des Capitolinischen Jupitertempels gethront und mit der Weltherrschaft gespielt hat wie gegenüber auf dem Palatin Caligula und Nero: letzterer allerdings mit mehr artistischem Talent und besseren Manieren.

Rom. 23. Juni 1921. Donnerstag

Vormittags auf dem Esquilin. Gärten des Fürsten Brancaccio, in die ich zufällig hineingeriet; ein von hohen Mauern umschlossener, riesiger, schattiger Park, ohne Kunstwerke, ohne Geschichte, sozusagen geheim und vergessen mitten in der Ewigen Stadt.

Drunten am Abhang San Pietro in Vincoli Michelangelos Moses, zu dem man sich die Sklaven und Giganten in der Akademie in Florenz hinzudenken muß als Träger und geistige Ergänzung: als die dumpfe, sich selbst nicht verstehende, daher unfreie, daher tragische Macht; während Moses die durch Geist und Gefühl erleuchtete, klar sehende und wollende, dadurch frei gewordene Kraft ist.

Das Problem der Macht, der mit sich selbst, um sich selbst und um ihre eigene Rechtfertigung und Erlösung ringenden Macht, scheint mir im Mittelpunkt von Michelangelos Denken zu stehen. Um diesen Kampf drehte sich für ihn die Weltgeschichte, diese Tragädie war der rote Faden, der alle die großen, mächtigen Persönlichkeiten, mythische und wirkliche, weltliche und heilige, miteinander verband. Wozu die Macht? Was mit all den ungeheuren Kräften anfangen? Die Tragödie des Überschusses von Kraft. Daher sind alle seine Figuren ringende Titanen. Sie suchen die Brücke von ihrer ungeheuren Macht zum menschlichen Herzen, zur Heiligkeit und Weisheit.

Tolstoi, der jede Gewalt ablehnt, der auf die Kraft verzichten will, weil er nicht weiß, was man damit anfangen soll, weil er keine Brücke von ihr zur Heiligkeit oder zur Weisheit sieht, gibt eine späte, müde Antwort auf die Frage Michelangelos, eine Antwort, die übrigens Michelangelo bekannt sein mußte, die er aber ablehnte. Der Moses ist Michelangelos entgegengesetzte, noch grandiosere Antwort; die Antwort nicht der Renaissance, sondern des tieferen, christlich-modernen Geistes: Kraft und

Macht sind gut, denn es führt ein Weg von ihnen zur Heiligkeit und zur Weisheit, das heißt zum Menschen, zu einem höheren und tieferen Menschen. Hier ist auch einer der Drehpunkte von Nietzsches Denken.

Mittags frühstückten Prittwitz und Lucidi bei mir. Nachher mit Lucidi beim Kardinal-Staatssekretär Gasparri im Vatikan. Er hat Aussehen und Manieren eines kleinen, dicken, ziemlich vulgären Geschäftsmannes; trotz roter Strümpfe, roter Kardinalsmütze und des im roten Blut der Märtyrer gefärbten Damastes seiner Wandbehänge nichts von einem Kirchenfürsten. Er könnte, so wie er ist, hinter einem Ladentisch stehen. Nicht einmal eine Spur von Kirchlichkeit.

Für den Genfer Völkerbund hatte er nichts als unverhüllten Hohn. Er rechnete uns die Gehälter von Bourgeois und den andren Würdenträgern von Genf vor: Bourgeois sechshunderttausend Francs, der italienische Vertreter dreihunderttausend usw., usw., und meinte, diese Herren betrachteten jetzt den Völkerbund als die schönste Erfindung aller Zeiten! Sie wollten nicht, daß man irgend etwas daran ändere. Für den Vatikan sei die Frage des Eintritts erledigt durch Artikel X, den er nie annehmen könne, denn er könne unter keinen Umständen irgendeinem Volk den Krieg erklären, ›à moins qu'un peuple ne fasse une guerre de religion‹. Die Siegerstaaten hätten einfach einen Bund zur Wahrung ihrer Siegesfrüchte gegründet. Argentinien sei bereits daraus fort. Peru sei im Begriff ›de partir‹. Der peruanische Vertreter habe ihm gesagt, er habe an seine Regierung berichtet, das für den Völkerbund ausgegebene Geld sei ›aus dem Fenster geworfen‹.

Alles dies sagte Gasparri mit unverhohlener Schadenfreude, breit über sein dickes, öliges Gesicht lächelnd und mit beiden Händen auf die Knie klopfend. Er fügte hinzu: Zu Anfang sei die Rede gewesen von der Aufnahme des Papstes in den Völkerbund; aber Frankreich habe eingewendet, ›que le Saint Siège n'était pas une nation‹; worauf irgend jemand erwidert habe, ›qu'en effet, ce n'était pas une nation, mais une puissance!‹ In dieser skeptischen und ablehnenden Haltung des Vatikans gegen Genf ist offenbar auch viel dépit, viel ›Verärgert-und-auf-die-Füße-getreten-worden-sein‹ und vielleicht auch einiger Kirchenhaß gegen die Erfindung des Teufels, des kalvinistischen Pastors und Professors Wilson.

Als ich Gasparri meine Ideen, ›die von ähnlichen Kritiken wie den seinigen ausgingen, auseinandersetzte, meinte er, jedenfalls werde eine solche Reform des Völkerbundes sehr lange auf sich warten lassen; ›que le Vatican ne pouvait pas se lancer dans la lutte‹, daß er aber selbstverständlich meine Bestrebungen ›mit seiner Sympathie begleite‹. Er sagte dieses ohne jede Salbung, ja sogar ziemlich brüsk, und betrachtet mich offenbar als einen Idealisten, der Kardinälen und andren ernsthaften Männern von weltlicher und realistischer Geistesverfassung ihre Zeit stiehlt.

Um gerecht zu sein, muß man berücksichtigen, daß die Kirche grundsätzlich den natürlichen Menschen für schlecht hält. Aber was mir mißfällt, ist der ›ton canaille‹, in dem die politischen Organe sich der Völkerbundidee gegenüber gefallen. Sie könnten erklären: ›Die *Kirche* ist der Völkerbund‹, und hinweisen auf die greuliche weltliche Mißgeburt. Aber dieses säuerliche, grobe Witzeln ohne Positivität ist unwürdig.

Rom. 24. Juni 1921. Freitag

Mit Däubler, den ich zufällig traf, nach der Villa Hadriana hinaus. Gewaltiger Eindruck von den fürstlichen Lebensformen, von der Umsetzung gewaltiger Macht in ein wunderbar verfeinertes Einzeldasein, in die Gebärden und Genüsse eines menschlichen Gottes. Die große Mauer der Poikile; zweihundert Meter strichgraden Genußwillens wie eine große Handschrift in die Landschaft hineingesetzt, und drum herum unter Baumgruppen und in Feldern zerstreut die Reste des raffiniertesten, sinnlichsten Lebens, von den höchsten philosophischen und künstlerischen Genüssen bis zu den Bädern, in denen die Spielgenossen und Nachfolger des Antinous, die ausgesucht schönsten Knabenkörper des Riesenreichs auf den Kaiser warteten, und bis zu ›Canopus‹, wo vor den Augen des Kaisers die Orgien gefeiert wurden. Das volle Aufblühen einer menschlichen Pflanze in allen ihren Fibern und Färbungen aus den Wurzeln unbeschränkter Macht.

Rom. 25. Juni 1921. Sonnabend

Um zwölfeinhalb Privataudienz beim Papst. Er empfing mich allein unter vier Augen, so daß die Möglichkeit zu einer kurzen Berührung der Fragen, die mich interessierten, gegeben war. Aber auch er ließ eine gerade deshalb um so schärfere absichtliche Abwendung von der Völkerbundfrage erkennen. Wich aus, indem er sagte: »Ce n'est pas *ici* (das heißt im Vatikan) que nous pouvons traiter cette question.« Betonte, die Hauptsache sei, »qu'il fallait pacifier les esprits, que la guerre n'était pas encore terminée, qu'il fallait mettre fin à la guerre.« Er fragte mich, vielleicht aus Höflichkeit, ob und was ich zur Frage des Völkerbundes geschrieben habe, und gab mir zum Schluß für meine Wirksamkeit seinen apostolischen Segen.

Rom. 26. Juni 1921. Sonntag

Offenbar sind hier die Bande zwischen Vatikan und äußerster Linken zahlreich und ziemlich eng. Treves meinte: hinter diesen beiden Parteien stehe das eigentliche Volk (offenbar mit verschiedener geistiger Einstellung, aber mit gemeinsamen materiellen Interessen). Das ist ja auch meine Kombination.

Rom. 1. Juli 1921. Freitag

Meinen Nietzscheaufsatz wieder vorgenommen. Abends Nietzsches ›Genealogie der Moral‹. Literarisch hinreißend, geschichtlich sehr brüchig. Seine Darstellung des Kampfes zwischen Rom und ›Judäa‹ als eines ›Sklavenaufstandes‹ gegen ›die Starken und Vornehmen, wie sie stärker und vornehmer bisher auf Erden nie dagewesen, selbst niemals geträumt worden sind‹, ist nur richtig, wenn man vornehm = mächtig setzt ohne Rücksicht auf den Zweck zu dem die Macht gebraucht wird.

An diesem ›Wozu?‹ geht Nietzsche ganz vorbei. Aber der

Ausgangspunkt des Kampfes war gerade die (richtige oder falsche) Ansicht, daß Macht an sich nichts bedeute, was ihre Kosten wert sei, das Gefühl des Unbefriedigtseins durch die Macht, und zwar durch die größte Machtanhäufung, die es je auf Erden gegeben hat (wie Nietzsche ganz richtig sagt), *bei den Mächtigen selbst.*

Der ›Sklavenaufstand‹ spielte bei der Ausbreitung des Christentums nur insofern eine Rolle, als er diesem Gefühl der Mächtigen einen geistigen Rückhalt bot. Aber das Wesentliche, das, was *weltgeschichtlich* wirkte, war nicht das Ressentiment der ›Sklaven‹ (Juden), sondern die Enttäuschung der ›Herren‹ (Römer), die mit der größten Machtanhäufung der Geschichte *experimentiert* und sie unfruchtbar gefunden hatten. Ohne diese Enttäuschung der Herren der Welt über die Früchte ihrer Macht wäre der christliche ›Sklavenaufstand‹ ergebnislos verpufft wie so viele andre; nicht einmal die Evangelien und Paulusbriefe wären auf uns gekommen. Die obskure Sekte wurde weltgeschichtlich infolge der Enttäuschung der Mächtigen, die an den Früchten der Macht verzweifelten. Sie hatten erprobt, daß große Macht keineswegs notwendig den Menschen bereichert, daß aber hierauf allein alles ankommt. Die Bereicherung des Menschen, die Veredelung und Rettung seiner ›Seele‹ erschien ihnen, gerade weil sie mächtig waren, aus ihren Erfahrungen von der Macht heraus, als das Wesentliche; *deshalb* (und nicht aus Ressentiment, nicht weil sie ›Sklaven‹ waren, sondern gerade umgekehrt, weil sie ›Herren‹, enttäuschte Herren waren) wurden sie Christen.

Nietzsche stellt die Dinge auf den Kopf und hat natürlich keine Erklärung dafür, *wie* dieser ›Sklavenaufstand‹ gegen die größte Macht der Welt triumphieren konnte. Kann keine Erklärung hierfür haben anders als die eines Wunders. Um die paar orientalischen Wundertäter und die ihnen anhängende Plebs hätte sich der römische Staat auch sicher nicht viel gekümmert. Eine Gefahr wurde die Abkehr vom römischen Machtideal vom vergöttlichten Imperium und Imperator erst, als die Vornehmen, die Träger der römischen Staatsmacht, die Hohlheit des Idols erkannten. Erst dann wird es zu Verfolgungen gekommen sein. Und wie bald das geschah, bezeugt Tacitus, bezeugt die wahrscheinlich doch wahre Tradition vom Märtyrertod der Apostel Petrus und Paulus.

Rom. 3. Juli 1921. Sonntag

Tags gearbeitet. Abends vor Sonnenuntergang auf dem Forum. Früh gehe ich meistens auf einen Augenblick in Santa Maria degli Angeli, das mir eine nie versiegende Erquickung bietet. Ich finde überhaupt, daß ich nirgends in der Welt so viel Lust zur Arbeit, so viel Anregung und Stimmung und Heiterkeit für die Arbeit habe wie in Rom. Vielleicht werde ich einmal ganz meine Arbeitszeiten nach Rom verlegen. Es gibt nur zwei Städte, die als Städte wert sind, daß man in ihnen ein ganzes Leben zubringe, London und Rom: London, die unerschöpfliche Gegenwart, Rom, die unerschöpfliche Geschichte.

Neapel. 14.–16. Juli 1921

Jeden Morgen im Museum und nachmittags bei geschlossenen Läden im Halbdunkel des südlichen Mittags an meinem Nietzscheaufsatz gearbeitet.

Neapel. 17. Juli 1921. Sonntag

Die Tage sind hier heiß; aber jede Nacht ist wie ein neuer Frühling, frisch, jung, balsamisch steigt sie mit dem Nachttau aus dem Meere empor, alles mit einer fremdartigen Anmut übergießend. Der Erde ist jede Schwere genommen. Auch ist bis in die späte Nacht noch alles auf den Straßen; ein zeitloser Leichtsinn befällt die Menschen, sie tanzen, singen, spielen Gitarre, kichern im Mondlicht und im blauen Schatten wie die Zikaden. Diese tags schmutzige, träge Stadtbevölkerung bekommt nachts jetzt im Sommer etwas Hellenisch-Göttliches, hat Weinlaub im Haar und eine Heiterkeit ohne Schwere, wie Trunkenheit von Ambrosia in der Seele. In solchen Nächten kann man wie den Schlaf den Tod vergessen.

Pompeji. 21. Juli 1921. Donnerstag

Den ganzen Tag in Pompeji herumgewandert. Vor allem Privathäuser; von denen mir am meisten sagten die der ›Amorini Dorati‹, der Fontana Grande und Fontana Piccola, des Fauns, meines Freundes, des Bankiers Caecilius Jucundus, des Marcus Lucretius, des ›Tragischen Dichters‹, des Ti. Claudius Verus (del Centenario) (dieses mit sehr suggestivem Harem: mit kleinen, reizend dekorierten Speisezimmern für galante Soupers und obszön ausgemaltem Vergnügungsraum; gleich anstoßend sehr luxuriöses, mehrräumiges Bad); natürlich auch das genugsam bekannte Haus der Vettier. Die absolute Natürlichkeit und Ungeniertheit im Sinnlichen. Alles das ist noch heute genauso, nur krankhaft und verlogen.

Gesamteindruck von Pompeji: daß hier eine Höhe und ein gesundes, quellenhaftes Sprudeln der Kultur erreicht war, zu denen wir noch nicht einmal wieder die ersten Stufen erklommen haben trotz ›Humanismus‹ und Kunstgeschichte, die immer absichtlich um den Kern herumgehen; die gesunde und natürliche sexuelle Sinnlichkeit, die alles Sexuelle ohne jede Einschränkung als gegeben und deshalb kultivierbar und in den Gesamtbau des gesellschaftlichen Lebens einreihbar annimmt. Das Erstaunlichste ist, daß wir eine lückenlose und allgemeine Kulturhöhe in einer kleinen Provinzstadt sehen und schließen müssen, daß die ganze antike Welt mit Hunderten solcher und noch viel höherer Kulturstätten bedeckt war.

Sorrent. 24. Juli 1921. Sonntag

Gutes Hotel und Zimmer. Viele Menschen. Unter andren der Tenor Caruso mit einer ungeheuer großen und starken amerikanischen Frau. Er sieht aus wie Napoleon auf St. Helena. Immer finster und nachdenklich. Starker durchgearbeiteter neapolitanischer Typus.

Sorrent. 25. Juli–8. August 1921

Ruhig gearbeitet. Meistens nachmittags baden am Capo di Sorrento (wo ich übrigens meinen Ring von Lettré verlor). Der arme Caruso ist in Neapel am 2. August gestorben. Ungeheurer Eindruck dieses Todes hier. Er war der ›representative man‹ von Neapel, der vergöttlichte neapolitanische Santa-Lucia-Sänger, der typische Neapolitaner. Den Himmel Neapels hatte er in seiner Stimme um die Welt getragen. Ganz Neapel hat ihn mit mehr als königlichen Ehren zu Grabe getragen. Die Zeitungen behaupten, er habe zweihundert Millionen Lire hinterlassen.

Paris. 11. Dezember 1921. Sonntag

Früh in Paris an, das ich am Dienstag vor dem Kriege, am 28. Juli 1914, verlassen hatte. Wilma und die Kinder an der Bahn. Merkwürdig, wie sieben so furchtbare Jahre für den unmittelbaren Eindruck (das heißt den nicht reflektierten) so vollkommen ausgelöscht sein können! Ich empfand, als ob ich wie früher von einer kurzen Abwesenheit zum Altgewohnten zurückkehrte. Nur die Menschen sind etwas düsterer, unfreundlicher geworden, wenn mich mein erster Eindruck nicht täuscht. Es ist, als ob etwas auf ihnen lastete. Aber sonst ist alles erstaunlich gleich geblieben. Berlin hat sich unendlich viel mehr verändert. – Abends großes Bankett von Marc Sangnier gegeben zum Abschluß seines Kongresses. Mehrere hundert Teilnehmer von 21 verschiedenen Nationen. Ich saß rechts neben Sangnier und hielt auch die erste Rede nach ihm. Die größte Zuvorkommenheit und Freundlichkeit, ohne jede Kühle, herrschte gegenüber uns Deutschen. Meine Rede wurde immer wieder durch geradezu frenetischen Beifall unterbrochen.

Paris. 12. Dezember 1921. Montag

Abendgesellschaft bei Mme. Ménard-Dorian: etwa fünfzig bis sechzig linksradikale Politiker usw.: hauptsächlich ›Ligue des Droits de l'Homme‹. Ferdinand Buisson, der Senator d'Estournelles de Constant, die Deputierten Marc Sangnier und Moutet (der Verteidiger von Caillaux), der alte Professor Aulard, der General Sarrail, Henri Lichtenberger, Victor Basch, Grumbach usw.

Die Sache ging in Form einer Art von Kollektivinterview oder Disputation vor sich. Ferdinand Buisson übernahm den Vorsitz, d'Estournelles de Constant begrüßte uns (das heißt die deutschen und österreichischen Delegierten, Redlich, Tiedge, den Studenten Meskau aus Berlin, mich) und forderte mich dann auf zu sprechen. Ich sprach ungefähr zehn Minuten und offenbar zur Zufriedenheit der Versammlung, denn ich wurde fortgesetzt mit ›très bien‹, ›ah, c'est bien ça‹ und andren Beifallsbezeigungen unterbrochen.

Nach mir redete Redlich über Österreich, ohne viel Eindruck zu machen, wie mir schien. Er ging zu sehr ins Detail und redete zu lange.

Dann wurde den Rest des Abends mit mir ein peinliches Verhör vorgenommen, an dem sich vor allem Aulard, Victor Basch, Grumbach beteiligten. Aulard fragte mich nach dem Eintritt Deutschlands in den Völkerbund, worauf ich meine übliche Antwort gab: nicht *gegen* Frankreich, wenn Frankreich zustimmt, sofort.

Meine Ausführungen und vor allem auch meine Haltung in Sachen des Völkerbundes und meine Zurückweisung von Lefèvre, Barthou usw. wurden zustimmend und mit Beifall aufgenommen. Als letzter Fragesteller hielt Grumbach eine sehr energische und etwas zweideutige Rede, die bald für, bald gegen, aber letzten Endes doch mehr für Deutschland klang. Ich sprach dann das Schlußwort. Nachher drängte sich alles um mich und beglückwünschte mich.

Paris. 13. Dezember 1921. Dienstag

Frühstück bei Marc Sangnier. Sehr elegant, mehrere Lakaien, prachtvoller Blumenschmuck auf dem Tisch: Botschafterstil.

Nach dem Frühstück hatte ich ein längeres Gespräch mit dem alten Buisson (achtzigjährig), Präsident der ›Ligue des Droits de l'Homme‹. Was ich ihm von meiner Redetournee in Deutschland und von der Aufnahme bei den Arbeitern sagte, interessierte ihn sichlich auf das lebhafteste. Bis dahin etwas greisenhaft teilnahmslos, lebte er förmlich auf, seine Augen blitzten, er sagte ein über das andere Mal: »Mais c'est très important, ce que vous dites là, mais il faudrait qu'on sache ça en France.«

Paris. 14. Dezember 1921. Mittwoch

Nachmittags Mayer besucht, den ich noch nicht kannte. Ein großer, dicker Fabrikant katholisch-süddeutscher Prägung mit etwas kleinstädtisch-kulanten Bewegungen. Er gab mir zu, daß die Stimmung gegen Deutschland noch nie, seit dem Frieden, hier so günstig gewesen sei wie jetzt. Aber Marc Sangnier sei ein Einspänner. Überhaupt solle man nichts überschätzen (worin er unbedingt recht hat). Briand nahm er in Schutz. Poincaré sei nicht so stark oder bedeutend, wie er aussehe. Nur Barthou sei ein ganz gefährlicher Kerl, der vielleicht noch zu überstehen sein werde. Mayer scheint innerpolitisch ganz gute technische Urteilsfähigkeit zu haben, ohne selber sehr bedeutend zu sein.

Nachher bei Hoesch: reinstes A. A. ›Friedensware‹. Scheint nur wegen seines Einkommens den Posten hier bekommen zu haben. Fabrikantensohn, gold-auflackiert (eine Generation *nach* Mayer). Wahrscheinlich ganz fleißig, soweit ihn allerlei angenehme Abhaltungen nicht behindern. Kühlmanns Maître des plaisirs in Bukarest. Er erinnerte mich daran, daß er 1914 als Attaché in London für mich diplomatische Verhandlungen mit Nijinski geführt habe; erfolglose übrigens.

Paris. 20. Dezember 1921. Dienstag

Albert Thomas früh bei Mme. Ménard-Dorian gesprochen. Er schien über die allgemeine europäische Situation sehr erregt. Die Unterredungen der leitenden Staatsmänner (heute sind wieder einmal Lloyd George und Briand in London zusammen) drehten sich immer nur um Einzelheiten. ›Ce qui nous a manqué, depuis l'armistice, c'est un plan, un plan d'ensemble.‹ Es zeige sich, zunächst bei uns in Deutschland, ›une dissociation entre la vie économique et l'État‹. Man müsse einen plan d'ensemble aufstellen, der von den wirtschaftlichen Faktoren ausgehe, sie aber ›sous le contrôle de l'États, des États‹ stelle.

Paris. 22. Dezember 1921. Donnerstag

Früh Miß Marshall an den Zug nach London gebracht. Nachmittags bei Jean Cocteau, der mich sehr freundschaftlich begrüßte und die Notwendigkeit betonte, die geistigen Bande zwischen Frankreich und Deutschland neu zu knüpfen. Das sei ›entre gens bien élevés‹ leichter als zwischen Bohèmes. Herwarth Walden habe hier nicht glücklich gewirkt.

Paris. 23. Dezember 1921. Freitag

Vormittags nochmals bei Cocteau, um Zimmer, Direktor der ›Revue Rhénane‹ in Mainz, zu treffen. Zimmer läßt ganz offen erkennen, daß er vom Auswärtigen Amt in Paris subventioniert ist (Referent Tirard). Ich sagte ihm gleich, daß ich mit Bestrebungen zur Loslösung der Rheinprovinz nichts zu tun haben könne und wolle: zum Beispiel mit Bestrebungen, wie die von Maurice Barrès oder auch die von Dorten oder Smuts sind. Er leugnete jede solche Absicht; sie wollten überhaupt nicht politisch, sondern nur geistig wirken, ›servir de trait d'union‹ auf geistigem Gebiet. Cocteau gebrauchte den Vergleich von ›deux trottoirs roulants qui marchent à des vitesses différentes‹. Man könne nur auf einem von den beiden fahren. Politik und Geist dürften nicht vermischt werden. Ich sagte: soweit es sich um *geistigen Austausch* unter Ausschluß jeder politischen Absicht und unter gleicher Berücksichtigung deutscher Dichter durch Übersetzungen usw. handele, wolle ich ihm behilflich sein, in Deutschland bei Dichtern und Publikum Gehör zu finden. Er bat mich um einen Artikel, den ich etwas unbestimmt zusagte.

Nachher hatte mich Poncet zum Frühstück bei Lapérouse eingeladen in einem Séparée (Le Cabinet Lafontaine) mit Colrat (Unterstaatssekretär des Innern) und Robert Pinaud vom Comité des Forges. Colrat ist eine Art von französischem August

Müller, polternd und reaktionär (›schwerer Vater‹) ohne merkliche Intelligenz, aber sehr ehrgeizig und wohl, weil er den Mund immer voll nimmt, nicht zu übergehen. Pinaud viel erfahrener, klüger, höflicher, diplomatischer, aber ebenso reaktionär. Alle drei absolut anti-sozial.

Resultat: Bei diesen Briand, Loucheur und der Großindustrie nahestehenden Leuten herrscht 1. die Einsicht, daß eine Verständigung mit Deutschland notwendig ist; 2. keine sentimentale Abneigung gegen eine solche Verständigung; 3. das Gefühl, daß sie diese Verständigung in Frankreich erst durchdrücken können, wenn a) Deutschland eine Zeitlang die Reparationsleistungen pünktlich erfüllt hat, b) das Mißtrauen, das Deutschland politisch (Schwäche der republikanischen Parteien und Regierung, Stärke der Reaktion) und finanziell hier erregt hat (Verschleierung seiner wahren Exportziffern, Kapitalverschiebungen, unordentliche Staatsfinanzen, ungenügende Steuereintreibung), von sich aus beseitigt hat. Sie haben offenbar wirklich Angst vor der Zukunft, die sonst ihnen als Politikern und Industriellen und dem ganzen Lande als solchem bevorsteht.

Nachher kurz bei einem Russen Brjanchaninoff, der ein Projekt für einen neuen Völkerbund ausgearbeitet hat, Präsident der ›Russischen Liga für Völkerbund‹ ist und an mich geschrieben hat. Ein Mystiker, der eine Weltregierung durch Weise aus allen Ländern als Ziel sieht. Eine Frau, eine Prinzessin Gortschakoff, empfing. Er entwickelte mir seine Idee einer ›Internationale blanche‹, ni rouge, ni dorée. Er scheint sich in seinen Ideen mit Keyserling zu berühren und sprach von ihm.

Paris. 25. Dezember 1921. Sonntag

Früh an Mamas Grab, das ich mit weißen und rosa Rosen und Mistelzweigen hatte bedecken lassen. Wilma und Géraud mit.

Paris. 26. Dezember 1921. Montag

Tee nachmittags mit Wilma bei Jouves. Ich erzählte ihm meine Unterredung mit Cocteau und Zimmer. Obwohl er gegen

Zimmers Verbindung mit der Propaganda Bedenken äußerte, fing er Feuer beim Gedanken an die Anthologie jüngster französischer Dichter, die die ›Insel‹ machen soll, und bot sich an, die Auswahl zu treffen. Ich versprach, an Kippenberg für ihn zu schreiben.

1922

Rom. 22. Januar 1922. Sonntag

Der Papst ist heute früh um sechs gestorben. Er war keine große, aber eine hervorragend für seine Stellung passende Persönlichkeit: das genau richtige Rad in der gewaltigen Maschine der Kirche und der noch gewaltigeren der Welt. Eiskalt, klug, aber mit der nötigen Borniertheit begabt, ziemlich temperamentvoll und unter der Eiskruste des Weltmanns und Diplomaten sogar gütig. Ich sehe ihn noch als kleinen, weißen, hinkenden Landpfarrer hereinkommen, dann kurz und scharf sprechend, ein Männchen ohne jeden souveränen Glorienschein. Man bekam den Eindruck, daß er viel Ärger im Leben gehabt habe und daß etwas von diesem Ärger, wie Pulverdampf noch lange nach einer Schießerei, immer in seiner geistigen Atmosphäre mitschwebte.

Gegen elf vormittags nach Sankt Peter. Ein großes, gleichgültiges Sonntagspublikum ging in der Kirche hin und her. An dem einen oder andren Altar wurden Messen gelesen. Von innerer Bewegung keine Spur. Man hatte den Eindruck eines riesigen Palastvorzimmers, in dem teilnahmslose, aber neugierige Menschen auf irgendein Ereignis warten.

Nachmittags in Sant'Onofrio Tassograb, Tassozimmer. Säulenvorhalle mit einer kleinen immergrünen Terrasse, von da Blick auf Rom. Stimmung, in die der Tassotod hineinpaßt. Er war nur fünfundzwanzig Tage im Kloster, sterbend. Eine kleine Bleitruhe, kaum so groß wie ein Handköfferchen, steht im Sterbezimmer; in dieser noch sechs Jahre nach seinem Tode seine Gebeine, das, was von ihm übrigblieb, gesammelt.

Zum Tee bei Frau von Hindenburg, die mit dem Papst noch vor zehn Tagen gesprochen hat. Sie sagt, er sei wegen der Lage Deutschlands sehr besorgt gewesen. In der Tat ist er ein Verlust für uns. Man erwartet als Nachfolger nach Frau von Hindenburg entweder Gasparri oder Merry del Val (ein ›Borgia‹, wie sie sagt).

Rom. 23. Januar 1922. Montag

Öffentliche Aufbahrung und Ausstellung des Papstes in der Peterskirche. Man wurde in einer ungeheuren, nicht abbrechenden Menschenmenge zwischen Holzschranken und einem Spalier von italienischen Soldaten vorbeigepreßt. Der Papst lag vor dem Altar in einer Seitenkapelle auf einem etwa mannshohen, purpurbeschlagenen Gerüst zwischen Kerzen und unbeweglich stramm präsentierenden Nobelgarden im päpstlichen Ornat, roten Schuhen, roten Handschuhen schräg aufgerichtet da, das Gesicht im Tode von großer Schönheit und Hoheit, etwas angeschwollen und dadurch fast kindlich rein und faltenlos. Das Kindliche überwog und wirkte in dem umgebenden Pomp ergreifend hoheitsvoll. Um so unsäglich roher und empörender diese gaffende Menschenmenge, die völlig teilnahmslos, lachend, Witze machend sich vorbeischob. Ich sah nicht ein ergriffenes Gesicht. Der eisige Regentag, der die Kirche ganz mit einem trüben, ausdruckslosen Grau erfüllte, erhöhte den Eindruck der Gleichgültigkeit, der völligen Teilnahmslosigkeit der Welt an diesem Toten.

Rom. 31. Januar 1922. Dienstag

Im Hotel von einem Hoteldieb bestohlen. Livius wiederaufgenommen, aber weniger wegen der geschichtlichen Vorgänge, die er erzählt, als um von einem Zeitgenossen des Augustus zu hören, wie er sich ›den Römer‹ vorstellt, den Schöpfer von Roms Weltmacht. Überhaupt: Wie sah ›der Römer‹ (der ideale ›civis Romanus‹) aus im Geiste und in der Vorstellung des Polybius, des Diodor, des Cicero, des Vergil, des Horaz, des

Seneca, des Plutarch, des Marc Aurel? Wie in dem des Augustinus? Wie in Wirklichkeit? Wahrscheinlich war der ›civis Romanus‹ überhaupt nicht das, worauf ursprünglich und instinktiv die Institutionen Roms eingestellt waren, sondern die *familia* (wie in der griechischen Welt ursprünglich die polis). Rom fand dann aber nicht, wie die Griechen von der polis, von der ›familia‹ den Übergang zum Individuum, *zum Menschen*, das heißt zum Menschen *seiner* Prägung, der politischer Zweck werden konnte. Der ›Römer‹: ein *taktisches* Genie, das immer einen über sich selbst hinausliegenden Zweck voraussetzt; ein Wesen, dessen Geist sich ganz natürlich zu wirksamen Formeln und Rezepten des Angriffs und der Verteidigung (Befestigung) verdichtet: der ›procédure‹ im Frieden und im Kriege; des wirksamsten Vorgehens gegen Gegner oder Positionen, des instinktmäßigen Wissens um das, was zu einem praktischen Erfolg notwendig, was überflüssig ist. Daher auch Architekt. Architektur seine einzige große Kunst. Architektur setzt auch immer einen Zweck voraus, der über den Architekten und über das Architekturwerk hinausliegt.

Diese Ideen sind an den gesamten antiken Schriftstellern nachzuprüfen.

Absolut aristokratische Grundauffassung Roms: der Staat und das Individuum (der Mensch), beide letzten Endes um der großen Familien willen da, ihr *Wozu?* diese großen Geschlechter. Das würde das Fehlen eines Wozu später erklären: als die Auffassung und die großen Familien selbst fortgefallen waren. ›Poly-dynastische‹ Weltanschauung.

Rom. 3. Februar 1922. Freitag

Mommsens Kapitel I zu Ende. Was liegt nach ihm (wenn ich ihn zusammenfasse) der primitiven römischen Gesellschaft und civitas zugrunde? Die Anschauung, daß einem überpersönlichen Gebilde (Familie, Zweckverband) durch einen bestellten Vertreter (Hausvater, König, Konsul, Magistrat) das unbeschränkte Recht über Leben und Tun seiner Mitglieder zusteht, ja über jede einzelne von ihren Lebensäußerungen, insofern Interessen dieses sie einspannenden Gebildes in Frage kommen; insofern solche Interessen nicht berührt werden, aber vollkommene Gleichgültigkeit am Platze ist, also insoweit ›Freiheit‹. Daß also das Individuum nur in diesem Zusammenhange und dieser Unterordnung Wert, ja überhaupt Existenzberechtigung hat, daß es im übrigen nicht in Betracht kommt, nicht einmal Beachtung verdient (daher diese sehr eigentümliche ›Freiheit‹). Dieses scheint mir die *Grundanschauung* des römischen Lebens.

Daneben eine scheue Religiosität, die hinter jedem Vorgang eine Art von Gespenst ahnt, einen besonderen, diesem Vorgang eigenen Geist, der ihn leitet, und die sich selbst darin erschöpft und zersplittert, diesen zahllosen, flüchtigen, zwar persönlichen, aber umrißlosen Gespenstern beizukommen, um sie praktischen Zielen nutzbar zu machen.

Das ist das Schema des römischen Lebens.

Frage: warum und wie innerhalb dieses engen und flachen Schemas so wirksame und innerlich geschlossene und starke Persönlichkeiten entstanden wie kaum sonst in der Weltgeschichte?

Schema der römischen starken Persönlichkeit: der römische Hausvater, der pater familias. Er ist der typische Römer: der einzige Typus, den Rom entwickelt hat. Es hat ihn nicht einmal über das rein Praktische hinaus vertieft zum ›Weisen‹ wie die Griechen und Inder, zum ›Patriarchen‹ wie die Juden.

Die (mißglückte) Idee der Stoiker war die, diesen römischen Hausvater sittlich und metaphysisch zu vertiefen zu einem römischen Typus des Weisen. Marc Aurel liegt in dieser Linie.

Der echte Hausvater kann sich aber nur in der echten patriarchalischen Familie bilden; als es keine echten römischen Familien mehr gab, gab es daher nur noch Ersatz-Römer. Die echte römische Familie mußte aber aufhören, als ihre wirtschaftlichen, politischen und sittlichen Voraussetzungen aufhörten. Gegen diese Notwendigkeit, dieses Schicksal kämpfen Zensoren, ›heilige‹ Dichter, Philosophen, Stoiker umsonst.

Der echte Hausvater weiß auch, *wozu* er lebt: für den Schutz, die Machterweiterung, Bereicherung usw. seiner *Familie*. Ihm ist der Zweck des Lebens kein Rätsel.

Rom. 4. Februar 1922. Sonnabend

Petersplatz. Vormittags. Schönes, warmes Sonnenwetter. Große Menschenmenge, die die Verkündung des neuen Papstes erwartet. Alles sieht gespannt auf das dünne, lange Ofenrohr, das sich von dem Giebel der Sixtinischen Kapelle krumm und mühsam hochschlängelt. Der helle, dünne weiße Rauch verkündet, wenn er erscheint, daß der Papst gewählt ist, der dicke schwarze eine ergebnislose Abstimmung. Hinter dem Ofenrohr geht das Wunder der Papstdesignation durch den Heiligen Geist vor sich. Wir sind weit von Parsifal, dritter Akt, entfernt. Die Gralstaube und das Ofenrohr: Wirklichkeit und Phantasie.

In der Menge herrscht die Stimmung eines großen Rennens. Zeitungshändler, Postkartenverkäufer, Engländerinnen, die sich einen Klappsitz mitgebracht haben, kinderreiche Familien, sogar mit Säuglingen, dazwischen viel Geistlichkeit, auch Mönche, Nonnen, und rings um die Kirche und an den Kolonnaden entlang feldgraues Militär. Auch eine Wagenburg: Droschken, Luxusautomobile, Taxis. Auf dem Dach der Kolonnade rechts die römische Aristokratie und das diplomatische Korps. Der Parsifalstimmung ist das Ofenrohr noch näher als das Publikum.

Eine Nonnenschar: aus den uniformartigen Kleidern treten die einzelnen Gesichter sehr verschieden hervor. Eine Uniform, ein Typus sind dem scharfen Hervortreten persönlicher Eigentümlichkeiten eher günstig als das Gegenteil. Aber diese Individualisierung kann sich doch nur innerhalb der durch die Uniform oder den Typus gezogenen Grenzen vollziehen. Vor allem aber, auf das alte Rom und seinen einzigen Typus des ›Familienvaters‹ angewendet: dieser Typus war keiner, der über sich hinaus wies oder über die nächsten Zwecke, denen er seine Entstehung verdankte.

Nach der ergebnislosen ›schwarzen‹ Rauchwolke (die aber

auffallend weiß war, wenn auch wollig und dick) in die Basilika. Die Peterskirche das einzige Meisterwerk, dessen Sphärengesang mit den einfallenden Sonnenstrahlen in ihrer astralen Gradheit eine Harmonie bildet. Die einfallenden Sonnenstrahlen sind der schönste, ja einzig würdige Schmuck dieser schwebenden, wie Planetenbahnen erhabenen Marmorkreise; sie gehen mit ihnen eine Verbindung ein. Hier ist Michelangelo. Wie ganz anders die Wirkung der Sonne durch die bunten, wunderwirkenden Glasfenster gotischer Dome. Und doch ist Michelangelos Wirkung nicht weniger geheimnisvoll, ja mystisch: nur ist es eine andre, ganz neue Mystik, die die Zahl und die Natur und die Wirklichkeit hinnimmt. Sind wir schon überhaupt so weit?

Rom. 5. Februar 1922. Sonntag

Wieder auf dem Petersplatz. Heute ist die Menge ungeheuer. Um elfeinhalb segnet eine Frau, auf dem Postament der rechten Ecksäule der Fassade stehend, die Menge mit großen, grotesk wirkenden Bewegungen; sie spricht dazu, wie verzückt gegen den Himmel blickend, unverständliche Worte. Die Menge lacht, klatscht und schreit. Macht die Frau Ernst oder Scherz? Ist es ein weiblicher Antichrist? Man weiß nicht.

Um elfdreiviertel ist der Platz, das gewaltige Rund zwischen den Berninischen Kolonnaden, ganz voll. Wenn irgendein starkes Gefühl oder gar das christliche der Liebe diese Menge erfüllte, wäre sie unüberwindlich. Sie sieht aber nur auf das Ofenrohr; lauter Atome. Wenn eine Panik entstünde oder wenn ein Gedanke hier zündete: was dann?

Rom. 6. Februar 1922. Montag

Heute früh ist endlich der Papst gewählt worden: Ratti, Pius XI. Es regnete. Die Menschenmenge war deshalb kleiner als gestern; nur etwa bis zum Obelisk: und lauter Regenschirme. Um elfdreiviertel sah man undeutlich gegen den Regenhimmel etwas schwachen Rauch aus dem Ofenrohr aufsteigen, dicht werden, dann aber gleich aufhören. »È nero!« »È bianco! è bianco! È fatto il Papa! È fatto il Papa!« Sofort ein lebensgefährliches Zuklappen von Regenschirmen und Laufen, Stürzen nach den Kircheneingängen, die aber plötzlich geschlossen werden; vor ihnen steht aufmarschiert italienisches Militär. Da von unten alles heraufdrängt, wird das Gedränge unter den wieder aufgeklappten Regenschirmen fast unerträglich. Die Aufregung ist auf ihrer Höhe angelangt. Alle versuchen, zwischen den Regenschirmen hindurch auf die Loggia hoch oben in der Fassade der Peterskirche zu sehen, von der aus der Name des Erwählten verkündet werden soll.

Es dauert fast drei viertel Stunden, dann plötzlich: »Ombrelli, ombrelli!«; in atemloser Spannung werden die Regenschirme (mehrere tausend Regenschirme) zugeklappt. Die Glastür der Loggia ist geöffnet worden, Diener treten heraus und entfalten über der Brüstung einen großen wappengeschmückten Samtteppich, dann sieht man ein großes, goldenes Kruzifix und darunter über dem Rand der Brüstung den Kopf und die gestikulierenden Hände eines Kardinals. Totenstille. Der Kardinal verkündet: Seine Eminenz – nach Eminenz macht er eine Pause, dann fährt er fort: der Allerehrwürdigste Erzbischof von Mailand Kardinal Ratti sei zum Papst gewählt und habe den Namen Pius XI. angenommen. Ungeheurer Jubel, Hüte- und Tücherschwenken, Evviva-Rufen.

Aber der Kardinal und die Monsignores machen Zeichen, die Menge soll bleiben, es steht noch etwas bevor. Und nach etwa zehn Minuten tritt das große ›Unerwartete‹ ein: Der Papst kommt selbst, tritt zum ersten Male seit 1870 vor die auf freiem Platz versammelte Menge Roms. Man sieht dicht über dem Geländer der Loggia einen weißen, segnenden Arm, ein etwas volles, nicht außergewöhnliches Gelehrtengesicht und hört eine tiefe, melodische, etwas salbungsvolle Stimme sehr klar und deutlich den Segen sprechen über die Menge. Diese antwortet jedesmal, wenn die Stimme eine Pause macht, mit einem tiefen ›Amen‹.

Vor der Peterskirche aufmarschiert salutiert das feldgraue

italienische Militär, auf dem Altan der Berninischen Kolonnade zeigen sich die Nobelgarden des Papstes in ihren scharlachroten Galauniformen und entfalten das päpstliche Banner; und trotz dieses kriegerischen, zu den Worten des Papstes nicht recht passenden Aufputzes ist der Augenblick groß: die Geste die eines großen Papstes oder mindestens die einer großen, wiederaufgenommenen Tradition. Ein Hauch aus dem Evangelium, etwa wie ein Widerhall von der Weihnachtsbotschaft schwebt hernieder.

Und dann muß ich an eine ähnlich salbungsvolle tiefe Stimme denken, die ich ebenfalls von einem hohen Balkon aus zu einer großen Menschenmenge sprechen hörte an einem dunklen Winterabend in Berlin: Karl Liebknecht, als er, in der Dunkelheit ganz unsichtbar, nur Stimme, im Januar 1919 vom Rathaus zu der rotgeschmückten Menge auf dem Alexanderplatz sprach! Wer war der echtere, war der wirksamere Friedensfreund? Liebknecht oder heute der Papst?

Drolligerweise drängte sich im Augenblick, wo der Kardinal Bisleti von der Loggia aus den neuen Papst verkündete, eine Schar von Zeitungsverkäufern in die Menge, die Extra-Ausgaben des ›Messagero‹ verkauften, in denen, sensationell aufgemacht, mit einem großen Porträt auf der ersten Seite der Kardinal Tacci als neuer Papst gemeldet wurde! Das Blatt ging als Kuriosität reißend ab.

Rom. 7. Februar 1922. Dienstag

Der Papst hat Gasparri als Staatssekretär bestätigt; was also mit Nachdruck sein Festhalten an der Politik seines Vorgängers anzeigt.

Rom. 13. Februar 1922. Montag

Krönung des Papstes. Ich war, obwohl die Einladung erst auf halb neun lautete, schon um sechseinhalb in der Peterskirche, die bereits um diese Zeit zu drei Vierteln voll war. In der Mitte war ein Weg durch Absperrung frei gehalten, um den Hauptaltar im

Kreise waren die Tribünen, der Rest der Kirche war den bloß mit Karten Bedachten (Jordan hatte mir keinen Tribünenplatz mehr beschaffen können) frei gegeben. Hier entwickelte sich mit den fortgesetzt neu Ankommenden allmählich ein lebensgefährliches Gedränge. Diese ungeheure Menge von Kartenbesitzern – es müssen wohl zehn- bis zwanzigtausend Menschen gewesen sein, zum großen Teil Geistliche, Mönche, Schwestern, Zöglinge der kirchlichen Kollegien und Fremde, aber auch viel römisches ›Volk‹ – stieß und drängte unausgesetzt, so daß es ein Wunder ist, wenn kein Unglück geschehen ist.

Die Kirche war in der Morgendämmerung erleuchtet, sah äußerst prächtig mit ihren spiegelnden und blitzenden Marmorwänden aus, aber mehr wie ein gewaltiger, überreicher Palast. Nur Bernini kam zu Worte, nicht Michelangelo. Und zwischen diesen sehr weltlichen Wänden diese Menge, die die Sitten eines Preisboxkampfes hereinbrachte, trug auch nicht zur Andacht oder Erhabenheit bei.

Gegen halb zehn kam endlich der Festzug des Papstes, der Papst selbst hoch über den Köpfen der Menge auf der Sedia gestatoria getragen wie ein weißgoldenes Gespenst zwischen weißen Straußenfederwedeln, mechanisch und offenbar geistesabwesend fortwährend segnend, ein rundes, faltiges, graubleiches, ganz ausdrucksloses Gesicht unter dem riesigen goldenen Zuckerhut. Die Menge schwenkte die Hüte und Taschentücher, schrie, so daß man die silbernen Posaunenstöße nur immer wie durch Wolken erfaßte. Der Zug schritt sehr langsam hindurch; hielt von Zeit zu Zeit.

Die Erscheinung des Papstes, dieses Weiß und Gold zwischen weißen Federfächern hoch oben wie in der Luft schwebend, war malerisch und geschichtlich erhaben, das Ganze aber, die Schweizergarden in mittelalterlichen Silberrüstungen, die Kammerherren, zum Teil im Frack, zum Teil in Trachten aus dem Cinquecento, der Klerus und die Kardinäle in ihrem pompösen Purpur eine merkwürdige Mischung von spätantiker Pracht, mittelalterlichem Kriegswesen, Renaissancehof, Historie, Theater, ja Zirkus, die in ihrem Durcheinander und namentlich in der Umrahmung einer modernen Totalisator- und Rennbahnmenge nicht eine Spur von wahrer Andacht oder Sammlung aufkommen ließ. Man hatte nur das Gefühl einer Vorführung, eines sehr alten und ehrwürdigen und glanzvollen, aber innerlich ganz toten Schauspiels. Eine Messe in einer Dorfkirche ist seelisch tausendmal prächtiger.

Abends in der Villa Bonaparte bei Bergens gegessen mit den Erzbischöfen von München und Breslau, dem Kardinal Faulhaber und dem Kardinal Bertram, und mit dem Nuntius in Ungarn, Schioppa. Faulhaber macht einen guten Eindruck, männlich und klug, allerdings reaktionär; Bertram alt, weich und vielleicht hinterhältig.

Rom, 25. Februar 1922. Sonnabend

In letzter Zeit vormittags im Museum der Villa Giulia; phantastischer Hochrenaissancebau, sehr schön. Museum römischer und latinischer Altertümer aus der Zeit von etwa 700-100 v. Chr. Man sieht, wie durchtränkt mit griechischer, frühgriechischer, archaischer, ionischer, hellenischer Kunst und Kultur der Boden war, auf dem Rom wuchs.

Nachmittags meistens Polybius, ein wirklich großer Historiker, nur wenig hinter Thukydides zurückstehend, sehr viel tiefer, klarer, weitsichtiger, staatsmännischer, wissenschaftlicher als Livius, von dem ich kürzlich die ersten zehn Bücher gelesen habe.

Rom, 26. Februar 1922. Sonntag

Abends bei Bergens im Grand-Hotel gegessen mit Neurath und seiner Frau, die gestern eingetroffen ist. Bergen sagte, er sei nicht ohne Besorgnis wegen der weiteren Entwicklung der Politik des Papstes. Er sei ganz und gar Bücherwurm und als solcher Theoretiker und eigensinnig. Neurath klagte über zu wenig Fonds. Man habe ihm nur dreihunderttausend Lire mitgegeben. Damit könne er nichts machen.

Reise. Brenner–Innsbruck. 11. März 1922. Sonnabend

Bei Ankunft auf Brenner und Zollrevision fehlte mein Koffer. Da ich ihn nicht den Zufällen von zwei Grenzen überlassen wollte, bei scheußlichem Schneematsch in dem scheußlichen Brennergasthof (Goetheschen Angedenkens), der voll von lauten Italienern war, geblieben. Die Italiener, Bahnbeamte, tranken mehr, als sie vertragen konnten, und gerieten schließlich in eine Schlägerei mit dem Wirt, den sie mit Stühlen niederschlugen: Geschrei, Karabinieri, der Wirt wurde blutüberströmt aufgehoben. Ich fragte ihn nachher, was los war. Er antwortete: »Es sind halt Italiener, und wir sind Deutsche. Das haben wir jeden zweiten, dritten Tag so.« Die Kellnerin behauptete allerdings, es käme das erste Mal vor. Jedenfalls vergiftet die Herrschaft einer fremden, nicht gewollten Oberschicht alle Vorfälle und Beziehungen. Das wissen wir schon aus dem Kriege; es ist im Frieden nicht anders.

Abends in Innsbruck, wo mein Bummelzug endgültig haltmachte. Der Gepäckträger bekam, um mein Gepäck in den ›Tiroler Hof‹ gegenüber vom Bahnhof zu bringen, dreihundert Kronen. Im Hotel kostet ein Kalbskotelett tausend Kronen; mein sehr frugales Abendessen kam auf über dreitausend Kronen. Allerdings bekam ich für hundert italienische Lire siebenunddreißigtausend Kronen. Das Publikum (scheinbar fast nur Amerikaner und Engländer) äußerlich elegant, die Männer im Smoking, die Frauen halbnackt. Nach Tisch wurde getanzt, Shimmy und Foxtrott. ›Wintersport‹-Publikum wie in Caux.

Als ich nachts um drei weiterfuhr, herrlicher Mondschein; die Berge beschneit und gewaltig über den Häusern der Stadt.

Reise. München–Berlin. 12. März 1922. Sonntag

Früh in München. Mir ging das Herz auf nach so vielen Monaten wieder in der deutschen Umgebung. Grauer, halbbewölkter Vorfrühling. Das schlafende Land herb und geheimnisvoll in seiner feuchten Trächtigkeit. Eine gewisse Gelassenheit zeichnet diese Landschaft, ihre langsam keimende Frucht, den blassen, nur zögernd in den hellen Tag übergehenden Himmel aus. Sie scheint den Herbst mit seinen braunen, toten Gräsern und Blättern, den Winter mit seinem Schnee und Reif nur ungern abzustreifen. Wie anders als der flammende, rasche Süden, das widerstandslos strahlende Himmelslicht und ungeduldige Hervorbrechen der Blüten schon im Winter an Baum und Strauch. Der Süden ist wie ein stürmisch befruchtender Jüngling: Apollo; der Norden ist eine unter Schmerzen langsam ihre Frucht tragende Frau: eine auf das Dulden und Schaffen eingestellte Natur.

Berlin. 20. März 1922. Montag

Um eins bei Rathenau im A. A. Er leitete das Gespräch ein mit ausführlichen Klagen über die Arbeitslast, die er tragen müsse, und die Schwierigkeiten, denen er begegne. Nach seiner Ansicht könne keiner diese Stellung länger als sechs Monate aushalten. Es handle sich darum, der ganzen Maschine des Amts eine Drehung zu geben. Und das sei eine übermenschliche Arbeit. Nachdem acht Jahre lang die deutsche auswärtige Politik ganz passiv gewesen sei, gehe es darum, sie langsam wieder aktiv zu machen, jeden Tag ein Eisen ins Feuer schieben, überall im Amt nachzuhelfen. Dazu müßte er sich eigentlich alles vorlegen lassen. Denn wenn er etwas auslasse, so entgleite das Gebiet seiner Einwirkung. Natürlich könne er nicht alles sehen; vielleicht werde er es so machen müssen, daß er einen Schnitt mache, gewisse Gebiete den Dezernenten mehr oder weniger überlasse und nur alle paar Wochen diese weniger wichtigen Gebiete kontrolliere. Aber selbst dann bleibe eine kaum zu bewältigende Last übrig.

Dazu komme der Gegensatz, in dem sich jede vernünftige Außenpolitik in Deutschland heute mit der Volksstimmung bewegen müsse, kämen die couleuvres, die er fortwährend stillschweigend zu schlucken hatte, die Ententenoten, die zu beantworten seien, die Besuche, die er empfangen und abstatten müsse, die Kabinettssitzungen, der Reichstag. Das alles könne einer auf die Dauer physisch nicht aushalten. Aber das Schlimmste sei doch die bösartige Gegnerschaft in Deutschland selbst. Jeden Tag bekomme er nicht bloß Drohbriefe, sondern auch ernst zu nehmende Polizeianzeigen. Es sei so weit, daß er nur noch mit diesem kleinen Instrument ausgehen könne. Dabei zog er einen Browning aus der Tasche. Am besten stehe er mit den Engländern, dann mit den Franzosen, Italienern, Japanern usw.; am schlechtesten leider mit den Deutschen.

Wir sprachen dann von meiner Reise nach Paris. Ich erzählte ihm. Er meinte, das Wort ›désarmement moral‹ sei jetzt das gefährlichste für uns, weil die Franzosen jetzt, nachdem die materielle Entwaffnung so gut wie durchgeführt sei, dieses ›désarmement moral‹ zum Vorwand für die Aufrechterhaltung der Militärkontrolle nähmen.

Schließlich kamen wir auf Genua. Ich teilte ihm mit, daß ich die Absicht hätte, hinzugehen, und fügte hinzu: ich mache ihm diese Mitteilung, weil ich nicht ohne oder gegen seinen Willen hingehen wolle. Er antwortete: Ja, es sei ihm sehr recht, ich solle nur hingehen; aber das sei eine Privatsache zwischen uns, ich möge niemandem mitteilen, daß er mich ermuntert habe, da sonst zu viele andre kommen und auch seinen Segen erbitten würden. Ich sagte dann, ja, ich ginge aber hin, weil ich glaubte, daß ich ihm und den uns gemeinsamen Zielen und Interessen dort nützlich sein könne. Er sagte: Gewiß, er glaube, ich könnte dort sehr nützlich sein durch meine zahllosen Beziehungen in Frankreich, England, Italien. Er würde auch gern bei Gelegenheit meine Dienste in Anspruch nehmen. Er freue sich sehr, daß ich hinkäme.

Mein Eindruck war, daß er sich nicht gerade besonders freute. Vielleicht fürchtet er, daß ich dort zu pazifistisch wirken und ihm dadurch seine Kreise stören könnte. Zweifellos ist ein Einfluß der Militärs auf seine Denkweise zu spüren. Er fügte noch hinzu: Wir *könnten* den Franzosen nicht das ›désarmement moral‹ versprechen, wo unsere ganze Jugend sich in der gerade entgegengesetzten Richtung zur übelsten, verstocktesten Reaktion hin bewege. Wenn wir solches désarmement in Aussicht stellten, dann könnten sie nachher mit Recht kommen und uns nachweisen, daß wir unehrlich seien.

Abends gegessen bei Albert Einsteins. Ruhige, hübsche Wohnung im Berliner Westen (Haberlandstraße 5), etwas zu großes und großindustrielles Diner, dem dieses wirklich liebe, fast noch kindlich wirkende Ehepaar eine gewisse Naivität verlieh. Der steinreiche Koppel, Mendelssohns, der Präsident Warburg, Bernhard Dernburg, schäbig wie immer angezogen, usw. Irgendeine Ausstrahlung von Güte und Einfachheit entrückte selbst diese typisch Berliner Gesellschaft dem Gewöhnlichen und verklärte sie durch etwas fast Patriarchalisches und Märchenhaftes.

Einstein und seine Frau, die ich seit ihrer großen Auslandsreise nicht gesehen hatte, antworteten auf meine Fragen über den Empfang in Amerika und England ganz unbefangen, es seien in der Tat große Triumphe gewesen, wobei Einstein die Sache etwas ironisch und skeptisch drehte und meinte, er wisse nicht, warum eigentlich die Leute sich so für seine Theorien interessierten, und die Frau mir erzählte, ihr Mann habe immer gesagt: er komme sich vor wie ein Schwindler, wie ein Hochstapler, der den Leuten gar nicht das bringe, was sie von ihm erwarteten.

Er ließ sich dann von mir mehrmals und sehr genau wiederholen, was mir Painlevé für ihn aufgetragen und über seine Reise nach Paris gesagt hat. Er tritt diese Reise in den nächsten Tagen an und bleibt acht Tage in Paris. Hier werde sie ihm in Universitätskreisen wohl verdacht werden. Aber diese Kreise seien wahrhaft fürchterlich. Ihn überkomme ein Ekel, wenn er daran denke. Und er hoffe, in Paris etwas für die Wiederaufnahme der Beziehungen zwischen deutschen und französischen Gelehrten erreichen zu können. Seine Differenzen mit Painlevé behandelte er ganz als Nebensache; er schien ihnen kein Gewicht beizumessen. Dann erzählte er noch, daß er im Herbst Einladungen nach China und Japan folgen werde; er solle in Tokio und Peking Vorlesungen halten. Er habe zu seiner Frau gesagt: Ostasien müsse er noch sehen, solange der Rummel anhalte; das müsse er wenigstens davon haben.

Als alle Gäste fort waren, behielten er und seine Frau mich noch zurück, und wir plauderten in der Sofaecke, wobei das Gespräch auf seine Theorien überglitt, indem ich sagte, ich fühlte mehr ihre Bedeutung, als daß ich sie wirklich begriffe. Einstein lächelte und sagte, sie seien aber doch sehr einfach, er wolle sie mir in wenigen Worten so auseinandersetzen, daß ich sie sofort begreifen werde.

Ich solle mir eine Glaskugel denken, die auf dem Tisch ruhte und auf deren Spitze ein Licht angebracht sei. Auf der Oberfläche der Kugel flache (zweidimensionale) Kreise oder ›Käfer‹, die sich darauf bewegten. Also eine ganz einfache Vorstellung. Die Oberfläche der Kugel sei, wenn man sie zweidimensional betrachte, eine *unbegrenzte, aber endliche* Fläche. Die Käfer bewegten sich also (zweidimensional) auf einer unbegrenzten, aber endlichen Fläche. Wenn man nun die *Schatten* betrachte, die die Käfer dank dem Licht in der Kugel auf den Tisch würfen, so sei die Fläche, die diese Schatten auf der Tischplatte und deren Verlängerung nach allen Seiten bedeckten, ebenfalls, genau wie die Fläche auf der Kugel, unbegrenzt, aber doch endlich, das heißt, die Zahl der Schattenkegel oder Kegelschnitte durch die ideal vergrößerte Tischplatte entspreche immer nur der Zahl der Käfer auf der Kugel; und da diese Zahl endlich sei, so sei notwendig auch die Zahl der Schatten endlich. Hier hätten wir also die Vorstellung einer zwar unbegrenzten, aber doch endlichen *Fläche*.

Wenn man sich nun statt der zweidimensionalen Käferschatten dreidimensionale konzentrische Kugeln denke, so könne man auf diese genau dieselbe Vorstellung übertragen und habe dann das Bild eines zwar unbegrenzten, aber doch endlichen *Raumes* (dreidimensional). Er fügte hinzu: In diesen Gedankengängen und Vorstellungen beruhe aber gar nicht die Bedeutung seiner Theorie, sondern *in der Verknüpfung von Materie, Raum und Zeit,* im Nachweis, daß keines von diesen dreien für sich allein bestünde, sondern jedes immer von den beiden andren bedingt sei.

Diese unauflösliche Verkettung von Materie, Raum und Zeit sei das Neue an der Relativitätstheorie. Aber er begriffe nicht, warum sich die Leute so darüber aufregten. Als Kopernikus die Erde aus ihrer Rolle als Mittelpunkt der Schöpfung stürzte, sei wohl das Aufsehen begreiflich gewesen, weil in der Tat eine Revolution aller menschlichen Anschauungen dadurch vollzogen wurde. Aber was ändere seine Theorie an der Vorstellungswelt der Allgemeinheit? Diese Theorie vertrage sich mit jeder vernünftigen Weltanschauung oder Philosophie; man könne mit ihr Idealist oder Materialist, Pragmatist oder sonst was sein!

Berlin. 25. März 1922. Sonnabend

Stresemann bei mir gefrühstückt. Er blieb bis vier und erzählte allerlei. So, daß Poincaré kurz vor Briands Sturz durch Sir Thomas Barclay Fühlung mit ihm und Stinnes gesucht habe; ja, es sei schon eine Zusammenkunft irgendwo zwischen Stresemann, Stinnes und zwei andren deutschen Wirtschaftsleuten einerseits und Poincaré und drei Franzosen verabredet gewesen; da kam Briands Sturz und verhinderte das Zusammentreffen.

Stresemann erzählte dann von den Zuständen in Bayern. Er ist kürzlich zu einer Hochzeit in München gewesen. Er sagte: Der Kronprinz Rupprecht lasse sich nicht mehr halten, obwohl er, Stresemann, ihm auf das eindringlichste abgeraten hätte und obgleich alle acht Tage jemand zu ihm führe, um ihm gut zuzusprechen. Es bestünden drei Pläne: entweder ein Staatsstreich (Proklamierung zum König) oder Volksabstimmung in ganz Bayern, wobei die Monarchisten hofften, die Königswahl durchzudrücken, oder aber (und das wäre der klügste und gefährlichste Weg) Einsetzung eines Staatspräsidenten, der dann natürlich Rupprecht sein würde. Stresemann meinte: Nordbayern (Franken, Nürnberg) werde sich dann von Südbayern lostrennen, ebenso Augsburg: der Graf Fugger in Augsburg habe ihm gesagt, er werde nicht mitmachen und Augsburg auch nicht. Dagegen hofften die Monarchisten, Tirol und Steiermark anzugliedern. Sie seien überdies rabiat antifranzösisch, auch Rupprecht. Ein Übergreifen der monarchistischen Bewegung nach Norddeutschland scheint Stresemann nicht zu erwarten. Er glaube, daß in absehbarer Zeit die Monarchie in Norddeutschland nicht wiederkommen werde.

Berlin. 28. März 1922. Dienstag

Abends am Kurfürstendamm im reaktionären russischen Kabarett ›Stehaufmännchen‹. Extrem moderne Ausstattung und Vorführung: eine ins Kabaretthafte sublimierte Klage über Altrußlands Untergang kontrastierend mit dem unbesieglichen Glauben an Rußlands Zukunft. Die Süße und Leichtigkeit hebt alles Nationalistische ins Menschliche!

Mitten hinein platzte schreckenerregend die Nachricht, daß Milzalow und Wladimir Nabokow während eines Vortrages von Milzalow in der Philharmonie ermordet worden seien. Das Gerücht trug wie eine große Meereswelle den größten Teil des fast nur russischen Publikums aus dem Kabarett hinaus.

Wir saßen im bisher überfüllten Theaterraum nach wenigen Minuten fast allein. Nur am Nebentisch blieben drei junge elegante Russen (ein russischer Großfürst wirkt hier im Chor mit). Als ich den einen fragte, was am Gerücht wahr sei, antwortete er: Na ja, Milzalow ist ermordet worden! Schade, daß der Schuft nicht schon früher um die Ecke gebracht worden ist. Um Nabokow ist es schade! Aber Milzalow, der Verräter, der mit Kerenski und andren den Zaren verraten hat, den hätte man schon früher umbringen sollen. Gemein, daß die fünfzehntausend russischen Offiziere sich wie die Hammel von der Revolution haben abschlachten lassen, ohne sich zu wehren! Warum haben sie es nicht gemacht wie die Deutschen, die Rosa Luxemburg so umgebracht haben, daß nicht einmal der Duft von ihr übrigblieb? Dabei lächelte er so selbstzufrieden, daß man empfand: er selbst würde zu einem Morde unfähig sein. Der Schrecken mischte sich in ihm nur mit der Musik des Kabaretts und dem Ressentiment zu einem Gift für andre. Motive!

Andrerseits ist die produktive Kraft der russischen Kultur und Kunst ungeschwächt. Vielleicht könnte man amoralisch formulieren: Morden darf nur, wer zeugen kann; wer so überzeugt von der Einzigkeit einer Frau oder einer Idee ist, daß er nur in ihr eine Zukunft sieht. Morden und Zeugen *Komplementäre:* nur der darf zeugen, der auch für seine sinnliche oder geistige Überzeugung morden kann. Bei meinem reaktionären Russen fehlte die Evidenz von beidem. Aber die Mittelmäßigkeit der modernen Welt stammt zweifellos daher, daß wir nicht mehr weder die Sicherheit zum Zeugen noch die zum Morden haben! Alles wird daher mit einer Art von Schimmel, mit dem Moder von allerlei Kompromissen und Zwischenstufen überwuchert.

Ich sollte morgen abend mit Milzalow bei Georg Bernhards sein! Ein triviales Abendessen; und heute die Ermordung des einen Gastes.

Vielleicht ist die Hemmungslosigkeit mehr als die Stärke des revolutionären Willens das Charakteristische der meisten revolutionären Epochen und Taten.

Wir stehen in einer Epoche wie die des Hellenismus oder der römischen Bürgerkriege, wo der politische Mord *nichts mehr bedeutet.* Damit der politische Mord signalartig wirke, politische Leuchtkraft habe, muß er vor einem ethischen, streng moralischen Hintergrunde sich abheben. In einer amoralischen Epoche ist er politisch ebenso bedeutungslos wie irgendeine natürliche Todesform.

Zum Kapitel politische Morde fällt mir ein, was mir Stresemann neulich (25. März) erzählt hat: daß Helfferich zum Teil infolge der Drohbriefe, die er seit der Ermordung Erzbergers bekommt, so nervös geworden sei, daß er einen direkt anomalen Eindruck mache. Er war ja immer schon feige, wie sich in Moskau gezeigt hat. Stresemann ließ sich dann über die Feigheit der Männer des alten Preußens am 9. November aus und erzählte (was mir neu war), daß Linsingen, der Oberkommandierende in den Marken (!), am 9. November sich bei Paul Schwabach versteckt habe! Das wäre allerdings der Höhepunkt und ganz ebenbürtig der feigen Flucht von Beseler aus Warschau bei Nacht und Nebel und in Zivil-Verkleidung. Stresemann kommentierte: vor dem 9. November habe er erwartet, daß die Revolution in Berlin erst siegen könnte, nachdem der letzte Gardeleutnant in Stücke gehackt sei! Es sei aber anders gekommen!

Und diese Leute (so sage ich) sprechen von einem ›Dolchstoß‹; doch höchstens dem, den sie am 9. November in ihrer krankhaft feigen Phantasie fürchteten und vor dem sich diese Stützen des Thrones und des Altars bei jüdischen Bankiers und in Kellerlöchern verkrochen! ›Altpreußen‹, vertreten durch Wilhelm II., Ludendorff, Lindström, Linsingen, Beseler – nur die fliegenden Rockschöße hat die Revolution zu sehen bekommen; sie waren schon im Davonlaufen, ehe die Revolution ausbrach (siehe auch meinen Freund, den Kommandierenden in Magdeburg, Werder). Und heute schreien sie sich heiser vor Mannesmut im Kino vor dem jüdischen Geschäftsfilm ›Fridericus Rex‹; edle Rasse! Je näher dem Throne, um so mehr wie von Feigheit verpestet.

Gera. 1. April 1922. Sonnabend

Vormittags mit Max Goertz nach Gera, wo wir vom Erbprinzen zur Aufführung von Johsts ›König‹ eingeladen waren. Nachmittags den Erbprinzen im Schloß besucht. Abends mit ihm, Johst und seinem Freund Balthasar in der Loge. Gute, wirksame Regie, zerhackt, eckig, symbolisierend wie das Stück. Dieses ist ein gut funktionierendes Linienspiel, aber ohne viel menschlichen Inhalt. Der König eine gerade Linie, ein wild gewordenes Lineal, das durch die Kurven von allerlei ziemlich flachen Existenzen hindurchgetrieben wird und schließlich an diesen zerbricht. Ein guter Einfall, der die ganze Idee erschöpft, aber von Johst nicht recht in seinem Wert begriffen oder herausgebracht wird. Der weltverbessernde König befielt einem Kammerherrn, eine Dirne durch die Stadt zu führen, und der Kammerherr rächt sich, indem er die Dirne unter einer Verkleidung dem König wieder zuführt und als Mätresse anhängt. Damit ist schon alles gesagt; der König hat die Welt auf den Kopf stülpen wollen, und statt dessen stülpt ihn die Welt auf den Kopf. Aber das ist schon in der dritten oder vierten von den zehn Szenen vollbracht, und alles übrige erscheint nachher wie ein schwerfälliger Nachtrag. Wie geistvoll hätte Voltaire diesen Einfall zum Symbol erhoben! Johsts Figuren bestehen nur aus Situationen, Operettenfiguren; sie haben kein Inneres, keine Seele: statt dessen allenfalls Sentenzen. Und wenn man über das Künstlerische hinausgeht oder das Stück als eine Kritik von Ideen nimmt (also: symbolisch), dann erscheint es verfehlt in seiner Formulierung des behandelten Problems. Trotzdem ist das Stück ein die Aufmerksamkeit fesselnder, technisch nicht gleichgültiger Versuch, der zweifelloses Bühnentalent verrät.

Johsts zerknittertes Gesicht, an Schickele erinnernd, gefiel mir sehr, obwohl er offenbar aus ziemlich flachem politischem Wissen reaktionär orientiert ist, für Ludendorff schwärmt und mit diesem nach seiner eigenen Darstellung sogar persönlich fast befreundet ist. Er ist frisch, ehrlich, gar nicht verrannt, gibt die Beschränktheit seiner politischen Kenntnisse und Ausblicke zu, erzählt sehr farbig und amüsant.

Der Fürst führt hier offenbar genauso Hof wie vor der Revolution; wohnt in seinem angestammten Schloß, regiert die Kultur und die Ideen des Bürgertums und bildet allmählich (recht klug) einen kleinen Kulturmittelpunkt für gerade die allermodernsten Dichter wie Johst, Bötticher usw. Dieses nachrevolutionäre Mäzenatentum eines deutschen Fürsten muß mit der Zeit auch, wenigstens in seinem Umkreise, politisch, das heißt gegenrevolutionär wirken.

Berlin. 4. April 1922. Dienstag

Abends in Unruhs ›Prinz Louis Ferdinand‹. Die Tragödie der falschen Größe; und auch des Preußentums: außen hart, innen weich, so daß es bei jedem starken Druck zusammenknickt. 1918 wie 1806. Dieses 1913 geschriebene Stück war prophetisch. Alle Menschen in ihm sind unecht (wie 1914), der Prinz ein Talmiheld und Talmikünstler, der König ein Talmikönig; eine Komödie größten Stils leuchtet auf, wo dieser Talmiheld und Talmikönig miteinander in Konflikt geraten. Unruh und die Historie wendeten die Sache aber ins Tragische. Die ästhetische eigene und sonderbare Atmosphäre destilliert Unruh aus dem Kontrast zwischen militärischem Drill und Musik, der typisch und symbolisch ist für das alte Preußen. Ein starkes Stück, das einen fast musikalischen Eindruck hinterläßt wie der ›Prinz von Homburg‹.

Berlin. 5. April 1922. Mittwoch

Gefrühstückt bei d'Abernons. Langes Gespräch unter vier Augen mit d'Abernon. Er meinte: An der Marktentwertung sei ganz allein die deutsche Regierung schuld durch die Notenpresse. Am Tage, wo die Notenpresse zu funktionieren aufhöre, werde die Mark stabilisiert sein. Ein- und Ausfuhr hätten nur einen ganz geringen Einfluß, kräuselten bloß die Oberfläche: der große Fluß der Abwärtsbewegung komme nur aus der Notenpresse. Deutschlands wirtschaftliche Situation sei heute allerdings schlechter als vor einem Jahr; auch werde Deutschland, wenn einmal die Mark stabilisiert werde, durch eine schwere Krise hindurchgehen müssen. Aber politisch sei Deutschlands Stellung heute viel günstiger als vor Jahresfrist. Darauf sollten wir sehen.

Von Genua schien er nicht sehr viel zu erwarten; wurde aber fast böse, als ich auf Boulogne und das Nachgeben von Lloyd George anspielte. Von diesem steten Nachgeben Englands spreche man *hier;* aber das sei eine ganz falsche und ungerechte Anschauung. Immerhin störte sie seinen Gleichmut, so daß er ganz rot wurde. Offenbar saß der Vorwurf. Er meinte dann: Am meisten verspreche er sich in Genua von Tschitscherins Anerbieten, die Rote Armee abzurüsten, weil damit die ganze Abrüstungsfrage ins Rollen kommen müsse, ob die Franzosen es wollten oder nicht.

Eine fast komödienhafte Situation: der englische Botschafter, der als Haupttrumpf auf eine bolschewistische Hilfsaktion rechnet! Und kein sehr überzeugendes Zeugnis für Lloyd Georges Handlungsfreiheit oder Mut. Jetzt erklärte ich mir auch seinen Ärger über meine Anspielung auf Boulogne.

Auf die wirtschaftliche Lage Deutschlands zurückkommend, wies er auf den neuen Mittelstand hin, den er überall hier in den Theatern treffe. Keine Schieber, nicht überwiegend jüdisch, sondern offenbar ›respectable‹ Leute, die in großer Anzahl hundertfünfzig Mark für einen Orchestersitz zahlen könnten. Woher kämen diese Leute? Das sei die Frage, die er sich immer wieder vorlege; ein sehr anziehendes soziologisches Problem!

Berlin, 6. April 1922. Donnerstag

Mit Robert T. Dell und Garrison Villard (Herausgeber der New Yorker ›Nation‹) gefrühstückt im ›Adlon‹. Villard über Stimmung in Amerika: sie wende sich seit Washington scharf gegen Frankreich; aber die teuflische Kriegspropaganda gegen Deutschland wirke noch nach. Von der Intensität und Raffiniertheit dieser Propaganda, die Villard wiederholt als diabolisch bezeichnete, machten wir uns hier keine Vorstellung (dasselbe sagte mir neulich Crosby). Daher sei die Stimmung drüben noch immer auch stark antideutsch.

Ich fragte Villard, was geschehen würde, wenn die Franzosen das Ruhrgebiet besetzten. Villard antwortete: Die Stimmung gegen Frankreich werde sich sehr verschärfen, aber tun würde Amerika nichts; dazu reiche es nicht. Er meinte als Erklärung und sozusagen Rechtfertigung für die Kriegspropaganda gegen Deutschland: Als Wilson den Krieg erklärte, sei die Majorität der Amerikaner dagegen gewesen; bei einer Volksabstimmung hätten siebzig Prozent gegen den Krieg gestimmt. Daher sei die amerikanische Regierung genötigt gewesen, eine tolle Propaganda gegen Deutschland zu entfesseln, um ihre Kriegserklärung nachträglich zu rechtfertigen.

Lugano. 8. April 1922. Sonnabend

Früh in Basel auf dem Bahnsteig Jäckh getroffen, der nach Genua reist. Der ganze Zug ist gespickt mit Holländern, Belgiern, Deutschen auf der Genuafahrt. Es ist wie die Pilgerzüge zu einem mittelalterlichen Konzil. Im Zuge zwischen Basel und Luzern interviewte mich der Korrespondent der Basler National-Zeitung (ein Herr Arnstein, wie aus seiner Karte hervorging), den mir der mitreisende Maler Pellegrini aufhalste. Mit Jäckh im Speisewagen gefrühstückt, wo noch Presseabteilung des Amtes (Joachim Kühn usw.) und Diener (!) des Amtes saßen. Ein alter Diener des Auswärtigen Amtes begrüßte mich so herzlich auf dem Bahnsteig in Basel, daß ich mir minutenlang den Kopf zerbrach, wer dieser liebenswürdige alte Herr sei, bis mir Jäckh das Rätsel löste.

Lugano–Genua. Nervi (Strandhotel). 9. April 1922. Sonntag

Nachmittags fort aus Lugano nach Genua. In Chiasso, an der Grenze, überschlugen sich die für die Konferenzteilnehmer angestellten besonderen italienischen Kommissare in Höflichkeiten, liefen überall mit, sahen nach Platz im direkten Wagen und nach dem Gepäck. Ein besonderer Kommissar wurde mir vorgestellt, dem ich bis Genua anvertraut bin: und mein Gepäck wird im Gepäckwagen bis Genua ›guardato a vista‹ durch besondere Guardien. Mehr kann man wirklich nicht verlangen.

Wie sich herausstellte, hatte mein Kommissar, den ich zu mir ins Kupee einlud, noch zwei Unterkommissare mit, die dauernd im Seitengang patrouillierten. Außerdem stellten sich mir mit meinem Gepäck in Genua zwei Guardien vor, die eine Empfangsbescheinigung verlangten. Der Bahnhof in Genua ist festlich mit Topfpflanzen und ausschließlich italienischen Flaggen geschmückt. Auch stark mit Guardien besetzt.

Nach Nervi werden wieder neue Guardien mit meinem Gepäck mitgeschickt.

Um zehn nach Nervi. Ich wohne sozusagen *im* Meer. Das Hotel steht auf den Strandklippen. Das Meer rauscht und donnert unmittelbar unter meinem Fenster. Der fast volle Mond scheint heute in der warmen Nacht etwas wässerig, aber hell auf den Wellenschaum und die weit hinaus tanzende See.

Genua. 10. April 1922. Montag

Früh im Eden-Hotel Prittwitz und Oberleutnant Simon gesehen, die mir nacheinander den Wunsch aussprachen, eine private Zusammenkunft zwischen Rathenau und Seydoux herbeizuführen. Gleich nachher im ›Savoy‹, wo die Franzosen hausen, Hesnard, Poncet und Philippe Milliet gesprochen. Bei Hesnard sondiert wegen der Zusammenkunft Rathenau–Seydoux. Er will mir morgen oder übermorgen Antwort geben. Milliet wünschte Interview mit Rathenau, aussitôt que possible. War gegen Rathenau verstimmt, weil er ihn in Berlin kühl behandelt habe. Simon die Antworten und Wünsche der Franzosen mitgeteilt. Aber alles funktioniert im Büro der Entente noch miserabel.

Dann Neurath und Maltzan gesprochen und mit Kreuter (Wirths ›rechter Hand‹) und Georg Bernhard gefrühstückt. Mit diesem zur Eröffnung der Konferenz im Palazzo San Giorgio. Imposante Absperrungen, Militärketten in Feldgrau, patrouillierende Kavallerie; im Umkreis des Palazzo weißbehandschuhte, rotbebuschte königliche Guardien, die zu den Topfpflanzen und roten Treppenläufern des in höfischem Pomp herausgeputzten alten Bankpalastes überleiten. Alle Häuser ringsherum am Hafen beflaggt und bis oben hin ihre Fenster mit gaffendem Alltag gefüllt. Dieser mit den Masten und Schiffsschornsteinen des Hafens zusammen passende Rahmen für die erste Arbeitskonferenz mit Kommunisten.

Das Bild der Konferenz selbst: feierlicher, etwas kalter Renaissancesaal mit großen, konventionellen Standbildern in Nischen: vergessene berühmte Männer wie Grabfiguren. Die lebenden Berühmtheiten unten an grünen Tischen im doppelten geschlossenen Hufeisen unter einem am hellichten Tage brennenden Kronleuchter, weil der Saal etwas gruftartig dunkel ist.

Ringsherum als unscheinbares Gedränge die Diplomaten, Sachverständigen, Nobili und Honoratioren von Genua. Dicht hinter Tschitscherin in einem Sessel ein Kardinal. Einige Matrosen als Saaldiener.

Die ersten Reden (Facta, Lloyd George, Wirth – Barthou hörte ich zufällig nicht, da ich während seiner Rede abwesend war –) wurden verlesen und gleichzeitig im Umdruck verteilt; sie wirken etwas akademisch: am akademischsten die von Wirth, die ein dünner Aufguß (steril und unschädlich gemacht) von meinen Reden vor zwei Jahren ist (›Wiedergutmachung und Arbeiterschaft‹). Wirth bekommt peinlich starken Applaus. Sein Auftreten ist die kleine, erwartete Sensation. Aber bis dahin gleicht die Versammlung irgendeinem wissenschaftlichen Kongreß: den Verhandlungen des Naturforschertages.

Leben kommt erst in die Bude, als Tschitscherin aufsteht. Allgemeines Rauschen der Erwartung. Jetzt kommt die große Nummer. Doch der erste Eindruck enttäuscht. Er liest seine Rede auf französisch und spricht das Französische so bizzar aus, daß ich zuerst meinte, er spräche russisch. Allmählich versteht man einzelne Worte und dann Sätze. Er verkündet die Bereitwilligkeit der Russen, am Wiederaufbau der Welt mitzuarbeiten, also kapitalistische und kommunistische Wirtschaftsgebilde nebeneinander bestehen und miteinander konkurrieren zu lassen. Dann drückt er die Hoffnung aus, daß Genua nur die erste einer Reihe europäischer Wirtschaftskonferenzen sein möge und daß ferner ein universeller, nicht bloß Europa umfassender Kongreß, an dem alle Völker der Erde teilnehmen würden, den Wiederaufbau der Welt unternehme. Und verkündet dann, daß die russische Regierung bereit sei abzurüsten, falls alle andren Länder dasselbe täten (der von d'Abernon angezeigte coup de théâtre, auf den d'Abernon seine Hoffnungen für die Konferenz setzte; cf. mein Gespräch mit d'Abernon am vorigen Mittwoch).

Diese Worte über die Abrüstung schien Tschitscherin mit betonter Absicht feierlich und deutlich zu sprechen. Nach seiner französischen Rede, die ohne Beifall aufgenommen wurde (die wenigsten schien zu merken, daß sie zu Ende sei), verliest er selbst die englische Übersetzung, noch undeutlicher. Dann setzt er sich unter schwachem Beifall.

Kaum sitzt er, springt Barthou auf und hält in einem aufgeregten Advokatenton eine Protestrede, die auf ein französisches Publikum wahrscheinlich Eindruck gemacht hätte, hier aber provozierend und peinlich wirkte; der Schluß, wo er immer aufgeregter wurde und mit allerlei kategorisch sein sollenden Beteuerungen und rhetorischen Formeln die Erörterung der Abrüstung in Genua in seinem Namen, im Namen der französischen Delegation und im Namen Frankreichs ablehnte, klang aus wie ein greisenhaftes Keifen. Ein kleiner Teil der Zuschauer und Gäste applaudierte, der größere schwieg eisig.

Nun erwiderte Tschitscherin sehr geschickt und sogar boshaft: Daß Genua nur ein erster Schritt, ein Erstling von einer Serie von Konferenzen sein solle, habe Lloyd George gesagt; er, Tschitscherin, habe ihn bloß zitieren wollen. Die Abrüstungsfrage stehe allerdings nicht auf der Tagesordnung, die in Cannes verabredet sei. Aber Herr Poincaré selbst habe diese Tagesordnung unklar und unvollständig genannt. Und viele andre Fragen, die in Genua erörtert werden müßten, seien in Cannes ebensowenig aufgeführt worden, zum Beispiel die der Wechselkurse. Aber ganz besonders sei die russische Regierung zu ihrem Abrüstungsvorschlag durch die Rede des Herrn Briand in Washington angeregt worden, in der er als Haupthindernis einer französischen Abrüstung die russische Rote Armee genannt habe. Die russische Regierung habe deshalb gehofft, daß sie Frankreich und der Welt einen Dienst leisten würde, wenn sie dieses Hindernis durch eine bindende Erklärung hier in Genua beseitige. Im übrigen werde sich die russische Delegation der Entscheidung der Konferenz beugen, falls diese die Frage der Abrüstung ausschließen wolle. Man schmunzelt im Zuschauerraum. Tschitscherin hat Barthou mit Geist abgefertigt.

Jetzt meldet sich Lloyd George zum Worte und hält die Rede,

die der Clou der Vorstellung wird. Obwohl er zweifellos die Russen zu ihrem Abrüstungsvorschlag ermuntert hat (siehe d'Abernon), läßt er sie sanft fallen, nachdem sie ihm den Dienst geleistet haben, Barthou zu provozieren und Frankreich wieder vor der Welt als Neupreußen sich gerieren zu lassen. Mit Witz und Bonhomie gießt er Öl auf die bewegten Wogen, belächelt den universellen Weltkongreß, dessen Ende er als alter Mann nicht erleben würde, wenn man einen solchen einberiefe, und erklärt dann mit Nachdruck, daß Genua ein Mißerfolg sein werde, wenn es nicht zur Abrüstung führe. Aber allerdings die Vorbedingung jeder allgemeinen Abrüstung sei die Entgiftung der Welt, die Wiederherstellung des Vertrauens zwischen den Völkern, die wirtschaftliche Verständigung, wie sie eben Genua bringen solle. Im übrigen sei der Völkerbund mit der Frage der Abrüstung befaßt, und diesem wolle Herr Barthou gewiß kein Hindernis bei seiner Tätigkeit in den Weg legen. Er beschwöre daher Herrn Tschitscherin, zunächst die Abrüstungsfrage aus dem Spiel zu lassen, um nicht das schwerbelastete Schiff der Genueser Konferenz zum Sinken zu bringen. Denn wenn dieses Schiff untergehe, könne Herr Tschitscherin selbst unter den Ertrunkenen sein. Wenn das Schiff aber glücklich in den Hafen einlaufe, dann könne es hoffentlich nach beendeter Reise wieder neue Fahrten machen; und man werde dann Herrn Tschitscherin, nachdem man gelernt habe, was für ein Passagier er sei, auch gern wieder mitnehmen und vielleicht sogar ans Steuer lassen.

Also in der Form eine Abschüttelung der Russen (die durch die Ironie besonders fühlbar wurde), in der Sache eine nicht leicht greifbare Polemik gegen die Franzosen. Der Erfolg dieser in einem leichten Plauderton vorgetragenen, sehr ernsten Staatshandlung war durchschlagend. Die ganze Konferenz mitsamt den Zuschauern und Journalisten applaudierte stürmisch und minutenlang. Lloyd George war wieder einmal der Zauberer. Alle hatte er entzückt!

Kaum war der Beifall verrauscht, meldet sich Tschitscherin zu Worte. Facta bittet ihn, darauf zu verzichten, da diese Debatte hier nicht zu Ende geführt werden könne und keinen Zweck habe. Da springt Barthou wütend auf. Er wolle nur wenige Worte sagen. Er müsse erklären ... Facta, hochrot, erhebt sich und schneidet ihm das Wort ab. Was er als Präsident der Konferenz gesagt habe, gelte für alle, für die eine Partei ebenso wie für die andere. Er müsse Herrn Barthou ebenso wie Herrn Tschitscherin bitten, auf das Wort zu verzichten. Aber Barthou setzt sich nicht, sondern redet weiter, stellt in einem höchst gereizten Ton die Frage, ob alle Teilnehmer der Konferenz die Abmachungen von Cannes anerkennten oder nicht: sonst müsse die französische Delegation die Konsequenzen ziehen.

Dieses Mal werden die sehr spärlichen Applausversuche in einem diskreten Zischen erstickt. Der Mißerfolg Barthous, die peinliche Situation, in die Frankreich durch Tschitscherins Vorstoß gedrängt worden ist, ist geradezu wie ein atmosphärischer Druck fühlbar. Facta stellt nur trocken fest, daß die Frage Barthous schon zu Anfang der Konferenz beantwortet worden sei, als er, Facta, die Bedingungen von Cannes verlesen und keiner von den Konferenzteilnehmern Widerspruch erhoben habe; damit sei die Sache schon erledigt gewesen.

Die kleinstädtische Ungewandtheit Barthous, die propagandistische Schlauheit Tschitscherins, die überlegene weltmännische Diplomatie und Debattierkunst Lloyd Georges und das Professorale der deutschen Delegation bleiben als Eindrücke dieser ersten Sitzung übrig. Diese Eröffnungssitzung der Genueser Konferenz war eine der größten politischen Komödien, etwas wie von Aristophanes oder einem noch überlegeneren Weltdichter.

Zwei Provinzschauspieler, Barthou und Wirth, und zwei ganz große Komödianten, Lloyd George und Tschitscherin, von denen der eine, Lloyd George, noch dazu der geheime Regisseur des Ganzen war. Diese Premiere war das Reisegeld wert. Aber geradezu unbezahlbar, sie mit den Gefühlen des großen Regisseurs selbst, Lloyd George, genießen zu können. Er saß während Barthous zweiter und dritter Rede (sein Werk), den Kopf in die

Fäuste gestützt, und muß sich innerlich geschüttelt haben vor Selbstbefriedigung.

Genua. 11. April 1922. Dienstag

Rathenau bestritt mir heute morgen, daß die Russen die Abrüstungsfrage im Einverständnis mit den Engländern aufgerollt hätten; Sir Robert Horne habe ihn gefragt, ob er wisse, was die Russen tun würden? Er folgerte daraus, daß die Engländer über die Absichten der Russen nicht informiert gewesen seien. Nachmittags bestätigt mir Neurath, daß auch er in Rom am Freitag erfahren habe, daß die Russen im Einverständnis mit den Engländern die Abrüstungsfrage aufzurollen beabsichtigten.

Nachher Spaziergang mit Prittwitz oben auf der Höhenpromenade. Über die bayerisch-französische Gefahr, die er ähnlich ernst einschätzt wie ich. Wirths Rede findet er wie ich unverantwortlich schwach und leer. Ludwig Stein meinte, Oscar Müller, der sie gemacht hat, werde vielleicht darüber stürzen. Die Gefahr besteht nach dieser nichtssagenden Rede, daß Deutschlands Zurückhaltung als Impotenz und geistige Mittelmäßigkeit ausgelegt wird und man uns sozusagen vergißt. Insofern war sie auch ein schwerer diplomatischer Fehler, weil sie uns die absichtliche und an sich richtige Zurückhaltung erschwert. Nicht ein Geistes- oder Herzensblitz, wenn man nach acht furchtbaren Jahren zum ersten Mal gleichberechtigt an den Konferenztisch tritt! Die Bürokratie in allen Ehren, aber das geht doch über das erwartete Maß von Beamtenverknöcherung hinaus. Damit hat Wirth als europäischer Staatsmann verspielt; er ist höchstens noch eine europäische Bequemlichkeit, eine verwendbare und gewandte Mittelmäßigkeit. Kein Format, dem irgend jemand im Auslande oder Inlande noch zutrauen kann, Deutschland wieder auf den Wegen der Zukunft emporzuführen. Wem so gar nichts bei einer solchen Gelegenheit einfällt und noch dazu eine so öde, fremde Rede zum Verlesen oktroyiert werden kann, steht auf der Stufe der ganz mittelmäßigen Souveräne des alten Regimes.

Genua (Nervi). 12. April 1922. Mittwoch

Großes Aufsehen macht der Vorschlag der Londoner Experten zur Sanierung Rußlands. Bei uns (Maltzan) wird er als Versuch der Turkifikation Rußlands und für die Russen unannehmbar bezeichnet. Tschitscherin hat gestern zwei Tage Bedenkzeit gefordert und will morgen einen neuen Aufschub verlangen. Wie wir uns stellen werden, steht noch nicht fest. Hilferding sagt mir, er, Bernhard, Maltzan und ›alle anständigen Mitglieder‹ unserer politischen Kommission wollten, wir sollten erklären: wir könnten die Londoner Forderungen nicht unterstützen, weil sie moralisch unannehmbar seien und dem Selbstbestimmungsrecht und der Souveränität des russischen Volkes wiedersprächen. Rathenau dagegen habe Angst, daß wir dann aus dem Wiederaufbaukonsortium ausgeschlossen würden, und wolle unsere Zustimmung gegen wirtschaftliche Zusicherungen der Entente verschachern. Hilferding (und auch Bernhard) sind maßlos wütend auf Rathenau, dem sie eine unbändige Eitelkeit vorwerfen, die es nicht ertrüge, von Stinnes nicht für voll genommen zu werden. Er denke nur noch an das Urteil der Deutschen Volkspartei. Hier in Genua sei er für jede europäische und moralisch wirksame Haltung Deutschlands das große Hindernis.

Abends gegessen in Genua mit Ludwig Bauer (von der National-Zeitung in Basel), den Terwins und Emil Ludwig. Dieser machte auf mich einen unerfreulichen Eindruck. Äußerst affektiert, immer auf den Fußspitzen gehend, um größer zu erscheinen, als er ist, keinen Augenblick unbefangen und natürlich. Der typische kleine Literat, von Neid und Impotenz verbogen. Später kamen Hilferding, Georg Bernhard und Geheimrat Kreuter (der Adlatus von Wirth) hinzu, mit denen nach Nervi zurück.

Entscheidend für die Zukunft, eine wirklich radikale Änderung der europäischen Lage, scheint mir, daß in die alliierten Unterkommissionen Deutschland und Rußland gleichberechtigt neben die fünf Entente-Staaten hineingesetzt worden sind, während daneben alle andren Staaten nur durch vier Repräsentativ-Staaten (die in den verschiedenen Kommissionen verschieden sind) vertreten sind. Damit ist ein neuer siebenköpfiger Areopag (zu dem noch Amerika hinzukommen müßte) an die Stelle des fünfköpfigen Entente-Areopags und Obersten Rats de facto konstituiert worden. Das ist schon ein sehr wesentliches Ergebnis von Genua; um so mehr, als es gegen die heftige Opposition von Frankreich, aber mit Zustimmung aller Neutralen und selbst der kleinen Entente (Polen!) erreicht worden ist. Der verzweifelte Vorstoß von Picard gestern in der Finanzkommission dagegen (er war dabei so aufgeregt, daß er beim Gestikulieren seine Röllchen verlor!) hat es nur um so eklatanter und unabänderlicher gemacht.

Genua. 13. April 1922. Gründonnerstag

Mit Rathenau und Wirth gegessen. Der Professor Bonn und der Staatssekretär Hemmer aßen mit. Wirth, den ich bei dieser Gelegenheit kennenlernte, enttäuschte mich stark. Ein typischer ›Boche‹; blond, fett, schlagflüssig, ein weichlicher Fleischkoloß ohne innere Haltung: launisch, formlos, Trinker, ja, sichtbar alkoholgetränkt (Gastwirtssohn). Hinter Nebeln von Selbstbeweihräucherung und Wein hält er sich scheints für einen Olympier. Rathenau bemuttert ihn wie ein alter Kammerherr seinen Serenissimus und war heute sehr besorgt, ob er nicht zum Frühstück zu viel für sein Wohlbefinden getrunken hätte. Ich mußte an Schluck und Jau denken. Mein erster Eindruck jedenfalls der von jemandem sehr Subalternem, der gleichzeitig verschommen und flach ist, was nicht Blitze eines naturburschenhaften gesunden Menschenverstandes ausschließt. Aber lange wird sich diese luftige Größe nicht halten lassen; und es ist Zeit, einen Ersatz für den baldigen Zeitpunkt seines dégonflements zu suchen. Ich verstehe jetzt erst, warum Rheinbaben sagte, über Wirths Politik lasse sich diskutieren, aber Wirth selbst sei ›unmöglich‹, und warum das A. A. ihn seine Genua-Rede nicht selbst machen ließ. Resümierend: der Hausknecht als Reichskanzler.

Wenn ich an Fehrenbach (den Männergesangverein-Vorstand), Hermann Müller, Bauer, Scheidemann denke, so kann die Deutsche Republik mit ihren Reichskanzlern wirklich keinen Staat machen. Vielleicht ist die heutige Form der Demokratie nicht geeignet, andre Männer an die Spitze zu bringen.

Hilferding, der als Mittelsmann zwischen der deutschen und der russischen Delegation dient, war heute wieder in Rapallo bei den Russen und setzte mir die Situation auseinander. Die Russen wollen (mit auf unseren Rat, wie Hilferding ausdrücklich betonte) erklären: sie seien bereit, das Londoner Memorandum als Verhandlungsbasis anzunehmen, müßten aber jeden Eingriff in die Souveränität des russischen Staates, insbesondere die vorgeschlagene Konsulargerichtsbarkeit, ablehnen. Ebenso die effektive *Zahlung* der Schulden oder Schuldzinsen, da sie völlig außerstande seien, auch nur die Zinsen ihrer Schulden zu bezahlen, und die Übernahme einer Verpflichtung, sie zu bezahlen, Rußland jeden Kredit und damit jede Wiederaufbaumöglichkeit verschließen würde. Dieses wäre aber nicht bloß für Rußland, sondern für ganz Europa und insbesondere für England und Amerika ein viel größerer Schaden als die Nichtbezahlung der Zinsen, an denen im wesentlichen nur eine Anzahl von französischen Rentnern interessiert sei. Sie würden also ihre Schulden zwar nötigenfalls pro forma platonisch anerkennen, aber verlangen, daß man ihnen wie jedem überschuldeten Unternehmen deren Zahlung erlasse oder stunde und auch selbstverständlich keine ›dette publique‹ zu ihrer Verwaltung einsetze, wo nichts zu verwalten sei. Hilferding hat heute in der Kommissionssitzung Rathenau vorgeworfen: seine Ideen seien ›geistreich und bestechend, aber . . .‹ Rathenau hat schnell geantwortet: das sei ihm seit dreißig Jahren immer vorgeworfen worden; aber ›damit habe er seine Karriere gemacht‹. Hilferding fügte hinzu, als er mir das battibecco erzählte: er habe fragen wollen, ob seine Karriere bei der AEG oder die als deutscher Auswärtiger Minister.

Genua, 14. April 1922. Karfreitag

Bernhard, dem ich meinen Eindruck von Wirth sage, insbesondere, daß ich ihn wie einen Hausknecht empfunden hätte, sagt:

das sei ganz richtig, Hausknecht, aber gerade dieses Volkstümliche sei seine Stärke. Auch besitze er in sich einen ›Kontrapunkt‹, der alles zusammenfasse und nach *einer* Richtung leite, und dann einen merkwürdig feinen politischen Instinkt. Daß er alkoholisiert sei, gibt er zu. Da Rußland zu Wirths Freunden und Gönnern gehört, so haben diese Bestätigungen meines Eindrucks für mich Wert. Vielleicht ist er von der Art der Figuren des Hauptmannschen ›Florian Geyer‹: ein wenig volksliedhaft, ein wenig Trinker, geistig verschwommen und flach mit einzelnen Instinktblitzen im Handeln und ganz und gar ohne innere oder äußere Form. Also eine von den Naturen, die der Durchschnittsdeutsche für ›tief‹ hält, während sie in Wirklichkeit nur embryonal, selbst in ihrer Gutmütigkeit, sind. Damit paart sich meist die praktische Schlauheit des irgendwie schlecht Weggekommenen. So ein Mann endet im Spießerfett oder ausnahmsweise auch tragisch, wenn ihn seine Schlauheit an eine für ihn unhaltbare Stelle trägt: so Erzberger, der zur selben Art gehörte. Oder noch schlimmer: er erfindet ein philosophisches System oder eine neue Ethik und stürzt damit andre ins Groteske. Man hält vielfach solche Naturen für musikalisch; aber ihnen fehlt zur Musik der unerbittliche Rhythmus.

Genua. 15. April 1922. Sonnabend

Abends mit del Vayo und dem Pariser Korrespondenten des ›Sol‹ (Buenos Aires) gesprochen.

Die Gesamtsituation ist jetzt so: Das Zentralproblem ist und bleibt das deutsch-französische, das beherrscht wird durch die Reparationen. Daher ist die Konferenz hier mitsamt dem russischen Problem nur eine sekundäre Hilfsaktion, die scheitern muß, wenn nicht gleichzeitig und parallel mit ihr die Reparationsfrage einer befriedigenden Lösung entgegengeführt wird. Auf der Konferenz kann (tatsächlich) das Reparationsproblem nicht besprochen werden, weil es im Wesen eines ist, das bloß zwischen der Entente und Deutschland schwebt. Aber außerhalb und neben der Konferenz darf und muß es besprochen werden.

Und der Erfolg von Genua hängt vom Erfolg dieser Verhandlungen über die Reparationen ab.

Zum Problem Wirth: Letzten Endes laufen alle meine Einwände gegen ihn auf den einen hinaus, daß ihm jede Feinheit des Herzens fehlt; was durchaus keine Sache der Abstammung oder des Standes ist, sondern höchstpersönlich. Man vergleiche Wirth etwa mit Lincoln. ›He's a *cad*‹, auf englisch gesagt. Und er hat nichts dazugelernt (keine ›Kinderstube‹), infolgedessen diese angeborene innere Roheit nackt zutage liegt. Er wirkt, im tieferen Sinne des Wortes, ›gemein‹.

Nervi. 16. April 1922. Ostersonntag

Verregneter Ostersonntag in Nervi. Die beiden Unzertrennlichen, Hilferding und Raumer, besuchten mich morgens und nahmen mich zu einem Spaziergang im Regen mit.

Abends bei Hilferding und Raumer in der deutschen Sachverständigendelegation in der ›Pagode‹ gegessen. Osteressen mit einem Meer von Blumen und Lichtern auf großen Eisblöcken. Nach Tisch musizierten Franz v. Mendelssohn und Heinz Simon Beethoven und Schumann.

Genua. 17. April 1922. Ostermontag

Nachmittags gleich nach vier bei Rathenau, der mit Giannini im Garten ging. Ich gratulierte ihm zum Abschluß des Vertrages mit den Russen, der eben bekanntgeworden ist. Er schien etwas den Eindruck dieses Abschlusses auf die Konferenz hier und die Entente zu befürchten. Fragte etwas ängstlich, ob ich schon gehört hätte, wie die Nachricht gewirkt habe? In der Tat muß der Entente dieser Abschluß in diesem Augenblick sehr ungelegen kommen, da er mitten in ihre Verhandlungen mit Rußland hineinplatzt und sie vor die Alternative stellt, entweder auch mit den Russen einig zu werden oder uns das Feld in Rußland allein zu überlassen. Ihre Position bei den Verhandlungen wird also dadurch wesentlich geschwächt, die der Russen sehr gestärkt.

Abends größte Aufregung in der Casa della Stampa und sonst

unter den fremden Delegationen und Journalisten wegen des deutsch-russischen Vertrages, der gestern ganz unerwartet in Rapallo von Rathenau und Tschitscherin abgeschlossen worden ist: Aufrechnung der Kriegsschulden (also Abschaffung des Artikels 216 des Versailler Vertrages), Meistbegünstigung, Wiederherstellung der diplomatischen Beziehungen. Der Vertrag war schon in Berlin bei der Durchreise der Russen entworfen worden, aber von Rathenau damals trotz Drängens von Maltzan nicht unterzeichnet. Gestern hat ihn Rathenau unterzeichnet, weil er fürchtete, daß er sich sonst zwischen zwei Stühle setzen könnte, wenn die Russen mit der Entente (die sie in Lloyd Georges Villa seit zwei Tagen ohne Hinzuziehung von Deutschland bearbeitet) abschlössen. Dieses hat Maltzan den nötigen Druck gegeben, so daß sich Rathenau gestern morgen ganz unerwartet entschloß, nach Rapallo zu fahren (Sonntagsausflug) und zu unterzeichnen.

Mit Prittwitz und seiner Frau gegessen und im Theater. Prittwitz erzählt, daß Hesnard heute um halb sechs beim Kanzler war, um die Nachricht in einer für die Franzosen möglichst annehmbaren Form in den ›Matin‹ zu bringen.

Bei der Rückfahrt auf dem Bahnhof von Brignole traf ich Georg Bernhard, der gerade vom Kanzler kam, wo er, wie er sagte, ›ein paar Glas Wein getrunken hatte‹; er war offenbar etwas beschwipst und jedenfalls in höchster Stimmung wegen des Vertrages. Hat, wie er sagt, dem Kanzler Mut zugesprochen: er müsse in den nächsten drei Tagen ›gute Nerven‹ haben.

Zu uns setzte sich dann Dr. Zifferer von der österreichischen Delegation, der die fassungslose Aufregung der Franzosen und Lloyd Georges schilderte, die über Illoyalität der Deutschen toben. Lloyd George selbst ist heute abend unerwartet im hellgrauen Straßenanzug auf dem Gewerkschaftsdiner bei Albert Thomas im ›Hotel de Gênes‹ aufgetaucht und hat dem Staatssekretär Hirsch heftige Vorwürfe gemacht. Bernhard behauptet, das sei alles von Lloyd George eine Komödie, da er Phase für Phase vom Gang unserer Verhandlungen mit den Russen genau unterrichtet gewesen sei. Allerdings, den Abschluß gestern habe man ihm nicht vorher mitgeteilt, aber auch Rathenau habe sich erst ganz plötzlich zur Unterschrift entschlossen.

Zifferer meinte, die Entente werde entweder den Vertrag für ungültig erklären nach dem Versailler Vertrag oder die Konferenz auffliegen lassen oder von uns verlangen, daß wir unsere Unterschrift zurücknähmen. Poincaré käme in eine unmögliche Situation, wenn der Vertrag bestehen bleibe. Bernhard sagt, die französischen Delegierten täten so, als ob sie abreisen wollten; sie packten schon ihre Koffer. Trotzdem ist das französische Kommuniqué, das Zifferer uns zeigte, verhältnismäßig gemäßigt im Ton und sogar im Sinne der Mäßigung korrigiert worden (er zeigte das korrigierte Exemplar mit den Korrekturen). Die französische Delegation versucht also, ihre Presse zu beruhigen. Das englische ist viel heftiger.

Der springende Punkt für uns war, daß wir nicht länger warten konnten, ohne zu riskieren, daß sich die Entente über unsere Köpfe weg und *ohne uns hinzuzuziehen* (Verhandlungen nur zwischen Entente und Russen in Villa de Albertis) mit den Russen verständigte. Auch daß die Russen verlangten, daß wir *jetzt* abschließen sollten (natürlich, da dieser Vertrag für sie ein Trumpf ist in ihren gegenwärtigen Verhandlungen in der Villa de Albertis). Besser wäre es aber sicher gewesen (weil den Schein der Illoyalität vermeidend), wenn der Vertrag schon in Berlin unterzeichnet worden wäre.

Morgen wird wohl der aufregendste Tag der Konferenz.

Genua. 18. April 1922. Dienstag

Alle Kommissionssitzungen sind heute abgesagt. Die Entente berät, was sie machen soll. Mein Eindruck ist, daß sie gern einen Ausweg finden möchte, aber vorläufig keinen sieht, da das russische Problem durch den deutsch-russischen Vertrag für sie sich völlig verschoben hat.

Nachmittags Maltzan und ein paar Minuten den Kanzler gesprochen. Dieser meinte, wir hätten einmal wieder aktiv werden müssen. Jetzt müsse man abwarten, wie die Sache verliefe. Aber man müsse auch mal was riskieren.

Abends Sacci vom »Corriere della Sera« höchst aufgeregt. Ludwig Bauer, mit dem ich aß, sehr absprechend über die »Dummheit«, die wir gemacht hätten. Sie zerstöre den Geist des Vertrauens, der nötiger als alles andre sei. Mir scheint, daß die Art zweifellos mangelhaft war, wie wir die Sache gemacht haben. Wir hätten jedenfalls *vorher* gegen die Verhandlungen in der Villa Albertis *protestieren* müssen, wenn wir uns jetzt darauf berufen wollten.

Abends Note der politischen Unterkommission an Deutschland, in der wir aus dieser Unterkommission, soweit sie russische Angelegenheiten behandelt, herausgesetzt werden. Man wartet ab, ob Deutschland daraufhin die Konferenz verlassen wird. Aber vernünftigerweise können wir das nicht. Wir werden den Fußtritt einstecken müssen, ebenso wie die Entente unseren Vertrag. Sehr würdevoll ist weder das eine noch das andre und in der Tat der Wiederherstellung des Vertrauens wenig förderlich.

Für mich ist das Wesentliche die Frage: Lag die Gefahr vor, daß die Entente einen Vertrag mit den Russen hinter unserem Rücken abschloß oder so weit fördert, daß wir de facto vor einem fait accompli gestanden hätten? Oder lag diese Gefahr (1 oder 2) *nicht* vor? Lag sie vor (1 oder 2), so war Rathenaus Vorgehen gerechtfertigt; lag sie nicht vor, so war es ungerechtfertigt. Hier fragt es sich weiter, *was* Giannini gesagt hat und wieweit Rathenau ihm allein trauen durfte, ohne sich weiter zu informieren oder zuerst zu protestieren.

Inzwischen tobt die bürgerliche Presse, auch die italienische, gegen Deutschlands Hinterlist und Unzuverlässigkeit. Nur der ›Avanti‹ hat einen sehr zustimmenden, günstigen Artikel, auf den mich Maltzan sehr erfreut aufmerksam machte. Wir erleben eine Neuauflage der Kriegspropaganda.

Genua, 19. April 1922, Mittwoch

Die Unsicherheit und Erregung dauert weiter. Das große Diner gestern abend der Italiener für die fremden Delegationen soll sehr steif gewesen sein.

Prittwitz bestätigt, daß Rathenau in den Tagen vor dem Abschluß dreimal versucht hätte, Lloyd George zu sprechen, aber nicht empfangen worden sei; dieses habe ihn in dem Gefühl bestärkt, daß die Entente uns vor ein fait accompli stellen wolle. Tragischerweise habe Lloyd George Rathenau zu sich gebeten, als dieser schon nach Rapallo abgefahren war. Maltzan behaupte auch, er habe vor der Abfahrt nach Rapallo mit den Engländern zu telephonieren versucht, aber keinen Anschluß bekommen.

Sacchi vom ›Corriere della Sera‹ hatte mich zum Frühstück eingeladen. Er war wesentlich ruhiger als gestern und erwartete, daß die Sache einen guten Ausweg nehme.

Wirth und Rathenau waren heute zwei Stunden bei Lloyd George, der sehr kategorisch war und verlangte, daß der russisch-deutsche Vertrag annulliert werde. Die Verhandlung gelangte zu keinem Abschluß, und unsere Delegation berät noch darüber. Es wird sicher ein Kompromiß herauskommen. Aber Maltzan soll sagen, wir reisten ab.

Ich habe jetzt den Eindruck, daß die beiden Haupturheber und Verantwortlichen des russisch-deutschen Vertrages, Maltzan und Hilferding, aus verschiedenen Ursachen heraus taktisch versagt haben. Beide haben nur die Sache selbst gesehen, aber darüber das Wie, die Ausführung, aus dem Auge gelassen: Maltzan, weil er aus politischer Leidenschaft, vielleicht aus Ehrgeiz, sie unter allen Umständen perfekt machen wollte; Hilferding, weil er sie, losgelöst von den Umständen, rein theoretisch betrachtete und darüber die Wirklichkeit, den Moment vergaß. Maltzan war dabei (nach Prittwitzens Formulierung) ›Monomane‹, Hilferding zu sehr Professor. Rathenaus Psychologie war die des leicht deprimierten Juden (Nervenmensch). Wirth hat ›aktiv werden‹ wollen (›Wir wollen es ihnen einmal zeigen‹), auch innerpolitisch. Auf der andren Seite hat sich Lloyd George wieder einmal als ›Boß‹ des Obersten Rates gefühlt und ist als solcher der Suggestion von Barthou-Poincaré unterlegen, die Sonderverhandlungen *ohne Deutschland* wünschten (Mitteilung von Raumer). Diese fünf, sechs Personen haben die kostbare und mühsam wieder zusammengeleimte Vase des europäischen Vertrauens fallen lassen und von neuem zerschmissen, wobei die Russen nach beiden Seiten aufhetzend und provozierend gewirkt haben.

Moral von der Geschichte: Mit den alten Methoden und Gewohnheiten läßt sich ein neues Europa nicht schaffen (neuer Wein in alten Schläuchen), namentlich aber, wenn man sie technisch höchst unvollkommen und plump handhabt. Wir können das überhaupt nicht mehr; die Kunst ist verlorengegangen und nicht wieder zu erwecken, selbst wenn wir sie brauchten.

Genua. 20. April 1922. Donnerstag

Weiterer sehr kritischer Tag.

Früh Rathenau, der zu Schanzer fuhr, auf Wunsch von Hilferding und Raumer meine Kombination zwischen Barthous Schritt bei Lloyd George und der Ausschaltung der politischen Unterkommission (Verhandlungen bloß der Alliierten mit den Russen) mitgeteilt. Hilferding und Raumer drängen, ich soll die Sache in Form eines Interviews in die italienische Presse bringen. Sie scheinen sich irgendeine Wirkung davon zu versprechen.

Hilferding berichtete mir über die Situation. Wirth und Rathenau waren gestern zwei Stunden bei Lloyd George, der sie vor die Wahl stellte, entweder den Vertrag rückgängig zu machen oder auf die Teilnahme an den Beratungen mit Rußland in der Unterkommission zu verzichten. Hierüber hat gestern abend ein Kabinettsrat bis spät nachts stattgefunden. Die Delegation scheint gespalten. Der eine Teil, Auswärtiges Amt, Simson, Maltzan, ist für Nichtnachgeben, Durchhalten, erklärt die Drohungen der Alliierten für Bluff; der andre Teil, Hermes,

Schmidt, sucht einen Ausweg. Hilferding meint, unsere Antwort werde etwa darauf hinauslaufen, daß wir uns bereit erklärten, unseren Vertrag als Teil eines gesamteuropäischen Vertrages mit Rußland absorbieren zu lassen, ihn bloß als Vorstufe und Material zu einem solchen Vertrag zu betrachten. Dagegen zurücknehmen könnten wir unsere Unterschrift nicht, da auch die Russen hierfür nicht zu haben wären. Tschitscherin, der gestern bei Wirth und Rathenau gegessen hat, hat dieses ausdrücklich erklärt, daß er unter keinen Umständen in eine Aufhebung des Vertrags willigen werde. Visconti Venosta hat gestern Rathenau besucht und durchblicken lassen, daß die Italiener große Angst haben, daß wir abreisen und dadurch die Konferenz sprengen. Soweit Hilferding.

Ich traf dann beim ›Eden‹, auf dem Weg dorthin, Sir George Paish und Hesnard. Hesnard ist äußerst pessimistisch, meint, daß, wenn wir den Vertrag nicht kurz und bündig aufhöben, die Konferenz gesprengt werden würde. Sie (die Franzosen) könnten ihre Presse und öffentliche Meinung nicht mehr meistern. Nach dem, was er von den Dispositionen von Barthou wisse, werde unsere Weigerung, den Vertrag aufzuheben, das Ende der Konferenz sein.

Mittags gaben Ludwig Stein, Oscar Müller und ich gemeinsam den ausländischen Journalisten ein Frühstück im Restaurant Carlo Felice. Ich saß zwischen dem englischen Pressechef McClure und dem Franzosen de Gobard; mir gegenüber der Professor Ernest Cassel und Vissering. Etwa fünfundvierzig Personen. Im letzten Augenblick sagten die Journalisten, die zur französischen Delegation gehören, Hesnard, Poncet und Massigli, ab. Angeblich soll ihnen Barthou verboten haben zu kommen.

De Gobard (vom ›Matin‹) war sehr vernünftig, gab zu, daß Lloyd George einen groben Fehler gemacht habe, als er die Sonderbesprechungen in der Villa de Albertis abhielt. Führte ihn auf den ›esprit de guerre‹ zurück. McClure gab bekannt, daß Lloyd George alle Journalisten um vier Uhr im Palazzo San

Giorgio zu sprechen wünsche. Die Italiener meinten, das sei ein schlechtes Zeichen. Er werde irgend etwas Unangenehmes, vielleicht nicht Wiedergutzumachendes sagen. Die Stimmung war gedrückt, weil allgemein ein Scheitern der Konferenz als großes Unglück angesehen wurde.

Um halb vier im Palazzo San Giorgio, wo die Versammlung an den grünen Tischen im selben großen Saal war, in dem die Konferenz eröffnet wurde. Schon kurz vor vier erschien Lloyd George, setzte sich auf den Präsidentenplatz unter der feierlichen Statue irgendeines Dogen, in seiner Nähe der italienische Ministerpräsident Facta und der italienische Minister des Auswärtigen Schanzer, und stand gleich auf zum Sprechen. Er redete nur ziemlich kurz und bat dann die Journalisten, an ihn Fragen zu stellen. Die Spannung, als er anfing, war ungeheuer, da man fühlte, daß von seinen Worten das Scheitern oder Fortbestehen der Konferenz abhängen werde.

Es war eine tiefe Erleichterung, als er erklärte, nach seiner Meinung sei der durch den deutsch-russischen Vertrag geschaffene Zwischenfall geschlossen, da die Deutschen einverstanden seien, nicht mehr an den Beratungen der Unterkommission, soweit sie sich mit den russischen Angelegenheiten befaßten, teilzunehmen. Damit ließ er die Forderung fallen, daß wir vom Vertrag zurückträten, und war in der Tat der Ausweg aus der unmöglichen Situation gesichert (obwohl wir unsere Antwortnote nicht überreicht haben). Er wiederholte dann allerdings mehrmals den Vorwurf der Illoyalität, betonte aber ebenso kräftig und ebenfalls wiederholt, daß wir durch unsere Sonderabmachung *nicht* die Absicht verfolgt hätten, die Konferenz zum Scheitern zu bringen. Er sagte sogar, daß der Zwischenfall vielleicht schließlich zum Erfolg der Konferenz beitragen werde, und sprach mehrmals seine Meinung aus, die Konferenz werde zu einem erfolgreichen Ende geführt werden. Er schloß dann die Versammlung mit einem nochmaligen Bekenntnis zum festen Glauben an den Erfolg der Genua-Konferenz.

Die Grazie und Bonhomie, mit denen er das alles sagte,

wirkten wieder bezaubernd wie bei einem großen Schauspieler, trotzdem man weiß, daß die Gefühle und Worte zum großen Teil Komödie sind. Er hat eben ein ganz andres und unvergleichlich größeres Format als die andren Konferenzteilnehmer. Die Befriedigung, daß wir über diese sehr ernste Situation hinaus sind, war allgemein, auch und namentlich bei den Deutschen – Bernhard, Hilferding, Kreuter usw. –, die aus der in einem andren Raum des Palastes tagenden Finanzkommission herüberkamen.

Nachmittags in Nervi zeigte mir Hilferding den Entwurf unserer Antwortnote, den er durchkorrigiert hat und dem Rathenau heute abend die letzte Fassung gibt.

Der erste Teil, die Verteidigung unseres Verhaltens, wirkte auf mich dünn und wenig überzeugend. Der zweite Teil, die Zustimmung zum Fernbleiben aus der Unterkommission der elf, soweit russische Angelegenheiten dort beraten werden, und die Hoffnung, daß unser Vertrag Teil eines gesamteuropäischen werden möge, entspricht der Haltung, die ich von Anfang an verfochten habe, und ist in würdiger und konzilianter Form ausgedrückt. Damit dürften unsere materiellen Interessen unter Dach gebracht und der moralische Schaden, den wir und die europäische Gesinnung erlitten haben, auf das kleinste mögliche Maß reduziert sein.

Abends in der ›Pagode‹ mit Georg Bernhard, Hilferding und Raumer gegessen. Die Erleichterung über den Ausgang des Konflikts war allgemein. Bernhard spendete eine Flasche Moscato. Nach Tisch im Garten erzählte mir Bernhard die Vorgänge gestern abend bei der Sitzung über unsere Antwortnote. Wirth sei ›großartig‹ gewesen, würdig und entschlossen. Rathenau ebenfalls ›sehr gut‹.

Genua. 22. April 1922. Sonnabend

Die Russen haben heute eine sehr konziliante Antwortnote überreicht, in der sie Entschädigung für Sozialisierungsschäden versprechen und die Vorkriegsschulden unter gewissen Bedingungen anerkennen. Mittags waren sie mit den andren Delegierten zum Frühstück beim König!

Wie aufgeregt die Franzosen sind, exemplifizierte Hesnard daran, daß selbst Albert Thomas von der allgemeinen Psychose angesteckt gewesen sei. Er habe ihm (Hesnard) in höchst erregter Weise gegen Rathenau gesprochen. Auch bestätigte er meine Vermutung, daß Poncet von der französischen Delegation sich absichtlich von uns fernhält.

Diese Franzosen des ›Bloc National‹ sind wirklich zu dumm, untermenschlicher Statur. Sie haben nichts andres verdient, als daß ihre Politik sie der Vernichtung ausliefert, und ihre Mitläufer wie Poncet erst recht: wegen ihrer Feigheit, die noch übler ist als die Borniertheit der andren.

Genua. 24. April 1922. Montag

Gefrühstückt mit Dell, G. Hamilton, dem ›Daily Chronicle‹-Korrespondenten, und dem Amerikaner Steffens. Hamilton stark Boheme mit zweifelhafter Wäsche und einem verlebten Gesicht. Er vertritt hier Lloyd Georges offiziöses Organ, muß also wohl wissen, was dieser will. Er definierte nur überraschenderweise Lloyd Georges Absichten dahin: Die Genua-Konferenz sei für ihn in erster Linie ein Mittel gewesen, um die Allianz mit Frankreich zu lösen. Er habe hier Frankreich moralisch isolieren und dann über Bord werfen wollen. Die Isolierung Frankreichs in Washington habe einen starken Eindruck auf seine Phantasie gemacht, ›and he wanted to repeat the performance in Genua‹. Er sollte wie der schwarze Teufel unter lauter weißen Engeln hier hervorstechen, und nun hätten wir und Rußland Lloyd George das Konzept verdorben, indem auch wir uns nicht als makellos weiß erwiesen. Dadurch sei sein Plan, in Genua die Verbindung mit Frankreich in einer feierlichen Weise ›to slow music‹ zu lösen, stark gefährdet, ja vielleicht unmöglich geworden.

Abends gegessen mit Dell und dem Kommunisten Rappoport: einer Persönlichkeit, grob, Boheme, abschreckend häßlich, aber eine Kraft (man fühlt es), temperamentvoll, energisch, witzig; ein in Frankreich naturalisierter litauischer Jude, der in Wilna mit Pilsudski und Lenins Bruder zusammen ein Komplott gegen Alexander III. vorbereitete, dessentwegen der Bruder Lenins gehängt, Pilsudski nach Sibirien verbannt, er selbst unbehelligt gelassen wurde. Er schloß die Erzählung dieses Zwischenfalls mit der drollig-zynischen Bemerkung: »Moi j'ai fait mon devoir; mais la police n'a pas fait le sien.« Daher sei er noch am Leben. Von den Nationalisten pflege er in seinen Agitationen zu sagen: »Ils aiment les peuples comme les beefsteaks: saignants.«

Bei der Rückfahrt auf dem Bahnhof Joffe getroffen, der mich Tschitscherin vorstellte, und nachher Krassin, durch den ich mit Litwinow bekannt gemacht wurde. Krassin und Litwinow äußerten Zweifel, ob sie zu einem Abkommen mit der Entente gelangen würden. Es seien heute große Schwierigkeiten in der Kommission gewesen. Tschitscherin spricht Deutsch ohne jeden Akzent und sieht aus wie ein deutscher Professor; er könnte in Berlin Oberlehrer sein.

Zifferer, der auch mitfuhr, sagte, Poincarés Rede heute in Bar le Duc sei ›schrecklich‹ gewesen. Er habe seine Entschlossenheit ausgesprochen, militärische Maßnahmen gegen Deutschland zu ergreifen mit oder ohne die Alliierten, wenn Deutschland seine Verpflichtungen nicht erfülle. Durch diese Rede, wenn sie so ist, wie Zifferer sie wiedergab, wird zweifellos die Lage wieder sehr verschärft. Man darf neugierig sein, was Lloyd George darauf tun oder sagen wird.

Genua. 25. April 1922. Dienstag

In den Morgenzeitungen Poincarés gestrige Rede. Der ›Lavoro‹ (Genua) und die ›Stampa‹ (Turin) weisen die Rede energisch in Leitartikeln zurück und kommentieren drohend die Worte Lloyd Georges, daß er seine Haltung zu der Entente revidieren müsse, wenn er zwischen der Entente und dem europäischen Frieden zu wählen hätte. Ebenso die gestrige Rede des englischen Lordkanzlers Birkenhead hier in Genua, die diese Worte

Lloyd Georges unterstrich. Der Kontrast zwischen der Haltung Englands und Frankreichs wird immer unverhüllter. Der Bruch wird von beiden Seiten schon als Möglichkeit erörtert. Hesnard, den ich wie täglich nach Verabredung um elf sprach, versuchte zu beschwichtigen. Er meint, Poincaré mache bloß Worte. Er sei gar nicht imstande, seine Drohungen wahr zu machen, weil er den Bruch mit England vor der öffentlichen Meinung Frankreichs nicht tragen könnte.

Genua–Nervi. 26. April 1922. Mittwoch

Früh in Nervi geblieben. Nachmittags nach Genua. In der ›Casa della Stampa‹ Hesnard, mit dem in den Straßen von Genua spazieren. Er sagt, daß *hier* die meisten französischen Journalisten die Politik von Poincaré verurteilen, weil sie die Isolierung Frankreichs sehen, daß aber aus Frankreich kaum glaubliche Briefe von sonst sehr vernünftigen Leuten eintreffen, zum Beispiel habe er einen Brief gesehen von einem sonst eher pazifistischen Universitätsprofessor, der schreibe, man hätte Rathenau nach dem russischen Vertrag gleich verhaften sollen! Und so wie ein Irrsinniger weiter.

Abends geht in der ›Casa della Stampa‹ das Gerücht, daß Lloyd George den Obersten Rat der Alliierten nach Genua einberufen habe, um Poincarés Rede ›Punkt für Punkt‹ zu untersuchen. Also Disziplinarverfahren gegen Poincaré! Ludwig Bauer, mit dem ich aß, sagte, ein Havas-Telegramm und gleichzeitig ein Reuter-Telegramm desselben Inhalts seien in der ›Casa‹ von Hand zu Hand gereicht worden und hätten eine unglaubliche Aufregung gegen halb sieben dort verursacht. Lasswitz, den ich in der Bahn auf der Rückfahrt traf, hatte auch von dem Gerücht gehört in der extremen Form, Lloyd George wolle durch den Obersten Rat untersuchen lassen, ob nicht alle Alliierten verpflichtet seien, gegen einen Alliierten, der selbständig in Deutschland einrücke, aktiv Maßnahmen zu ergreifen? Tatsache scheint, da Frankreich durch das Abkommen mit England nach dem Frankfurter Zwischenfall sich verpflichtet hat, nicht selbständig vorzugehen, daß Poincaré durch seine Rede eine Vertragsverletzung begangen hat, wenigstens in Gedanken. Andrerseits kämpft Lloyd George um seine politische Existenz, die mit dem Scheitern von Genua zu Ende wäre; und in solchen Augenblicken ist er bisher immer (zum Beispiel gegen Asquith 1916) rücksichtslos brutal gewesen.

Der ›Temps‹, der heute eingetroffen ist, hat drei Leitartikel hintereinander, die das französische Volk auf einen neuen Krieg vorbereiten!

Genua. 27. April 1922. Donnerstag

Sturm und Regen. Das Meer schäumt grün und schmutzig unter meinem Fenster. Trübe Regenwolken ziehen ganz niedrig über die Wellen. Dieses Wetter ist das richtige Sinnbild der politischen Lage, die stürmisch und trübe ist.

Genua. 28. April 1922. Freitag

Die französische Regierung hat die Anregung Lloyd Georges, die Signatarmächte des Versailler Vertrages in Genua zusammenzuberufen, um die Sanktionen zu besprechen, zurückgewiesen. Barthou reist nach Paris ›ad audiendum verbum!‹

Genua. 1. Mai 1922. Montag

Maifeier. – Villard, mit dem ich frühstückte, erzählte mir vertraulich, der amerikanische Botschafter Child habe ihm heute auf seine Frage zugegeben, daß Amerika (Hughes) ›is beginning to move‹, das heißt anfängt, einen Druck auf Frankreich auszuüben, um es zur Vernunft zu bringen. Im übrigen habe ihm Child gesagt, er hoffe, daß die Konferenz bald zu Ende gehe, ›before it has done more mischief‹. Neurath, mit dem ich nach Nervi zurückfuhr, bestätigte aus seinem Gespräch mit Child den beginnenden Druck Amerikas auf Frankreich.

Nachmittags Marc Sangnier im ›Excelsior‹ seinen Besuch erwidert. Er erzählte, in Paris hätten sich beim Bekanntwerden des russischen Vertrags die jungen Leute schon zum Abmarsch an die Front vorbereitet. Hysterie! Er glaubt nicht, daß Poincaré in die Ruhr einmarschieren wird. Bergmanns Anleiheplan ihm entwickelt. Er fand ihn vernünftig und einen guten Ausweg. Die große Masse des französischen Volkes wolle Geld, nicht neue Lorbeeren. Er geht morgen wieder zum Kanzler.

Genua. 2. Mai 1922. Dienstag

Abends mit Hilferding, Kreuter und Dell in ›Aida‹. Ganz gute Aufführung im schönen Empire-Opernhaus Carlo Felice. Nach dem Theater große Aufregung wegen des neusten Theatercoups der Franzosen. Nach Barthous Abreise hat Barrère sich auf Weisung von Paris geweigert, den gemeinsam von den Alliierten ausgearbeiteten Vorschlag an die Russen zu unterzeichnen. Nach einer höchst pathetischen Szene zwischen Lloyd George und Barrère hat Lloyd George ein französisches Amendement zu dem Privateigentumsparagraphen angenommen, wobei er darauf hinwies, daß dieses Amendement ›very serious difficulties‹ zur Folge haben könne; und darauf haben die Franzosen unter Vorbehalt der Zustimmung ihrer Regierung unterschrieben. In dieser Form ist dann der Vorschlag noch heute abend an die Russen gegangen.

Im ›Observer‹ vom Sonnabend ein unerhört scharfer Angriff von Garvin auf Poincaré und die französische Politik mit Überschriften wie ›M. Poincaré as wrecker‹, ›The Kaiser of the Peace‹ (nämlich Poincaré), ›France versus Europe‹, ›Failure at Genua means War‹. Garvin ist ein Vertrauter von Lloyd George und steht hier in dauernder Verbindung mit ihm.

Genua. 4. Mai 1922. Donnerstag

Wirth und Rathenau waren heute vormittag zwei Stunden bei Lloyd George. Wie Rathenau mir sagte, haben sie im Laufe des Gesprächs alle aktuellen Fragen berührt, aber keine bestimmten Abmachungen in irgendeiner Frage getroffen. Lloyd George hat unter andrem auch auf die Abwesenheit von Barthou hingewiesen. Das Gespräch soll fortgesetzt werden. Jedenfalls ist der Kontakt hergestellt, die Stimmung, die nach dem Abschluß des deutsch-russischen Vertrages zwischen Deutschen und englischer Delegation herrschte, überwunden.

Ich frühstückte beim Reichskanzler mit Theodor Wolff, Moissi (der gesten angekommen ist), der Terwin, Simson. Ich saß zwischen dem Reichswirtschaftsminister Schmidt und dem Staatssekretär Hemmer. Schmidt, der auf der andren Seite die Frau Wolff hatte und mit großem Ernst aß, gab bei Tisch nur ein Wort von sich: ›Formaggio‹, in einem drohenden Befehlston zum Kellner gesprochen. Viel mehr hörte man auch nicht vom Kanzler.

Nervi. 7. Mai 1922. Sonntag

Hilferding erzählt, daß Lloyd George Wirth seinen Dank habe aussprechen lassen für die von der deutschen Delegation in der Vermittlung zwischen Rußland und der Entente geleisteten Dienste.

Mit Hilferding und Dell nach Rapallo in einem überfüllten Zuge, wo wir im Kupee mit Tschitscherin zusammensaßen. Wir saßen wegen einer Reparatur eine Stunde in einem wie eine Sardinenbüchse vollgepackten Wagen auf dem Bahnhof von Nervi, Tschitscherin, bei glühender Hitze in einem Winterüberzieher, aus seinem roten Ziegenbart spitze Bemerkungen meckernd. Er ist drollig, etwas satanisch und sehr kosmopolitisch, kaum russisch. Deutsch spricht er wie ein deutscher Professor.

Genua. 8. Mai 1922. Montag

Früh Maltzan gesprochen. Er erzählte: Lloyd George hat gestern mit Wirth gesprochen und ihn gebeten, auf die Russen einzuwirken, damit sie vor ihrer Antwort noch mit Lloyd George Rücksprache nähmen. Darauf ist Maltzan gestern abend spät nach Santa Margherita gefahren und hat die Russen (Tschitscherin) eingeladen, heute früh um zehn Wirth und Rathenau zu besuchen und nachher zu Lloyd George zu fahren. Maltzan sagt: Was die Russen vor allem wollen, ist Geld; dann würden sie in der Frage des Privateigentums entgegenkommen. Sie forderten fünfzig Millionen Pfund, würden sich aber mit dreißig Millionen zufriedengeben. Als ich fragte, inwiefern sie dann konziliant sein würden, antwortete Maltzan: dann würden sie sich auf Artikel 5 des Villamemorandums zurückziehen, nie aber würden sie Artikel 7 des neuen Memorandums annehmen.

Während wir sprachen, fuhr Tschitscherin mit Litwinow vor; Rathenau und Wirth gingen zu ihnen in den Garten. Nach der Unterredung wiederholte Maltzan: Was die Russen wollten, sei Geld, Geld, Geld. Es solle sich ein Konsortium bilden, das ihnen Geld für bestimmte, nachzuprüfende Zwecke vorstrecke (Produktivkredite).

Tschitscherin und Litwinow sind jetzt (elf Uhr) nach der Villa de Albertis zu Lloyd George gefahren (der wie ein ungekrönter König alle empfängt, ohne selbst sich zu bemühen).

Krassin im ›Excelsior‹ besucht. Längeres Gespräch über die Verhandlungen mit der Entente. Er begann mit ziemlichem Affekt: »Wir *können* nicht mit leeren Händen zurückkommen!« Private Kredite genügten nicht, weil es gewisse generelle Wiederherstellungsarbeiten gebe, die keine Privatgesellschaft übernehmen würde. Er exemplifizierte auf eine Eisenbahn, bei der hier zwei Brücken, dort ein Stück Bahndamm, anderwärts wieder ein Bahnhof zerstört seien, und wo die Anwohner keine Schuhe und nichts zu essen hätten. Welche Privatkonzessionärin würde sich auf die ganz unrentablen Kapitalausgaben einlassen, die diese vielfachen kleinen oder großen Wiederherstellungsarbeiten erforderten? Für diese generellen Wiederherstellungsarbeiten, die erst das Land wieder für die rentable Anlage von Privatkapitalien geeignet machten, seien Regierungskredite, allerdings zurückzahlbare, nötig.

Der Staatssekretär Hirsch, mit dem ich im Garten ging, sagte, er befürchte eine sehr große Arbeitslosigkeit bei uns im Herbst, sobald die Mark zu fallen aufhöre. Er bereite schon Maßregeln vor, um dieser Arbeitslosigkeit zu steuern. Sie sei das ernsteste Problem der Zukunft.

Ich fragte ihn, ob nach seiner Ansicht die Franzosen von der Besetzung der Ruhr Vorteile für ihre Reparationen haben könnten. Er meinte: Ja. Denn das erste, was die Ruhrbesetzung herbeiführen werde, werde ein weiteres starkes Fallen der Mark sein. Die Franzosen würden an uns aber die Kohle nicht für Mark, sondern etwa für Schilling verkaufen und allein aus dem Valutagewinn bei einem Valutastand von fünfhundert Mark für den Dollar etwa siebenhundert bis achthundert Millionen Goldmark für die Reparationen herausziehen.

Dell, mit dem ich nach Nervi zurückfuhr, erzählte, Lloyd George sei heute um sechs ganz unerwartet bei den englischen Journalisten erschienen und habe dort Fragen beantwortet, namentlich sehr scharfe Ausfälle gegen die ›Times‹ gemacht und das dort von Shed publizierte Interview dementiert. Dell meint, unter den englischen Journalisten herrsche allgemein die Ansicht, daß Lloyd George die Entente lösen wolle. Bei neun Zehntel der englischen öffentlichen Meinung werde der Bruch mit Frankreich freudig begrüßt werden.

Jedenfalls sieht es so aus, als ob sich hier in Genua in diesen Tagen eine ganz neue Mächtekonstellation vorbereite, die gegen Frankreich gerichtet sein würde. Allerdings nicht, was von Genua erwartet werde, sondern die wahrscheinliche Vorbereitung auf einen neuen Kontinentalkrieg! Der Rapallovertrag ist schon ganz vergessen. Das Verhältnis zwischen Lloyd George und der deutschen Delegation ein Vertrauensverhältnis.

Genua, 10. Mai 1922. Mittwoch

Krassin bei mir im Privatzimmer des ›Carlo Felice‹ gefrühstückt mit Maltzan, Hilferding, Professor Ernst Cassel, Georg Bernhard und Heinz Simon. Ein Tisch mit Goldgeschirr und Früchten wie in meiner Josephslegende. Tschitscherin und Litwinow, die auch kommen sollten, waren noch bei der Ausarbeitung der Antwort auf das Memorandum und entschuldigten sich.

Das Gespräch berührte verschiedene Fragen des staatlichen und wirtschaftlichen Aufbaus Sowjetrußlands. Die Bauern haben nach Krassin durch die Revolution den Gewinn, daß der Grundherr nie wiederkommt und daß sie, abgesehen von einer Abgabe von etwa zwanzig Prozent, ganz frei über die Produkte ihres Bodens und ihrer Arbeit schalten. Sie bilden den breiten Unterbau, über den sich die Diktatur des Proletariats erhebt. Ich fragte, worin diese ›Diktatur des Proletariats‹ bestünde. Krassin: In der Teilnahme der Gewerkschaften an den staatlichen und wirtschaftlichen *Zentral*behörden, zum Beispiel auch in den einzelnen Produktionszweigen. In den einzelnen Unternehmungen sei aber die Kontrolle der Arbeiter ›Gott sei Dank‹ abgeschafft.

In der Tat muß man sich immer wieder klarmachen, daß, worum es sich bei diesen äußerlich so kleinlichen Verhandlungen, Fühlungnahmen und Gesprächen handelt, die Zukunft Europas ist: Leben oder Tod der europäischen Kultur. Wenn alle diese Bemühungen scheitern, die Brücke zu schaffen, dann stehen zwei Welten gegeneinander, die gemeinsam im größten Kampf der Weltgeschichte untergehen werden. Es ist schwer, die Größe der Entscheidung, die hier in Genua fällt, dauernd im Auge zu behalten.

Genua. 11. Mai 1922. Donnerstag

Bei Philippe Milliet gefrühstückt mit Hilferding, Georg Bernhard und Hesnard im kleinen Restaurant San Giorgio am Hafen. Milliet begann gleich damit, daß die Konferenz von Genua für alle nützlichen Zwecke ein untaugliches Instrument geworden sei; und zwar wegen des unerträglichen Übergewichts, das eine Persönlichkeit hier gewonnen habe: nämlich Lloyd George. Er erdrücke die ganze Konferenz durch seine Person und seine autokratischen Methoden. Er habe hier eine Stellung wie Napoleon auf der Höhe seiner Macht. Das sei für Frankreich unerträglich. Ich fragte, ob Frankreich die Konferenz deshalb verlassen wolle. Er antwortete: Ja, es könne hier nichts Nützliches mehr tun. Ich: Das sei dann also wohl der Bruch der Entente. Milliet: Ja; die Entente werde auseinandergehen. Aber das sei jetzt sowieso unvermeidlich. Allerdings nur für eine gewisse Zeit.

Frankreich und England würden wieder zusammenkommen. Aber Lloyd George wolle aus der Entente eine Maschine lediglich zur Befriedigung der Wünsche und Interessen Englands machen. Und hier in Genua könne Frankreich ihn daran nicht hindern. Deshalb sei es besser, daß man sich zeitweilig trenne. Eine vernünftige Politik sei erst wieder möglich, ›quand l'Europe aura vomi Lloyd George‹ (Lloyd George ausgekotzt haben wird). Deutsch-französische Besprechungen in Genua seien unter diesen Umständen unmöglich, ›parce que Lloyd George y fourrerait son nez‹. Deutschland und Frankreich müßten sich nach dem 31. Mai an einem andren Ort treffen und verständigen. Er sei der Ansicht, daß man jetzt eine direkte deutsch-französische Verständigung um so dringlicher erstreben müsse, weil die Entente auseinandergehe. Allerdings nicht in Genua, aus dem angegebenen Grunde. Ich fragte: Und die Ruhrbesetzung? Milliet: Er glaube nicht, daß Poincaré eine so unsinnige Politik treiben werde. Ich fragte nochmals, ob er denn bestimmt glaube, daß die französische Delegation abreisen werde? Milliet: Ja, er halte das für sicher.

Die Stimmung, aus der Milliet sprach, schien mir eine Mischung von Galgenhumor, Verärgerung, Sorge um die Zukunft, Bestreben, eine Maske der Furchtlosigkeit (›Mir kann keiner!‹) oder Wurschtigkeit aufzusetzen. Alles in allem die deutsche Stimmung 1913/14. Er tat so, als glaube er nicht an einen neuen Krieg: die *Massen* seien überall zu kriegsmüde. Die Politiker sollten nur reden und intrigieren: sie würden in den nächsten zehn bis fünfzehn Jahren die Massen nicht wieder dazu bewegen, in den Krieg zu ziehen. Es sei denn, daß eine wirkliche Gefahr ... usw., usw. Diese Einschränkung öffnet wieder der Propaganda und dem Krieg weit die Türen.

Kurz vor dem Frühstück kam die russische Antwort, sechzehn Schreibmaschinenseiten (!), bei uns in der Delegation an. Sie haben sie mittags Facta überreicht. Uns haben sie sie vorher nicht gezeigt. Hauptsache ist, sie fordern bestimmte Zusagen an finanzieller Unterstützung und beantragen, eine Kommission von

Sachverständigen einzusetzen, die die einzelnen strittigen Punkte prüfen soll.

Ganz realistisch (unsentimental, unpolitisch) betrachtet, sind nur zwei große Finanzoperationen oder Geldsummen nötig, um die Welt zu befriedigen und wieder auf die Beine zu stellen: vier Milliarden Goldmark = zweihundert Millionen Pfund für die Reparationen und eine halbe bis eine Milliarde Goldrubel = fünfzig bis einhundert Millionen Pfund, um Rußland wiederaufzubauen. Alles in allem rund zweihundertfünfzig bis dreihundert Millionen Pfund. Und über dieses Geld, das reichlich da ist, verfügen die kleinen und großen anonymen, unfaßbaren ›investors‹ in England, Deutschland, Amerika, Frankreich, Neutralien. Die Summe ist kleiner, als was in einem Jahr für Militärbudgets ausgegeben wird. Aber es besteht kein Mittel (anscheinend), den kleinen oder großen Kapitalisten sie abzulocken. Ungeheure, unangreifbare Macht des Kapitals! Nochmals: Das Schicksal und die Zukunft der Welt liegen in der Hand von verantwortungslosen, anonymen, in allen Staaten verstreuten, nur nach der City und nach Wallstreet zu sich dichter konzentrierenden zahllosen einzelnen großen und kleinen Geldmachthabern. Dasselbe wiederholt sich natürlich bei allen Unternehmungen und Fortschritten (Geschichte der Erfindungen), nur erscheint es in diesem Falle bei dem kolossalen Ausmaß der Verhältnisse und Schicksalsfragen, die hier im Spiele sind, besonders deutlich und verhängnisvoll.

Genua. 12. Mai 1922. Freitag

Mit Moissi gesprochen über Konferenz. Mir kam dabei zum Bewußtsein der Druck, den die Atmosphäre der Konferenz, als eine Atmosphäre des absoluten Dilettantismus, auf mich seit fünf Wochen in steigendem Maße ausübt. Dilettantismus und kleinlicher partikular-politischer Egoismus sind die beiden Klippen, an denen die Konferenz gescheitert ist. Bei uns gratuliert man einander auch innerhalb der Delegation nur, weil ›wir mit einem Gewinn *für uns* nach Hause kommen‹. Damit gibt man sich zufrieden! ›*Wir* haben gut abgeschnitten!‹ Daß damit nichts für den Wiederaufbau oder Neubau Europas erreicht ist, kommt gemäß der alten Einstellung auch Leuten wie Wirth oder Rathenau oder Hirsch nicht zum Bewußtsein. Verdrängter Nationalismus, der kaum weniger tödlich ist als der offene.

Genua. 13. Mai 1922. Sonnabend

Bei Dr. Dillon gefrühstückt im Eden-Hotel in Nervi. Ein Veteran des internationalen großen Journalismus; jetzt sehr deutschfreundlich. Er meinte, Poincaré könne am 31. nicht in die Ruhr einmarschieren, der moralische Widerstand und finanzielle Druck der angelsächsischen Welt würde zu stark sein. Ich sagte ihm, die Friedensfrage sei, von allem politischen und sentimentalen Theater entkleidet, die, ob zwei Summen gefunden werden könnten, um Frankreich und Rußland zufriedenzustellen. Alles in allem dreihundert Millionen Pfund Sterling. *Der Friede sei heute nichts als eine Geldfrage. Aber keine Regierung habe heute dieses Geld zur Verfügung.* Machthaber darüber seien ungezählte, verstreute Kapitalisten und deren Meinung. So sei das Problem, und es sei bedauerlich, daß niemand von den verantwortlichen Staatsmännern wage, es so brutal der Welt zu sagen.

Genua. 14. Mai 1922. Sonntag

Hier entwickeln sich allmählich um Lloyd George die Sitten eines großen Hofes (Louis XIV., Napoleon). Dafür ist die Art, wie Benesch in Ungnade gefallen ist, charakteristisch. Lloyd George, der sich von Benesch hintergangen glaubt, hat ein Diner gegeben und in die Zeitung setzen lassen, daß zu diesem Diner Vertreter aller Staaten der kleinen Entente eingeladen gewesen seien, aber ›non era invitato il signor Benesch‹. Mit diesen sechs Worten ist Benesch abgesägt worden. Gestern kam schon die Quittung: die Nachricht aus Prag, daß Benesch als Ministerpräsident und Minister des Auswärtigen zurückzutreten beabsichtige.

Mittags kamen Hilferding und Heinz Simon aus Genua und

frühstückten mit mir in Nervi. Nachher segelten wir mit Moissi, wobei die alten Bootsleute uns beim Abfahren so ungeschickt ins Wasser stießen, daß wir unter eine Welle kamen und alle vier bis auf die Haut naß wurden. Draußen war das Meer unter einer Sciroccoschwüle türkisblau und leise atmend, und Tausende von kleinen, durchsichtigen dunkelblauen Muscheln mit winzigen weißen Segeln wogten in Prozessionen an uns vorüber.

Wir aßen zusammen abends am Meer beim Lido d'Altare in dem großen, kasinoartigen neuen Restaurant, das fast leer war. Moissi im Schillerkragen ohne Hut, trotz seiner vierzig Jahre gymnasiastenhaft lebhaft, betrachtete, sehr unterhaltend, die ganze Literatur und Dichtung von sich aus. Gegen Goethe. Dann Erzählungen von Hermann Bang, Peter Nansen, Georg Brandes. Schließlich schilderte er, wie die Deutschnationalen ihn in Hamburg mit Stuhlbeinen bombardierten, weil er als Bolschewik galt.

Genua. 15. Mai 1922. Montag

Beim Reichskanzler gefrühstückt. Der 58. Geburtstag des Ministers Schmidt wurde gefeiert mit kleinen Ansprachen und italienischem Weißwein. Sechzehn Personen. Ich saß neben Rathenau, mit dem ich ein sehr eingehendes Gespräch hatte. Der Sinn seiner Ausführungen war, daß der beherrschende Faktor in der internationalen Politik heute die große Armee Frankreichs sei. Es sei kaum zu ermessen, wie große Vorteile Frankreich von seiner Armee habe. Daher seien alle Bestrebungen auf Abrüstung heute ganz und gar aussichtslos, weil es ausgeschlossen sei, daß Frankreich diese Vorteile freiwillig aufgebe. Die Demokratie habe in der Welt überall an Geltung verloren.

Maltzan, der bei dem Frühstück war, erzählte eine sehr bezeichnende und drollige Geschichte von Monsignore Pizzardo, den der Papst zu Verhandlungen mit den Bolschewiki hergeschickt hat. Nachdem Pizzardo mehrere Tage mit Tschitscherin verhandelte und wiederholt seine große Befriedigung über den Gang der Verhandlungen und die kluge und entgegenkommende Haltung Tschitscherins ausgedrückt hatte, fragte er am letzten Tage ganz nebenbei Maltzan, ob Tschitscherin nicht der sei, der eigenhändig den Zaren niedergeschossen habe. Den hohen geistlichen Herrn störte das nicht, er wollte es nur aus historischem Interesse wissen! Renaissancemensch!

Die Konferenz liegt in den letzten Zügen. Die Alliierten haben sich auf die Einsetzung einer Kommission zum Studium der russischen Frage geeinigt, wobei Frankreich systematisch alles zu erschweren gesucht hat. Diese Kommission, die im Juni im Haag zusammentritt, soll aus zwei Halbkommissionen bestehen, die nur von Fall zu Fall zusammen beraten sollen und von denen die eine aus Russen, die andre aus allen andren hier vertretenen Staaten mit Ausnahme von Deutschland bestehen soll. Die Russen sollen also nur ›gehört‹ werden; und selbst dieses hat Frankreich zu verhindern versucht. Ob sie annehmen, steht noch nicht fest.

Vom ›Pakt‹ (›Gottesfrieden‹), den Lloyd George als die Krönung der Konferenzarbeiten erstrebt hatte, ist nur ein gegenseitiges Versprechen Rußlands und der Randstaaten übriggeblieben, sich während der Haager Verhandlungen nicht anzugreifen!

Das Gefühl herrscht vor, daß die Konferenz ein Fehlschlag gewesen ist. Sacchi vom ›Corriere della Sera‹ sagte mir heute bitter, es handele sich nur noch darum, ihr ein anständiges Begräbnis, ein ›Begräbnis erster Klasse‹ zu sichern. Greifbare Vorteile hat eigentlich nur Deutschland von der Konferenz gehabt. Frankreich ist durch sie schwer moralisch und politisch geschädigt. Lloyd George hat eine sehr bedauerliche Schlappe erlitten. Rußland steht nach wie vor außerhalb der zivilisierten Welt. Europa ist nicht wiederaufgebaut. Aber: Es gibt wieder ein Europa! Es gibt wieder ein Europa, obwohl Frankreich sich verzweifelt gegen diese Tatsache wehrt und obwohl dieses Europa, wie man es in Genua sah, kein schöner Anblick war. Mag es häßlich und zerrissen sein: es existiert wieder. Zweite Tatsache: Dieses neue Europa bildet sich als Notgemeinschaft gegen den Versailler Vertrag, gegen Versailles und dessen Folgen.

Daher logisch die Stellung Frankreichs dazu. Frankreich ist heute der Feind Europas, weil Europa der Feind Versailles' ist.

Genua. 16. Mai 1922. Dienstag

Sehr ruhiger Tag. Vormittags meine Papiere geordnet. Nach dem Frühstück nach Genua. Mit Hilferding und Kreuter in den Dom, San Sebastiano (romanische Kirche, in der Kolumbus getauft worden sein soll) und Santa Maria di Carignano, einer verkleinerten Ausführung von Michelangelos Plan für Sankt Peter: eiskalt und ein Beweis dafür, daß die Dimension und der Raum in der Architektur entscheidend sind (man vergleiche die Pyramide des Cestius mit denen von Gizeh).

Nachmittags in der Stampa; sie ist jetzt fast leer. Die meisten ausländischen Journalisten scheinen schon abgereist zu sein. Die Konferenz liegt im Sterben: ein Kurort im Spätherbst, ein Ballsall um sechs Uhr morgens.

Genua. 17. Mai 1922. Mittwoch

Vormittags gepackt in Nervi. Gefrühstückt bei Maltzan im ›Eden‹ in Genua mit Dr. Dillon und Frau, Simson und Dufour. Dillon meint, Lloyd George werde infolge des Mißerfolges hier in Genua entweder zurücktreten oder Neuwahlen ausschreiben. Seine Stellung ist aber sehr viel weniger günstig, als sie gewesen wäre, wenn die Franzosen auch äußerlich die Konferenz zum Scheitern gebracht hätten. Jetzt sieht es so aus, als ob die Russen schuld wären, was ihm keine Wahlplattform bietet. Trotzdem wird nach Dillons Ansicht George die Wahlparole ›Reconstruction of Europe‹ ausgeben. Daß die Konferenz ein Mißerfolg gewesen ist, wurde allgemein als feststehend angenommen.

Wir gingen nachher zum Kaffee zum Kanzler, wo auch Rathenau war. Rathenau war wegen der innerpolitischen Situation etwas besorgt. In München haben Demonstranten die Reichsflagge von dem Bahnhof niedergeholt und verbrannt! Ebert hat deshalb seinen Besuch dort zur Gewerbeschau abgesagt und will Wirth veranlassen, bei der Rückreise in München nicht Halt zu machen.

Mein *letztes* Zusammensein mit Rathenau. Ich sah ihn erst ermordet wieder.

Die Konferenz schließt als Mißerfolg. Sie war ein kleiner Schritt statt des großen, den Lloyd George erwartet hatte. Aber ein Fortschritt war sie doch.

Ein Winkeladvokat an der Spitze einer ›Großen Armee‹, auf der andren Seite die ruhebedürftigen Völker Europas, die ihre gemeinsamen Interessen und ihren gemeinsamen Feind zu erkennen und sich gegen ihn zu organisieren beginnen, das ist die Situation, die Genua hinterläßt.

Rom. 24. Mai 1922. Mittwoch

Mit Hilferding und Lucidi Modigliani im Parlament besucht. Modigliani hielt uns einen anderthalbstündigen, aber sehr interessanten Vortrag über die Lage des italienischen Sozialismus, die er für fast hoffnungslos ansieht, wenigstens im Augenblick, nachdem er vor zwei Jahren die Gelegenheit verpaßt hat, die Macht zu ergreifen und wenigstens eine politische Revolution in Italien durchzuführen. Er schilderte, wie die Faschisten systematisch die bäuerlichen Genossenschaften auf dem Lande kaputtmachen, ferner, wie sie von der Regierung in Gestalt der sechzigtausend Karabinieri bei ihren Gewaltstreichen geschützt werden. Während wir sprachen, versuchten gerade Faschistenbanden ins Parlament einzudringen. Draußen gab es Geschrei und Kommandos, Soldaten marschierten vor und besetzten die Ausgänge. Modigliani meinte, Italien habe die Gegenrevolution *vor* der Revolution durchgemacht.

Berlin. 10. Juni 1922. Sonntag

Vormittags zehneinhalb Versammlung mit den Franzosen im Reichstag, den Löbe zur Verfügung gestellt hatte. Gerlach präsidierte mit Einstein, Buisson, Basch und mir. Löbe begrüßte die Franzosen. Ich war vom Friedenskartell als deutscher Hauptredner designiert. Buisson, Basch und Renaudel sprachen für die Franzosen. Die Kundgebung war sehr eindrucksvoll. Basch,

Einstein und ich ernteten stürmischen, minutenlangen Beifall. Ich betonte, daß wir den Wiederaufbau Nordfrankreichs und das Mittragen der durch den Krieg verschuldeten Finanznot Frankreichs durch Deutschland als Teile des europäischen Wiederaufbaus und Gebote der europäischen Solidarität betrachteten, daher nicht bloß als juristische, sondern *auch als moralische Pflicht*; aber gerade *weil* wir sie als moralische Pflicht auffaßten, gerade deshalb hätte unser guter Wille hierzu eine Grenze: nämlich die, daß wir darauf sehen müßten, daß unsere Zahlungen und Leistungen auch wirklich dem von uns anerkannten und gewollten moralischen Zwecke, nämlich dem europäischen Wiederaufbau und der europäischen Solidarität dienten, nicht aber etwa direkt oder indirekt dem französischen Militarismus.

Gut, daß die Franzosen, weil ich sie mit meiner *moralischen* Pflicht zu den Reparationen sogar überbiete, diesen neuen Boden annehmen. Der diplomatische Vorteil hierbei ist ganz für uns. Während Buisson seine Rede mit einem Hymnus auf die ›Religion der Gerechtigkeit‹ schloß, schloß ich die meine mit einer Aufforderung an beide Völker zu einer gemeinsamen ›Religion der Tat‹, was den Gegensatz zwischen mir und den Franzosen fast ironisch pointierte.

Berlin. 11. Juni 1922. Montag

Frühstück bei Riezler, bei dem ich neben Tschitscherin saß.

Tschitscherin, mit dem ich das Thema seines Vortrages in der Mittwochsgesellschaft zu besprechen hatte, lehnte ab, über die ›Konzessionen‹ in Rußland zu sprechen, da das nicht sein Fach sei. Er sagte, er möchte über ›Die Sowjetregierung und der Pazifismus‹ sprechen. Die Sowjetregierung müsse jetzt eine pazifistische Politik großen Stils einleiten, und hierüber möchte er sprechen. Er habe auch mit d'Annunzio in Gardone schon in diesem Sinne gesprochen. Auch d'Annunzio wolle jetzt eine arbeiterfreundliche, pazifistische Politik in Anlehnung an Deutschland und Rußland machen.

Natürlich sind diese Äußerungen von Tschitscherin, die eine

völlig neue Außenpolitik der russischen Sowjetregierung ankündigen, von größtem Interesse. Ich entwickelte Tschitscherin meine Völkerbundideen und schickte ihm nachher auf seine Bitte meine ›Richtlinien‹ nebst andrem Material zu diesen Ideen ins ›Esplanade‹.

Abends aß ich wieder mit Tschitscherin bei Hilferding mit Raumer, Kreuter, Hugo Simon, dem Staatssekretär Hirsch. Leider betäubten Hugo Simon und Raumer die ganze Gesellschaft mit einer Disputation über landwirtschaftliche Fragen, so daß Tschitscherin ganz schweigsam und müde, in seinen spitzen roten Bart seine spitze Nase versenkend, gelangweilt dabeisaß.

Berlin, 20. Juni 1922. Dienstag

Vormittags Unterredung mit Tschitscherin im ›Esplanade‹. Ich wollte seine Haltung zum Pazifismus und Völkerbund genauer erforschen. Er fing damit an, daß die russische Regierung in bezug auf diese Fragen kein Programm habe, sondern ihre Haltung zu ihnen als Fragen der praktischen Politik je nach Umständen von Fall zu Fall regeln werde. In den Genfer Völkerbund würden sie nicht eintreten, ohne daß er vorher (vor ihrem Eintritt) reformiert werde.

Ich fragte dann, wie er sich zu meiner Forderung stelle, daß die *international* organisierten Wirtschaftskräfte selbständige Vertretungen im Völkerbund haben sollten als Gegengewicht gegen die lokal begrenzten Staaten. Tschitscherin lehnte dieses ab. Es sei zu kompliziert, und außerdem werde es die Macht des international organisierten Kapitals (der goldenen Internationale) stärken; wir hätten aber gar kein Interesse daran, diese Macht zu vergrößern. Auch müsse er sich gegen meinen Vorschlag wenden, geistige und religiöse Organisationen heranzuziehen; zum Beispiel die katholische Kirche. Dadurch werde die Macht der Religion gestärkt, und das sei nicht wünschenswert. Ich sagte, die Macht der Kirche sei eine Tatsache, ebenso wie die Macht der Bankwelt. Auch in diesem Fall stünde ich auf dem Standpunkt, daß man Tatsachen anerkennen müsse und die

Gefahren solcher Machtpositionen verringere, nicht vergrößere, wenn man sie in den Bau des Völkerbundes mit einbeziehe.

Im ganzen hatte ich den Eindruck, daß Tschitscherin nicht viel weiß von allen diesen Fragen, auch kein großes Interesse hat, die jetzige kapitalistische Welt wirklich wirksam organisiert zu sehen.

Berlin. 24. Juni 1922. Sonnabend

Um halb zwölf kommt Guseck in mein Schreibzimmer und sagt, Ossietzky hat eben telephoniert, Rathenau ist ermordet. Ich war wie vom Schlag gerührt. Dann kam die Besinnung. Jetzt muß der Reichstag aufgelöst und endlich mit den Mördern von der Rechten wie Helfferich usw. abgerechnet werden. Helfferich ist der Mörder, der wirkliche, verantwortliche.

Zu Georg Bernard, ihm gesagt, nach meiner Ansicht müsse jetzt der Reichstag sofort aufgelöst werden. Er stimmte zu. Telephonierte an Hemmer in diesem Sinne.

Um drei in den Reichstag. Als ich in die Tribüne trat, war unten ein großer, verworrener Lärm und Aufruhr. Die Linke war auf die Rechte eingedrungen, und auf der rechten Seite des Hauses unter der Regierungsbank sah man einen dichten Knäuel von Abgeordneten, die gegeneinander schrien und gestikulierten. Erst nach etwa zwanzig Minuten und nach wiederholten Ermahnungen von Löbe wurde eine gewisse, sehr unruhige Ruhe hergestellt; und Löbe selbst hielt seinen Nachruf auf Rathenau. Dann stand Wirth am Regierungstisch auf, neben dem leeren, umflorten Stuhl von Rathenau, vor dem auf dem Tisch ein Strauß weißer Rosen lag.

Wirths Rede, die energisch, aber maßvoll war und scharfe Maßregeln gegen die Mörderbanden und ihre Helfershelfer ankündigte, wurde wiederholt von tosendem Beifall auf der Linken und bei Demokraten und Zentrum unterbrochen. Auch die Tribünen klatschten mit. Einmal erhob sich das halbe Haus und rief donnernd dreimal: «Es lebe die Republik!« Die Rechte hörte wie das übrige Haus Wirths Rede stehend an. Selbst Heim, der zuerst sitzen blieb, erhob sich schließlich. Nach Schluß der Rede war der Beifall auch auf den Tribünen ungeheuer. Hermann Müller schlug vor, Wirths Rede in ganz Deutschland auf Reichskosten anschlagen zu lassen.

Um sieben war eine neue Sitzung des Reichstags angesagt ›zur Entgegennahme einer Erklärung der Reichsregierung‹. Die Sitzung fing erst gegen acht an. Wirth verlas nur ganz trocken die Verordnungen des Reichspräsidenten. Die Sitzung verlief ohne Erregung, ganz geschäftsmäßig.

Auch ist es unsicher, was heute nacht geschieht, obwohl ich nicht glaube, daß die Hirnlosigkeit der Reaktionäre bis zu einem durch einen Mord eingeleiteten und von vornherein diskreditierten Staatsstreich gehen kann.

Das allgemeine Gefühl ist, daß die Ermordung Rathenaus tiefer wirken und schwerere Folgen haben wird als die Ermordung Erzbergers, weil Rathenau eine reinere und sympathischere Persönlichkeit und eine höhere, unersetzlichere geistige Kraft war. Das Rachegefühl erhebt sich wieder so stark oder noch stärker wie nach der Ermordung des Erzherzogs Franz Ferdinand. Ein neuer Abschnitt der deutschen Geschichte beginnt mit dieser Mordtat oder sollte doch mit ihr beginnen.

Berlin. 25. Juni 1922. Sonntag

Vormittags Massendemonstration im Lustgarten. Über zweihunderttausend Menschen; ein Meer von Menschen, über dem zahllose rote und schwarzrotgoldene Fahnen wehten. Ich sollte sprechen, verzichtete aber, da ich noch immer heiser bin. Die Redner standen auf der Schloßbalustrade, dem Kaiser-Wilhelm-Denkmal, dem Denkmal Friedrich Wilhelms III. Auf dem Kopf Friedrich Wilhelms saß ein kleiner Junge mit einer schwarzrotgoldenen Fahne. Die Erbitterung gegen die Mörder Rathenaus ist tief und echt, ebenso der feste Wille zur Republik, der viel tiefer sitzt als der vorkriegsmonarchische ›Patriotismus‹.

Mit Kreuter in den Reichstag, wo um zwölf Sitzung war. Ich ging mit Wirth (den ich kurz sprach) hinein und stand am

Regierungstisch. Verhandelt wurde über die gestrigen Ausnahmeverordnungen. Wels hielt eine sehr scharfe Rede gegen Rechts; der Zentrumsführer Marx verlangte jetzt ein klares Bekenntnis für oder gegen die Republik. Der Deutschnationale Hergt hatte dann eine Rede hervorgezappelt, der Unabhängige Crispien vor fast leerem Hause ziemlich mäßig zu donnern versucht.

Da stand Wirth auf. Wie es schien, nur zu einer kurzen Bemerkung. Obwohl das Haus leer sei oder gerade deshalb, wolle er den Augenblick benutzen, um etwas nachzuholen, was er gestern nicht in gebührender Weise habe ausführen können. Und dann begann er, während sich das Haus füllte, mit warmen Worten des Nachrufs und der Trauer über Rathenau und stieg dann auf zu einer Rede, die um so gewaltiger wirkte, je ungezwungener und unvorbereiteter sie schien. Schließlich hatte er drei Fünftel des dichtgefüllten Hauses auf den Beinen und gegen die Rechte gewendet, die blaß und schweigend dasaß wie auf einer Angeklagtenbank. Ich mußte an Erzbergers große Anklagerede in Weimar denken. Aber Wirth wirkte überzeugender und wärmer, weniger gerissen und demagogisch. Man fühlt, es kommt eben wirklich aus der Tiefe seiner Überzeugung. Ich habe dem Mann Unrecht getan; er ist doch jemand.

Um vier mit Kreuter nach dem Grunewald hinaus, um vom armen Rathenau Abschied zu nehmen. Er liegt im offenen Sarge in seinem Studierzimmer, in dem ich so oft mit ihm gesessen habe, den Kopf etwas nach rechts zurückgebogen, einen sehr friedlichen Ausdruck im tief gefurchten Gesicht, über dessen unterem, zerschmettertem Teil ein feines Taschentuch gebreitet ist; nur der graue, kurz gestutzte, zerzauste Schnurrbart sieht darüber hinaus. Einige Blumen lagen auf Brust und Händen; Kreuter und ich fügten rote und weiße Rosen hinzu. Wir waren ganz allein im Zimmer; es herrschte große Stille, und doch in dem zerfurchten, toten, wunden Gesicht eine unausmeßbare Tragödie. Ich empfand sie ähnlich wie am Sarge Nietzsches.

Eine Linie jäh gebrochen, die irgendwohin ins nicht Berechenbare führte und nun nie Wirklichkeit werden wird. Rathenau hatte wie die meisten großen Juden etwas Messianisches, aber er war kein Messias, eher ein Johannes der Täufer, der auf einen Messias wartete, ein Moses, der das Gelobte Land sah, aber nicht betreten durfte. Und auch sein Tod entspricht diesem Schicksalszug: er hinterläßt als Staatsmann kein Werk, aber ein Vermächtnis, das in die Zukunft weist, eine Hoffnung, deren Verwirklichung von andren abhängt.

Der Diener stand, als wir hinausgingen, vor der Tür, und ein Mädchen wollte hinein mit einem großen Strauß frischer Feldblumen: »Ich wollte«, sagte sie bittend zum Diener, »diese Blumen Herrn Doktor hineinbringen.« Da um fünf die alte Mutter kommen sollte, blieben wir nur kurz und fuhren zusammen weg, ich nach Wilhelmshagen zu Nostitzens, wo der Pastor Siegmund-Schultze eine kleine Trauerfeier für Rathenau vor den Kindern eines Sommerfestes abhielt, sehr einfache Worte, die mich aber sehr ergriffen. Ich fuhr nachher fort.

Berlin. 27. Juni 1922. Dienstag

Beisetzung Rathenaus. Von zwölf Uhr mittags an beginnt eine völlige Arbeitsruhe als Trauerkundgebung und Protest gegen die Mordhetze.

Die Beisetzung fand im Sitzungssaal des Reichstages statt. Ich hatte einen Platz auf der rechten Tribüne. Der Sarg stand erhöht aufgebahrt hinter dem Rednerpult unter einem mächtigen schwarzen Baldachin, der von der Decke hing. Der Saal war schwarz ausgeschlagen und mit einem wahren Meer von Blumen und Blattpflanzen geschmückt. Neben dem Sarge an der Rückwand, rechts und links vom schwarzen Baldachin, standen vier mächtige Palmen; vor dem Sarge war die Rednertribüne mit einem großen, schrägen schwarzen Schleier bedeckt, auf dem gewaltige, herrliche Blumenkränze lagen, an den erhöhten Regierungstischen hingen ebenfalls große, verschiedenfarbige Blumenkränze, der eine immer dicht neben dem andren, mit langen Schleifen in den Farben der Republik, Schwarz-Rot-Gold. An den Tribünen liefen vor dem schwarzen Flor, mit dem sie bespannt waren, dichte Büsche von blauen und rosa Hortensien entlang; von den Bogenlampen an der Decke, die brannten, hingen lange Kreppschleier schwarz hinunter. Die Tribünen selbst, ebenso wie der Saal, waren dicht gefüllt. Kein Sitz war leer, auch nicht bei den Deutschnationalen. Mittelpunkt, und alles durch seine Größe und seinen Ernst beherrschend, war unter einer mächtigen Reichsflagge mit dem Reichsadler der Sarg, neben dem links ein mächtiger roter und rechts ein mächtiger roter Kranz lagen.

Um zwölf führte der Reichskanzler die alte Mutter herein in die Kaiserloge, auf den noch mit einem gekrönten W gezierten Platz. Die alte Frau war wachsbleich und steinern, wie gemeißelt unter ihren Schleiern, offenbar ganz Selbstbeherrschung. Ihr weißes, verschleiertes, schmerzgebleichtes Gesicht war das, was mich am meisten ergriff. Sie blickte immer ganz unbeweglich hinunter auf den Sarg. Kreuter, der gestern bei ihr war, sagt, sie sei ganz Rache. Sie wolle nur noch an Helfferich einen Brief schreiben, daß er der Mörder ihres Sohnes sei, und dann sterben.

Nachdem Wirth sie auf ihren Sessel gesetzt hatte, ging er hinunter und erschien gleich darauf unten wieder im Zuge, an dessen Spitze Ebert und dann Löbe hereinkamen. Die Musik, die hinter dem Sarge in der Vorhalle unsichtbar aufgestellt war, spielte die Egmont-Ouvertüre, den wildbewegten Volksaufstand und die süße, heimliche Liebesweise, und dann sprach Ebert, vor den Sarg hintretend, sehr leise, vor Bewegung kaum hörbar, aber schön. Nach ihm sehr klar und packend Bell für den Reichstag, schließlich mittelmäßig für die Demokratische Partei ein Pastor Korell. Dann spielte die unsichtbare Musik den Trauermarsch aus der ›Götterdämmerung‹ auf den erschlagenen Siegfried, und dieses war gewiß gefühlsmäßig der Höhepunkt der Feier im Saal. Die Wirkung war aus den Umständen heraus ungeheuer. Man hörte Schluchzen, viele um mich herum weinten, das Weltgeschichtliche dieses schicksalsschweren Todes schwebte in der Musik durch die Seelen.

Dann wurde der Sarg hinausgetragen durch die Wandelhalle auf die Freitreppe. Unten stand grau und im Stahlhelm eine Kompanie Reichswehr, eisern ausgerichtet, die Trommeln wirbelten, ein gewaltiger, sonderbar wie ein fernes Gewitter tönender Trauermarsch schwoll gedämpft an, der Sarg, eingehüllt von den Reichsfarben, wurde in den mit roten Rosen umwundenen Leichenwagen gestellt. Langsam setzte sich unter Trommelschlägen der Zug in Bewegung. Trotz des Regens, oder vielleicht wegen dieser grauen Regenschleier, die zum dumpfen Ton der Trommelwirbel paßten, war der Eindruck fast noch mächtiger als im Saal. Was Lassalle sich erträumte, den Einzug durch das Brandenburger Tor als Präsident einer Deutschen Republik mit der im Goldschmuck ihres Haares strahlenden Göttin, ist vom Juden Rathenau durch seinen Märtyrertod im Dienst des deutschen Volkes verwirklicht worden.

Berlin. 28. Juni 1922. Mittwoch

Sitzung des Friedenskartells und nachher der Friedensgesellschaft. Abends Trauerkundgebung für Rathenau in der Mittwochsgesellschaft. Stresemann hielt die Gedächtnisrede, sehr warm, trotz aller klar ausgesprochenen Kritik im einzelnen. Auffallend war der Nachdruck, mit dem Stresemann die Pflicht eines jeden betonte, dem *gegenwärtigen* Staat (also der Republik) seine Dienste zu leihen, nicht in einer ›bequemen Opposition‹ zu verharren.

Berlin. 30. Juni 1922. Freitag

An Nernst im Namen des Friedenskartells einen Brief geschrieben, in dem ich unser ›schmerzliches Befremden‹ über sein Verbot der Trauerkundgebung für Rathenau in der Universität ausspreche, disziplinarische Maßregeln gegen die aufrührerischen Studenten verlange, die gedroht haben, die Trauerversammlung zu sprengen, und anrege, daß die Universität der ›nach diesem Vorkommnis elementaren Anstandspflicht‹ nachkomme, selber von sich aus eine Trauerkundgebung für Rathenau zu veranstalten.

Berlin. 2. Juli 1922. Sonntag

Da wegen eines Buchdruckerstreiks seit gestern keine Zeitungen erscheinen, weiß man nicht recht, was vorgeht. Aber es scheint, daß bereits über achtzig Personen verhaftet sind als Teilnehmer und Mitwisser bei der Ermordung von Rathenau. Es handelt sich um eine über ganz Deutschland verbreitete Verschwörung, deren Teilnehmer fast alle der ›Organisation E‹ (Ehrhardt) angehört haben und von denen jedenfalls einige mit Ludendorff, Helfferich usw. in persönlicher Verbindung standen.

Nernst telephonierte früh und bat mich um eine persönliche Unterredung, die ich auf morgen halb drei festsetzte. Er sagt, er wolle mir die ganzen Akten über das Versammlungsverbot vorlegen und hoffe mich zu überzeugen, daß er nicht anders habe handeln können. Es sei unter anderem ›ein schwerer Wortbruch‹ auf seiten der Veranstalter vorgekommen.

Abends aß Becher bei mir. Brachte mir Bruchstück aus einer Hymne mit. Er bezeichnet seine politische Poesie als überwunden und schlecht. Ebenso seine Liebespoesie (Gedichte für Lotte Pritzel). Er verlangt Objektivierung, Loslösung des Gedichts von den persönlichen Zufälligkeiten des Dichters.

Berlin. 4. Juli 1922. Dienstag

Gestern abend ist ein Mordanschlag auf Harden verübt worden. Harden ist schwer verletzt.

Berlin. 6. Juli 1922. Donnerstag

Das Gerücht geht, daß Gerlach ermordet ist. ›Volkszeitung‹ und Friedensgesellschaft läuten bei mir an. Gerlach ist gestern abgereist, nichts festzustellen. Wahrscheinlich ist das Gerücht nur eine Ausgeburt der äußersten Nervosität, die herrscht. Eine Mordatmosphäre, etwas Unheimliches, Ungreifbares drückt auf alle wie die heutige Gewitterschwüle.

Ich frühstückte bei Hesnard mit Haguenin, Hilferding, Georg Bernhard. Der katastrophale Fall der Mark seit Rathenaus Ermordung (von etwa dreihundert auf heute vierhundertvierzig) macht auch den Franzosen schwere Sorgen. Sie sehen ein, daß ein weiteres Fallen die Reparationszahlungen unmöglich machen würde und daß die bisherige französische Politik an diesem Sturz einen Teil der Schuld trägt. Poincaré selbst, der eine schwache, unentschlossene Natur sei, die sich in Blut hüllt, um stark zu scheinen, scheint nicht mehr so ganz sicher zu sein, daß sein Weg der richtige ist. Trotzdem protestiert er gerade jetzt wieder gegen die Aufnahme Deutschlands in den Völkerbund!

Abends Tollers ›Maschinenstürmer‹ im Großen Schauspielhaus. Talentloser Kitsch, der die Tendenz, die er vertritt, nur kompromittieren kann, ebenso wie die talentlose, kitschige Münchner Räterepublik den republikanischen Gedanken in Bayern kompromittiert hat.

Berlin. 7. Juli 1922. Freitag

Nachmittags bei George Grosz (dem Zeichner). Seine ganze Kunst ist in ihrem ausschließlichen Kult der Häßlichkeit deutschen Spießertums sozusagen nur das Gegenbild irgendeines geheimen Schönheitsideals, das Grosz in sich verbirgt, sozusagen schamhaft verhüllt. Er zeichnet und zeigt und verfolgt mit fanatischem Haß das Gegenteil dessen, was er in seinem Inneren trägt und wie ein Heiligtum vor allen Blicken schützt. Seine ganze Kunst ist ein Vernichtungskampf gegen dieses Gegenteil seines stets verhüllten Ideals, seiner geheimen ›Liebesdame‹; statt sie wie ein Minnesänger zu besingen, kämpft er alle Tage wie ein besessener Ritter gegen ihre Widersacher mit schonungsloser Wut. Ein ganz merkwürdiger und einziger Fall: der Idealist mit umgekehrtem Vorzeichen. Nur in der Farbe leuchtet etwas von seinem geheimen Ideal durch. Eine mimosenhaft empfindliche Natur, die aus Empfindsamkeit unerhört brutal wird und die Gestaltungsgabe zu dieser Brutalität besitzt.

Abends aßen Becher und Dr. Gumbel (›Drei Jahre Mord‹) bei

mir im Zoo. Ich warnte Gumbel, der, wie ich zu wissen glaube, auch auf der Liste der zu Ermordenden steht.

Berlin. 12. Juli 1922. Mittwoch

Besuch bei Harden in der Klinik. Vermummelt. Erzählt von der unglaublichen Roheit des Mörders, der ihn am Boden liegend immer wieder mit der Eisenstange schlug. »Ich kann doch in diesem Lande nicht mehr leben!?«

Weimar. 18. Juli 1922. Dienstag

Die Rathenaumörder haben sich gestern abend in Burg Saaleck bei Kösen, als sie umstellt waren, erschossen.

Weimar. 20. Juli 1922. Donnerstag

Nachmittags bei Frau Förster-Nietzsche. Sehr unerquickliches politisches Gespräch, das sie herbeiführte, indem sie sagte, sie fürchte für mein Leben von seiten der Bolschewiki, ›die ja auch Rathenau hätten ermorden lassen‹. Dieser absurde Unsinn, den Ludendorff in einem Interview im ›Daily Express‹ vor einigen Tagen zuerst in die Welt gesetzt hat, ist für sie eine nicht anzuzweifelnde Tatsache, denn ›der Meuchelmord sei keine deutsche Sache‹.

Also wird diese abgeschmackte Lüge jetzt bei alten deutschnationalen Damen propagandistisch verbreitet, um die Mordschuld abzuwälzen! Ich sagte ihr meine Meinung, was zu einer ziemlich erregten Auseinandersetzung führte, ohne sie im geringsten in ihrem Glauben an die Reinheit der deutschnationalen Seele und die kommunistische Urheberschaft des Rathenaumordes zu erschüttern.

Ich führte dagegen unter anderem an: Erstens, daß die Rechtsradikalen bisher fünfhundert Morde an Linksstehenden seit der Revolution vollführt hätten. Seien diese alle kommunistisch oder bolschewistisch inspiriert? Zweitens, daß noch kein einziger bolschewistischer Provokateur zu Rechtsmorden festgestellt, ja, auch nur benannt worden sei. Drittens, daß dann auch die zahlreichen Waffenlager des ›Deutschen Schutz- und Trutzbundes‹, der ›Organisation E‹ usw. auf bolschewistische Anregungen zurückzuführen sein müßten, da sie ja auch auf die Absicht zu Gewalttaten und Morden schließen ließen.

Man schämt sich, solche Absurditäten widerlegen zu müssen. Die gute alte Dame spricht von den Rechtsradikalen nur als ›Wir‹! Zum Schluß bat sie mich aber doch, Harden (den ich vorigen Mittwoch in der Klinik besucht habe) zu grüßen; es kam allerdings ziemlich kühl und gezwungen heraus.

Berlin. 26. Juli 1922. Mittwoch

Abendgesellschaft bei Tschitscherin in der Russischen Botschaft, Unter den Linden, zu deren Wiedereinweihung. Die von Nikolaus I. bestellten Säle strahlten für das Bolschewistenfest im hellsten Glanze. Tschitscherin empfing nach der traditionellen Art seine Gäste am Eingang des ersten Saales und wechselte mit jedem ein paar Worte. Mit mir sprach er über den Pazifismus, was nach unserem Renkontre in der Mittwochsgesellschaft und nachher nicht eines gewissen ironischen Humors ermangelte.

Florinski als junger kommunistischer Attaché, im tadellosen Frack mit dem Sowjetstern im Knopfloch, bemühte sich in der besten diplomatischen Manier um die Gäste. Diese waren ganz einseitig männlich, vielleicht wegen der Jahreszeit; nur wenige Frauen, einige in Wollkleidern, waren dazwischengesprenkelt. Auch der Anzug der Männer war sehr verschieden. Unser Auswärtiges Amt, Haniel, Maltzan, Schubert, Ahrens usw., strahlend mit der weißen Männerbrust im Frack; die Mehrzahl der Gäste in weniger festlichen Kostümen, vom Smoking bis zum Straßenanzug. Das Ganze machte trotz des Glanzes der kaiserlich dekorierten Säle mehr den Eindruck eines politischen Klubs mit leichtem Verschworeneneinschlag.

Dieser etwas ungewöhnliche Eindruck wurde dadurch verstärkt, daß sich Tschitscherin die Pagenjungen aus dem ›Esplanade‹ in ihren grünen Pagenuniformen zur Aushilfe mitgenommen hatte. Dazwischen irrte Rantzau, dessen Ernennung zum Botschafter in Moskau heute abend in der Zeitung steht, mit seinem aristokratisch blasierten, wie ein benutztes Taschentuch zerknitterten Gesicht herum, gespensterhaft an Gruppen herantretend und plötzlich mit einzelnen in Zwiegespräche sich vertiefend. Löbe, sein absolutes Gegenstück, im Cutaway mit weißer Abendkrawatte, das Urbild des gemütlichen, sonntagsmäßig herausgeputzten Arbeiters. Hoetzsch, ebenfalls im Cutaway mit schwarzer Professorenkrawatte, Vertreter des aufgeklärten Nationalismus, wie immer lächelnd, ja strahlend wie ein reifer, rotwangiger Apfel im Sonnenschein. Breitscheid, die wandelnde Bohnenstange, sarkastisch Getränk und Speise ablehnend mit dem Kehrreim: »Denken Sie daran, in Rußland verhungert man!« Wirth zeigte sich nur einen Augenblick und verschwand gleich wieder. Löbe meinte, die Spannung mit Bayern werde ohne Tragödie gelöst werden.

Berlin. 29. Juli 1922. Sonnabend

Nachmittags Harden besucht, zum zweiten Mal seit seiner Verwundung. Bei ihm saß Steinbömer (früherer Generalstabsmajor, Freund des Kronprinzen und Rathenaus, jetzt Student der Kunstgeschichte). Harden ging es viel besser, er lag zwar noch im Bett, war aber sehr munter und witzig. Schilderte, wie er Frau Förster-Nietzsche im Christlichen Hospiz in der Behrenstraße besuchte und kennenlernte, und machte sehr drollig nach, wie sie mit christlicher Innigkeit inmitten der frommen Schwestern und Pastorentöchter Christus restlos vernichtet hätte. Dann entwickelte er erstaunliche Kenntnisse auf dem Gebiet der Pariser Theatergeschichte: Hortense Schneider (meine erste Liebe, als sechs- oder siebenjähriger Junge), Jeanne Granier, Réjane, Sarah Bernhardt usw. Schließlich sprachen wir lange über die Verhältnisse an unseren Universitäten. Ich erzählte ihm von der geplanten Tagung republikanischer Studenten in Jena. Steinbömer leugnete, daß jemals ein Professor im Kolleg in seiner Gegenwart irgend etwas direkt oder indirekt gegen die

Republik gesagt hätte. Harden erwähnte auch einmal Rathenau, wobei er sich der mit offenbarer Überwindung hervorgepreßten Worte: »Sagen wir, unser *Freund* Rathenau« bediente. Im übrigen war er in seiner weißen Vermummung abwechselnd drollig, witzig, milde, weltweise, kurz, das ganze Register, wobei er auch fallen ließ, daß er zwanzigmal die Hauptrolle in ›Fedora‹ gespielt habe.

Berlin. 30. Juli 1922. Sonntag

Mittags ›Nie wieder Krieg‹-Demonstrationen im Lustgarten. Etwa hunderttausend Menschen mit roten und schwarzrotgoldenen Fahnen, darunter viel Wanderjugend. Dreißig Redner. Ich sprach auf der Schloßbalustrade an der Ecke bei der Brücke.

Berlin. 2. August 1922. Mittwoch

Abends Premiere der ›Moskauer Versuchsbühne‹ im Apollotheater. Mit Max Goertz und Guseck hin. Dramatisierung von Dickens' ›Heimchen am Herd‹. Fabelhaft lebendiges und wahr wirkendes Spiel, obwohl es stark stilisiert ist. Aber das Puppenhafte, das bei unseren Expressionisten so störend ist, ist hier ganz überwunden. Man bekommt den Eindruck voller Natürlichkeit. Erstaunlich sind auch die Masken, die Gesichter wahre Kunstwerke der Malerei und Modellierung, obwohl das Mienenspiel nicht verdeckt wird. Schauspieler Tscheschow als ›Kaleb‹, eine unvergeßliche Figur.

Berlin. 3. August 1922. Donnerstag

Hauptmannglosse diktiert. Abends bei den Russen ›Erik XIV.‹ von Strindberg. Tscheschow spielte die Titelrolle. Wieder hinreißend: einen vollen Menschen, eine Art von jungen Nero hinstellend. Wunderbar war die Vergiftungsszene, wie er die ersten Todeskrämpfe bekam, so diskret und wahr. Prachtvolle Kostüme und Dekorationen, stark kubistisch, auch die Gesichter kubistisch geschminkt, aber ohne daß sie puppenhaft oder unwahr wirkten. Die Königinmutter wie ein Raubvogel, grandiosgroteske und furchtbare Figur. Das Publikum ebenso wie gestern, fast ausschließlich russisch.

Nachmittags bei Ströbel, der fast eine Stunde auf mich einredete, ich solle Außenminister werden. Ich winkte entschieden ab.

Paris. 6. August 1922. Sonntag

Heute zum ersten Mal seit dem Kriege, zum ersten Mal seit acht Jahren, in den Louvre. Ich war von der Fülle, trotz Rom und Florenz, überwältigt und verwirrt, mehr verwirrt als ergriffen. Nur die beiden Leonardos und die Rembrandts, die mir so intim bekannten, machten wieder den alten Eindruck: namentlich der ›Barmherzige Samariter‹ und die ›Emmaus-Pilger‹. Etwas weniger stark, aber doch stark und aus der Sintflut von Bildern hervorragend Grecos ›König Ferdinand‹ und einige alte Franzosen des fünfzehnten Jahrhunderts.

Paris. 7. August 1922. Montag

Wenn man den absolut bourgeoisen und reaktionären Charakter der Mehrheit des französischen Volkes und selbst der wirtschaftlichen Struktur des Landes betrachtet, so scheint es hoffnungslos, daß hier jemals ein sozial und international fortschrittlicher Geist an die Herrschaft gelangen könnte. Aber ähnlich ist es immer in der französischen Kunst und Literatur gewesen, wo die Akademie und die überwältigende Mehrheit des ›gebildeten‹ Publikums durch das ganze neunzehnte Jahrhundert hindurch völlig bourgeois und reaktionär gewesen sind und jede Neuerung und alle Neuerer immer abgelehnt und verhöhnt haben, von Ingres und Delacroix und Baudelaire bis Verlaine und Manet und Rodin. Und doch ist Frankreich im neunzehnten Jahrhundert das Land gewesen, das in der Kunst an der Spitze marschiert ist; und wenn man heute in den Louvre geht, so sind die alten Akademiker des neunzehnten Jahrhunderts verschwunden, und offiziell anerkannt werden als die Meister dieser Epoche die damals nur von einer winzigen Minorität nicht verworfenen Revolutionäre. Man kann hieraus auch etwas für den Gang der politischen und wirtschaftlichen Entwicklung in Frankreich vielleicht lernen: *vielleicht!* Frankreich das Land, wo am leichtesten eine Minorität sich durch Talent und Willenskraft durchsetzt. Siehe auch die Französische Revolution. Allerdings hat in dieser Beziehung gleich große Chancen hier auch eine reaktionäre Minorität, die Leute um Léon Daudet, wenn sie die nötigen Qualitäten aufbringen.

Abends in der ›Cigale‹ im Montmartre eine Revue. Ein ganz erstklassiger junger Tänzer, offenbar russischer Schulung, Zoiga, der für den ›Joseph‹ in Frage käme. Und natürlich eine Karikatur von Tschitscherin, der hier sehr Mode ist. In der Revue von Marigny gestern abend auch ein ausgezeichnet in der Maske karikierter Tschitscherin, der russisch tanzte und Purzelbäume schlug.

Paris. 8. August 1922. Dienstag

Vormittags auf dem Militärkirchhof von Ivry das Grab des armen Louis Caillon gesucht. Ich fand es in einer Reihe eng gepreßt zwischen andren Gräbern, aber etwas stattlicher als die meisten andren, ein kleiner Steinaufbau mit einem Blumenbeet in der Mitte und den Worten ›Louis Caillon 1892-1918‹ in einem Kranz. Armer Junge! So viel Herz und Talent unter diesem kleinen Stein vorzeitig begraben. Und für die Welt nichts davon übriggeblieben.

Paris. 11. August 1922. Freitag

Der tiefste Gegensatz zwischen Paris und Berlin, zwischen Norddeutschland und Frankreich, ist die Ausgeglichenheit, das durch lange Tradition Ineinander-Eingearbeitetsein aller sozialen Funktionen in Frankreich; nicht der einzelnen Menschen, aber ihrer Funktionen. Der kleine Rentner, die Kokotte, der Notar, der Beamte, der Arbeiter usw. sind gegeneinander *als soziale Funktion* so eingespielt, so typisch geworden, daß der ganze soziale Organismus wie ein Naturprodukt dasteht, ›natürlich‹ geworden ist.

Bei uns ist noch alles Funktionieren im Werden, muß künstliche Organisation nachhelfen, scheint das meiste noch zufällig, willkürlich, veränderlich: namentlich in der deutschen Großstadt, die Paris gegenüber wie ein Haufen individueller Einzelfälle wirkt. Schon bei Molière empfindet man dieses zur Natur gewordene Funktionieren der französischen Gesellschaft, so daß Typen, das heißt die Abbilder der in ihr immer wiederkehrenden Funktionen, sie fast vollständig ausdrücken, während zur Darstellung einer noch nicht so zusammengewachsenen, noch halb chaotischen Gesellschaft Individuen, stark gezeichnete Einzelfälle nötig sind. Wie jeder hier in Frankreich auf seinen Platz findet, ob Kokotte oder Bankier, während bei uns jeder sich erst seine Haltung zur Umwelt selber konstruieren muß. Hier legt sich jeder nur in das längst gemachte Bett und die längst feststehende Position seiner Funktion.

Paris. 13. August 1922. Sonntag

Vormittags mit Wilma nach Marly, Maillol besuchen. Ich hatte ihn seit 1914 nicht gesehen. Er empfing mich mit hocherhobenen Armen und hatte Tränen in den Augen. Auch ich war, als ich ihn stark gealtert, grau und sozusagen eingeschrumpft sah, wie damals innerlich bewegt. Er hat in den acht Jahren wenig geschaffen, allerdings zwei vollendet schöne Werke: einen Torso einer jungen schreitenden Frau und den Entwurf zu einem Gefallenendenkmal, einen nackten, zusammengebrochenen Krieger mit Stahlhelm. Sonst nur noch drei Kriegsdenkmäler für kleine Städte in seinem Heimatdepartement, die er umsonst geliefert und zu denen er früher geschaffene Frauenfiguren verwendet und nur drapiert hat, so meine große ›Hockende‹ und die ›Pomona‹. Er klagt, daß, seitdem ich ihm keine Aufträge mehr gebe, er überhaupt keine mehr bekommt. Der Staat hat ihm bisher keinen einzigen Denkmalsauftrag gegeben.

Er führte uns in sein Haus, das seitdem fertig geworden ist und dort steht, wo er früher sein Atelier hatte. Hier zeigte er uns eine Anzahl großer und kleiner Bilder seines Sohnes Lucien, die von sehr großem Talent und Können zeugen: Landschaften, Blumenstücke, große Figurenbilder. Er lehnt sich allerdings stark an Degas und Cézanne an, aber alle haben einen ihm offenbar eigenen Zug ins Große, ins Erfassen und Hinstellen von mächtigen Massen, und sind in einer reichen, pastosen und zart nuancierten Farbe gemalt, die an die von Courbet oder Cézanne erinnert. Man kann fast mit Sicherheit auf einen bedeutenden Maler hoffen. Er selbst war nicht anwesend, da er eine Ferienreise in die Alpen macht und gerade heute den Montblanc besteigt. Scheint überhaupt ganz im Gegensatz zu seinem Vater ein etwas abenteuerlicher Geist, war im Krieg Flieger, treibt Sport, was alles dem Alten in seiner Beschaulichkeit ganz fern liegt. Trotzdem ist dieser offenbar äußerst stolz auf seinen Sohn. Während wir da waren, kam der Dichter Marc Laforgue zum Frühstück, der für mich Vergils Eklogen übersetzt hat.

Nachher mit Wilma Mamas Grab im Père Lachaise. Blumenfülle. Blick auf Paris, Panthéon, Notre-Dame. Wir verweilten lange.

München. 16. August 1922. Mittwoch

Früh in der Pinakothek. Nachher bei Curt Unruh; seine Louis-Ferdinand-Illustrationen besehen und ihn zum Frühstück mitgenommen. Er war erfüllt vom Problem des Gegensatzes Danton–Robespierre, des Gegensatzes zwischen dem Revolutionär aus Feigheit (um sich zu schützen) und dem aus Kühnheit (unbezwingbarer Schaffensdrang). Sein Bruder habe ihn im ›Feigen‹, und seiner Gegenfigur in der Trilogie verkörpert.

München. 17. August 1922. Donnerstag

Früh mit Max in der Glyptothek und der Neuen Pinakothek. Van Gogh. Brutalität, fast irrsinniger Haß gegen die Natur in jedem Pinselstrich; das Ganze aber immer zart, süß und liebenswert. Die Brutalität des Pinselstrichs löst sich auf in eine helle und sanfte Harmonie des Ganzen. So ist die Natur; und van Gogh ist vielleicht der einzige, bei dem sie so dasteht.

Nachmittags nach Starnberg Bernstorffs besuchen. Im Auto hinausgefahren mit Max. Wolkenloser, sonnenvergoldeter Tag. Im See badeten und sonnten sich junge Leute; über der Landschaft lag ein Glücksschimmer.

Zürich. 20. August 1922. Sonntag

Mittags aus München nach Zürich. Unterwegs ›Tolstoi, Denkwürdigkeiten‹, von Umanskij gesammelt. Sie vergoldeten mir den Tag, obwohl die Urteile über Kunst und Literatur, die von Tolstoi überliefert werden, meistens aufreizend unsachlich und verständnislos sind. Aber die Erinnerungen des Bauern Wassilij Monsow an den jungen Tolstoi als Lehrer der Bauernkinder in Jasnaja Poljana stabilisieren die liebenswerte Größe und Genialität von Tolstois Persönlichkeit so, daß seine unsinnigsten Kunsturteile über sie nicht mehr zu erschüttern vermögen; man kann nur noch über sie wie über die Seitensprünge eines großen genialen und heftigen Kindes lächeln.

Lugano. 22. August 1922. Dienstag

Nachmittags nach Lugano zum Kongreß der ›Weltfrauenliga‹, bei dem ich einen Vortrag über den Völkerbund halten soll. Mme. Jouve, Miß Balch getroffen. Diese brachte mich mit einer Deutsch-Amerikanerin, einer Frau Hoesch, zusammen, die auch sonst taktlos war (Fragen wie: Warum ich soviel reise? Was ich politisch tue? usw.), aber allem die Krone aufsetzte, indem sie mir auf dem prinzipell pazifistischen Hintergrunde dieses Kongresses ihre persönliche Meinung, daß man Ludendorff ermorden sollte, entwickelte. Trotz meiner energischen Abwehr blieb sie aber dabei. Ein hübscher Auftakt zu einem Kongreß ›pazifistischer‹ Frauen und ein peinlicher Beweis, wie flach und töricht Menschen ihre eigenen Gedanken denken. Die Frau Hoesch, die um des lieben Friedens willen Ludendorff ermorden will, ist ein würdiges Seitenstück zu Bernstorff, der, um Krieg zu führen, in den Völkerbund hinein will.

Ich bedauere jetzt, daß ich hergekommen bin.

Lugano. 26. August 1922. Sonnabend

Meinen Vortrag über einen ›wahren Völkerbund‹ im Municipio vor dem Kongreß gehalten. Sehr großer, ja stürmischer Erfolg. Der deutsche Konsul Francke und andre sagten mir gleich nachher, es sei der durchschlagendste Vortrag des Kongresses gewesen.

Capri. 2. September 1922. Sonnabend

Den ganzen Tag auf dem Wasser; geschwommen. Abends im Hotel auf der Terrasse im Freien Konzert eines verkrachten Marchese Imperiali, der neapolitanische und französische Mayolliedchen sang; diese mit einem Zusatz neapolitanischen Himmels zur Pariser Grisettensentimentalität. Doppelschmalz. All die römischen und neapolitanischen Principes, Ducas, Marcheses, die zur Stazione in Capri sind, bildeten einen Riesentisch, zu dem aus der Dunkelheit des Gartens bei den ersten Tönen der Musik der General Diaz trat, der italienische Foch und Sieger von Vittorio Veneto, im Smoking und Marinemütze, aussehend wie ein älterer Prokurist, klein, tüchtig, unbedeutend bis auf zwei energische Mundfalten. Zwei Adjutanten, auch im Smoking, begleiteten ihn, und die ganze Gesellschaft, die Principessen und Duchessen, Marchesas, lauter große, magere, mannsartige Frauen, behandelten ihn mit einer sehr sorgfältigen und bewußten Mischung von äußerlicher Unbefangenheit und aus dem Innern zum Durchschimmern gebrachten Anbetung: beides gleichermaßen Theater und absichtlich. Der Vortragende, ein Schüler von Mayol, hatte einen bildhübschen, englisch aussehenden Jungen von etwa sechzehn Jahren als Impresario mit und setzte sich in den Pausen an den großen Diaz-Tisch heran, der ihn verwandtschaftlich begrüßte. Das Ganze hatte mit seiner feinen Komik und sicheren ›Große-Welt‹-Haltung etwas von einer großen Romanszene, von den Moskauer Szenen in ›Krieg und Frieden‹.

Capri. 11. September 1922. Montag

Früh nach Neapel. Abends zurück. Unterwegs Tacitus (Annalen). Claudius. Sehr bemerkenswert die resolut pazifistische Außenpolitik von Tiberius, die dieser von Augustus übernommen hatte und die dann selbst von einem so unfähigen (oder angeblich unfähigen) Regenten wie Claudius grundsätzlich festgehalten wurde; sehr zum Mißfallen übrigens von Tacitus, der vielleicht dem Soldatenkaiser Trajan gefallen wollte. Im Gegensatz zu Trajan nahm Hadrian dann wieder die pazifistische Politik der ersten Julischen und Claudischen Kaiser auf.

Capri. 12. September 1922. Dienstag

Sturm und Regen. Tacitus (Annalen XIII). Bemerkenswert, was Tacitus berichtet, daß die Ermordung des Britannicus durch seinen Bruder Nero diesem von den meisten verziehen wurde (›cui plerique tamen hominum ignoscebant‹, Kapitel siebzehn), weil man sie sozusagen als eine Staatsnotwendigkeit hinnahm. Auffallend ist in der Tat die Schwäche der kaiserlichen Stellung, die stets jedem Zugriff offenlag (›rerum potiri‹), so daß die geringste Bedrohung dem regierenden Kaiser gleich als sehr ernste Lebensgefahr erscheinen mußte.

Capri. 14. September 1922. Donnerstag

Raffaele erzählt, daß seine Mutter (achtundfünfzig Jahre alt) nie Capri verlassen habe, noch keine Eisenbahn, keine Straßenbahn, keine Stadt, nicht einmal Sorrent kenne. Ebensowenig seien die meisten andren Frauen und Mädchen aus Capri herausgekommen. Ja, die Mütter der Marina Grande erlaubten ihren Töchtern kaum, nach Capri selbst hinaufzugehen. So sei es nun einmal Sitte bei den Fischerfamilien der Marina Grande. Im ganzen seien es dreihundert Fischer, einschließlich der Knaben; davon zweihundert Erwachsene. Die Familien bestehen meist aus zehn bis zwölf Personen; zahlreiche Kinder.

Capri. 17. September 1922. Sonntag

Früh um sechseinhalb aus Capri fort; zuerst nach Neapel, dann nach Pompeji, wo leider, weil Sonntag, nur das Vettierhaus offen war, aber doch der Eindruck des Ganzen erneuert wurde.

Vatikan. Die grandiose Augustusstatue im Braccio Nuovo steht in der Mitte zwischen der Wölfin im Konservatorenpalast und dem Marc Aurel auf dem Kapitol. In ihr steckt noch die vor nichts zurückschreckende Energie und Spannung der Wölfin, aber auch schon die Milde und Sicherheit und weltenweite Größe des ›Marc Aurel‹. Diese *drei* Bildwerke bezeichnen mit unvergleichlicher Knappheit und Gewalt des Ausdrucks die großen Etappen der römischen Geschichte. Augustusstatue: das sichtbar gemachte ›Tu regere imperio populus, tu . . .‹

Nachmittags zum Abschied auf die Via Appia hinaus bis zum Castel Rotondo. Zuerst grauer Nachmittag, nach Sonnenuntergang unerhörte Pracht des Himmels, der über und über mit leichten Wolken und Wölkchen übersät in allen Tönen von Rot und Rosa glühte.

Abends fort aus Rom, nicht leichten Herzens. Wann werde ich dieses Licht wiedersehen?

Rapallo. 21. September 1922. Donnerstag

Früh hier an, um Gordon Craig zu besuchen, den ich seit 1914 nicht gesehen hatte. Er kam mir nur wenig gealtert mit seinem inzwischen fast erwachsenen Sohn auf der Landstraße entgegen, die nach Zoagli führt; wir musterten uns gegenseitig und gingen dann zurück in sein Häuschen, das steil über dem Meere, nur durch die Landstraße und Ölbäume davon getrennt, liegt, sehr einfach ist, aber ganz in Blumen drinsteckt. Im Inneren, in das man über eine ganz in Blumen gebettete kleine Freitreppe gelangt, hat er die Wände zeltartig mit grauem Segeltuch behängt und überall Bücherschränke aus blankem Kiefernholz, die fast ausschließlich Werke über das Theater, Marionetten, Ballett, eine wohl einzige Fachbibliothek, die Trümmer seiner Theaterschule in Florenz, enthalten. In ihrer hellen Kahlheit und fast religiösen Konzentration auf einen einzigen Lebensinhalt wirken diese Zimmer wie Klosterzellen. Allerdings werde ich doch den Eindruck nicht los, daß dieser Zweck in dieser Zeit etwas fast Kindliches hat. Es blieb für mich wie in der Puppenstube bei Kindern. Namentlich, als plötzlich die Mrs. Craig und der Sohn Teddy ganz blutrünstige Faschistenansichten äußerten.

Aber, wie dem auch sei, die ganze Familie, Craig, seine Frau und die beiden Kinder, leben hier seit fünf Jahren, seit dem Zusammenbruch der Theaterschule in Florenz, ganz auf ein nicht existierendes Theater, ein ideales Theaterunternehmen, für das sich einmal ein Mäzen finden soll, mit allen Gedanken und Hoffnungen eingestellt. Ich sagte, ich würde, wenn ich hier leben und wirken müßte, das Gefühl haben, daß mir auf meinem Instrument, das ich spielte, einige Saiten fehlten. Craig lachte und antwortete: Nein, es sei umgekehrt, man versuche hier auf zwei oder drei Saiten zu spielen, ›with the rest of the piano left out‹ (während das eigentliche Instrument fehle).

Er äußerte sein Bedauern, daß es nie zwischen ihm und Reinhardt zu einer Zusammenarbeit gekommen sei; Reinhardt sei doch, gerade weil er so anders sei wie Craig selbst, weil er ihn ergänze, der einzige, mit dem er hätte arbeiten können. Stanislawskij, überhaupt die Russen und ebenso die Amerikaner seien unmöglich. ›I don't want to have anything to do with Russians or Americans; I cannot abide them (ich kann sie nicht ausstehen).‹ Reinhardt habe den praktischen, harten Sinn, der ihm fehle. Im übrigen vertraue er noch immer darauf, daß ihm einmal ein Theaterunternehmen anvertraut werde; aber bis dahin müsse er gestrandet hier leben, da er hier mit den zweihundertfünfzig Pfund jährlich, die er habe, mit Frau und Kindern auskomme, in London dagegen mit der gleichen Summe keine sechs Wochen reichen würde. Sie hätten sogar eine Reise durch sieben italienische Städte im vorigen Jahr zu vieren gemacht, wobei das Problem gewesen sei, die achttausend Lire zusammenzusparen, die sie dazu brauchten, ohne hier in Schwierigkeiten zu geraten. Die Kinder wachsen wild, ohne Schule, auf.

Wir besprachen dann den ›Hamlet‹, den ich auf der Cranachpresse drucken will. Die Type muß noch fertiggestellt werden durch Walker; im übrigen einigten wir uns darauf, daß er voraussichtlich im nächsten Herbst nach Weimar kommen soll, um selbst den Druck seiner Holzstöcke zu beaufsichtigen (all expenses paid).

Abends aß die Familie bei mir im ›New Casino Hotel‹. Er äußerte dabei über seine Arbeitsweise: wenn ihn etwas packe, dann laufe die Arbeit mit ihm fort, bis plötzlich das Feuer erlösche und er dann überhaupt nichts mehr machen könne. Daher habe er immer Angst, ehe er eine Arbeit unternehme, zögere, mache sich und anderen Schwierigkeiten, weil er nie voraussehen könne, wie lange das Feuer reichen würde.

Es ist fast tragisch, diesen zweifellos genialen Mann, von dessen Visionen und Ideen seit zwanzig Jahren das Theater aller Länder, von Rußland über Deutschland und Frankreich bis Amerika, lebt, ohne praktische Tätigkeit wie einen Verbannten auf einer Insel zu sehen, während Festspielhäuser, internationale Theaterausstellungen, Umwälzungen des dramatischen Schaffens aus seinem Kapital heraus unternommen werden. Er äußerte zum Schluß: er glaube überhaupt nicht an die nordischen Länder in der Kunst. Wenn irgendwo etwas kommen werde, so werde es in Italien sein. Hier sei im Volk noch das Material für Kunst (Theaterkunst): der Schauspieler und das Publikum, vorhanden, das unmittelbare, naive Können und Genießen. Im Norden sei alles Künstelei und Kritik. Selbst die Russen seien auf der Bühne nur ›geschickte Affen‹ (clever monkeys). Hinter dem Blendwerk, das sie uns vormachten, stehe nichts Echtes, während bei den Italienern trotz ihrer Geschmacklosigkeit gerade das Echte, der Stoff großer Kunst, vorhanden sei.

Berlin. 29. Oktober 1922. Sonntag

Die Faschisten haben durch einen Staatsstreich die Gewalt an sich gerissen in Italien. Wenn sie sie behalten, so ist das ein geschichtliches Ereignis, das nicht bloß für Italien, sondern auch für ganz

Europa unabsehbare Folgen haben kann. Der erste Zug im siegreichen Vormarsch der Gegenrevolution. Bisher haben die gegenrevolutionären Regierungen, zum Beispiel in Frankreich, wenigstens noch so getan, als ob sie demokratisch und friedlich seien. Hier kommt ganz offen eine antidemokratische, imperialistische Regierungsform wieder zur Macht. In einem gewissen Sinne kann man Mussolinis Staatsstreich mit dem Lenins im Oktober 1917 vergleichen, natürlich als Gegenbild. Vielleicht leitet er eine Periode neuer europäischer Wirren und Kriege ein. Was soll zum Beispiel Mussolinis Italien im Völkerbunde, dessen Grundsätze (Selbstbestimmungsrecht, Frieden usw.) er verwirft?

Berlin. 30. Oktober 1922. Montag

Mussoloni ist vom König von Italien zum Ministerpräsidenten ernannt worden. Das kann noch ein schwarzer Tag für Italien und Europa werden.

Berlin. 4. November 1922. Sonnabend

Bei Haguenin gefrühstückt mit Barthou und Manchère, Karl Melchior, Hoetzsch, Felix Deutsch, Schacht, Andrić. Mit Barthou knüpfte ich gleich über Rimbaud an, was zwischen uns eine Brücke schlug. Er war offenbar angenehm überrascht und lud mich ein, ihn in Paris Ende des Monats zu besuchen und ihm mein Exemplar von ›Sagesse‹ zu zeigen, das Verlaine für mich mit eigenhändigen Anmerkungen versehen hat. Beim Frühstück gab sich Barthou offensichtlich Mühe, gegen jeden liebenswürdig zu sein. Dazwischen richtete er kleine Ansprachen ›an alle‹, indem er mit heller Stimme laut sprach, so daß alles aufhorchte. Bei einer von diesen kleinen oratorischen Leistungen rühmte er die ›parfaite loyauté et bonne volonté indiscutable‹ von Wirth und Hermes, fügte aber hinzu, die Reparationskommission sei etwas besorgt, weil es so aussehe, als hätte die deutsche Regierung sich noch keine festen Vorschläge ausgedacht.

Berlin, 7. November 1922. Dienstag

Dollar neuntausend. Wie die Fiebertemperatur eines Schwerkranken zeigt der Dollarstand täglich den Fortschritt unseres Verfalls an.

Abends gab ich im ›Esplanade‹ ein Diner zum Zwecke, eine neue Vereinigung von führenden Männern der republikanischen Parteien zu gründen, wenn möglich im Rahmen unseres seit der Revolution bestehenden ›Sozialwissenschaftlichen Vereins‹ in der Bellevuestraße. Eingeladen waren Köster, Hugo Preuß, Georg Bernhard, Hilferding, Breitscheid, Hugo Simon und Gerlach. Gerlach war verreist; die andren kamen, und die Besprechung führte dazu, daß wir statt der Erweiterung des ›Sozialwissenschaftlichen Vereins‹ ein ganz kleines, wöchentliches Zusammensein von zehn oder zwölf beschlossen, die nach Preuß' Ausdruck eine Art von republikanischer ›Kamarilla‹ sein sollen, die die verantwortlichen Leiter der deutschen Politik beeinflussen, auch und insbesondere in Personalfragen(!?).

Die Hauptfrage, die heute besprochen wurde, war die der Reichskanzlerschaft, ob Wirth noch möglich sei oder nicht? Und wer eventuell jetzt sofort sein Nachfolger werden könne? Darüber, daß seine Leitung in letzter Zeit völlig unzureichend sei, herrschte Einstimmigkeit. Das Duell Hermes–Wirth und seine eigene Ratlosigkeit namentlich in der Reparationsfrage haben seine Direktionslosigkeit und Unzulänglichkeit enthüllt. Bernhard meinte: Rathenau habe Wirth wie eine Art von Golem geschaffen; das Unglück sei, daß dieser Golem nach Rathenaus Tod weiterlebe und daß niemand wisse, wie man ihn ersetzen solle. Besprochen wurden als mögliche Kandidaten Adenauer, Hermes, Oeser, aber ohne daß irgendeiner von ihnen standhielt. Hilferding und Bernhard plädierten trotz allem für Wirth mit einem umgestalteten und aus Kapazitäten bestehenden Kabinett. Gegen einen sozialdemokratischen Reichskanzler sprach Hilferding aus außenpolitischen Gründen.

Berlin. 10. November 1922. Freitag

Gefrühstückt bei Stresemann. Dort Bergers, Herbert Guttmann und Bankiers. Siegesgewisse Stimmung Stresemanns, der einem Gast den Kopf von Hirsch versprach ›in einigen Tagen‹. Von den Mitgliedern der heutigen Regierung wurde mit größter Geringschätzung gesprochen (Köster ›ein kleiner Reporter‹) mit Ausnahme von Hirsch, der ›ein Demagoge‹ sei durch die vielen Ideen, die er vorbringe und dem Publikum anziehend mache. Die althergebrachten Redensarten über die bei Hiller und in andren ersten Restaurants verkehrenden Sozialisten wie Hilferding und Breitscheid flogen als Neuentdeckungen hin und her. Alles in allem: man wittert in diesen Kreisen Morgenluft. Revolution, Sozialisierung, Linksregierung liegen wie böse Träume schon hinter ihnen. Wir segeln mit geschwellten Segeln nach rechts.

Berlin. 11. November 1922. Sonnabend

Otto Flake vormittags bei mir. Ich hatte ihm für die Übersendung seiner ›Deutschen Reden‹ gedankt. Er klagte, daß er gar keine Fühlung mit Männern der praktischen Politik habe; er müsse sich alles konstruieren. Mein Brief sei etwas ganz Vereinzeltes für ihn gewesen. Außerdem hat er materielle Schwierigkeiten, in Berlin zu bleiben, will deshalb ›in die Berge‹, wo er billiger leben kann.

Fischer hat ihm die Leitung der ›Neuen Deutschen Rundschau‹ angeboten, aber zu unmöglichen materiellen Bedingungen. Er machte einen praktisch hilflosen Eindruck, ein endlos langer blonder Mann, ein etwas alter deutscher Jüngling. Dabei sind seine Schriften zur Politik das Beste, was wir seit der Revolution gehabt haben. Ich konnte ihm nicht helfen. Er ist ein Schwager des Malers Kardorff.

Berlin. 14. November 1922. Dienstag

Unser ›Kamarilla‹-Diner abends bei Hiller. Löbe und Gerlach kamen neu hinzu. Hilferding und Breitscheid kamen aus ihrer Fraktionssitzung mit der Nachricht, daß die Sozialdemokraten die große Koalition mit hundertfünfzig gegen zwanzig Stimmen abgelehnt hätten. Da Wirth sein Verbleiben gestern vom Zustandekommen der großen Koalition abhängig gemacht hat, ist damit Wirth gefallen. Etwas später erschien Köster und teilte mit, daß das Kabinett in der Tat zurückgetreten sei.

Als Nachfolger kamen in erster Linie Adenauer und Hermes in Betracht. Die Sozialdemokraten möchten höchst ungern den Reichskanzler stellen wegen der Schwierigkeiten im Winter in Deutschland und aus außenpolitischen Gründen. Falls es nicht anders ginge, würden sie sich aber, wie Hilferding sagte, doch dazu entschließen, und dann käme in erster Linie Otto Braun in Betracht.

Ich warf die Frage des Außenministers auf. Man scheint sich nämlich mit Cuno, der für unfähig gehalten wird, wie mit einem unabwendbaren Schicksal abgefunden zu haben. Bernhard zitierte Rathenau, der in Genua gesagt habe: Cuno sei eine dicke Zigarre, man werde sie wegen ihrer schönen Bauchbinde doch einmal rauchen müssen. Köster hielt Cuno für ganz ungeeignet. Hilferding war weniger ablehnend. Ich kenne Cuno nicht, vertrat aber die Ansicht, man könne in diesem Augenblick kein Experiment riskieren. Vestigia terrent. Zimmermann, Rosen haben uns genug gekostet.

Berlin. 15. November 1922. Mittwoch

Hauptmann-Feier in der Universität. Neue Aula, feierliche, etwas michelangeleske Halle mit einem häßlichen Wandgemälde von Arthur Kampf. Hauptmann saß zwischen Ebert und Löbe vorne vor dem Rednerpult. Irgendein Literaturprofessor, ich glaube, er hieß Petersen, hielt eine farblose, langweilige Ansprache, der noch einige weitere Professorenaufsätze folgten. Nur Roethe, der als Vorsitzender der Goethegesellschaft sprach, zeichnete sich durch seine Taktlosigkeit aus, indem er, statt auf der Rednertribüne zu sprechen, vor Hauptmann hintrat und ihm eine Adresse unter die Nase hielt, ihn dadurch zwingend, die ganze Rede stehend anzuhören.

Die einzigen Redner, die etwas zu sagen wußten, waren ein Student und Löbe. Der Student sprach mit so viel Feuer und jugendlicher Frische, daß er die Versammlung hinriß. Nur ein neben mir stehender Professor mit goldener Brille und auch sonst dem Urbilde des ›boche‹ entsprechend, der während der ganzen Zeremonie nicht aus einer kaum zu meisternden Wut herauskam, gab auch hier sein Mißfallen murmelnd kund. Hauptmann las eine kurze, nicht sehr tiefe Ansprache vor, die sich aber erfreulich entschieden für Humanität und Versöhnung aussprach.

Das Denkwürdigste an der Feier ist das grotesk bornierte Verhalten der Studenten und Professoren gewesen. Die Berliner Studentenschaft hat mit einer Mehrheit von, ich glaube, vier zu zwei feierlich beschlossen, an der Hauptmann-Feier nicht teilzunehmen, weil Gerhart Hauptmann, nachdem er sich als Republikaner bekannt hat, nicht mehr als charakterfester Deutscher zu betrachten sei! Und von Sam Fischer höre ich, daß der genannte Petersen, der die Festrede hielt, vor zwei Tagen bei ihm war, um ihn zu bitten, Ebert wieder auszuladen, da es der Universität nicht angenehm sein werde, wenn das republikanische Reichsoberhaupt bei ihr erscheine. Und als Fischer das ablehnte, hat ihn Petersen gebeten, dann doch wenigstens Löbe auszuladen, denn zwei Sozialdemokraten auf einmal sei doch etwas viel!

Zum Schluß der Feier spielte d'Albert prachtvoll die ›Appassionata‹. Wonach wieder einer der Professoren, die neben mir saßen, sich auszeichnete, indem er seinem Nachbarn mißvergnügt zuflüsterte: »Das war natürlich eigene Komposition des Klavierspielers, nicht?« Beethoven scheint in der Universität Berlin ebensowenig zu Hause zu sein wie Ebert.

Abends Festvorstellung von ›Florian Geyer‹ im Großen Schauspielhause. Hauptmann saß, von einem Scheinwerfer beleuchtet und wie ein Doppelgänger von Goethe oder wie der ›Goethe‹ aus einem Goethefilm aussehend, in einer Proszeniumsloge und wurde nach jedem Aktschluß von Kloepfer (Florian

Geyer) über die Logenbrüstung auf die Bühne heraufgezogen. Das Publikum tobte, natürlich vor Begeisterung und etwas anders als bei der Uraufführung, wo ich mich mit Seebach und Bodenhausen im fürchterlichen Skandal fast entzweite.

Nachher Festsouper für Hauptmann in der ›Deutschen Gesellschaft‹, bei dem ich mit Hauptmann, seiner Frau sowie Ivo und ›Scheelchen‹ bis um halb drei blieb. Ich gratulierte Hauptmann zu seiner Rede heute, in der er so nachdrücklich für die Völkerversöhnung eingetreten war. Er machte aber eine gewisse Einschränkung: es gebe doch Fälle, wenn einer einem das dritte oder vierte Mal ins Gesicht spucke, wo man auch zuhauen müsse usw. Nachher, als ich ihm sagte, er sei der erste wahrhafte Volksdichter in der neueren deutschen Literatur, meinte er: Nein, auch Goethe sei ein Volksdichter gewesen, der aus dem Volke seine Stoffe und seine Kraft geholt habe, nicht aus einer komplizierten Intellektualität wie Schiller. Der ›Faust‹, der ›Werther‹, der ›Götz‹, die schönsten Goetheschen Gedichte seien genauso aus dem Volk und für das Volk gedichtet wie die ›Weber‹ oder der ›Biberpelz‹. Bei diesem Vergleich, den er selbst machte, erschien das doppelgängerhafte Äußere Hauptmanns in einer merkwürdigen Beleuchtung.

Berlin. 20. November 1922. Montag

Redaktionsbesprechung der ›Deutschen Nation‹. Das Ministerium Cuno, das in der Bildung begriffen ist, besprochen. Niemand hielt viel davon. Riezler meinte, der falsche Parlamentarismus habe sich bei uns so verächtlich gemacht, daß heute schon ›ein Leutnant und zehn Mann‹ ihm den Garaus machen könnten. Die Gefahr sei sehr groß. Ich wies auf den Einfluß der Franzosen beim Sturze Wirths und dem Herausholen der Volkspartei hin und auf die Unerträglichkeit dieser Einmischung.

Berlin. 21. November 1922. Dienstag

Das Kabinett Cuno ist konstituiert ohne die Sozialdemokraten. Die Presse begrüßt es fast mit Mitleid.

Berlin. 22. November 1922. Mittwoch

Bußtag. Sitzung der Friedensgesellschaft bei Löbe in seiner Reichstagspräsidentenwohnung. Er führte uns durch die Prunkräume: übelster S.M.-Stil. Bedrückend protzig und geschmacklos. In diesem Stil ist die Katastrophe schon einbegriffen.

Berlin. 23. November 1922. Donnerstag

Im Deutschen Theater ›Richard II.‹ mit Moissi. Tolstoische Durchgeistigung der Shakespearischen Tragödie. Je mehr der König von seinem königlichen Ornat ablegt, um so königlicher (menschlicher) wird er. Und bei seinem Gegenspieler Bolingbroke umgekehrt. Gegen Moissi, der diese Auffassung mit größter Intensität verkörperte, verblaßten alle andren.

Berlin. 24. November 1922. Freitag

Abends las Hauptmann in der Philharmonie (Großer Saal) ›Kaiser Max' Brautfahrt‹ und Gedichte. Übervoller Saal, Begeisterung, Feststimmung, Schulmädchen überreichten Rosen. Das wirkt schon ein wenig wie die Hurra-Stimmung, mit der Wilhelm II. gespeist wurde.

Nachher Abendgesellschaft bei d'Abernons. Sehr elegant. Hauptsächlich Diplomatie, fremde und deutsche. Die Bellincioni, von der ich glaubte, daß sie nicht mehr lebe, sang mit schon alter, aber wunderbar beherrschter Stimme. Baby Kühlmann in Smaragdgrün, Knabenlocken und einem weißen, spanischen Schal, der der Kaiserin Eugenie gehört hat, flüsterte mir zu, daß sie nicht tanze, ›weil sie schon im sechsten Monat sei‹. Renata Schubert (sehr schön, mit wunderbaren Ohrringen und Perlen) stellte mich der etwas rundlichen Mrs. Houghton, der amerikanischen Botschafterin, vor. Mit d'Abernon, der sich um die Damen sehr kümmerte, konnte ich nur einige Worte wechseln.

Berlin. 25. November 1922. Sonnabend

Gegessen bei Baby Kühlmann mit Nostitzens, Gerhard Mutius und der Frau Huldschinsky, einer Tochter von Carl Fürstenberg, einer etwas unangenehmen, gehirnstolzen Frau, die unwahrscheinlich große und schöne Perlen trug. Richard Kühlmann war verreist. Wir mußten nach Tisch alle auf der Erde herumkriechen, um in gigantisch großen Mappen zwei oder drei Rodinzeichnungen zu sehen, von denen die Kühlmann die ganze Zeit bei Tisch gesprochen hatte, als ob es mindestens fünfzig wären. Für sie ist alle Kunst nur Hintergrund zu ihrer eigenen Person als Kennerin, als Sammlerin, als schöne Frau, als schwangere Frau, als Baby mit Ponylocken usw., alle Kunst nur ›Schmuck‹. Sie ist drollig, sehr hübsch (jetzt) und nicht sehr achtbar. Schließlich zeigte sie, was zu ihr am besten paßt, eine Bändersammlung, lauter bunte Seidenbänder aus den verschiedensten Epochen.

Berlin. 27. November 1922. Montag

Stresemann richtete an mich die positive Anfrage, ob ich als Gesandter nach Brüssel gehen würde? Landsberg sei unmöglich dort und müsse fort. Es seien dort große Aufgaben zu erfüllen. Ich antwortete: ich hätte gar keinen Ehrgeiz, einen Gesandtenposten wiederzubekommen. Ich sei vollkommen unabhängig, meine Tätigkeit befriedige mich durchaus, die Intrigen, mit denen jeder im auswärtigen Dienst zu kämpfen habe und die ihm das Leben verbitterten, kennte ich aus Erfahrung; es sei daher ein sehr großes persönliches Opfer, das ich bringen würde, wenn ich wieder in den aktiven auswärtigen Dienst einträte. Ich wäre nur bereit, dieses Opfer zu bringen, wenn ich die Überzeugung gewönne, daß ich damit wirklich dem deutschen Volke einen Dienst leisten könnte. Diese Überzeugung hänge aber wiederum davon ab, ob die deutsche Regierung endlich mit positiven Vorschlägen und nicht bloß mit vagen Erklärungen ihres guten Willens in der Reparationsfrage herausrücke.

Berlin. 28. November 1922. Dienstag

Diner bei Bergers (dem früheren Chef der Sicherheitspolizei und Gesandten in Dresden). Prachtvolle Räume in der Roonstraße, fürstlich ausgestattet mit alten Sachen, zum Teil sehr kostbaren und schönen. Milliardärdiner: der junge Thyssen, Otto Wolff, Vera Guttmann (geb. Herzfelde), die ›reichste Frau Deutschlands‹. Auch Restbedtände der alten Hofgesellschaft wie der Graf Platen, Frau von Loebell, Stohrer.

Der Clou des Abends war aber die Frau von Wassilko, die ukrainische Gesandtin, eine kleine, magere Frau, die ganz aus knallrot gefärbtem Haar und Brillanten zu bestehen schien, dazwischen nur, wo das Gesicht sitzt, sehr viel Schminke und Emaille. Sie soll früher Wiener Chansonette und dann Mätresse des Schahs von Persien gewesen sein und ist jetzt Gesandtin der Ukraine in Berlin und Bern. An den Fingern waren die Brillanten so groß wie Taubeneier und von reinstem Wasser; vom Hals und bis zum Schoß hinunter hingen ihr Reihen von Brillanten, untermischt mit großen Perlensträngen. Ich dachte zuerst, sie trüge als Sowjetgesandtin den ganzen konfiszierten Schmuck des Ukraineadels. Man sagte mir aber, daß ihr Mann Gesandter nicht der Sowjets, sondern Petljuras ist. In dieser merkwürdigen und schwerreichen Gesellschaft vertraten Weismann, Stresemann und der frühere Minister Heine das neue Deutschland. Eine Gesellschaft für einen Balzac.

Köln–Haag. 7. Dezember 1922. Donnerstag

Unterwegs Tolstoi, nachgelassene Werke: ›Der gefälschte Coupon‹. Grandiose Konzeption. Die ganze russische Welt von einer kleinen Lumperei aus aufgerollt. Hätte ein Gegenstück zu den Karamasows werden können. Vielleicht war aber die Konzeption zu gewaltig, um jemals ausgeführt werden zu können. Wie eine winzige Gymnasiastenlumperei, einem vergifteten Sauerteig gleich, diese ganze Welt vom Bettler bis zum Zaren durchdringt, mit einer Fülle von Phantasie und einer Kraft angepackt, die erstaunlich sind. Bemerkenswert, daß die drei großen Anläufe, dieses russische Universum zu schildern, Gogols ›Tote Seelen‹, Dostojewskijs ›Karamasow‹ und Tolstois ›Gefälschter Coupon‹, alle drei Fragmente geblieben sind. Wir haben in der deutschen Literatur, außer vielleicht dem ›Wilhelm Meister‹, nicht einmal einen solchen Anlauf zu verzeichnen. In Frankreich dann Balzac, der vielleicht alle drei großen Russen angeregt hat zu ihren Unternehmen. Bei Tolstois ›Coupon‹: eine Welt als *ethisches* Zusammenhängendes konzipiert und zum Gegenstand genommen.

Haag. 9. Dezember 1922. Sonnabend

Abends öffentliche Versammlung des Frauenkongresses in einem Konzertsaal. Ich sprach über die Rolle der Frau bei der Schaffung eines neuen Menschen, der als Träger eines neuen Friedens unentbehrlich sei. Die Hauptrolle der Frauen müsse sein, Organisationen gegen die nationalistische Verseuchung der Kinder zu schaffen, wie die Metallarbeiter ihre Hauptrolle darin sehen müßten, Organisationen gegen die Erzeugung von Munition zu schaffen. Unmöglich sei es für die Schulen, *gegen* die Gesinnung der Mütter zu erziehen, wie es unmöglich sei für den Staat, gegen den organisierten Widerstand der Metallarbeiter Granaten oder Kanonen zu fabrizieren. Emily Holhouse, Elisabeth Rotten und die Mrs. Robinson unterstützten meine Ausführungen, die einen starken Eindruck zu machen schienen. Mme. Claparède war anwesend.

Haag. 10. Dezember 1922. Sonntag

Eröffnung des vom Internationalen Gewerkschaftsbunde einberufenen Kongresses, der die organisierte, planmäßige Kriegsverhinderung durch die Gewerkschaften, Pazifisten und Intellektuellen vorbereiten soll. Feierliche Eröffnungssitzung im großen Saal des Zoologischen Gartens mit schönen Arbeiterchören; die ›Internationale‹ usw. Der Saal brechend voll. Vorsitzender des Kongresses der Engländer Thomas, Beisitzer Leiphart, Jouhaux, Mertens, Oudegaast, Fimmen.

Thomas stellte in seiner Eröffnungsrede fest, daß über sechshundert Delegierte von vierundzwanzig Nationen erschienen seien, die vierzig Millionen Menschen verträten. Es sei ein einzigartiger Kongreß, wie es noch keinen gegeben habe. Er müsse zu einem *praktischen* Resultat führen. Thomas spricht langsam und klar und formuliert scharf, aber er sagt ›drops his aiches‹, er kann wie die Londoner Proletarier das ›h‹ nicht sprechen, was seiner Rede einen Stich ins Halbgebildete gibt. Die Rede von Thomas war das einzig Geschäftsmäßige. Sonst nur Begrüßungsreden und Chöre.

Abends war Empfang von Gerhart Hauptmann (der jetzt von Holland gefeiert wird) durch die ›Deutsch-Niederländische Gesellschaft‹ im Hause von Kröllers. Mit van de Velde hin. Da heute abend eine große Feier der sozialistischen Jugend Haags für den Gewerkschaftskongreß im Zoologischen Garten war, versuchte ich Hauptmann zu bestimmen, mit mir einen Augenblick hinzufahren und ein paar Worte zu sprechen. Zuerst nahm er an, dann kamen ihm aber Bedenken, es sei vielleicht eine Parteisache, er könne nicht frei sprechen, es komme ihm etwas plötzlich, er könne nicht recht übersehen, was er damit tue usw., kurz, ich möge entschuldigen, wenn er lieber fortbleibe. Er wurde dann von befrackten Herren in einen Großvaterstuhl gesetzt, und ich glaube, es sollten ihm Gedichte vorgelesen werden oder Stücke aus seinen eigenen Werken.

Ich floh mit van de Velde und ging zu den jungen Proletariern, die sehr hübsch und malerisch auf der Bühne des Zoo-Saales um eine große rote Fahne gruppiert lagen, Jungens und Mädels mit bloßen Füßen, alle sehr frisch und blond, während ein deutscher Arbeiterjunge gerade eine schmetternde, sehr temperamentvolle Rede gegen den Krieg hielt, die mit den Worten schloß: »Aber wenn ihr Soldaten für den Frieden braucht, hier sind sie!«, wobei er auf seine jungen Kameraden hinzeigte. Donnernder Applaus und dann noch eine kurze Schlußrede auf französisch eines jungen Mannes. Vorher sollen die Jungens und Mädels sehr hübsch getanzt haben. Schade, daß der Dichter der ›Weber‹ und des ›Hannele‹ sich nicht bewegen ließ, plötzlich inmitten dieser frischen Proletarierjugend zu erscheinen! Aber es bestätigt meine arevolutionäre Einschätzung Hauptmanns. Aber jetzt ist dieses Arevolutionäre schon fast bis zum Geheimrätlichen gediehen. Merkwürdig unentschlossener, verkniffener Mund.

Haag. 13. Dezember 1922. Mittwoch

Dritter Sitzungstag. Der Bolschewik Rotstein brachte vierzehn Punkte vor, durch deren Annahme das international organisierte Proletariat den Frieden sichern sollte. Schon die kokette Parallele mit den vierzehn Punkten, die Wilson zum gleichen Zwecke der dauernden Friedenssicherung aufgestellt hatte, verstimmte und nahm dem Antrag den Ernst. Man fühlte, das ist Theater, Ironie, Journalismus, Feuilleton.

Andre ungewollt ironisch-tragische Situation: Während Helene Stöcker das unbedingte Recht jedes Menschen auf sein Leben proklamierte und damit das Recht auf militärische Dienstverweigerung begründete, ging Friedrich Adler, der Mörder von Stürgkh, wie ein krankes Raubtier, groß, schwer, gebeugt, mit den sanften Raubtieraugen hinter goldener, blitzender Brille, im Saal herum als einer der auf diesem Kongreß Gefeiertsten. Schließlich hat vor Gott Techow auch nichts andres getan als Adler.

Hauptredner waren heute neben dem Bolschewiken Rotstein der Menschewik Abramowicz, ein blasse, vom Elend gezeichnete, tragische Figur, Grumbach, rhetorisch und wie ein Stier brüllend, ein elsässischer Danton, der spanische Sozialist Caballero, ein Toreador, Ben Tillett, der historische englische Rote, der als Gentleman in mittleren Jahren erschien. Wels, deutscher Regierungssozialist, Freund von Noske und Friedensapostel mit der Entrüstung über die Schandtaten der Entente als Klischee, Friedrich Adler selbst, der ganz klug und skeptisch sprach. Ich redete nachmittags über Generalstreik und Völkerbund, dessen Erweiterung im Sinne der Braunschweiger Resolution ich forderte.

Haag. 15. Dezember 1922. Freitag

Letzte Sitzung des Kongresses. Alle Resolutionen werden angenommen, natürlich gegen die Stimmen der Russen. Radek hielt noch eine boshafte Rede. Hinter der Maske des jungen Liebhabers, die er aufgesetzt hat, hinter seinen blitzenden Brillengläsern zeigt sich plötzlich in seinem Gesicht etwas, das zwischen Facta und Wolf ist, und auch etwas von einem Straßenjungen oder von den ›bösen Buben‹ von Busch nach einem besonders gelungenen Streich. Eine wahre, freche, amüsante und schreckliche Mephistophysiognomie.

Haag. 16. Dezember 1922. Sonnabend

Vormittags ins Mauritshuis. Rembrandts ›Anatomie‹. Die marmorne Ewigkeit des Toten im Gegensatz zu der Trivialität und Vergänglichkeit der um ihn beschäftigten Lebenden. Man muß das Bild aus einer gewissen Entfernung sehen, um das zu empfinden.

London. 17. Dezember 1922. Sonntag

Früh in Harwich. Um zehn in London, nach über acht Jahren.

Am Freitag, acht Tage vor dem Krieg, fuhr ich vormittags mit Rodin ab. Ich dachte an unsere Überfahrt: wie Rodin mir beim Abfahren aus Folkestone sagte, als ich ihn fragte, ob er nicht etwas essen wolle: »Non, je n'ai pas faim. Je regarde la nature. La nature me nourrit.« Und dann die Ankunft in Boulogne: das Ultimatum in den Zeitungen, meine von dem Augenblick an feste Überzeugung, daß der Krieg unvermeidlich und von Österreich *gewollt* sei. Rodins Abschied an der Gare du Nord in Paris mit der (für mich nach meiner Überzeugung wesenlosen) Verabredung zum Tee bei der Gräfin Greffulhe am nächsten Mittwoch. Am nächsten Mittwoch saß ich in Köln und wartete auf die Kriegserklärung!

Das alles ging mir durch den Kopf, als ich wieder in London einlief durch die rußigen, gemeinen Vorstädte.

Am späten Vormittag Spaziergang am Embankment entlang nach Westminster. Sonnenschein bei nassen Straßen und niedrig am Himmel hinziehenden schweren Wolken. Ganz London ist violett und gold, das auf der Themse zu glühendem Kupfer wird.

Nachmittags im Britischen Museum. Parthenon. Ägypten. Assyrien. Den stärksten unmittelbaren Eindruck hatte ich trotz des Parthenonfrieses von der Löwenjagd des Assyrerkönigs Assurnasirpal II.

London. 18. Dezember 1922. Montag

Vormittags Besorgungen. Die Läden haben sich wenig geändert in den acht Jahren, alles noch so solide und geschmackvoll wie früher. Aber es ist nicht die erstaunliche Fülle von Leben und Luxus wie 1914 oder wie noch heute in Paris. Man fühlt, daß das Land und die Käufer ärmer und seltener geworden sind.

Nachmittags kam Wilma an. Abends in ein Theater mit ihr; Daby's, eine Musical Comedy von Jean Gilbert (The Lady of the Rose). Zu meiner Überraschung waren im Parkett mindestens die Hälfte der Männer im Straßenanzug, die übrigen im Smoking, nur fünf oder sechs im Frack. Eine wahre Revolution oder richtiger das Symptom einer solchen, seit 1914.

London. 20. Dezember 1922. Mittwoch

Nachmittags bei Emery Walker, wo Will Rothenstein getroffen. Beide schienen sehr erfreut über das Wiedersehen nach den furchtbaren Kriegsjahren. Mit Walker die Fertigstellung meiner Frakturtype durch Prince besprochen. Er lud mich zu Weihnachten zu sich aufs Land ein in ein aus dem vierzehnten Jahrhundert stammendes Landhaus, das er von Lord Bathurst gemietet hat.

London. 21. Dezember 1922. Donnerstag

Vormittags auf der Botschaft bei Sthamer. Er machte den Eindruck eines klugen matter-of-fact-Kaufmanns, ohne Eleganz und ohne viel Geist, aber mit einem ganz gesunden Menschenverstand. Dabei allerdings etwas altmodisch und ohne eine klare Vorstellung einer irgendwie von der Welt vor 1914 verschiedenen neuen Welt.

London. 22. Dezember 1922. Freitag

Wilma reiste morgens nach Paris zurück. Ich besuchte Arthur Henderson im Büro der Labour Party (Eccleston Square). Mein Zweck war, ihn mobil zu machen, damit er die Einsetzung des im Haag beschlossenen Völkerbundkomitees mit Nachdruck betreibt. Er versprach, in diesem Sinne einen Brief an den IBG nach Amsterdam zu richten und auch mit Thomas zu sprechen. Seine Ideen über die Reform des Völkerbundes berühren sich mit den meinigen. Er will ihn auf den drei Organisationen der Produzenten, der Konsumenten und der ›citizens‹ (Staatsbürger) aufbauen. Aber er glaubt nicht, daß der jetzige Völkerbund in diesem Sinne umgebaut werden kann.

1923

Paris, 2. Januar 1923. Dienstag

Heute tritt hier die Reparationskonferenz der Alliierten zusammen: Bonar Law, Poincaré, Theunis, Torretta.

Nachmittags auf der Botschaft Mayer, Hoesch, Renthe-Fink gesprochen. Mayer behielt mich eine Stunde, sprach die ganze Zeit, meistens sein eigenes Lob, dazwischen einige ganz kluge Bemerkungen. Er meinte, die Franzosen (oder, wie er sich ausdrückte, ohne näher zu präzisieren ›er‹, worunter er Poincaré meint) wollen unter allen Umständen ›des gages‹ (Hoesch meinte, ›des gages‹ vor allem, noch lieber als Bezahlung). Unser Angebot werde sicher verworfen, Bergmann aber hoffentlich morgen wenigstens empfangen werden.

Sehr erregt war Mayer noch über die Rede, die Millerand gestern beim Neujahrsempfang der Diplomaten im Elysée als Erwiderung auf die Ansprache des Nuntius Cerretti gehalten hat. Cerretti hatte die Ideen der Friedensenzyklika des Papstes entwickelt und gesagt, man müsse die Befriedung der Geister durchführen, dann seien die übrigen Fragen bloß technische, die Bankiers und Wirtschafter regeln könnten. Millerand, der Cerrettis Rede vorher kannte, habe sehr energisch und erregt erwidert, es gebe zu viele Leute überall, die die Schuld Deutschlands am Kriege vergäßen.

Nur auf dem Boden der Wahrheit und Gerechtigkeit (also der Bestrafung Deutschlands) lasse sich ein fester Friede begründen. Mayer sagte, er habe einen Augenblick geschwankt, ob er ostentativ den Saal verlassen solle wegen dieser Brüskierung Deutschlands, habe sich aber entschlossen, dieses nicht zu tun, um nicht am Vorabend der Reparationskonferenz einen Konflikt hervorzurufen. Die Art, wie Millerand gesprochen habe, sei aber unerhört gewesen.

Paris. 3. Januar 1923. Mittwoch

Abends im Théâtre du Vieux Colombier ›Michel Auclair‹ von Vildrac. Vor uns saß eine Gesellschaft aus dem Faubourg St. Germain, tief ausgeschnittene elegante Frauen mit großen Perlenkolliers und mehrere junge Leute: de Beaufort usw. Sie sprachen über die Lage. Der eine, ein etwa achtundzwanzigjähriger junger Mann im Smoking mit der Ehrenlegion meinte: »Que voulez-vous, c'est stupide, mais on ira dans la Ruhr. Nous sommes engagés. Plus moyen de reculer, avec cette Chambre terrible!«

Paris. 4. Januar 1923. Donnerstag

Abends mit Wilma in ein Konzert, wo Musik von Satie und Poulenc gegeben wurde in van de Veldes Theater.

Im Eingang traf ich (zum ersten Mal nach dem Kriege) Misia Edwards (jetzt Frau von Sert), Sert und Diaghilew. Wir waren alle sehr bewegt. Misia konnte kaum sprechen. Sie sagte zu irgendjemandem, der sie anredete: »Excusez-moi, en ce moment je suis si troublée!« Zu mir sagte sie, als ich äußerte, wie merkwürdig, daß wir uns gerade hier in diesem Theater, wo wir soviel zusammen erlebt haben, wiederträfen: »Cela devait arriver comme cela, j'en étais sûre.«

Saties ›Belle Excentrique‹, sehr amüsante Verwertung von Shimmy, Cake Walk und andren Rhythmen in bizarren Färbungen. ›Socrate‹ edles Louis XVI., moderner Gluck. Viel Geschmack und Haltung, etwas dünne Erfindung. Es wurde stark geklatscht (Satie erschien) und ein wenig gezischt.

Paris. 5. Januar 1923. Freitag

Die Konferenz ist gestern auseinandergegangen unter ›Aufrechterhaltung der Entente‹!?

Vormittags bei Poncet. Ich äußerte mein Bedauern über den Nichtempfang von Bergmann und bezeichnete es als einen Fehler Poincarés. Poncet erwiderte: »Que voulez-vouz? L'idée de monsieur Poincaré, depuis quelque temps déjà est qu'il ne faut pas causer avec les grands industriels allemands avant de leur avoir donné ›une leçon‹.« Also erst den Fuß auf den Nacken setzen, dann sich verständigen. Mir erscheint dahinter wieder die Furcht vor einer Wiedererstarkung Deutschlands, die Frankreich bedrohen könnte. Also zuerst Ketten anlegen, dann Samsons Kräfte ausnutzen.

Paris, 6. Januar 1923. Sonnabend

Nachmittags bei Sert und seiner Frau (Misia). Sie wiederholte, sie sei neulich, als wir uns unerwartet wiedersahen, so bewegt gewesen, daß sie fast geweint habe. »Pendant la guerre, vous étiez pour nous l'image qui représentait *l'autre côté*. Nous pensions à vous, quand on disait: l'Allemagne.« Es war ein merkwürdiges Gespräch. Ich mußte ihr die letzten Tage in London erzählen. Sie sagte: »Nous vous en avons un peu voulu de ne nous avoir pas avertis.« Ich erklärte ihr, daß ich selbst nichts gewußt habe. Sie sah die Lage als äußerst gefährlich, fast verzweifelt an.

Paris, 8. Januar 1923. Montag

Gefrühstückt mit Jean Cocteau im ›Boeuf sur le Toit‹, einer Art von modernster Künstlerkneipe in der Rue Boissy d'Anglas. Englische Möbel, Picassos an den Wänden. Er stellte mir seinen Freund Radiguet vor, der mit uns frühstückte und den er mir als eine Art von neuem Rimbaud bezeichnete. Etwas grobes, bäuerliches und proletarisches Gesicht, vage Ähnlichkeit mit Rimbaud, aber nicht strahlend schön wie dieser, sondern dumpf. Cocteau schilderte eine lange Krankheit, die er durchgemacht hat. Er hat Misia gesprochen. Sie hat ihm über unser Zusammentreffen dasselbe gesagt wie mir, aber hinzugefügt, daß sie nicht nur sehr bewegt, sondern auch ›gênée‹ gewesen sei. Cocteau hielt sich darüber auf, daß eine Frau, die nicht einmal Französin ist, so empfinde. Mir präzisierte sich dadurch die Nuance. Ich hatte neulich bei Sert etwas Ähnliches empfunden.

Natürlich war wieder viel von der Ruhrbesetzung die Rede. Cocteau konnte nicht gut anders als sie vor mir bedauern. Er möchte gern sein Ballett ›Les Mariés de la Tour Eiffel‹ bei Reinhardt in Berlin geben, Radiguet seine beiden demnächst erscheinenden Romane in Deutschland anbringen. Ich lud beide zum Freitag bei mir zum Frühstück ein.

Nachmittags bei Jouve. Er lebt jetzt, wie es scheint, getrennt von seiner Frau. Wir hatten ein langes Gespräch über Politik und Literatur. Er sagte, die Ansicht gewisser Franzosen sei, Frankreich könne jetzt die politische und wirtschaftliche Hegemonie auf dem Kontinent erringen und vielleicht fünfzig Jahre halten, dann allerdings werde der Zusammenbruch kommen. Aber sie akzeptierten die Idee eines kurzlebigen Glanzes und ›après nous le déluge‹. Die Tragödie Frankreichs sei, daß es eine Nation zweiten Ranges sei, die durch jedes Mittel ›veut se pousser au premier rang‹. Geistig sei es noch immer eine der ersten Nationen. Aber es habe in einem erschreckenden Maße das Bedürfnis nach Tradition. Valéry, der jetzt als größter Dichter gefeiert werde, sei ein ›versificateur‹, der Malherbe und Mallarmé zu einer traditionellen Form zu verschweißen suche. Überhaupt sei in der Poesie jetzt das sechzehnte, in der Erzählung das siebzehnte Jahrhundert mit seiner analytischen Psychologie hier das Ideal, nach dem man zurückschaue. Der ›Vieux Colombier‹ mache sich eine Tradition zurecht aus Craig, Reinhardt, den Russen. Alle fühlten das Bedürfnis nach einem Korsett, nicht nach freiem Atemraum. (Mein Gespräch mit Cocteau, der du Bellay zu modernisieren sucht und Satie rühmt, wieder auf die Musik des achtzehnten Jahrhunderts zurückzugehen, bestätigt dieses.) Kurz: Reaktion auch in Kunst und Literatur ist hier Trumpf. Ich lud ihn mit Cocteau, den er nicht kennt, zum Freitag ein. Er erbat sich Bedenkzeit, ob er ihn treffen wolle. Jouve ist jedenfalls die bei weitem menschlichere Erscheinung.

London, 3. März 1923, Sonnabend

Die Franzosen haben überraschend Mannheim, Darmstadt und Karlsruhe besetzt oder wenigstens die Eisenbahn in diesen Städten. Vormittags bei Lord und Lady Parmoor. Sie Quäkerin, er großer Barrister. Ich regte die Unterbringung von Ruhrkindern in England an. Parmoor sagte, Sthamer habe vor zwei Tagen bereits mit ihm darüber gesprochen. Er habe sich umgehört. Aber leider sei es unmöglich. Die Stimmung erlaube es noch nicht. Man riskiere Demonstrationen, Presseangriffe, ja tätliche Angriffe auf die Kinder selbst. Während zweifellos die deutschfeindliche Stimmung immer mehr abflaue, sei doch ein allerdings schwindender Teil des Volkes noch immer ganz in der Kriegsstimmung.

R. frühstückte bei mir. Er sieht leider sehr durchsichtig, schwach und alt aus. Er ist der einzig übriggebliebene Freund aus meiner Kindheit.

Abends gegessen beim General C. B. Thomson im United Service Club mit Massingham von der ›Nation‹. Massingham kommt gerade aus Frankreich von der Riviera. Er sagt, er habe keinen einzigen Franzosen finden können, der nicht verrückt sei. ›They are all lunatics.‹ Man könne mit ihnen überhaupt nicht reden. Ich versuchte ihn eines Besseren zu belehren, daß große Teile wirklich Reparationen und wahre Sicherheit (nicht Imperium) wollten; das sei die einzige Tatsache, auf die sich irgendwelche Hoffnungen bauen ließen. Er blieb aber ungläubig.

Thomson, der wieder sehr lebhaft und amüsant, ein Schwerenöter, war (seine schlanke, elegante Figur und sein schöner, rassiger und jugendlicher Kopf sind auffallend aristokratisch, obwohl er als Labourkandidat bei der letzten Wahl aufgestellt gewesen ist), erzählte von den letzten Wochen vor dem Kriege im englischen Generalstab (wo er damals unter Henry Wilson, dem späteren Feldmarschall, in der Operationsabteilung war). Es sei dort eine cliquenhafte Kameradschaft gewesen, alle hätten sich beim Vornamen genannt. Nur Offiziere aus der ›Society‹ seien geduldet worden.

Kurz vor dem Kriege habe eines Tages Wilson seine Offiziere (siebzehn Mann) zu sich berufen und sie gefragt, was sie tun würden, wenn die Regierung ihnen befehle, gegen die in Irland meuternden Offiziere (die der irischen Politik der Regierung Widerstand leisteten) vorzugehen. Wilson habe ihnen damit nahelegen wollen, der Regierung den Gehorsam zu verweigern. Alles habe zunächst geschwiegen; und er, Thomson, dem Wilson nicht recht traute, sei als erster zur Antwort aufgefordert worden. Seine Antwort habe gelautet: er bäte Wilson, die Frage schriftlich zu formulieren, er werde dann schriftlich antworten. Im Augenblick könne er nur sagen, daß er das Gefühl habe, ›they were coming perilously near to a conspiracy‹. Einige andre Offiziere, auf deren Unterstützung Wilson gerechnet hatte, hätten sich ihm, Thomson, angeschlossen. Und so habe Wilson ärgerlich seinen Plan aufgegeben.

Im selben Zusammenhang habe French seinen Abschied genommen, und zwar, wie French selbst noch am selben Tage Thomson erzählt habe, wegen einer Äußerung des Königs. Dieser habe French kommen lassen, mit ihm über die Stellung zu den meuternden englischen Offizieren in Irland gesprochen und als seine Ansicht ihm kundgegeben, ›that it was a matter between officers‹, das heißt also, daß die Offiziere das Recht hätten, der Regierung ihre Dienste zu verweigern. Daraufhin habe French sofort seinen Abschied eingereicht und erhalten. Was um so ehrenvoller gewesen sei, als French ›broke‹ (bankrott) war und nicht gewußt habe, wie man mit weniger als fünftausend Pfund jährlich überhaupt existieren könne. Massingham, dem die Geschichte neu war, mißbilligte die Haltung des Königs mit einem sehr energischen Wort (er sprach es leise, ich glaubte aber zu hören: ›to think of it, that puppy!‹).

In der Tat ist dieses Meutern des Königs gegen seine eigene verfassungsmäßige Regierung Wilhelms II. würdig. Man hätte es Georg V. nicht zugetraut! Ich mußte lebhaft an mein Frühstück bei Asquiths am Mittwoch zehn Tage vor Kriegsausbruch denken, wo die irischen Garden Asquith auf dem Wege vom

Buckingham Palace nach Downing Street auspfiffen und Asquith deshalb zu spät zum Frühstück kam (der alte Jules Roche, der auch mitfrühstückte, sagte mir nachher in einer Ecke: »C'est triste d'assister à l'écroulement d'un grand empire«); und an den Tee am folgenden Tag wieder bei Asquiths und das Zusammentreffen zwischen Lichnowsky und der Lady Randolph Churchill: ›Sangue‹! In dieser Atmosphäre verhandelte Grey über das österreichische Ultimatum und Krieg und Frieden in Europa.

London. 5. März 1923. Montag

Gegessen bei Dufours mit dem amerikanischen Botschaftsrat Wheeler, dessen Frau ich zu Tisch führte, Mrs. Bennett, Colonel Hutchinson (Liberaler), Rheinbaben und einem Herrn Detmold, einem Reichsbeamten, der hier ist in Sachen des deutsch-englischen Ausgleichsverfahrens.

Mrs. Wheeler sagte mir, daß Amerika bestimmt eingreifen werde, sobald der neue Kongreß zusammentrete (im November). Harding warte nur die Gelegenheit ab. Bis dahin müßten wir durchhalten.

Die Art ihrer Mitteilung überzeugte mich nicht recht. Sie schien über allbekannte Vorgänge schlecht informiert. Detmold, der englische Verwandte in der ›Society‹ hat, erzählte mir, seitdem der Botschafter beim König gefrühstückt hat, lüden ihn seine Verwandten wieder ein. Bis dahin hätten sie ihn geschnitten. Sie hätten ihm ausdrücklich mitgeteilt, jetzt nach diesem Vorgang könnten sie ihn wieder bei sich sehen.

London. 7. März 1923. Mittwoch

Früh auf der Botschaft. Bernstorff ebenso enttäuscht wie ich über Cunos Rede. Mir scheint, Cuno muß zugreifen, wenn er nicht eine Vabanque-Politik treiben will. Die Verantwortung wird schwer sein, wenn er das Simonsche Angebot ablehnt und die Sache an der Ruhr später schiefgeht.

London. 8. März 1923. Donnerstag

Früh um neun bei Rheinbaben, der noch im Hemd war, in seinem ziemlich mäßigen Hotel in Russell Square. Ich legte ihm nahe, Stresemann zu schreiben, um diesen zu veranlassen, Cuno aufzusuchen und ihm dringend die von uns vorgeschlagene Bekanntgabe von Vorschlägen an Bonar Law nahezulegen. Rheinbaben einverstanden. Dann auf der Botschaft Dufour über meine Unterredung mit Simon berichtet und mit ihm ein Telegramm nach Berlin verabredet, das sehr nachdrücklich einen Brief Cunos an Bonar Law empfiehlt. Eine große Schwierigkeit ist die Kürze der Zeit, da voraussichtlich erst eine Kabinettssitzung über diese neue, entscheidende Wendung in der deutschen Politik entscheiden muß. Der Brief kann nur durch besonderen Kurier überbracht werden. An Schubert geschrieben und in der energischsten Weise die Aktion durch Simon befürwortet.

Gefrühstückt beim Botschafter mit Lady Parmoor, Joan Fry, Miß Fox, Stutterheim und Friedberg. Der Botschafter sagte mir, er werde im gleichen Sinne wie ich berichten; hoffentlich würde unsere gemeinsame Aktion Erfolg haben. Auch er hält es für notwendig, der englischen öffentlichen Meinung etwas Positives zu bieten. Jedenfalls ist Sthamer jetzt mit Leib und Seele dabei.

London. 10. März 1923. Sonnabend

Vormittags auf Botschaft. Aus Berlin Telegramm, daß Brief Cunos an Bonar Law mit dem gewünschten Inhalt unterwegs und Montag hier sein wird. Botschafter solle aber Vorfrage an Curzon stellen, ob genehm, und ihn darauf vorbereiten. Curzon ist auf dem Lande. Sthamer fährt noch heute vormittag zu ihm hinaus nach Kedleston.

London. 11. März 1923. Sonntag

Vormittags ließ mich der Botschafter zu sich bitten und eröffnete mir unter viel Bezeigung von Sympathie und Bedauern, daß Berlin zwar dem Grundgedanken meiner Aktion zustimme, aber nicht sich entschließen könne, an Bonar Law einen Brief zu richten; hieran sei offenbar die Sache in Berlin gescheitert. Er bedauere das lebhaft, hätte diesen Weg für richtig gehalten und meine auch, daß etwas geschehen müsse, man nicht bloß passiv bleiben könne. Es war zu fühlen, daß er mir nicht alles sagte. Ich sagte ihm, auch ich bedauere diese Haltung Berlins aufs tiefste. Sie werde zwei Folgen haben: hier würden die Kreise, die uns helfen möchten, allmählich müde und gleichgültig werden, wenn sie sähen, daß wir uns selbst nicht zu helfen wüßten. Und in Deutschland werde sich bei einer solchen verstockten Haltung der Regierung die Abwehrfront nicht mehr lange aufrechterhalten lassen. Die von mir vorgeschlagene *Form* sei gleichgültig, aber irgendwie müsse Cuno aus seiner Passivität heraustreten, sonst werde es wieder so gehen wie im Kriege, wo wir auch alle Gelegenheiten zum Frieden verpaßt hätten, weil wir nie ein kleines Opfer bringen wollten.

Dufour hatte vom Botschafter Weisung, mir nichts zu sagen, was der Botschafter mir nicht gesagt hatte: eine ziemlich alberne Geheimniskrämerei. Er war aber auch sehr enttäuscht. Wir berieten, was jetzt zu machen sei, um zu retten, was zu retten ist. Ich verabredete, daß ich morgen Simon sagen werde, für die deutsche Regierung sei es zu schwer und bedenklich, ohne jede äußere Anregung ihre Vorschläge mitzuteilen; er möge doch eine solche Anregung geben, indem er im Unterhause fragt, ob die englische Regierung wisse, ob die deutsche bereit sein würde, die ganze Reparationsfrage einem unparteiischen Tribunal zu unterbreiten?

Von Bernstorff erfuhr ich, daß der wirkliche Verlauf so gewesen sei, daß Sthamer gestern bei Sir Eyre Crowe war und ihn gefragt hat, *ob* Bonar Law ein Brief Cunos der gedachten Art recht sein würde (statt ihm einfach mitzuteilen, *daß* ein solcher Brief morgen kommen werde), und daß Crowe geantwortet hat: Der englischen Regierung werde ein solcher Brief nicht angenehm sein; die deutsche Regierung möge direkt an Frankreich Vorschläge machen oder sonst an die Gesamtheit der Alliierten.

Die Geheimniskrämerei, die mir gegenüber auf der Botschaft plötzlich eingesetzt hat, erregt übrigens meinen Verdacht. Es scheint, als ob in Berlin etwas gegen mich im Gange ist und die Botschaft irgendeine Warnung erhalten hat. Möglicherweise Helfferich, der Rosenbergs Intimus ist. Die Art des Botschafters war heute so, als ob er einen Kranz an meinem Grabe niederlegte. Allerdings muß man zugeben, daß die Hauptschuld an diesem Ausgang der Aktion nicht die deutsche, sondern die englische Regierung (insbesondere Sir Eyre Crowe) trägt, die die deutsche abgeschreckt hat, ihre Vorschläge zu formulieren; in unbegreiflicher Verblendung, wie mir scheint, gegen die englischen Interessen. Vielleicht ist in der Tat Bonar Law auch gesundheitlich außerstande, große Verantwortungen auf sich zu nehmen; ein Männchen, wo ein Mann hingehörte.

London. 12. März 1923. Montag

Auf der Botschaft zeigt mir Dufour zwei Telegramme aus Berlin; das eine enthaltend ein Memorandum an die englische Regierung, das die von mir beantragten Vorschläge enthält, das andre eine Anweisung zur Vorsicht bei Einsetzung der Opposition hier in den Gang der Ereignisse, damit der Eindruck der Illoyalität und des Komplotts vermieden werde. Also hat im letzten Augenblick in Berlin doch die Vernunft gesiegt, nachdem man sich bereits zur Unvernunft entschlossen hatte. Dufour konnte sich nicht erklären, was diesen Umschwung herbeigeführt habe. Sthamer wird also heute doch zu Curzon gehen und ihm das Memorandum der deutschen Regierung überreichen.

Ich verabredete mit Dufour, daß ich Simon erst *nach* diesem Besuch und nur streng vertraulich und für seine eigene Person vom Schritt der deutschen Regierung Kenntnis geben werde. Etwas bedenklich erschien es uns, wenn schon morgen die Opposition loslegt. Da das Parlament sich erst am 29. vertagt, so wäre bis dahin vielleicht noch Zeit, die Sache um einige Tage hinauszuschieben.

Um halb zehn auf der Botschaft Dufour gesprochen. Der

Kurier war eben mit dem Brief von Cuno an Bonar Law angekommen, oder in Wirklichkeit mit zwei Briefen, einem kürzeren, allgemeineren und einem längeren, der meine Vorschläge fast wörtlich wiedergibt. Dufour und ich waren uns einig, daß der längere überreicht werden soll. Leider hatte der Botschafter aber Curzon noch nicht sprechen können, da dieser erst um fünf vom Lande zurückgekehrt ist und der Botschafter abwarten wollte, bis Curzon (bei dem er um eine Besprechung gebeten hat) ihn rufen ließ. Dazu kommt, daß morgen vormittag Levee beim König ist, zu dem sowohl der Botschafter wie auch Curzon hin müssen. Dufour will versuchen, die Besprechung *vor* dem Levee durchzusetzen. Aber das ist sehr unsicher.

Um zehn im Unterhaus, wo Simon gerade sprach. Er gab mir eine Karte für die Distinguished Strangers' Gallery, und ich wohnte dem Rest der Debatte bei, die recht erregt war. Nachher hatte ich mit ihm eine Besprechung in seinem Privatzimmer. Ich sagte ihm, leider sei ich noch nicht in der Lage, ihm alles zu sagen, was ich ihm gern mitgeteilt hätte. Aber ganz vertraulich und nur für ihn (as between you and me) könne ich ihm sagen, daß die deutsche Regierung sich zu einem Schritt bei der englischen entschlossen hätte, der in der zwischen uns besprochenen Richtung liege. Leider sei dieser Schritt noch nicht erfolgt, weil Curzon bis heute nachmittag abwesend war; daher könne ich ihm auch nichts Näheres über den Inhalt der deutschen Mitteilung sagen, weil wir aus Loyalitätsgründen sie zuerst der englischen Regierung zugehen lassen wollten. Der Botschafter werde aber alles nur Mögliche tun, damit der Schritt morgen noch vor der Parlamentssitzung erfolge. Allerdings hänge das natürlich von Curzon ab.

Simon verbarg kaum seine Enttäuschung. Ich sagte, uns läge es natürlich fern, der englischen Regierung Schwierigkeiten bereiten zu wollen; vor allem wollten wir unter allen Umständen und um jeden Preis den Schein vermeiden, als hätten wir ein Komplott gegen sie geschmiedet oder eine Grube gegraben, in die sie hineinfallen sollte. Vielleicht ließe sich Simons Anfrage so gestalten, daß er gleichzeitig nach den Absichten der französischen und der belgischen Regierung frage. Dann werde der Schein einer vorbereiteten Sache weniger stark sein. Simon ging darauf ein und meinte: Ja, so werde es besser sein. Er fügte hinzu: Wenn der Inhalt unserer Mitteilung danach wäre, werde er Bonar Law noch vor der Sitzung von seiner Absicht, diese Fragen zu stellen, unterrichten; und dann werde vielleicht Bonar Law ihn kommen lassen und ihm schon im voraus von unserer Mitteilung Kenntnis geben. Asquith habe auch die Absicht zu sprechen, und das sei für unsere Sache sehr wichtig wegen des großen Ansehens, das er im Lande genieße. Zweck des Ganzen sei, die Regierung zum Handeln zu zwingen. Der Erfolg hänge aber zum großen Teil vom Inhalt und von der rechtzeitigen Überreichung unserer Mitteilung ab. Denn nach morgen werde sich keine Gelegenheit wieder vor Ostern ergeben, der Sache Resonanz durch eine Debatte im Unterhaus zu geben. Auf meine Frage, ob es später ganz unmöglich sein werde, die Frage wieder vor Ostern anzuschneiden, sagte er: Ja, ganz unmöglich. Bonar Law könne dann die Mitteilung für sich behalten, wenn ihm das opportun erschiene. Ich versprach, Simon sofort anzurufen, sobald der Botschafter Curzon gesprochen habe, und ihm dann auch Näheres über Form und Inhalt unserer Vorschläge mitzuteilen. Er sagte mir, er werde den ganzen Vormittag zu Hause bleiben und auf meinen Anruf warten.

Um Mitternacht im strömenden Regen vom Unterhaus zu Fuß nach Hause.

Bernstorff klagte mir über die Unzulänglichkeit Sthamers unter den gegenwärtigen Umständen. Könne man sich das vorstellen, daß ein deutscher Botschafter auf dem wichtigsten Posten während der Ruhrbesetzung dasitze und nichts tue, niemanden sehe, nichts vorschlage? Auch gesellschaftlich tue er nichts, während jetzt der Augenblick gekommen sei, wo man hier auch in die konservativen Kreise wieder vordringen könnte. Ich hatte das Gefühl, daß Bernstorff mich sondieren wollte, aber mit welchem Ziel, blieb unklar.

London, 13. März 1923. Dienstag

Zwei Franzosen sind in Buer ermordet worden; und daraufhin sind von den Franzosen dort sieben Deutsche bei verschiedenen Zwischenfällen erschossen worden. Die Aufregung in Paris scheint maßlos und außer jedem Verhältnis zu den beiden Morden. Die französische Regierung will offenbar die französische Volksleidenschaft gegen Deutschland entfesseln.

Um neuneinhalb Dufour mein Gespräch mit Simon mitgeteilt und gedrängt, daß Sthamer Curzon noch vor dem Levee sieht. Dann Sthamer selbst gesehen. Er sagt, es sei ausgeschlossen, daß er noch vor dem Levee Curzon sprechen könnte. Auch sei es ›gegen seine Instruktionen‹, die Sache so dringlich zu machen. Auch er bedauere, daß Berlin nicht gleich zugegriffen und statt dessen hin und her geschwankt habe. Aber er habe sein möglichstes getan, die Aktion zu unterstützen. Ich sagte: ob er denn nicht Curzon bei dem Levee sprechen und um eine sofortige Unterredung bitten könne? Dieses versprach er, falls er ihn erwischen könne. Sonst könnte es vier oder fünf Uhr nachmittags werden, was für die heutige Debatte zu spät wäre.

Sthamer hat ganz gewiß nicht ›den Teufel im Leibe‹. Seine Hamburger senatorenhafte Pomadigkeit ist schwer in Bewegung zu setzen. Er hat ›dreifach Butter‹ (nicht das gleiche wie ›aes triplex‹) um die Nerven.

Nach dem Levee um eins wieder beim Botschafter, der inzwischen zwar nicht Curzon, aber Sir Eyre Crowe gesprochen hatte. Dieser hat ihm gesagt, Curzon könne ihn heute nicht empfangen, sondern erst morgen, weil er vorher Bonar Law sprechen wolle. Sthamer schloß, ›die Sache sei damit erledigt‹, und drückte mir sein Beileid aus. Ich sagte, nur ein Detail sei erledigt; die Hauptsache, daß wir die deutsche Regierung dazu bekommen hätten, bestimmte Vorschläge zu formulieren und zu überreichen, bleibe bestehen. Wir müßten nur jetzt die Resonanz auf andre Weise zu schaffen suchen.

In der Tat war für heute unter diesen Umständen nichts mehr zu machen. Aber ich werde das Gefühl nicht los, daß, wenn

Sthamer mehr Energie gezeigt und weniger Angst gehabt hätte, ›gegen seine Instruktionen‹ zu handeln, er die Mitteilung rechtzeitig an Bonar Law herangebracht hätte. Ich telephonierte an Simon, daß die Sache für heute nichts sei. In seiner Stimme glaubte ich eine etwas ärgerliche Enttäuschung zu hören.

London. 14. März 1923. Mittwoch

Zur allgemeinen Überraschung ist die Majorität der Regierung bei der Abstimmung über Simons Antrag auf 48 (von 109) gefallen. Wenn wir unsere Vorschläge rechtzeitig überreicht hätten, wäre das Resultat wohl noch sensationeller gewesen.

Um elfdreiviertel telephoniert mich Sir John Simon an und will wissen, ob ich ihm etwas zu sagen habe (das heißt den Inhalt unserer Vorschläge), weil er möglichst bald eine Anfrage an die Regierung stellen will. Sonst könne ihm jemand zuvorkommen von den Back Labour Benches, ›was nicht den gleichen Eindruck machen werde‹, wie wenn die Frage von der Front Opposition Bench käme. Ich gratulierte ihm zu seinem Erfolg gestern abend und bedauerte, daß wir nicht das volle Material hätten benutzen können. Er sagte, ja, das sei sehr schade, denn er glaube, wenn er gestern die beabsichtigte Frage hätte stellen können, ›we would have changed the face of Europe‹.

Bei Dufour und von ihm Zusage, daß, da Sthamer heute Curzon sicher sieht, ich jetzt Simon den Inhalt unserer Vorschläge mitteilen könnte.

Ich fuhr daher zu Simon in sein Büro im Temple (1, Temple Gardens) und gab ihm vertraulich die Vorschläge Cunos in seinem Brief an Bonar Law bekannt. Er schien sehr erfreut, fragte mich, ob ich etwas dagegen hätte, Asquith zu sprechen und auch ihm diese Mitteilung zu machen? Ich sagte nein, wenn er es für nützlich halte; und er telephonierte darauf an Asquiths Sekretär und verabredete mich mit ihm um fünfeinhalb im Unterhause. Er sagte dann, zweifellos würden die Franzosenfreunde jetzt schreien, daß die Franzosen ganz recht gehabt hätten, in die Ruhr einzurücken, denn nur so hätten sie uns zu solchen Vorschlägen bringen können; er und seine Freunde würden beschuldigt werden, falsch gesehen zu haben. Aber das sei ganz gleichgültig vom allgemeinen Standpunkt des europäischen, englischen und deutschen Interesses aus gesehen. Er fragte dann noch ›des historischen Interesses wegen‹, ob wirklich sein Gespräch mit mir im Reform Club einen Einfluß auf diesen Entschluß der deutschen Regierung gehabt habe. Ich sagte, ja, es sei der eigentliche Ursprung dieser Wendung in der deutschen Politik gewesen: was ihm offenbar Vergnügen machte.

Wir besprachen dann, was jetzt zu machen sei. Ich sagte, wenn die englische Regierung die Vorschläge an die französische mitteile (was zu erwarten stehe), dann werde die französische sie sofort bekanntwerden lassen und eine wütende Kampagne in der französischen Presse gegen sie entfesseln. Dadurch werde die Wirkung auf die englische öffentliche Meinung von vornherein unterbunden werden. Daher sei es von größter Wichtigkeit, daß sie mindestens gleichzeitig, ehe diese Pressekampagne einsetze, in England bekannt würden. Simon stimmte bei und meinte, gerade deshalb wünsche er, daß ich mit Asquith spreche, damit dieser zu der taktischen Behandlung der Sache seinen Rat und seine Unterstützung gewähre. Es werde wahrscheinlich am besten sein, wenn Asquith selbst eine Frage an Bonar Law im Unterhause stelle, womöglich, nachdem er sich mit Bonar Law verständigt habe. Aber darüber müßten wir erst Asquiths Meinung hören. Er, Simon, sei nur Asquiths ›Leutnant‹.

Für das ganze Gespräch bildete der wunderbare Blick aus Simons Bürofenster auf die grüne Weite des Temple Gardens einen shakespearehaften Hintergrund. Der Kontrast zwischen dieser aristokratischen Helle und Weite und der düsteren Enge der Büros seiner Sekretäre, die sich bei Licht die Augen verderben müssen, ist typisch englisch.

Nachmittags war dann die Unterredung mit Asquith in seinem Privatzimmer im Unterhause. Hierbei zeigte sich, daß Simons Zimmer, in dem er mich neulich abends empfing, ein kleines Vorzimmer des Asquithschen großen, pompös-gotischen Raumes ist, in dem heute ein mittelalterlich üppiges Kaminfeuer brannte. Asquith macht jetzt den Eindruck eines Ehren-Großvaters, eines alten Medizinmannes mit etwas roter Nase und langer weißer Mähne. Er gibt sich einsilbig und weise, als wenn ihn von der gewöhnlichen Menschheit und auch von Simon Wolken und Weihrauch trennten und er gewohnt wäre, durch ein Megaphon zu sprechen. Orakelhaft mit einem leichten Duft von großen Banketten und Alkohol. In der Tat hat dieser Mann acht Jahre lang ein Weltreich regiert.

Wir gingen sofort in medias res. Ich begann damit, Asquith zu erklären, wie ich in diese Sache überhaupt hineinkäme (what was my position). Ich sei ganz inoffiziell hier, handele aber in enger persönlicher Fühlung mit dem Botschafter, der über meine Schritte unterrichtet sei und sie billige. Dann teilte ich ihm mit, daß die deutsche Regierung bei der englischen einen Schritt zu tun sich entschlossen habe, daß Sthamer in diesem Augenblick (sechs Uhr) bei Curzon sei, daß der Schritt wahrscheinlich die Form eines persönlichen Briefes von Cuno an Bonar Law, den Sthamer überbringe, habe und daß der Inhalt der Cunoschen Vorschläge der und der sei.

Asquith bemerkte: erstens könne gefragt werden, warum die deutsche Regierung diesen Schritt bei der englischen und nicht bei der französischen tue. Er könne doch nur dann zu einem praktischen Resultat führen, wenn die englische die Cunoschen Vorschläge der französischen mitteile. Es komme also in Wirklichkeit auf ein Gesuch um eine englische Mediation hinaus.

Ich sagte: die deutsche Regierung habe irgendein Ersuchen um Mediation an die englische Regierung nicht gestellt, sondern ihr absichtlich die volle Freiheit ihrer Entschlüsse gelassen. Aber eine direkte Mitteilung an die französische Regierung habe sich für uns aus verschiedenen Gründen nicht empfohlen: erstens, weil wir der Ansicht seien, daß die französische Regierung uns gegenüber vertragsbrüchig sei, wir in diesem Zustande daher nicht direkt mit ihr verhandeln könnten. Zweitens aber auch, weil die französische Regierung unsere letzten Vorschläge, zum

Beispiel den Bergmannschen, überhaupt nicht einmal entgegengenommen habe, wir daher annehmen müßten, daß sie ebensowenig bereit wäre, uns jetzt anzuhören. Uns läge aber daran, wegen dieser Haltung der französischen Regierung nicht die ganze Welt leiden zu lassen, sondern trotzdem das Unsrige dazu zu tun, um die jetzige, für die ganze Welt verderbliche Situation ohne unnötigen Verzug zu beenden. Das seien die Gründe, warum wir uns entschlossen hätten, der englischen Regierung wenigstens Kenntnis zu geben von den Opfern, die wir bereit seien zu bringen, um die vertragswidrige und verheerende Invasion Frankreichs in deutsches Gebiet wieder rückgängig zu machen. Die englische Regierung könne von dieser Kenntnis den ihr passend und nützlich erscheinenden Gebrauch machen. Allerdings schiene mir persönlich der Erfolg unseres Opferwillens abzuhängen von einem baldigen Bekanntwerden unserer Vorschläge, ohne daß vorher eine französische Pressepropaganda sie vor der Welt entwertet hätte.

Asquith stimmte den von mir vorgetragenen Gründen zu; insbesondere wiederholte er, daß in der Tat die Weigerung der französischen Regierung, unsere letzten Vorschläge auch nur anzuhören, eine sehr starke Rechtfertigung des von uns jetzt eingeschlagenen Weges sei. Aber es sei aussichtslos zu erwarten, daß auf diese Vorschläge allein hin Frankreich aus der Ruhr hinausgehen werde. Denn es werde sagen, daß man von ihm verlange, ein greifbares Pfand gegen bloße Versprechungen hinzugeben. Auch werde es nicht zustimmen, daß die französische Besatzung durch eine englische, amerikanische oder neutrale ersetzt werde.

Simon stimmte bei und meinte: um unsere Vorschläge für vernünftige Leute in Frankreich annehmbar und für die öffentliche Meinung in England überzeugend zu machen, müsse Frankreich zugestanden werden, daß es bis zur Entscheidung des Bankenkonsortiums über die Höhe und die Garantien der Anleihe Gewehr bei Fuß in der Ruhr stehen bleibe. Allerdings müsse für diese Entscheidung eine kurze *Frist,* etwa zwei Monate, festgesetzt und stipuliert werden, daß sofort nach dieser Entscheidung die Franzosen aus der Ruhr hinausgingen, die Pfänder dann nach dem Spruch des Bankierkomitees oder Schiedsgerichts durch andre Maßregeln gesichert würden. Ich sagte, ich könne hierzu keine Erklärungen abgeben; ich wisse nicht, ob die deutsche Regierung einen solchen Vorschlag für diskutabel halten werde. Ich nähme ihn aber für meine Person zur Kenntnis.

Asquith legte von sich aus auf diese Simonsche Anregung Nachdruck; erst so käme man entscheidend weiter mit dem Problem, die Franzosen tatsächlich aus der Ruhr in möglichst kurzer Zeit hinauszubekommen. Ich fragte, ob er denn glaube, daß die Franzosen auf einen solchen modus procedendi eingehen würden? Nach einiger olympischer Überlegung sagte Asquith: »Ja.« Was sein eigenes Verhalten angehe, so müsse er erst wissen, wie Curzon Sthamers Mitteilung entgegengenommen, was er dazu gesagt habe. Er möchte, wenn er eine Frage stellt, vorher Bonar Law davon in Kenntnis setzen und auf die Antwort Bonar Laws aus dem Verhalten Curzons schließen können.

Simon und er besprachen untereinander das Verfahren, wobei Simon ganz offenbar Asquith zu drängen suchte, die Sache in die Hand zu nehmen, allerdings in sehr respektvoller und vorsichtiger Weise, wie man einen alten Halbgott, einen alten Zentauren, zum Springen streichelt. Die Sache blieb aber unentschieden, da Asquith dabei blieb, daß er erst die Aufnahme der Mitteilung durch Curzon kennen müsse. Ich versprach daher, sie Simon morgen früh mitzuteilen, und ging mit diesem fort.

Draußen sagte mir Simon, er glaube, Asquith werde die Sache machen, er wolle noch einmal mit ihm heute abend sprechen. Aber der Zusatz, daß die Franzosen bis zu dem kurzbefristeten Entscheidungstermin in der Ruhr bleiben dürften, sei nötig auch wegen der englischen öffentlichen Meinung, der man sonst vorreden werde, es handele sich wieder bloß um ein leeres Versprechen, einen ›trick‹ Deutschlands.

London. 15. März 1923. Donnerstag

Früh beim Botschafter. Er sagte mir, sein Gespräch mit Curzon gestern habe eine merkwürdige Wendung genommen. Er habe auf Wunsch von Curzon nicht Cunos Brief an Bonar Law, sondern bloß ein Memorandum überreicht. Offenbar sei aber dieser Schritt der englischen Regierung nicht unangenehm gewesen. Ja, die Situation habe sich umgedreht. Jetzt strecke die englische Regierung Fühler aus. Sie gehe über das Memorandum hinaus. Er, Sthamer, stehe seit gestern abend in einem Telegrammwechsel mit Berlin darüber. Wir müßten das Resultat dieses Gedankenaustausches abwarten. Es zeige sich eine ganz kleine Möglichkeit, daß die englische Regierung intervenieren werde. Jedenfalls dürften wir diese äußerst zarten Fäden, die sich anzuspinnen anfangen, nicht stören durch irgendeinen brutalen Eingriff von außen. Deshalb sei eine Anfrage im Unterhaus heute oder morgen unerwünscht. Ich beruhigte Sthamer und sagte ihm, Asquith und Simon hätten mir versprochen, nichts zu tun ohne unsere Zustimmung. Dann, sagte Sthamer, möge ich sie bitten, ›to lie low‹ bis Anfang der nächsten Woche.

London. 16. März 1923. Freitag

Alle Zeitungen sprechen von deutschen Fühlern, Mediation Englands usw. Am greifbarsten ist das Telegramm des ›Daily Chronicle‹ aus Berlin. Die Entwicklung vollzieht sich so schnell, daß ich entgegen meiner Absicht eine sofortige neue Unterredung mit Simon für nötig hielt.

Ich traf Simon auf Verabredung im Unterhaus um zwölf. Er schien mir verstimmt (über die Indiskretion in Berlin) und beunruhigt, weil, wie er sagte, zweifellos zahlreiche Anfragen in der Sache an die Regierung gestellt werden würden. Schon gestern habe sein Parteifreund Lambert (ohne Simons Wissen) eine solche Anfrage gestellt, die ausweichend beantwortet worden sei. Außerdem wies Simon auf die Gefahr einer französischen Pressekampagne hin. Ich sagte ihm, die Sache sei nach Ansicht Sthamers noch nicht reif. Die deutschen Vorschläge seien vielleicht, so glaubte ich vermuten zu dürfen, noch nicht endgültig formuliert. Ich müsse ihn daher bitten, noch zu warten; hoffentlich brauche der Termin nicht über Mittwoch hinausgeschoben zu werden. Ich werde ihn sofort benachrichtigen, sobald nach Ansicht des Botschafters die Angelegenheit reif und für eine parlamentarische Behandlung geeignet sei. Damit gab er sich zufrieden. Aber er ließ starke Ungeduld und Bedenken durchblicken und sogar, wie mir schien, ein gewisses Mißtrauen.

London. 17. März 1923. Sonnabend

Dufour sagte mir heute morgen, daß die Besprechung Sthamers mit Bonar Law und Curzon gestern sehr unbefriedigend verlaufen sei. Sie hätten die Vorschläge in unserem Memorandum als ganz ungenügend und Gewährung von ›Sicherheit für Frankreich‹ als notwendiges Erfordernis für die Lösung der Krisis bezeichnet. Sie denken sich diese Sicherheit als eine internationale Kontrolle und Entmilitarisierung eines Grenzstreifens in Deutschland (Robert Cecils Idee). Ich sagte Dufour, nach meiner Ansicht sollten wir unsererseits jetzt die Frage der Sicherheit für Deutschland aufwerfen. Nur *beiderseitige* Kontrolle und Entmilitarisierung, das heißt Kontrolle und Entmilitarisierung auf beiden Seiten der Grenze in gleicher Breite, sei annehmbar für uns und gerecht. Was die Unterredung mit Bonar Law und Curzon anbetrifft, so hätten wir ja nie gehofft, durch unsere Aktion eine Intervention Englands sofort herbeizuführen, sondern nur eine Aktion im Unterhaus und die Wirkung vernünftiger deutscher Vorschläge auf die englische öffentliche Meinung vorzubereiten. Ich riet, in einem Telegramm nach Berlin nochmals die Ergänzung unserer Vorschläge im Sinne Asquiths und Simons vorzunehmen und dann mit der Aktion im Unterhaus nicht mehr zu zögern. Dufour sagte zu, in diesem Sinne heute nach Berlin zu telegraphieren.

Bei Sthamers gefrühstückt mit der Fürstin Münster, dem Bischof von Madras (oder gewesenen Bischof von Madras), Lady Lowe und dem Chaplain der Chapel Royal Savoy.

London. 19. März 1923. Montag

Vormittags bei Dufour. Noch kein Telegramm aus Berlin.

Nachmittags zur League of Nations Union, wo Lord Robert Cecil gesprochen, der übermorgen nach Amerika fährt und vor einigen Tagen in Paris in einer Rede die Internationalisierung und Kontrolle der Rheinlande durch den Völkerbund vorgeschlagen hat. Ich sagte ihm, ich sei gekommen, weil diese Rede mich als deutschen Völkerbundfreund beunruhigt habe, da der Vorschlag, einseitig nur Deutschland an seiner Westgrenze einer Kontrolle des Völkerbundes zu unterwerfen, der großen Mehrheit aller Deutschen unannehmbar und kränkend erscheinen werde.

Cecil fragte, wo ich seine Rede gelesen habe? Sie sei in den Zeitungen schlecht wiedergegeben worden. Unsere Regierung täte gut, nicht zu intransigent zu sein. Er würde es für einen großen Vorteil für uns halten, wenn wir anstelle der alliierten Besatzung eine Völkerbundgendarmerie im Rheinland erhielten. Sein Wunsch sei, alle die politischen und wirtschaftlichen Kontrollmaßregeln dort beseitigt zu sehen (to do away with them), ebenso auch die Rheinlandkommission, und nur die Eisenbahnen und die Entmilitarisierung der Rheinlande unter Kontrolle, und zwar unter Kontrolle des Völkerbundes, zu stellen.

Bernstorff sagte mir, mein Vortrag bei der Miß Douglas habe großen Beifall gefunden. Man spreche überall davon. Früher sei er immer gefragt worden: ›Do you know the Kaiser?‹, dann: ›Do you know Stinnes?‹, jetzt fragten ihn alle: ›Do you know Count Kessler?‹ Eine nette Gesellschaft, in die man da hineingerät!

London. 20. März 1923. Dienstag

Früh wie immer mit Dufour. Telegramm aus Berlin noch nicht eingetroffen.

Tower besucht, die Zellen und den Richtplatz, auf dem so viel Königsblut geflossen ist, und dann den Kronschatz; dieses die Quintessenz dessen, um das das Blut vergossen worden ist, gewissermaßen die aus dem Blut aufragende lichte Insel. Der große Rubin, der von Peter dem Grausamen von Kastilien dem Schwarzen Prinzen geschenkt worden ist und der wie ein Blutstropfen über der Stirn des Herrschers in der Königskrone sitzt, ist wie ein Symbol dieser aus so furchtbaren Morden und Wunden emporgewachsenen englischen Weltmacht.

Nachmittags beim Botschafter. Er wollte nicht noch einmal in Berlin anfragen wegen der von Asquith und Simon gewünschten Ergänzung unseres Memorandums. Unter anderem wegen der technischen Schwierigkeit, weil es bereits auch schon in Washington überreicht worden sei. Er gestand mir aber zu, daß ein Aufgeben des Ruhrpfandes durch die Franzosen, ehe durch den Spruch der Bankierkommission neue Garantien geschaffen seien, unlogisch und nicht zu erwarten sein würde. Es würde dadurch, wie ich ihm auseinandersetzte und er mir zugab, ein Loch entstehen, eine Zeit, in der sich die Franzosen, nachdem sie ein Faustpfand genommen hätten, ohne Pfand begnügen müßten. Die Korrektur Asquiths sei ein Detail, das eigentlich selbstverständlich aus unserer Offerte folge. Er gestand mir daher zu, daß ich Simon morgen unser Einverständnis zu einer Anfrage erkläre und gleichzeitig sage, daß nach unserer Auffassung die Zurückziehung der französischen Truppen aus dem Ruhrgebiet erst nach der Aufstellung und Inbesitznahme neuer Garantien selbstverständlich sei. Er bat mich nur, noch bis morgen früh zu warten, da bis dahin vielleicht doch noch ein Telegramm aus Berlin einlaufen könnte.

London. 21. März 1923. Mittwoch

Da kein neues Telegramm aus Berlin vorlag, an Sir John Simon telephoniert (nach Besprechung mit Dufour) und mit ihm eine Unterredung in seinem Büro im Temple um drei Viertel eins verabredet. Ich sagte ihm, daß wir jetzt eine Anfrage für wünschenswert halten würden, da uns die von ihm und Asquith vorgeschlagenen Modalitäten der Räumung selbstverständlich erschienen, aber schwer als Fußnote nachträglich unserem Memorandum hinzugefügt werden könnten, namentlich da das Memorandum auch in Washington überreicht worden sei.

Simon war offenbar durch die vielen Aufschübe und Verzögerungen verärgert und zum ersten Mal unlustig. Während sonst ich ihn zurückhalten mußte, war er heute voller Zweifel. Die Situation habe sich seit unseren früheren Unterredungen stark geändert, namentlich durch die Erklärung der französischen Regierung, daß sie jede Intervention als unfreundlichen Akt betrachten werde. Das sei immer so, wenn man Zeit verstreichen lasse, daß allerlei Hindernisse und cross-moves die Aktion erschwerten. Warum Cuno nicht eine Rede halte oder warum die Botschaft, wenn wir auf die Wirkung in England Wert legten, nicht die deutschen Vorschläge in den englischen Zeitungen veröffentliche? Ich sagte, er selbst habe die ganz besondere Wirkung einer Bekanntgabe im englischen Parlament mir gegenüber immer hervorgehoben. Darauf hätten wir unsere Aktion eingestellt. Simon sagte, er wolle mit Asquith heute sprechen. Aber Asquith werde die Frage nicht stellen, ohne Bonar Law vorher benachrichtigt zu haben, und wenn Bonar Law sie für unerwünscht erkläre, voraussichtlich unterlassen. Law könne eventuell auch antworten, daß er ›Vorschläge‹ der deutschen Regierung nicht erhalten habe, da wir ausdrücklich erklärt hätten in dem Memorandum, daß wir irgendwelche Anträge mit unserem Memorandum nicht verbänden. Ich sagte, dann müsse die Frage eben so formuliert werden, daß Law diese Antwort nicht erteilen könne. Man brauche nicht nach ›Vorschlägen‹ zu fragen, sondern Auskunft erbitten, ob der englischen Regierung irgend etwas über die Haltung der deutschen Regierung zur Lösung des Reparationsproblems bekanntgeworden sei?

London, 22. März 1923. Donnerstag

Von Simon heute keine Nachricht. Asquith scheint also nicht direkt abgelehnt zu haben, sondern mit Bonar Law wahrscheinlich heute zu konferieren. Dufour sagte, eine sehr gut informierte englische Persönlichkeit (deren Namen ich hier nicht nennen will) habe ihm erzählt: Sowohl Bonar Law wie auch Sir Philip Greame hätten ihm gegenüber geäußert, sie könnten mit der jetzigen Regierung in der Ruhrsache nichts anfangen, sie sei nicht in Bewegung zu bringen. Sie hofften nur, daß ihnen von außen eine Bombe zwischen die Beine geworfen würde, damit die Regierung endlich in Bewegung gerate.

London. 23. März 1923. Freitag

Van de Velde morgens die Pläne des Hauses in der Hildebrandstraße, das ich zu kaufen hoffe, übergeben und den Umbau mit ihm besprochen.

Sir John Simon im House of Lords in der Frühstückspause eines Plädoyers, das er dort in einer Prozeßsache hielt, gesprochen und gefragt, wie die Sache stünde. Er sagte, er habe mit Asquith gesprochen. Nach dessen Ansicht stünde die Sache aber noch immer so wie bei unserer Unterredung, daß nämlich nicht klargestellt sei, ob die deutsche Regierung die Räumung des Ruhrgebiets zur Vorbedingung für die Zustimmung zu einer Konferenz und zu einer Anleihe mache oder ob ihr Memorandum sich im Sinne der Asquithschen Vorschläge auslegen lasse. Im übrigen: warum wir denn das Memorandum nicht in der *englischen Presse* veröffentlichten? Ich sagte: weil wir Simons Rat, die Sache im Unterhause bekanntwerden zu lassen, für taktisch gut hielten und ihn bisher zur Richtlinie bei unserer Aktion genommen hätten. Simon meinte, auch in der Presse werde der Widerhall stark sein. Im übrigen mache er mich darauf aufmerksam, daß am Dienstag oder Mittwoch (es stand heute morgen in der Zeitung) wieder eine große Ruhrdebatte im Unterhause stattfinden werde, die Lloyd George hervorrufen wolle und die für uns wenig angenehm verlaufen könne, weil die Internationalisierung der Rheinlande durch den General Spears werde vorgeschlagen werden. Im Augenblick habe er aber keine Zeit, auf diese Frage einzugehen; er habe, um mit mir zu sprechen, bereits seinen Lunch aufgegeben. In der Tat hatte er mich zum Frühstück eingeladen und auf meine Absage, weil ich selbst einen Gast im ›Cecil‹ erwartete, nur ein Sandwich sich kommen lassen.

Wir müssen jetzt meines Erachtens auf die bisherige Taktik verzichten und in der Tat, so wie Simon vorschlägt, das Memorandum oder dessen Inhalt in der englischen Presse veröffentlichen, und zwar am besten, indem der Botschafter einen Brief an die ›Times‹ schreibt und am Mittwochmorgen vor der Debatte im Unterhause veröffentlichen läßt; er kann dann die Asquithschen Korrekturen einfließen lassen. Dieser Brief wird dann zweifellos in den Mittelpunkt der Debatte rücken und gewürdigt werden, ehe das Gekreisch aus Paris herüberdringt. Ich würde Fisher und Macdonald am Dienstag darauf vorbereiten, damit sie ihre Reden darauf einstellen können.

Nachmittags diesen Plan mit Dufour besprochen, der ihn billigte und heute (wenn Sthamer zustimmt) nach Berlin telegraphieren will. Hoffentlich erreichen wir so die gleiche Wirkung, wie wir sie am Dreizehnten gehabt hätten, wenn Sthamer nicht so retardiert hätte.

London, 24. März 1923. Sonnabend

Früh sagt mir Dufour, daß Sthamer meinen Vorschlag abgelehnt hat; er will nicht an die ›Times‹ schreiben oder Anregungen in diesem Sinne nach Berlin geben. Das von Dufour aufgesetzte Telegramm ist nicht abgegangen.

Dufour schlug vor, ich solle selbst mit Sthamer sprechen. Ich ging hinauf und setzte ihm die Situation und meine Gründe ausführlich auseinander. Seine Einwände waren: er habe den Eindruck, daß die deutsche Regierung selber nicht recht wisse, was sie wolle. Es sei ihm nicht sicher, daß sie die Veröffentlichung der im Memorandum festgelegten Haltung wünsche. Worauf ich erwiderte, daß die ganze Aktion auf die Veröffentlichung durch Bonar Law im Parlament abgezielt habe. Gerade wenn sie nicht wisse, was sie wolle, sei es um so mehr am Platze, ihr zu einem Willen zu verhelfen.

Weiterer Einwand Sthamers: eine Veröffentlichung in der englischen Presse hebe England zu sehr aus dem Kreis der andren Mächte hinaus. Bonar Law habe ihm gesagt, Deutschland solle sich an Frankreich oder an die Gesamtheit der Alliierten wenden (offenbar fürchtet Sthamer durch Mißachtung dieses Rates seine Stellung hier zu verschlechtern). Ich sagte: mir komme es nur darauf an, daß die deutsche Haltung mit der Asquithschen Modifikation in der englischen Presse am Mittwochmorgen zu lesen sei. Die Form sei mir ganz nebensächlich, auch, ob nur die englische Presse sie bringe. Man könne sie von Berlin aus in die Weltpresse lancieren, zum Beispiel in Gestalt eines Interviews von Cuno oder Rosenberg. Wesentlich sei nur, daß sie nicht später als Mittwoch morgen und auch nicht früher (um eine störende Aktion Frankreichs zwischen Veröffentlichung und Parlamentsdebatte zu verhindern) in den englischen Zeitungen stehe.

Sthamer sagte, das sei ein ganz andrer Vorschlag als der, den ich gestern abend gemacht habe. Auf diesen könne er eingehen (wobei bemerkenswert ist, daß er nicht selber sich die Mühe genommen hat, diese Modifikation auszudenken, sondern die Sache einfach ad acta legen wollte). Er werde in diesem Sinne ein Telegramm aufsetzen, in dem er, auf meine Mitteilungen Bezug nehmend, sagen werde, daß eine solche Veröffentlichung den Asquith-Leuten von wesentlichem Wert sein werde bei der Debatte am Mittwoch, um die Regierung zum Handeln anzutreiben. Auch werde sie bei der Labour Party voraussichtlich Beifall und Unterstützung finden. Mit andern Worten, er schiebt mir die ganze Verantwortung für diesen neuen Schritt zu, eine Verantwortung, die ich übrigens gern übernehme. Denn ich hätte, wenn Sthamer sich endgültig geweigert hätte, selbst nach Berlin telegraphiert. Aber die ängstliche und bürokratische Scheu Sthamers vor Handlungen ist auf die Dauer eine schwere Belastung.

London. 27. März 1923. Dienstag

Früh gleich nach neun auf der Botschaft, wo halb entziffertes Telegramm von Rosenberg, daß er heute Erklärungen in unserem

Sinne vor Auswärtigem Ausschuß des Reichstages abgeben und dafür sorgen wird, daß sie morgen früh hier in der Presse stehen.

Darauf Simon und Fisher telephoniert und mich bei ihnen zu einer ›important communication‹ angesagt.

Um zehn d'Abernon in seinem Hause, 8, Portland Place, besucht. Ich sprach mit ihm über unser Memorandum, das er schlecht zu kennen schien. »Lord Curzon did not think much of it; there was nothing in it«, sagte er. Worauf ich erwiderte, daß es genau die Gedanken enthalte, die Bonar Law in Paris (S. 78 des Blaubuchs) als wesentlich für die Lösung der Reparationsfrage erklärt hat. D'Abernon meinte: aber Curzon habe deshalb nichts davon gehalten, weil die französische Regierung auf solche Vorschläge keineswegs eingehen würde. Ich sagte: die französische Regierung sei hoffnungslos (hopeless), es gebe nichts, worauf sie eingehen würde. Wenn man dieses für entscheidend halte, könne man nur die Hände in den Schoß legen und warten.

D'Abernon bestätigte, daß auch nach seiner Ansicht nichts die französische Regierung befriedigen würde. Ich sagte: nur der Druck der öffentlichen Meinung in England und anderwärts könne die Lage ändern. Das sei der Wert unserer Vorschläge. D'Abernon: in ihrer jetzigen Form erreichten sie aber die öffentliche Meinung gar nicht. In der Tat sei es ›very important that Germany should put itself right with public opinion‹. Aber eine feste Summe anbieten wäre Unsinn. Der Weltmarkt könne höchstens zwei Milliarden Goldmark als Anleihe aufnehmen; alles, was darüber hinausgehe, sei phantastisch (also auch das Bergmannsche Angebot).

Nachher bei Sir John Simon. Ich teilte ihm die bevorstehende Rede Rosenbergs mit, auch daß sie den Inhalt des Memorandums wiedergeben, aber aus technischen und diplomatischen Gründen den Asquithschen Zusatz nicht enthalten werde. Mir schien das richtigste, wenn Asquith seine Ergänzung in die Rosenbergsche Rede hineininterpretiere, dann werde die deutsche Regierung voraussichtlich nicht ablehnend sich verhalten.

Simon war über meine Mitteilung offenbar sehr erfreut und

schrieb gleich unter meinem Diktat ein mehrseitiges Memorandum für Asquith, der morgen reden will. Er sagte dann noch, daß er gleich nach dem Lunch mit Asquith und Grey über die Sache konferieren werde. Beim Abschied war er überaus freundlich, begleitete mich bis auf die Straße an meinen Wagen und drückte die Hoffnung aus, daß wir uns bald wiedersehen würden.

Nachmittags Fisher (für Lloyd George) und Ramsay Macdonald ähnliche Mitteilungen gemacht wie Simon. Fisher bezeichnete den Inhalt unserer Vorschläge als sehr befriedigend. Ich betonte namentlich die Bedenken, die mir der Spearssche Vorschlag zur einseitigen Kontrolle über einen Streifen Deutschlands einflöße. Die Rheinlande seien schon durch den Versailler Vertrag (Artikel 42 bis 44) auf ewige Zeiten demilitarisiert unter Kontrolle des Völkerbundes (Artikel 213). Wenn das jetzige Gerede von Demilitarisierung etwas bedeuten solle, so müßten daher die Urheber des Gedankens mehr wollen als diese vom Versailler Vertrag vorgesehene Demilitarisierung. Dieses Mehr sei vermutlich Kontrolle der Eisenbahnen und internationale Gendarmerie. Wenn ein so kontrollierter Grenzstreifen beiderseits der Grenze festgelegt werden solle, so hätte ich nichts dagegen. Aber wenn er nur auf deutschem Gebiet verlaufen solle, so müßte ich sagen, daß das dann eine Maßregel sein würde, die für das deutsche Volk unerträglich wäre, denn sie würde es aus allen Völkern hervorheben als das einzige, das unter Polizeiaufsicht gestellt werden müsse, sie würde es zu einem Volk machen, das nur unter einem ticket of leave frei sich betätigen dürfe. Daher könne eine solche Maßregel nie von Dauer sein, nie eine dauernde Sicherheit schaffen, weil das deutsche Volk sie bei der ersten Gelegenheit, wenn nötig mit Gewalt, beseitigen werde. Sie werde außerdem Deutschland in einen unheilbaren Gegensatz zum Völkerbund bringen, der zum Gefängniswärter Deutschlands degradiert werde.

Fisher hörte sich das an, gab mir recht, daß reciprocity das richtige sei, meinte aber, Frankreich werde das nie annehmen,

Frankreich habe kranke Nerven, man müsse ihm etwas bieten, das seine Nerven beruhige. Unsere Unterredung ging auf der Terrasse des Parlamentsgebäudes an der Themse vor sich, wo wir in der ungewöhnlichen Frühlingswärme vor dem wunderbaren Bild der in leichten bläulichen Nebel gehüllten Themse mit ihren Lichtern und Brücken saßen.

Am späten Nachmittag Macdonald in seinem Zimmer im Parlamentshause gesprochen. Dasselbe wie mit Fisher besprochen. Er schien sehr ernstlich interessiert. Hörte mit großer Aufmerksamkeit zu und widersprach nicht meiner Anregung, daß er morgen in der Debatte das Wort ergreifen möge. Er erzählte dann, daß ihre Delegierten, die nach der Ruhr geschickt waren, heute einen Teil ihres Berichtes erstattet hätten. Die Arbeiter bekämen dort jetzt *höheren* Lohn (auch als *Real*lohn) wie vor der Besetzung: vierzehntausend Mark statt fünftausend. Einige in der Partei wunderten sich, wie das möglich sei, denn es werde weniger produziert als vorher. Wo das Geld herkäme? Ich sagte, ich nehme an, aus dem Ruhrfonds, für den sich unsere Arbeiter- und Beamtenorganisationen im unbesetzten Gebiet ständige Abzüge von ihrem Gehalt auferlegten.

London. 28. März 1923. Mittwoch

Früh steht in den Zeitungen so gut wie nichts über Rosenbergs gestrige Erklärungen. In der ›Times‹ eine direkt irreführende Version. Ich war sehr enttäuscht, telephonierte gleich um acht mit Dufour und traf ihn um neun auf der Botschaft. Er ließ sich das Reutertelegramm kommen. Es stellte sich heraus, daß dieses Rosenbergs Erklärungen sehr ausführlich und gut wiedergibt, aber von den Zeitungen nur ganz ungenügend und unverständlich verkürzt abgedruckt worden ist. Ich schrieb daher Privatbriefe an Asquith, Fisher und Macdonald und schickte ihnen Abschriften des unverkürzten Original-Reutertelegramms. Ebenso auch noch an Trevelyan, Charles Buscher, Snowden, Morel und Brailsford.

Nachher ins Parlament, wo ich noch die zweite Hälfte von

Asquiths Rede hörte. Er hatte das von mir Sir John Simon diktierte Konzept vor sich liegen und brachte alles, was ich Simon gesagt hatte. Baldwin sprach staatsmännisch und gut, der Unterstaatssekretär im Foreign Office McNeill oberflächlich und schwach für die Regierung und ihre Untätigkeit. McNeill griff zu direkten Unwahrheiten, indem er behauptete, Rosenbergs Rede mache die Annahme seiner Vorschläge von einer vorherigen Räumung des Ruhrgebiets abhängig, während Rosenberg gerade dieses nicht gesagt hat; ferner, daß Rosenbergs Rede nichts enthalte als den Vorschlag, ein Bankierkomitee zu berufen, während sie die viel wichtigere Zusage enthält, sich dem Spruch sowohl dieses Bankierkomitees wie auch des ›internationalen Tribunals‹ (von dem McNeill nichts sagte) zu unterwerfen und jede von diesen geforderte Garantie zu geben.

Vor mir saßen nebeneinander Sthamer und St. Aulaire (der französische Botschafter) und in der Peers- Galerie d'Abernon. Sthamer ging noch vor McNeills Rede und verabschiedete sich mit einem Händedruck von St. Aulaire. Leider waren sämtliche Oppositionsredner abwesend während McNeills Rede, die er in der Essenspause hielt, so daß niemand seine Unwahrheiten richtigstellte. Die Frage der Internationalisation der Rheinlande wurde nur von General Spears in einer äußerst schwachen, kaum hörbaren Rede vorgebracht.

Zwei große Vorteile haben wir errungen: erstens, daß infolge meiner Intervention bei Fisher und Dufours bei Grigg die Internationalisation heute keine Rolle in der Debatte gespielt hat; zweitens, daß Asquith und Macdonald Rosenbergs Vorschläge als passende Diskussionsbasis proklamiert haben. Damit hat die deutsche Regierung für ihre Haltung die Unterstützung der englischen Opposition gewonnen: einen sehr wesentlichen Faktor, wenn die Ruhraktion sich in die Länge zieht.

London. 29. März 1923. Donnerstag

Nachmittags war Kircher bei mir, der Korrespondent der ›Frankfurter Zeitung‹. Er äußerte sich sehr scharf gegen Sthamer wegen seiner Passivität im allgemeinen und im besonderen auch bei der Aktion, die die Parlamentsdebatte am Dreizehnten vorbereiten sollte. Ich gab Sthamers etwas zu große Passivität zu, verteidigte ihn aber wegen seiner durchaus loyalen Unterstützung meiner Aktion. Wenige Botschafter hätten sich so mediatisieren lassen und gleichzeitig vollkommen ohne bösen Willen mitgeholfen.

London. 31. März 1923. Sonnabend

Vormittags mich von Dufour und vom Botschafter verabschiedet. Der Botschafter war, wie immer, sehr liebenswürdig, dankte mir für meine Tätigkeit hier, die ganz allein die Aktion im Parlament und vor allem den Umschwung in Berlin herbeigeführt habe. Ich sagte ihm, daß ich voraussichtlich in der übernächsten Woche zurückkäme. Ich hatte nicht das Gefühl, daß ihn diese Mitteilung sehr erfreute. Ich fragte ihn dann, ob er den Wunsch habe, daß ich irgend etwas im Auswärtigen Amt besonders berichten oder hervorheben solle? Er sagte, ich möchte betonen, daß er in der letzten Zeit im Foreign Office eine Verstärkung der pro-französischen Stimmung empfunden habe. Worauf diese zurückzuführen sei, wisse er nicht. Vielleicht seien schon irgendwelche Abmachungen zwischen der englischen und der französischen Regierung zustande gekommen. Dagegen sei im englischen Publikum die Unzufriedenheit mit Frankreich zweifellos im Wachsen. Die geschäftlichen Schädigungen durch die Ruhraktion nährten diese Unzufriedenheit beständig. Auch sei eine ähnliche Entwicklung in Holland, Skandinavien, der Schweiz und selbst in Belgien bemerkbar. Es sehe so aus, als ob sich da etwas gegen Frankreich zusammenziehe. Wir verabschiedeten uns dann sehr freundschaftlich. So endet mein diesmal für die allgemeine Politik tatsächlich bedeutsamer Aufenthalt in London.

Haag. 3. April 1923. Dienstag.

Vormittags von zehn bis halb zwei bei Lucius, der mir zuerst eine Stunde lang flaches Zeug von Kunst erzählte (er sei ein Epikureer, könne ›nichts Häßliches‹ sehen, wobei seine Räume ein Beispiel sind, wie aus einem Gemisch von Gutem in geringer Quantität und Halbgutem und Kitsch in sehr großer etwas trivial Trostloses entsteht), bis wir endlich auf die Politik kamen.

Lucius sagte noch unendlich viel mehr (insbesondere über seine Eignung zum Botschafter in Paris, seine Abneigung, diesen Posten anzunehmen usw.), aber er spricht so schnell, wirft so vieles durcheinander, kommt so oft vom Hundertsten ins Tausendste, daß man seinen Gedankengängen (die übrigens nie sehr tief oder neu sind) nur schwer folgen kann. Er sieht sich selbst in tausend Spiegeln, mit Tausenden von Facetten und Glanzlichtern, die ihm immer zwischen seine sachlichen Ausführungen geraten und sie stören und verschieben. ›Le petit Lucius‹ in Paris, die Weiber, seine Klubfreunde, Rodin, Anders Zorn, die Lavallière, Stumm, Halberg, Bismarck, führen in ihren Beziehungen zu seiner Person und seiner nächsten Familie einen wilden Reigen auf, der wie mit Pechfackeln, leuchtend und verwirrend, durch die Tagesfragen hindurchrast.

Lucius ist in der Qualität seines ›Glanzes‹ (er braucht selbst den Ausdruck) und seines Kunstsinnes etwas wie eine Taschenausgabe von Wilhelm II., den er übrigens nicht liebt. Unter anderem zitierte er von ihm die vornehme Äußerung über Rathenau, die er ihm gegenüber bei seinem letzten Besuch in Doorn (Lucius sagt, er geht nicht wieder hin) fallen ließ: ›Ist ihm ganz recht geschehen!‹ (daß er ermordet wurde). Auch über Ballin: ›Er habe nie gewußt, daß er Jude sei!‹

Er zeigte mir mit Wonne Äußerungen über dieses edle Blut, die er in Waldersees Memoiren gestrichen hat.

Trotzdem gehört er ganz und gar zu seiner Epoche. Die Mischung von Genußsucht, falscher Kultur, politischer Betriebsamkeit und Selbstsicherheit und, last not least, schlechten Manieren ist ganz wilhelminisch. Er erzählt sogar (echt wilhelminisch), wie er Rodin korrigiert habe, mit Erfolg. Worauf ihm Rodin gesagt habe: »Je ne savais pas, cher ami, que vous étiez sculpteur.«

Die tiefste Qualität des Wilhelminischen (die Wurzel der Katastrophe), den Mangel an Augenmaß und Bescheidenheit (Selbsterkenntnis), keine Religion, kein Gefühl für die eigene Stellung im All. Daß die Welt diesen Typus ausgebrochen hat, ist nur die Folge davon, daß dieser Typus radikal unfähig war, sich in die Welt einzupassen. In einem symbolischen, tiefen Sinn war Wilhelm II. wirklich der Antichrist, allerdings ein persönlich sehr unbedeutender, flacher, verächtlicher. Aber vielleicht gehört Tiefe und insbesondere tiefe Bosheit gerade nicht zur Figur des Antichrist, sondern eben diese flache, arglose Schalheit, vielleicht könnte ein wirklich böser, machtstrebender Mensch wie Cäsar Borgia oder Napoleon nie polarer Gegensatz zum absolut religiösen Menschen werden. Ihn ordnet die Schwerkraft seiner Bosheit in die Welt ein, so daß er nie ganz zu ihr in Gegensatz treten kann.

Berlin. 4. April 1923. Mittwoch

Früh an. Um zwölf zu Schubert, der mich mit großem Hallo wegen meiner erfolgreichen Tätigkeit in London empfing. Er begann dann mit der Schilderung der Wirkungen meiner Berichte und Vorschläge hier, die in der Tat groß gewesen zu sein scheinen, wurde dann aber durch die Ankunft von Rosenberg, der in Kopenhagen gewesen ist, unterbrochen.

Nachmittags um halb sechs mit Schubert zu Rosenberg. Dieser kam mir mit ausgebreiteten Armen entgegen: »Na, da kommt ja Kessler Triumphator, der englische Premierminister ins Wanken bringt, eine Ruhrdebatte nach der andren im englischen Parlament inszeniert usw.« Er dankte mir dann noch ausgiebig, was mich, bei den bescheidenen praktischen Erfolgen, eher in Verlegenheit setzte. Mir schien das ein bißchen zu viel. Er gab sich dann Mühe, mir klarzumachen, wie peinlich genau sie meinen Anregungen gefolgt seien: zum Beispiel hätten sie dreimal meinetwegen die Sitzung des Auswärtigen Ausschusses verschoben und auch, als die Sitzung schließlich stattfand, Stresemann veranlaßt, auf eine Pause zu verzichten, damit Rosenberg genau um vier seine Rede halten könne. Auch sonst seien sie bemüht, alles zu tun, was die Beziehungen zu England bessern könne.

Nachher wieder bei Schubert, mit ihm allein. Er zeigte mir das Aktenstück über meine Aktion in London, aus dem hervorgehe, mit welchem Eifer meine Vorschläge hier aufgenommen und zur Ausführung gebracht worden seien. Der Reichskanzler wurde zur Nacht noch herausgeholt, der Auswärtige Ausschuß mehrmals vertagt usw.

Berlin. 6. April 1923. Freitag

Nachmittags Hilferding besucht. Er ist gestern aus Brüssel zurückgekommen vom internationalen Sozialistentag. Die dort ausgearbeiteten, noch geheimen Vorschläge zur Reparationsfrage skizzierte er mir: Hauptsache Zahlung von *Dreißig* Goldmilliarden (nicht vierzig, wie Maltzan mir vermutungsweise gesagt hatte). Also weniger als meine fünfunddreißig.

Berlin. 7. April 1923. Sonnabend

Vormittags rief mich Schubert an, er müsse mich in einer hochwichtigen und dringenden Angelegenheit heute sprechen. Ich ließ sagen, ich würde um sechs zu ihm kommen.

Dann kam Lehmann-Rußbüldt. Er übergab mir eine Denkschrift von Müller-Brandenburg, dem Polizeichef von Thüringen, wonach die Gefechtsstärke der konterrevolutionären Bünde auf Grund sorgfältiger Berechnungen festgestellt wird für ganz Deutschland auf einundsiebzigtausend Mann; dazu die bayrische Landespolizei, die im Kartellverhältnis zum Bund Oberland steht, neuntausend Mann: im ganzen also achtzigtausend Mann. Wahrscheinlich müsse hierzu aber auch noch die Reichswehr, soweit sie in Süddeutschland steht, hinzugerechnet werden. Das mache hundertzehntausend Mann. Demgegenüber habe die Republik nur etwa fünfundvierzigtausend Mann zuverlässiger Formationen (preußische, sächsische, thüringische, badische, hamburgische Schupos). Auf die Reichswehr sei nicht zu rechnen. Lehmann, Seeliger, Vetter usw. wollen daher Arbeiterformationen ›zur Abwehr‹ aufstellen.

Ich machte meine großen Bedenken geltend. Wenn man zugebe, daß Hitlers Rüstungen republikanische Gegenrüstungen nötig machten, so müsse man auch zugeben, daß französische Rüstungen deutsche Gegenrüstungen ›zur Abwehr‹ nötig machten. Das sei aber das alte System, aus dem wir endlich hinauswollten.

Nachmittags bei Hilferding, der mir erzählte, er habe gestern abend bei Rosenberg gesessen, und dieser sei in der Frage des neuen Vorschlages sehr ablehnend gewesen. Bergmann und er, Hilferding, hätten vergeblich versucht, ihm die Notwendigkeit eines weiteren Schrittes klarzumachen. Schubert habe dabeigesessen und keinen Ton gesagt.

Während wir sprachen, telephonierte Hermes an und bat Hilferding um eine sofortige Unterredung; er schicke sein Auto. Ich fuhr mit Hilferding hin und wartete im Vorzimmer. Hilferding sagte mir beim Herauskommen, Hermes stehe ganz auf dem Standpunkt des neuen, eine präzise Zahl nennenden Vorschlages und wolle im Kabinett energisch darauf dringen.

Hilferding sagte sich darauf um sechs bei Ebert an, und ich ging zu Schubert. Die ›sehr dringende Angelegenheit‹ war das gestrige Diner bei Rosenberg. Unter allerlei Kautelen erzählte mir Schubert den Vorgang, bis ich ihm sagte, ich sei durch Hilferding bereits genau unterrichtet. Schubert führte aus: wir stünden in einer Schicksalsstunde des deutschen Volkes, schwerer und gefährlicher als 1918. Er habe sich seit vorgestern überzeugt, daß wir einer Finanzkatastrophe entgegengingen. Wenn in einigen Wochen der Dollar plötzlich auf hunderttausend oder mehr hinaufschnelle, was solle dann werden? Wir müßten dann jede uns diktierte Bedingung annehmen. Auch bestehe die Gefahr, daß, durch Loucheurs Reise eingeleitet, Frankreich sich mit England *gegen* uns einige, wenn wir nicht vorher vernünftige Vorschläge machten.

1924

Bückeburg. 26. November 1924. Mittwoch

Nachmittags nach Bückeburg zurück, das mir immer unsympathischer und unheimlicher wird. Eine ranzige Kleinstadt-Atmosphäre dringt erschütternd auf einen ein, sobald man aus dem Bahnhof heraustritt: giftige Fäulnis-Bazillen einer toten Vergangenheit. Die ›Kleine Residenz‹ in ihrer korrumpiertesten Form. Ein übermäßig reiches Fürstengeschlecht und sonst nur dienende Kleinbürger vom pensionierten General bis zum Hofgärtner und Leibzahnarzt herunter. Vor diesem Publikum sprechen zu müssen, schnürt mir die Kehle zu. In den Lokalblättern stehen auch schon (zum ersten Mal im Wahlkampf) widerwärtige, gehässige persönliche Angriffe auf mich wegen meiner internationalen Verwandtschaften, meines ›Geistes‹ (Schöngeistigkeit, ›Josef‹ usw.), wegen des Weimarer Flugblattes usw.

Der junge Hellmut Hoffmann, mein deutschnationaler Gegner von gestern, den ich im Restaurant traf und begrüßte, warnte mich, daß es heute abend in meiner Versammlung wohl etwas unruhig zugehen werde. Im übrigen sei ich viel zu schade für die Demokratische Partei, die ›mit Judengeld bezahlt‹ werde; ich gehörte von Rechts wegen zu den Deutschnationalen. Ich sage, gerade umgekehrt scheine es mir, daß junge Idealisten wie er nicht einer so kleinlich machtlüsternen Partei wie der Deutschnationalen nachlaufen sollten.

Die Versammlung fand im Konzertsaal des Rathauses statt, der siebenhundert Personen faßt und überfüllt war. Hugo (DVP) soll neulich in einem viel kleineren Saal kaum hundert

Personen gehabt haben. Den Vorsitz führte der Stadtrat Dr. Schröder, ein etwas weicher, unsicherer Mann, der Angst zu haben schien. Etwa ein Drittel des Publikums bestand aus Jungdo, pensionierten Offizieren, kleinen versauerten Adligen, die dem Höfchen hier anhängen (ein Graf Hardenberg, ein Rabe v. Pappenheim, ein v. Langen usw.); auch einer der Schaumburgischen Prinzen war aus Neugier mit dabei. Offenbar lag ein großer Spektakel in der Luft. Guseck telephonierte Michelsen aus Minden mit einigen Reichsbanner-Leuten heran; und ich legte meine Rede darauf an, Anlässe zu Demonstrationen zu vermeiden. Zunächst gab ich eine Erklärung in der Flugblatt-Angelegenheit ab, da diese heute hier von der Landeszeitung unter Hinweis auf meine Versammlung (›die verspräche, recht interessant zu werden‹: avis au lecteur!) herausgebracht worden ist. Dann redete ich ganz sachlich etwa anderthalb Stunden unter größter Aufmerksamkeit der Versammlung und ohne jede Störung.

Die Hofgesellschaft und ihr Prinz waren um ihr Vergnügen betrogen, den Gegnern in der Debatte offenbar ihre im voraus berechneten Effekte genommen, so daß auch die Aussprache nachher verhältnismäßig ruhig und sachlich verlief. Der Führer der Bückeburger Deutschnationalen, ein Zahnarzt Mützelfeld, klagte mit süßsaurer Höflichkeit, meine Rede sei ›so bestrickend‹ gewesen, daß die Zuhörer gar nicht gemerkt hätten, wie ich um die wesentlichen Fragen herumgeredet hätte; bezeichnete aber dann auch selber nicht diese wesentlichen Fragen. Der Führer der Volkspartei, ein Schulmeister Büsing, bezeugte mir auch meine ›Sachlichkeit‹ und drückte nur mit etwas drolliger Emphase die Hoffnung aus, daß ich auch nach Anhörung seiner Einwände mich nicht in meinem Schlußwort durch meinen Zorn zur Unsachlichkeit hinreißen lassen möchte; ›dann würde ich bei den Bückeburgern mein Ansehen gewaltig vermehrt haben‹.

Der einzige, der ganz aus der Rolle fiel, war ein deutschnationaler Herr von Langen, der mir meine englische Mutter vorwarf, aber sofort von der Versammlung niedergebrüllt wurde mit: »Nicht persönlich werden, zur Sache; was hat das mit dem Thema zu tun.« Als er mir gerade meinen Bruder (!), der irgend etwas pekziert haben sollte, vorhalten wollte, wurde die Opposition so stürmisch, daß er mitten im Satz abbrach und mit einigen nichtssagenden Sätzen über Politik seine Rede im beschleunigten Tempo zu Ende führte.

In meinem Schlußwort erwiderte ich ihm: der Vorwurf, daß der Spitzenkandidat der Demokratischen Partei eine englische Mutter habe, klinge etwas sonderbar gerade aus deutschnationalem Munde, da diese Partei an die Spitze des Deutschen Reiches einen Kaiser zurückberufen wolle, der ebenfalls eine englische Mutter gehabt habe, und die als zweiten Kandidaten auf ihre Reichsliste den jungen Fürsten Bismarck gesetzt hätte, dessen Mutter ebenfalls halb Engländerin, halb Ungarin sei. Die Versammlung applaudierte zu dieser Abfuhr stürmisch, und der arme Langen, der selber aussieht wie ein Wasserpolacke, jedenfalls nichts Germanisches in seinem Äußeren hat, saß ganz begossen und schweigend da. Am Schluß wurde ›Deutschland, Deutschland über alles‹ stehend gesungen, wobei sich der deutschnationale Teil der Versammlung sonderbarerweise nicht beteiligte, sondern schnell entfernte.

Schröder und die andern Parteifreunde waren über den Verlauf sehr erfreut. Einige sagten mir, eine so eindrucksvolle Versammlung hätten sie noch nicht in Bückeburg gehabt. Wir saßen dann noch sehr zahlreich lange zusammen im ›Berliner Hof‹.

Diese kleinen Residenzen haben gewiß viel Gutes getan für die allgemeine Bildung in Deutschland, sind kleine Kulturzentren gewesen: Bückeburg mit nur sechstausend Einwohnern hat noch heute ein gutes Theater und Orchester. Aber ich weiß nicht, ob nicht der Schaden, den sie angerichtet haben, indem sie mit der Kultur die allgemeine Servilität und Rückgratsverkrümmung in Deutschland auf das wirksamste gefördert und wie Pestzentren auf das platte Land und die Provinz verbreitet haben, noch viel größer gewesen ist. Sie haben die Kultur gefördert, aber den Menschen gebrochen. Die Jämmerlichkeit des deutschen Bürgertums ist zum großen Teil auf die intensive Förderung der Servilität durch die vielen deutschen Höfe zurückzuführen. Und dieser Einfluß dauert *noch* an in einer Stadt wie Bückeburg, wo das Fürstengeschlecht seinen Reichtum trotz der Revolution behalten hat.

Deutschland verdankt es seinen Fürsten, daß es das gebildetste, aber rückgratloseste Volk Europas ist.

Münster. 1. Dezember 1924. Montag

Nachmittags von Bielefeld nach Münster. In der Aula des Realgymnasiums gesprochen, die sehr wirkungsvoll mit schwarzrotgoldenen Fahnen geschmückt war.

Bielefeld. 3. Dezember 1924. Mittwoch

Früh nach Bielefeld zurück.

Abends in Bielefeld in der Stadthalle gesprochen. Wieder eine überfüllte Versammlung. Die Leute füllten stehend alle Gänge und hockten auf den Treppen. Ich hatte mit meiner Rede und in der Debatte stürmische Beifallssalven. Wenn man überall diese überfüllten demokratischen Versammlungen sieht, während die Rechts-Versammlungen meist, wie mir gesagt wird, viel weniger gut besucht sind, sollte man erwarten, daß wir einen starken Stimmenzuwachs bekommen.

Lemgo (Minden). 6. Dezember 1924. Sonnabend

Abschluß meines Wahlkampfes. Wahlversammlung abends in dem alten Hansestädtchen Lemgo in Lippe. Mittlerer Saal, der sich bald zum Ersticken füllte; insbesondere auch dadurch, daß im hinteren Teil eine geschlossene Phalanx von ›Jungdo‹-Leuten aufmarschierte, die offenbar die Absicht hatten, die Versammlung bei der ersten Gelegenheit zu sprengen, aber daran gehindert wurden dadurch, daß bald nach ihrem Einmarsch hinter ihnen eine noch stärkere Abteilung ›Reichsbanner‹ sich aufstellte.

Ich sprach anderthalb Stunden mit einer ziemlich lebhaften Unterbrechung. Ein Propagandaredner der Deutschen Volkspartei, Reusch, machte, als ich vom passiven Widerstand sprach, einen Zwischenruf, den ich und viele andre im Saal so verstanden: ›Severing hat ihn von hinten erdolcht.‹ Worauf großer Tumult; ich antwortete, der Herr, der den Zwischenruf ausgestoßen habe, sei ein gemeiner Verleumder; der Vorsitzende schritt ein und ließ den Zwischenrufer durch Polizei aus dem Saal entfernen. Erst um zwölf war die Sitzung zu Ende; ich brachte zum Schluß ein Hoch auf das Vaterland aus, in das die Jungdo-Mannschaften ostentativ nicht mit einstimmten, was ich sofort feststellte und brandmarkte. So weit ist die Verhetzung bei den jungen Leuten der Umsturz-Parteien von rechts schon gediehen!

Minden. 7. Dezember 1924. Sonntag

Der große Wahltag, der über die Zukunft Deutschlands und Europas entscheidet. Um zehn in Minden gewählt. Nachher im wunderschönen Dom einen Augenblick der Messe beigewohnt.

Um sechs in Berlin. Nach Tisch gegen zehn in das Büro der Demokratischen Partei, wo Koch und andre. Die ersten Ergebnisse lauten günstig. Aus meinem Wahlkreise wird eine Zunahme der demokratischen Stimmen um dreißig Prozent gemeldet, was meine Wahl sichern würde. Gegen eins zu den Sozialdemokraten, die einen besseren Nachrichtendienst haben, in den ›Parlamentsdienst‹ am Belle-Alliance-Platz. Dort Hilferding, Hermann Müller, Bauer, der Polizeipräsident Richter usw. Efringhaus lief mit einer Zigarrenkiste unter dem Arm und den einlaufenden Wahlergebnissen herum, die er verkündete. Starke Zunahme der Sozialdemokraten, aber auch der Deutschnationalen, schwache der Demokraten. Stimmung bei Bier und Schnäpsen gut, aber durch die deutschnationalen Erfolge getrübt. Um halb drei ging ich mit Hilferding fort, um zur ›Voss‹ zu gehen. Hilferding äußerte sich unter vier Augen unbefriedigt;

das Wahlresultat sei enttäuschend, es habe keine Entscheidung gebracht. Bei Ullsteins gingen wir zu Reiner, der ebenfalls sehr unbefriedigt war. Gegen vier nach Hause.

Berlin. 8. Dezember 1924. Montag

Den ganzen Tag in Unsicherheit wegen meiner Wahl. Keine bestimmten Nachrichten aus meinem Wahlkreis.

Berlin. 9. Dezember 1924. Dienstag

Es steht jetzt fest, daß ich nicht gewählt bin.

Berlin. 11. Dezember 1924. Donnerstag

Bei Hilferdings gegessen mit Köster aus Riga. Nach Tisch kamen Georg Bernhards. Es wurde von allen als so gut wie sicher angenommen, daß eine Bürgerblock-Regierung kommt, die allerdings nur von kurzer Dauer sein wird, da sie außenpolitisch eine Schlappe nach der andren erleiden und innerpolitisch die breiten Massen ihrer Wähler enttäuschen wird, diese Wahlversprechungen nicht halten kann (Aufwertung, Beamtengehälter usw.). Man nahm an, daß vielleicht schon die Präsidentenwahl im kommenden Jahr die Auflösung des Reichstages nach sich ziehen werde; jedenfalls werde es kaum länger als anderthalb bis zwei Jahre dauern. Köster, der gestern bei Ebert war, sagt, daß dieser unter allen Umständen vermeiden wolle, die Kanzlerschaft einem Deutschnationalen anzuvertrauen; Stresemann oder eine andre der Volkspartei ›nahestehende‹ neutrale Persönlichkeit solle Kanzler werden. Die Entrüstung gegen Stresemann ist groß. Kösters Eindruck ist, daß im Amte Deutschlands Eintritt in den Völkerbund absichtlich sabotiert wird.

Berlin. 13. Dezember 1924. Sonnabend

Konzert von Strawinsky im Blüthner-Saal. Kolbes getroffen. Strawinsky hatte einen starken und unbestrittenen Erfolg.

Weimar. 16. Dezember 1924. Dienstag

In der Druckerei am Vergil gearbeitet.

Weimar. 17. Dezember 1924. Mittwoch

Mathéy und der Bildhauer Thiel aus Leipzig bei mir; mit Mathéy in Druckerei am Vergil.

Berlin. 18. Dezember 1924. Donnerstag

Nachmittags aus Weimar nach Berlin zurück. Abends beim Jubiläums-Bankett von Bill Simons im ›Kaiserhof‹. Etwa hundert ›Prominente‹ aus der Politik-, Bank- und Geisteswelt; eine Mischung von Kapitalismus und Sozialismus meist auf jüdischer Grundlage.

Ich sprach ziemlich lange mit Albert Einstein, da wir uns beide etwas fremd fühlten in der Umgebung. Auf meine Frage, an welchen Problemen er jetzt arbeite, antwortete er, er denke nach; wenn man über irgendeinen wissenschaftlichen Satz nachdenke, käme man eigentlich immer vorwärts; denn jeder wissenschaftliche Satz, ohne Ausnahme, sei falsch: das läge an der Inadäquatheit des menschlichen Denkens und Begriffsvermögens gegenüber der Natur, infolge deren jede begriffliche Formulierung der Natur sich immer irgendwo nicht ganz mit ihr decke. Jedes Nachprüfen eines wissenschaftlichen Satzes erschüttere ihn daher und führe zu einer neuen, exakteren Formulierung, die aber wieder auch irgendwie nicht stimme und daher zu neuen Formulierungen führe; und so weiter in infinitum.

Der ironische (narquois) Zug in Einsteins Gesichtsausdruck, das ›Pierrot lunaire‹-hafte, der lächelnde und schmerzhafte Skeptizismus, der ihm um die Augen spielt, tritt immer stärker hervor. Man muß, wenn er spricht und man sein Gesicht beobachtet, manchmal an den Dichter Lichtenstein denken, an einen Lichtenstein, der nicht über die Oberfläche, sondern über die Wurzeln des menschlichen Hochmuts lächelt.

Berlin, 22. Dezember 1924. Montag

Abends Sternheims ›1913‹ in den Kammerspielen. Sternheim hat mit starker dramatischer und komischer Kraft die entscheidenden Faktoren in der Struktur des deutschen Volkes kurz vor dem Kriege herausgestellt. Krai ist Stresemann in seiner Werdezeit, der ›teutsche Jüngling‹ mit politischem Ehrgeiz, der durch die reiche Fabrikantentochter ›korrumpiert‹ wird, nicht durch eine Kokotte, wie es konventionell geschieht. Ein starkes und tiefes Stück.

Berlin, 23. Dezember 1924. Dienstag

Vormittags Mathéy wegen des ›Vergil‹ bei mir. Nachmittags bei Abegg im Ministerium des Innern. Er hielt mir einen einstündigen Vortrag über den Stand der Schupo-Frage. Die Reichswehr habe sich in Sachen der Militärkontrolle äußerst töricht benommen. Die zeitfreiwilligen Einziehungen und die Schwarze Reichswehr über jede Vernunft hinaus ausgedehnt: Waffen in der unvorsichtigsten Weise versteckt. Der politische Referent im Reichswehrministerium habe Ebert ganz eingewickelt. Auch Geßler sei hinters Licht geführt worden. Die Entente sei über dieses vertragswidrige Verhalten der Reichswehr ebensogut oder besser unterrichtet als unsere hohen Stellen. Auch sei die Reichswehr reaktionär, wenn auch Seeckt bisher immer loyal gehandelt habe.

Im Gegensatz zur Reichswehr sei die Schupo verläßlich republikanisch. Auch die früheren kaiserlichen Offiziere in der Schupo seien allmählich zu einer republikanischen, staatstreuen Gesinnung erzogen worden. Im vorigen Jahr, beim Küstriner Putsch, hätte die Republik es nur der Schupo zu verdanken gehabt, daß sie vor der allergrößten Gefahr bewahrt geblieben sei. Der Küstriner Putsch sei nur als der Anfang eines allgemeinen Umsturzes der Republik gedacht gewesen. Das Fort Hahneberg in Spandau sei schon in den Händen der Rebellen gewesen und auch noch fünf Tage geblieben, bis jede Hoffnung auf ein Gelingen des Putsches geschwunden gewesen sei. Teile der

Reichswehr hätten offenbar mit den Putschisten unter einer Decke gesteckt, sonst hätten diese sich nicht des Forts in Spandau bemächtigen können. Nur das feste Zupacken der Schupo habe damals die Republik gerettet. Und jetzt wolle sie die Entente als Dank dafür auflösen! Weder er, Abegg, noch Severing könnten das durchführen. Wenn es dazu komme, so sei es auch Severings Ansicht, daß dann eine Rechtsregierung ans Ruder kommen müsse.

1925

Paris. 3. Januar 1925. Sonnabend

Diner bei Wilma: Sautreaus und die Georges Duvernois (er ist jetzt Generalsekretär des Seine-Departements). Wir sprachen über Anatole France, dessen Sekretär Brousson soeben ein skandalös indiskretes und boshaftes Buch über ihn veröffentlicht hat, das viel Aufsehen erregt. Duvernois erzählte: Als er France im Juni nach seiner ersten schweren Erkrankung besuchte, die ihn an den Rand des Grabes gebracht hatte, habe ihm France gesagt: »Maintenant j'ai été *là-bas* (nämlich im Totenreich) et je sais ce que c'est: eh bien, mon ami, il n'y a rien!«

Mme. Sautreau erzählte dann eine Reihe Anekdoten über France und seine langjährige Freundin, Mme. de Caillavet (eine Frankfurter Jüdin). Als Tochter von Björnson wurde Mme. Sautreau, als sie noch kaum zwanzig Jahre alt war, zu einem großen Diner bei dieser mit France eingeladen. Auf dem Tisch seien für tausend Franken Rosen gewesen; über diese hinweg habe sie France gefragt: »N'est-ce pas, vous êtes Socialiste, Madame?«, worauf sie ihm geantwortet haben will, indem sie eine Handbewegung auf die Rosen zu machte: »Oui, tout comme vous, Monsieur.«

Trotz des Aufwandes sei das Haus der Caillavet unbeschreiblich unordentlich und unsauber gewesen. Die Stühle, auf denen die Gäste bei Tisch saßen, hätten so abgefärbt, daß alle Damen nachher auf ihren hellen Abendkleidern große rote Flecken gehabt hätten. Nach Tisch habe Mme. de Caillavet ganz laut vor allen Gästen zu France gesagt: »Tout le monde sait que vous êtes amoureux de Mme. Björnson: allez vous asseoir à côté d'elle.«

France habe sie, die junge Frau Björnson, darauf in einen Nebensalon geführt und angefangen, ihr unglaublich unanständige Geschichten zu erzählen, die sie sich, indem sie ihn mit ihren großen blauen Augen eisig ansah, als Tochter Björnsons standhaft angehört habe.

France sei ein unscheinbarer, auffallend unsauberer alter Mann gewesen. Mme. de Caillavet habe bei Gelegenheit ganz laut gesagt: »Je sais qu'il va voir une maitresse aujourd'hui, car il s'est lavé les pieds ce matin.« Als Björnson im Hotel Wagram in Paris im Sterben lag, habe ihn France besucht. Björnson lag in einem großen, hellen weißen Zimmer, die alte Frau Björnson, eine königliche Erscheinung, die immer ganz in Weiß geht, habe neben seinem Bett gesessen, und drei weißgekleidete norwegische Krankenschwestern hätten neben dem Bett gestanden. Als France diese Helligkeit und diese königliche Sauberkeit gesehen habe, sei er ganz überwältigt gewesen. Björnson und er hätten nur wenige Worte gewechselt; aber beim Hinausgehen habe France zu ihr, der jungen Frau Björnson, gesagt: »Je sais maintenant que j'ai été malheureux toute ma vie.« Nachdem Mme. de Caillavet gestorben war, hat France schließlich deren Kammerjungfer geheiratet. Ich fragte Duvernois: warum? Er sagte: France habe nicht mehr allein in Gesellschaft gehen können; die alte Kammerjungfer sei immer mitgekommen. »Ça a fini par créer une situation impossible; on ne savait jamais où la placer à table. Alors, pour simplifier, France l'a épousée.«

Sehr drollig erzählt Mme. Sautreau den feierlichen Empfang, den Fritz von Unruhs französischer Übersetzer in Paris im Hause seiner Mutter im vorigen Sommer veranstaltete. Er hatte eine Anzahl prominenter Damen, wie Mme. Sautreau, Mme. Dubost, Mme. Paul Clémenceau usw. eingeladen, um Fritz von Unruh zu sprechen. Als Mme. Sautreau eintraf, wurde ihr eröffnet, Unruh sei gerade dabei, in einem Hinterzimmer Journalisten zu empfangen; die Damen müßten sich gedulden. Unruh steckte einen Augenblick die Nase zum Hinterzimmer heraus und verschwand dann, nachdem er die anwesenden Frauenzimmer in Augenschein genommen hatte, wortlos wieder. Nach einiger Zeit entschloß sich Mme. Sautreau, auf das Vergnügen zu verzichten, und ging wieder. Auf der Treppe traf sie zuströmende Damen, denen sie die Situation mitteilte und die dann auch umkehrten. Ein bitterer Nachgeschmack ist in der Pariser Damenwelt von dieser Bevorzugung der Journalisten vor den Damen (sehr Unruhsch) geblieben.

Banyuls. 5. Januar 1925. Montag

Früh an in Port-Vendres, von wo mit dem Auto weiter nach Banyuls. In Port-Vendres am Hafen Maillols Denkmal für die Toten des Weltkrieges. Ich erkannte es von weitem an der Aufstellung auf der hohen Mauer der Piazza zwischen Stadt und Hafen als Silhouette gegen See und Gebirge. Die Figur ist eine bloße Variante des Cézanne-Denkmals. Eine typographisch garstige Inschrift am Sockel stört. Mein erster Eindruck vom Ganzen war akademisch und kalt; zur Not könnte die Figur auch von einem guten Schüler Maillols sein. Ich war enttäuscht. Bei längerer Betrachtung fand ich einiges von den großen Qualitäten Maillols: den edlen Rhythmus und Fluß der Linien, der so tief durchdacht ist. Aber doch ist es nicht eines von Maillols besten Werken.

Im warmen Sonnenschein bis an den Leuchtturm am Meer, das graublau im südlich winterlichen Licht glitzert. Einige Segelboote mit weißen Segeln in der Ferne.

Im Auto nach Banyuls auf einer guten Straße, die in Serpentinen auf- und absteigt, an der Küste entlang. In Banyuls ins Hotel Gineste.

Um zwei bei Maillol, der auf seiner Gartenterrasse saß und sehr überrascht war, da er mich sah, da er mich erst mit dem Zuge erwartet hatte. Ich erwähnte, daß ich in Port-Vendres sein Denkmal gesehen hätte. Er sagte gleich, er sei damit unzufrieden, »ça ne fait pas bien, on ne voit pas les ›morceaux‹ que j'y ai mis; car j'y ai mis des morceaux, le dos, par exemple, qu'on ne voit pas. Je pense peut-être à le retourner, pour qu'on voit au moins le dos.« Wir stiegen dann in sein oberes Atelier hinauf und arbeiteten am Vergil, in dem er einige Änderungen vornahm. Auch versprach er, zwei neue Holzstöcke zu machen, um die Löcher in Ekloge III und VII zu stopfen.

Sein Sohn Lucien kam hinzu und machte etwas an einem seiner großen Fußballspieler-Bilder. Lucien, den ich seit 1914 nicht gesehen hatte, hat sich unter dem Einfluß des Krieges (er war Flieger) ganz anders als sein Vater entwickelt; viel rauher, städtischer, weniger verfeinert, weniger kultiviert; er hat etwas Streberhaftes und Vulgäres, vielleicht nur äußerlich, angenommen. Seine Bilder beweisen aber sein starkes Talent.

Am späten Nachmittag mit Maillol spazieren in der zartgrauen Landschaft, in der alle Töne wie mit Silber gemischt sind. An der alten romanischen Kirche der Friedhof ganz antik, eine Gräberstraße mit Grabkapellen und Zypressen, die ganz an die von Pompeji erinnert. Maillol zeigte mir draußen zwischen Feldern das Grab, das er als das schönste der Gegend bezeichnete, eine niedrige Gruft, um die herum ein kleiner Hain von Ölbäumen und hohen Zypressen gepflanzt ist, mitten im Feld. Er sagte mir, daß er nach diesem Grabe den Holzschnitt im Vergil zum Daphnis gemacht habe, so wie die Quelle mit Quellnymphe zur IX. Ekloge nach einer kleinen Quelle, an der wir einst vor Jahren einmal gepicknickt haben.

Auf dem Rückwege besuchten wir seine vierundneunzigjährige Mutter.

Die alte Dame ging noch ganz flink im Hause herum, ein kleines verrunzeltes, aber frisches Gesicht mit sehr lebendigen Augen, eingeschlossen von dem schwarzen Kopfschleier, den alle Frauen hier tragen. Sie sprach lebhaft und vollkommen geistesklar.

Abends gegessen bei Maillols. Er klagt über große Müdigkeit und zu viel Arbeit. In seinem unteren Atelier stellt er eine herrliche, jugendliche, nackte Frauenfigur fertig, eine Art Venus oder Jugendgöttin, die zu seinen vollendetsten Werken gehören wird. Zur Hilfe hat er einen jungen Spanier; er meinte aber, die

Notwendigkeit, immer für diese Arbeit zu schaffen, lasse ihm selbst keine Ruhe.

Banyuls. 6. Januar 1925. Dienstag.

Gegen zehn bei Maillol, um ihn zu unserer Tour nach Céret abzuholen. Wir gingen ins Atelier hinunter, wo er etwas an seinen Tonmodellen mit der Spachtel herumbastelte. Kleine hockende Frauenfigur. »C'est une variante de la vôtre à Berlin (die große Steinfigur). Mais celle-ci, je voudrais la faire pour être vue d'un seul côté, tandis que la vôtre, elle a quatre côtés. Celle-ci, je voudrais la faire comme un bas-relief. Mail il y a toujours une jambe qui gêne; il y a toujours une qui ne rentre pas. Je cherche; avec de la patience, j'arriverai!«

Das Gespräch ging dann über auf das Thema von den schlanken und den kurzen, gedrungenen Frauen (jambes courtes, jambes longues). »Hier, à la gare, j'ai vu une jeune fille avec des jambes épatantes. Du reste, ici, on n'a qu'à regarder, toutes les jeunes filles ont des jambes admirables. Il y a des gens, quand ils arrivent ici, qui les trouvent trop courtes; ils veulent des jambes longues. Mais ils n'entendent rien à la sculpture. *En sculpture, il ne s'agit pas d'aimer les jambes courtes ou les jambes longues, mais il s'agit de trouver l'harmonie.* D'Annunzio, quand il est venu à la maison avec vous (nach Marly), (vous rappelez-vous?) a dit que ma sculpture était très bien, mais que mes femmes avaient les jambes trop courtes; ça prouvait qu'il n'entendait rien à la sculpture! On peut faire les jambes longues ou les jambes courtes; mais il faut que ça s'emmanche, il faut trouver l'harmonie. J'ai épousé une femme courte, j'ai toujours eu les jambes courtes devant les yeux; c'est pour ça que j'ai cherché l'harmonie des jambes courtes. Si j'avais épousé une Parisienne aux jambes longues, j'aurais peut-être cherché l'harmonie des jambes longues. Avant d'être marié, j'avais des Americaines du Sud qui me posaient, des femmes minces et longues, et j'ai fait une peinture avec des harmonies de femmes longues.«

Ich betrachtete lange die herrliche, nackte Figur eines schlanken, jungen Mädchens (die Füße fehlen noch, der Kopf ist in Ton skizzenhaft draufgesetzt), die in der Tat beweist, daß er auch junge, schlanke Weiber meisterhaft gestalten kann. Die Arme sind ebenfalls erst versuchsweise in Ton drangesetzt; nach rückwärts gestreckt; sie sollen ein Gewandstück schleifen: eine Badende, die ins Wasser schreitet. Er sagte, er werde die Arme vielleicht nach vorne und gegen die Brust biegen, weil zwischen Torso und Armen jetzt zu große, lange Löcher entstanden seien. »C'est une figure que je n'ai pas faite d'après une idée, mais pour laquelle je me suis servi d'un torse que j'avais fait d'après une jeune fille.« Wie dem auch sein mag, sie ist eine seiner schönsten Gestalten. Ich besprach mit ihm für mich ein Exemplar in hellrosa Ton.

Wir fuhren zuerst nach Elne und gingen dort vom Bahnhof in die Stadt, um sein Kriegerdenkmal auf dem Domplatz zu sehen. Er hat einfach seine ›Pomona‹ bekleidet und ihr ein Band in die Hände gegeben, auf dem eine Inschrift steht. Er ist von der Figur sehr befriedigt; ich fand sie schwerfällig und reizlos und in der Umgebung, vor der Apsis des mächtigen romanischen Doms und mit dem Anblick auf Meer und Ebene und Gebirge, winzig.

Von Elne fuhren wir nach Céret weiter, um Manolo zu besuchen. Wir frühstückten mit Lucien Maillol im Hotel und gingen dann zu Manolo, der ein kleines Bauernhäuschen an der Landstraße vor der Stadt bewohnt, nachdem wir vorher Maillols Kriegerdenkmal besichtigt hatten. Dieses ist wirklich groß und ergreifend. Eine einfache Frau aus dem Volke, die trauernd, mit aufgestützter Hand, sitzt. Die Figur selbst ist mächtig und ausdrucksvoll, das Material, ein hellgrauer Stein, der Umgebung angepaßt, und die Aufstellung auf einem weiten, schattigen Platz unter mächtigen Platanen, vor einer Reihe einfacher, alter grauer Häuser, über die ein gewaltiger Gebirgskamm emporsteigt, vollkommen geglückt. Es ist von Maillols drei Kriegsdenkmälern das einzige, das gelungen ist. Das von Port-Vendres bezeichnete Maillol selbst heute wiederholt als verfehlt (raté), und das von Elne finde ich kleinlich und unschön. Aber hier in Céret ist ihm eines der wenigen ganz befriedigenden modernen Denkmäler geglückt. Die Umgebung tut allerdings viel dazu.

Manolo ist ein kleiner, rundlicher, glattrasierter, etwa fünfzigjähriger Spanier, der aussieht wie ein pensionierter Torero. Niemand würde ihm seine frühere Verbrecherlaufbahn ansehen. Seine Frau, viel jünger, eine frühere Pariser Kokotte, ist von einer mageren, charaktervollen Häßlichkeit und erweckt den Eindruck einer starken Persönlichkeit mit männlichem Einschlag. Er spricht ein Gemisch von Französisch und Katalanisch, das schwer zu verstehen ist. Er hatte nur Photographien von seinen Skulpturen zur Hand, da diese selbst bei Kahnweiler in Paris sind. Mir fiel ein Relief von Stierkämpfern und eines von Kühen im Stall auf; beide mit Anklängen an spätrömische Reliefs, doch sehr persönlich. Er hat eine bemerkenswerte Kraft des Ausdrucks (»il a le coup de poing«, sagte ich Maillol nachher), ein ungewöhnliches Talent, das Wesentliche dessen, was er sieht und gestalten will, auf eine einfache Formel zurückzuführen und überzeugend darzubieten; manchmal allerdings noch nicht ohne Willkür, was er selber erwähnte und zu korrigieren versucht. Ich schlug ihm vor, einen Don Quichotte für meine Presse mit Holzschnitten zu illustrieren, was er freudig zusagte.

Maillol neben Manolo: ich beobachte die beiden Köpfe: das lange, feine, zarte, etwas müde Gesicht Maillols mit dem grauen Spitzbart und den lichten blauen Augen, ein Gesicht wie das eines griechischen Hirtendichters, und daneben den Rundschädel Manolos, das runde, feste, aber etwas fette Sancho-Pansa-Gesicht des südländischen Materialisten, der das Leben genießt, aber den Teufel fürchtet. Maillol erzählt, daß Manolo vor einem Gewitter in den Keller flüchtet und eine Heidenangst vor dem Tode hat. Diese beiden Typen sind vielleicht die Grundtypen der Mittelmeer-Kultur: Griechenlands, Roms, Spaniens, Frankreichs.

Paris. 7. Januar 1925. Mittwoch

Um elf vormittags in Paris an. Abends gegessen bei Mme. Sautreau (Tochter Björnsons) mit Wilma, Mme. Paul Clémenceau und Painlevé.

Langes Gespräch mit Painlevé nach Tisch über die Entwaffnungsfrage. Er betrachtet die Frage der *materiellen* Entwaffnung Deutschlands als sekundär (wie alle französischen Politiker), weil Deutschland sich in kürzester Zeit wieder bewaffnen könnte. Auch die Entstaatlichung der Schupo bezeichnete er als eine ›mesure enfantine‹, wenn sie die Einreihung der Schupo in die Armee verhindern solle; höchstens könne sie diese um vierundzwanzig Stunden aufhalten. Das, worauf es ankomme, sei die moralische Entwaffnung. Aber das Unglück wolle es, daß die Höhepunkte des Friedenswillens in dem einen Lande immer mit dem Tiefstand des Friedenswillens im andren zusammenträfen: il n'y a jamais concordance, daher kämen wir nicht weiter. Das Bramarbasieren unserer Deutschnationalen und Völkischen nimmt er nicht sehr ernst; nach siebzig habe man auch in Frankreich Deroulèdesche Revanche-Gedichte mit Begeisterung in Volksversammlungen begrüßt, ohne daß das Volk oder die, die sich an ihnen berauschten, die Revanche wirklich wollten.

Die jetzige französische Regierung hält Painlevé für ›solide‹. Die Nationalisten selbst sähen ein, daß sie sie nicht stürzen könnten. Ein Staatsstreich sei nicht zu befürchten, die Armee in ihrer überwältigenden Mehrheit würde nicht mitmachen.

Mme. Sautreau erzählte nachher ziemlich giftige Geschichten über andre Gesellschaftsdamen; ganz amüsant und sie zu lebendigen Figuren machend. Ich sagte nachher, sie behandele ihre Freundinnen wie die Köchinnen die jungen Gurken, ›elle les conserve dans le vinaigre‹.

Paris. 10. Januar 1925. Sonnabend

Abends um sieben bei Painlevé im Palais de la Présidence. Palais XVIIIe siècle, vom Liebhaber der Herzogin von Bourbon, der für sie das Palais Bourbon baute, für sich errichtet und, wie mir

Painlevé erklärte, mit einem Verbindungsgang zum Palais Bourbon ausgestattet, den jetzt der Kammerpräsident benutzt, um zum Sitzungssaal zu gelangen auf dem Wege, der früher den besagten Liebhaber zum Bett der Herzogin führte. Das Palais ist groß, schönräumig, aber bis auf einige Gobelins schäbig ausgestattet im Geschmack der Bürgermonarchie und des zweiten Kaiserreichs. Das Treppengeländer würde eine Vorstadt-Mietskaserne entehren.

Cardiff. 19. Januar 1925. Montag

Mittags nach Cardiff, wo abends im University College Vortrag vor Studenten über Deutschlands innere und äußere Politik. Etwa dreihundert Studenten. Nachher Fragen beantwortet. Vorher war, wie mir gesagt wurde, Opposition seitens einiger Studenten geplant. Aber alles verlief in bester Stimmung, und zum Schluß brachten mir die Studenten ihren ›Kriegsruf‹, ein wildes Geschrei, als höchste Huldigung dar.

In der Dunkelheit die gewaltigen Massen von Cardiff Castle mitten in der Stadt, eine der imposantesten mittelalterlichen Burgen, die ich je gesehen habe. Eigentum und Wohnsitz des Marquis of Bute.

Cardiff. Abergavenny. 20. Januar 1925. Dienstag

Vormittags in der Frühe nach Llandaff die Kathedrale besehen: einen gewaltigen, teils romanischen (normannischen), teils spätgotischen Bau, malerisch an einem grünen Hügelabhang gelegen, der mit Gräbern bedeckt ist, zwischen denen Zypressen stehen. Diese malerische Lage das Schönste, da der Dom selbst stark restauriert ist.

Nachher, um zehn, das Kastell in Cardiff besichtigt unter Führung eines Buteschen Lakaien in grüner Livree und Zylinderhut. Diese gewaltige quadratische Anlage ist ursprünglich römisch, ein befestigtes römisches Lager der klassischen Art, auf dessen Grundmauern die Normannen ihrerseits Befestigungen aufgeführt haben, ohne am ursprünglichen Plan etwas zu ändern. Die römischen Mauern, sechzehn Fuß dicker Beton, Feldsteine in Mörtel gebettet, sind als Kern unter und innerhalb der mittelalterlichen Mauern erhalten. Der jetzige Marquis läßt sie seit zwanzig Jahren innerhalb des normannischen Aufbaus freilegen. Es dürfte eins der besterhaltenen römischen Kastelle sein. Der Führer sagt, daß es durch Inschriften, die aufgefunden worden sind, datiert ist: es soll im Jahre 250 n. Chr. errichtet und in den folgenden Jahrzehnten weiter ausgebaut worden sein; also gerade zu der Zeit, wo das Römische Reich, durch Bürgerkriege zerrissen, auseinanderzufallen drohte. Ein Zeugnis, wie wenig die Palastrevolutionen und Kämpfe zunächst den ungeheuren Bau des Reiches und seine feste bürokratische Organisation erschütterten. Gleich nachher kam ja dann auch Diokletian. Man überschätzt wahrscheinlich sehr die Bedeutung der Kämpfe zwischen Kaisern und Prätendenten in der zweiten Hälfte des dritten Jahrhunderts: am groteskesten Ferrero.

Mittags nach Abergavenny, um Gill zu besuchen und Aufträge für den Vergil mit ihm zu besprechen. Als Adresse war mir Capelyffin (sprich Chapel-y-fin, das heißt capella ad finem) bei Llanvihangel aufgegeben worden. In Abergavenny kannte niemand den Ort. Ich nahm daher ein Auto und fuhr zunächst nach Llanvihangel in der Annahme, daß Gills Wohnort ganz in der Nähe sein müsse, da er von dort mein Telegramm beantwortet hatte. Mein Autofahrer hatte auch noch nie von Capelyffin gehört. In Llanvihangel wurde uns gesagt, es sei noch zwölf Meilen entfernt, ganz oben in den Black Mountains. Der Autofahrer jammerte, die Wege seien so schlecht und schmal, er könne nicht garantieren, daß wir hinkämen. Er selbst sei nie über das Kloster Anthóny am Fuß der Berge hinausgekommen.

Wir fuhren ein schönes, aber einsames Tal zwischen Wiesen und Hecken auf einem schmalen Landweg hinauf, der in der Tat in die Wildnis zu führen schien. Ich mußte an meine Fahrt im vorigen Jahr das Rio-Grande-Tal hinauf denken. Hinter der Ruine des mittelalterlichen Klosters Anthóny wurde der Weg immer schmaler, der Fahrer immer verzweifelter. Schließlich hielten wir an einem Abhang, und ein Eingeborener sagte uns, Gill wohne oben in einem andren Kloster, das dort der Vater Ignatius gegründet habe.

Zwischen Hecken und Wiesen und schließlich einen steilen Pfad zu Fuß hinaufwandernd, kam ich an ein halbverfallenes Klostergebäude; einen in Reparatur befindlichen Klostergang entlang und durch ein Vorzimmer hindurch Stimmen hörend, stieß ich weiter vor und stand plötzlich in einem mittelgroßen Raum, in dem einige Frauen und junge Mädchen und zwei sehr würdig aussehende Mönche an einem großen Holzfeuer saßen.

Die eine von den Frauen, die ich als Mme. Gill erkannte, kam mir entgegen und fragte, ob ich nicht ihren Mann auf der Landstraße getroffen habe; er sei mir vor ein paar Stunden entgegengegangen. Wir hatten uns offenbar verfehlt. Dann stellte sie mir die beiden Mönche vor, von denen der eine der Prior des im Meere gelegenen Inselklosters war; ein schöner, ernst, aber freundlich aussehender Mann in mittleren Jahren. Er mußte noch heute nach seiner Insel im Ozean zurück, da morgen dort irgendeine Feier ist.

Ich schickte inzwischen mein Auto auf die Suche nach Gill, der auch nach etwa einer Stunde eintraf. Tolstoihaft aussehend in einem Kittel und Mantel, die halb bäuerisch, halb mönchisch anmuteten. Er brachte seinen Schwiegersohn mit, einen jungen Bildhauer und Zeichner.

Das Wiedersehen nach den Kriegsjahren war nicht dramatisch, aber doch beiderseits nicht ohne innere Erschütterung. Gill meinte, für ihn und seine Freunde sei, wie offenbar auch für mich, die Kunst jetzt in die zweite Linie gerückt; das Hauptziel sei Erneuerung des Lebens. Vor dem Kriege habe man zu oberflächlich gedacht. Daher seien sie hier ›trying hard to be good‹, was nicht immer leicht sei. Daneben müsse man aber doch schließlich seinen Beruf weiter ausüben, und sei es auch nur, um nicht zu verhungern. In der Tat produzierte er sehr viel. Er zeigte mir sehr feine, kleine Buchsbaumfigürchen und Reliefs von sich und seinem Schwiegersohn, viele Holzschnitte und Kupferstiche, Heiligenbildchen, Kreuzigungen, Porträts usw. Alles von hoher Qualität.

Er und seine Frau und auch die Kinder (was merkwürdiger ist) fühlen sich, wie sie sagen, in der Einöde in der mönchischen Atmosphäre wohl. Ditchling sei zu kleinbürgerlich gewesen; sie hätten nur die Wahl zwischen der Wildnis und London gehabt und hätten sich entschlossen, es zunächst einmal mit der Wildnis zu versuchen; das Experiment sei bisher geglückt. Sie haben keinerlei Bedienung, machen sich alles selbst, kochen ihr Essen am offenen Herdfeuer (wie wir im Kriege im Biwak), führen eine Squatter-Existenz vier Stunden von London und sind dabei vergnügt und wunschlos zufrieden.

Ich ging mit Gill den Vergil und Maillols Holzschnitte durch und besprach mit ihm die Initialen, die er zu schneiden übernahm. Bei Nacht und Dunkelheit brach ich dann wieder auf und war um acht in Abergavenny in meinem gar nicht schlechten Landhotel (The Angel) wieder zurück.

Berlin. 26. Januar 1925. Montag

Winterfeldt (Jochen, der Landesdirektor) telephonierte und bat um eine Besprechung in einer ›sehr wenig erfreulichen Angelegenheit‹. Ich ging zu ihm ins Landeshaus, und er eröffnete mir, daß in der Canitzgesellschaft eine große Zahl von alten Herren meinen Austritt forderten wegen meiner außenpolitischen Tätigkeit und meiner pazifistischen Gesinnung, die mit den Grundsätzen und Traditionen der Canitzgesellschaft nicht vereinbar seien. Er habe es übernommen, mir diesen Wunsch zu übermitteln.

Ich sagte, ich sei selbstverständlich gern bereit auszutreten, denn mir läge nichts daran, in einer Gesellschaft zu bleiben, die meine politische Gesinnung und Tätigkeit mit der ihren für unvereinbar halte, wolle aber doch vorher feststellen, daß ich meine außenpolitische Tätigkeit stets in engster Fühlung mit dem Auswärtigen Amt ausgeübt habe und daß die Leiter unserer Außenpolitik Cuno und Marx, Rosenberg und Stresemann,

Maltzan und Schubert mir immer wieder ihre uneingeschränkte Billigung für diese Tätigkeit ausgesprochen hätten, die, wie es scheine, in den Kreisen der Canitzkneipe jetzt so strenge Verurteilung fände.

Was meine pazifistische Gesinnung anbelange, so sähe ich als Politiker kein Mittel außer dem friedlicher Verhandlungen, um unsere außenpolitische Lage und die Härten des Versailler Friedens zu mildern. Auch würde nach dem Urteil sogar der Militärs ein Krieg unter den heutigen Umständen auf deutschem Boden ausgefochten werden, mit Deutschlands Niederlage enden und das deutsche Volk in noch tieferes Elend stürzen als der vorige. Ich hielte es daher für die patriotische Pflicht jedes verantwortungsbewußten deutschen Politikers, in erster Linie auf die Erhaltung des Friedens hinzuwirken. Wenn diese Gesinnung mit der von der Canitzkneipe gepflegten und geforderten unvereinbar sei, so würde ich es meinerseits für meine unabweisbare Pflicht halten, meine Verbindung mit ihr zu lösen.

Winterfeldt bat mich, ihm dieses in einem persönlichen Briefe zu schreiben, und erwog den Gedanken, ob ich diese Anschauungen nicht in einem Vortrag vor dem Vorstand der Canitzgesellschaft oder der Alten-Herren-Versammlung ausführen sollte. Ich erklärte mich hierzu bereit.

Nachdem sie mich sechs Jahre lang in Ruhe gelassen haben, zeigt dieses, wie jetzt den Reaktionären und Kriegshetzern der Kamm schwillt. Der Haupthetzer soll, wie Winterfeldt mir sagte, Medem sein. Sie glauben, ihre Zeit sei angebrochen, und befürchten keinen Rückschlag mehr, bei dem sie meine Protektion nötig haben könnten. Winterfeldt behagte seine Mission offenbar wenig; er brachte seine Sache mit sichtlicher Verlegenheit vor und versuchte, seine Person möglichst abseits zu stellen.

Abends Essen des Pen-Club, dem ich beigetreten bin, den ich aber zum ersten Mal in Fleisch und Blut erlebte: anwesend waren meistenteils nur Fossilien: der alte Rosen (der einmal zu unserem Unglück Außenminister war), der jetzt ganz verkalkt und verknöchert ist, Marie Bunsen, Ludwig Fulda, Federn, O. H. Schmitz, der kleine Prinz Rohan usw. Trüber Abend.

Berlin. 29. Januar 1925. Donnerstag

Abends Pirandellos ›Sechs Personen suchen einen Autor‹ in Reinhardts Komödie. Ein Stück Virtuosität, das manchmal über das verblüffende Können hinaus zu Kunst wird. Das Problem, zwei oder drei Handlungen auf der Bühne durcheinanderzuquirlen und jedesmal den Zuschauer über die Bruchstelle hinwegzuführen, ohne daß er aus der Stimmung kommt, ist von Pirandello mit unerhörter Frechheit und Sicherheit gelöst worden.

Berlin. 30. Januar 1925. Freitag

Das Friedenskartell hatte heute nachmittag zu einer gemeinsamen Sitzung mit der Demokratischen und Sozialdemokratischen Partei und dem Reichsbanner eingeladen, um über die Räumung Kölns und die Entwaffnungsfrage zu beraten und wenigstens eine gemeinsame Haltung und einen gemeinsamen Schritt zu beschließen. Die Anregung war von Küster (Hagen) und den westfälischen Gruppen der Friedensgesellschaft ausgegangen. Als Vertreter der Gauleitung Berlin des Reichsbanners erschien Ebert, ein Sohn des Reichspräsidenten. Leider erwies er sich als knotig, taktlos und indiskret, durch welche Eigenschaften seine Rede, in der er die Haltung des Berliner Reichsbanners darlegte, zur Sensation des Nachmittags wurde.

Nachdem die Beratung zwei Stunden hingeplätschert war und allerlei Vorschläge gemacht waren, um der Regierung wegen der Zeitfreiwilligen (Schwarze Reichswehr) auf den Leib zu rücken, erhob sich Ebert, ein stämmiger, etwas untersetzter junger Mann mit einem kugelrunden, schwarzen Schädel, und sagte: er wisse nicht, wozu er eigentlich hierher eingeladen sei. Er habe geglaubt, es solle über die Art, wie die Räumung Kölns beschleunigt werden könne, verhandelt werden; bisher sei aber nur über die Schwarze Reichswehr gesprochen worden (was nicht stimmte, da ich ausführlich über die Frage der Sicherheit und des Sicherheits-Paktes gesprochen hatte). Über die Schwarze Reichswehr sei das Reichsbanner besser unterrichtet als irgendeine andre Instanz. Es arbeite seit Monaten daran, das Material möglichst vollständig zu sammeln. Er selbst liege seit Monaten draußen und besuche in der Grenzmark systematisch jedes Dorf. Was dabei über die Schwarze Reichswehr herausgekommen sei, sei geradezu haarsträubend. Sie würden aber bald noch mehr heraushaben. In drei Monaten hofften sie so weit zu sein, daß sie jeden einzelnen Mann, der zur Schwarzen Reichswehr gehöre, genau registriert hätten. Aber sie würden es für ein Unding halten, das Material jetzt zu veröffentlichen und so der deutschen Regierung in diesem Augenblick in den Rücken zu fallen (womit ich ganz übereinstimme). Sie (das heißt die Gauleitung Berlin) stünde auf dem Standpunkt, daß, wenn die deutsche Regierung eine Schwarze Reichswehr nötig zu haben glaube, dann das Reichsbanner diese Schwarze Reichswehr bilden müsse, nicht reaktionäre Verbände (!!!).

Berlin, 31. Januar 1925. Sonnabend

Beim Korrespondenten des ›Matin‹ Lauret gefrühstückt mit dem jungen Margerie (dem Sohn des französischen Botschafters), Alfred Kerr und noch zwei Franzosen. Lauret, der Luthers Rede gehört hat, und Margerie lobten sie beide als geschickt und gemäßigt. Der Eindruck sei gestern abend vorzüglich gewesen, sagt Lauret.

Margerie schilderte den Zusammenstoß zwischen Carl Sternheim und Madame de Noailles in Paris bei André Germain. Madame de Noailles habe von Goethe, von Nietzsche und andren großen Deutschen gesprochen; Sternheim habe sie alle als belanglos abgelehnt. Der Name Unruh habe ihn geradezu in Raserei versetzt. Er habe nur sich selbst und allenfalls Georg Kaiser als deutsche Dichter anerkannt, allerdings habe Kaiser ihn kopiert.

Kerr sprach in einem recht guten Französisch glanzlos über Kalifornien.

Berlin. 3. Februar 1925. Dienstag

Diner bei Bergens im ›Adlon‹: Bernhard Bülow, Graf und Gräfin Klinckowström (er früherer Gardedukorps, sie geb. Kanitz) und Frau v. Oheimb.

Die Gräfin Klinkowström, eine nicht schöne, aber sympathische und gebildete junge Frau (bester Typ des preußischen Adels), klagte über die verstockte reaktionäre Richtung der jüngsten Generation. Sie selbst sei mit siebzehn Jahren eine halbe Kommunistin gewesen; ihr junger Hauslehrer, ein Kandidat der Theologie, habe nie einen Zweifel an allen alten Traditionen gehabt. Und was er vom Geist seiner Kommilitonen auf der Universität erzähle, sei geradezu trostlos. Merkwürdig, aus diesem Munde das zu hören. Dabei ist sie stramm deutschnational.

Klinckowström erzählt, daß er ein offizielles Schreiben von Eulenburg-Prassen, dem angesehensten Adligen seiner Provinz, erhalten habe, in dem er ihm mitteilte, der Generalmajor XY habe ihn gebeten, Klinckowström mitzuteilen, es seien Anzeigen bei ihm eingelaufen, daß bei einer Gesellschaft bei Klinckowström Französisch gesprochen worden sei. Dabei habe es sich um einen Gast gehandelt, der mit einer seit dreißig Jahren bei Klinckowströms dienenden schweizerischen Gouvernante ein paar Worte Französisch gesprochen habe.

Der Abend nahm für mich ein etwas abruptes Ende, da Frau von Bergen ihre Absicht erklärte, mit Klinckowströms ins Palais Mascotte zu fahren, und mich fragte, ob ich mitführe. Vor dem ›Adlon‹ verabschiedeten sich unter verschiedenen Vorwänden Bergen und Bülow und Frau v. Oheimb. Als wir ins ›Palais de Danse‹ kamen, stellte sich heraus, daß wir beim Prinzen August Wilhelm zu Gaste sein oder mit ihm sitzen sollten. Da ich in die peinlichste Lage geraten wäre, verabschiedete ich mich, nachdem der Prinz, der uns entgegengekommen war, den Damen die Hand geküßt hatte, rasch von Klinckowström und bat ihn, mich bei Frau von Bergen zu entschuldigen. Als Botschafterin hätte sie mir eigentlich mitteilen können, was bevorstand. Die Ungeniertheit, mit der die Monarchisten wieder die Verbindungen und die Führung aufnehmen, ist verblüffend.

Weimar. 6. Februar 1925. Freitag

Maillol-Aufsatz geschrieben. Aus diesem Anlaß Platos ›Symposion‹ auf griechisch gelesen und mich gefreut, daß ich noch ohne Schwierigkeiten es fließend konnte.

Berlin. 16. Februar 1925. Montag

Abends großes Diner bei Felix Deutsch: Eberts, Houghton, Krestinskis, Gevers, Löbes, Schachts usw. Ich saß an der Tafel neben Löbe und über Krestinski und auch Schubert, was eine Taktlosigkeit war und Aufsehen erregte.

Frau Ebert, die ich zum ersten Male sah und kennenlernte, macht einen fast vornehmen Eindruck; sie könnte eine ostelbische Gräfin vom Lande sein, etwas massiv und rot, aber nicht ohne Grazie. Geschmackvoll war, daß sie in dieser eleganten Gesellschaft in einem ganz einfachen ausgeschnittenen Kleid ohne das geringste Schmuckstück erschien, nur ein winziges goldenes Kreuz am Hals, wie es jede Arbeiterfrau tragen könnte. Sie hat offenbar Takt und auch Würde. Frau Löbe brachte mich zum Lachen, als sie Renata Schubert ›Frau Staatssekretär‹ anredete.

Regine Deutsch erzählte mir, daß Rathenaus Mutter gleich nach dessen Ermordung alle Briefe verbrannt hätte, die er von ihr, der Deutsch, erhalten habe. Der von beiden immer gehegte Plan (nach Frau Deutschs Behauptung), ihren Briefwechsel einmal herauszugeben, sei dadurch vereitelt worden. Ich fragte, warum die alte Frau Rathenau so gehandelt habe. Die Deutsch: ›Aus Eifersucht! Eifersucht einer alten achtzigjährigen Frau.‹

Berlin. 20. Februar 1925. Freitag

Nachmittags zum Tee bei Albert Einstein, der in den nächsten Tagen nach Argentinien fährt. Außer mir ein französischer Oberst, der Chef der chemischen Abteilung der Interalliierten

Militär-Inspektion. Er sagte, in der chemischen Industrie sei in Deutschland alles in Ordnung; es könne keine Rede davon sein, daß sie Giftgase fabriziere oder irgendwie nicht völlig auf den Friedenszustand zurückgeführt sei. Morgans Artikel enthalte viel Unsinn. Er habe ihn geschrieben offenbar nur, um für sich Reklame zu machen.

Einstein sagte, als ich von seinen Erfolgen sprach, er habe nur mehr Glück als die andren gehabt; er kenne eine Reihe von Gelehrten, die genau den gleichen geistigen Anspruch auf große Entdeckungen gehabt hätten wie er; sie hätten nur weniger Glück gehabt. Ich: er scheine aber doch eine Art von besondrem Ortssinn zu haben, der herausfühle, wo das Loch sei, das aus einem Problem herausführe. Mit dem französischen Obristen unterhielt er sich über wissenschaftliche Probleme.

Magdeburg. 21. Februar 1925. Sonnabend

Mit Gerlach und Guseck im ›Magdeburger Hof‹ (seligen Andenkens! mein Revolutionsquartier) gegessen und nachher in die Ausschuß-Sitzung des Reichsbanners im ›Weißen Bären‹. Hörsing erstattete Bericht und leitete die Sitzung. Er ist kein gebildeter Mann, aber ein *Mann;* und ein Mann, der seine Grenzen kennt, seine eigenen und die des seiner Organisation Möglichen; verschlagen, vorsichtig und bullenmäßig energisch und zielbewußt. Er spricht ein dialektisch gefärbtes, proletarisches Deutsch, ein Unteroffiziers-Deutsch, aber humorvoll und gewandt. Nuance Gastwirt, von Figur breit, kurz, viereckig, ein grober Klotz mit Humor und derber Faust.

Nachts um zwölf nach London abgereist.

Oxford (Balliol). 24. Februar 1925. Dienstag

Nach Oxford, wo ich im Balliol College für die ›League of Nations Union‹ abends redete und beim Master of Balliol (Lindsay) wohnte. Im Zuge Gilbert Murray (der auch abends bei meinem Vortrag war) getroffen.

Ich bewohne im Hause von Lindsay in Balliol College ein

schönes Zimmer mit anstoßendem, großem Badezimmer; leider sehr kalt. Vor Tisch saß ich mit Lindsay und seiner Frau in seinem Arbeitszimmer; mehrmals kamen Studenten herein und sprachen mit ihm oder baten um Unterredungen. Der Kontakt zwischen den Studenten und Lehrern ist hier viel enger als bei uns. Die unverheirateten Professoren wohnen im College, und abends versammelt sich um jeden in seinem Zimmer ein Kreis von jungen Leuten; ganz sokratische Methode.

Wir aßen in der Halle von Balliol, wo nachher auch die Versammlung war. Ich saß mit Lindsay und drei oder vier Professoren (alle im Talar) auf der erhöhten Bühne am Ehrentisch, die Studenten, ebenfalls in schwarzen Talaren, an langen, schmalen Tischen unten im Saal. Eindruck ein leise mönchischer, klösterlicher. Die Studenten aßen in wenigen Minuten (höchstens eine Viertelstunde), um wieder fortzukommen. Auffallend, wie wenig laut die Tischgesellschaft für eine Versammlung von jungen Männern ist. Ganz anders, wie es in Amerika oder Frankreich oder bei uns zugehen würde.

Nach Tisch gingen wir zunächst in den Common Room, während oben die Tische weggeräumt wurden, dann sprach ich, hauptsächlich zu Studenten und Professoren, über Deutschlands Haltung zum Völkerbund und zur Sicherheitsfrage. Nachher Diskussion; die Fragen, die gestellt wurden, verrieten meistens Sympathie für Deutschland. Zum Schluß sekundierte Murray einen von einem Studenten eingebrachten ›Vote of Thank‹ für mich.

Birmingham. 25. Februar 1925. Mittwoch

Mittags von Oxford nach Birmingham. Zu Gast bei Mrs. George Cadbury, Witwe des Kakaokönigs, auf ihrem fürstlichen Landsitz, dem Manor House von Northfield bei Birmingham. Wie alle englischen Kakaokönige sind die Cadburys Quäker. Das Haus liegt in einem großen Park, den ich in der Dunkelheit nur schattenhaft sah. Die Versammlung fand in Woodbroke Settlement statt, einer Art von internationaler Quäker-Erziehungsanstalt für angehende Missionare und ›international workers‹. Um sieben war mit den Zöglingen zusammen ein Abendessen, das etwas frugal in einem Ei, Tomatensalat und einem englischen Pudding, wozu Limonade gereicht wurde, bestand. Aber liebe, gute Menschen alle.

Nachher redete ich in der Kapelle, einem sehr einfachen Holzbau, unter dem Vorsitz der Kakaomillionärin. Unter den Zöglingen waren außer Engländern Deutsche, Franzosen, Amerikaner, ein Zuluneger; im ganzen, wie mir mitgeteilt wurde, elf Nationalitäten. Später sangen wir alle zusammen im großen Saal des Hauptgebäudes einen Choral. Kein Zweifel: eine sympathische Atmosphäre, aber was zu denken gibt, daß die tiefen Gespräche nicht aufgelöst, sondern überkleistert, ja nur überzuckert werden. Für ein paar Ausnahmenaturen mag diese Zuckerkruste genügen, um darauf außerordentliche Leistungen, ein außerordentliches Leben aufzubauen; eine Brücke für die Menschheit kann sie aber nicht sein. Sie teilt das Schicksal der Oberflächlichkeit mit der englischen präraffaelitischen Kunst.

Birmingham – Wolverhampton. 26. Februar 1925. Donnerstag

Bournville besucht unter Führung der achtzehnjährigen, sehr niedlichen Tochter der Mrs. Cadbury. Riesenanlage, zehntausend Arbeiter, Mädchen und Männer, alle appetitlich weiß gekleidet. Trotzdem riecht es so nach Kako, daß mir fast übel wurde. Ringsherum haben die Cadburys eine Musterstadt gebaut, lauter reizende Cottages, parkartige Gärten, Bäder, Speisehallen, eine ideal schöne und praktische Schule, ein reizendes, altes englisches Herrenhaus, das Stein für Stein hierher geschleppt und wiederaufgebaut worden ist. Die Arbeiter sind glücklich. Auch haben sie einen Arbeiterrat, der nach den neuesten Methoden funktioniert. Es ist die vollkommenste Ausdehnung der bourgeoisen, kapitalistischen Kultur mit allen ihren Segnungen und Annehmlichkeiten auf die Arbeiterschaft. Weiter läßt sich diese Methode materiell und geistig nicht treiben. Vor allem steckt dahinter bei den Cadburys zweifellos ein wirkliches Ideal, der allerbeste und gütigste christlichste Wille.

Und doch bleibt ein großes Fragezeichen; ob nicht doch letzten Endes die Arbeiter bestohlen und betrogen, das heißt ausgebeutet werden, indem sie trotz aller Freigebigkeit der Besitzer weniger bekommen, als ihnen nach ihrem Anteil am Gesamtergebnis zukommt; und noch mehr, ob dadurch das ganze System, das für den Profit und nicht für den wirklichen Bedarf arbeitet, irgendwie besser, rationeller und moralischer wird. Führt von dieser Methode der Weg irgendwie weiter oder nicht nur tiefer in eine irrationale und unmoralische Wirtschaft hinein? Handelt es sich nicht bloß um eine Art von Inzucht des hochkapitalistischen Systems, die zum Absterben, nicht zur Mutation in neue Formen der Produktion führt?

Die kleine blonde Miß Cadbury als letzte Blüte und Rechtfertigung dieser ungeheuren Produktionsmaschine ist etwas dünn. Und ebenso sogar die schöne internationale Liebestätigkeit der Mrs. Cadbury, die schließlich nur einer gütigen Laune der Herrin im Hause entspringt.

Nachmittags nach Wolverhampton, wo in einer von der Labour Party einberufenen Versammlung hauptsächlich vor Arbeitern gesprochen.

Manchester. 27. Februar 1925. Freitag

Früh in den Zeitungen Nachrichten, daß Ebert, der am Blinddarm operiert worden ist, in Lebensgefahr schwebt. Um zehn nach Manchester gefahren, wo ich am Bahnhof von einem Quäker, Mr. A. C. Wilson, empfangen wurde, älterer, ernster, angenehmer Mann, früherer Zivilingenieur; in den Linkskreisen von Manchester sehr einflußreich. Labour Party. Um eins Versammlung in der Universität von der Student's ›Union‹ (dem Studentenklub) einberufen.

Abends Versammlung im Quäker-Versammlungshaus. Ein Geistlicher, Mr. Roff, präsidierte. Lady Barlow, Allen, Wilson, Behrens, Miß Rinder saßen mit im Präsidium. Ich hatte einen sehr starken Erfolg. Der schöne, einfache, klassizistische Raum (etwa 1820), die reine, helle Atmosphäre waren kongenial. Ich habe mich selten sicherer und wohler gefühlt.

Manchester – Bradford. 28. Februar 1925. Sonnabend

Früh begleitete mich Wilson in die John-Rylands-Bibliothek. Der Kustos (Vine) zeigte uns herrliche mittelalterliche Handschriften, die meistens aus der Crawford-Sammlung stammen. Das Schönste war ein Buchdeckel aus Trier (zwölftes oder dreizehntes Jahrhundert); edelste deutsche Kleinplastik in vergoldetem Silber; winzige Figuren von Kaisern und Kaiserinnen, Heiligen, Bischöfen in Hochrelief im allerfeinsten und schönsten Stil, fast noch klassisch, und doch ganz geschwellt vom Geist, von der Anschauung der Minnesänger; ein wahres Kleidod aus der Zeit, wo die deutsche Kultur ihren Höhepunkt erreicht hat. Nie wieder hat das deutsche Volk diese Allgemeingültigkeit, diese edle Breite und Innigkeit erreicht. Diese kleinen Figuren sind Brüder und Schwestern der Naumburger Stifter, aber vielleicht noch edler und universaler.

Um zwei nach Huddersfield mit Wilson, wo wir am Bahnhof von M. P. Hudson und dem Bürgermeister empfangen und vom Bürgermeister in seinem Auto zur Versammlung gefahren wurden. Es waren hundertfünfzig Delegierte der Gewerkschaften und andrer Vereinigungen versammelt. Ich redete unter wachsendem Beifall anderthalb Stunden über Deutschlands Stellung zum Völkerbund, Protokoll und Sicherheitspakten. Der Bürgermeister führte, mit seiner goldenen Amtskette geschmückt, den Vorsitz. In den Schlußreden feierten die Redner in einer mich in Verlegenheit setzenden Weise ›the great international figure‹, die heute zu ihnen geredet habe. Hudson, der die Sache inszeniert hatte, war offenbar hocherfreut.

Auf der Reise von Manchester nach Huddersfield machte auf mich die kalte, harte, baumlose Hügellandschaft, die einem scharfgeschnittenen, erbarmungslosen Gesicht gleicht, einen starken Eindruck. Sie ist die Geburtsstätte der englischen Industrie, des englischen weltumspannenden Industrie-Kapitalismus und auch des englischen politischen Radikalismus. Sie hat antike Größe, grau und trüb, eine Seele wie aus Kohlenstaub, und doch eine harte, unbezähmbare Energie wie die, die man in der römischen Campagna fühlt. Hier ist endlich England, das überall sonst nur Masken trägt. Selten hat mich eine Landschaft in so kurzer Zeit so durchdrungen und erschüttert. Wie wenn ein Schleier gelüftet wird von einem Geheimnis, das man immer geahnt, aber nie sich selber klar formuliert hat.

Um sieben waren wir wieder in Manchester. Am Bahnhof kaufte ich, weil ich über Eberts Befinden beunruhigt war, eine Abendzeitung, las sie auf der Straße, fand die Nachricht von *Eberts Tod!*

Im Hotel ein Telegramm von Foege, das mir die gleiche erschütternde Nachricht brachte. Ich hatte schon in Huddersfield Hudson gesagt, daß ich wegen Ebert sehr beunruhigt sei und vielleicht, wenn er stürbe, meine Tour unterbrechen und nach Deutschland zurückkehren würde. Ich bin im Zweifel, was ich jetzt tun soll. Nach Rathenau Ebert!

Bradford – Leeds. 2. März 1925. Montag

Nachmittags nach Leeds. Abends Versammlung im großen Auditorium der Universität, das halb besetzt war. Vorsitzender ein Professor der Mathematik, Freund Einsteins, Zionist, hält in nächster Zeit Vorlesungen in Jerusalem auf hebräisch. In dem Saal, der etwa sechshundert faßt, mögen höchstens dreihundert Zuhörer gewesen sein. Pearce und der Professor sagten, die Versammlung übersteige ihre Erwartungen; sie hätten nicht so viele Zuhörer erwartet. Alles in allem, nachdem ich jetzt in mehreren großen Städten gesprochen habe, ist mein stärkster Eindruck der der Gleichgültigkeit der großen Masse des Publikums hier gegen die Frage des Völkerbunds, des ›Protokolls‹, der Sicherheit usw. Die Veranstalter versuchten die Gleichgültigkeit vor mir zu verschleiern, aber sie besteht und ist mindestens ebenso groß wie in Deutschland. Die große Masse interessiert sich in England ebensowenig wie in Deutschland oder in Frankreich für den Frieden; man ist und bleibt ein Prediger in der Wüste trotz einzelner rührend eifriger Vorkämpfer wie Hudson (der offenbar der Führer und Erwecker aller dieser einzelnen in der Provinz ist) und Morel, der ihr Prophet gewesen ist. Die meisten besitzen zu wenig Phantasie und zu wenig Ernst, um sich für die Sache zu interessieren. Wenn unter diesen Umständen aus der Sache etwas wird, wird sie das Werk einzelner sein, einzelner Märtyrer, Vorkämpfer, Diplomaten, Staatsmänner, nicht des Volkes der verschiedenen europäischen Länder. Andernfalls wird die Hammelherde genauso ahnungslos und wehrlos zur Schlachtbank im künftigen Kriege eilen wie 1914. In dieser grundlegenden Frage der europäischen Zukunft ist das ›Volk‹ überall willenlos. Von diesem Gesichtspunkte aus betrachtet, bekommen auch die kleinen und sonst so elend und geistig arm erscheinenden pazifistischen Vereinigungen (Liga für Menschenrechte, Friedensgesellschaften, Quäker usw.) ein andres Aussehen und eine andre Bedeutung, und auch die einzelnen Vorkämpfer des Pazifismus wie Hudson, Morel, Quidde, Gerlach oder Frauen wie Mme. Jouve, Jane Adams, Katherine Marshall, Wilma usw. Ohne sie wäre überhaupt nichts da, und bei der allgemeinen Gleichgültigkeit ist der Widerstand auch relativ schwach, so daß geringe Kräfte mehr erreichen können, als man zu erwarten eigentlich berechtigt wäre.

Newcastle. 3. März 1925. Dienstag

Bei der Ankunft in Newcastle Telegramm von Paul, daß meine kleine Lulu gestorben ist; eine kleine Gefühlswelt, in der ich den mit zäher Treue festgehaltenen Mittelpunkt bildete, ist auf immer verloschen. Ihre kleine Seele blieb während jahrelanger Trennungen im Kriege treu bis zu Freudenkrämpfen, wenn ich wiederkam. Wir Menschen sind zu kompliziert für solche Liebe. Vor mir schweben in der Erinnerung ihre rassigen, langen, schönen Hände, ihre Lebhaftigkeit, ihre drollige Begeisterung für Zucker, alle die kleinen Charaktereigenschaften, die aus ihr eine kleine Persönlichkeit machten. Und wieviel Bande mit einer längst entschwundenen Vergangenheit.

Mama (die sonst Hunde nicht leiden konnte) hatte sie noch gestreichelt. Heymel hat oft mit ihr gespielt. Sie war die Lebensfreundin des armen Fip. Ich erinnere mich unserer Reise im Schlafwagen von Paris, als sie sechs Monate alt war und so drollig auf dem Bett lag und spielte. Bis zuletzt, noch bei meinem letzten Besuch in Weimar, gab sie ihr ganzes Temperament in wildem Bellen aus, wenn ich ankam. Die Nachricht hat mir Newcastle verleidet.

York–Rochdale. 4. März 1925. Mittwoch

Vormittags ins Münster. Wieder erschüttert von seiner Kühnheit, Grazie und Größe. Dieses dreizehnte Jahrhundert, das uns überall die gewaltigsten Bauten, die farbenprächtigsten Kunstwerke, eine Fülle von Dichtungen ersten Ranges, Heilige wie Franz von Assisi und der heilige Dominicus und Herrschergestalten wie Friedrich von Hohenstaufen, Ludwig den Heiligen, Innonzenz III. und zur Krönung von allen noch Dante geschenkt hat, ist vielleicht das reichste und geschlossenste Jahrhundert der europäischen Geschichte gewesen, das Jahrhundert, das Europa eigentlich geschaffen und die weiße Rasse über alle andren Rassen erhöht hat.

London. 5. März 1925. Donnerstag

Früh an in London. – Nachmittags im Parlament zur erwarteten großen Debatte über die Außenpolitik vor Chamberlains Reise morgen nach Paris (Zusammenkunft mit Herriot) und Genf. Hudson hatte mir einen Platz ›under the gangway‹ verschafft, so daß ich tatsächlich im Sitzungssaal selbst unmittelbar hinter den Abgeordneten saß.

Herbert Fisher hielt zuerst eine inhaltlich gute, rhetorisch schwache Rede anstelle des erkrankten Lloyd George, in der er die Regierung über ihre Außenpolitik interpellierte und vor allem zwei Punkte hervorhob: die liberale Partei würde nicht eine Verquickung der Frage der verlängerten Besetzung von Köln mit der Sicherheitsfrage billigen und einen Sicherheitspakt zwischen Frankreich und England allein, ohne Zuziehung Deutschlands, nicht mitmachen.

Nach Fishers Rede stand sofort Chamberlain, der bis dahin mit dem spiegelblank gebügelten Zylinderhut auf dem Kopf und mit weit vorgestreckten Beinen, eine Klub-Figur auf der Regierungsbank, dagesessen hatte, auf, stellte den blitzenden Zylinder auf den Regierungstisch und antwortete. Er hat das undefinierbar jugendliche Aussehen eines der Schule entwachsenen englischen Boy; glattrasiertes, scharfes, mageres Gesicht, aber wenig intellektuell, wie ein Suppenhuhn oder wie ein schlechter Abdruck einer gutgeschnittenen alten Medaille.

Er redete miserabel, stotternd, sich fortwährend verbessernd, zeitweise steckenbleibend, offenbar unentschlossen, was er sagen und was er nicht sagen sollte. Auch inhaltlich ziemlich leer und unbefriedigend. Er gab zu, daß er noch keine eigene Politik habe; er habe sich über seine Außenpolitik noch nicht klarwerden können. (!!) Er wolle sich jetzt auf seiner Reise erst informieren. Dieses klägliche Geständnis wurde zunächst stillschweigend vom Hause hingenommen. Er berief sich auf Greys gestrige Rede, deren Ausführungen er sich zu eigen zu machen schien (worauf ihn nachher Grigg festnagelte).

Die zwei wichtigsten Punkte in seiner Rede und die einzigen, die er einigermaßen klar herausarbeitete, waren erstens: daß das Sicherheitsproblem nichts mit der Verlängerung der Besetzung von Köln zu tun habe und nicht damit in Verbindung gebracht werden dürfe, und zweitens: daß in der Tat die deutsche Regierung eine Garantie für die jetzige französisch-deutsche Grenze angeboten habe und daß die englische Regierung dieses Angebot für sehr wichtig halte; ja, er verstieg sich zu der mit einiger Wärme und selbst stimmlichem Pathos vorgetragenen Hoffnung, daß dieses Angebot der deutschen Regierung vielleicht die Brücke sein werde, die Europa aus dem traurigen Zustand, in dem es jetzt sei, in eine bessere Zukunft hinüberführen werde. Aber mehr könne er darüber im Augenblick nicht sagen.

Nachdem er einige Zeit ziemlich nichtssagend geredet hatte und bis zum Angebot der deutschen Regierung gestoßen war, rief ihm der Arbeiterabgeordnete Kirkwood höhnisch zu: »Na, jetzt kommt etwas ganz Wichtiges!« und wiederholte zwei- bis dreimal diesen ziemlich unschuldigen Zwischenruf, worauf der Chairmann des Committee (das Haus war nicht als Vollversammlung, sondern als Ausschuß versammelt) den Abgeordneten Kirkwood zur Ordnung rief und, als er sich nicht fügte, aufforderte, das Haus zu verlassen. Chamberlain setzte sich mitten in seiner Rede. Kirkwood blieb auf seinem Platz, worauf der Vorsitzende ›named him‹ (eine Form des Tadels), die Sitzung unterbrach und unter großer Feierlichkeit den Speaker holen ließ, der in seiner Perücke erschien und die Ausweisung des Abgeordneten Kirkwood aufrechterhielt.

Jetzt intervenierte Ramsay Macdonald, aber erfolglos, worauf die ganze Labour Party unter höhnischen Zurufen der Konservativen geschlossen das Haus verließ. Der liberale Flügel der Opposition blieb sitzen. Nachdem sich so das Haus zu einem Drittel geleert hatte, fuhr Chamberlain fort. Aber der skandalöse Zwischenfall hatte ihn offenbar aus dem Konzept gebracht. Er redete noch unsicherer und konfuser als sonst und mußte sich nachher, als Grigg ihm antwortete, entschuldigen, daß er einen sehr wichtigen Teil dessen, was er hatte sagen wollen, vergessen habe und nachholen müsse.

Eine so klägliche Performance eines Außenministers in einem Parlament habe ich noch nicht erlebt. Selbst unser Rosenberg, der immer nur ablesen konnte und das sogar nur mangelhaft, war besser. Wie ein so unselbständiger, ungewandter, unentschlossener, unklarer Mann die wichtigsten Weltprobleme mit Herriot einigermaßen vernünftig besprechen soll, ist rätselhaft. Ich würde ihm nicht meine Vertretung in einem Mietsprozeß vor dem Schöffengericht anvertrauen.

In der Labour Party herrschte über das scharfmacherische Vorgehen des Ausschußvorsitzenden (eines Konservativen) gegen Kirkwood große Empörung. Macdonald will darüber interpellieren; und vorläufig ist die Labour Party, das heißt die offizielle Opposition, aus dem Parlament ausgeschieden.

London. 11. März 1925. Mittwoch

Vormittags Besprechung mit Ramsay Macdonald in seinem Zimmer im Unterhause. Er hat jetzt das, in dem ich vor zwei Jahren Asquith sprach. Ein großes, helles Freuer brannte im Kamin, da draußen kaltes, klares Wetter ist, und er stand die meiste Zeit nach englischer Art mit dem Rücken gegen den Kamin und nach hinten gekreuzten Händen vor dem Feuer.

Er nahm gegen unseren Garantiepakt-Vorschlag eine durchaus ablehnende Haltung ein. Unsere Diplomatie sei in den letzten Jahren leider fast immer ungeschickt (clumsy) gewesen. Auch jetzt wieder. Durch unseren Vorschlag würden Fragen zur Diskussion gestellt, für deren Lösung Europa noch nicht reif sei: die unserer Ostgrenze und die der Garantien, die Deutschland Frankreich bieten könne. Wir seien noch mitten im Kriege. Frankreich hasse und beargwöhne uns. Viele Leute in England haßten und beargwöhnten uns. Solange dieser Geisteszustand andauere, sei von einer Konferenz über die Sicherheitsfrage nichts Gutes zu erwarten. Konferenzen dürfe man nur abhalten, wenn man im voraus so gut wie sicher sei, daß sie zu einem günstigen Resultat führen würden. So habe er die Londoner Konferenz erst einberufen, als er sich sicher fühlte, sie zu einem erfolgreichen Ende führen zu können. Aber wenn sich jetzt England, Frankreich, Deutschland, Belgien um einen Tisch setzten, um unseren Paktvorschlag zu besprechen, dann werde Frankreich sofort die Frage unserer Ostgrenzen und der von uns zu bietenden militärischen Garantien aufwerfen, und wir würden entweder nachgeben müssen, oder aber die Konferenz werde an unserer Unnachgiebigkeit scheitern, und dann würde ganz Europa wieder die Hände zum Himmel heben über das böse Deutschland.

Gegen Schluß des Gesprächs war Arthur Henderson hereingekommen, der sich noch viel heftiger gegen unseren Vorschlag aussprach als Macdonald. Ich habe den Eindruck, daß, abgesehen von sachlichen Gründen, auch taktische und demagogische bei dieser Haltung, die die Labour Party einnehmen will, mitsprechen, sie wollen die Frage des Protokolls und des Friedens als Haupt-Sturmbock gegen die Regierung benutzen, um Stimmen zu gewinnen und wieder Wind in die Segel der Labour Party zu bekommen.

London, 13. März 1925. Freitag

Eric Gill besuchte mich und frühstückte mit mir mit Will Rothensteins. Ich besprach mit Gill seine Arbeiten für meinen Vergil und Initialen für die Caslon-Schriften. Dann gingen wir in die Goupil Gallery, wo mir Gill den sehr schönen Kopf eines schlafenden Christus zeigte, den er soeben in Stein gehauen hat. Auf meine Frage, ob er nicht für mich Holzschnitte machen wolle, sagte Gill, er würde sehr gern welche für einen lateinischen Druck des Hohen Liedes auf meiner Presse machen. Auch schlug er ein indisches Werk vor, das er brennend gern illustrieren möchte, eine indische Abhandlung über die Liebe ›Ananga-Ranga‹ (französisch Le traité d'amour hindou). Auf meine Frage, was der Inhalt sei, meinte er: »Well, in reality: thirty-four ways of doing it« (das heißt: vierunddreißig Liebesstellungen, vierunddreißig Arten des Liebesaktes).

Gill ist eine ganz unverdorbene Mischung von Religion und Erotik. Seine Religion (er geht in einer Art von Mönchskutte, und sein Leben in Wales ist bis auf die Tatsache, daß er verheiratet ist, das eines monastischen Einsiedlers) definiert er selbst als ›fully in love with Christ‹.

Gills Aussehen ist fast das eines Bettelmönches: struppiger Vollbart, ungekämmtes, ziemlich langes Haar, rotunterlaufene, reine, aber willensstarke, manchmal fast fanatisch leuchtende Augen, graubraune, fast bis zu den Füßen reichende wollene Kutte, alter, schwarzer, fast schon grauer Filzhut. Er sagte: er fände es ›such a comfort‹, seine ganze Kleidung bei sich zu Hause anfertigen zu lassen. Eine seiner Töchter lernt weben, und dann hofft er, auch alle Kleidungsstoffe für seine Familie zu Hause anfertigen zu lassen.

Er äußerte Bedenken gegen meine Absicht, von seinen Initialen galvanoplastische Nachbildungen anfertigen zu lassen, weil der galvanoplastische Prozeß von der ganzen modernen Industrie abhängig sei, also vom Kapitalismus, der die Welt zugrunde richte. Auf Einwände von mir antwortete er: er bekämpfe den Kapitalismus nicht; es genüge ihm, wenn er persönlich am kapitalistischen Prozeß nicht teilnehme und ›richtig lebe‹ (do what is right). Was die andren täten, sei nicht seine Sache. Aber er sei überzeugt, daß die ganze moderne Zivilisation in wenigen Jahren zusammenbrechen werde, ob wir es möchten oder nicht, so stark sei die Empörung gegen sie, die überall im Wachsen sei.

Alles in allem, mit seinem großen künstlerischen Talent, seiner rücksichtslosen Ablehnung der modernen Wirtschaft, seiner eigenartigen Gottseligkeit, die eine allumspannende Erotik ist, seiner Ablehnung der Ethik, seiner erotischen Askese, richtiger Vereinigung von Erotik und Askese, die an die Geistesverfassung gewisser ägyptischer Wüstenheiliger erinnert, eine sehr sonderbare und bemerkenswerte Erscheinung. Vielleicht verwandt am meisten mit van Gogh. Weltgeilheit.

London. 19. März 1925. Donnerstag

Abends im Comedy-Theater den ›Vortex‹ von Noël Coward gesehen, der in seinem eigenen Stück die Hauptrolle (einen jungen Kokainschnupfer) spielt. Ein sehr starkes Stück; und Coward spielt süperb, als großer Schauspieler, erschütternd wahr und dabei meisterhaft ›restrained‹, ohne billige Effekte die Tragödie des Sohnes einer eitlen, vergnügungssüchtigen, durch und durch verdorbenen und herzlosen schönen Frau. Nur hat das Stück keinen Schluß, weil es in der Tat aus dieser Situation keinen Ausweg gibt.

London. 20. März 1925. Freitag

Vormittags bei Mrs. Snowden im Hotel Victoria, wo sie jetzt wohnen. Er, Snowden, war bei einem Temperenzler-Kongreß in der Provinz. Sie ist eben von einer Vortragsreise in Amerika zurückgekehrt, wo es ihr ähnlich gegangen ist wie mir; man hat sie vor lauter Freundlichkeit fast umgebracht. Sie erzählte unter andrem, bei einem Vortrag vor zweitausend Menschen, nachdem sie vorher siebzehn Nächte auf der Eisenbahn verbracht hatte, hätten alle zweitausend ihr die Hand drücken wollen. Beim tausendsten oder zwölfhundertsten sei sie ohnmächtig geworden. Man habe sie hinausgetragen, mit Wasser oder Eau de Cologne besprengt, zu sich gebracht und dann wieder in den Vortragssaal zurückgeführt und gezwungen, trotz ihrer Empörung noch den übrigen achthundert die Hand zu geben. Macdonalds starres Eintreten für das Protokoll führte sie auf persönliche Eitelkeit zurück.

London. 23. März 1925. Montag

Gefrühstückt bei Rothenstein (in einem italienischen Restaurant, sehr schlecht) mit Sir Sidney Lee (dem Biographen Eduards VII.), der mich kennenlernen wollte. Ich sagte ihm in höflicher Weise, was ich von der vollkommen geistigen Leere und Ideenlosigkeit seines Helden denke. Er bestätigte, daß in der ungeheuren Masse seiner Briefe kaum eine politische oder andre Idee zu finden sei. Und nach 1880 sei offenbar ein geistiger Abstieg bei ihm festzustellen. Auch zitierte er, ohne zu widersprechen, das Urteil der ›New York Times‹, daß Eduard VII. und der Kaiser einander wert gewesen seien. Auffallend sei in den Briefen Eduards an Frauen die vollkommen geschäftsmäßige Art, wie er ihnen ein Stelldichein gegeben habe, ohne jede Spur von Galanterie oder Liebesgerede. Auch diese ›Liebesbriefe‹ seien ohne Witz oder Anmut oder Ideen; ganz geistlos. Aber als König habe er stärker, als es sich eigentlich nach der englischen Verfassung geziemt hätte, in die Politik eingegriffen. Am selben Tage, wo die Entente zwischen Frankreich und England unterzeichnet wurde, habe er aus eigenen Stücken in Kopenhagen (wo er sich gerade aufhielt) Iswolski (der dort damals Gesandter war) eine Entente mit Rußland vorgeschlagen. Iswolski habe ihn um die Erlaubnis gebeten, einen Bericht über ihre Unterredung aufzusetzen und ihm vorzulegen; und beide, der König und Iswolski, hätten dann den Bericht in zwei Exemplaren paraphiert. Lee hat das Exemplar des Königs in Händen gehabt. Seine Minister, wie Lansdowne, hätten aber eine sehr geringe Meinung von ihm gehabt. Ich versprach Lee, ihm Judels ›Paul Louis‹ und unsere Ausgabe der Berichte Iswolskis zu schicken, die er beide nicht kannte. Lee ist ein schon recht senil aussehender, offenbar ziemlich vorsichtiger Hofhistoriograph, der ebenfalls keinen geistig überragenden Eindruck macht.

London. 24. März 1925. Dienstag

Nachmittags und abends bei der Debatte über das Protokoll und unseren Pakt-Vorschlag im Unterhaus. Sthamer wohnte ihr bis zur Essenspause bei. Ich saß zwischen ihm und Garnett auf der ›Distinguished Strangers‹ Gallery.

Die Debatte bewegte sich durchweg auf einem sehr hohen Niveau. Henderson leitete sie um halb fünf ein mit einem recht geschickten, aber temperamentslosen, größtenteils abgelesenen Plädoyer für das Protokoll, in dem am Schluß meine Anregungen durchschimmerten und die Ablehnung unseres Vorschlages milderten. Chamberlain antwortete ihm im Gegensatz zum verunglückten Gestammel, das er vor seiner Reise nach Genf zum besten gab, in einer klaren und fesselnden Rede. Darauf folgte ziemlich verlegen und kunstlos der kleine Hartington, der den Eindruck eines Schulbuben machte, aber einige ganz kluge Fragen vortrug, die ebenfalls ungefähr mein Programm formulierten.

Dann platzte als Sensation des Tages die Rede von Llyod George, eine heftige Philippika gegen das Protokoll und gegen Polen, das bereits fünf Elsaß-Lothringen besäße, ein sechstes gegenwärtig zu erschleichen suche (Danzig) und die eigentliche Kriegsgefahr auf dem Kontinent sei. Die Rede wirkte als Sensation, was er wohl auch beabsichtigt hatte, um die Aufmerksamkeit auf sich zu lenken. Ihr fehlte ganz sein üblicher Witz und

Zauber, obwohl er einige ganz drollige Schlager hervorbrachte. Er wirkte aber wie ein ausgebrannter Vulkan, der nur noch etwas Dampf herauspufft. Das Zündende fehlte. Ein alter Schauspieler, dem man seine Heldenrolle nicht mehr glaubt. Etwas grauenhaft Groteskes lag in dem Versuch, sich durch diesen demagogischen Angriff auf sein eigenes Werk, Versailles, wieder der allgemeinen Aufmerksamkeit zu empfehlen. Der Zuchthäusler als Staatsanwalt, die alte Kokotte als Vorkämpferin der öffentlichen Sittlichkeit.

Chamberlain unterbrach ihn, um nachdrücklich seine Ausführungen abzuschütteln, und verließ dann als Protest das Haus. Und Macdonald bezeichnete ihn mit seiner schmelzendsten Tenorstimme und gutgespielten Nachsicht als Butler im Porzellanladen, der in der Innenpolitik vielleicht erträglich sei, wenn er in Außenpolitik einbreche aber zu einem europäischen Problem werde. Sonst war Macdonalds Rede ziemlich schwach. Unseren Vorschlag behandelte er, wenn auch ablehnend und geringschätzig, doch glimpflicher, als ich erwartet hatte: wenn er uns dem Frieden näherbringe, habe er seinen Segen.

Die rhetorisch glänzendste Rede hielt der junge Duff Cooper (Konservativer), der Mann der Diana Manners, offenbar ein Talent ersten Ranges und kommender Mann. Herbert Fisher versuchte recht geschickt das von Lloyd George zerschlagene Porzellan zu kitten, erklärte sich aber auch gegen das Protokoll. Den Schluß machte in einer recht witzigen Rede Baldwin, in der er ebenfalls warm für den deutschen Vorschlag eintrat. Die Gegnerschaft der Arbeiterpartei hat vorläufig nur die Wirkung gehabt, die Regierung noch mehr auf unseren Vorschlag festzulegen.

Paris, 29. März 1925. Sonntag

Vormittags bei Hoesch. Ich gab ihm eine Darstellung der Lage in England und sagte unter andrem, die englische Regierung klammere sich an unseren Vorschlag wie an den letzten Strohhalm: sie habe nichts andres mehr; wozu Hoesch dazwischenwarf: Herriot hat *auch* nichts anderes. Hoesch ist daher der Ansicht, daß trotz der rüpelhaften Haltung der hiesigen Presse die französische Regierung doch schließlich in irgendeiner Form auf unseren Vorschlag eingehen wird.

Nachher bei Mme. Ménard-Dorian, die gestern mit Painlevé bei Hoesch gefrühstückt hat. Sie war in großer Aufregung wegen der heutigen Präsidentenwahl bei uns. Wenn nur nicht ein Nationalist gewählt werde! Als sie Wilma und mich an die Treppe begleitete, kam uns ein junger Mann mit einer älteren Dame entgegen. »C'est Monsieur Liebkné (Liebknecht) ce jeune homme: tout ce qu'il y a de plus bolchéviste!« flüsterte sie uns ins Ohr.

Paris. 30. März 1925. Montag

Abends aßen bei Wilma: Hoesch, Henri Lichtenberger, François Crucy, Lady Barlow und eine Mme. Malaterre. Bei Tisch Gespräch über Coudenhove, der allgemeine Sympathie genießt; aber Lichtenberger sagte, solange er England aus seinem Paneuropa ausschließen wolle, werde kein ernster Politiker in Frankreich seiner Vereinigung beitreten. Crucy sagte mir, Herriot sei in Wirklichkeit für unseren Paktplan sehr eingenommen; aber große Beunruhigung herrsche über den möglichen Ausfall unserer Präsidentenwahl.

Wir sprachen dann über Anatole France, mit dem Crucy intim befreundet war. Er schilderte den Besuch Einsteins bei France im ›Adlon‹ in Berlin (bald nach dem Kriege). Der Professor Nicolai sei auch dabeigewesen. France habe offenbar zu Einstein keine Beziehung gefunden, während er gleich mit Nicolai in einen sehr lebhaften Gedankenaustausch eingetreten sei. Einstein dagegen sei von der Zusammenkunft mit France tief bewegt gewesen. Crucy meinte, er habe sich diese merkwürdige Beziehungslosigkeit Frances zu Einstein nicht erklären können. Ich sagte: Einstein sei tief religiös, ganz von der Existenz Gottes durchdrungen, France ein Skeptiker. Es sei wohl gewesen, als ob Jehova plötzlich bei Voltaire eingetreten wäre. Voltaire hätte zu

Jehova wenig Beziehungen gehabt, während Jehova Voltaire und seinen Skeptizismus noch immer als eine Emanation seiner Göttlichkeit, als eine Facette Gottes hätte begreifen und sich daran erfreuen können. Crucy lachte und meinte, ja, das sei vielleicht die Erklärung. Er klagte dann über den Schmutz, den Schriftsteller und Memoirenschreiber wie Brousson, Le Goff usw. über France jetzt ausschütten. Ich sagte, sie hatten trotz ihres Schmutzes den Glanz von Frances geistiger Stellung nur vermutet. Wie ein Rembrandtsches Porträt, das mit Schmutz gemalt sei, nur um so geheimnisvolleres Licht ausstrahle.

Banyuls, 1. April 1925. Mittwoch

Ich fand Maillol stark erkältet und wehleidig. Er leidet oder klagt mehr bei kleinen persönlichen Leiden als andre. Seit vierzehn Tagen habe er vor Kopfschmerzen nicht schlafen können. Daher sei er mit den Initialen für den Vergil nicht weitergekommen. Gebückt und in sich zusammengesunken ging er im Hause in einem alten hellblauen Ulster, einer gestrickten gelben Weste, einem dicken hellblauen Hemd und mit einem Hut auf dem Kopf herum; farbig wie ein alter, schöner Paradiesvogel. Dabei sahen seine hellblauen, klaren Matrosenaugen lustig unter seinen dicken grauen Augenbrauen aus seinem edlen, zerfurchten, aber gesunden Gesicht hervor.

Wozu ich überhaupt Initialen brauche? Das bloße Satzbild sei ohne Initialen viel schöner. Aber drei neue Holzschnitte hatte er fertiggestellt und den Entwurf eines vierten zur II. Ekloge, einen kleinen, fliehenden schwarzen Geißbock. Die Initialen kosteten ihn unendlich viel Zeit, jede einen ganzen Tag, und er wisse schon so nicht, wie er die Arbeiten, die er vorhabe, bis zu seiner Abreise nach Paris fertigstellen solle. Aber wenn ich es wünsche, müsse er die Initialen eben machen. Dabei lächelte er verschmitzt und gütig, halb wie ein ertappter Schuljunge und halb wie ein alter Philosoph, wobei er vergebens versuchte, seinen klaren Augen einen schmerzhaften Ausdruck zu geben. Er machte dann Probedrucke von den beiden Initialen zur I. Ekloge, die er fertiggeschnitten hat, wobei sich herausstellte, daß sie zu schwer sind und er sie korrigieren muß, was er ohne weiteres auf sich nahm, so daß ich mir selber fast unverantwortlich grausam vorkam. Er bat mich, morgen früh um zehn wiederzukommen, hoffentlich gehe es ihm dann besser, ›et alors nous travaillerons‹.

Schrecklich, einem Genie ein Pensum aufzugeben wie einem Schuljungen. Aber so ist es von Anfang unserer Beziehungen an gewesen; ohne sanften Druck und Rücksichtslosigkeit gegen seine fortwährenden Klagen wären weder die große ›Hockende‹ noch das große Relief, noch die Figur von Colin fertiggeworden.

Beim Durchblättern der Probedrucke machte er mich nochmals besonders darauf aufmerksam, daß für die mittlere Figur auf dem Holzschnitt zu Seite 98 (Silvanus) Rodin ihm als Modell gedient habe. Und für den neuen Holzschnitt zur III. Ekloge ein blühender Mandelbaum auf seinem Gütchen (wie zu dem Grab des Daphnis das schöne Familiengrab hier mitten im Feld hinter der Eisenbahn, zu dem er mich im Januar hinführte; zum großen Silen Terrus und zu dem Quellhaus auf Seite 93 das kleine Quellhaus, bei dem wir vor Jahren, bei meinem ersten Besuch in Banyuls, ländlich frühstückten).

Die Holzschnitte stecken voll von Erlebtem und Empfundenem. Es sind fast lauter kleine, lyrische Gelegenheitsgedichte. Was ihn bei den Initialen hemmt, ist, daß er bei diesen sozusagen aus dem Handgelenk arbeiten muß. Die Substanz seiner Kunst läßt ihn hier im Stich. Daher langweilen sie ihn und macht er sie mit Unlust.

Banyuls. 2. April 1925. Donnerstag

Maillol noch erkältet. Aber da morgens die Sonne schien, arbeitete er und machte zwei Initialen für den Vergil fertig, indem er den von Gill geschnittenen Buchstaben Ornamente hinzufügte: ein großes M für die III. Ekloge und ein großes U für die IV. Er malte zuerst mit einem feinen japanischen Pinsel das Ornament auf den Holzstock und schnitt es dann mit dem Messer heraus.

Bei beiden Buchstaben erzielte er so mit sehr einfachen Mitteln erstaunlich reiche Wirkungen.

Als ich die Buchstaben bewunderte, meinte er: die spanischen Dorftöpfer hätten noch vor hundert Jahren mit noch einfacheren Mitteln noch erstaunlichere Wirkungen erzielt. Fayel habe eine ganze Sammlung solcher spanischer Topfwaren gehabt, deren Reichtum an Erfindung und Wirkung kaum glaublich gewesen sei. Als ich ihn drängte, einen dritten Buchstaben mit einem ähnlichen Ornament wie das des U zu machen, wehrte er ab: jeder Buchstabe müsse ein eigenes Ornament haben, ihm müsse etwas einfallen: »Il faut inventer chaque ornement, sans cela ce serait embêtant.« Ich las ihm, während er arbeitete, die französische Übersetzung meines Aufsatzes über ihn vor. Er korrigierte einige biographische Einzelheiten, so, daß er nicht erst über Gauguin und seine dekorativen Studien zur Plastik gekommen sei, sondern schon als ganz junger Mensch in Perpignan bei einem jungen Bildhauer Stunden genommen und nachher mit zwanzig, zweiundzwanzig Jahren mit Bourdelle zusammengearbeitet habe. Er habe damals für irgend jemanden einen Christus gemacht, den Bourdelle sehr gelobt habe. »J'étais tout le temps fourré dans l'atelier de Bourdelle dans ce temps là.«

Banyuls. 3. April 1925. Freitag

Wolkenbruchartiger Regen mit Gewitter vormittags. Ein naßkalter, stürmischer Tag. Ich saß bei Maillol, während er arbeitete, da er aufhört, sobald ich fortgehe. Ich sagte, daß in Vollards ›Renoir‹, den ich eben lese, Renoir außer Gescheitem auch viel Unsinn schwatzt. Maillol meinte, Renoir habe oft absichtlich Vollard Unsinn erzählt, um ihn aufsitzen zu lassen. Er, Maillol, sei dabeigewesen, wie Renoir Vollard zum besten hatte. Außerdem sei Renoir kein Literat gewesen: »Ce qu'il pensait, il le pensait avec le pinceau.«

Vormittags machte Maillol das große I für das ›Incipit‹ der Vita des Vergil; so wie die andren Buchstaben erst mit dem feinen japanischen Pinsel auf Gills Holzstock in weißer Farbe die

Dekoration aufmalend und dann sie mit Messer und Grabstichel herausschneidend. Er wischte, ehe er eine ihn befriedigende Dekoration gefunden hatte, mehrere Entwürfe immer wieder weg. Ich hatte ihm als Vorlage zwei Irisstengel mit Knospen gebracht. Er stellte sie vor sich hin, meinte aber: »Ça ne donne rien pour ce que je cherche. Il ne s'agit pas de trouver un motif, il s'agit de trouver de la couleur, de trouver l'effet«, das heißt als Hintergrund für Buchstaben.

Nachmittags schnitt er den kleinen davonspringenden Bock für die II. Ekloge. Primitivität seiner Hilfsmittel. Kein Pauspapier zum Durchpausen, sondern gewöhnliches Papier, das er gegen das Fenster hielt. Das Durchpausen besorgte er mit der Spitze einer herumliegenden Schere seiner Frau. Beim Schneiden stöhnte er immerfort, daß er kein scharfes Messer habe und mit einem abgebrochenen Grabstichel, so gut es ging, arbeiten müsse. Die Probeabzüge besorgte er, indem er mit einem alten Korken den Holzstock einschwärzte, das Papier drauflegte und mit einer Gabel darüber hin und her fuhr.

Ich aß abends bei Maillols. Maillol erzählte, daß er ein oder zwei Bronzen nach Japan verkauft habe. Öfters kämen japanische Künstler zu ihm. Das brachte das Gespräch auf ostasiatische Kunst. Ich sagte, in London habe Will Rothenstein in einem Vortrag Lichtbilder nach altindischen Skulpturen gezeigt, die mich lebhaft an Maillols Figuren erinnert hätten. Maillol: das sei leicht zu erklären, denn er habe sehr eingehend die altindische Plastik studiert, namentlich bei Gelegenheit der Weltausstellung 1900, wo ein ganzer indischer Tempel im Gipsabguß wiederaufgebaut gewesen sei. Er habe sogar, als der Tempel abgerissen wurde, einige Reliefs gekauft und in seinem Atelier aufgestellt (ich erinnere mich noch an diese Reliefs). Aber man könne diese orientalische Plastik nicht nachmachen, wie Gauguin versucht habe; man könne nur allgemein von ihr lernen.

Von Bourdelle sprach er mit gemischter Bewunderung. Sein großer Zentaur sei ein mächtiges Werk gewesen. Aber Bourdelle stelle diese gewaltigen Figuren nur in kleinem Maßstabe her und lasse sie dann mechanisch vergrößern. Er mache es sich leicht.

Banyuls. 4. April 1925. Sonnabend

Früh bei Maillol, dem es heute bei klarem Sonnenschein und blauem Himmel besser ging. Er nahm den Blütenzweig für die III. Ekloge vor und vervollständigte den Holzschnitt durch ein Ästchen, das er zeichnete und schnitt. Ich sprach dann mit ihm über den Preis für die vier neuen Holzschnitte, die er für den Vergil gemacht hat, und bot ihm achttausend Franken an, was er viel zu viel fand. Ich blieb aber dabei.

Im Hotel gefrühstückt. Nach dem Frühstück war ich um zwei wieder bei Maillol und bat ihn, einige Buchstaben des von Gill geschnittenen dreizeiligen Versalien-Alphabets zu ornamentieren. Erst redete ich nur von vier bis fünf Buchstaben. Er malte die Ornamente mit seinem kleinen, feinen japanischen Pinsel in weißer Farbe auf den Holzstock. Nach und nach brachte ich ihn dazu, das ganze Alphabet zu dekorieren. Um vier, nach zwei Stunden, waren alle sechsundzwanzig Buchstaben, bis auf das gestern verpatzte und verschnittene G, fertig und dazu ein sehr schönes vierzeiliges J. Er erfand für jeden Buchstaben ein andres Ornament. Einmal, als ich irgendeine Bemerkung machte, sagte er: »Vous m'avez coupé l'inspiration. Je ne retrouve plus ce que je voulais faire.« Trotzdem brauchte er für jeden Buchstaben noch keine fünf Minuten für Erfindung und Ausführung, eine kaum glaubliche Leistung. Ich begreife jetzt auch, wie die Mönche, die die mittelalterlichen Handschriften mit reichornamentierten Initialen zierten, gearbeitet haben.

Jeder Buchstabe mit den reichen bläulich-weißen Ornamenten auf dem schwarzen Grund sah nachher aus wie eine winzige kostbare Majolika-Kachel. Er schärfte mir ein, Gill solle beim Schneiden (denn dieses Alphabet schneidet er nicht selbst, weil seine Augen nicht für diese Feinarbeit reichen) ja nicht versuchen, die Unregelmäßigkeiten des Pinselstrichs zu imitieren, sondern möglichst gleiche und gleichmäßige Striche schneiden:

»Plus ça sera régulier, plus ça paraîtra riche.« Er schien seine Motive aus einem unerschöpflich reichen Vorrat in seiner Phantasie fast mühelos zu schöpfen.

Wenn ich bedenke, daß Johnston sich überhaupt nicht zutraut, ein Alphabet ornamentierter Versalien zu entwerfen, und jedenfalls Jahre dazu brauchen würde, und selbst Gill mindestens Monate daran zu tun hätte, während Maillol, der nie an die Ausschmückung von Buchstaben gedacht hatte, sie sozusagen aus dem Handgelenk produzierte, so erscheint diese Fülle von Formen, die in ihm lebt, wie ein Wunder.

Paris. 5. April 1925. Sonntag

Unruhs Buch über Paris hat hier durch den pöbelhaften Ton, in dem er von Mme. de Noailles (›die Noailles‹) und andren spricht, die ihn hier freundlich empfangen haben, wie ein öffentlicher Skandal gewirkt. Annette Kolb meinte in ihrer drolligen Ausdrucksweise, ›schlimmer als eine verlorene Schlacht‹. Man findet ihn taktlos, miserabel erzogen und größenwahnsinnig. Dagegen sei Rilke der Salonlöwe, ›gerade so, wie sich Franzosen einen deutschen Dichter vorstellen‹. Er hat sich anscheinend hier ganz von der Klossowska einfangen lassen.

Paris. 9. April 1925. Donnerstag

Abends die Ida Rubinstein in einer Bearbeitung von Dostojewskijs ›Idioten‹ gesehen. Sie hat eine Größe und Grazie in ihren Bewegungen und namentlich in ihren Handbewegungen, die einzig sind.

Berlin. 18. April 1925. Sonnabend

Um zwölf bei Schubert. Berichtet über meine Eindrücke in England und Frankreich. Ich sagte, die Wahl Hindenburgs zum Reichspräsidenten würde ›eine außenpolitische Katastrophe‹ sein. Schubert bestätigte, dieses sei auch seine Ansicht. Stresemann habe bis zum letzten Augenblick gegen diese Kandidatur gekämpft. Ich sagte: es sei aber Stresemanns Pflicht als Außenminister, auch öffentlich gegen diese Kandidatur Stellung zu nehmen. Schubert: er, Schubert, habe auch schon an so etwas gedacht; aber nicht jetzt, sondern erst in den letzten Tagen vor der Wahl, da würde es wirksamer sein. Die Gefahr sei aber, daß Stresemanns Hervortreten gerade die entgegengesetzte Wirkung haben könne. Er sei allmählich so allgemein unbeliebt geworden, daß viele sagen würden: Nun gerade! Wenn Stresemann dagegen ist, dann stimmen wir für Hindenburg.

Berlin. 19. April 1925. Sonntag

Mittags bei Stresemann in seiner Villa. Frau Stresemann, die sich durch einen Bubikopf sehr verjüngt hat, empfing mich. Nachher eine Stunde allein mit Stresemann gesprochen. Er war über die Kandidatur Hindenburgs unverhohlen und ehrlich verzweifelt; nahm seine düsterste Miene an, als ich das Gespräch darauf brachte und die katastrophalen außenpolitischen Folgen einer Wahl Hindenburgs schilderte. Er, Stresemann, habe bis zum letzten Augenblick dagegen gekämpft. Leider sei er nicht in den Loebell-Ausschuß eingetreten aus Rücksicht auf Ebert, der, als er gebildet wurde, noch lebte. Das habe sich als schwerer Fehler erwiesen. Im Ausschuß sei über die Kandidaten *abgestimmt* worden, was ganz ungehörig gewesen sei. Kleine Parteien, ›mit siebzehn eingetragenen Wählern‹, hätten eine Stimme gehabt, und die Volkspartei mit drei Millionen Wählern nur drei. So habe die Volkspartei überstimmt werden können. Wenn er dringesessen hätte, hätte er sich das nicht gefallen lassen. Hindenburg sei aber zur Ablehnung der Wahl entschlossen gewesen. Ein Kommuniqué an die Telegraphen-Union in diesem Sinne habe schon vorgelegen. Da sei Tirpitz ganz heimlich nach Hannover gefahren und habe Hindenburg umgestimmt. (Mit andern Worten, Tirpitz hat Stresemann hineingelegt.) Aber Hindenburg werde nicht gewählt werden. Damit tröstete er sich.

Schließlich wurde er aber doch ganz elegisch: zwei Jahre Lebensarbeit würden ihm zerstört. Einen Vortrag über außenpolitische Fragen bei Hindenburg, wenn er Reichspräsident werde, könne er sich noch nicht recht vorstellen. Ich sagte, er müßte doch auch die Öffentlichkeit über die Gefahren dieser Kandidatur aufklären. Stresemann: das könnte leicht die entgegengesetzte Wirkung haben; Leute, die die Einmischung des Auslandes in unsere inneren Angelegenheiten ablehnten, dazu führen, nun gerade für Hindenburg zu stimmen. Die ganze Sache sei eine gegen ihn, Stresemann, gerichtete Intrige. Man habe nicht einen Reichspräsidenten gewollt, mit dem er sich gut stünde. Man habe gegen Jarres vorgebracht, er sei ›ein Freund Stresemanns‹.

Je länger wir sprachen, um so düsterer wurde er. Aber zu einem offenen Auftreten gegen Hindenburg fehlt ihm der Mut: ›Als Auswärtiges Amt habe man den Leuten die Wahrheit gesagt; aber als Außenminister öffentlich sich gegen Hindenburg zu erklären, das sei eine andere Sache.‹

Weimar. 20. April 1925. Montag

Früh Kippenberg. Ankauf der Papiermühle besprochen. Er: lassen wir die Finger davon. Sieht sehr trübe die geschäftliche Zukunft in Deutschland. Befürchtet große Absatzkrisen.

Nachmittags bei Frau Förster-Nietzsche. Sie empfing mich wie immer mit größter Freundschaft. Empört über Fritz Unruhs törichtes und taktloses Paris-Buch. Vor allem die Art, wie er ihre ›liebe Gräfin Noailles‹ angepöbelt hat. Geschäftliches. Bewundernswert die Resignation und der Mut der achtzigjährigen Frau, mit dem sie den Verlust des gesamten angesammelten Vermögens der Nietzsche-Stiftung in Höhe von rund achthunderttausend Goldmark durch die Inflation erwähnte. »Alles bis auf den letzten Pfennig weg«, wie sie sagte, indem sie fast freudig hinzufügte: »Aber jetzt leben wir von Honoraren, es ist fast ein Wunder, aber es ist so.« Auch hätten Münchener Gönner als Grundstock zu einem neuen Vermögen zu Weihnachten tausendzweihundert Mark(!) gestiftet. Diese Haltung, die in solchen Lagen bei ihr immer wieder ganz außergewöhnlich ist und an das Heroische grenzt, zwingt zur Verehrung der Schwester

Nietzsches. Sie sprach dann auch noch sehr liebe Worte über Wilma.

Osnabrück. Lengerich. 21. April 1925. Dienstag

Früh um fünf in Osnabrück, wo den Tag über den Dom und die schönen alten Kirchen, Johanniskirche und Marienkirche, besucht. In der Johanniskirche Teil eines frühgotischen Chorgestühls, reich geschnitzt mit biblischen Darstellungen nach antiken Satyrmasken; außergewöhnlich schönes, reiches Stück. Sehr schöne frühgotische Sakristei. Die Marienkirche, der Innenraum, eine Perle des gotischen Stils um 1300; noch fast frühgotisch, das wundervolle Maß, die noch fast romanische Feierlichkeit der Frühgotik kämpft noch mit der ins Unendliche hinaufstrebenden Schlankheit, mit der vermessenen Kühnheit und Raumweite der späteren Gotik wie in einer aufbrechenden Knospe die Herbheit des noch halbgeschlossenen Kelchs mit dem zarten, wilden Trieb der Blüte. Dieses Innere der Marienkirche ist ebenbürtig den schönsten gleichzeitigen französischen Kirchen.

Die Jahreszeit der deutschen Kunst ist der April; auch ihre vollendetsten Werke, die Naumburger Stifter, Dürer, Cranach, haben die Herbheit des ersten Grüns, der frühen, noch vom Frost bedrohten Blüten. Die französische beste Kunst hat die Temperatur des Mai, noch gemäßigt vom nahen Winter, aber schon erwärmt von einer sommerlichen Sonne; alles noch zart, aber schon voll erblüht und seiner Blüte sicher. Italien, Rom, die Antike haben eine Kunst des ewigen Sommers und des reifen Herbstes, nackte, in der Hitze blühende Menschenleiber, die süße Frucht der zur vollkommenen Reife gelangten Schönheit. Nur die griechische Kunst hat bei aller Vollendung wie die deutsche noch etwas vom April bewahrt, das Gefühl der Unbeständigkeit des Schönen, der Gefährdung der allerzartesten Blüten durch Nachtfröste, den durch kein noch so strahlendes Licht tilgenden Beigeschmack der Vergänglichkeit, der Tragik aller Vollendung.

Abends in Lengerich für Marx geredet.

Bielefeld. 22. April 1925. Mittwoch

Bewegte Versammlung. Etwa hundert Stahlhelm- und Jungdo-Leute hatten sich eingefunden, die nur durch die von Müller herangeholten Reichsbannermänner in Ordnung gehalten wurden. Gleich bei meinen ersten Worten wurde ich durch Zwischenrufe unterbrochen. Im Laufe meiner Rede, die ich völlig sachlich zu gestalten suchte, legte sich die Unruhe.

Dann eilte mein alter Widersacher aus dem Wahlkampf, Dr. Krämer aus Blomberg, auf die Bühne, begrüßte mich mit einem stürmischen Händedruck und bat um zwanzig statt um zehn Minuten Redezeit; er verspreche, streng sachlich zu reden. Ich wies ihn an den Vorsitzenden, Rektor Obermaier, einen alten Herrn, der ihm unter wilden Zurufen und Drohungen der Jungdo-Leute nach einigem Schwanken die Verlängerung bedingt zugestand. Worauf Krämer sich in eine ausschließlich ans Gefühl appellierende, unverschämt demagogische Rede stürzte, die heftige Proteste der Demokraten und stürmischen Beifall seines Trupps und steigende Unruhe und Unordnung erregte. Er versuchte außerdem einen tätlichen Skandal zu provozieren, indem er wiederholt erklärte, er werde die Redezeit nicht einhalten, sondern sich nur der Gewalt fügen. Schließlich brach er ab, worauf sein Trupp das Deutschlandlied anstimmte und geschlossen abmarschierte. Irgendwelche sachliche Gründe, warum Hindenburg gewählt werden müßte, brachte Krämer in seiner langen Rede nicht vor, nur demagogisch aufgeputzte Erinnerungen an ›die große Zeit‹ von 1914 und an Hindenburgs Siege und gewaltige Gefangenenzahlen. Eine beschämende Leistung.

Berlin. 26. April 1925. Sonntag

Früh um sieben an. Um zehn in der Linkstraße gewählt. Regnerischer, kalter Morgen. Ein feiner Regen rieselt hernieder und leert die Straßen. Auf dem Potsdamer Platz nur einige Hakenkreuzjünglinge mit kräftigen Knüppeln, blond und dumm wie junge Kälber. In dieser Gegend wenig Fahnen, und die wenigen ziemlich gleichmäßig auf Schwarz-Weiß-Rot und Schwarz-Rot-Gold verteilt.

Den Tag in besorgter Stimmung verbracht. Ich rechne, daß Marx und Hindenburg beide zwischen fünfzehn und sechzehn Millionen Stimmen bekommen werden und daß die Mehrheit von Marx günstigenfalls fünfhunderttausend bis eine Million Stimmen betragen kann.

Draußen geht unaufhörlicher Regen herunter. Das Publikum auf der Straße verhält sich gleichgültig. Die Lastkraftwagen mit Trupps von Schwarz-Weiß-Roten und Schwarz-Rot-Goldenen fahren grölend, ohne irgendwie beachtet zu werden, zwischen den Sonntagsspaziergängern und Regenschirmen hindurch. Niemand könnte aus dem Straßenbild entnehmen, daß eine lebenswichtige Entscheidung für Deutschland und Europa im Gange ist.

Ich habe auf jeden Fall meine Pflicht getan, die Stresemann nicht getan hat. Er beruhigt sein Gewissen damit, daß Hindenburg ›ja doch nicht gewählt wird‹. Aber als deutscher Außenminister durfte er ein solches Risiko nicht auf sich nehmen, dazu ist es zu groß, sind die Folgen, die eine Wahl Hindenburgs nach sich ziehen würde, zu katastrophal für das deutsche Volk, das, wie 1914 von seinen leitenden Stellen und dem verantwortlichen Mann im Stich gelassen, ahnungslos in den Abgrund hineinrast. Daher *mußte* ich mindestens das sagen, was ich in Bielefeld gesagt habe.

Nach Tisch im Büro der Demokratischen Partei die Wahlergebnisse abgewartet. Bald nach eins steht das Ergebnis fest: Hindenburg ist gewählt. Was folgen wird, dürfte eins der dunkelsten Kapitel der deutschen Geschichte sein.

Berlin, 27. April 1925. Montag

Mit der gestrigen Wahl Hindenburgs zum Reichspräsidenten beginnt ein neuer Abschnitt der deutschen und europäischen Politik und Geschichte, der dem deutschen Volke zweifellos schwere Schläge und Demütigungen bringen wird.

Hilferding besuchte mich nachmittags. Wir besprachen, wie wir uns nunmehr zur Außenpolitik der deutschen Regierung verhalten, ob wir ihr weiter durch unsere persönlichen Beziehungen helfen sollten? Hilferding meinte entschieden: Nein! Bisher hätten er und seine Freunde sogar für das nationalistische Kabinett Luther in Frankreich gut Wetter zu machen versucht; jetzt sei es aber damit aus. Er rate auch mir, die Finger davon zu lassen. Man würde sich nur nutzlos kompromittieren und um jeden Kredit bringen. Hindenburg und seine Hintermänner sollten sehen, was sie allein, ohne fremden Beistand, außenpolitisch leisten könnten.

Berlin. 28. April 1925. Dienstag

Abends in ›Franziska‹ von Wedekind mit der Durieux in der Hauptrolle. Glänzende Regie von Karl Heinz Martin und glänzendes Spiel der Durieux. Das Stück wirkt merkwürdig modern und nachrevolutionär. Alle die Strömungen, die in der Revolution zum Ausbruch gekommen sind, die ganze revolutionäre Atmosphäre sind darin schon lebendig. Es riecht förmlich nach 1919/1920.

Krupps getroffen, die sehr bescheiden wie kleine Bourgeois im Parkett saßen. In der Pause mit ihnen gesprochen. Bohlen meinte, Hindenburg werde notwendig die enttäuschen, die von ihm ein Wunder erwarteten. Er werde seinen Nimbus dabei verlieren. Außenpolitisch werde auch er die notwendigen Konzessionen machen müssen. Sonderbarerweise wies Bohlen die Idee ständiger militärischer Kommissionen des Völkerbundes im Rheinland nicht zurück. Die militärische Besetzung sei schon jetzt nicht mehr sehr drückend. »Nicht wahr, Bertha?« Seine Frau bestätigte. Aber er sieht schwere wirtschaftliche Zeiten voraus. Wir kämen in eine ganz schlimme Wirtschaftskrise hinein. Jetzt hätten wir erst den Vorgeschmack davon.

Berlin. 12. Mai 1925. Dienstag

Gestern abend in Berlin an. Heute bei der Eidesleistung Hindenburgs im Reichstag. Ungeheures Polizeiaufgebot in der Budapester Straße und am Brandenburger Tor. Die Tribünen im Reichstag schon um elf, eine Stunde vor der Eidesleistung, überfüllt. Zum Glück hatte ich einen numerierten Platz, von dem aus ich gut sehen konnte. Vor mir saß Frau von Gerlach. Der Saal war ziemlich sparsam ausgeschmückt. Hinter dem Präsidentenstuhl, auf einer Wandbespannung befestigt, die schwarzrotgoldene Reichspräsidentenstandarte und auf dem Präsidententisch ein schwarzrotgoldenes Fahnentuch, flankiert von blauen Hortensien; das war alles. Der frühere Staatssekretär Lewald sagte zu mir: »Ein Saalschmuck wie bei der Einführung eines neuen Bürgermeisters in Kyritz an der Knatter!«

Punkt zwölf treten ohne Feierlichkeit Hindenburg und Löbe, beide im schwarzen Gehrock, durch eine der kleinen Türen hinter dem Präsidentenstuhl ein und sind da; man hat es kaum bemerkt. Aber plötzlich ertönen Hochrufe auf der äußersten Linken. Die Kommunisten lassen die Sowjetrepublik hochleben und marschieren dann im Gänsemarsch zum Saal hinaus. Darauf leistet Hindenburg, auf der Stelle stehend, wo Rathenaus Sarg gestanden hat, den Eid, eingeklemmt rechts und links von Schwarz-Rot-Gold, und liest eine Erklärung von einem mit gewaltig großen Buchstaben geschriebenen Blatt; man hätte mit einem guten Glas die Buchstaben von der Tribüne aus lesen können. Trotzdem schien dem alten Herrn die Entzifferung Mühe zu machen; er las stockend und unsicher und redete zu Anfang Löbe als ›Herr Reichspräsident‹ an.

Eindruck: eine etwas befangene, greisenhafte Generalsstimme, die Ungewohntes und Unverstandenes vorlesen muß. Aber auffallend war doch der über Erwarten starke Nachdruck, den die Erklärung auf den *republikanischen* und *demokratischen* Charakter der Verfassung und insbesondere auf die *Volkssouveränität* legte. Darin zeigt sich die Taktik an, die die klugen, hinter Hindenburg stehenden Monarchisten und Rechtspolitiker zunächst versuchen werden (Männer wie Luther und Loebell), eine Taktik, die auf die Gewinnung oder mindestens die Einschläferung der Republikaner gerichtet sein wird, die aber nicht umhin können wird, tatsächlich die Republik zu befestigen.

Rießer, der Sohn, der in Riga bei der Gesandtschaft ist, sagte mir beim Verlassen des Reichstags: »Eben haben wir die *Geburt* der deutschen Republik erlebt.« In der Tat wird sie mit Hindenburg hoffähig, einschließlich Schwarz-Rot-Gold, das jetzt überall mit Hindenburg zusammen als seine persönliche Standartenfarbe erscheinen wird. Etwas von der Verehrung für ihn wird unvermeidlich darauf abfärben. Es wird den Hakenkreuzlern schwer werden, es wieder durch den Straßenkot zu schleifen. Schon heute ist es in der Beflaggung der Straßen im Zentrum viel sichtbarer als bisher. Die Wilhelmstraße, die sonst nur sehr bescheiden und notdürftig einige schwarzrotgoldene Fähnchen zu zeigen wagte, schwimmt heute in Schwarz-Rot-Gold. Wenn die Republikaner ihre Wachsamkeit und ihre Einigkeit nicht aufgeben, kann die Wahl Hindenburgs für die Republik und den Frieden sogar noch ganz nützlich werden.

Weimar. 15. Mai 1925. Freitag

Nachmittags mit Goertz bei der Frau Förster-Nietzsche. Dort einen Herrn aus Mexiko, Direktor der dortigen deutschen Realschule, getroffen, der mir sagte, mein Buch sei noch immer das bei weitem beste über Mexiko; das werde dort allgemein anerkannt. Während wir beim Tee saßen, machte der General Hasse seinen Antrittsbesuch; er ist mit seinem Stabe gestern von Kassel hierher versetzt worden. Frau Förster fiel ihm fast um den Hals. Sie hat noch ihr Backfischherz für das bunte Tuch bewahrt. Ärgerlicher ist, daß sie gestern beim Einzug des Generals, der unter großer Volksbeteiligung stattfand, auf dem Bock ihres Wagens, wie sie erzählte, ihren kleinen Großneffen Oehler mit einem Stahlhelm auf dem Kopf und einer Trommel hat mitfahren lassen, also das blödeste Kleinkindersoldatenspiel mitmacht.

Alle Philister freuen sich über Hindenburg; er ist der Gott aller derer, die sich ins Philistertum zurücksehnen und die schöne Zeit, wo man nur zu verdienen und zu verdauen brauchte mit einem nach oben gerichteten Augenaufschlag. Hindenburg soll die Verhältnisse ›konsolidieren‹, das heißt wieder auf den Philister zuschneiden. Adieu Fortschritt, adieu Vision einer neuen Welt, die das Lösegeld der Menschheit für den verbrecherischen Krieg sein sollte; endlich wird man wieder als dicker Hammel oder gemästete Gans bequem leben können, bis der Schlächter kommt und den Blutlohn fordert. Der widerwärtige Eindruck, den die Verbrüderung von ›Gartenlauben‹-Militarismus mit engstirnigem Generalstäblertum bei Frau Förster-Nietzsche heute nachmittag machte, dauert fort.

Berlin. 25. Mai 1925. Montag

Bronnens ›Rheinische Rebellen‹ im Staatstheater. Steinrück als Ocec, Agnes Straub als Gien, Gerda Müller als Pola, alle drei außerordentlich. Starker Eindruck des zweiten Akts, der Szene auf der Bühne des Mainzer Stadttheaters. Nachher wird das Stück zu einem Drama der Leidenschaft, ja der Hörigkeit, aber immer noch mit starken Stellen. Bronnen hat ein sehr starkes Stück geschrieben, aber nicht das Grundproblem gelöst, die politischen und sexuellen Motive zu einer vollkommen überzeugenden Einheit zu verschmelzen; sie laufen nebeneinander her, statt sich gegenseitig zu bedingen.

Berlin. 26. Mai 1925. Dienstag

Kostümball bei d'Abernons. Ich ging im roten Frack mit weißen Eskarpins, der alten Tracht bei unseren Hofjagdessen im Jagdschloß Grunewald unter dem Kaiserreich, und erregte damit einiges Aufsehen. D'Abernon und andre machten mir Komplimente über die auffallend elegante und einfache Tracht.

Frau Stresemann zum Souper geführt. Sie war als badische Bäuerin erschienen mit ihren beiden Söhnen als Bauernburschen. Sie klagte bitter über die Angriffe gegen ihren Mann, ›ein so lieber, guter Mann‹. Sie wären froh, wenn sie erst wieder in der Tauentzienstraße wären und ihre Ruhe hätten. Außerdem koste sie die Repräsentation bei dem kümmerlichen Gehalt ein Heidengeld. Ich sprach mit ihr über den schlechten Stand der Paktverhandlungen und warnte nochmals durch sie ihren Mann vor Briand, der ein Saboteur und Verbrecher sei. Dann setzte sich d'Abernon zu uns.

Auffallend wenig Deutsche waren auf dem Ball; von offiziellen Persönlichkeiten nur Frau Stresemann und einige junge Attachés vom Amt; nicht Schuberts, nicht Horstmanns. Nur das diplomatische Korps war vollzählig erschienen. Die Italiener tanzten eine Tarantella, sehr hübsch, die Engländer, Amerikaner, Holländer einen englischen Country dance, an dem sich auch Frau von Gevers als holländische Bäuerin beteiligte. Lady d'Abernon, mit der ich während eines Tanzes saß, sah unglaublich jugendlich und hübsch aus als englisches Gainsborough-Bauernmädchen in hellem, geblümtem Stoff und Mützchen. Das ganze Bild war sehr farbig und lustig. Nur sieht man nicht recht ein, warum gerade Diplomaten in diesem Augenblick, wo die internationale Lage so gespannt und ernst ist, als Bauern und Bäuerinnen tanzen müssen.

Berlin. 16. Dezember 1925. Mittwoch

Bei Stresemanns gegessen. Großes Diner in der Villa. Bosdari, der Türke, Kühlmann, Rüfenachts, Schachts, Zechs usw.

Als ich über den Potsdamer Platz hinging, kam gerade die Postausgabe der ›Voss‹ mit der Nachricht von einem Attentatsplan auf Stresemann. Stresemann, dem ich beim Eintreten zum Scheitern des Komplotts gratulierte, hatte auch erst eben vom Polizeipräsidium davon erfahren. Er klagte bitter über den mangelhaften Schutz durch die Gerichte; daß einem Mann wie Pudor, der offen zu seiner Ermordung aufreize, nichts geschehe. Berger, der später kam, meinte: Früher hätten wir eine Justiz *für* den Staat gehabt (einseitig), nachher eine neben dem Staat und jetzt eine *gegen* den Staat. Wer jetzt mit dem Staat prozessiere, sei sicher, seinen Prozeß zu gewinnen. Siehe Fürstenabfindungen. Ich sagte, die Fürsten sollten die Aufwertungsquote bekommen, nicht mehr. Stresemann stimmte lebhaft zu.

Berlin. 22. Dezember 1925. Dienstag

Diaghilew mit seinem Ballett begann heute ein Gastspiel im ›Deutschen Künstler-Theater‹. Er gab die ›Biches‹, ›Tricorne‹, ›Matrosen‹. Tobender Erfolg. Ich ging auf die Bühne und gratulierte ihm.

Berlin. 28. Dezember 1925. Montag

Abends mit Max ins Russische Ballett. Nachher soupierten Diaghilew, Lifar, Nouvel, Boris Kochno und Max mit mir bei Förster. Boulanger spielte. Diaghilew die grausige Geschichte von seinem spanischen Tänzer erzählt. *Einmal* habe er einen neuen Nijinski entdeckt, einen jungen Spanier, García. Schon als er ihn in Barcelona aufsuchte, habe die alte Frau, bei der er wohnte, ihn ›el loco‹ (den Verrückten) genannt. Er habe aber darauf nicht achtgegeben und ihn nach London mitgenommen (im Kriege, 1916). Eines Tages sei García ausgegangen, und als er vor der Sankt-Martins-Kirche am Trafalgar Square eine rote Laterne brennen sah, habe er eine alte Bettlerin gefragt, die vor der Kirchentür saß, ob dies ein Bordell sei? Dann habe er ihr sein ganzes Geld geschenkt und gesagt: Es sei doch spaßig, daß selbst der liebe Gott in London im Bordell wohne. Darauf habe er versucht, in das ›Bordell‹ einzudringen, und schließlich die Tür aufgebrochen. Als er abends nicht zur Vorstellung kam, habe Diaghilew ihn gesucht und die Polizei benachrichtigt, weil er ein Unglück vermutete. Spät nachts hat ihn dann die Polizei in der Kirche, nackt vor dem Altar hangend, gefunden; vollkommen wahnsinnig. Im Irrenhaus, in das er geschafft wurde, soll er inzwischen gestorben sein.

Paris. 31. Dezember 1925. Donnerstag

Misia Sert im Hotel Meurice besucht, wo sie ein kleines Appartement mit ihren eigenen Möbeln und Bildern bewohnt. Die Wände mit Silberbrokat bespannt. Vorhänge aus Goldbrokat, in den Zimmern alles in hellen, sanften Farben. Sie wenig verändert. Philippe Berthelot ist noch immer ihr großer Freund. Er hat ihr gesagt, daß Stresemann in Locarno einen sehr intelligenten, guten Eindruck gemacht habe.

1926

Paris, 1. Januar 1926. Freitag

Es geht das Locarnojahr zu Ende und fängt hoffentlich das erste Friedensjahr an nach elfjährigem Krieg. – Bei Wilma gefrühstückt. – Abends Ben Jonsons ›Epicoene‹ (La femme silencieuse) im Montmartre im Théâtre de l'Atelier gesehen. Die Dekorationen und Kostüme auf Leinwand gemalt von Jean Victor-Hugo etwas roh, aber amüsant. Dullin als Greis Morose, der Angst hat vor Geräuschen, vortrefflich. Das Stück hat einen großen Erfolg.

Paris, 2. Januar 1926. Sonnabend

Gefrühstückt bei Misia Edwards-Sert mit Poulenc, Jean und Valentine Victor-Hugo, Pierre Bertin von der Comédie Française und der Pianistin Marcelle Meyer. Wir frühstückten im Hotel unten und saßen nachher im kleinen Silberbrokatkäfig Misias oben in der sechsten Etage. Poulenc, den ich zum ersten Mal sah, ist ein großer, breiter Bauernjunge, etwas schweigsam und reserviert, aber sympathisch.

Die Konversation drehte sich meistens um Bekannte, Diaghilew, Cocteau, Radiguet. Misia erzählte, als ich von dem Wunder der Errettung und Verjüngung der Russischen Balletts durch Krieg und Revolution sprach, wie schlecht es Diaghilew während des Krieges gegangen sei; er sei in Spanien fast verhungert, und es habe Monate gedauert, bis die französische Regierung ihm eine Einreiseerlaubnis nach Frankreich gegeben habe. Schließlich habe ihn Sert aus Barcelona holen können. Vor der Grenze fragte ihn Sert, ob er nichts Kompromittierendes bei sich habe. Nein, nichts, er trüge nie etwas Kompromittierendes bei sich. Na, sieh doch einmal nach, ob du nichts in den Taschen hast. Nur ein paar alte Briefe. Aber was für Briefe? Schließlich holte Diaghilew ein dickes Paket heraus, in dem sich zwei Briefe von Mata Hari fanden. Mata Hari war eben wegen Spionage verhaftet worden. Noch kurz vor der Grenze wurden sie vernichtet.

Cocteaus Gedicht über Radiguet wurde von Valentine Victor-Hugo und Misia zerzaust. Misia: es sei ganz falsch, daß der arme kleine Radiguet mit den Augen auf Cocteau gestorben sei. Im Gegenteil: schrecklich zu denken, er sei ganz mutterseelenallein gestorben in der Klinik. On a fait le vide autour de lui, weil er Typhus hatte und teils aus Furcht vor Ansteckung und teils infolge der ärztlichen Vorschriften fast niemand zu ihm kam. Auch Cocteau sei nur ganz selten bei ihm gewesen. Valentine Hugo erzählte, Radiguet sei den Sommer vor seinem Tode auf dem Lande schon recht elend gewesen. Er habe schrecklich viel getrunken und in allen Dingen Exzesse geliebt. Pierre Bertin: Il allait toujours jusqu'au bord de l'abîme pour voir. Zum Beispiel habe er einmal eine ganze Tube eines starken Schlafmittels genommen, um an sich selbst die Wirkung einer fast tödlichen Dosis zu erfahren. Alle waren einig, daß er ein ganz Großer gewesen sei, der die alte Tradition der französischen Prosaerzählung von Mme. de Lafayette, Voltaire, Balzac, Stendhal wiederaufgenommen habe.

Misia erzählte von Cocteau, il subit une crise religieuse. Ein Missionar, le Père Maritain, habe ihn bekehrt. Cocteau habe ihr gesagt, er habe beim Anblick dieses greisen Missionars gefühlt, qu'il était un saligaud (er, Cocteau). Cocteau sei jetzt un ange. Claudel, lui, l'a toujours été, un ange paysan, avec les pieds bien plantés sur la terre. Cocteau, lui, c'est différent. Mais sa conversion l'a rendu délicieux. Plus de nervosité, un calme, une sérénité qui vous fait du bien. Valentine Hugo sagte, sein ›Orpheus‹ sei ein Meisterwerk.

Paris. 3. Januar 1926. Sonntag

Sert besucht im Hotel. Unerwarteterweise kam Vuillard, den ich seit 1914 nicht gesehen hatte. Er ist ganz grau, fast weiß geworden, aber noch immer mit den etwas kindlichen Augen. Er war gleich sehr freundschaftlich, ebenso wie Sert, dessen Ton wieder der alte war. Locarno hat die gesellschaftlichen Beziehungen hier völlig verwandelt. Die Leute scheinen eine Art von Koketterie darin zu setzen, möglichst warm und freundschaftlich den alten deutschen Bekannten entgegenzukommen. – Sert fragte mich nach Vollmoeller, der ihm Zusammenarbeit bei einer Pantomime vorgeschlagen hat.

London. 6. Januar 1926. Mittwoch

Telegramm von Max, daß Paul Cassirer sich erschossen hat; man hoffe aber, ihn zu retten.

Berlin. 7. Januar 1926. Donnerstag

Abends um halb sechs in Berlin an. Max auf der Bahn sagt mir, daß Paul Cassirer heute morgen gestorben ist.

Berlin. 10. Januar 1926. Sonntag

Trauerfeier für Paul Cassirer. Das ganze künstlerische Berlin. Der Sarg in der Mitte des großen Ausstellungssaals aufgebahrt, unter einem Teppich von roten Rosen. Max Liebermann sprach zuerst, ich danach. Obwohl Ernst Cassirer noch gestern abend um halb zwölf bei mir anrief und durchzusetzen versuchte, daß ich die Tilla Durieux in meiner Rede *nicht* erwähne (weil in der Familie und bei den Freunden Cassirers eine so starke Animosität gegen sie herrsche), erwähnte ich sie doch selbstverständlich. Sie war tief verschleiert anwesend (auch dies hatten Ernst Cassirer, Feilchenfeld und andre zu verhindern versucht). Ich drückte ihr nachher die Hand, und sie dankte mir.

Hinaus zum wunderschönen Friedhof an der Heerstraße, wo bei herrlichem Wintersonnenschein im Kiefernwald die Beisetzung stattfand. Mit Kolbe hinausgefahren und nachher in sein

Atelier, wo er mir die Totenmaske zeigte. – Nachmittags bei Georg Bernhards. – Der Tod Cassirers hat mich tief erschüttert.

Berlin. 13. Januar 1926. Mittwoch

Nachmittags bei Tilla Durieux im ›Bristol‹. Sie war kühl und bitter. Keiner der Verwandten habe ihr bei der Trauerfeier die Hand gereicht. Cassirer habe sie wegen eines ganz geringfügigen Vorfalls fortgejagt. Da habe sie Schluß gemacht. Nach zwanzig Jahren habe sie endlich einmal sich frei fühlen wollen. Sie wäre nach einiger Zeit, vielleicht nach zwei Monaten, zurückgekehrt; aber erst einmal habe sie frei sein, atmen wollen. Ihr Gastspiel in Holland könne sie nicht absagen; sie könne nicht eine große Anzahl von Leuten brotlos machen. Offenbar dämmt die Empörung bei ihr eine tiefere Erschütterung ein; und dann ist sie überhaupt eine kühle, harte Frau.

Berlin. 19. Januar 1926. Dienstag

Mit Max ins Charlottenburger Opernhaus: Premiere hier von Richard Strauss' ›Elektra‹ unter Bruno Walter. Feines, beschwingtes, stürmisch vorwärtsdringendes Orchester. Die Klytämnestra außerordentlich. Die Wildbrunn etwas rundlich als Elektra.

Hinter uns in einer Loge saß Richard Strauss mit Paulinchen und einer Familie Strauß, bei der sie wohnen. Paulinchen lud uns ein, nach der Vorstellung bei ihnen zu soupieren. Haus ganz draußen an der Heerstraße, in der Nähe des Stadions, wo bis vor kurzem nur Kiefernwald war. Aber offenbar entsteht hier ein äußerster Westen für Autobesitzer.

Paulinchen zeigte sich bei Tisch von allen ihren guten und schlechten Seiten: mütterlich um Nahrungsaufnahme aller besorgt, namentlich Maxens, der neben ihr saß und dem sie immer wieder ein Ei, ein Stück Fleisch, eine Portion Salat auf den Teller packte. ›Woyzeck‹ (Büchners Dichtung, nicht die Oper) lehnte sie ab, weil sie sich doch unmöglich für die Seele eines schmutzigen Unteroffiziers interessieren könne. Was gehe sie das an

(›sie, die Generalstochter‹, zwischen den Zeilen zu verstehen)? Ich sagte: Carmen sei doch auch eine Unteroffiziersgeschichte. Pauline: Ja, aber romantisch, spanisch, Mérimée. Ich: Mir schiene ein deutscher Unteroffizier nicht unbeachtlicher als ein spanischer, und im übrigen stellte ich zum Beispiel auch Gretchen über Maria Stuart. Pauline (geheimnisvoll flüsternd): Man sagt, der Graf Kessler sei ganz rot geworden. Ich: Ach, ich bin bloß ein biederer Demokrat. Pauline: Sie, ein Graf, Demokrat? Da beschmutzen Sie Ihr eigenes Nest. Ich: Verzeihen Sie, gnädige Frau, darüber, ob ich mein eigenes Nest beschmutze, muß ich mir selber mein Urteil vorbehalten.

Allmählich war Richard Strauss immer unruhiger geworden. Jetzt brach er in das Gespräch ein, um es zu beenden, erklärte mir, seine Frau sei ganz unpolitisch, ich sollte nicht darauf achten, was sie sagte. Schließlich zog mich Paulinchen selbst, die gemerkt hatte, daß sie über das Ziel hinausgeschossen hatte, und der die scharfe Lektion, die ich ihr erteilt hatte, offenbar etwas in die Glieder gefahren war, ins Herrenzimmer, wo sie mir ihre politischen Ziele des näheren auseinandersetzte: sie sei eine Generalstochter, Aristokratin (»I bin a Generalstochter, i bin a Aristokratin«, in schönstem Oberbayrisch). In Süddeutschland haßten sie die Norddeutschen, die Praißen. Sie wollten ein süddeutsches Reich: Bayern mit Österreich zusammen. Katholisch und Protestantisch gehe nicht zusammen in einem Staat.

Sie schien zu erwarten, daß die Genialität ihrer Pläne mich versöhnen werde und außerdem die, wie sie versicherte, volle Zustimmung ihres Königshauses.

Ich sagte: ich sei Norddeutscher, aber trotzdem wünschte ich nicht, daß die Süddeutschen verhungerten; und daher hätte ich doch Bedenken gegen ihre Pläne. Zunächst müßten jedenfalls die Vereinigten Staaten von Europa da sein, ehe sich über solche sentimentalen Zusammenschlüsse reden lasse. Auf die europäische Union ging sie dann beglückt ein.

Berlin. 20. Januar 1926. Mittwoch

Bei mir aßen abends der englische General Wauchope, sein Adjutant Burton, der englische Militärattaché Hume, Sir Andrew McFadyean und Nostitzens.

Nach Tisch nahm mich Wauchope beiseite und sagte: »Sie kennen die deutschen Rechtskreise besser als ich; Sie werden also auch oft hören, was mir dort häufig gesagt wird: man schäme sich, daß Deutschland durch die Frau des deutschen Außenministers so kompromittiert werde.« Ich fragte: »Wieso?« Wauchope: »Na, mir wird erzählt, sie tanze ganze Nächte lang mit zwanzigjährigen jungen Burschen. Könnten Sie sich denken, daß Lady Chamberlain auf einem Ball den ganzen Abend mit einem zwanzigjährigen Jungen tanzte? Die Frau eines englischen Außenministers könnte vielleicht ein Verhältnis haben; sie dürfte aber nicht öffentlich ihren Mann und England kompromittieren.«

Also unsere deutschen Vaterlandsfreunde laufen zum englischen General und strengen sich an, um das Ansehen des deutschen Außenministers durch schmutzige Andeutungen über seine Frau zu untergraben und so das internationale Ansehen und die Aktionsfähigkeit Deutschlands möglichst zu vermindern. So sieht der ›Patriotismus‹ der deutschnationalen Junker aus! Ein wahrhaft erhebender Anblick, wie diese Heldengeister dem Vaterlande das Opfer bringen, sich selber durch schmutzige Zwischenträgereien vor dem englischen General verächtlich zu machen. Alle Achtung vor so viel Vaterlandsliebe! Die Namen dieser Patrioten wollte mir Wauchope nicht nennen.

Weimar. 27. Januar 1926. Mittwoch

Schickeles ›Erbe am Rhein‹. Er hat, was bei deutschen Dichtern und Schriftstellern so selten ist: Anmut (la grâce).

Berlin. 29. Januar 1926. Freitag

Nachmittags im Reichstag mit Koch, Erkelenz, Breitscheid gesprochen über die Lage. Koch formell gesagt, ich wünschte einen Posten als Mitglied der deutschen Völkerbund-Delegation (nicht im Sekretariat); ihn gebeten, mit Stresemann darüber zu sprechen.

Abends mit Max Premiere von Bronnens ›Ostpolzug‹ im Staatstheater. Ein primitives Nichts. Eine Claque klatschte, andre zischten, aber eigentlich ist das Ganze so wenig, daß man sich nicht einmal über diesen schlechten Witz ärgern kann. Kortner, halb Affe, halb Börsenjobber, spielte Alexander den Großen, die einzige Rolle in diesem ›Drama‹.

Berlin, 1. Februar 1926. Montag

Frühstück bei Nostitzens. Hilferdings, Georg Bernhard, Ernst Toller, Annette Kolb, Professor Haas. Ziemlich formloses Gespräch. Ich sagte, als von der aushöhlenden Wirkung der Berliner Gesellschaft gesprochen wurde, in Paris bewege man sich von Salon zu Salon, in Berlin komme ich mir immer vor, als ob ich von einer Volksversammlung in die andre gehe. Frühstück glich in der Tat einer Volksversammlung; alles schrie und wollte recht haben, ohne Grazie oder Esprit. Kein geprägtes Wort, kein scharfer Pfeil, lauter laute Meinungen.

Toller sagte, Hugo Lerchenfeld sei für die Gefangenen der unangenehmste Ministerpräsident gewesen; nach außen weich, nach innen ganz unter der Fuchtel der Bürokratie. Besser sei es erst geworden, als der völkische Minister Roth gekommen sei, weil der sich den Bürokraten gegenüber durchsetzen konnte. Toller im Gespräch hypernervös und leise; mimosenhaft mit glühenden Augen.

Berlin, 2. Februar 1926. Dienstag

Abends in Werfels ›Maximilian und Juarez‹. Deutsches Theater. Regie von Max Reinhardt. Diese vorzüglich. Das Stück eine saubere, geschmackvolle Anpassung des alten Sardouschen Historienmelodrams an die Ansprüche des heutigen Publikums ohne poetische Bedeutung.

Berlin. 5. Februar 1926. Freitag

Abends bei Schuberts gegessen. Der Nuntius Pacelli, Gevers, die Fürstin Hatzfeldt (die ich zu Tisch führte), die Gräfin Dönhoff, Bergens, Zechs, die Gräfin Sierstorpff usw.

Schubert zeigte sich als Bibliophile. Mit der Gräfin Zech über Pacelli (der wie ein von der Wand gestiegenes Porträt von Bronzino aussah) und den Katholizismus: der Katholizismus und Pacelli verkörpern den alten Universalismus des Römischen Reiches und der Kirche, der Protestantismus aber, Calvin, habe die neue universale Form des Kapitalismus geschaffen, ein Monstrum, wenn man will, aber das der Autor der modernen universalen Welt des Europäismus ist. Aber wie sieht gegenüber einer Erscheinung wie Pacelli der Vertreter dieser protestantisch-kapitalistischen Welt, der repräsentativste Bankier, ein Morgan, aus? Immerhin, wir gehören zu dieser protestantisch-kapitalistischen Welt, und damit müssen wir uns abfinden. Aber auf diesem Gegensatz zwischen Katholizismus und Kapitalismus beruht die ganze Dialektik unserer Geschichtsepoche.

Die Fürstin Hatzfeldt mit mir über Politik, außen und innen, im Sinne einer gemäßigt konservativen Innenpolitik und Locarno in der Außenpolitik. Eindruck des Abends: (bunter Stumm-Bethmannscher Clan) genau dieselbe Familienclique hat die Macht inne wie vor dem Kriege und während des Krieges, der aufgeklärt liberale, lau monarchische, antiwilhelminische Bethmannsche Familienkonzern, die Bethmanns, Stumms, Harrachs, und ihre Familienangehörigen (Kühlmann, Hatzfeldts, Schubert, Mutius usw.).

Frau von Bergen erzählte mir, ihr Vater (Dirksen) habe die Kronprinzessin mit Stresemann zusammen einladen wollen; die Kronprinzessin habe aber abgelehnt, mit Stresemann zusammenzutreffen. Recht undankbar, da Stresemann ihren Mann nach Deutschland zurückgebracht hat.

Berlin. 7. Februar 1926. Sonntag

Vormittags Mozarts ›Requiem‹ in der Philharmonie unter Walter. – Abends bei Hilferdings gegessen mit Annette Kolb, Mme.

Mayrisch und Tochter, Vollmoeller, einem jungen Dichter Friedenthal und einem ungarischen Maler, dessen Namen ich nicht behalten habe.

Mussolinis verrückte Rede gegen Deutschland, die von der saudummen Rede des bayrischen Ministerpräsidenten Held provoziert worden ist, Gesprächsthema. Mussolini sucht nach einem Anlaß, billige Lorbeeren zu verdienen, und möchte irgendwo, wo ist gleichgültig, eine Rauferei mit einem schwächeren Gegner. Held und seine Gesinnungsgenossen haben die Aufmerksamkeit Mussolinis auf Deutschland gelenkt als vielversprechendes Objekt für seine Rauflust.

Vollmoeller wie immer sehr amüsant, ganz verkniffen und giftig. Er schilderte d'Annunzios Einstellung zu Mussolini. D'Annunzio sei überzeugt, Mussolini habe versucht, ihn ermorden zu lassen; die Frau, die ihn aus dem Fenster warf, sei von Mussolini zu diesem Zweck, um ihn umzubringen, ihm zugesandt worden.

Berlin, 8. Februar 1926. Montag

Abends aßen bei mir d'Abernons, Lichnowskys, Andreaes, Frau v. Schwabach, Baby Goldschmidt-Rothschild, Kolbe und Musch Richter; nachher kamen noch Vollmoeller, Hume, Max und Guseck. Lady d'Abernon wieder jung und charmant aussehend, von einer kaum glaublichen Jugendfrische und Anmut; auch Mechthilde sehr schlank und schön und die Baby sinnlich glühend und reizvoll. Drei sehr merkwürdige schöne Frauen.

D'Abernon interessierte sich sehr für Maillol und den großen Seurat mit überraschender Sachkenntnis. Er meinte, die ›Hockende‹ von Maillol sei das schönste Werk moderner Plastik, das er gesehen habe. Er stellte sich immer wieder davor und betrachtete sie von allen Seiten. Die Bibliothek, das Eßzimmer und mein Arbeitszimmer schienen wieder auf alle einen starken Eindruck zu machen. Sie sahen mit den schönen Frauen auch wirklich festlich und geistig aus.

Berlin. 9. Februar 1926. Dienstag

Abends Gesellschaft bei Frau v. Friedländer-Fuld am Pariser Platz. Es wurde Hofmannsthals ›Gestern‹ aufgeführt von Baby Goldschmidt-Rothschild und Francesco Mendelssohn; und nachher eine Parodie ›Heute‹ von Curt Bois mit Baby.

Auffallend war die Ablehnung des Hofmannsthalschen Stücks durch die Jüngeren, Goertz, Meiern, sogar Simolin und Helene. Sie fanden es ›verstaubt‹, beziehungslos: ›Was soll es uns?‹ Der Krieg ist darüber grausam hingegangen, weil es ganz in Beziehung auf ein Publikum geschrieben ist, das es jedenfalls heute nicht mehr gibt, vielleicht nie gegeben hat. Ohne innere Notwendigkeit hat Hofmannsthal ›für die Gesellschaft‹ gedichtet, wie man sich ein buntes venezianisches Maskenkleid umwirft; und jetzt sind die Farben verblaßt, durchsichtig geworden, und es steckt nicht viel dahinter.

Weimar. 11. Februar 1926. Donnerstag

Nachmittags bei Frau Förster-Nietzsche. Sie platzte mir ins Gesicht, ob ich wüßte von ihrer neuen großen Freundschaft: Mussolini? Ich sagte, allerdings, ich hätte davon gehört und es bedauert; denn Mussolini kompromittiere ihren Bruder. Er sei eine Gefahr für Europa, für das Europa, das gerade ihr Bruder ersehnt habe, das Europa der guten Europäer. Die arme alte Dame war ziemlich ›agitated‹, lenkte aber dann ab, und das weitere Gespräch verlief friedlich. Sie wird bald Achtzig, und man fängt an, es zu merken.

Berlin. 12. Februar 1926. Freitag

Vormittags in Weimar in der Presse: Vergil (drei Viertel sind jetzt gedruckt, sowohl von der deutschen wie auch von der französischen Ausgabe; beide werden parallel gedruckt).

Berlin. 13. Februar 1926. Sonnabend

Abendessen acht Uhr dreißig bei mir: Mme. Mayrisch mit ihrer Tochter, Hugo Lerchenfeld mit Gräfin, Willy Radowitzens, Horstmanns, Lancken, Simolin, Hannah Wangenheim.

Um eins, nachdem gerade meine Gäste gegangen waren, rief Max Reinhardt an, er sei bei Vollmoeller, sie bäten mich beide, ob ich nicht noch hinkommen könne? Miß Baker sei da, und nun sollten noch fabelhafte Dinge gemacht werden. Ich fuhr also zu Vollmoeller in seinen Harem am Pariser Platz und fand dort außer Reinhardt und Huldschinsky zwischen einem halben Dutzend nackter Mädchen auch Miß Baker, ebenfalls bis auf einen rosa Mullschurz völlig nackt, und die kleine Landshoff (eine Nichte von Sammy Fischer) als Junge im Smoking. Die Baker tanzte mit äußerster Groteskkunst und Stilreinheit, wie eine ägyptische oder archaische Figur, die Akrobatik treibt, ohne je aus ihrem Stil herauszufallen. So müssen die Tänzerinnen Salomos und Tut-ench-Amuns getanzt haben. Sie tut das stundenlang scheinbar ohne Ermüdung, immer neue Figuren erfindend wie im Spiel, wie ein glückliches Kind. Sie wird dabei nicht einmal warm, sondern behält eine frische, kühle, trockene Haut. Ein bezauberndes Wesen, aber fast ganz unerotisch. Man denkt bei ihr an Erotik ebensowenig wie bei einem schönen Raubtier. Die nackten Mädchen lagen oder tänzelten zwischen den vier oder fünf Herren im Smoking herum, und die kleine Landshoff, die wirklich wie ein bildschöner Junge aussieht, tanzte mit der Baker moderne Jazztänze zum Grammophon.

Vollmoeller wollte für die Baker ein Ballett schreiben, das er noch in dieser Nacht fertigzumachen und Reinhardt zu geben vorhatte. Eine Kokottengeschichte. Zwischen Reinhardt, Vollmoeller und mir, die darum herum standen, lagen die Baker und die Landshoff wie ein junges, bildschönes Liebespaar umschlungen. Ich sagte: ich würde für sie eine Pantomime nach den Motiven des Hohen Liedes Salomonis schreiben, die Baker als Sulamith, die Landshoff als Salomo oder als der junge Liebhaber der Sulamith. Die Baker im Kostüm (oder Nicht-Kostüm) orientalisch antik, Salomo im Smoking, eine ganz willkürliche modern-antike Phantasie nach halb Jazz-, halb orientalischer Musik, vielleicht von Richard Strauss.

Reinhardt war von der Idee begeistert, ebenso Vollmoeller.

Wir verabredeten, daß sie beide und die kleine Landshoff am Vierundzwanzigsten bei mir essen sollten. Vollmoeller bat, noch Harden einzuladen. Nachher die Baker. Wir wollen dann das Weitere besprechen. Nach vier nach Hause.

Berlin. 14. Februar 1926. Sonntag

Abends in Zuckmayers ›Fröhlichen Weinberg‹. Eine grobe Posse mit politischen Schlaglichtern und viel handfester Erotik. Nicht mehr als eine unterhaltende Katzbalgerei, weit unter Hauptmanns ›Biberpelz‹.

Berlin. 15. Februar 1926. Montag

Abends aßen bei mir Albert Einstein mit Frau, die Roland de Margeries, die Gräfin Sierstorpff geb. Stumm, Theodor Wolffs, Helene und Jean Schlumberger (von der ›Nouvelle Revue Française‹). Nach Tisch Mme. Mayrisch und Tochter, Goertz, Guseck, Alfred.

Einstein majestätisch trotz seiner übergroßen Bescheidenheit und Schnürstiefeln zum Smoking. Er ist etwas fetter geworden, die Augen aber immer noch fast kindlich strahlend und schalkhaft.

Seine Frau erzählte mir, ihr Mann habe neulich nach vielen Mahnungen endlich die beiden goldenen Medaillen, die ihm von der englischen Royal Society und Royal Astronomical Society verliehen worden sind, im Amt abgeholt, und nachher hätte sie sich mit ihm in einem Kino getroffen. Als sie ihn fragte, wie die Medaillen aussähen, habe er geantwortet, er habe das Paket noch gar nicht geöffnet. Er hat kein Interesse für solche Kinkerlitzchen. Sie gab mir davon noch andre Beispiele. Als die amerikanische Barnard-Medaille, die nur alle vier Jahre an einen hervorragenden Naturforscher verliehen wird, in diesem Jahre Niels Bohr verliehen wurde, stand in den Zeitungen, das letzte Mal habe sie Albert Einstein bekommen. Einstein zeigte ihr eine Zeitung und fragte: Ist das denn wahr? Er hatte es vollkommen vergessen. Er ist nicht dazu zu bringen, den Pour le mérite umzuhängen. Bei einer der letzten Akademiesitzungen machte ihn Nernst darauf aufmerksam, daß er seinen Pour le mérite nicht umhabe, ›die Frau hat es wohl vergessen, ihn Ihnen umzuhängen; Toilettenfehler‹. Aber Einstein antwortete: »Nicht vergessen, nein, nicht vergessen. Ich habe ihn nicht anlegen wollen.«

Bei Tisch entspann sich ein Gespräch über den Sirius-Mond. Einstein erklärte die sensationelle Entdeckung seiner Schwere und ihrer Bedeutung für die Rotabweichung im Spektrum. Zu Hertz (der ein Neffe des großen Physikers ist) sagte er: »Ihr Onkel hat ein großes Buch geschrieben. Es war darin alles falsch; aber es war trotzdem ein großes Buch.«

Die Maillol-Figur erregte wieder allgemeine Bewunderung; auch Einsteins. Die Gräfin Sierstorpff erklärte sich mir gegenüber als ›Pazifistin‹; sie sei es durch ein Erlebnis des letzten Sommers geworden. Sehr angeregte Gesellschaft; wir blieben bis zwei zusammen, als letzte Schlumberger, Goertz und Guseck. Die kleine Mayrisch sieht jetzt, nachdem ihre Mutter sie zurechtgestutzt und ihr ihre häßliche Hornbrille verboten hat, sehr hübsch aus. Sie und die kleine Margerie bildeten ein reizendes Paar junger Weiblichkeit.

Berlin. 17. Februar 1926. Mittwoch

Frühstück bei McFadyean für Sir Eric Drummond, der hier ist, um mit Stresemann die Einzelheiten des Eintritts Deutschlands in den Völkerbund zu besprechen. Auf meine Bemerkung, ich hätte bedauert, daß wir 1924, als ich in Genf war, den Eintritt Deutschlands nicht fertiggebracht hätten, aber ein Vorteil sei, daß wir jetzt unter Hindenburg einträten, meinte er: es sei auch sonst vielleicht ganz gut, daß sich die Sache verzögert habe, denn jetzt sei Frankreich viel entschiedener nach links und zum Frieden orientiert als damals.

Ihm macht die innere Ausstattung des neuen Versammlungssaals, der in Genf gebaut werden soll, anscheinend viel Kopfzerbrechen: namentlich die Frage, ob die Delegierten Pulte haben sollen oder nicht (wie im englischen House of Commons).

Stresemann habe von Pulten abgeraten, weil die Delegierten dann nicht zuhörten, sondern Briefe schrieben. Dernburg war derselben Ansicht. Drummond hielt auch Pulte für verderblich; meinte aber, er werde wohl nicht darum herumkommen.

Abends wieder in die Negerrevue bei Nelson (Josephine Baker). Sie sind ein Mittelprodukt zwischen Urwald und Wolkenkratzer; ebenso ihre Musik, der Jazz, in Färbung und Rhythmus. Ultramodern und ultraprimitiv. Die Weite der Spannung erzeugt den zwingenden Stil; ebenso wie bei den Russen. Wir kommen im Vergleich dazu aus der wohlumhegten ›guten Stube‹; ohne innere Spannung und daher ohne Stil eine schlappe Bogensaite.

Berlin. 22. Februar 1926. Montag

Nachmittags mit Quidde in der Friedensgesellschaft die Eingabe des Friedenskartells wegen eines deutschen Minderheitengesetzes besprochen.

Zum Tee bei der Gräfin Sierstorpff geb. Stumm, die Geburtstag hatte, im ›Adlon‹. Elsa Brandström, die während des Krieges und nachher unseren Kriegsgefangenen in Rußland und Sibirien eine Vorsehung gewesen ist. Äußerlich ein auffallend hübsches, vornehmes, schlankes, blondes Mädchen, eine nordische Jeanne d'Arc. Ganz unkompliziert, aber stark. Ein erschütterndes Beispiel dafür, was ein einfacher Mensch mit gutem Willen, Mut und Takt erreichen kann. Für Hunderttausende ist sie jahrelang der einzige *Mensch* gewesen. Eine wahre Heldin. Sie machte auf mich denselben tief erregenden Eindruck wie Nansen. Die schönen, klaren blauen Augen, die etwas schwere, willensstarke Nase, das schmale, vornehme Gesicht, die Einfachheit des Tones, als ob alles selbstverständlich wäre. Fünfeinhalb Jahre war sie in Sibirien, zwei Jahre vollkommen abgeschnitten von ihrer Familie und jeder Nachricht, am Flecktyphus schwer erkrankt und doch gleich wieder weiterarbeitend, zweimal als Spionin zum Tode verurteilt, und doch noch so einfach, so voller Güte wie am ersten Tage und so schön wie eine Ballkomtesse. Solche Menschen, wo Kraft zur Güte wird und doch noch Kraft bleibt, sind die wahren Übermenschen. Nicht, daß sie Tausenden das Leben gerettet hat, sondern daß sie ihnen den Glauben an die Menschheit gerettet hat, ist das tief Bewegende an ihr.

Sie erzählte: einmal habe sie die Nachricht erhalten, ihr Vater sei todkrank; sie hätte zurückgekonnt, aber sie blieb, denn ihr Vater hätte alles, was nur möglich sei an Hilfe, aber draußen um sie herum verlören Tausende ihre letzte Hoffnung, wenn sie fortginge. Und ihr Vater wurde gerettet wie durch ein Wunder. Als sie zurückkam nach Jahren, habe er ihr gesagt, er hätte sie verachtet, wenn sie zurückgekommen wäre. Sie sagte mir, ihre früheren deutschen Kriegsgefangenen aus Sibirien seien heute noch wie eine Familie. Sie hätten von den Russen das Beste gelernt: die Anerkennung des Gegners, die tiefe, warme Menschlichkeit, die unterschiedslose Kameradschaft. Die Bolschewiki seien besser gewesen als die kaiserlichen Beamten. Über die Schlampigkeit des kaiserlichen Regimes erzählte sie Entsetzliches. 1915 hätten sie einen Zug mit gefangenen Türken in Moskau auf ein Nebengeleise geschoben, wo die Gefangenen in plombierten Waggons erfroren seien; als man die Waggons öffnete, habe man die Leichen mit Hacken aus dem Eise heraushauen müssen. So sei es auch in Pensa und andren Orten gegangen. Nicht aus Bosheit, sondern aus Schlampigkeit: Nitschewo. Vieles andre noch. Alles mit erschütternder Einfachheit und Selbstverständlichkeit erzählt, während sie eine Tasse Tee trank und einen kleinen Kuchen mit der Gabel zerkleinerte oder mit der Perlenkette spielte, die sie am Halse trägt. Sie unterhält noch ein Kinderheim in Sachsen für Kinder von Kriegsgefangenen, denen sie auf ihrem Totenbett versprochen hat, für ihre Kinder zu sorgen. Ich hatte den Eindruck: ein einfacher, aber ganz großer, hinreißender Mensch, eine weltliche Heilige, vor der man knien möchte.

Berlin. 24. Februar 1926. Mittwoch

Abends aßen bei mir Harden, Max Reinhardt, Oscar Fried, Vollmoeller, Fräulein Landshoff, Goertz und Guseck. Herrendiner. Auch Fräulein Landshoff im Smoking sehr hübsch, wie ein Junge aussehend, was sie noch durch eine Hornbrille unterstrich und aufgeschminkte Andeutung schwarzen Bartflaums. Harden, der immer mehr wie ein Mittelding zwischen Voltaire und einer alten Schauspielerin aussieht, sehr amüsant und witzig. Er schweigt viel, schießt dann aber plötzlich einen scharf geschliffenen Pfeil los, der ritzt und ins Fleisch eindringt. Dabei eine fast ängstliche Zartheit der Stimme und der Haltung, die oberflächlich wie mit ›Ancien régime‹ gepudert ist. Zwischen ihm und Fried, der viel offener und klobiger ist, entspann sich ein drolliger Froschmäusekrieg, hauptsächlich über Juden und Sowjetrußland. Nach Tisch gegen Mitternacht holten die Landshoff und Guseck die kleine Negertänzerin Josephine Baker, für die ich das Bibliothekszimmer ausgeräumt hatte, damit sie tanzen könne. Sie war aber verstimmt und saß zuerst stundenlang in einer Ecke, offenbar verschüchtert in ihrer Nacktheit vor den ›Damen‹, Helene und Luli Meiern, die inzwischen auch gekommen waren.

Erst als ich Reinhardt und Vollmoeller die erste Szene der Pantomime, die ich für sie vorhabe, erzählte, wachte sie aus ihrer Verschüchterung auf: eine Variation über die Motive des ›Hohen Liedes‹, halb modern, halb orientalisch. Salomo, ein schöner junger König (ich denke an Lifar), der sich eine Tänzerin (Sulamith, die Baker) gekauft hat, läßt sie sich nackt vorführen, überhäuft sie mit Geschenken, mit seinem ganzen Reichtum, mit seinen eigenen Gewändern und Juwelen. Aber je mehr er ihr schenkt und ihr umlegt, um so mehr entschwindet sie ihm. Mit jedem Tag wird der junge König nackter, die Tänzerin für ihn unsichtbarer. Schließlich ist es der König, der nackt ist, die Tänzerin aber entschwindet ihm ganz in einer kostbaren, aus den Stoffen und Juwelen, die er abgelegt und ihr geschenkt hat, sich erhebenden goldenen und dann schwarzen Wolke (tulpenhaft sich um sie erhebend, wie bei der Loïe Fuller). Zum Schluß der Szene kommt im Halbdunkel der junge Liebhaber im schwarzen Smoking . . . Die Fortsetzung behielt ich zunächst für mich.

Reinhardt und Vollmoeller sagten, sie fänden die Szene dramatisch und choreographisch so stark, daß sie sie eigentlich als Schluß des Ganzen sähen; darüber hinaus könnten sie sich eine Steigerung nicht denken.

Die Baker war wie verwandelt; drängte, *wann* sie das tanzen könne? Dann machte sie einige Bewegungen, stark und ausdrucksvoll grotesk, vor der großen Maillol-Figur. Offenbar setzte sie sich mit dieser auseinander; sah sie lange an, machte ihre Stellung nach, lehnte sich in grotesken Stellungen an sie an, sprach mit ihr, sichtbar beunruhigt von der ungeheuren Starre und Wucht des Ausdrucks, tanzte um sie in grotesk grandiosen Bewegungen herum wie eine kindlich spielende, über sich selbst und ihre Göttin sich lustig machende Priesterin. Man sah: der Maillol war für sie viel interessanter und lebendiger als die Menschen, als Max Reinhardt, Vollmoeller, Harden, ich. Genie (denn sie ist ein Genie der Grotesk-Bewegung) sprach zu Genie. Dann brach sie plötzlich ab und tanzte ihre Negertänze und Karikaturen von allerlei Bewegungen. Den Höhepunkt erreichte sie, als Fried versuchte, sich in ihre Pantomime einzufügen, und sie jede Bewegung, die er machte, immer toller, immer gesteigerter karikierte. Was bei Fried hilflos war, wurde bei ihr großer Stil, Ur-Groteske, Figur, die die Mitte hielt zwischen ägyptischem Reliefstreifen und mechanisierter Puppe von George Grosz. Die kleine Meiern, die zwischendurch Tanzbewegungen improvisierte, sehr reizend und harmonisch, wurde von ihr wie weggepustet. Eine Armbewegung der Baker, und die Grazie der Meiern war ausgelöscht, wie Nebel aufgelöst, durchsichtig.

Reinhardt, der nächstens den ›Napoleon‹ von Unruh aufführt, meinte, er werde von seiner Umgebung, namentlich dem ›unheilvollen‹ Heinz Simon größenwahnsinnig gemacht. Ihm sei von vornherein verdächtig gewesen, daß Unruh, der als großer Revolutionär auftrete, so gar keine revolutionäre Sprache, sondern eine tote, gipserne habe.

Berlin. 28. Februar 1926. Sonntag

Richard Strauss in der Oper, wo er die ›Frau ohne Schatten‹ dirigierte, nach der Vorstellung aufgesucht. Er lud mich zum Mitfahren nach Hause und zum Essen ein, was ich aber ablehnen mußte, da bei Vollmoeller zugesagt. Hinter der Bühne nach Schluß der Vorstellung und lange nachdem ich schon mit Strauss in seiner Loge saß, Toben des Publikums hörbar. Strauss über ›Joseph‹ gesprochen. Er mit allem einverstanden. Er schien sehr müde und abgehetzt vom Dirigieren und Geldverdienen.

Nach Mitternacht zu Vollmoeller am Pariser Platz, um die Baker zu sehen. Er hatte wieder eine sonderbare Gesellschaft beisammen, wo niemand wußte, wer der andre war, und aus der nur seine sehr reizende Geliebte, Fräulein Landshoff (wieder in Männerkleidern), hervorragte. Eine Deklassierten-Atmosphäre. Er ist oder fühlt sich als ein deklassierter Dichter und liebt um sich Deklassierte, Frauen in allen Stadien der Nacktheit, deren Namen man nicht versteht und von denen man nicht weiß, ob es ›Freundinnen‹, Nutten oder Damen sind; jüdische junge Männer, die Verleger oder Ballettmeister sein können, Schauspielerinnen, die jemand eben ›entdeckt‹ hat; dazwischen heute Pallenberg, Luli Meiern, Goertz, Meiern-Hohenberg, Charell. Das Grammophon schnarrte ununterbrochen alle Schlager, die Baker saß auf dem Diwan und aß, statt zu tanzen, eine Bockwurst nach der andren (›hot dogs‹), man erwartete die Fürstin Lichnowsky, Max Reinhardt, Harden, die aber nicht erschienen. So gings bis drei, als ich mich empfahl.

Alles in allem eine trostlose, fast tragische Atmosphäre um einen Mann wie Vollmoeller, der wirkliches Talent hat. Ich las heute im Manuskript sein ›Achtes Wunder der Jungfrau Maria‹. Steinharte, feste Sprache, wie sie sonst niemand in Deutschland kann, fast dorisch in ihrer Strenge, aber der Stoff dünn, flach, man weiß nicht recht, warum er ihn gewählt hat. Und eine üble Lüsternheit; etwas Disparates, Zerfahrenes unter der klassischen Oberfläche.

Berlin. 1. März 1926. Montag

Abschied von meinem Seurat, die ›Poseuses‹, die ich (leider) für hunderttausend Mark nach Schottland verkauft habe. Die so selbstverständlich sich auswirkenden Massen und die zarten Farben haben fast dreißig Jahre mir ihre heitere Anmut geschenkt. Ich trenne mich von ihnen wie von geliebten Wesen. Ich hätte nicht in den Verkauf willigen sollen.

Abends mit Max in Tollers Stück ›Der entfesselte Wotan‹ (Tribüne). Ralph Roberts als entfesselter Friseur possenhaft amüsant. Das Stück ist ein falscher Sternheim ohne Sternheims ätzenden Wirklichkeitssinn. Wo Sternheim ins Schwarze und Tiefe trifft, tastet Toller unsicher an der Oberfläche herum. Ein zweites Stück von Toller, ein falscher Hofmannsthal (eine Renaissance-Liebesangelegenheit), verließen wir nach dem ersten, ganz bedeutungslosen Akt und liefen Toller in der Garderobe in die Arme, der gerade ankam und etwas enttäuscht schien, daß wir fortgingen. Ich erfand irgendeinen Grund, und er erzählte von seiner Rußlandreise, die er morgen antritt.

Berlin. 3. März 1926. Mittwoch

Gefrühstückt bei Frau Simon-Sonnemann mit Heinz Simons. Mit diesem über Unruhs, Fritz und Curt. Ich sagte ihm, daß die Wirkung von Unruhs Buch über Paris höchst unglücklich gewesen sei. Simon versuchte es zu verteidigen. Es habe nur in einem kleinen Kreis von Literaten in Paris verstimmt. Ich sagte: ja, aber gerade in dem Kreis, der sich am meisten um eine Annäherung an Deutschland bemühte und speziell Unruh mit großer Freundlichkeit entgegengekommen sei. Simon deutete an, daß Unruh gegen mich stark verstimmt sei wegen meiner Einstellung zu seinem Buch. Das hätte wohl auch Curt mir entfremdet. Gegessen bei Schwabachs mit Bruno Schröder (der auf einen Tag aus London hier ist), Schuberts, Dirksens (den jungen), Hannah Wangenheim, Lancken, der Gräfin Lehndorff. Bei Tisch zwischen Renata Schubert und der Frau von Dirksen.

Renata ist innerlich und äußerlich die schöne, elegante, impertinente Aristokratin geblieben, für die Stresemann, Luther, die Parlamentarier überhaupt noch immer ›Leute‹ sind, ein groteskes Bürgergesindel, das sich gegen alle Ordnung in die Macht gesetzt hat. Sie die ganz große Dame mit ihren herrlichen Schultern und Bewegungen, ihrem alten, etwas altmodischen Familienschmuck, den fast schon sterbenden Perlenschnüren, dem immer etwas müden Gesichtsausdruck, den beißenden, zynischen Worten: Stresemann: ›Faust im Tornister‹ usw. Dabei ist sie die einzige große Dame der Republik, neben der Frau Stresemann, von Frau Löbe zu schweigen, aussieht wie eine Tippmamsell im Sonntagsstaat.

Von Schwabachs zum Ball des demokratischen Studentenbundes im ›Esplanade‹. Bourgeoise Eleganz, wie sie Renata so komisch findet, die jungen Herren im Smoking, viele schwitzende junge Mädchen.

Helmbrechts (im Frankenwald). 6. März 1926. Sonnabend

Früh aus Berlin fort, um in Helmbrechts im Frankenwald für das Reichsbanner zu reden. Eisenbahn bis Hof. Von dort um sieben in einem offenen, kleinen Auto eines Herrn Winzheimer bei Schneesturm fort nach Helmbrechts, das etwas über zwanzig Kilometer von Hof entfernt liegt. In den Schneewehen im Gebirge blieb das Auto zunächst mehrere Male stecken und dann kurz vor einem Dorf Volkmannsgrün endgültig liegen. Ich stieg mit Guseck aus, und Winzheimer versuchte Pferde zu finden, während wir im Wirtshaus einen Grog tranken.

Der Wirt, zwei alte Bauern und zwei junge Burschen betrachteten uns zuerst mißtrauisch, wußten nicht, was sie aus uns machen sollten, stellten vorsichtige Fragen, wo wir her wären, wo wir hin wollten, ob wir für das Volksbegehren reden wollten? Wir sagten: Nein, fürs Reichsbanner in Helmbrechts über Locarno. So, aber ob wir nicht auch über die Fürstenabfindung sprechen würden? Was es denn überhaupt mit dem Volksbegehren auf sich habe? In den Zeitungen stehe doch, man solle sich *nicht* eintragen! Die, die sich eintrügen, stimmten dafür, daß man den Fürsten noch mehr Geld nachwerfe! Ich klärte die armen Leutchen auf, die ganz empört waren, als sie einsahen, daß sie von ihrem Lokalblättchen ›dumm gemacht‹ worden waren. Sie sprachen sich allesamt dagegen aus, daß man den Fürsten irgendwelche größeren Beträge zuwende. Tausend Mark monatlich als Pension, meinte der Wirt, allenfalls zweitausend Mark seien reichlich. Wer mehr als vierundzwanzigtausend Mark im Jahr auf den Kopf schlage, sei ein Lump.

Schließlich erschien Winzheimer und sagte, Pferde seien nicht zu haben. Ich entschloß mich darauf, zu Fuß zu gehen. Es war inzwischen halb zehn geworden. Der Schneesturm hatte aufgehört. Klarer Himmel mit Sternen, die wie Eiszapfen funkelten über den weiten, welligen Schneefeldern und kleinen schwarzen Waldstückchen. Guseck und ich stapften allein auf der tiefverschneiten Landstraße durch die nächtliche Schneewüste. Nach etwa drei viertel Stunden hörten wir in der Ferne Singen. Leute kamen. In der Ferne dahinter ein Trupp. Das Reichsbanner aus Helmbrechts, das telefonisch von unserem Kommen benachrichtigt war, holte uns ein. Wir kamen in das ganz verschneite Städtchen mit hübschen mittelalterlichen Gassen, schließlich in den Versammlungssaal, der überfüllt war und uns mit Hurra und Tusch sehr freundlich, ja begeistert empfing, trotzdem die Leutchen zweieinhalb Stunden gewartet hatten. Denn es war inzwischen halb elf geworden.

Ich sprach dann etwa eine Stunde über Locarno und den bevorstehenden großen Akt in Genf. Formulierte unser Ziel als ›die Rationalisierung des europäischen Verwaltungsapparats, des politischen sowohl wie des wirtschaftlichen‹. Als einen ersten Schritt dazu hätten wir den Kaiser abgebaut (wildes Hallo und Händeklatschen). Wir könnten in einer rationalisierten europäischen Verwaltung keine erblichen Verwaltungsbeamten brauchen. (Nein, nein, bravo!) Aber wenn wir auch den Neubau Europas nach vernunftgemäßen Grundsätzen rationalisieren und vereinfachen wollten, so beabsichtigten wir doch keineswegs, auf Ideale und Schönheit des Lebens zu verzichten. So wollten auch wir das neue, vereinfachte und rationalisierte Europa zu einem Dom ausbauen, der durch den Geist des Friedens und der Brüderlichkeit geheiligt werde und in dem eine Menschheit, die weder Knechte noch Herren kenne, sich zu immer größeren Aufgaben und immer höheren Idealen emporschwingen könne.

Der Erfolg der Rede war sehr groß. Um zwölf fuhren wir dann wieder mit Winzheimer in seinem notdürftig reparierten Auto über das Gebirge nach Hof zurück, wo wir noch gerade rechtzeitig anlangten, um den Ein-Uhr-einundfünfzig-Schnellzug nach Berlin zu fassen.

Weimar. 18. März 1926. Donnerstag

Major Oehler bei mir gefrühstückt; ein ganz sympathischer, vierschrötiger, aber kultivierter Mann, der die Welt gesehen hat. Fragen des Nietzsche-Archivs besprochen, Ehrensold für Frau Förster, Verlängerung der Schutzfrist, Gesellschaft der ›Freunde des Nietzsche-Archivs‹. Ich stimmte letzterem zu, bin aber der Ansicht, daß es das vernünftigste wäre, nach Frau Försters Tode das Nietzsche-Archiv mit dem Schiller-Goethe-Archiv zu vereinigen.

Berlin. 22. März 1926. Montag

Abends zum erstenmal im neuen Klub (Gesellschaft für Politik, Wissenschaft und Kunst) bei Nierendorf in der Lützowstraße. Dort Becher, Heinrich Vogeler, George Grosz, Piscator, Samuel Sänger. Nierendorf zeigte mir sehr schöne, orgelartig tief klingende Aquarelle von Nolde.

Vogeler, der ganz nach Moskau übergesiedelt ist und dort im Dienste der Sowjet-Kunstpropaganda tätig ist, sagte, es gebe schon eine Reihe junger, sehr eigenartiger russischer Maler. Sie hätten die noch vor zwei Jahren herrschende abstrakte Richtung überwunden; ihre Kunst sei jetzt eine Art von synthetischem Realismus. Vogeler erwartet viel von diesen jungen Künstlern. Er ist übrigens so stark gealtert, daß ich ihn kaum wiedererkannte. Haust in Moskau ziemlich ärmlich, reist in ganz Rußland herum, war jetzt an der Murmanküste und soll nach seiner Rückkehr gleich nach Turkestan.

George Grosz sagte, er habe sich erst seit kurzem wieder der Malerei zugewendet, nachdem er in den letzten Jahren fast nur gezeichnet habe. Sein erstes malerisches Experiment sei das Porträt von Herrmann-Neiße gewesen, das daher auch etwas trocken geraten sei. Er hoffe allmählich mehr hineinzukommen. Er möchte, wie er sich ausdrückte, ›moderne Historienbilder‹ malen, zum Beispiel ›das Parlament‹. Ihm schwebe etwas vor wie Hogarths politische Bilder.

Samuel Sänger sprach sehr lange mit mir über Genf; fragte, ob ich als deutscher Vertreter hingehe, wenn wir eingeladen seien? Er habe mich Stresemann genannt, und dieser habe ausweichend, aber nicht verneinend geantwortet. Ich sagte: ich regte keinen Finger, um hinzukommen. Sänger: Aber die ›force des choses‹ bereite mir den Weg.

Alles in allem hinterließ mir der Klub einen lebendigen, anregenden Eindruck. Zwischen den Hurenbildern von Dix (der auch da war) eine Halbboheme, die ganz amüsant war. An einem Büfett servierte eine Dame warme Würstchen und Bier unter einer alten Hure von Dix.

Berlin. 23. März 1926. Dienstag.

Abends Diner bei Carl Fürstenberg in der Behrenstraße. Der Reichskanzler, Stresemanns, Schachts, McFadyean, der alte Monts, Rüfenachts, Kanitz, Lancken, die Roland de Margeries, Frau Deutsch, Frau von Schwabach usw. Lancken, Kanitz und ich scheinen eine Art von ständiger Junggesellengarnitur (obwohl Lancken verheiratet ist) für große Diners zu werden.

Luther holte ich aus einer Gruppe heraus und sagte ihm, ich habe mich gefreut zu hören, daß er sich von Dix malen lassen wolle. Er meinte, ja, überall werde das erzählt, aber die Sache sei noch keineswegs sicher. Wenn er bloß Dr. Luther wäre, würde er sich ohne weiteres von Dix malen lassen. Aber ob dabei der deutsche Reichskanzler herauskomme, sei ihm zweifelhaft. Slevogt habe eben von ihm ein durchaus beachtenswertes Bild gemalt, und er verspüre keine große Lust, sich sofort wieder malen zu lassen. Ich sagte: Ja, es sei mühsam, Modell zu stehen. Luther: Nein, eigentlich mache es ihm Vergnügen zu sehen, wie der Maler aus ihm das Persönliche heraushole; es sei sogar unheimlich.

Ich sah ihn mir an: massiger, ziemlich gewöhnlicher Rundschädel, aber lebendige, unbedingt gütige und junge Augen und ein feiner Mund. Trotz der undistinguished Umrisse keine gleichgültige Physiognomie. Vitalität und Eigensinn, nicht ohne Geist. Vor allem Beweglichkeit. Ich sagte es ihm. Er meinte: eine gute Karikatur von ihm existiere noch nicht. Er besitzt eine Art von Unschuld, mit der er die Freude über seinen Aufstieg zum Ausdruck bringt. Er verkörpert sehr gut den äußerlich harten, innerlich weichen und etwas formlosen, aber nicht geistlosen Deutschen; die Knochen grob, aber das Herz weich und der Intellekt nervös beweglich. Ich sagte ihm, es sei neu und überraschend, einen deutschen Reichskanzler zu finden, der sich für die allermodernste Kunst interessiere. Das schien ihm wie Honig einzugehen. Offenbar langt er auch nach dem Lorbeer des Mediceers, der ihm als Oberbürgermeister von Essen durch das vorzügliche Essener Museum und die Tätigkeit von Osthaus begehrenswert geworden ist.

Berlin. 26. März 1926. Freitag

Abends ›zwangloses Zusammensein‹ beim amerikanischen Botschafter Schurman; ein großes Chaos von Menschen, großenteils unbekannten. Als ich kam, führte mir Schurman gleich einen Herrn zu, den er als Mr. Stetson, amerikanischen Gesandten in Warschau, vorstellte. Dieser Stetson (aus der Hutfabrikanten-Familie, Stetson hats), ein kleiner, blasser, ungesund aussehender Mann mit rötlich blonden Augenbrauen und Schnurrbärtchen, attackierte mich sofort in bezug auf die schlechte Behandlung der polnischen Minderheit in Deutschland; die Polen hätten im

Gegensatz dazu die Deutschen in Polen immer with the greatest moderation behandelt und there had never been any complaints. Ich fragte: Wie lange er Gesandter sei? Stetson: Seit August. Ich: Dann müßte ich ihn auf seine Gesandtschaftsakten hinweisen, die zweifellos aus der Zeit, ehe er Gesandter war, noch die zwei Schiedssprüche des Haager Schiedsgerichts enthalten müßten über die von der polnischen Regierung versuchte und vom Haager Schiedsgericht als vertragswidrig und nichtig erklärte Enteignung der deutschen Bauern in Polen. Stetson: Davon wisse er nichts. Ich: Eben, daher urteile er so, wie er urteile.

In diesem Augenblick kam Schubert herein, den ich heranwinkte und mit Stetson bekannt machte. Ich sagte, Mister Stetson habe mir eben auseinandergesetzt, wie mustergültig die polnische Regierung die deutsche Minderheit in Polen behandele. Schubert kriegte einen roten Kopf und sagte ziemlich heftig Stetson die Wahrheit, während Stetson ganz stur und wie aus Leder zuhörte. Schließlich pflanzte ihn Schubert, als es zu Tische ging, neben Luther, der anscheinend auch recht energisch auf ihn einredete. Ich saß neben Köpke und regte an, man solle über Stetson nach Washington an Maltzan telegraphieren, damit dieser bei Gelegenheit die falschen Berichte von Stetson richtigstelle. Schließlich hetzte ich noch Gerlach auf Stetson, damit er ihn aufkläre. Der Hutmacher im Wurstkessel war die unterhaltendste Begebenheit des sonst ziemlich trüben Abends.

Weimar. 6. April 1926. Dienstag

Den ganzen Tag auf der Presse gearbeitet an den Titelblättern zum Vergil. Mußte leider viel von Gills geschnittenen Titeln opfern und durch Typendruck ersetzen, weil sonst das Ganze zu schwer geworden wäre.

Lugano. 13. April 1926. Dienstag

Mittags in Basel und gleich nach Lugano weiter, wo abends an. Hier ist alles überfüllt, weil sich der ganze Strom der Deutschen, die sonst nach Italien reisen, im Tessin gestaut hat. Huguenin, der

Konditoreibesitzer, der jetzt einen Monat in Nervi war, sagt, dort seien die Hotels ganz leer ›wegen der Mussolini-Rede‹. Hier ist kein Zimmer zu haben. Obwohl wir schon vor vierzehn Tagen im Hotel Zimmer bestellt hatten, sind wir in einer Privatwohnung untergebracht. Einige hundert Millionen wird Mussolinis schöne Rede Italien gekostet haben! Ein etwas teurer National-Tenor. Dafür, daß es eine komische Figur an der Spitze der Regierung hat, ist der Preis für Italien etwas hoch. Un polichinelle un peu cher!

Abends Max aus Locarno zurück, wo er Fräulein van Adel besucht hatte. Er sagt, ganz Locarno sei nur Stresemann. Überall Photographien von ihm. Er sei dort sehr beliebt, sehr freundlich gegen alle, viermal am Tage in der Konditorei von Frau Scheurer, die für ihn begeistert sei. Aber immer ein Schwarm von Geheimpolizisten hinter ihm her.

Auf See (›Principessa Mafalda‹). 16. April 1926. Freitag

Vormittags Navigazione Generale. Spanischer Konsul usw. in großer Hetze. Mittags um zwölf ab auf dem Südamerika-Dampfer der ›Navigazione Generale Italiana‹, der ›Principessa Mafalda‹. Hübsches Zehntausend-Tonnen-Schiff, recht freundlich und sogar luxuriös (wenn auch schon etwas verblichener Luxus) eingerichtet in einem ziemlich einfachen Louis-XVI.-Stil; große, luftige weiße Kabinen mit Betten, ausgezeichnetes Essen. Nur wenige Passagiere erster Kajüte, unter diesen der Genfer Kapellmeister Ansermet mit Frau und Tochter, die sämtlich ihr Gepäck an der italienischen Grenze verloren haben und so ohne Gepäck nach Südamerika reisen! Nachmittags schöne Fahrt an der ligurischen Küste entlang, über der die schneebedeckten Seealpen glänzten. Nachts, im Golf du Lion, wurde die See etwas stürmisch.

Barcelona. 17. April 1926. Sonnabend

Früh spanische Küste. Eine kleine, saubere weiße Stadt neben der andren wie eine hellgänzende Perlenkette am Strande, hinter dem kleine, sanft gerundete braune Hügelkuppen aufsteigen, in der Ferne übertürmt von den Pyrenäen. Um zwölf in Barcelona an Land. Überraschender Eindruck der ganz modernen Stadt, die nichts südlich Verschlafenes oder Opernhaftes an sich hat. Lauter fleißige, hastende Menschen in großen, breiten, modernen Straßen und Alleen, die von Platanen beschattet werden. Man gewinnt den Eindruck: halb Paris, halb Buenos Aires! Eine ganz andre, weit modernere und echtere Atmosphäre als in Italien. Goertz sagt sehr richtig: das Moderne, das in Italien nur als Oberflächenlack und Aufputz aufgeklebt ist, scheint hier aus dem Grund, aus dem fleißigen Volk selbst zu wachsen.

Abends mit Max in die Tingeltangel am Parallelo, um spanische Tänze zu sehen. Leider hat das Kino viel verdorben. Die Arbeiter wollen nicht mehr die Vollendung des Volkstanzes sehen, sondern die halbnackten Gesellschaftsdamen und Kokotten, die sie im Film gewohnt sind. Daher drittklassige provinziale ›Pariser‹ Tänzerinnen statt der rassigen, einzigen spanischen Tänze, die man früher in den Tanzlokalen des Parallelo sah. Nur eine gute spanische Tänzerin und Sängerin sahen wir ganz am Schluß der Vorstellung in dem einen Haus: Aurea Cruz.

Barcelona. 18. April 1926. Sonntag

Stiergefecht. Widerwärtiger, ertötender Eindruck trotz des bunten, wild lebendigen, grandiosen Bildes. Empörend und ekelhaft die Abschlachtung der altersschwachen, hilflosen alten Pferde, denen die Gedärme aus dem Leib gerissen werden und die mit blutigen, aus dem Bauch herausquellenden Fetzen noch sporniert werden. Auch der Stier, der als schöner, junger, rassiger hereinkommt und nach einer halben Stunde als totes Fleischstück hinausgeschleppt wird, erregt bei mir nur Ärger und Mitleid. Dafür, daß immer wieder der Tod hilfloser Tiere, denen keine Chance gegeben wird, zur Sonntagsbelustigung einer rohen Menge herhalten muß, entschädigt auch der bunteste, flimmerndste Anblick nicht. Ich wurde immer müder und abgespannter. Schließlich war ich wie mit einem Beil vor den

Kopf geschlagen, innerlich ganz apathisch und bis zum Rande mit Ekel gefüllt. Der ganze Abend war wie das Erwachen von einem schweren, betäubenden Rausch.

Palma. 24. April 1926. Sonnabend

Regenwetter. ›Don Quichotte‹ gelesen mit steigender Bewunderung, jedes Wort wie eine reife Frucht, aus der man Saft quetschen kann. Die Vollendung des Prosa-Erzählungs-Stils. – In San Francisco in Palma das Grab Ramón Lulls.

Palma. 26. April 1926. Montag

Im Auto nach Sóller über Valldemosa und Miramar. Herrliche Autofahrt durchs Gebirge und an der gebirgigen Nordwestküste der Insel entlang auf ausgezeichneten, zum Teil dichtbeschatteten Straßen. Im Karthäuserkloster Valldemosa, vierhundert Meter hoch in schöner Gebirgslandschaft, werden die Zimmer gezeigt, in denen 1838 George Sand und Chopin überwinterten; mehrere freundliche Zimmer um einen kleinen Garten herum, von dem aus man ins wilde Gebirgstal hinunterblickt; ein idealer Aufenthalt für ein romantisches Paar, lieblich, wild und weltfern. Eine Nokturne von Chopin hier bei Vollmond unter Rosen (üppigen weißen Rosen) mit dem einsamen Felsental als Hintergrund würde den Geist der Chopinschen Musik in der Vollendung verkörpern.

Hinter Valldemosa bekommt man bald im Hochtal Blick auf die andre Küste. Hier rechts eine Meierei des verstorbenen Erzherzogs Ludwig Salvator, dessen große Besitzungen hier anfingen. Hoch am Bergabhang gelegenes, hübsches, solides und sauberes Vorwerk, das jetzt irgendeinem Erben des Erzherzogs, einem griechischen Doktor, gehört. Das wunderschön gelegene, hübsch im Landesstil gebaute, saubere Haus ist innen ziemlich geschmacklos mit allerlei Sammlungen und zusammengekauftem gutem und schlechtem Mobiliar eingerichtet. Nur zwei kleine bescheidene Photographien waren ergreifend schön, zwei kleine Bilder der Kaiserin Elisabeth als ganz junge Frau, offenbar

Geschenke an den jungen Erzherzog. Das Gesicht von strahlender und zugleich herber Schönheit ist selbst in diesen mäßigen Photographien von anbetungswürdiger Schönheit.

Von hier weiter an die hohe felsige Küste. Die Straße führt hoch über dem Meer am Gebirge entlang zwischen Ölbäumen, Myrten, Orangen, unten die weiße Schaumlinie der Brandung an der wild zerklüfteten Küste, und weithin Vorgebirge hinter Vorgebirge in grandiosen, großgeschwungenen Formen ins blaue Meer vorspringend. Eines der schönsten, grandiosesten Küstenstücke, die ich gesehen habe. Noch schöner, großartiger als die Riviera oder selbst Capri. Die Weite, die gewaltigen Gebirgsformen, die Üppigkeit der Natur, die Mischung von Herbem und Lieblichem, von Gigantischem, Unermeßlichem und Intimem ist hier zu etwas ganz Paradiesischem geworden. Auch Teneriffa bietet kaum etwas gleich Bezauberndes und Großes. In seiner Art ist dieses hier wohl das Vollkommenste.

Miramar selbst, wo der Erzherzog gewohnt hat, ist ein ganz bescheidenes Landhaus inmitten von Gärten und Pflanzungen, hoch über dem Meer an der Küste gelegen. Auffallend überhaupt, daß der ganze riesige Besitz des Erzherzogs nicht als Luxusgut mit Landschlössern, Parks usw., sondern daß er ganz als landwirtschaftlicher Nutzbetrieb angelegt ist und daß der herrlichen Landschaft allein für Schönheit zu sorgen überlassen ist; es wird nicht versucht, ihr Konkurrenz zu machen oder sie noch mehr zu ›verschönern‹. Man bekommt Respekt vor diesem hohen Herrn, der so geschmackvoll und vernünftig hier einen wirklich fürstlichen Besitz geschaffen und verwaltet hat.

Überhaupt haben die letzten Habsburger verstanden, in Schönheit zu sterben: Maximilian von Mexiko, die Kaiserin Elisabeth, der Erzherzog Rudolf, hier der Erzherzog Ludwig Salvator, sogar das bescheidene Grab des letzten Kaisers in der kleinen Dorfkirche auf Madeira nötigen zu einem ästhetischen Respekt, während die letzten Hohenzollern jeder Ästhetik, ja jeder menschlichen Achtung mit ihrer Roheit, Feigheit, Wüstheit und Geschmacklosigkeit geradezu ins Gesicht schlagen; die letzten Habsburger enden wie Gentlemen, die letzten Hohenzollern wie Rollkutscher.

Palma. 29. April 1926. Donnerstag

Unser letzter Tag in Palma. Häßliches, trübes Wetter. Nochmals in die Kathedrale. Trotz der Kahlheit und Dunkelheit gewaltiger Eindruck des ungeheuren Raumes.

Abends ab auf dem ›Luxusdampfer‹ Jaime I. Ganz hübsches kleines Drei- bis Viertausend-Tonnen-Schiff. Nur sind die Kabinen aus papierdünnem Holz, so daß man alles hört, was im ganzen Schiff vorgeht, und da die See ziemlich bewegt war, war die Nacht gräßlich. Neben uns eine seekranke Familie und ein halbes Dutzend seekranker junger und alter Engländerinnen, die die ganze Nacht brachen, stöhnten, klingelten, wieder brachen, wieder stöhnten, wieder klingelten. Dazwischen heulten die Kinder, wenn sie nicht auch brachen, die Mutter schien sich die Seele aus dem Leib zu kotzen, der Vater, der auch in einem tiefen Baß brach, schwor dazwischen: Nie wieder nach Mallorca: es la ultima vez! Jamás, jamás! In dieses Konzert stimmten bei Sonnenaufgang eine Ladung seekranker Hühner und Hähne mit ihrem Krähen und Gackern ein. Und das kleine Schiff rollte und stampfte unermüdlich. Daß ich nicht auch seekrank wurde, war eine Leistung.

Barcelona. 1. Mai 1926. Sonnabend

Pahissa kam zum Frühstück. Ich vermeide, ihn über Politik auszufragen. Aber heute kam er doch auf Primo und die Zustände in Katalonien zu sprechen; sehr objektiv, wie mir schien. Das Direktorium habe Spanien vor dem Kommunismus gerettet. Sie seien kurz davor gestanden.

Abends kam Pahissa wieder zu Tisch und führte uns, Sardañas sehen, eines der überraschendsten, unwahrscheinlichsten Schauspiele. Mitten in der ganz modernen Großstadt, auf dem Bürgersteig irgendwo vor einem Café, fängt das Publikum an zu tanzen, Arbeiter, Kleinbürger, Kinder, Soldaten, Matrosen, einen Tanz von größter Anmut und Leichtigkeit. Das Orchester, vier Blechinstrumente, vier Holzbläser, ein Kontrabaß und ein ›Flaviol‹ (Flageolett), das einen ganz merkwürdigen, schrillen Klang hat, sitzt auf einem erhöhten Podium im Freien, setzt mit einem kurzen Vorspiel ein, und dann gerät allmählich der ganze Platz, die ganze Menge in Bewegung, aus dem grauen Alltag entwickelt sich Grazie, Rhythmus, Schönheit, aber scheinbar so selbstverständlich, daß gar kein Kontrast entsteht: nur als ob der graue Alltag einen Augenblick verzaubert wäre, Poesie würde. Das Groteske, Unnatürliche, Gemachte unserer sogenannten ›Tanzvergnügungen‹, ›Bälle‹, ›Fünf-Uhr-Tees‹ kommt einem schaudernd in Erinnerung. Hier wirken Tanz, Schönheit, Grazie wie in der Antike als Fortsetzung und Teil des Lebens. Man glaubt, keine ungraziöse Gestalt, keinen häßlichen Menschen mehr entdecken zu können; alle scheinen plötzlich anmutig. Auch ist keine Roheit, keine Sentimentalität oder grobe Lüsternheit zu sehen; wie ein Volk von graziösen, leichten Kindern schwingt sich die Menge in Reigen an Reigen. Es sind uralte Tänze; aber sie haben sich, wie Pahissa sagt, erst seit zwanzig Jahren wieder über ganz Katalonien verbreitet, von Ampurias aus (der alten griechischen Kolonie in der Nähe von Banyuls) als Bekräftigung und Symbol der katalanischen Nationalität. Die Politik hat der Bewegung die Stoßkraft gegeben, der Protest gegen Spanien (auch Pahissa gab dies zu). Ich sagte ihm, es sei die einzige geistvolle Form des Nationalismus, die mir bisher begegnet sei.

Barcelona. 2. Mai 1926. Sonntag

Nachmittags noch einmal zum Stierkampf. Ein junger, sehr gewandter Matador mit einem streng geschnittenen, fast mongolischen, gelblichbraunen Gesicht, Agrabeño, von vollendeter Meisterschaft, ein Tänzer vor dem Stier, war schön und sehenswert; aber die feige und rohe Art, wie die Pferde dem Stier preisgegeben werden, bleibt ekelhaft und empörend. Alles in allem ein Schauspiel von erstaunlicher Roheit, erstaunlich namentlich, weil dieselben Menschen, die diese widerliche Tierquälerei sich zum Schauspiel machen, die graziösen, leichtbeschwingten Tänzer des Sardañas sind. Roheit und Anmut, Grausamkeit und Schönheit wohnen hier dicht beeinander wie bei den Griechen.

Überhaupt scheint mir die Struktur der spanischen Seele mehr Ähnlichkeit mit der der griechischen zu haben als die irgendeines andren europäischen Volkes, vielleicht weil sie durch ähnliche geographische und historische Bedingungen geformt worden ist. Beide, Griechen und Spanier, sind in den entscheidenden Jahrhunderten ihrer Volkwerdung *Grenzvölker,* Grenzvölker gegen einen kulturell weit vorgeschritteneren, ihre Existenz bedrohenden Orient gewesen; beides waren sozusagen Schützengraben-Völker, für die eine fast fanatische Bejahung ihrer eigenen, roheren Kultur, eine rücksichtslose Grausamkeit in der Selbstbehauptung primäre Existenzbedingungen waren. Dazu kam bei beiden eine mystische und tragische Religiosität, die von Sinnlichkeit und Blut getränkt war, und im Gegensatz hierzu eine natürliche Heiterkeit und Anmut des Temperaments, das Bedürfnis, die Sinnlichkeit zu sublimieren, sie ins Zarte, Anmutige, Spielerische emporzuführen, aber ohne jemals die Verbindung zwischen diesen heiteren Blüten der Sinnlichkeit und ihren mystischen und tragischen Wurzeln und dem blutigen Mythus zu durchschneiden. Griechen und Spanier sind so Menschen geworden, in denen mehrere Seelen nebeneinander wohnen, von denen bald die eine und bald die andre die Oberhand gewinnt, jede aber immer auch im Augenblick ihres höchsten Triumphes durch Reflexe von den andren erhellt oder verdüstert wird. Nietzsche hätte bei den Spaniern bessere Beispiele zur Erklärung des Griechentums gefunden als bei den Italienern der Renaissance, die viel unkomplizierter, einseitiger, sagen wir das Wort, flacher waren als Spanier oder Griechen.

Valencia. 4. Mai 1926. Dienstag

Früh an in Valencia. Erster Eindruck von der Stadt: viele Blumen, ein zartes, schwingendes Licht, ordinäre Straßen, ganz charakterlos, sie könnten die einer armen Vorstadt von Brüssel oder Paris sein, viel Staub, Unsauberkeit und Unordnung im Gegensatz zu Barcelona. Ich finde hier mein altes Spanien wieder.

Eine Sehenswürdigkeit ist in der Stadt eigentlich nur die alte Seidenbörse, die Lonja de la Seda, eine gewaltige gotische Halle aus der Zeit Ferdinands und Isabellas (um 1490), stolz, reich und streng, eine Verkörperung des Spaniens, das zum Weltreich emporstrebte, Amerika entdeckte und die letzten Mauren aus Europa vertrieb. Drei Schiffe, gebildet durch gewaltige, schlanke, gewundene Säulen, die oben palmenartig in die gotische Decke übergehen; die Wände schmucklos bis auf die mit sehr schönem Maßwerk geschmückten Fenster und die reich dekorierten Türeinfassungen; ein Wechsel zwischen herber Schmucklosigkeit und üppigem Ornament, der beides, die Strenge und den Reichtum, durch den Kontrast zu erhöhter Wirkung bringt. Diese Lonja ist eines der grandiosesten und zugleich anmutigsten gotischen Profangebäude, architektonisch viel gelungener, einheitlicher als Or San Michele in Florenz oder etwa die Loggia dei Lanzi; sie ist aber auch eigentlich das einzige, was die Reise nach Valencia lohnt.

Tarragona. 5. Mai 1926. Mittwoch

Früh fort aus Valencia ohne Herzweh, obwohl das Hotel (Reina Victoria) ganz gut und sehr sauber war. Aber als Stadt hat es mir Valencia nicht angetan. Schöne Fahrt an der Küste entlang nach Tarragona. Kurz hinter Valencia Sagunt, das sogar von der Bahn aus mit seinem gewaltigen Mauerring auf dem steil abfallenden Stadthügel einen stolzen, gewaltigen Anblick darbietet.

Nachher hinaus etwa drei Kilometer von der Stadt zur ›Torre dei Scipioni‹, einem einsamen römischen Grabmal am Meer zwischen Ölbäumen. Poussin hätte es so in dieser Lage erfinden können. Ein schlanker, turmartiger Klotz aus sonnenvergoldeten Steinquadern, an dem vorne noch zwei Figuren trauern, uralte Ölbäume darum herum und dahinter, nur einige hundert Schritt entfernt das blaue, über einen Sandstrand heraufschäumende Meer; ein unvergeßlich schönes und ergreifendes Bild.

Paris. 16. Mai 1926. Sonntag

Mit Henry van de Velde, Thylla van de Velde und Max im Auto nach Chartres. Van de Velde war von der Kathedrale ganz überwältigt. Er meinte beim Eintreten: »Ça m'étouffe, je ne peux plus respirer.« Die Schönheit und den Rhythmus der Massen hob er immer wieder hervor. Man sehe, daß demgegenüber das Ornament gar keine Rolle spiele. Auch Max sehr bewegt, namentlich von der Plastik und den Fenstern.

Van de Velde hatte mir gestern seine grandiosen Entwürfe für das Schelde-Ufer in Antwerpen gezeigt, die ebenfalls ganz auf den Rhythmus ungeheurer Massen (Wolkenkratzer) gestellt sind.

Berlin. 18. Mai 1926. Dienstag

Früh um acht in Berlin an. Vormittags in die Sitzung des Pen-Clubs. Jules Romains präsidierte; Fulda, Galsworthy, Piérard, Martin du Gard und andre gesprochen. Mit Helene fort. Abends Festbankett des Pen-Club im ›Kaiserhof‹. Fulda präsidierte. Galsworthy redete deutsch und gut, sehr zu Herzen gehend auch der Schwede Björnsberg, dessen schöner Kopf und ganze Ausdrucksweise eine hart durchgekämpfte Existenz ahnen ließen. Fulda war trivial, wie kaum anders zu erwarten, Jules Romains amüsant ohne viel Tiefe oder Wärme. Ich saß zwischen Martin du Gard und einem Monsieur Berge. Die vielen Reden und das lange Sitzen bis elfeinhalb ermüdend; aber die Stimmung war gut und harmonisch.

Berlin. 19. Mai 1926. Mittwoch

Bei von der Heydts im ›Esplanade‹ gefrühstückt mit den jungen Dirksens, Frau Weißmann, dem Direktor Kümmel, Voretzsch (unserm Gesandten in Lissabon), Flechtheim und Cohn vom Völkerkunde-Museum. Ein ›asiatisches‹ Frühstück, wie Heydt sagte, lauter Liebhaber ostasiatischer Kunst. Frau Weißmann erzählte mir, ihr Mann habe gestern auf der Amerikanischen Botschaft eine ›Rencontre‹ mit Stresemann gehabt, weil er den ›Potemkin‹-Film zugelassen hat. Sie meinte, der Film sei der künstlerisch vollendetste, den sie je gesehen habe; so was könne man doch nicht verbieten. Nachher gingen wir alle zu Gutmann (Kunsthändler in der Bellevuestraße), um eine indische Bronze zu besichtigen, die Heydt gekauft hat.

Nachmittags kam der Belgier Piérard (der Verfasser der ›Vie tragique de Vincent van Gogh‹) mit Helene zu mir zum Tee, um meinen van Gogh zu sehen. Er sagt, der Sturz des belgischen Ministeriums habe die Errichtung des Instituts für van de Velde in Brüssel wieder in Frage gestellt oder wenigstens in weite Ferne gerückt. Abends mit Guseck den ›Potemkin‹-Film in der ›Schauburg‹ an der Königgrätzer Straße gesehen. Grandiose Aufnahmen und sehr wirkungsvoller dramatischer Aufbau; beste Kunst fürs Volk. Ich begreife, daß er den Rechtsparteien und Militaristen entsetzlich ist.

Weimar. 21. Mai 1926. Freitag

In der Presse Cole abgeholt, der auf Urlaub fährt. Abends bei Bassianos gegessen, die mit einem ganzen Schwall von Verwandten und Freunden aus Rom hier sind zur Premiere seiner Oper ›Hypatia‹. Essen in der ›Kaiserin Augusta‹ am Bahnhof. Dreizehn Personen, Roffredo selbst nicht anwesend, da in der Probe. Sein Bruder Gelasio, der frühere italienische Botschafter in Washington, Graf und Gräfin Lovatelli, Gräfin Piccolomini, Roland de Margerie und Frau, ein Professor Luciani, der eine unbekannte Sprache spricht, die Französisch sein soll, Hofmannsthal, den ich zum erstenmal nach neun Jahren wiedersah; als dreizehnte Helene Nostitz, die abgesagt hatte, aber dann doch gegen Schluß kam. Ich saß zwischen der Prinzessin und Luciani und Gelasio Gaëtani gegenüber. Viel über d'Annunzio. Das

Wiedersehen mit Hofmannsthal war durchaus harmonisch. Er hatte mich schon nachmittags besucht, aber nicht getroffen.

Weimar. 23. Mai 1926. Sonntag

Hofmannsthal frühstückte bei mir allein, wie er es gewünscht hatte. Gespräch über die Möglichkeit eines deutschen Romans, die er bezweifelt, weil als Untergrund einer Romanliteratur eine ›Gesellschaft‹ und eine wirkliche Hauptstadt nötig sei wie Paris oder London und die Pariser und Londoner ›Gesellschaft‹. Ich verwies auf die russischen Erzähler der Nachkriegszeit, die jetzige junge Generation, Iwanow, Lebedinski, Babel usw. Hofmannsthal kannte sie nicht, fragte: wo sie die Spannungen und Gegensätze hernähmen, die als Antrieb einer epischen Handlung unentbehrlich seien, da das Motiv des Geldes und im gewissen Sinne auch das der Liebe fortgefallen seien? Er wird schon recht haben, daß *er* jedenfalls aus der jetzigen Zeit keinen Roman herausdestillieren kann. Wir sprachen dann noch über Max Weber, den er ebenso wie ich sehr hoch stellt, und Scheler, dessen innere Brüchigkeit ich betonte. Hofmannsthal sagt, daß er viel Einfluß auf gewisse Kreise übt. Von Rohan denkt er auch besser als ich. Dem Anschluß scheint er sehr skeptisch gegenüberzustehen; ernsthaft wollten ihn in Österreich nur die Kreise, die in Deutschland zum Stahlhelm und Werwolf gehören und die gerade heute hier in Weimar eine ziemlich klägliche Heerschau im Regen abhalten. Er möchte statt des Anschlusses eine engere wirtschaftliche Verbindung mit den Nachfolge-Staaten, damit Wien, das jetzt ein völlig überflüssiger und absterbender Wasserkopf sei, wieder seine Funktion als Luxusstadt des europäischen Ostens aufnehmen könne.

Paris. 27. Mai 1926. Donnerstag

Russisches Ballett. ›Romeo und Juliet‹. Lifar und Nikitina als Liebespaar in den Bewegungen von großer Schönheit. Schwache Musik eines englischen Komponisten. Im Zwischenakt durch Misia Sert Picasso und seine Frau kennengelernt.

Paris. 28. Mai 1926. Freitag

Vormittags Goertz im Louvre die Houdons gezeigt. – Nachmittags mit ihm zu Maillol nach Marly. Fand Maillol in schlechter Stimmung. Er sagt, er habe seit sechs Monaten keine Skulptur mehr gemacht, sei für Plastik wie gelähmt. Er wisse nicht, was er habe, ›je n'ai même pas pu mettre les bras à ma statue‹ (es handelte sich um eine sehr schöne, kleine Frauenstatuette). Er sei seit seiner Rückkehr nach Paris noch nicht einmal in seinem Atelier gewesen, habe es noch nicht aufgeschlossen, möge es nicht sehen.

Ich bewog ihn, mit uns hinzugehen. Er fand überall etwas auszusetzen, beschuldigte seinen Stein-Arbeiter, daß er ihm die Figur für das Cézanne-Denkmal verdorben habe, ›il a fait le nez de deux centimètres trop court; comment voulez-vous arranger ça?‹ Ich beruhigte ihn, fand die Figur sehr schön, was ihm Freude zu machen schien. Schließlich schloß er ziemlich widerwillig das Atelier auf, wo unter Staub und in Unordnung halbfertige und fertige Sachen durcheinanderstanden. Er zeigte auf ein Bündel Hohlformen, das auf der Erde lag: »C'est ça qui m'a tué«, und erklärte, es sei die Büste von Daniel de Monfred (dem Freund Gauguins); er habe die Büste machen müssen, weil ihn Monfred dazu gedrängt habe und er ihm zu Dank verpflichtet gewesen sei; Monfred habe ihn früher, als es ihm schlecht ging, einige Monate durchgefüttert. Aber der Kopf habe ihn nicht interessiert, er sei tout en bosses gewesen, il m'embêtait et je m'obstinais dessus. Si encore ç'avait été le buste d'une jolie femme! Über dieser Büste sei er zusammengebrochen, weil er mit Widerwillen sich zur Arbeit zwang. Seitdem habe er keine Skulptur mehr machen können. Dagegen habe er viel gezeichnet.

Paris. 1. Juni 1926. Dienstag

Nachmittags Baby Goldschmidt-Rothschild besucht. Sie empfing im Bett, rosa Damast-Bettzeug, hellblauer Pyjama, chinesisches Bett mit gelbem Atlas bezogen. Aufmachung wie in der Bettszene eines Ehebruch-Dramas. Curt Bois, der Schauspieler, wurde mit mir zugleich empfangen. – Nachher Musik bei Madame Dubost: ein ausgezeichnetes französisches Quartett, ›Pro Arte‹, spielte. Interessant ein neues Quatuor von Darius Milhaud (dritter Satz namentlich). Viele junge französische Musiker waren zugegen: Auric, Milhaud, Poulenc usw. Auch Weißmanns aus Berlin.

Abends Russisches Ballett. Aurics ›Pastorale‹. Mißstimmung mit Helene, die sich durchaus in ein von Misia Sert arrangiertes Souper, das sie heute auf einem Boot auf der Seine gab, hineindrängte. Misia Sert höflich, aber ziemlich kühl. Nach dem Ballett fuhr Helene mit unter dem Vorwand, daß Nabokow sie eingeladen habe. Goertz, der von Misia eingeladen war, um Diaghilew zu sprechen, auch. Es war die Einweihung einer ›Péniche‹ auf der Seine, die von jungen polnischen Malern als ›Dancing‹ eingerichtet ist unter dem Patronat von Misia Sert, der Baronin Rothschild usw. Eine improvisierte Jazzband junger polnischer Maler spielte blendend und ohrenbetäubend.

Im übrigen verlief alles bürgerlich, aber polnisch: die Elektrizität funktionierte nicht, so daß bei Stearinkerzen in Flaschenhälsen gegessen und getanzt wurde. Essen und Getränke schlecht und phantastisch teuer (hundertfünfzig Francs für eine Flasche Sekt). Schließlich stürzte die Garderobe ein, so daß ein jeder sich das Seinige aus einem Desaster von Hüten und Mänteln heraussuchen mußte. Es wimmelte von polnischen Grafen (Rzewuski, Hutten-Czapski usw. usw.) und russischen Tänzern. Im mystischen Zwielicht der wenigen Kerzen drehte sich alles mit allem, Helene mit Goertz, Lifar mit Misia Sert. Diaghilew kam an unseren Tisch und versuchte im fürchterlichen Tosen des Jazz Goertz Einzelheiten zur Geschichte des Tänzers García zu erzählen. Regen und Wind rasten gegen die Bretterbude mit dem Jazz-Lärm um die Wette. Es fehlte nur noch, daß der Kahn leck geworden wäre, um die dramatische Linie dieser polnischen Veranstaltung zu ihrem logischen Schluß zu führen. Wobei zugunsten der Polen zu bemerken ist, daß trotz der Schlampigkeit die Sache nie wüst wurde, sondern unausgesetzt in den besten gesellschaftlichen Formen verlief, selbst als zum Schluß alles auf der Erde herumkroch und in der Dunkelheit unter den Trümmern der Garderobe Abendmäntel und Hüte suchte. Helene entdeckte ihr slawisches Suworowsches Blut und fand alles entzückend.

Paris. 3. Juni 1926. Donnerstag

Frühstück bei Claude Anet in der Rue du Bac. Allein mit ihm und seiner Frau und einer französischen Advokatin mit polnischem Namen (der Mann Associé von Paul Boncour). Hübsche, geschmackvoll eingerichtete Parterrewohnung mit schönen persischen Fayencen, Vuillards und Bonnards. Einfaches Frühstück. Makkaroni, Gigot de Mouton und Erdbeeren. Claude Anet über seinen Erfolg in Deutschland, der ihm materiell sehr zustatten kommt. »Je vis de l'étranger.« Ich mußte meine Pilsudski-Erlebnisse erzählen.

Nachher mit Helene und Brions zu der musikalischen Abendunterhaltung, die Painlevé für Seipel gab, der heute einen Vortrag in der Sorbonne gehalten hat. Die Soiree fand im Hotel Claridge statt, nicht im Kriegsministerium, angeblich, weil Painlevé, als er die Einladungen verschickte, den Sturz des Kabinetts erwartete; er hatte lieber vorgebaut. Kleine, elegante, gut ausgewählte Gesellschaft: französische Intellektuelle und Generäle, österreichische und deutsche Diplomaten, ein Einschuß französischer Parlamentarier. Madame Clemenceau wirkte ganz als Hausfrau. Marya Freund sang deutsch und französisch; auch wurde ungezwungen viel deutsch gesprochen trotz der französischen Generale in großer Uniform; niemand schien darauf zu achten.

Seipel, dem Zifferer mich vorstellte, sprach mich auf meine Tätigkeit in Genf im Herbst 1924 an. Er schien darüber gut unterrichtet und sagte, man habe erwartet, daß ich deutscher Völkerbunds-Delegierter werde. Harter, scharf geschnittener Kopf, bäuerlich, aber auffallend leise, sanfte Stimme. Dann ließ mich Madame de Noailles holen und erneuerte unsere Bekanntschaft in ihrer aufgeregten, überschwenglichen Weise. Die kleine rabenschwarze Frau hatte schwarze Handschuhe zu ihrem Abendkleid angezogen; ihre Finger fuhren mir wie schwarze Nattern ins Gesicht. Sie frischte Erinnerungen an unser Zusammensein in Weimar, an Frau Förster-Nietzsche usw. auf. Dann schoß sie plötzlich auf Rakowski los und drückte den in eine Ecke. Irgend etwas sehr Erregtes über Bolschewismus sprudelte ihm ins Gesicht. Im selben Augenblick griff Ravel, der ganz weiß gewordene Ravel, der wie eine arische Ausgabe von Oscar Fried aussieht, nach meiner Hand, ›cher ami‹ usw., ›seit so lange nicht gesehen . . .‹ Es war ein allgemeines Wiedersehen, Stimmung europäisch trotz der glänzenden französischen Uniformen, gar nicht wie bei einem Kriegsminister, eine große europäische Gesellschaft. In dieser Beziehung kann man vielleicht sagen, ›que cette soirée marque une date‹.

Paris. 5. Juni 1926. Sonnabend

Diner bei Martin du Gard mit Helene, Paul Valéry, Edmond Jaloux. Blitzblanke, ganz moderne Einrichtung wie auf Kunstgewerbe-Ausstellung, eiskalt und wie unbewohnt. Valéry, ein kleiner, hagerer Herr mit kunstvoll unordentlichen grauen Haarsträhnen und schönen, tiefen Augen und leiser, musikalischer Stimme, war bei Tisch von bissiger Bosheit gegen Cocteau und die modische ›Thomisten‹-Schule (Jünger von Thomas von Aquino, Maritain usw.). Er erzählte dann, daß er für Wasmuths ›Orbis Terrarum‹ die Vorrede zum Band über Frankreich schreibe und ausführen wolle, das französische Volk sei das ethnographisch zerrissenste Europas mit Ausnahme des russischen. Dies spiegele sich auch in der Sprache wider, die gerade deshalb so abgeschliffen sei, polie comme un caillou.

Gleich nach Tisch mußte ich fort, da ich Fräulein v. Korányi (die Tochter des ungarischen Gesandten) und Jacques ins Russische Ballett eingeladen hatte. Sie: hübsches, geistvolles Mädchen. Sie erzählte, wie viele Russen hier jetzt verarmten. Neulich habe sie auf der Straße eine Autodroschke angehalten und zu ihrem Schreck bemerkt, daß der Fahrer ein russischer Prinz war, mit dem sie im vorigen Winter oft getanzt hatte. Sie habe gestutzt, ihm dann aber die Hand gereicht und sei eingestiegen. Unterwegs überlegte sie, ob sie ihm ein Trinkgeld geben solle oder lieber nicht. Schließlich habe sie ihm beim Aussteigen ein Trinkgeld gegeben, aber gleichzeitig gesagt: »Vous viendrez prendre le thé un de ces jours, quand vous serez libre, n'est-ce pas?« Eine in der Tat reizend taktvolle und geistvolle Lösung.

Paris. 6. Juni 1926. Sonntag

Helene nach Meudon zu Jacques Maritain gefahren, der sie durchaus kennenlernen wollte. Unterwegs fragte sie mich, was das Wort ›pédéraste‹ heiße, das sie so oft hier auf diesen oder jenen angewendet höre! Ich riet ihr, ihren Mann zu fragen.

Ich fuhr nach Hause und holte Wilma ab zu Madame Clémenceau, wo Sautreaus und andre zu ihrem Sonntagsempfang. Painlevé hatte mir dort Rendezvous gegeben; aber ich konnte ihn nicht abwarten, da ich Nabokow versprochen hatte, ihn zu besuchen. Ich fand ihn in einer erbärmlichen Pension hinter dem Panthéon, 3, Rue de l'Estrapade; schmutzige, übelriechende Treppe, winziges Kämmerchen, in dem nur ein Klavier, ein unordentlicher Diwan, auf dem er offenbar schläft, ein Stuhl und ein paar Photographien an den Wänden; Eindruck gräßlicher Misere, den sein Auftreten in der Welt, sein gepflegtes Äußeres, seine Grandseigneur-Haltung nicht vermuten lassen. Er empfing mich aber ohne jede Befangenheit, als ob er mich in seinem Schloß bewirtete. Und dann spielte er eine Kantate, die er auf Verse von Lomonossow komponiert hat, und ich war tief ergriffen: der Kontrast zwischen dem genialen Werk und der ärmlichen Umgebung war erschütternd, so wie ich ihn früher bei Munch in Berlin gehabt habe.

Nachher plauderten wir, wobei Nabokow noch mal seine Mißachtung für die ganze französische Musik aussprach, weiter aber auch heftig gegen den Orientalismus, das Ethnographische, Volksliedhafte (l'exotisme dans la musique), auch gegen den Jazz loszog. ›Si vous me demandez pourquoi je déteste l'exotisme en musique, je vous répondrai: parce que j'aime Bach.‹ Inbegriffen in diesen Haß ist auch die russische Musik, soweit sie ethnographisch ist: Rimskij-Korssakow usw. Nur Borodin habe sich ein wenig über diesen Orientalismus in die Region der reinen Musik zu erheben vermocht. Aber Bach und Mozart sind seine Götter; das Höchste sei es immer, wenn die Musik ›entre dans le temple‹, religiös werde. Er sagte, ich müsse unbedingt Maritain kennenlernen; er sei jetzt die interessanteste Persönlichkeit in Frankreich.

Offenbar ist auch Nabokow stark von der ›thomistischen‹ Strömung erfaßt. Von Strawinsky zitierte er mit großem Vergnügen ein ziemlich stupides Wort: ›D'un côté il y a Luther, le Protestantisme, Kant et cette vieille vache de Sand (ausgesprochen wie deutsch ›Sand‹), de l'autre, le Catholicisme et le bon vin.‹ Nabokow macht aber trotz dieses etwas unreifen, überschwenglichen katholischen Radikalismus den Eindruck eines wirklich genialen jungen Riesen.

Paris. 11. Juni 1926. Freitag

Nachmittags Besuch bei der Herzogin von Clermont-Tonnerre, dann bei Mme. Ménard-Dorian und dann bei Baby Goldschmidt. Abends aßen Hoesch, Claude Anets und Serts bei mir in den ›Ambassadeurs‹ zur Neger-Revue von Florence Mills. Die eleganteste Gesellschaft von Paris, das wirkliche ›Tout Paris‹ speiste dicht gedrängt an kleinen Tischen: ich traf Boni de Castellane, mit dem ich zum ersten Mal seit dem Krieg sprach, er sehr heruntergekommen aussehend. Neben uns saßen der italienische Botschafter mit einer größeren Gesellschaft, die Schauspielerin Maud Loty usw., usw. Das erste Mal seit fünfzehn Jahren, seit der ersten Premiere des Russischen Balletts, wo ich wirklich das ›Tout Paris‹ in vollem Glanze zusammen sehe. Hoesch war entzückt, konnte sich vor Freude über die Eleganz, den Anblick gar nicht fassen; ebenso Claude Anet.

Paris. 13. Juni 1926. Sonntag

Bei Maillol in Marly gefrühstückt. Während des Frühstücks kam Gauguins Freund, Daniel de Monfred, ganz weiß geworden. Als ich von den ›Ambassadeurs‹ sprach, erzählte Maillol: »C'est aux ›Ambassadeurs‹ que j'ai fait ma première décoration en arrivant à Paris, oui, j'ai décoré les ›Ambassadeurs‹!« Er sei damals ›sans le sou‹ gewesen und sei von Freunden mitgenommen worden, um dort als Stubenmaler mitzumachen und ein paar Pfennige zu verdienen. Und er sei schließlich der einzige von allen gewesen, der bezahlt worden sei, weil die Direktion ihn wegen völliger Unfähigkeit hinausgeschmissen und seinen Lohn ausbezahlt habe, während die andren, die weiterarbeiteten, nichts bekamen, weil die Direktion inzwischen Bankrott gemacht habe. Maillol lachte über das ganze Gesicht bei dieser Geschichte. Er fügte hinzu, er habe auch für den ›Moulin Rouge‹ eine große Dekoration gemacht, zwei Pierrots, frei nach Willette, die beim Brand vor ein paar Jahren mitverbrannt seien. Diese Dekoration sei sogar ganz festlich eingeweiht worden. Er sei im Maskenkostüm als ›Fusain‹ (Kohlenstift) erschienen im grünen Trikot mit schwarzen Ärmeln und Handschuhen, die Artisten des ›Moulin Rouge‹ hätten ihn im Triumph herumgetragen, schließlich seien ihm alle Kleider bis auf das grüne Trikot vom Leibe gerissen worden. Maillol kam durch diese Erinnerungen sehr in Stimmung; schien überhaupt besser und sagte mir, Gott sei Dank könne er wieder arbeiten.

Paris. 15. Juni 1926. Dienstag

Gefrühstückt bei Misia Sert mit Hoesch, Mme. de Jouvenel und der sehr hübschen Nichte von Serts, der Hoesch sehr die Cour schnitt. Sert nannte mir als größten lebenden französischen Dichter Léger (St.-J. Perse), der im Nebenberuf Kabinettschef von Briand ist. Über Radiguets Tod: er sei auf dem Totenbett von strahlender Schönheit gewesen, la figure couleur d'acajou. Trotzdem habe Cocteau sich geweigert, ihn zu sehen oder sich irgendwie um ihn zu kümmern. Sie, Serts, hätten sein Begräbnis bezahlt. Von dem kleinen Ort Sitges bei Barcelona erzählte Sert: er habe einen starken heidnischen Einschlag. So käme es vor, daß die kleinen Jungen mit zwölf bis vierzehn Jahren aus Sitges als Matrosen fortführen, nach zehn Jahren wiederkämen, sich in ihre Schwester, die sie fast vergessen hatten, verliebten, mit ihr ein Verhältnis anfingen und Kinder bekämen und, obwohl kirchlich natürlich nicht verheiratet, bis an ihr Lebensende, von der Bevölkerung geachtet, mit ihr wie Mann und Frau zusammenlebten.

Abends Premiere von Cocteaus ›Orphée‹ bei Pitoëff im Théâtre des Arts. Die Billetts kosteten hundert Francs (wie für das Russische Ballett), das Publikum das übliche elegante, internationale, viele Amerikaner, Engländer, sogar Japaner. Das Stück, das bei Serts seit langem als Meisterwerk gepriesen wird, enttäuschte mich. Ich fand es unsicher, tastend, keine wirkliche Tragik und keine wirkliche Komik, und im Mittelpunkt eine unmögliche, unfreiwillig komische Engelsfigur (dem modischen, katholisierenden Geschmack Rechnung tragend), die von einem widerlich süßlichen, tantigen jungen Menschen gespielt wurde (Herrand mit Namen), der aus einem ganz schlechten Friseurladen entsprungen schien. Dieser süße Junge verdarb mir vollends den Geschmack an der Aufführung, die auch noch darunter litt, daß Mme. Pitoëff wieder einmal hochschwanger ist, was für eine Eurydike fast grotesk wirkt. Ich war so mißgestimmt, daß ich, ohne Cocteau oder Serts zu begrüßen, mich nach der Aufführung rasch drückte.

Paris. 16. Juni 1926. Mittwoch

Diner bei Hoesch in der Botschaft zu Ehren des hier tagenden Kongresses der Dramatiker und Komponisten. Aus Deutschland waren Fulda, Arnolt Bronnen und Wegener da, aus Österreich Auernheimer und Zifferer, dazu natürlich viele Franzosen: Tristan Bernard, Lugné-Poë, Yvette Guilbert (die ich an unser Frühstück bei Bernard Shaw kurz vor dem Kriege mit Rodin und Mme. Greffulhe erinnerte), Jules Romains, Claude Anet,

Gémier usw. Sehr glanzvolles Bild, da die schönen Empire-Salons der Königin Hortense mit einer Überfülle von roten und weißen Rosen dekoriert waren. Die Stimmung ganz ungezwungen und kameradschaftlich zwischen Franzosen und Deutschen.

Einen sonderbaren Eindruck machte auf mich Bronnen, den ich erst heute kennenlernte: unverbindlich, unsicher, süffisant, übel aus dem Munde riechend, im Straßenanzug (wo alle andren selbstverständlich im Frack erschienen waren), aber mit eingeklemmtem Monokel; als Salon-Revolutionär halb Knote, halb Konfektion, soweit er den Mund auftat, auf gut Glück Unsinn redend, so mir die jüngste russische dramatische Literatur anpreisend, die uns viel näherstehe als die französische, und als ich sagte, ich kennte zwar junge russische Dichter und Novellisten, aber keine Dramatiker, ganz naiv antwortend: er kenne auch keine! Eine offenbar subalterne, schwache, nervöse Natur, die Überlegenheit markieren möchte, so etwas wie ein literarischer Sommerleutnant, der mit der Stimme schnarrt, weil er sonst seine Rolle nicht durchführen könnte, ein pervertierter Spießer, flach, ohne Horizont, krankhaft eitel, kurz ›un grand homme de province‹, hinter dem nicht viel steckt. Er sprach mit niemanden, oder höchstens eine unhöfliche, rauhbeinige Antwort auf eine höfliche Anrede (so sagte er zu Wegener, der ihn ansprach: »Wissen Sie, Herr Wegener, ich mag Sie nicht, und Sie mögen mich auch nicht«), streifte mit eingeklemmtem Monokel unstet und schweigend in den schönen, hellen, rosengeschmückten Salons herum wie irgendein Nachtvogel, der aus Versehen hineingeraten wäre, verflatterte, nachdem er ein paar Leute, die sich freundlich seiner annehmen wollten, durch rüpelhafte Antworten von sich gestoßen hatte, vollkommen und wurde nicht mehr beachtet.

Hoesch bewegte sich zwischen all diesen Literaten und Schauspielern gewandt und graziös; er übt auf die Pariser zweifellos einen gewissen Charme aus. Jules Romains und Claude Anet sprachen mit mir viel über ihre Aussichten, in Berlin aufgeführt zu werden. Zufällig kam ich im Gespräch auf Büchner und ›Woyzeck‹, den Jules Romains nicht kannte; er äußerte den Wunsch, ihn eventuell zu übersetzen, und ich versprach, ihn ihm zu schicken.

Spät kam Coudenhove nach. Er stand lange mit mir am Spiegeltisch zwischen den beiden Fenstern im großen Saal, eindringlich auf mich einredend, während in seinem steinernen mongolischen Gesicht immer nur die dünnen Lippen und die kleine, fast kindliche Falte in der Backe sich bewegten, alles andre unnatürlich starr blieb; und dicht vor uns in einem der schöngeschwungenen Schwanen-Fauteuils der Königin Hortense Yvette Guilbert sich fächelte, jetzt eine etwas üppige, rothaarige Dame in einer altmodischen Atlasrobe, in nichts mehr an die von Toulouse-Lautrec verewigte, spindeldürre Grisette mit den langen Armen und langen schwarzen Handschuhen erinnernd. Er behauptet, in England für sein Paneuropa mehr Verständnis als auf dem Kontinent gefunden zu haben.

Paris. 21. Juni 1926. Montag

Der Volksentscheid ist, wie vorauszusehen war, mit etwa fünfzehn Millionen Stimmen fehlgeschlagen. Ich bin noch immer krank: jetzt mit einer Art von Kopfgrippe, nachdem der Husten etwas nachgelassen hat.

MEINE KRANKHEIT

(aufgezeichnet in Capri nach den Notizen der Krankenpflegerinnen).

Donnerstag, den *24. Juni,* fuhr ich mit dem Mittagszug von Paris nach London, las unterwegs den abscheulichen (mir von Nabokow als geniales Werk empfohlenen) Roman ›Sous le Soleil de Satan‹. Kam um sechs Uhr fünfundvierzig nachmittags in Victoria an, wo ich eine halbe Stunde auf mein Gepäck warten mußte, fuhr dann ins ›Cecil‹, trug meinen Namen ein, wurde auf mein Zimmer geführt, wo ein Fenster offen war; ich hatte es kalt und bekam einen Schüttelfrost. Da das Fenster festgehakt war und ich es nicht herunterziehen konnte, rief ich den Hausdiener, der mit einer Stange kam und das Fenster zumachte. Ich ging dann zum Essen hinunter, hatte aber keinen Appetit, ließ alles stehen und legte mich zu Bett.

Freitag, den 25. *Juni*, stand ich früh auf, fühlte mich sehr elend, ging aber doch zum Frühstück hinunter, da ich zu Donovan in der City fahren wollte, um mit ihm eine Besprechung zu haben. Ich konnte aber nichts anrühren, beschloß daher, mich wenigstens noch den Vormittag ruhig zu halten, und legte mich wieder zu Bett.

Sonnabend, den 26. *Juni*, rief ich früh Donovan an, sagte, ich fühlte mich elend und könne ihn heute nicht aufsuchen, auch nicht empfangen, machte aber für Montag eine Stunde aus, wo ich zu ihm kommen wolle. Lag den ganzen Tag zu Bett. Ein rührender alter Kellner (Österreicher) sorgte für mich.

Jetzt verwirren sich allmählich meine Erinnerungen. Den Hotelarzt, Dr. Noël, ließ ich, glaube ich, am *Montag*, dem 28. *Juni*, holen. Dieser konstatierte sofort eine Lungenentzündung. Am selben Tage rief Frank Heywood an, wollte zu mir kommen. Ich sagte ihm am Telephon, ich könne leider niemanden empfangen, fühlte mich zu elend, hätte eine Lungenentzündung. Heywood gab diese Nachricht offenbar nach Paris weiter. Abends kam eine Krankenpflegerin, die aber nach einiger Zeit wieder fortging. Die Nacht blieb ich allein.

Dienstag, den 29. *Juni*, kam morgens meine von da an ständige Krankenpflegerin, Miß Wrigley, und abends zum Nachtdienst meine treue Miß Bostock, die bis Capri bei mir blieb. Noël holte zur Konsultation den Doktor MacDonagh herbei, den er als einen ›großen Arzt‹ bezeichnete und der mir in der Tat wohl das Leben gerettet hat; ein Mann von außerordentlichem Können, gewissenhaft, taktvoll, angenehm, der in aufopferungsvoller Weise mich gepflegt und geheilt hat.

Donnerstag, den 1. *Juli*, zeigte sich eine innere Darmblutung. Sobald ich sie bemerkte, soweit war ich noch bei Sinnen, sagte ich Noël: die sei für mich tödlich, zwei so schwere Krankheiten wie Lungenentzündung und Darmblutung könne ich nicht überstehen. Ich war dabei sehr ruhig und gar nicht ängstlich, vielleicht, weil ich so schwach war.

Am *Freitag,* dem *2. Juli,* kam Wilma aus Paris im Flugzeug herüber, in Begleitung des englischen Obersten bei der Versailler Militärkommission, George Heywood, der ihr noch spätabends das Flugzeug besorgt hatte. Wilmas Liebe und Pflege, die das Äußerste an Aufopferung waren, verdanke ich neben MacDonaghs Wissenschaft mein Leben. Sie hat zwei Monate lang Tag und Nacht vor meiner Tür gesessen, kaum gegessen oder geschlafen, in steter Sorge und Angst sich aufgerieben, schwerer und tiefer gelitten als ich.

Montag, den *5. Juli,* trat die Krisis in meiner Lungenentzündung ein. Die Fiebertemperatur fiel plötzlich um mehrere Grade, äußerste Schwäche trat ein, ich hatte einen Herz-Kollaps. Nurse Wrigley packte mich, legte mich auf den Rücken, flößte mir mit einem Teelöffel Branntwein ein, die Ärzte wurden eiligst herbeigerufen, ich bekam eine Sauerstoffeinspritzung. Diese sowie Sauerstoff-Atmung wurden in den nächsten Tagen mehrmals wiederholt.

Am *Donnerstag,* dem *8. Juli,* kamen aus Berlin im Flugzeug Max und Fritz abends an; aus Paris Christian und Jacques. Dies führte zu einem tragikomischen Zwischenfall. Um elf Uhr nachts, als ich schon meine Sauerstoffspritze und ein Schlafmittel bekommen und angefangen hatte zu ruhen, tat sich die Tür auf, alle Lichter wurden plötzlich grell angedreht, und an meinem Bett erschienen, von Dr. Noël begleitet, vier schwarzgekleidete Männer, die ich erst nach einigen Sekunden als Christian, Jacques, Max und Fritz erkannte. Mir war vorher nichts davon gesagt worden, daß sie nach London kämen. Es war die klassische Sterbebettszene in bester Regie. Ich faßte sie auch gleich als solche auf, begrüßte, so gut ich es bei meiner Schwäche konnte, die vier und flüsterte der Nurse, die sich über mich beugte, zu: »Tell them I am not dying yet.«

Da die Darmblutung anhielt, wurde ich von Tag zu Tag schwächer. An diesem *Donnerstag, dem 8. Juli,* hatte ich die erste Bluttransfusion bekommen. Eine schöne Einrichtung in London ermöglichte sie ohne Zeitverlust. Die englischen Pfadfinder haben unter Leitung des englischen Roten Kreuzes eine Organisation gebildet, die jederzeit, Tag und Nacht, junge Leute zur sofortigen Bluthergabe bereit hält. Einer dieser jungen Leute wurde an diesem Tage für mich herangeholt. Später, als Wilma dem Leiter einen Dankesbrief schrieb, antwortete er, er habe nur eins bedauert, da dieses das erste Mal seit dem Kriege sei, daß ein Engländer für einen Deutschen sein Blut hergegeben habe, daß nicht er selbst sein Blut habe zur Verfügung stellen können.

Am nächsten Tage, *Freitag, dem 9. Juli,* wurde, da die Schwäche zunahm, eine zweite Bluttransfusion vorgenommen. Diese verlief unglücklich. Meine Temperatur stieg gleich danach plötzlich wieder auf hundertdrei Grad Fahrenheit, und Noël erklärte Wilma, wenn sie noch um einen Grad steige, könne er für nichts mehr stehen, sie sollte sich auf das Schlimmste gefaßt machen. Diese Krisis ging vorbei, aber meine Schwäche nahm von Tag zu Tag zu.

Am *Dienstag, dem 13. Juli,* war ich so gut wie tot. MacDonagh erklärte Wilma, es gäbe nur noch ein Mittel, mich zu retten, eine dritte Bluttransfusion, aber es sei auch möglich, daß die Transfusion mich sofort töten werde. So oder so sei die Gefahr gleich groß. Ich könne in einer Stunde tot sein. Er könne nicht die Entscheidung treffen; sie müßte bestimmen, ob das Experiment der Bluttransfusion gewagt werden solle. Nach einer Beratung mit Guseck entschied sie sich für diesen letzten Versuch. Ich bekam die dritte Bluttransfusion, und diese rettete mich: ich kam wieder zu mir und wurde dann über die nächsten Tage mit Sauerstoffspritzen und künstlicher Atmung am Leben erhalten. Die Darmblutung hielt aber an, und am *Mittwoch, dem 14. Juli,* bekam ich zu ihrer Stillung zum erstenmal Coagulin Ciba.

Am *Donnerstag, dem 15. Juli,* nachdem das Schlimmste schon

vorbei war, kam aus Berlin der Direktor der Charité, von Wilma auf McDonaghs Rat zur Konsultation herbeigerufen, Geheimrat Leschke, in London an, blieb dreieinhalb Tage und liquidierte dafür dreihundertfünfzig Pfund (siebentausend Mark). Auf Vorhaltung von Guseck sagte er, er werde sonst nur zu Königen und Premierministern gerufen, und diese zahlten soviel; er könne keine Ausnahme machen. Leschke saß viel an meinem Bett, sagte, er wolle in Berlin Stresemann sprechen, ich müsse im September mit nach Genf usw.; im übrigen bekräftigte er nur MacDonagh in seiner Heilmethode und fuhr am Achtzehnten, ohne viel geleistet zu haben, mit seinem Honorar wieder ab.

Da ich nachts sehr unruhig war und die Schlaflosigkeit meine Schwäche noch steigerte, bekam ich am *Dienstag*, dem *20. Juli*, zehn Uhr, die erste Morphiumspritze (Heroin). Von jetzt an bis in den September in Broadstairs stand ich dauernd und in steigendem Maße unter Morphium. Die Wirkungen steigerten sich allmählich zu vollkommenen Sinnesstörungen und halber Verrücktheit. Ich bildete mir Vorgänge ein, die nie stattgefunden hatten, bekam Weinkrämpfe, wenn ich merkte, daß man sie mir nicht glaubte, wurde hochgradig nervös und zänkisch, und doch hielt ich es nachts ohne Morphium nicht mehr aus. Vor allem, weil ich nachts die furchtbarsten Muskelschmerzen in den Oberschenkeln hatte, die, wenn ich kein Heroin bekam, die Nachtstunden zu einer Hölle für mich machten. Alle andren Schlafmittel, die auf Rat von Leschke versucht wurden, waren völlig wirkungslos und machten mich nur noch nervöser. Die Darmblutung ließ jetzt allmählich unter der Wirkung des Coagulins nach, und am *Sonnabend*, dem *24. Juli*, begann eine neue Darmbehandlung durch Miß Willett.

Die nächsten Wochen waren eine Zeit langsamer Besserung unter großen Schmerzen, die eigentliche Zeit meiner großen Schmerzen, während das lebensgefährliche Stadium meiner Krankheit, bis auf die Hustenanfälle, verhältnismäßig schmerzlos gewesen war. Wenn ich in der ersten Hälfte Juli an meiner

Lungenentzündung und Darmblutung gestorben wäre, wäre ich fast schmerzlos dahingegangen, einfach eingeschlafen; wenn man dem Tode so nahe gewesen ist, verliert er einen großen Teil seiner Schrecken, man lernt ihn als sanften Tröster erkennen. Dagegen litt ich jetzt, wo es mir besser ging, große Qualen, namentlich von den Muskelschmerzen in den Beinen und den heftigen Hustenanfällen, die oft stundenlang mich fast ohne Pause schüttelten. Daher wurde zur Heilung der Lunge jetzt der Versuch gemacht, mich mit meinen eigenen Giftstoffen zu impfen. Aus meinem Sputum wurden einige Impfstoffe hergestellt und am *Mittwoch,* dem *18. August,* mit diesen Impfungen begonnen. Meine Kräfte nahmen langsam zu, und am *Montag,* dem *23. August,* war ich so weit, daß ich im Krankenauto nach Broadstairs in ein Genesungsheim transportiert werden konnte.

Das Wetter war ungewöhnlich schön, ich hatte eine geschützte Terrasse nach der See vor meinem Zimmer, und hier konnte ich gleich von den ersten Tagen an jeden Tag einige Stunden in der Sonne liegen. Hier machte ich nach einigen Tagen auch meine ersten Gehversuche, zunächst im Hause, dann langsam die Treppe hinunter und wieder herauf und schließlich im Garten und bis an den Strand. Man weiß nicht, wenn man nicht lange schwerkrank im Bett gelegen hat, welche große Kraft dazu gehört, um ein paar Schritte zu gehen; eine verbissene Energie gehörte für mich dazu, um die ersten paar Male von meinem Bett bis auf den ersten Treppenabsatz hinunter- und wieder heraufzugehen. Wilma und Guseck waren mit in Broadstairs und meine treue Miß Bostock, die jetzt Tagesdienst hat, während eine sehr lustige und noch junge Krankenschwester, Miß Merishead, den Nachtdienst übernahm.

Am *Dienstag,* dem *14. September,* fuhr Wilma wieder nach Frankreich zurück. Ich blieb bis zum *Freitag,* dem *1. Oktober,* in Broadstairs zurück unter der Behandlung des ausgezeichneten Dr. Raven, eines jungen, liebenswürdigen, sehr gewissenhaften und fähigen Arztes. Die Impfungen wurden fortgesetzt. Am

Freitag, dem *17. September,* machte Raven mir eine stärkere Impfung, die zur Folge hatte, daß ich die Nacht, von Mitternacht bis fünf Uhr morgens, den schlimmsten Hustenanfall meiner Krankheit hatte. Ich hustete vier bis fünf Stunden ohne Unterbrechung, Blut, kleine Gewebestückchen wurden ausgehustet, mein Brustkorb war wie zerrissen von der Qual und Anstrengung; ich wurde in einem Sessel hochgesetzt, bekam Morphium. Nichts half. Ich dachte, ich müßte sterben. Schließlich schlief ich gegen fünf vor Erschöpfung ein. Als ich aufwachte, war der Husten vorbei. Ich habe überhaupt nie wieder gehustet. Als Raven kam, gab er zu, daß die Dosis Impfe zu stark gewesen sei, aber ich hätte offenbar den Rest Lungenentzündung durch den heftigen Husten ausgehustet, die kranke Stelle unten links in der Lunge sei kaum noch aufzufinden. Meine wirkliche Rekonvaleszenz begann mit diesem Tage.

Also am *1. Oktober* (Freitag) fuhr ich mit Guseck und Miß Bostock bei schönstem Wetter und schon bedeutend kräftiger nach London zurück ins ›Cecil‹, wo ich eine hübsche Suite von Zimmern an der Themse nahm.

Vom *Freitag,* dem *1.,* bis *Dienstag,* dem *5. Oktober,* blieben wir in London. Ich konnte einige Schritte auf der Straße gehen und einige Besorgungen machen, aber unter erschöpfender Anstrengung. Beim Anprobieren von Anzügen bei Cavanagh fiel ich vor Erschöpfung fast um. Ein Film, den ich zu sehen wünschte, ein englischer Propagandafilm ›Mons‹, wurde für mich zu einer übermäßigen Anstrengung.

Am *Dienstag,* dem *5. Oktober,* nachmittags fuhren wir, Guseck und Bostock, ab nach Southampton, um uns auf der ›Homeric‹ nach Frankreich einzuschiffen. Die Nacht verbrachten wir in Southampton.

Am *Mittwoch,* dem *6. Oktober,* fuhren wir bei herrlichem Herbstwetter auf der ›Homeric‹ von Southampton nach Cherbourg, wo mir Wilma auf dem Tender entgegenkam mit Jacques und Henry Villard von der ›Nation‹, der auf der ›Homeric‹ nach New York weiterfuhr. Ein junger, schöner deutscher Po-

1927

Am *Mittwoch,* dem *5. Januar,* fuhr ich mit Musch nach Neapel, und am *Donnerstag,* dem *6. Januar,* kam Goertz aus Deutschland zurück. Am *Freitag,* dem *7. Januar,* mit Musch in Pompeji.

Am *Sonntag,* dem *9. Januar,* während Musch auf den Vesuv fuhr, mit Goertz in Caserta. Herrlicher, ernster Park, grandios in die Landschaft hineingelegt. Vanvitelli muß eine Art von Genie gewesen sein; sein Erfindungsreichtum im Führen des Wassers durch Wasserfälle, Seen, kreuzweise sich überschneidende Strahlen erstaunlich.

In Neapel besuchte ich wieder Praun, der mir sehr düstere Möglichkeiten für mein Auge eröffnete, eine Erkrankung des Zentralnervensystems für nicht unmöglich erklärte und dringend zu einer eingehenden Untersuchung riet, die aber in Neapel und überhaupt in Italien nicht zuverlässig zu bewerkstelligen sei. Ich war sehr deprimiert.

Am *Montag,* dem *10. Januar,* fuhr Musch nach Berlin, Goertz und ich nach Capri zurück. Pemberton riet mir, da Praun eine so beängstigende Diagnose stelle, nach Zürich zu Professor von Wyss zu fahren und mich dort untersuchen zu lassen.

Als Vorleser kommt jeden Nachmittag von vier bis sieben zu mir ein junger Deutscher, Kupffer, der hier gestrandet ist und den Pemberton beherbergt, und liest mir die deutschen Zeitungen und Sombarts ›Wirtschaftsleben im Zeitalter des Hochkapitalismus‹ vor.

Am *Sonntag,* dem *23. Januar,* fuhr ich mit Goertz aus Capri nach Neapel auf der Reise nach Zürich. Wir blieben die Nacht in Neapel im ›Vesuvio‹, fuhren am nächsten Nachmittag nach

Rom, wo wir im ›Royal‹ zu Abend aßen und das ganze Personal des Hotels sehr erfreut tat, mich nach meiner schweren Krankheit wiederzusehen. Abends um drei Viertel neun fuhren wir in einem ausgezeichnet gefederten Schlafwagen nach Mailand weiter, wo wir morgens um achteinhalb ankamen und ins ›Cavour‹ gingen. Dort badeten und aßen wir zu Mittag, und um zwei fuhren wir weiter nach Zürich, wo wir am *Dienstag,* dem *25. Januar,* um sieben Uhr ankamen.

Am *Mittwoch,* dem *26. Januar,* ging ich zu Dr. Walter von Wyss, der mich untersuchte, mir aber mitteilte, daß er eine Lumbalpunktion nur in der Klinik vornehmen könne.

Am *Donnerstag,* dem *27. Januar,* fuhr ich in die Klinik in der Heliosstraße; und hier nahm Wyss mittags die Lumbalpunktion und die Blutentnahme vor. Das Resultat war absolut negativ, wie er mir am Sonnabend mitteilte. Aber die Folgen der Lumbalpunktion waren sehr unangenehm. Ich bekam heftige Kopfschmerzen, Schwindel und Brechreiz, meine Temperatur sank vom 27. bis 31. ständig und fiel am *Montag,* dem *31. Januar,* bis auf 35,8 Grad, mein Puls auf zweiundsechzig; ich fühlte mich an diesem Tage ernsthaft krank. Das war aber der Tiefpunkt. Am nächsten Tage, am *1. Februar,* konnte ich schon ausgehen und suchte den Augenarzt Professor Vogt in seiner Klinik auf. Er untersuchte mich, obwohl er selbst an einem gebrochenen Bein litt, und übergab mich dann einem Assistenzarzt, der die Untersuchung auch noch am folgenden Tage fortsetzte. Mein Kopf wurde von Professor Schry geröntgt.

Zürich. 2. Februar 1927. Mittwoch

Professor Vogt teilte mir heute mit, daß mein Auge unheilbar sei, eine Behandlung sich daher erübrige.

Zürich. 6. Februar 1927. Sonntag

Mich entschlossen, nach Paris zu fahren, da mit Crès und Richart wegen des Vergil mündlich zu verhandeln nötig. Abends aus Zürich ab. Max brachte mich an die Bahn und bleibt in Zürich.

Paris. 8. Februar 1927. Dienstag

Früh besuchte ich im Louvre die ›Mona Lisa‹, diese derbe, geheimnisvolle Bäuerin, und den Amenophis-Kopf, vielleicht das tiefste Bildnis eines ekstatischen Intellektuellen, das die Kunst je geschaffen hat. Daneben erscheint selbst die Mona Lisa fast flach.

Mailand. 9. Februar 1927. Mittwoch

Früh Max in Arth-Goldau getroffen. Zusammen nach Mailand weiter, wo wir nachmittags bei ziemlich tiefem Schnee ankamen und im Hotel Cavour abstiegen. Abends, da ich mir von ›Rheingold‹ in der Scala nicht viel versprach, in einen schlechten deutschen Film ›Faust‹.

Mailand. 10. Februar 1927. Donnerstag

In der Brera tief erschüttert von Bellinis ›Pietà‹; der Sohn hat ausgelitten, sie leidet noch immer, aber das Leiden ist bei ihr sozusagen ins Innere versackt, vom Herz ganz aufgeschluckt, im Gesicht nur der Reflex dieses unaussprechbaren inneren Schmerzes. Es ist eines der größten malerischen, zeichnerischen und poetischen Meisterwerke, den größten tragischen Dichtungen ebenbürtig.

Nachher Leonardos ›Abendmahl‹, das von der gleichen allerhöchsten tragischen Qualität ist. Hier schwebt Christus wie die ewige Natur, die durch das Fenster so selig und sonnig hereinblickt, über allem zeitlichen Leiden, während um ihn der kleine menschliche Zank tobt. Hier ist das tragische Gegenstück gegeben: der ›Ödipus auf Kolonos‹, der Mensch, der sich durch das Leiden über alles Menschliche erhoben hat, bis er wie die Natur darüber lächeln kann.

Rom. 11. Februar 1927. Freitag

Früh mit Max in Rom an. Nachmittags zusammen nach Ostia, um die neuentdeckten römischen Etagenhäuser zu sehen. In der Tat ganz modern anmutende Mietskasernen und Warenhäuser. Das große elegante Warenhaus (horca) des Epagattos, mit Verkaufsräumen an breiten Umgängen um einen Zentralhof in mehreren Etagen, ist das genaue Gegenstück zu einem modernen Tietz oder Wertheim. Ebenso modern die Wohnungen in den Mietshäusern, ganz im Gegensatz zu den Häusern in Pompeji. Eine Parterrewohnung mit großen Fenstern nach dem Garten könnte sofort von einer modernen Familie bezogen werden; sie würden nicht einmal merken, daß sie in einem antiken Haus wohnten.

Rom. 15. Februar 1927. Dienstag

Vormittags bei Prittwitz in der Botschaft. Er sagt, Mussolini säße ganz fest, aber er, Prittwitz, träfe heute kaum je noch einen *überzeugten* Faschisten. Es herrsche eine große Enttäuschung und Verdrossenheit. Aber man akzeptiere die vollendete Tatsache des faschistischen, syndikalistischen Staates. Außerdem gewinne die republikanische Richtung im Faschismus wieder mehr Boden. Der König sei jetzt durch Mussolinis Übernahme des Oberkommandos über das Heer seiner letzten Funktion entkleidet worden. Er führe nur noch irgendwo ein Schattendasein. Aber zunächst werde ihn Mussolini wohl noch nicht offiziell beseitigen. Die Korruption sei in der faschistischen Beamtenschaft bis oben hindurch groß. Wir hätten mit unserm Schiedsvertrag zunächst alles erreicht, was wir wollten. Weiter wollten wir nicht gehen. Denn wenn wir uns zu sehr mit Mussolini einließen, würde er das nur benutzen, um uns an Frankreich zu verkaufen.

Capri. 6. März 1927. Sonntag

Peter Reinhold und seine Frau frühstückten und aßen bei mir. Mit Reinhold viel Politisches. Er habe sich mit den Sozialdemokraten überworfen, weil er sich auf den Standpunkt gestellt habe, daß Geldbewilligungen des Reichstags für ihn nur eine Ermächtigung bedeuteten, Geld in einer bestimmten Höhe für bestimmte Zwecke anzuweisen; nicht aber einen Zwang für ihn, das Geld in der genannten Höhe für den Zweck auch wirklich auszugeben. Er habe sich geweigert, Gelder, die der Reichstag aus bloßen Parteirücksichten bewilligt habe, anzuweisen; und das habe ihm die Feindschaft der Sozialdemokraten zugezogen.

Ich muß allerdings sagen, und sagte ihm auch, daß seine Theorie mir ziemlich überraschend scheine; sie würde staatsrechtlich geradezu eine Revolutionierung aller unserer bisherigen Ansichten über die Finanzgebarung in einem konstitutionell-demokratischen Parlamentsstaat bedeuten. Dieses gab er zu, blieb aber dabei: er habe recht gehabt. Geßler: Reinhold meint, er sei hauptsächlich faul und dabei wirklich uninformiert über die Dinge, die sich in seinem Ministerium zutrügen. So habe ihn Seeckt in bezug auf die Dienstleistung des Kronprinzen-Sohnes zuerst einfach anlügen können, indem er ihm meldete, an der ganzen Nachricht sei kein wahres Wort! Geßler habe ihm geglaubt. Nachher habe Seeckt die Sache zugeben müssen, und da habe Geßler durchgegriffen, weniger wegen des Vorfalles selber, als weil ihn Seeckt angelogen hatte. Seeckt habe dann kaum glaubliche, würdelose Versuche gemacht, sich zu halten, habe zum Beispiel persönlich Hindenburg vorgeschlagen, es solle ihm ein öffentlicher Verweis und einige Tage Stubenarrest zudiktiert werden. Der Präsident habe aber über den Vorschlag einfach gelacht.

Rom. 26. März 1927. Sonnabend

Bei Prittwitz gefrühstückt. Seine Frau lag mit Grippe zu Bett. Wir frühstückten daher allein. Ich sagte, ich hätte meine Ansichten über Mussolini und den Faschismus in Italien etwas revidiert. Erstens seien Elemente im faschistischen Staat, die man nicht ohne weiteres verdammen könne: so der syndikalistische Aufbau; und zweitens sei Mussolini jetzt tatsächlich Italien; wenn man sich mit Italien stellen wolle, müsse man sich mit Mussolini stellen, so wie Bismarck, sehr gegen die Neigung seiner altpreußisch-konservativen Freunde, sich mit Napoleon und dem Bonapartismus abgefunden habe.

Prittwitz stimmte mir in beiden Punkten zu: man habe in Deutschland zu schnell den ganzen Faschismus für eine reaktionäre Bewegung erklärt. Das sei er so, wie man es bei uns insgemein glaube, ganz und gar nicht, sondern ein in vielen Einzelheiten interessanter Versuch, den modernen Staat weiterzubilden. Mussolini sei zweifellos kein Scharlatan, sondern ein wirklicher Denker, der mit dem Problem des Staates ernsthaft gerungen und sich seine eigene Ansicht gebildet habe, die er in die Wirklichkeit umzusetzen sich bemühe. Bedenklich seien die Methoden, durch die er dieses Ziel verfolge, die Gewalttätigkeiten und der gänzliche Mangel an irgendwelchen Vorkehrungen zur Kontrolle der allmächtigen Beamtenschaft. Die Kontrolle bestehe lediglich in dem persönlichen Organisationstalent Mussolinis. Wenn ein andrer komme, der weniger begabt oder weniger ehrlich sei, dann werde jede Kontrolle aufhören, da jede Aufsicht von unten, von seiten der Regierten, fehle. Ferner sei nichts vorgesehen, um die Nachfolge Mussolinis, wenn er einmal stirbt, zu regulieren. Man munkle allerdings von einem politischen Testament, das er geschrieben und in dem er eine Art von Direktorium vorgesehen habe mit militärischen und zivilen Mitgliedern, das im Falle seines plötzlichen Verschwindens die Regierung übernehmen solle; die einzelnen Mitglieder seien, wie man sage, von ihm dort benannt. Aber werde das im Falle seines plötzlichen Todes wirklich funktionieren? Die Gewalttätigkeit, der Mangel an Kontrolle und das Fehlen einer geordneten Nachfolge seien die großen Schattenseiten des Regimes.

Ich sagte: die völlige geistige Verödung Italiens unter dem Faschismus erschiene mir als Symptom tiefer Schäden der geistigen Struktur des Systems höchst beachtenswert. Prittwitz: Ja, eine ernsthafte Erörterung irgendeiner politischen oder sozialen Frage sei in Italien zur Zeit völlig ausgeschlossen. Daher diese Öde. Ich: »Die Ruhe des Kirchhofs.« Prittwitz: »Ja. Wenn Sie hier einen Bettler auf der Straße photographieren und die Photographie veröffentlichen, *muß* der Staatsanwalt Sie verfolgen, weil Sie das Ansehen Italiens vor der Welt herabgesetzt haben, und Sie kommen unweigerlich ins Gefängnis. Da läßt sich natürlich über soziale Schäden öffentlich nicht reden.« Ich fragte, ob der Faschismus nach Prittwitz' Ansicht wirklich etwas zur Verbesserung der Zustände in Italien täte? Prittwitz: Ja, zweifellos. So im Straßenbau, in der Aufforstung, in der Urbarmachung des Brachlandes. Hier geschieht etwas, es bleibt nicht bei bloßen Projekten wie früher. Auch für die Archäologie geschieht viel. Alles, was die Vergangenheit und frühere Größe Roms betrifft, liegt Mussolini wirklich am Herzen. Daher die verhältnismäßig großen Ausgaben für Ausgrabungen. Aber er ist kein kultivierter Mensch, nicht irgendwie tiefer gebildet. Aber ein sehr offener Kopf. Es verhandelt sich mit ihm angenehm und leicht, weil er sich überzeugen läßt und offen zugibt, daß er sich geirrt habe, wenn man ihm einen Irrtum oder eine falsche Information nachweist. Das beste Buch über den Faschismus sei das von Ludovic Naudean; das müsse ich unbedingt lesen.

Aus dem Gespräch gewann ich alles in allem den Eindruck, daß auch für Prittwitz der Faschismus ein noch ungeklärtes Problem ist, dessen Wandlungen er mit Interesse und ohne Voreingenommenheit beobachtet. So stehe auch ich dazu.

Rom. 27. März 1927. Sonntag

Prittwitz kam heute zu Tisch. Ich hatte auch Hutten eingeladen, der im ›Hotel des Princes‹ an der Piazza di Spagna abgestiegen ist; aber er sagte ab, weil er bei der Fürstin Bichette Radziwill essen müsse, kam aber vor Tisch, um sich noch persönlich für die Einladung zu bedanken. Er war wie immer amüsant und voll von Reminiszenzen. Bülow, der in der Villa Malta wie immer den Winter verbringt, hat ihn neulich, wie er erzählte, zweieinhalb Stunden bei sich behalten und über alte Geschichten mit ihm geplaudert, über Hohenlohe, Holstein, Eulenburg usw.

Das brachte das Gespräch auf Phili Eulenburg und seine Brouille mit Holstein, deren Ursache wohl jetzt nie aufgeklärt werden wird, weil alle, die darum wußten, tot sind. Hutten sagte, er wisse sie auch nicht. Er habe einmal Holstein gesagt, er solle doch in irgendeiner Sache ›an seinen Freund‹ Phili schreiben. Worauf Holstein ihm scharf erwidert habe: »Seit vierzehn Tagen ist Eulenburg nicht mehr mein Freund, und wir werden auch nie wieder Freunde sein.« Aber die Ursache des Zerwürfnisses habe ihm Holstein nicht gesagt, sondern zunächst gezögert und dann hingeworfen: »Fragen Sie Hohenlohe. Sagen Sie ihm, ich ermächtigte ihn, Ihnen die Ursache meines Zerwürfnisses mit Eulenburg mitzuteilen.« Aber als am Abend beim Diner Hutten Hohenlohe fragte, habe dieser zunächst angesetzt, als ob er ihm die Ursache mitteilen wolle, dann die Fürstin und seine Tochter Elisabeth angesehen und gesagt: »Es ist besser, Sie erfahren die Ursache nicht.« Und Hutten habe nie Weiteres erfahren. Wir sprachen dann über Eulenburg selbst, und Hutten sagte: »Eulenburg war nicht zu halten.« Er, Hutten, habe im Auftrage des Reichskanzlers von der Polizei in Berlin Recherchen anstellen lassen, und die Polizei habe gemeldet, Eulenburg habe mit einem Straßenjungen in einem Hotel in Berlin geschlafen. Ich fragte: »Wann?« Hutten: »Als er schon nicht mehr Botschafter war.« Damit sei der Fall Eulenburg erledigt gewesen.

Rom. 30. März 1927. Mittwoch

Besorgungen. Gegen Abend nach dem kleinen protestantischen Kirchhof bei der Pyramide des Cestius die Gräber von Keats und Shelley, jeder mit seinem besten Freund neben sich, neben Shelley Trelawney, neben Keats Severn. Die Inschrift auf dem namenlosen Grabe von Keats herzzerreißend, ein unaussprechbarer Schmerz erschütternd für die Ewigkeit in Stein festgehalten. Und dieser Schmerz noch dazu aus falschen Voraussetzungen! Wahrhaft shakespearisch und packend und umwerfend wie eine Shakespearische Tragödie. Die beiden Freundespaare dioskurenhaft für die Ewigkeit vereinigt, auch ganz aus den üblichen leeren Grabesformeln, den falschen Banden konventioneller Familien- und Ehezugehörigkeit als etwas Echtes, nicht zu Bezweifelndes ganz herausfallend, Denkmäler echter Gemeinschaft εἰς ἀεί.

Capri. 11. April 1927. Montag

Pasqualino, unser Küchenjunge, Alter dreizehn, ist heute verhaftet und ins Gefängnis geworfen worden, weil er angeblich ein Mädchen auf der Straße belästigt haben soll. Er schmachtet im Kerker, weil ihm der Frühling anscheinend zu heftig in seine dreizehn Jahre gefahren ist. Das heutige Regime ist ›sittlich‹, daher wird ein dreizehnjähriges Kind mit Gewohnheitsverbrechern in eine Gefängniszelle gesperrt! Moralische Hygiene. Der Polizeikommissar von Capri soll ein Streber sein, der Karriere machen will und daher Eifer markiert, um nach Rom berichten zu können, wie viele sittlich anrüchige Individuen er aus Capri fortgebracht hat.

Capri. 9. Mai 1927. Montag

Vormittags Inventur mit Mme. Borselli. Max mit ihr Bestandsaufnahme. Viel ist gestohlen worden. Nachmittags mich bei Pembertons verabschiedet. Mrs. Gamble in Zartblau und Rosa beklagte, daß ihr mehrere Hüte gestohlen sind. »They look like nothing, but they are expensive, you know«, sagte sie, indem sie auf ein reizendes Nichts zeigte, das sie auf dem Kopf hatte. Der Ärger bei der Abreise ist groß. Zwei Bilder sind spurlos verschwunden, viel Wäsche gestohlen, viel Tischporzellan verschwunden, zwei silberne Löffel usw. Die Mme. Borselli nimmt das alles aufs genaueste. So bleiben mir stark gemischte Gefühle von der Ca' del Sole zurück.

Ravello. 10. Mai 1927. Dienstag

Vormittags um halb neun aus der Ca'del Sole fort nach der Grande Marina hinunter. Der treue Alfonso – manchmal meine ich, das einzige anständige Wesen auf Capri – half und begleitete uns bis aufs Schiff, was nicht hinderte, daß mein Handkoffer stehenblieb. Als wir dieses merkten, waren wir schon vor Sorrent und mußten deshalb über Mittag dort bleiben und telephonieren, um den Koffer herüberschicken zu lassen. Abends um halb sechs kam er, und wir fuhren im Auto nach Ravello ab, Max, Grete Wingert und ich.

Pompeji. 12. Mai 1927. Donnerstag

Vormittags mit Max und Grete Wingert in Pompeji die übliche Rundtour. Nachmittags um viereinhalb im antiken Theater die erste Aufführung seit zweitausend Jahren: die ›Alkestis‹ des Euripides auf Italienisch. Sehr schön, zum Teil, in der ersten Hälfte, erschütternde Aufführung. Die Alkestis, der Herakles, der Thanatos von ganz erstklassigen Schauspielern. Die in ein so merkwürdiges Dämmerlicht getauchte Figur des Admetos übersteigt vielleicht (wie Hamlet) die Möglichkeiten schauspielerischer Verkörperung. Die stupende Kühnheit und Genialität des Werkes noch ganz frisch und unverstaubt. Die Psyche des Admetos, der Alkestis rätselhaft und doch fest umrissen, heute wie vor zweitausend Jahren. Es ist auch im Aufbau des Werkes aus tragischen und komischen Elementen etwas Romantisches, Shakespearisches. Letzten Endes bleibt, so fühlt man, hier wie bei Shakespeare die menschliche Seele ein Rätsel, das Ereignisse, Situationen, Katastrophen hier und da erhellen, ohne je mit ihrem Licht in die letzten Urgründe zu reichen. Je mehr Licht hineinfällt, um so mehr empfindet man das Dunkel, Rätselhafte, Unauflösbare des menschlichen Inneren.

Rom. 15. Mai 1927. Sonntag

Im Auto von Neapel nach Rom. Herrliche Landschaft, groß und lieblich. Mittags in Monte Cassino. Die Aussicht von oben fast erhaben schön über die Bergwildnis und die fruchtbaren Täler. Aber das Kloster enttäuschte mich. Es ist ein ziemlich gleichgültiger, wo Effekte gesucht werden, theatralischer Barockbau, der nirgends eine Spur von echtem Gefühl verrät; mit dem Montserrat aber auch in theatralischer Eindruckskraft nicht zu vergleichen. Die Kirche nicht wie auf dem Montserrat eine unfaßbar geheimnisvolle Mysterienszene, sondern ein protziger Prunksaal, der nur dazu dazusein scheint, zu zeigen, wie reich der liebe Gott ist.

Die Fresken des Pater Desiderius, des Freundes von Maurice Denis, sind in schroffstem Gegensatz hierzu wirklich ernst und voller Ausdruck, wenn auch künstlerisch kalt und ohne feinere Qualitäten. Aber immerhin eine Art von Wunder in dieser Umgebung. Nur wurden sie mir völlig ungenießbar gemacht durch den Mönch, der uns führte und der ununterbrochen mit einer rekordbrechenden Geschwindigkeit schwatzte und, wenn ich versuchte, nicht hinzuhören und die Fresken anzuschauen, mich beim Arm packte und schüttelte, um meine Aufmerksamkeit wieder auf sich zu lenken.

Von Monte Cassino durch die herrlichste Landschaft weiter. In Frosinone, auf der Höhe, wo ein wahrhaft grandioser Blick sich auf die Abruzzen auftut, in einer sehr sauberen kleinen Osteria einen Imbiß genommen. Dann nach Rom weiter. Gegen Sonnenuntergang kamen wir in die Campagna, einen besonders wilden, öden, großartigen Teil, links die schon in den Abendschatten blauenden Herniker Berge, fern im Westen die Öffnung nach dem Meer, über dem der rote Sonnenball stand. Vor Rom verfuhren wir uns und kamen schließlich bei Nacht durch die Porta Maggiora hinein.

Zürich. 23. Mai 1927. Montag

Mein Geburtstag. Vor einem Jahr feierte ich ihn in Weimar, zwei Tage darauf fuhr ich aus Deutschland fort.

Zweimal heute bei meinem Augenarzt Professor Vogt. Er sagt, das Auge sei vielleicht etwas besser, jedenfalls nicht schlechter als im Februar. Das Sehfeld nach der Temporalseite ein wenig erweitert. Er hält aber eine weitere Besserung für unwahrscheinlich.

Abends kam Wilma an. Mit ihr und Max im Grill Room des ›Baur au Lac‹ meinen Geburtstag bescheiden gefeiert.

Zürich. 24. Mai 1927. Dienstag

Mit Wilma und Max bei Hug Grammophonplatten gekauft. Abends in das Gastspiel des Moskauer Künstlertheaters (Prager Gruppe) im Schauspielhaus. Sie gaben Szenen aus Dickens' ›Der Lebenskampf‹. Außerordentlich das Zusammenspiel, die natürliche Gruppenbildung, das Tempo. Aber das Haus war bedauerlicherweise fast leer.

Genau heute vor einem Jahr abends bin ich aus Berlin nach Paris abgefahren; es sollte ein ganz kurzer Aufenthalt in Paris werden. Statt dessen bin ich ein ganzes Jahr durch Krankheit und Rekonvaleszenz aus Deutschland, wohin ich morgen zurückfahre, ferngehalten worden. Fast wäre ich gar nicht zurückgekehrt!

Zürich–Frankfurt. 25. Mai 1927. Mittwoch

Heute bin ich nach genau einem Jahr nach Deutschland zurückgekehrt. Um zwei aus Zürich fort, bei Basel über die Grenze. In Freiburg fiel mir sowohl wie Max die Häßlichkeit der Menschen, die sich an den Zug drängten, auf. Auch häßlicher, grauer, kalter Tag. Keine angenehme Rückkehr in die Heimat, sondern ein Gefühl des Fröstelns, physisch und ästhetisch.

Leipzig. 26. Mai 1927. Donnerstag

Früh an in Leipzig mit Max. Im ›Astoria‹ abgestiegen. Vormittags in die in der Vorbereitung begriffene Buchkunst-Ausstellung. Das ganze Parterre des Museums ist ausgeräumt und für die Ausstellung zur Verfügung gestellt. Mir haben sie den Mittelplatz im Ehrensaal angewiesen, was recht schmeichelhaft ist. Aber die Vitrine sah noch bös aus. Auch konnte ich heute noch nicht die Böcke zum Auflegen meiner Bücher bekommen. Deshalb entschloß ich mich, statt nach Weimar zu fahren, hierzubleiben. Abends mit Max bei Kippenbergs gegessen.

Leipzig. 27. Mai 1927. Freitag

Den ganzen Tag mit Max an der Fertigstellung meiner Vitrine gearbeitet. Zwischendurch die Ausstellung besichtigt. Das unbedingt Interessanteste, Neueste und künstlerisch Wertvollste haben die Sowjetrussen ausgestellt. Ein paar mir bisher gänzlich unbekannte Künstler haben ganz Ausgezeichnetes dort; so Alexander Tychler, Ivan Efimov, Alexej Kravtschenko. Die Ausstellung ist durch die Sowjetregierung zusammengestellt und hergeschickt. Daneben am besten typographisch die Niederländer: de Roos, Enschede, die Typengießerei Tetterode in Amsterdam, deren Erasmus-Type ganz ausgezeichnet ist, ebenso die Typen der Silver-Presse.

Die Engländer haben nicht geschickt ausgestellt: von den wirklich erstklassigen Pressen ist nur die Vale Press (Ricketts) vertreten. Doves Press, Hornby usw. fehlen, dafür viel Mittelgut. Interessant sind die Belgier, namentlich ihre Illustratoren, vor allem Cantri. Recht gut die Tschechoslowaken. Ansätze zu guten Büchern sind auch bei den Polen und Jugoslawen. Auf die negative Seite fallen die Italiener und Franzosen. Den absoluten Tiefpunkt der Ausstellung bilden die französischen Einbände, die zu einer wahren Schreckenskammer zusammengestellt sind. Die Italiener stehen auf dem Nullpunkt; sie zeigen gar nichts, was irgendwie beachtenswert wäre. Ganz gut ist ihre National-Ausgabe von d'Annunzio und ein Druckblatt von Mondadori in Mailand. Die deutsche Abteilung ist eher enttäuschend. Neu und gut ist nur Koch, das heißt seine geschriebenen Wandsprüche, die wirkliches Pathos haben. Sonst drängen sich eine Reihe zweitklassiger Buchkünstler wie Mathéy, Gruner, Steiner-Prag in großen eigenen Kojen gar zu sehr in den Vordergrund, was ihrer wahren Bedeutung für das deutsche Buch gar nicht entspricht. Dadurch ist das Bild der Entwicklung des deutschen guten Buches vollkommen gefälscht. Namentlich, da zum Beispiel der Pan, die Großherzog-Wilhelm-Ernst-Ausgabe, die Insel-Bücherei, der Insel-Verlag als solcher überhaupt fehlen. Niemand könnte aus der Ausstellung entnehmen, welche Rolle der ›Pan‹, die ›Insel‹, die ›Blätter für die Kunst‹ oder Leute wie Peter Behrens, Rudi Schröder, Poeschel, ich selbst bei der Herausbildung eines guten deutschen Buchtypus gespielt haben. Der erzielte und von der Ausstellungsleitung (Steiner-Prag) *gewollte* Eindruck, daß die paar Leipziger Buchkünstler, Mathéy, Gruner, Steiner-Prag usw., die entscheidenden Schritte getan haben, ist eine grobe Täuschung, die eigentlich über das erlaubte Maß hinausgeht. Kippenberg ist daher mit Recht ärgerlich.

Max reiste um acht ab. Kippenbergs und van de Velde, der heute abend aus Brüssel angekommen ist zur Eröffnung der Ausstellung, aßen bei mir im Hotel. Kippenberg äußerte sich sehr unverblümt über die Ausstellung.

Leipzig. 28. Mai 1927. Sonnabend

Eröffnung der Buchkunst-Ausstellung. Feierlicher Akt in der Aula der Universität. Gerhart Hauptmann sprach, launig und gut. Viele auswärtige Vertreter, unter andren Krestinski, der aus Berlin herübergekommen war. Ludwig Stein war auch da und begrüßte mich mit großer Herzlichkeit.

Nach dem Festakt Besuch der Ausstellung und Festessen in der ›Harmonie‹. Kippenberg sagte mir, es sei das allgemeine Urteil, daß ich mit meiner Vitrine den Vogel abgeschossen habe; sie sei die beste in der ganzen deutschen Abteilung. Beim Bankett fiel unangenehm auf die Rede des italienischen Delegierten Bemporad, der taktloserweise ein Loblied auf den Faschismus einflocht. Sehr sympathisch wurde die Rede des Franzosen, Hellen, aufgenommen. Abends war Festvorstellung des ›Biberpelz‹ im Schauspielhaus in Gegenwart von Hauptmann.

Leipzig. 29. Mai 1927. Sonntag

Sammy Fischer und Frau luden mich zum Frühstück im Hotel mit Gerhart Hauptmanns ein. Hauptmann war begeistert von meinem Vergil und schlug mir vor, eine Luxusausgabe seines neu herauskommenden ›Till Eulenspiegel‹ zu drucken; er würde, wie er sagte, großen Wert darauf legen, wenn ich das unternehmen wolle. Allerdings müsse er mich, ehe ich mich dazu entschlösse, in das Werk einführen. Er skizzierte mir gleich einiges, so das große Konzil in Wittenberg, lud mich aber ein, ihn, sei es in Bad Liebenstein, wo er sich gegenwärtig aufhält, oder in Agnetendorf in nächster Zeit zu besuchen, damit er mir den Till vorlesen könne. Dazu brauche er allerdings drei Tage, die ich ihm schenken müsse. Ich sagte im Prinzip zu.

Vorher, am Vormittag, Verhandlung bei Kippenberg über

den Druck von ›Rilkes Briefe an Rodin‹ auf der Cranach-Presse; auch von einem Band früher Prosa von Rilke. Ich schlug vor, die Briefe in meiner Johnston-Kursive und im Aldus-Format als kleinen, sehr preziösen Band zu drucken, was Kippenberg mit Freude annahm. Allerdings ließ er sich wie immer eine Hintertür offen, er müsse erst noch die Erlaubnis des Rodin-Museums einholen.

Abends aß ich bei Kippenbergs mit van de Velde. Bei dieser Gelegenheit den Plan vorgebracht, eine Ausgabe des Petron mit Holzschnitten von Marcus Behmer herauszubringen. Kippenberg nahm die Idee geradezu mit Begeisterung auf und will Behmer einladen, in der nächsten Zeit zu einer Besprechung nach Leipzig zu kommen. Auch möchte er, daß ich den ›Vathek‹ mit Illustrationen von Behmer drucke. Er wiederholte immer wieder, daß meine Ausstellung die beste sei. Auch van de Velde sagte mir dasselbe.

Weimar. 30. Mai 1927. Montag

Nach Weimar zurückgekehrt nach über einem Jahr. Mit van de Velde und Guseck nachmittags hinübergefahren. Das Haus ist in der Zwischenzeit umgebaut, der Garten neu angepflanzt worden. Es war eine große Freude, es wiederzusehen. Abends bei mir mit van de Velde und Guseck gegessen und nachher auf der neuen Gartenterrasse gesessen.

Weimar. 31. Mai 1927. Dienstag

Den ganzen Tag mit van de Velde und Westberg an den Plänen für den weiteren Umbau des Hauses Cranachstraße 15 gearbeitet. Abends nach Tisch lange allgemeines Gespräch mit van de Velde. Von den Russen, deren Ausstellung ich lobte, meinte er: »La Russie *liquide* une situation; elle ne construit pas une nouvelle situation.« Die große Erneuerung der Welt, die sich ankündige, würden wohl andre bringen. Er sprach von seinem Cours de l'Histoire de l'Architecture, den er in Gent hält. Je mehr er sich in die Geschichte der Architektur vertiefe, um so deutlicher erkenne er, daß es immer nur *eine* Architektur gegeben habe, die unter der Hülle der verschiedenen aufeinanderfolgenden Stile immer das gleiche gewollt habe. Voll Bewunderung sprach er aber vor allem von der Gotik.

Bad Liebenstein. 2. Juni 1927. Donnerstag

Van de Velde reiste morgens nach Brüssel zurück. Ich fuhr nachmittags nach Liebenstein zu Hauptmanns. Von Eisenach im Auto durch das grüne, waldreiche Mittelgebirge, immer mit herrlichen Ausblicken auf ferne, zartgeschwungene Gebirgszüge. In Liebenstein empfing mich Hauptmann auf der Freitreppe des ›Kaiserhofs‹ und geleitete mich in mein Zimmer. Gleich nachher gingen wir spazieren; zuerst zur Villa des Augenarztes Wiser, wo seine Frau im Garten auf einem Liegebett mit verbundenen Augen lag, dann in den Park, wo wir Frau Dehmel trafen, die ich seit vielen Jahren nicht gesehen hatte.

Das Gespräch mit Hauptmann wendete sich, anknüpfend an den Meininger, den kleinen Höfen und ihrer Bedeutung für die deutsche Kultur zu. Ich führte aus, daß mir diese mindestens zweifelhaft geworden ist. Der Knick in der deutschen Literatur um 1780, die von der bürgerlichen und sozialen Einstellung Lessings, der ›Räuber‹, des ›Clavigo‹ fortgeführt und zum ›historischen‹ Drama Schillers und zur ›klassischen‹ Epoche Goethes hingeführt habe, sei doch zum großen Teil durch die unumgängliche Rücksicht auf die Gefühle und Gesinnungen des Weimarer Hofes verursacht worden und habe uns um die bürgerliche und politische Dichtung betrogen, auf die wir nach solchen Anfängen Anspruch hatten; dafür seien die historischen Dramen Schillers oder der ›Wilhelm Meister‹ kein voller Ersatz. Hauptmann, dem dieser Gedankengang neu schien, stimmte zu und fügte hinzu, deshalb hätten wir keinen deutschen Roman.

Über Dehmel äußerte er sich mit einer kaum verhüllten Antipathie. Er habe zwei Dinge bei ihm immer peinlich empfunden: seine Eitelkeit und seine Rauhbeinigkeit, die in seiner Dichtung zu ganz geschmacklosen, ja ekelhaften Dingen geführt habe. Er, Hauptmann, habe zwar der Sozialdemokratie nie eigentlich parteimäßig sehr nahegestanden. Aber einmal habe er als junger Mensch einen sozialdemokratischen Ausflug mitgemacht. Dehmel sei auch dabeigewesen. Und als nach dem Mittagessen ein Fangspiel, ›Fanchon‹, gespielt wurde, hätten er und Ledebour mit Verwunderung zugesehen, wie Dehmel sich mit der Dame, die er haschte, jedesmal auf der Erde gewälzt habe. Dehmel habe darin irgendeine Kraftäußerung gesucht. Am Ende des Krieges sei Dehmel einmal zu ihm gekommen und habe ihn um seine Unterschrift unter ein Manifest gebeten, in dem aufgerufen wurde zum Weiterkämpfen nach dem Waffenstillstand. Er, Hauptmann, habe abgelehnt zu unterschreiben, da er die völlige Aussichtslosigkeit eines solchen Unternehmens einsah. Da sei Dehmel aufgestanden und habe, ohne ein Wort zu sagen, das Zimmer verlassen. Auch habe Dehmel es ihm sehr übelgenommen, daß er gleich nach dem Kriege nach der Schweiz gegangen sei und dort einen Vortrag gehalten habe. Dieses Unberechenbare, Plötzliche und Fanatische in Dehmels Wesen sei immer wieder hervorgebrochen.

Später gesellte sich Frau Hauptmann zu uns, und wir gingen plaudernd noch bis acht spazieren. Zum Essen ließ Hauptmann eine ›kalte Ente‹ bereiten und sprach ihr gehörig zu, wie auch nach Tisch zwei Flaschen Sekt.

Er erzählte, er habe die Freude, daß eine von ihm umgearbeitete Version des ›Hamlet‹ von Wiecke in Dresden im Herbst aufgeführt werde. Er habe auf diese Bearbeitung auch schon ein Copyright herausgenommen. Er skizzierte dann seine Änderungen, die den von Abschreibern, wie er meinte, völlig verfälschten vierten und fünften Akt in die ursprünglich von Shakespeare gewollte Gestalt bringen sollen. Ich schlug ihm vor, mir seine Zusätze und Änderungen für meine Hamlet-Ausgabe mit den Craigschen Holzschnitten zu geben; ich würde sie in Rotdruck in den Text beziehungsweise als Anmerkungen einfügen. Er sagte mit großem Elan zu; er bestätigte diese Zusage wiederholt. Er spricht angeregt und gehaltvoll, nach dem Sekt mit etwas schwerer Zunge, und hört gut zu, ist durchaus nicht präpotent oder rechthaberisch. In seinem langen hellgrauen Gehrock (einen Smoking trägt er nicht, weil er ihm nicht stehe) sah er dem Geheimrat von Goethe erstaunlich ähnlich.

Bad Liebenstein. 3. Juni 1927. Freitag

Hauptmann suchte mich um zehn in meinem Zimmer auf und lud mich ein, zu ihm herüberzukommen, um uns ›in die Arbeit zu stürzen‹, das heißt, den ›Till Eulenspiegel‹ vorzunehmen. Er hat einen sehr großen, hübschen Salon, in dem er viele Bücher bibliothekmäßig aufgestellt und alles für seine Arbeit eingerichtet hat. Auch einige große Blumenkörbe standen herum. Er nahm das Manuskript, eine riesige Handschrift, in der die Hexameter in winziger Schrift von einem Abschreiber in zwei Kolumnen geordnet nebeneinanderstehen, von der ersten Zeile an vor und las mir das Vorspiel und die ersten beiden Abenteuer vor; mit leiser Stimme, um sich zu schonen, aber mit meisterhafter Klarheit und Betonung.

Er sagte, er habe zwar den Hexameter zur Grundlage genommen, sich auch an dessen Skandierung gehalten, aber eigentlich sei der Vers des ›Till‹ etwas Eigenes, Neues. Dies bestätigte sich auch, als er vorlas. Nichts von der festen, starren Versform des Goetheschen Hexameters ist übriggeblieben. Die Verse, namentlich des Vorspiels, das er erst vor kurzem gedichtet hat, klangen, wie er sie vorlas und gliederte, mehr wie rhythmische Prosa und erinnerten stellenweise an Hölderlins Hyperion-Rhythmen oder Hymnen. Der Effekt ist reich und voller Abwechslung, so daß ich eigentlich befürchte, daß beim Lesen für das Auge die strenge Form des Hexameters etwas irreführend wirken wird. Er hat als großer Sprachkünstler, der er ist, aus der deutschen Sprache die ihr eigenen Rhythmen herausgeholt und zu etwas dem Hexameter Ähnlichem zusammengefügt. Er sagte aber, der Hexameter sei ihm nicht etwas Zufälliges, Gleichgültiges, sondern ein für dieses Werk notwendiges Instrument gewesen, das allein ihn auf gewisse Dinge gebracht habe. Meine

Betonung der Eigenartigkeit seines Verses und die Bemerkung, daß er wie rhythmische Prosa klänge, schienen ihm nicht ganz sympathisch; ich glaubte einen Schatten in seiner Stimmung zu bemerken.

Bei den ersten beiden Abenteuern unterbrach er sich wiederholt und brummte, dieses oder jenes sei ›viel zu lang‹, übersprang auch manches und erklärte mir, dies seien die ersten Anfänge des ›Till‹ gewesen, wo ihn der Stoff noch so beschäftigt habe, daß er nicht genug auf die Form geachtet habe. Aber das sei die Arbeit dieses Sommers für ihn, diese älteren Teile zu reinigen und in die richtige Form zu bringen; das werde er auf den Fahnen machen, wie er es bei jedem seiner Werke gehalten habe. Mein Eindruck war entschieden dem Werk günstig, das möglicherweise Hauptmanns ›Faust‹ werden wird und, wie mir scheint, neben dem ›Quint‹ sein bedeutendstes und tiefstes Werk.

Mit Hauptmanns gefrühstückt. Nachmittags Konsultation für mein Auge beim Augenarzt Grafen Wiser. Er meinte, die Sache sei nicht schlimm; er könne mich, wie er glaube, in absehbarer Zeit kurieren, wenn ich seine Brillen trüge. Bei ihm Frau Dehmel und Frau Hauptmann getroffen, die beide seine Patientinnen sind. Als ich mit Frau Hauptmann gegen halb sieben nach dem Hotel ging, kam uns Gerhart Hauptmann etwas blaß und ›défait‹ entgegen und sagte, er habe heute nachmittag geglaubt, er müsse sterben; plötzlich habe er solche Schmerzen im Magen und Blähungen bekommen, daß er das Gefühl gehabt habe, er werde platzen. Er habe Abführmittel, Zäpfchen usw. verwendet, aber nichts habe geholfen; anderthalb Stunden lang habe er die gräßlichsten Schmerzen gehabt. Jetzt sei ihm aber wieder wohl.

Inzwischen trat Sigmund Feldmann, der bei Hauptmanns zu Besuch angekommen ist, aus dem Hotel, und er, Hauptmann und ich blieben im Hotelgarten allein. Ein junges Ding von siebzehn Jahren, schlank und blond, schwebte vorüber, und Hauptmann vergaß ganz seine Todesangst. »Ob ich mich doch noch einmal verlieben soll? Ich hätte dazu fast Lust. Aber das

Drum und Dran ist so peinlich; sich von einem Menschen trennen, mit dem man durch die Jahre fast zu eins zusammengewachsen ist, um einem jungen, unbekannten Menschen zu folgen . . . Nein, lieber nicht.« Aber er verfolgte das junge Mädchen etwas wehmütig mit den Augen, bis die ahnungslose Frau Hauptmann aus dem Hotel wieder herankam. Worauf wir alle vier einen Spaziergang machten durch das Dorf und bis an den Waldrand dahinter.

Wir gingen am Waldsaum in einer echt Grimmschen Märchenlandschaft, der tiefe Wald, die langgezogenen, schön geschwungenen Hügel, die blaue Ferne, eine fast unwahrscheinliche deutsche Romantik. Und richtig kamen uns aus dem Walde vier Grimmsche Märchenkindchen entgegen, kleine blonde Wesen von drei bis fünf Jahren, von denen das jüngste, ein bildhübscher kleiner Junge mit Augen wie blaue Gebirgsseen, von den drei andren, älteren auf einem Wägelchen gefahren wurde. Das Bild war so reizend in der märchenhaften Landschaft, daß wir stehenblieben und die Kleinen anredeten und nach ihren Namen frugen. Der erste, ältere Junge (etwa fünfjährig) sagte, er heiße Siegfried, sein kleiner Bruder auf dem Wägelchen Wilfried, der kleine Freund dahinter nannte seinen Namen: Gerhard, was Hauptmann sehr belustigte: er schien einen Augenblick zu argwöhnen, der Kleine habe ihm nur ein Kompliment machen wollen, beugte sich nieder und streichelte ihn. Dann lief und fuhr die kleine Gesellschaft weiter dem Dorfe zu.

Ich brachte die Rede wieder auf Hauptmanns Bearbeitung des ›Hamlet‹. Er bezeichnete als den Kernpunkt, daß er den Aufstand gegen den König nicht auf Laertes, sondern auf Hamlet zurückführt. Nicht Laertes, sondern Hamlet sagt die Worte: ›Du schnöder König, gib mir meinen Vater wieder.‹ Hamlet hat sich mit Fortinbras verbündet und kommt mit diesem zurück, um seinen Vater zu rächen und sein Erbe zurückzuerobern. Erst dadurch würden die beiden letzten Akte verständlich. Auch werde Hamlet von dem Anschein befreit, daß er bloß ein schlapper Zauderer und Räsoneur sei. Goethe sei dieser Vertauschung der Rollen zwischen Laertes und Hamlet bereits nahegekommen, habe aber nicht die letzte Konsequenz gezogen. Ich war von Hauptmanns Argumenten stark beeindruckt. Ich glaube, er kann recht haben. Jedenfalls bot ich ihm an, bei meinem Hamlet-Druck seine Änderungsanregungen in Rotdruck zu bringen, was er mit Dank annahm.

Für seinen ›Till‹ schlug ich ihm vor, die Hexameter nicht als Verse, sondern fortlaufend wie Prosa zu drucken, wie Schröders Hexameter in meinem Vergil, nur mit dem Zeichen am Schluß jeder Zeile, die den Hexameter kenntlich macht. Hauptmann schien den Gedanken erwägenswert zu finden und sagte, er wolle ihn sich durch den Kopf gehen lassen.

Abends aß Feldmann mit uns. Die Rede kam auf Fritz von Unruhs Nike-Buch. Hauptmann war zuerst zurückhaltend, ging dann aber immer mehr aus sich heraus, verurteilte scharf die Indiskretionen des Buches, meinte aber, wenn man sich diese wegdenke, sei es doch ein sehr bemerkenswertes Werk. Ganz meine Ansicht.

Bad Liebenstein. 4. Juni 1927. Sonnabend

Um zehn Uhr früh wieder bei Hauptmann in seinem großen Arbeitszimmer im Hotel. Er setzte die Vorlesung des ›Till‹ dort fort, wo er gestern aufgehört hatte, bei dem Abenteuer mit dem erschossenen Angler und dem jungen Soldaten, beginnend mit der Szene nachts, wo der junge Soldat, der den Angler erschossen hat, an Tills Lagerfeuer kommt. Ich war tief erschüttert von dieser Szene.

Bei Frau Dehmel in ihrem Hotel, ›Herzog Bernhard‹, gefrühstückt. Sie erzählte, daß sie und die drei Kinder von Dehmel noch immer ganz bequem von den Einnahmen seiner Werke leben könnten. Über Dehmels politische Stellung nach Ende des Krieges sagte sie zu meiner Überraschung, er sei ganz links eingestellt gewesen; er habe kommunistisch gewählt, korrigierte dieses dann aber dahin, er sei wohl ›unabhängig‹ gewesen. Dieses trotz seines Aufrufs zum Kampf bis zum Äußersten. Er habe eben die Unterschrift unter den Frieden von Versailles für einen Fehler gehalten.

Nachmittags setzte Hauptmann seine Vorlesung des ›Till‹ fort. Er las die Szenen auf dem Schloß in Sibyllenort beim König von Sachsen und Eulenspiegels Höllenfahrt. Bei der Stelle, wo Eulenspiegel sich das Blut auf dem Marktplatz von Lauban abwischt, sich vom Rot reinigt, bemerkte er, alles im ›Eulenspiegel‹ habe ›einen doppelten Boden‹.

Nachmittags kam Tesdorpf, das Urbild des Till, mit seiner Frau aus Köln hergefahren. Tesdorpf ist ein großer, ziemlich schlanker Mensch, Mitte der Dreißig, nicht hübsch, aber mit blendend weißen Zähnen und einem fast ständigen lustigen Lächeln. Er und Hauptmann duzen sich, und Frau Hauptmann nennt ihn ›ihren fünften Sohn‹. Er war Fliegerleutnant im Kriege, ist jetzt Vertreter einer großen englischen Firma, hat keinen festen Wohnsitz, sondern fährt ständig in seinem Auto in Deutschland herum, um die Vertreter seiner Firma zu kontrollieren. Sein Plan, sagte er, sei, sobald er genug Geld habe, einen Zweimast-Schoner zu kaufen und mit seiner Frau und einem einzigen Mann Bemannung ganz auf diesem Schoner zu leben. Im Winter in irgendeinem Hafen des Mittelmeers, in der guten Jahreszeit auf dem Meer herumschweifend, nie irgendwo zu Hause.

Abends gaben Hauptmanns ein Diner, zu dem sie außer Tesdorpfs, Feldmann und mir noch Frau Dehmel und Miß James, die Gesellschafterin einer Prinzessin Schönburg, eingeladen hatten, eine rührend magere und blonde alte englische Miß, die seit über vierzig Jahren in Deutschland lebt, aber noch immer schlecht Deutsch spricht. Nachher kamen Kanitz, der frühere Landwirtschaftsminister, und seine Schwester, die Gräfin Wiser. Hauptmann war sehr lustig und nicht zu Bett zu bekommen. Er meinte, nur so bleibe man jung, indem man mitmache und sich nicht schone. Er trank viel, blieb aber vollkommen nüchtern und klar.

Bad Liebenstein. 5. Juni 1927. Pfingstsonntag

Morgens setzte Hauptmann seine Vorlesung des ›Till‹ fort, und nachmittags las er mir wieder von viereinhalb bis siebeneinviertel vor; für beide Teile eine ziemlich große Anstrengung. Morgens die Episode des Strolches und verkommenen Pfarrers Nasa; eine äußerst saftige, vollblütige Figur. Nachmittags der Dom und das Konzil in Wittenberg. Hauptmann selbst sagte, diese sei viel zu lang, er werde sie stark zusammenstreichen. Überhaupt habe diese Vorlesung ihm sehr genützt. Er sehe jetzt genau, was noch zu machen sei, wo das Werk noch gereinigt und gefeilt werden müsse.

Abends wieder ziemlich großer Tisch mit Hauptmanns. Tesdorpfs, Dr. Feldmann, nachher Kanitz und seine Schwester, die Gräfin Wiser. Es wurde spät, und ich ging um zwölf, während Hauptmann noch als blauäugiger, weißhaariger Olympier vierschrötig auf seinem Sessel blieb.

Bad Liebenstein. 6. Juni 1927. Pfingstmontag

Vormittags las mir Hauptmann den Schluß des ›Till‹ vor, die letzten Abenteuer nach dem Konzil, Baubo, Cheiron und Eulenspiegels Tod. Ich sagte ihm, ich vermißte am Schluß Eulenspiegels Lachen, sein Lachen auch über den Tod und die letzten Dinge. Eigentlich müßte sich Eulenspiegel buchstäblich ›totlachen‹. Hauptmann sagte, das sei unbedingt richtig; er hätte das auch schon geplant, aber zunächst wieder fallengelassen; suchte in seinen Notizen und las mir daraus die Stelle vor. Dann fragte er, ob ich gemerkt hätte, welche Figur in die des Admetos hineinspiele. Ich blieb die Antwort schuldig. Er sagte: Goethe; er habe das auch durch die ›seligen Knaben‹ andeuten wollen.

Wir besprachen dann noch den Druck auf meiner Presse, wobei Hauptmann äußerte, der ›Eulenspiegel‹ werde noch um ein knappes Viertel gekürzt werden. Er wolle mir sagen, daß die Vorlesung auch ihm von großem Nutzen gewesen sei, weil er gemerkt habe, wo Längen oder Wiederholungen seien.

Dann verabschiedeten wir uns. Hauptmanns fuhren mit Kanitz und Wiecke zu einem von Wiser veranstalteten Picknick, das ich abgesagt hatte, weil ich bei der eisigen Witterung und dem Regen keinen Schnupfen riskieren wollte. Ich fuhr um zwei nach Weimar zurück, wo ich abends um sieben eintraf.

Weimar. 9. Juni 1927. Donnerstag

Kippenberg, der zur Goethe-Tagung in Weimar ist, bei mir gefrühstückt. Verlags-Angelegenheiten besprochen, Druck der Rilke-Briefe, des Rilke-Prosabandes, ›Till Eulenspiegel‹, ›Hamlet‹, vielleicht eine Novelle ›Agnes‹ mit einer Einleitung von Paul Valéry.

Weimar. 11. Juni 1927. Sonnabend

Vormittags in die Goethe-Tagung im Theater, wo Wundt redete über die Wirkung von Goethes Persönlichkeit. Seine nicht sehr tiefe Rede verstärkte aber doch in mir die Zweifel am Wert der ›deutschen Weltanschauung‹ und ›deutschen Philosophie‹, die schließlich mit ihrem übersteigerten Individualismus, Historismus, Nationalismus, mit der Überbewertung des Organischen gegenüber dem Vernünftigen zum Weltkrieg und zu allem Elend und Barbarismus unserer Zeit geführt haben. Wundt natürlich sonnte sich im ungetrübten Licht dieser Weltanschauung!

Berlin. 14. Juni 1927. Dienstag

Diner bei Sammy Fischers mit Gerhart Hauptmanns, Einsteins, Hugo Simons, Jessner, dem Ehepaar Kerr, dem Staatssekretär Hirsch usw. Nach Tisch Gespräch mit Hauptmann und Einstein, das von meinem Brief an Hauptmann ausging. Hauptmann sagte, er habe die Anregung mit der Sterbeszene dankbar aufgenommen. Er werde den Tod Eulenspiegels unbedingt hinzufügen. Allerdings sei er über das Wie noch nicht ganz im klaren; er habe verschiedene Gestaltungen im Auge. Meine Anregung, daß Eulenspiegel sich über ›die letzten Dinge‹, die ihm Cheiron eben gezeigt hat, ›totlachen‹ solle, bezeichnete er als ›sehr kühn‹ Einstein gegenüber.

Ich weiß nicht, wie das Gespräch dann auf Astrologie kam. Hauptmann nahm diese Einstein gegenüber in Schutz oder, richtiger, fragte Einstein, was er davon halte, offenbar in der Erwartung, daß Einstein ihr doch irgendeine Bedeutung beimessen werde. Aber Einstein lehnte sie absolut und so schroff, wie bei seiner konzilianten Natur denkbar, ab. Das kopernikanische System habe endgültig mit der anthropozentrischen Anschauung, wonach sich der ganze Himmel um die Erde und die Menschheit drehe, aufgeräumt. Das sei wohl der stärkste Stoß, den die Weltanschauung des Menschen überhaupt jemals erhalten habe. Die Erde sei dadurch sozusagen provinzialisiert worden, nur noch ›Provinz‹, statt Haupt- und Mittelpunkt zu sein, geworden. Damit sei auch die Passion Christi, die Kreuzigung, in ganz neues Licht gerückt.

Hauptmann verharrte bei der Astrologie. Nächstens werde Einstein ein Buch von Johannes Schlaf bekommen, das nachweise, daß das ganze kopernikanische System falsch sei (etwas lächelnd sagte das Hauptmann): Na, wenn das auch, objektiv betrachtet, vielleicht Unsinn sei, so müsse man doch zugeben, daß die Phantasie in der Gestaltung unserer Weltanschauung auch eine Rolle spiele, daß dieser subjektive Faktor sich nicht ganz ausschalten lasse. So auch das Wort; die Formulierung irgendeiner Anschauung in Worten verleihe ihr ein Rückgrat, eine Festigkeit.

Einstein: Gewiß; er lese gerade Lévy-Bruhls Buch über primitives Denken, Dämonen überall. Wahrscheinlich sei der Glaube an die Einwirkung von Dämonen überhaupt die Wurzel unseres Kausalbegriffs. (Er wollte offenbar damit sagen, der Weg sei vom Dämonenglauben zur Astrologie [Einwirkung der Gestirne] und von dieser über das kopernikanische Weltsystem zur rein kausal-mechanischen Naturanschauung gegangen.)

Kerr, der mit seiner vulgären kleinen Frau dabeisaß, unterbrach immer wieder das Gespräch mit Witzeleien, die geistreich sein sollten, aber nicht einmal komisch waren; besonders machte er sich über den lieben Gott lustig. Ich versuchte ihn zur Ruhe zu bringen und sagte dabei, er solle doch Einstein nicht unnötig verletzen, der tief gläubig sei. »Was«, sagte Kerr, »nicht möglich! Da muß ich ihn doch gleich mal fragen. Also, lieber Professor, Sie sollen tief religiös sein?« Mit großer Würde und Gelassenheit antwortete Einstein: »Gewiß, wie man es nehmen will. Wenn man mit unseren beschränkten Mitteln in die Natur einzudringen versucht, so findet man hinter allen für uns noch erkennbaren Zusammenhängen etwas ganz Feines, Ungreifbares, Unerklärliches; die Ehrfurcht vor diesem jenseits des für uns Greifbaren Waltenden ist meine Religion; insofern bin ich in der Tat religiös.« Vorher hatte er auf meine Äußerung, daß seine Entdeckungen ähnlich umwälzend wie die des Tycho Brahe und Kopernikus auf unsere Weltanschauung gewirkt hätten, abwehrend und sehr bestimmt, ja etwas gereizt geantwortet: »Meine Erkenntnisse *sind* gar nicht so umwälzend!«

Hauptmann sagte mir beim Essen über den Tisch weg, als ich seine Ähnlichkeit mit Goethe streifte: »Ja, ich bin ja auch ein Sohn von Goethe.« Auf meine etwas verwunderte Frage: »Wie soll ich das verstehen?« milderte er es allerdings dahin, er sei vom gleichen Stamme. Auch mit Alexander von Humboldt bestehe diese Blutsverwandtschaft. Benvenuto (sein Sohn) habe einmal, als er vier Jahre alt war und von seiner Bonne an der Berliner Universität vorbeigeführt wurde, auf die Sitzfigur Alexander von Humboldts hingezeigt und gesagt: »Da sitzt ja Pappi!« Diese enge Verwandtschaft mit Goethe und Alexander von Humboldt scheint bei Hauptmann eine Art von mystischem Glaubenssatz geworden zu sein.

Berlin. 19. Juni 1927. Sonntag

Vormittags besuchte mich Marcus Behmer, um den ›Petron‹, den ich von ihm illustrieren lassen will, zu besprechen. Erste Besprechung, nach einem ziemlich eingehenden Briefwechsel darüber. Da er mir schrieb, daß er wieder viele Akte in der freien Natur sehen müsse, um Figuren gut zeichnen zu können, riet ich ihm, nach Phaleron bei Athen zu gehen, wo Tausende von

Knaben den ganzen Tag nackt am Strand herumlaufen. Er schien von der Idee begeistert, bemerkte jedoch: »Aber wie mache ich es mit den weiblichen Akten, die man im ›Petron‹ doch auch nicht ganz vermeiden kann. Ich kann keine weiblichen Akte zeichnen; sie sagen mir nichts.« Nebenbei bemerkte er auch, daß ihm Plastik nichts sage. Er muß vor dem ›Petron‹ für Kippenberg ein ›Rumpelstilzchen‹ und den›Vathek‹ machen, so daß wir übereinkamen, daß er erst im nächsten Mai nach Phaleron gehen und die Vorarbeiten zum ›Petron‹ aufnehmen soll. Er ist äußerlich ein ungeheuer dicker, weichlich aufgedunsener Kerl mit einem femininen Schimmer.

Baden-Baden. 3. Juli 1927. Sonntag

Früh aus Frankfurt fort nach Baden-Baden über Mainz, Worms und Speyer. Wir aßen in Speyer im ›Wittelsbacher Hof‹ im Saal, wo 1924 drei Separatistenführer, Heinz-Orbis und zwei Begleiter, ermordet worden sind. Eine der Kugeln, die sie niederstreckten, steckt noch in der Holzverkleidung. Der Oberkellner, der uns bediente, war bei der Ermordung im Saal zugegen und schilderte uns die Szene, die an die grausigsten der Französischen Revolution erinnert. Die drei Separatisten am Tisch zechend. Plötzlich treten ein paar junge Leute ein mit den Worten: »Hände hoch! Es gilt nur Heinz-Orbis und seinen Gesellen, die andern haben nichts zu befürchten!«, und schon knallen die Schüsse, die drei Separatisten liegen tot auf dem Boden, einer der Mörder dreht das Licht aus, sagt: »Eine Viertelstunde noch bleibt jeder hier im Saal; wer hinausgeht, wird erschossen«, und dann verschwinden die Mörder spurlos in die Nacht hinaus.

Zürich. 5. Juli 1927. Dienstag

Vormittags im Auto mit Max von Basel nach Zürich. Heute vor einem Jahr war die Krisis in meiner Krankheit; der Temperatursturz und Kollaps, aus dem ich nur durch ein Wunder wieder aufgewacht bin.

In Zürich Wyss besucht. Kokoschka-Ausstellung. Sein Talent

besteht im Erfassen des Feinsten und Zartesten des menschlichen Ausdrucks, namentlich in Augen, Mund, Händen. Das umkleidet und markiert er aber mit einer durch nichts damit zusammenhängenden Knotigkeit und Brutalität.

Sils Maria. 7. Juli 1927. Donnerstag

Nietzsche-Haus und Nietzsche-Gedenkstein; beide so, wie man sie sich nur wünschen könnte. Das kleine, bescheidene Häuschen stand offen, wir gingen von Zimmer zu Zimmer und durch das ganze Haus, ohne jemanden zu sehen. Es ist wohl vermietet und harrt der Sommergäste, die noch nicht angekommen sind. Der Nietzsche-Stein am See auf Chasté mit der Zarathustra-Stelle ›Tief ist die Mitternacht . . .‹ war verklärt vom Rauschen der Baumwipfel und der Wellen, die ans Ufer schlugen; ringsherum Wald und blühende Wiesen und die erhabene, großartig-herbe Zarathustra-Landschaft.

Frau Förster geschrieben und Edelweiß aus den Zarathustra-Bergen geschickt.

Chur. 15. Juli 1927. Freitag

Im Dom stieß ich auf das Grab oder richtiger die Grabplatte von Jürg Jenatsch, die jetzt an der Wand aufgestellt ist: GEORGIUS JENACIUS, eine Inschrift und ein grobes, in Stein gehauenes Wappen. Das veranlaßte mich, Conrad Ferdinand Meyers ›Jürg Jenatsch‹ in einer Buchhandlung zu kaufen und zu lesen.

Zu meiner Überraschung entdeckte ich ein ganz großes Buch. Vielleicht kann es erst unsere Zeit, können erst wir, die wir Weltkrieg und Revolution erlebt haben, seine ganze Tiefe und Wahrheit erkennen. Jeder Nationalist und Fememörder müßte gezwungen werden, es zu lesen, damit er sein eigenes Antlitz im Spiegel sehe. Mit leidenschaftlicher Glut hat Conrad Ferdinand Meyer hier für alle Ewigkeit avant la lettre, aber erschreckend wahr das Gesicht des ›nichts als Nationalisten‹ in Erz geätzt.

Jürg Jenatsch ist ein Ungeheuer, aber ein Monstrum, das seiner Zeit weit voraus ist, dessen Nachkommenschaft im neunzehnten und zwanzigsten Jahrhundert die Welt beherrschen sollte. Der Gegensatz Jenatsch (fanatischer Nationalist) und Rohan (Ehren- und Friedensmensch) ist der, der heute, und gerade heute, den Weltlauf formt. Es ist geradezu unheimlich, wie Meyer in diesen beiden Figuren alles zusammengefaßt und gestaltet hat, was uns heute bewegt und tief aufwühlt. Hätte er nichts andres geschrieben, er würde einen Platz für sich einnehmen als einziger großer politischer Dichter deutscher Sprache. In der Figur von Jenatsch, ihrer gigantischen Unbedenklichkeit, ihrem verbrecherischen guten Gewissen, ihrem fanatischen Machtwillen, ist der Typ vorweggenommen und vollkommen rund und tief hingestellt, der den Weltkrieg geboren hat; nur daß die eigentlichen Akteure des Weltkriegs viel kleiner, spießiger, talentloser waren, degenerierte Exemplare dieser Drachenbrut.

Bei Rohan scheint Meyer von ferne an Napoleon III. gedacht zu haben, bei Jenatsch vielleicht ein wenig an Bismarck. Aber ist dieser Typ des ›nichts als Patrioten‹ wirklich hier in Graubünden geboren worden, haben wirklich die grauen Felskolosse dieser Berge diesen Drachen auf die Welt losgelassen? Um das zu beantworten, müßte man Geschichte und Charakter des wirklichen Jürg Jenatsch kennen. War schon er wirklich, wie Meyer ihn schildert, der Mann mit dem robusten Gewissen zu jedem Verrat und jedem Verbrechen im Interesse nicht seines Königs, nicht seiner Religion, nicht seiner eigenen Person, sondern im Interesse seines Vaterlandes und seines Volkes? Ein Geschöpf der kalvinistischen Demokratie.

San Bernardino. 20. Juli 1927. Mittwoch

Vormittags langen Spaziergang hinauf in der Richtung des Monte Uccello. Nachher Feuchtwangers ›Jud Süß‹ zu Ende gelesen. Von andrem Niveau als der ›Jürg Jenatsch‹, aber doch ein sehr bemerkenswertes Buch. Die Figur des Juden selbst ist groß und tief gesehen, rund und mit allen Licht- und Schattenseiten des großen jüdischen Strebens.

San Bernardino. 21. Juli 1927. Donnerstag

Der Basler Maler Pellegrini besuchte mich vormittags und lud mich zum Nachmittag zu einem Bocciaspiel mit dem Chefredakteur der ›Basler Nachrichten‹ Oeri ein. Er erzählte, er bereite eine Rechtfertigung Hodlers vor. Die Vorwürfe, die gegen ihn im Kriege erhoben worden seien, seien ungerecht; in das Schriftstück, das man ihn unterschreiben ließ, seien nachträglich, ohne sein Wissen, die verfänglichen Sätze hineingesetzt worden. Ich sagte, heute sei die Sache doch längst verjährt und vergessen. Pellegrini: Nein, durchaus nicht; er habe in München im Glaspalast eine Hodler-Ausstellung veranstalten wollen; man habe aber abgewinkt, man könne das nicht riskieren, die Stimmung gegen Hodler sei noch zu stark.

Abends saß ich wieder mit Dürr und Willes bei Minghetti zusammen. Dürr entwickelte sehr einleuchtend und fesselnd die Anschauung, daß Conrad Ferdinand Meyer, Jacob Burckhardt, Gottfried Keller, Bachofen, Jeremias Gotthelf, Nietzsche, Gobineau, alle die großen Geister, die um die Mitte des neunzehnten Jahrhunderts in der Schweiz gewirkt haben (Gobineau war Gesandtschaftsrat in Bern), durch das Schauspiel, das ihnen der Sieg der schweizerischen Demokratie bot, in eine Abwehrstellung gegen die Demokratie hineingedrängt und zur aristokratischen Weltanschauung bekehrt worden seien. 1831 habe in der Schweiz ein kulturfeindlicher Nivellierungsprozeß eingesetzt, der bis etwa 1875 fortdauerte und bei allen diesen Männern in verschiedenen Mischungen Abscheu, Furcht, Haß, Verachtung hervorrief. Es sei der halbgebildete Kleinbürger, der seine Halbbildung für Kultur hielt, an die Macht gelangt und habe namentlich in Basel und Genf, aber auch in Zürich und andren Kantonen die alten, hochkultivierten aristokratischen Patrizier-Geschlechter beiseite geschoben. Die Schweiz habe in diesen Jahren die Entwicklung von ganz Europa vorweggenommen. Auch seien in den verschiedenen Kantonen auf demokratischer Grundlage vielfach kleine Tyrannen, kleine ›Mussolinis‹ auferstanden, Fazy in Genf, Escher in Zürich usw., die ein hartes, rücksichtsloses Regiment im Interesse der kleinen Bourgeoisie geführt hätten. Seitdem sei die Schweiz konservativ geworden.

Ich sagte: trotzdem sei ich der Ansicht, daß Europa und insbesondere Deutschland nur auf der Basis der Demokratie weiterleben könnten; man müsse Mittel und Wege finden, ihre Schwächen und Schäden zu mindern. Dürr stimmte dem bei und meinte, die beiden Heilmittel seien Hebung des Wohlstandes der breiten Schichten und Vertiefung ihrer Kultur.

Für mich war nun auch von großem Interesse, die Wurzeln der Nietzscheschen ›Übermenschen‹-Vorstellung und feindlichen Einstellung zur Demokratie bloßgelegt zu bekommen; daß sie nicht rein ideellen Ursprungs sind, sondern der Niederschlag von politischen Erlebnissen und parteipolitischen Stimmungen, die von seiner schweizerischen Umgebung und wohl besonders von Jacob Burckhardt ihm übermittelt wurden.

Bemerkenswert schien mir die Einstellung dieses sehr typischen Schweizers zum italienischen Faschismus. Nur Pellegrini, der Künstler, trat für ihn ein, fand, daß er doch im ganzen gut sei. Wille meinte, vielleicht sei es für Italien vorteilhaft, wenn er noch einige Jahre das Volk in seine Zucht nehme. Oeri und Dürr lehnten ihn ab. Oeri, weil er die Geistesfreiheit unterdrücke. Dürr sagte: er fürchte, daß er das Beste, was am italienischen Volk sei, verderben werde. Das italienische Volk sei durch eine vieltausendjährige Erfahrung feige geworden. Der Faschismus versuche auf diese Feigheit von außen einen künstlichen Heroismus zu pfropfen; das werde mißlingen. Aber der Versuch werde die besten Eigenschaften des Italieners, seine Naivität, seine Liebenswürdigkeit, seine Urbanität, seine Feinheit, zerstören.

Ich mußte gegenüber Pellegrini und Wille wieder gegen den törichten Mythus ankämpfen, daß Mussolini den italienischen Eisenbahnen und der italienischen Post Ordnung beigebracht habe. Oeri, der mit bei der Genua-Konferenz 1922 unter Facta, *vor* Mussolini, in Genua war, bestätigte mir, daß schon damals die Eisenbahnen in Italien genauso pünktlich gewesen seien wie heute; und die italienische Post ist heute ebenso unzuverlässig wie je. Alles in allem schien die Stimmung, trotz des spießigen schweizerischen Konservativismus, für Mussolini eher unfreundlich. Man empfindet ihn vor allen Dingen als eine Gefahr für die europäische Befriedung, wenn nicht für den europäischen Frieden.

Berlin. 31. Juli 1927. Sonntag

In den letzten Tagen mehrere Stücke des Plautus im Original gelesen. Ich kannte ihn nicht. Erstaunt über die Frische, Schlagkraft, Knappheit, Formsicherheit des Dialogs sowie über dessen Witz, Phantasie, Farbigkeit, Modulationsreichtum. Am meisten überraschte mich die ›Asinaria‹. In ihr paaren sich eine dämonische Verworfenheit mit einer wütenden Verhöhnung der Oberschicht, der Bourgeoisie, des Herrenstandes, die wie das Grollen eines nahenden sozialen Gewitters klingt, in der man schon Spartakus vorausspürt. Nirgends in der antiken Literatur entsinne ich mich eines so beißenden Geruchs nach Sklavenschweiß und Galle.

Berlin. 3. August 1927. Mittwoch

Kippenberg besuchte mich morgens überraschend und aß abends bei mir. Er floß über von Begeisterung für die neueste französische Literatur: Maurois (Ariel), Morand (Buddha vivant), Mauriac, Valéry usw. Ihnen gelinge, was das intellektuelle Publikum heute suche, was unsere Schriftsteller aber nicht könnten, ›die Durchgeistigung der Wirklichkeit‹. Er will in großem Umfange Übersetzungen dieser neuesten Franzosen herausbringen und telephonierte von mir aus an Roland de Margerie, den er um Rat und Beistand bitten wollte. Abends erzählte er, daß er mit Margerie verabredet habe, dieser solle ihn immer sofort auf jede bemerkenswerte französische Neuerscheinung aufmerksam machen. Nebenbei bemerkte er, daß die alten Klassiker, wie Balzac, Dostojewskij, selbst Goethe, jetzt ›tot‹ seien;

kein Mensch kaufe mehr Goethe. Seinen Dostojewskij habe er, bis auf die ›Brüder Karamasow‹, die noch gingen, verramschen müssen. Auch Rowohlt habe seinen Balzac ›verramscht‹. Am überraschendsten war mir gerade von Kippenberg, dem Goethe-Enthusiasten, das Zugeständnis, daß Goethe nicht mehr geht.

Er kam dann auf Rilke und schlug mir vor, auf der Cranachpresse eine Gesamtausgabe von Rilke in fünf bis sechs Bänden zu drucken, in etwa 500 Exemplaren. Diese solle in ihrem Inhalt genau der gewöhnlichen Insel-Ausgabe entsprechen. Dazu sollten aber etwa zwei besondere ›Supplement-Bände‹ kommen mit Werken, die *nicht* in der gewöhnlichen Ausgabe wieder abgedruckt würden.

Berlin. 11. August 1927. Donnerstag

Verfassungstag. Fahrt durch die innere Stadt (Linden, Alexanderplatz, Leipziger Straße usw.). Die Regierungsgebäude alle beflaggt, auch die Omnibusse, Elektrischen, Untergrund, die großen privaten Geschäftshäuser, Warenhäuser, Hotels und Banken meistens nicht oder nicht in den Reichsfarben. An den andren Privathäusern mäßige Beflaggung in Schwarz-Rot-Gold. Aber alles in allem wohl mehr Flaggen als in den früheren Jahren nach Aussage von Guseck usw. Abends im ›Fürstenhof‹ am Potsdamer Platz ließ ich den Direktor kommen und fragte, warum er nicht geflaggt habe? Er erging sich in Beteuerungen, es sei nicht seine Schuld, er habe sich für die Beflaggung eingesetzt, aber durch Beschluß des Aufsichtsrats der ›Hotelgesellschaft‹, der der ›Fürstenhof‹ gehört, sei die Beflaggung in den Reichsfarben am Verfassungstage ausdrücklich untersagt worden. Ich machte ihn auf den schlechten Eindruck aufmerksam und sagte, ich werde einen Beschwerdebrief an die Hoteldirektion richten, da ich mich als alter Gast des Hotels durch ihr Verhalten verletzt fühle. Der Direktor: ich möge das ja tun; ich würde ihm damit helfen, seinen Standpunkt durchzudrücken.

Abends in den amerikanischen Kriegsfilm ›What price Glory?‹, den besten Kriegsfilm, den ich bisher gesehen habe; den einzigen, der den Mut gehabt hat, den Krieg so zu zeigen, wie er wirklich ist, ganz rund, von allen Seiten, ohne irgend etwas zu vertuschen. Bei einzelnen Bildern brach das Publikum in stürmisches Klatschen aus.

Berlin. 14. August 1927. Sonntag

Bilanz des Verfassungstages: mein Eindruck ist, daß einerseits Schwarz-Rot-Gold bei einem wachsenden Teil des Volkes, bis in die Kreise der Deutschen Volkspartei (Rede Kardorffs), als vorläufig unumstößliche Tatsache anerkannt wird; daß aber andrerseits nach wie vor die große Mehrheit der captains of industry, der Finanzgewaltigen, der Beamtenschaft, der Reichswehr, des Richterstandes, der großen und mittleren Grundbesitzer (Junker), der Universitätsprofessoren und Studenten der Republik feindlich gegenübersteht.

Berlin. 15. August 1927. Montag

Wieland Herzfelde, den ich sprach, fragte ich, ob Harry Domela seine sehr gut geschriebenen, zum Teil erschütternden Memoiren, die der Malik-Verlag herausgebracht hat, ganz selbst geschrieben hat. Herzfelde sagte, er selbst und Domelas Rechtsanwalt hätten ihm dabei geholfen; aber das Wesentliche daran stamme doch von Domela selbst.

Berlin. 23. August 1927. Dienstag

Vorige Nacht um Mitternacht sind Sacco und Vanzetti hingerichtet worden. Der Entrüstungssturm in allen Ländern ist beispiellos; eine Massenbewegung wie beim Kriegsausbruch. Obwohl dieses Verbrechen sich von Tausenden, die fortgesetzt von der Gesellschaft unter dem Deckmantel der Zivilisation begangen werden, kaum unterscheidet, so ist es doch gut, daß einmal von Zeit zu Zeit durch irgendeinen zur Sensation sich auswachsenden Skandal die träge Masse fühlt, was fortlaufend an Greueln neben dem Glanz und Kitsch der modernen Kultur und hinter diesem Schleier verborgen sich abspielt.

Das ist das Typische und Historische an solchen durch irgendeinen Zufall ins Bewußtsein und Gefühlsleben der Allgemeinheit eindringenden ›Fällen‹, daß sie das sonst dumpf Hingenommene plötzlich wie einen Dolch in Millionen von Seelen hineinstoßen und diese durch den Schmerz, durch das Mit-Leid zum Erwachen bringen: so der Dreyfus-Fall, der Tod des Giordano Bruno, des Sokrates, die dadurch zu Wendepunkten in der Geschichte geworden sind. Ein solcher Fall im größten Ausmaße und mit unabsehbaren Wirkungen ist die scheußliche Abschlachtung von Sacco und Vanzetti, der wie der Blutfleck der Lady Macbeth untilgbar der amerikanischen Zivilisation im Bewußtsein der Menschheit anhaften wird.

Nachher holte ich Wieland Herzfelde in seinem Verlag zur Fahrt nach Babelsberg zu Becher ab. Ich fand Herzfelde überarbeitet, aber tief erfreut durch den fast beispiellosen Erfolg der Erinnerungen von Harry Domela. Er sagte mir, er habe von dem Buche, das erst am 3. August, also vor drei Wochen, erschienen ist, bereits siebzehntausend Exemplare verkauft.

Becher fanden wir im ›kleinen Schloß‹ im Park von Babelsberg hochherrschaftlich installiert; er sieht sehr wohl und schon stark bürgerlich aus. Vom früheren Heldenjüngling und Morphinisten ist nichts mehr zu sehen, sondern nur ein recht wohlgenährter, breiter, ja schon etwas fetter junger Mann, der mit ruhigen, unbekümmerten Augen durch eine goldene Brille einen anschaut. Auch er fand das Buch von Domela sehr bedeutend. Wir unterhielten uns über die Ursache des gewaltigen Erfolges. Becher meinte sehr richtig, es sei in der Verkleidung einer Sensation ein wirkliches Märchen mit dem uralten Thema des Aufstiegs des Bettlers zum Königssohn. Außerdem sei es glänzend geschrieben, nicht für den Leser oder den Kritiker, sondern, wie jedes gute Märchen, für den Hörer als echte ›Erzählung‹, ohne viel Ballast an Betrachtungen und Stimmungen.

Herzfelde fügte hinzu, er erzähle der Näherin, dem Kleinbürger, dem Arbeiter von *der* Welt und *den* Menschen, von denen sie am liebsten was erfahren, die für sie wie eine Märchenwelt hinter verschlossenen Türen in unerreichbarer Ferne liegt: dem Adel, den Korpsstudenten, der Potsdamer Hofgesellschaft usw. Es sei in der Tat ein modernes Märchen, mit erschütternden und glänzenden Einzelheiten übersät.

Allerdings, meinte Herzfelde, auch er messe sich einen Anteil am Erfolge bei, weil er diesen Erfolg richtig vorbereitet, ›organisiert‹ habe. Aber das ändere nichts an der Tatsache, daß das Buch diesen gewaltigen Erfolg durchaus verdiene und daß seine Wirkung in der Diskreditierung des längst Überlebten, aber irgendwo in der Provinz tot Fortbestehenden voraussichtlich verheerend sein werde. Der Hotelbesitzer Kossenhaschen aus Erfurt sei zu ihm gekommen, habe zuerst versucht, ihm die Publikation, soweit sie ihn betrifft, abzukaufen, dann einen Rechtsanwalt mitgebracht und gedroht, weil alles, was Domela erzähle, geschwindelt sei, schließlich aber beim Sekt unter Tränen zugegeben, alles sei wahr, aber wenn es veröffentlicht werde, sei er in seiner Existenz vernichtet. Schließlich hat Kossenhaschen dann, nachdem er alles durchgelesen hatte, schriftlich bestätigt, daß alles, was Domela von seinem Verkehr mit ihm geschrieben hat, wahr sei. Herzfelde zeigte mir die Urkunde. Ja, es sei noch vieles wahr, was Domela gar nicht erzählt oder bei der Niederschrift vergessen hatte. So eine köstliche Geschichte, wie er mit Kossenhaschen in Erfurt nachts am Kaiser-Wilhelm-Denkmal vorbeikomme und Kossenhaschen, um dem vermeintlichen Prinzen zu schmeicheln, vor dem Denkmal den Hut zieht und sich verbeugt und dabei dem Prinzen mit bewegten Worten seine tiefe Verehrung für ›Wilhelm den Großen‹ bekennt.

Paris. 1. September 1927. Donnerstag

Im Zug vormittags durch das Maastal von Lüttich bis Namur, wo ich 1914 so furchtbare Stunden erlebt habe. Die Brücke, über die ich in Lüttich damals einritt, in Lüttich, das brannte, die andre zwischen Seille und Andenne, über die ich die Haufen aschgrauer Geiseln abführen sah, die lange Chaussee am rechten Maasufer, über die wir von Namur abrückten, eilten wieder an meinen Augen vorbei, und ich versuchte mich in die Ereignisse von 1914 zurückzuversetzen. Aber ich war erstaunt, wie blaß sie geworden sind; wie Gespenster, ganz schwach und unwirklich geistern sie für mich in der festen, unzerstörbaren Wirklichkeit der Landschaft, die geblieben ist, während jene Schrecken und auch die Toten, ach, wie schnell, verflogen sind.

Paris. 2. September 1927. Freitag

Abends aß Jacques bei mir, und wir gingen in den amerikanischen Film ›Ben Hur‹, eine Geschichte für die ›Gartenlaube‹ mit einer widerlichen Mischung von Jesus (einem unsichtbaren, aber als Film-›Deus ex machina‹ von Zeit zu Zeit sentimental eine Hand hineinreckenden Jesus), von Süßlichkeit, falscher Antike und Zirkusattraktionen. Letztere allerdings gut: namentlich ein erstaunliches Wettrennen von Viererzügen.

Paris. 3. September 1927. Sonnabend

Gladkows ›Zement‹ zu Ende gelesen. Ein prachtvolles Buch; ein historischer Roman großen Stils aus der jüngsten Vergangenheit. Kein Buch hat mir eine so sinnlich greifbare Vorstellung der kommunistischen Revolution gegeben wie dieses.

Paris. 4. September 1927. Sonntag

Nachmittags in Marly bei Maillol, den ich seit anderthalb Jahren nicht gesehen hatte. Er sah gesünder und froher aus als 1926. Zeigte Jacques und mir im Atelier seine neuen Arbeiten, vor allem die Vergrößerung einer älteren Statuette von einer Frau, die sich mit beiden Händen das Haar auf dem Kopf zusammendreht; er hat aus dieser Vergrößerung eines seiner Meisterwerke gemacht. Mir gab er die Bronze seines Entwurfs zu einem Kriegerdenkmal, den sterbenden Krieger. Er schien glücklich und guter Dinge.

Paris. 6. September 1927. Dienstag

Vormittags um elf kam nach Verabredung Maillol, der mich gebeten hatte, mit ihm einen Platz im Tuilerien-Garten für sein Cézanne-Denkmal zu suchen. Man hat ihm einen Platz in der Ecke der Terrasse links an der Seine und Place de la Concorde angeboten, den er mit Recht ablehnt, weil der Eiffelturm den Hintergrund bilden würde: »Voyez-vous ma statue toute petite avec la Tour Eiffel lui sortant du ventre!« Der Platz, den er bevorzugt, ist auf der Terrasse oberhalb des Eingangs rechts, weil der Platz begrenzt und von Bäumen eingerahmt ist.

Nachher frühstückten wir im Café de la Paix. Er erzählte mit Stolz, daß er Autofahren lerne; mit fünfundsechzig Jahren sei das keine Kleinigkeit. »Mais vous verrez, l'année prochaine, si vous venez à Banyuls je vous conduirai.« Dann kam er auf seine Anfänge in Paris. »J'étais tout seul; je ne connaissais personne. Sans cela, j'aurais peut-être continué à faire de la peinture. Mais je n'arrivais pas à faire ce que je voulais en peinture, et je n'avais personne pour me donner des conseils.« Aber er habe doch damals eine Anzahl von Frauenköpfen gemalt, die gut gewesen seien. Nur seien die meisten von diesen verschollen; er wisse nicht, wo sie jetzt seien. Namentlich einer, eine junge Frau mit einem Blumenkranz auf dem Kopf, sei, wenn er sich richtig darauf besinnen könne, gut gewesen. Ich sagte, ich hätte einen Frauenkopf von ihm in Weimar, den er mir selbst, vielleicht vor zwanzig Jahren, verkauft habe. Er wußte es nicht mehr und sagte, er könne sich absolut nicht erinnern, was für ein Frauenkopf das sein könne.

Er erzählte, er habe damals in seiner Not Theaterdekorationen für das Puppentheater von Maurice Bouchor gemacht; eine Dekoration, ein Bordell, für ein Stück von Hroswitha und ein byzantinisches Bad, in dem er die Mosaiken in der Manier von van Gogh gemalt habe. Dieses habe Puvis de Chavannes sehr bewundert, so daß er sich Maillol habe vorstellen lassen und ihn beglückwünscht habe. Puvis de Chavannes und auch Renan seien regelmäßige Zuschauer in Bouchors Puppentheater gewesen. Nur habe Bouchor alle Plätze verschenkt und sei schließlich in Vermögensverfall geraten. Erst später lernte Maillol Gauguin kennen. Er habe damals auch einen Wandteppich auf Bestellung für dreihundert Francs gemacht, wobei er noch die Wolle und eine Arbeiterin bezahlen mußte, und habe trotzdem von den dreihundert Francs sechs Monate gelebt: ça c'est du génie, vivre six mois de trois cent francs!

Im Tuilerien-Garten sah er sich das garstige Denkmal für Perrault von einem gewissen Pech an; ein Denkmal im Stil unseres Eberlein mit einem gestiefelten Kater als Sockelfigur. Er überlegte: »Mais je connais cet homme: Ah, mais oui, c'est l'ami de ... qui, quand celui-ci lui montra un Gauguin, le trouva affreux, en disant: ›Ces bougres-là ne savent rien: ils mettent une tache de couleur *parce que ça fait bien.*‹ C'est donc que d'après eux il faut mettre de la couleur de façon à ce qu'elle ne fasse pas bien!«

Ich brachte ihn nach dem Frühstück im Auto nach Marly und fuhr dann zu Paul Valéry, um ihn zu bitten, Vergils ›Georgica‹ für mich zu übersetzen. Sein Salon, in dem ich zuerst wartete, ist sehr ›vieille France‹, mit schönen alten Möbeln, die harmonisch ausgesucht sind, und einigen guten modernen Bildern. Valéry, mit sorgfältig gescheiteltem silbergrauem Haar und in einem eleganten schwarzen Straßenanzug mit der Rosette der Ehrenlegion, paßt in diese Umgebung hinein wie ein alter Marquis. Er erkundigte sich nach Helene Nostitz, erzählte von seinem Gang mit ihr durch die Berliner Museen, une visite un peu au galop, und sprach befriedigt über seinen Berliner Aufenthalt.

Meine Bitte schlug er mir ab. Er sei erstens zu beschäftigt, und zweitens lägen ihm die ›Georgica‹ nicht; er verstehe nichts von Landwirtschaft, kenne nur das Meer und Weinberge. Das gehe so weit, daß er erst durch Mallarmé das Getreide als solches erkennen gelernt habe. Mallarmé habe bei dieser Gelegenheit sogar eines seiner schönsten Worte geprägt. Es sei 1898 gewesen, er bei Mallarmé auf dem Lande zu Besuch, Ende Juli oder Anfang August, wo das Getreide schon golden wurde. Valéry fragte Mallarmé, als sie durch ein Getreidefeld gingen, quelle était cette herbe? Mallarmé: Mais, mon cher, ç'est du blé. Und dann nach einer Pause, nachdem er das goldene Korn betrachtet hatte und offenbar an die bevorstehende Konzertsaison in Paris dachte, für die er sich sehr interessierte: ›C'est le premier coup de cymbales de l'automne.‹

Valéry sagte dann, wenn es sich um ein kürzeres lateinisches Werk handele und eines, das ihm liege, würde er gern mit Maillol und mir zusammenarbeiten: zum Beispiel etwa Ciceros ›Somnium Scipionis‹ würde ihn interessieren; vielleicht mit Ergänzungen aus Macrobius' Oden, auch einzelne seiner eigenen Gedichte, wenn Maillol dazu Illustrationen machen wolle. Ich sagte: warum dann nicht eine Gesamtausgabe seiner Werke, de grand luxe! Zu etwa dreihundert bis fünfhundert Francs den Band. Er rechnete nach und meinte: es könnten drei oder vielleicht im ganzen auch fünf Bände werden. Er sei vollkommen frei, soweit es sich um Veröffentlichungen handele, wo der Band mehr als fünfzig Francs koste. Die Idee schien ihm sehr gut und durchaus ausführbar. Er konzentriere sich überhaupt auf Luxus-Ausgaben, weil er gefunden habe, daß sie mehr einbrächten, und er schließlich doch von seiner Feder leben müsse. Ich rechnete ihm vor, daß, wenn wir die Buchhändler umgehen und direkt an Subskribenten liefern könnten, ich ihm den ganzen Buchhändlergewinn zuführen könnte, also fünfundzwanzig bis dreißig Prozent. Er versprach, mir eine Liste von Subskribenten zu geben, die die Buchhändler ganz überflüssig machen würden. Ich versprach, bei meinem nächsten Besuch in Paris, im Dezember oder Januar, ihm mit ausführlichen Vorschlägen, auch in bezug auf eine Illustration, aufzuwarten. (Kogan, von dem mir Maillol heute sehr lobend sprach? Maillol selbst? Vielleicht Bonnard?)

Als Übersetzer für die ›Georgica‹ empfahl er mir André Gide, weil dieser sich immer für die Landwirtschaft interessiert habe. Infolge seiner materiellen Abhängigkeit vom Luxusmarkt interessiert sich Valéry auch lebhaft für dessen Fluktuationen. Er sagte, dieser sei seit dem vorigen Jahr ›coulé à pic‹. Er merke es an seinem eigenen Fleische. In bezug auf seine Produktion sagte er: seit fünf Jahren arbeite er nicht mehr, was ihn interessiere, sondern nur noch, was andre ihm in Auftrag gäben. So habe er, der gar keine kritischen Fähigkeiten sich zutraue, nach und nach eine ganze Geschichte der französischen Literatur in lauter kleinen Vorreden geschrieben. Er sei noch auf Jahre hinaus mit solchen Aufträgen vollgestopft. Bis 1917 habe sich niemand um ihn gekümmert. Dann sei er plötzlich Mode geworden; und seitdem sei er nicht mehr sein eigener Herr. Ich bemerkte, um ihm zu schmeicheln: »C'est la rançon de la gloire.« Er: »Voilà ce que tout le monde me dit; mais je me suis promis plusieurs fois d'étrangler celui qui me répéterait le mot.«

Alles in allem mein Eindruck: der von einem altfranzösischen Grandseigneur, einem Sophisten mit einem Händler in einem, ziemlich harmonisch gemischt und durch Geist und Bosheit gewürzt; lauter Form und Verstand als schillernde Kruste über einem schwer definierbaren, vielleicht absichtlich verschleierten Abgrund von Unklarheit. Bei unseren deutschen Zelebritäten sind die Wolken meistens außen drum herum, und der Kern ist manchmal erschütternd simpel; bei Valéry sind die Wolken drinnen, und die Umhüllung ist lauter Klarheit und Glanz. Der deutsche ›große Mann‹ gleicht einem kreißenden Berg, wenn auch nur eine Maus schließlich herausschlüpft, Valéry einer gleißenden Schlange, in deren Inneres hineinzusehen uns versagt ist. Bei unseren ›Größen‹ ist außen drum herum oft scheinbar ein weltenträchtiges Chaos und drinnen nur eine kleine, bescheidene Nachtlampe; bei den Franzosen wie Valéry draußen ein blendender Regenbogen und dahinter im Innern man weiß nicht was, vielleicht auch nur ein Nachtlicht, aber unendlich kunstvoll wie der Schatz des Rhampsinit vor der Neugier Unberufener gesichert. Gegensatz männlich teutonischen Auftrumpfens (etwas naiv und tölpelhaft) und weiblicher Verführungskünste. Man vergleiche Spengler mit Renan (ohne irgendwie den Wert, den ganz ungleichen Wert, beider in Parallele stellen zu wollen). Das Traditionelle, Unoriginelle ist beim Deutschen (mittleren ›Genies‹) meistens der Inhalt, der ›letzte Schluß‹, zu dem er kommt, beim Franzosen gleichen Niveaus die Form, die Hülle, in die er seine mehr oder weniger neuen Gedanken kleidet.

Paris. 14. September 1927. Mittwoch

Greens ›Adrienne Mesurat‹ gelesen. Ein Meisterwerk; die erschütterndste Tragödie der Einsamkeit, einer Einsamkeit, die bis zur Unerträglichkeit, bis zum Wahnsinn gesteigert wird durch den Druck einer seelenlosen Intimität.

Paris. 15. September 1927. Donnerstag

Die unglückliche Isadora Duncan ist gestern abend im Auto von ihrem eigenen Shawl, der sich in ein Hinterrad verwickelt hatte, erdrosselt worden. Ein tragisch-schicksalhafter Tod: der Shawl, der im Tanz ein so wesentlicher Teil ihrer Kunst war, hat ihr den Tod bereitet. Ihr Requisit und Sklave hat sich an ihr gerächt. Selten ist eine Künstlerin so tragisch umwittert gewesen und so aus ihrem eigensten Lebensschicksal heraus tragisch geendet: ihre beiden kleinen Kinder in einer Autokatastrophe umgekommen, ihr Mann, Jessenin, durch Selbstmord geendet, sie selbst jetzt in dieser Weise durch ihr eigenes Requisit, fast wie aus Rache, umgebracht.

Am Abend vor dem Tode ihrer Kinder war ich in ihrer Loge im Russischen Ballett; sie lud mich zum nächsten Tag zum Frühstück nach Neuilly ein, ich mußte absagen, weil Hermann Keyserling im Saal war und ich mich mit ihm verabredet hatte. Die Kindchen sollten mir nach dem Frühstück vortanzen. Ich habe immer das Gefühl gehabt, als ob auch hier das Schicksal seine Hand im Spiel hatte, daß die Kinder, wenn ich das Frühstück angenommen hätte, nicht umgekommen wären.

Arme Isadora; ich habe sie als Tänzerin in ihren Anfängen nicht geschätzt, fand sie linkisch, dilettantisch und bildungsphilisterhaft. Durch Craig wußte sie es. Später lud sie mich einmal nach Neuilly ein, tanzte mir vor, und als ich ihr meine ehrliche Bewunderung aussprach, meinte sie in ihrem amerikanischen Französisch (das eine gewisse Formverwandtschaft mit ihrer kalifornischen Auffassung von griechischer Kunst hatte): »Oui, quand vous m'avez vue (sprich: vou) avant j'étais vertueuse (sprich: vörtouöse), je ne savais pas danser: mais maintenant . . .!«

In Paris kam sie einmal auf den Jour zu Mme. Metschnikow, der Frau des berühmten Gelehrten. Die alte Metschnikow war umringt von gleichaltrigen Damen; sie kannte Isadora nicht und ging ihr, als sie sich anmelden ließ, in ihrem Salon entgegen mit der Frage: »Que puis-je faire pour vous, Mademoiselle?« Worauf Isadora, wie aus der Pistole geschossen: »Je voulais vous demander, Madame, si vous permettriez que Monsieur Metschnikow me fasse un enfant?« Tableau, Ohnmacht von Mme. Metschnikow, Bemühungen der alten Damen um sie. Schließlich kommt die alte Metschnikow wieder zu sich und fragt, noch halb entseelt: »Mais pourpuoi, Mademoiselle: connaissez-vous le Professeur Metschnikow?« »Oh, non, Madame! Mais je pensais que si le Professeur Metschnikow me faisait un enfant, celui-ci aurait la tête du Professeur et les jambes de moi, et que ce serait très bien.«

Einmal traf ich sie in ihren allerersten Anfängen bei Luise Begas in Berlin bei Schnee und Tauwetter. Wir begegneten uns im Vorzimmer, als sie gerade kam und ich fortging. Ich glaube, ich sah sie damals zum ersten Mal. Sie trug einen weiten lila Mantel, der von den Schultern bis zur Erde reichte, eine Art von Kutte, und darunter bloße Füße, die allerdings in Gummischuhen steckten. Sie zog die Gummischuhe im Vorzimmer aus und schritt dann, zu meiner großen Überraschung (damals war das ganz neu) barfuß in den Salon hinein.

Nachher protegierte sie die Gräfin Harrach, damals die schönste Frau am Berliner Hof und die Freundin der äußerst prüden Kaiserin. Diese ließ die alte Spitzemberg kommen und fragte sie, ob das Barfußlaufen der Damen nicht unsittlich sei? Die Spitzemberg, die mir die Sache am nächsten Tag erzählte, beruhigte sie, und so wurde eine Art von christlichem Damenverein zur Unterstützung Isadoras gegründet, der florierte, bis plötzlich eines Tages die Tatsache nicht mehr zu verkennen war, daß die Vestalin in allernächster Zeit ein Kind erwartete; worauf der Verein unter Blitz und Donnergetöse auseinanderflog und Isadora Berlin verlassen mußte.

Arme Isadora! Sie befreite sich nie von etwas Spießig-Schulmeisterhaftem, so sehr sie durch freie Liebe und Vaterwahl das Enge und Puritanerhaft-Amerikanische in ihrer Kunst zu überwinden suchte. Und doch war sie eine Künstlerin und waren in ihr bürgerliches Schicksal, Kunst und Tragik ebenso unaustilgbar verflochten wie ihre kalifornische Spießigkeit. Der Tanz, wie wir ihn heute als große Kunst schätzen, auch das Russische Ballett, wäre ohne sie nicht denkbar gewesen. Sie hat eine Saat gesät, die aufgegangen ist. Ihr Tod hätte den Vorwurf zu einem Blatt von Holbeins Totentanz abgeben können.

London. 18. September 1927. Sonntag

Abends um sieben in London an, wo sie mich im Hotel wie eine Art Gast aus dem Jenseits begrüßten, allerdings auch in das alte Zimmer stecken wollten, in dem ich vor einem Jahr krank lag. Dieses lehnte ich ab und bekam ein andres, helles Zimmer nach der Themse.

London. 21. September 1927. Mittwoch

Vormittags im British Museum Belleforests Hamlet-Erzählung aus seinem Cinquième tome des Histoires, 1582, gelesen (in Max Mottkes ›Shakespeare's Hamlet-Quellen‹). Sein Schluß (Hamlet erschlägt den König und wird an seiner Stelle König) entspricht viel mehr der Version von Gerhart Hauptmann als dem üblichen Shakespeare-Text.

Douglas Cockerell frühstückte mit mir im ›Cecil‹; Gill, der heute früh zum Frühstück abgesagt hatte, kam nach dem Frühstück.

Paris. 23. September 1927. Freitag

Nachmittags von London nach Paris bei strömendem Regen, der auf See und im ungedeckten Bahnhof von Calais sehr unangenehm war. Bei der Ankunft in Paris in den Abendzeitungen Nachricht vom Tode von Maltzan in einer Flugzeugkatastrophe bei Gera. Der plötzliche Tod eines im Aufstiege begriffenen Menschen wirkt immer erschütternd; und für Maltzan, mit dem ich viel zusammen gearbeitet habe, in Genua, in Genf, in Berlin, empfinde ich das Mitleid, das menschlich natürlich ist.

Wenn ich ihn aber als Politiker charakterisieren will, kommt mir immer wieder das Wort Condottiere in den Sinn. Er stellte alles, alle Beziehungen, Tradition, ja selbst die Interessen Deutschlands unter einem unwiderstehlichen Karrierendrang zurück hinter seinem persönlichen Interesse. Er war immer auf persönliche Erfolge aus, dabei ganz skrupellos, in einem seltenen, selbst bei Politikern seltenen Maße verlogen, ein Schmeichler widerlichster Art, der jedem süße Worte hinten bis zum Erbrechen hineinwürgte. Seine gute Seite war eine aus seinen übrigen Charaktereigenschaften folgende Vorurteilslosigkeit. Er war kein Reaktionär, obwohl er im Amt die traditionellen Kreise der alten Adelsbürokratie bevorzugte.

Das Traurigste für ihn ist, daß er wohl keinen Freund, niemanden unter seinen näheren Amtskollegen oder Bekannten hinterläßt, der ihm aufrichtig nachtrauern wird. Unter gewissen für ihn günstigen Umständen hätte er ein zweiter Kühlmann werden können, aber mit weniger Klugheit und noch weniger Skrupeln. Alles in allem ist sein Tod für die deutsche Politik kein Verlust, so hart das klingen mag.

Paris. 26. September 1927. Montag

Um zwei kam Eric Gill zu mir ins Hotel, um sich Geld zu holen, da er ohne Geld gestern aus London abgereist war, um seinen kleinen Jungen in Frankreich zur Schule zu bringen. Wir besprachen nochmals alles, und er versprach, im April nach Weimar zu kommen, um am ›Hohen Lied‹ bei mir zu arbeiten. Den

Boccaccio will er im Herbst anfangen. Ich schlug ihm vor, mit mir zu Maillol nach Marly hinauszufahren. Er lehnte es ab, weil er hier nachmittags in irgendeiner Akademie Aktstudien machen wolle, bat mich aber, Maillol als großem Künstler seine Bewunderung auszusprechen.

Als Beitrag zu seiner eigenartigen Erotik vermerke ich, daß er mich vor seinem zehnjährigen Jungen fragte, wo man hier in Paris erotische Photographien kaufen könne. Auch meinte er, es sei höchste Zeit, daß man gegen den Moralismus, der uns alle vergifte, Kunst schaffe, Kunstwerke mache, die ihn erschütterten. Ich fragte lachend, was sein Freund, der Abt von Ash, zu dieser Ansicht sagen würde? Gill: Er würde sie mißbilligen; aber alle Kunst sei eine Auflehnung gegen die alltägliche Moral, bestehe aus zwei Elementen, einem moralischen und einem antimoralischen, das mit dem ersteren im Kampfe stehe.

Ich fuhr zu Maillol nach Marly allein hinaus; fand ihn mit einer leichten Grippe das Haus hütend, aber angeregt und lustig vor. Ich zeigte ihm Gills Buch. Er betrachtete die Radierungen, fand sie ›pas mal, mais trop faciles‹. Er radiere zu Ronsard jetzt ganz ähnliche Vorwürfe, Liebesakte usw., aber er begnüge sich nicht mit so billigen Kompositionen, bloßen Umrissen, davon könne er aus dem Handgelenk Tausende machen; er mache sich die Sache aber nicht so leicht, sondern suche sie zu schattieren, ihnen einen Körper zu geben. Er zeigte mir dann eine Anzahl von Zeichnungen, Entwürfen zu seinen Illustrationen zu Ronsard. In der Tat sind die Vorwürfe und Stellungen denen von Gill notgedrungen sehr ähnlich, da es nicht unzählige Positionen gibt, in denen der Liebesakt vollzogen werden kann; seine habe aber eine viel größere Intimität und erotischere Atmosphäre als die etwas kalten Erotica von Gill. Ich sagte ihm Paul Valérys Wunsch, eine Gesamtausgabe seiner Werke bei mir in Weimar drucken zu lassen mit Illustrationen von Maillol. Zu meiner Überraschung sagte Maillol nicht nein, im Gegenteil, er beauftragte mich, Valéry mitzuteilen, daß er die Sache in Erwägung ziehen werde, weil er sich freuen würde, mit Valéry etwas zu machen und außerdem bei dieser Gelegenheit Valérys Werke, die unerreichbar seien, zu bekommen. Also eine nur wenig verklausulierte Zusage. Außerdem versprach er indirekt wieder, die ›Georgica‹ zu machen, indem er mir Jammes als Übersetzer ablehnte und lieber die alte Übersetzung von Clément Marot haben wollte. Wir verabredeten, daß ich im Januar nach Banyuls kommen und vorher mit Paul Valéry Näheres verabreden solle. Er schenkte mir eine sehr schöne neue Lithographie, die Petiet herausgegeben hat.

Paris. 27. September 1927. Dienstag

Bei Paul Valéry, mit dem die Gesamtausgabe seiner Werke besprochen. Er rechnete mir vor, daß es sechs bis sieben Bände würden; etwa drei Bände in je zwei Jahren, so daß der Druck sich auf ungefähr drei Jahre verteilen würde. Er war sehr besorgt, daß es nicht mehr als im ganzen je dreihundert Exemplare würden.

Ich fand ihn ganz allein, ohne Bedienung, in seiner hübschen Wohnung, er machte selbst die Tür auf, mit einem Hexenschuß, den er sich auf einer viertägigen Erholungsreise nach La Baule geholt hat, und sehr nervös. Er sprach so überstürzt schnell und leise, daß ich ihm kaum folgen konnte: er wisse nicht, où donner de la tête: er müsse nach Wien, England, Spanien und Gott weiß wohin noch, außerdem einen Berg literarischer Verpflichtungen erfüllen, habe Familiensorgen, kurz, er flog nur so! Ich hatte das Gefühl von einer subtilen Mischung von befriedigter Eitelkeit, Schauspielertum, Überreiztheit, ausgezeichneter gesellschaftlicher Form. Er überschätzt offenbar den Wert der ›Geltung‹ und ist auch in erheblichem Maße Geschäftsmann. Daß er Geld verdienen will und muß, betont er mit naiver Überdeutlichkeit. Er ist wie ein Schiffbrüchiger, der eben erst ans Land gestiegen ist, überschwenglich besorgt und glücklich zu gleicher Zeit.

Wir besprachen die Reihenfolge der Bände (zuerst Eupalinos und l'Ame et la Danse, dann als Band II Monsieur Teste, Band

III Poésies [wo er neue Stücke einfügen will], IV Maîtres et Amis, V Variéte, VI oder VII Rhumbs). Dann Maillols Holzstöcke. Er will nächste Woche zu Maillol nach Marly hinausfahren (si je trouve le temps), um den Buchschmuck mit ihm zu besprechen. Da ich sagte, daß es mir noch nie gelungen sei, seine Gedichte zu bekommen, schenkte er mir ›Charmes‹, ›Album de vers anciens‹ und ›La jeune Parque‹.

Helene erwähnte er wieder und ließ sich ihr besonders empfehlen; er hat offenbar das Gefühl, daß sie mir irgendwie nahesteht. Über den Preis pro Band seiner Werke, sagte er, ließe sich erst sprechen, wenn der Markt wieder besser geworden oder jedenfalls leichter als jetzt zu bearbeiten sei. Vor zwei Jahren habe man jeden Preis fordern können. Jetzt hielten die Leute die Taschen zu; er merke es zu seinem Schaden am eigenen Leibe. Man müsse zwischen der Charybdis des zu teuren Buches und der Szylla des zu billigen die im Augenblick der Publikation richtige Mitte steuern.

Berlin. 29. September 1927. Donnerstag

Früh in Berlin an. Telephonat von Grete Hauptmann vorgefunden, die mich auf die Rathenau-Feier heute abend aufmerksam macht und mich auffordert, mit ihnen hinzugehen. Nachher rief Gerhart Hauptmann selbst an und lud mich zum Frühstück ein, was ich aber nicht annehmen konnte. Er fügte dann noch hinzu, auch er habe von Domelas Buch einen sehr starken Eindruck gehabt. Er hätte es gerade halb durchgelesen gehabt, als mein Brief kam.

Ich holte nachmittags Hauptmanns im ›Adlon‹ zur Rathenau-Feier ab und traf in der Halle den alten Fürsten Bülow, der sich einige Zeit mit Hauptmanns und mir unterhielt. Er sieht trotz seiner achtzig Jahre noch recht munter aus; er hat sich ja auch nie viel Sorgen gemacht. Im Auto kam Hauptmann nochmals auf Domela zurück; lobte die Zeichnung der Figuren und den Durchschnitt durch das deutsche Leben, den er gebe. Allerdings könne man wohl zur Zeit noch nicht mit ihm verkehren;

er müsse fünf, sechs Jahre weiter gute Sachen produzieren, dann werde man seine Streiche als Pubertätserscheinungen vergessen. Er brauche aber eine starke Hand, die ihn führe.

Berlin. 30. September 1927. Freitag

In Tollers Stück ›Hoppla, wir leben‹ im Nollendorfplatz-Theater. Von Piscator inszeniert. Eine geballte und wirksame Theatralisierung der Nach-Revolutionszeit in Deutschland. Ohne tiefere poetische oder psychologische Qualitäten, aber durchweg spannend und scharf gesehen. Piscators Inszenierung eine Mischung von Film und Bühne, stark russisch beeinflußt, aber interessant und vielleicht, ebenso wie Tollers Stück, der Keim von etwas Neuem.

Weimar. 5. Oktober 1927. Mittwoch

Frau Förster-Nietzsche besucht. Sie war selbstverständlich ganz erfüllt von der bevorstehenden Nietzsche-Tagung, bei der Spengler einen Vortrag halten soll. Ich sagte ihr, es sei unsicher, ob ich daran teilnehmen könne, da ich mich gerade zu den Tagen bei Hauptmanns in Agnetendorf angesagt habe. Sie machte dazu ein etwas betroffenes Gesicht, bat mich aber nur, zu sehen, ob Hauptmann nicht zu der Tagung hierherkommen könne. Sie sprach dann von ihrem ›lieben Freund Mussolini‹, der der Trost ihres Alters sei: er habe sie erst vor kurzem durch den Konsul Mann herzlich grüßen lassen. Ich schwieg dazu aus Höflichkeit. Ganz im Gegensatz zu dieser Mussolini-Liebe bekannte sie sich dann als Anhängerin der ›Vereinigten Staaten von Europa‹, die ihr Bruder als erster gefordert habe.

Weimar. 12. Oktober 1927. Mittwoch

Frau Förster, die mich zum Sonnabend zum Frühstück mit Oswald Spengler zusammen eingeladen hatte, unter einem Vorwand abgesagt. Da sie aber schrieb und wissen wollte, welcher ihrer Gäste mir unangenehm sei, antwortete ich ihr wahrheitsgemäß, daß ich vorzöge, nicht im kleinen Kreise mit Spengler zusammenzutreffen, weil seine politischen Kampfmethoden und seine geistige Überheblichkeit mir seine Bekanntschaft unerwünscht machten. Ich sagte mich gleichzeitig bei ihr morgen zum Tee an und lud ihren Vetter, den Major Oehler, zum Frühstück ein.

Weimar. 13. Oktober 1927. Donnerstag

Nachmittags bei Frau Förster, die den Fall Spengler milde nahm, aber ihre Freundschaft mit Spengler betonte. Sonst war sie wie immer, liebevoll und nett; leider fühlt man aber das Kleinbürgerliche, das so gar nicht zu Nietzsche paßt, durch alles hindurch. So, wenn sie immer wiederholte, sie sei ›Auslandsdeutsche‹ (seit dreißig Jahren ist sie aus Deutschland nicht mehr hinausgekommen), und deshalb könne sie nicht anders als deutschnational sein. (Als sie in Paraguay war, gab es natürlich noch gar keine Deutschnationale Partei, und die alten Konservativen wollten die Werke ihres Bruders samt und sonders einstampfen, ja, die ›Kreuzzeitung‹ forderte, daß die Polizei sie sogar aus den Privat-Bibliotheken herausholen solle.) Es tut einem weh, solchen Unsinn von der Schwester Nietzsches im Nietzsche-Archiv anhören zu müssen!

Weimar. 15. Oktober 1927. Sonnabend

Beginn der Nietzsche-Tagung nachmittags in der ›Erholung‹ mit dem Vortrag von Spengler über ›Nietzsche und das zwanzigste Jahrhundert‹. Der Saal war überfüllt, so daß mir erst ein Stuhl hineingetragen werden mußte. Viele standen. Dafür wurde Spenglers Vortrag zu einem Debakel. Ein dicker Pfaffe mit einem fetten Kinn und brutalem Mund (ich sah Spengler zum ersten Mal) trug eine Stunde lang das abgedroschenste, trivialste Zeug vor. Ein junger Arbeiter in einem Arbeiterbildungsverein, der sich bemüht hätte, seine Kollegen mit Nietzsches Weltanschauung bekannt zu machen, hätte es besser gemacht. Nicht *ein* eigener Gedanke. Nicht einmal *falsche* Diamanten. Alles einförmig seicht, glanzlos, platt, langweilig. – Ja,

einmal bei Rathenau getroffen hatte), bei Hauptmanns im ›Adlon‹. Grete Hauptmann sagte mir, Hauptmann habe den Tod Till Eulenspiegels geschrieben; es sei die ergreifendste Szene der Dichtung geworden. Ich merkte übrigens, daß es ihr nicht angenehm war, auch nur im entferntesten daran erinnert zu werden, daß ich diese Szene durch meinen Brief angeregt hatte. Sie betonte (übrigens natürlich mit Recht), was *er* aus dieser Todesszene gemacht habe, sei so ergreifend. Auf meine Bemerkung an Hauptmann, es müsse ihn doch mit Freude erfüllen, eine Figur wie den Pastor Angermann aus den Tiefen seiner Phantasie so lebenswarm ins Licht emporsteigen zu sehen, wie ihn Werner Krauß gestalte, meinte er etwas müde: eigentlich habe er daran keine so große Freude mehr, so viele Figuren seien schon vorhergegangen, die teils tot, teils scheintot, teils wieder belebt worden seien, daß er etwas abgebrüht sei.

Weimar. 22. Oktober 1927. Sonnabend

Gefrühstückt bei Frau Förster-Nietzsche. Sie fragte mich, wie ich Spenglers Vortrag gefunden hätte? Ich sagte ihr ohne Umschweife die Wahrheit, die sie ohne Gegenrede anhörte. Dafür sagte ich ihr, was richtig ist und was sie sichtlich erfreute, daß die Nietzsche-Tagung im übrigen einen guten Widerhall gehabt habe. Sie selbst hat trotz ihrer einundachtzig Jahre gut durchgehalten, sieht aber etwas zarter und müder als sonst aus. Sie erzählte viel aus ihrer Zeit in Paraguay und von den Greueln der Herrschaft des Diktators Lopez; Geschichten, die wie von Hudson oder Cunningham Grahame klangen: Erschießungen ganzer Kompanien, die Schätze auf Befehl des Diktators vergraben hatten, damit niemand am Leben sei, der den Ort verraten könnte, eine englische Geliebte des Lopez, die später zurückkehrte, um einen Schatz zu heben, erkannt wird und als Küchenjunge verkleidet fliehen muß, eine Gesellschaft englischer Abenteurer, die sich die Erlaubnis erwirken, im Urwald nach Kautschuk zu suchen, die spurlos verschwinden und von denen es heißt, sie hätten nach den Schätzen des Lopez gesucht und seien mit einer eisernen Truhe voll Gold, die sie aus einem Urwaldsumpf gehoben hätten, abgezogen.

Dann erzählte sie auch, daß sie sich jetzt mit Bayreuth ganz ausgesöhnt habe. Im vorigen Jahr, während der Festspiele hier für Siegfried Wagner, habe zuerst die Gräfin Gravina vorgefühlt und dann die ganze Familie Wagner bei ihr Besuch gemacht; sie habe für sie ein Frühstück gegeben, und bei diesem sei die Versöhnung dann feierlich besiegelt worden, indem sich alle um den Tisch herum die Hände gegeben hätten und sie die ›Sternenfreundschaft‹ ihres Bruders vorgelesen habe. Siegfried habe sie dann ganz offiziell nach Bayreuth eingeladen in die Wagnersche Familienloge. Sie könne ihm nicht böse sein; sie sehe ihn immer noch als kleinen Jungen, der ihr erklärt habe, er liebe sie mehr als alles in der Welt.

So klingt die große, welterschütternde Fehde Richard Wagner-Nietzsche, der ›Fall Wagner‹, am Kaffeetisch aus; niedlich und ganz im Stil der beiderseitigen Epigonen. Damit auch die Hofatmosphäre, die für Bayreuth so bezeichnend ist, nicht fehle, hat die ›Fürstin von Albanien‹ der Szene beigewohnt und gerührt von der Versöhnung Kenntnis genommen. Alles das ist unendlich spießig und einige tausend Gefühlsmeilen vom Ausklang der ›Götterdämmerung‹ entfernt, und erst recht vom ›Zarathustra‹. Aber wer weiß, ob sich Richard Wagner mit Nietzsche nicht auch an einem Kaffeetisch versöhnt hätte? Allerdings Nietzsche mit Richard Wagner wohl kaum.

Weimar. 23. Oktober 1927. Sonntag

Ein guter Witz, den mir Hilferding von Carl Fürstenberg erzählt: Louis Hagen führt Fürstenberg durch seinen neuerworbenen Herrensitz und zeigt ihm die einzelnen Säle, von denen jeder in einem andren alten Stil eingerichtet ist: Louis XVI., Louis XV., Louis XIV. Schließlich kommen sie in ein Zimmer, das mit einfachen altmodischen Plüschmöbeln ausgestattet ist. Louis Hagen meldet: das Wohnzimmer aus meinem Elternhaus. »Ach so«, fragt Fürstenberg, »wohl im vorchristlichen Stil?«

Leipzig. 31. Oktober 1927. Montag

Nachmittags im Wagen nach Leipzig gefahren bei warmem, hellem Herbstwetter. Bei Kippenbergs gegessen und Fragen der Presse, Rilke-Ausgabe, besprochen.

Maximilian Harden ist gestern gestorben. Er war einer meiner ältesten Bekannten. Seit dem Erscheinen meines Mexiko-Buches, 1897, sind wir nie ganz außer Fühlung gekommen. Auch gehörte ich zu den wenigen, mit denen er sich nie überworfen hat. Ich fand in ihm immer einen ganz besonders höflichen, aufmerksamen, eifrigen und klugen Berater und Partner bei gelegentlichen Zusammenkünften. Auch war er von unantastbarer Ehrlichkeit; er hätte nie um irgendeinen Vorteil irgendeine Ansicht vertreten oder bekämpft. Allerdings spielte ihm seine fanatische Oppositionswut manchmal böse Streiche, ja, sie verwirrte seine Gesinnung gelegentlich ebenso arg wie nur irgendeine Bestechung; so in der Moltke-Affäre. Er konnte daher ebenso gemeingefährlich werden wie eine käufliche Größe. Das letzte Mal sah ich ihn an dem Abend vor anderthalb Jahren, als er mit Max Reinhardt, Vollmoeller, Oscar Fried und Goertz bei mir in Berlin soupierte, als die Josephine Baker nachher tanzte. Er war an dem Abend ganz besonders witzig und amüsant im Gespräch mit Fried über Antisemitismus. In meinem weiteren Bekanntenkreis reißt sein Tod eine schmerzliche Lücke.

Leipzig. 1. November 1927. Dienstag

Vormittags im Insel-Verlag mit Kippenberg das Nähere zur Rilke-Ausgabe verabredet. Als ich ins Hotel zurückkam, traf ich vor der Tür Moissi, der hier ein Gastspiel gibt. Wir sprachen über Harden, mit dem auch Moissi befreundet war. Insbesondere auch über den fanatischen Haß Hardens auf Rathenau in den letzten Jahren seines Lebens; ein Haß, der nach der jahrelangen intimen Freundschaft unerklärlich schien. Moissi meinte, Harden hätte es Rathenau tödlich verdacht, daß er seinen großen Lebenswunsch, aktiv in die Diplomatie überzugehen, als Gesandter oder Botschafter, nach dem Umsturz nicht erfüllt habe.

Vielleicht. Aber es muß noch irgendeine persönliche Kränkung dazugekommen sein, sonst hätte Harden seinen Haß nicht so eindeutig auf Rathenau konzentriert.

Weimar. 6. November 1927. Sonntag

Abends ›Jonny spielt auf‹ von Křenek im Theater. Ein abendfüllender Sketch, in dem Gutes, Gleichgültiges und Kitschiges durcheinanderwirbeln. Musikalisch nicht sehr schöpferisch, aber ganz begabt. Nachher soupierten Craigs mit mir im ›Fürstenhof‹. Craig, der in bester Stimmung war, sprach sich scharf gegen die Piscatorschen und andren Neuerungen im Theater aus. Neuerungen im Theater seien prinzipiell schlecht, und das Publikum habe recht, wenn es sie verwerfe. Wir besprachen als weiter von Craig zu illustrierende Werke den ›Kaufmann von Venedig‹ und die ›Mandragola‹ von Machiavelli oder ›La Spiritata‹ von Grazzini.

Weimar. 11. November 1927. Freitag

Meinen ›Rathenau‹ niederzuschreiben angefangen.

Berlin. 13. November 1927. Sonntag

George Grosz vormittags bei mir. Illustration ›Till‹, eventuell ›Asinaria‹, begonnen. Gestern abend hergefahren. Heute nachmittag Musik bei Helene. Arrau spielte meisterhaft Chopin und Busoni. Große Gesellschaft. Däubler, wie ein Löwe mit weißer Mähne aussehend, Leonhard Frank, merkwürdig ähnlich Paul Valéry, Oscar Fried, der von Triumphen in Mailand und Anfreundung mit Toscanini erzählte, dann Margeries, Frau Stresemann, Zechs usw.

Eigentlich war ich hergekommen, um Kurt Weill wegen meines Balletts zu sprechen; aber dieser war zu einer Probe nach Leipzig gefahren und kommt erst morgen wieder. Viénot überbrachte mir Grüße von André Gide, den ich wiedergrüßen ließ.

Mit Zech über Walther Rathenau. Auch er hat die Erfahrung

gemacht, daß Rathenau nicht diskutieren konnte. Er erzählte von einem Abend bei seinem Schwiergervater Bethmann kurz nach der Einleitung des unbeschränkten U-Boot-Krieges. Rathenau hatte nur Bethmann und Helfferich zu Tisch eingeladen; sonst waren nur noch Zechs anwesend. Nach Tisch kam das Gespräch auf den U-Boot-Krieg. Helfferich stützte sich auf Statistiken, um zu beweisen, daß er erfolgreich sein werde. Rathenau widersprach. Aber wurde, als Helfferich sich nicht überzeugen ließ, heftig und aufgeregt, so daß Helfferich, der eiskalt blieb, schließlich recht zu behalten schien. Das bestätigt alle meine Erfahrungen mit Rathenau.

Berlin. 14. November 1927. Montag

Bei Helene zum Tee, wo Kurt Weill wieder nicht erschien. Er hatte aber aus Leipzig angerufen, er komme, um mich noch zu sehen, mit dem Auto herüber und werde um sieben bei mir sein. In der Tat kam er um halb acht zu mir, und wir besprachen das Ballett. Er sagte, er möchte es gern machen, hätte aber inzwischen von seinem Verleger den Auftrag zu einer großen Oper angenommen und schon Vorschuß darauf bekommen. Er müsse daher erst seinen Verleger fragen, ob dieser ihn für das Ballett zwei bis drei Monate sozusagen beurlauben wolle. Er will die Musik zum Ballett hauptsächlich *singen* lassen, hinter der Bühne, und nur ganz wenige Instrumente verwenden, Flöte, Saxophon. Ich erzählte ihm von den Sardañas und ihren eigenartigen Instrumenten, spielte ihm einige auf dem Grammophon vor. Er hörte aufmerksam zu und erklärte diese Musik, die er noch nie gehört hätte, für sehr bemerkenswert. Schließlich verabredeten wir, daß er mich in Weimar besuchen soll.

Berlin. 20. November 1927. Totensonntag

Trauerfeier für Harden im Deutschen Theater. Mäßig besetztes Haus; ich schätze zu drei Vierteln. Deutsch las miserabel wie ein unbegabter Sekundaner den ›Prometheus‹ von Goethe. Eysoldt sprach sehr schön ein Zarathustra-Kapitel. Von den Reden war bemerkenswert nur die von Emil Ludwig, der in einer hohen Fistelstimme geistreiche Aperçus gab, die sich darum drehten, daß Harden Einsamkeit nötig gehabt habe, aber trotzdem politisch führen wollte, was ihn in einen unlösbaren, tragischen Widerspruch verwickelt habe. Auch keinen Freund habe er in seiner Nähe geduldet, sondern, sobald die Freundschaft enger wurde, einen Ausweg aus ihr, meistens durch wütende Feindschaft, gesucht.

Ludwig berührte in diesem Zusammenhang auch kurz den Haß Hardens gegen Rathenau, ohne den tiefsten schicksalhaften Grund zu streifen: den notwendigen Haß des ganz aus Intellekt bestehenden Harden (Voltaire) gegen den vom Intellekt fort zur ›Seele‹ strebenden Rathenau (Rousseau). Daneben sind die äußeren Anlässe dieser Feindschaft fast gleichgültig. Als Abschluß der öffentlichen Wirksamkeit Hardens war diese Feier so undramatisch wie möglich. Während die Rathenaus, der ein Stubengelehrter war, die Bestattung eines Volkstribunen größten Formats war, war die Hardens, der Volkstribun sein wollte, die eines mittleren Literaten. Sic transit gloria mundi.

Berlin. 21. November 1927. Montag

Auf Verabredung Besprechung mit Frau Lili Deutsch über Walther Rathenau. Im ganzen war, was Frau Deutsch über ihn sagte, mehr skeptisch als bejahend und der Unterton Enttäuschung. Sie sagte: Grundtrieb bei Rathenau war der Wille zur Macht, alles andre darum herum nur Rankwerk, auch die Menschen; alle seien sie für ihn ›nur Episode‹ gewesen, auch sie selbst. Die Briefe, die er an sie geschrieben habe, hätte er ebensogut an eine andre schreiben können, obwohl sie der Mensch gewesen sei, der ihm am nächsten gestanden habe.

Sie sprach dann sehr ausführlich über ihr Verhältnis, das nie bis zum Letzten gediehen sei. Sie spreche darüber sehr offen mit mir; aber tatsächlich sei eine bestimmte Grenze nie überschritten worden, obwohl er sehr leidenschaftlich gewesen sei. Vielleicht käme so etwas nur zwischen Juden vor, diese kühle Zurückhaltung trotz starker Leidenschaft. Auch habe in ihr Verhältnis immer die AEG hineingespielt, Walther Rathenaus Angst vor einem Skandal und was der für seine Stellung bedeuten könne. Darüber sei er nie hinausgekommen, so stark sei seine Leidenschaft nicht gewesen.

Natürlich sei Rathenau weit überlegen gewesen und habe es Harden zu fühlen gegeben. Das habe Hardens Neid und Eifersucht geschürt. Rathenau sei ein Mensch gewesen, der buchstäblich *alles gewußt* habe. Sein Verstand sei phänomenal gewesen, viel größer, als er zu zeigen wagte. Er habe mit dem Verstande weit in die Zukunft gesehen. Wirtschaftlich sei er der Zeit weit vorausgeeilt. Seine bleibende Bedeutung liege nur in seinen wirtschaftlichen Ideen. Die würden noch einmal grundlegend werden.

Ganz falsch sei es, die Gefühlsseite bei ihm in den Vordergrund zu rücken, das ›Reich der Seele‹ usw. Gefühle habe er in Wirklichkeit gar keine gehabt. Er habe immer nur Sehnsucht nach Gefühlen gehabt. Dieses wiederholte sie immer wieder: das Gefühlsleben habe bei ihm keine entscheidende Rolle gespielt, nur der Verstand und der Wille zur Macht über andre Menschen. Sein Werben um Menschen sei nur um seines Machtwillens gewesen; so habe er um Große geworben, wie den Kaiser, Bülow, Dernburg, aber auch um ganz Kleine, Unscheinbare, um seinen Machtwillen an ihnen auszulassen, so sei Lotte K. ein kleines puckliges Persönchen gewesen, eine ›Vorwärts‹-Redakteurin, deren Werbungen er angenommen habe, weil er damals (nach der Revolution) beim ›Vorwärts‹ einen Stein im Brett haben wollte, Wilm Schammer, der Redakteur eines antisemitischen Winkelblättchens in Nikolassee, den er für sich gewinnen wollte.

Die Reise mit Dernburg nach Afrika sei eine ›Katastrophe‹ für Rathenau gewesen. Dernburg habe sich auf das taktloseste gegen ihn benommen, ihn immer zurückgesetzt, nicht zur Geltung kommen lassen usw. Sie glaube, daß Rathenau eigentlich Monarchist gewesen sei; sein Ideal wäre gewesen, es unter der alten kaiserlichen Regierung zur Macht zu bringen. Wirtschaftlich sei er dann allerdings ganz radikal geworden. Während der Revolution, als einmal wieder geschossen wurde, habe er zu ihr gesagt: »Eigentlich müßten wir auf den Barrikaden stehen; aber ich kann nicht, ich kann den Geruch der kleinen Leute nicht vertragen.« In der Tat hätten seine Sinne ihn zurückgehalten. Er habe üble Gerüche, Schmutz usw. nicht vertragen können. Aber eigentlich hätte er ein Tolstoi werden wollen. Sie habe ihm, wenn er so etwas äußerte, gesagt, er solle das doch lassen, es sei schon Tolstoi nicht gelungen, ihm werde es noch weniger gelingen.

Sie sagte dann wörtlich: »An Rathenau war *alles* unecht; nur der Machtwille nicht und sein Innenleben. Er war ein *sehr* sinnlicher Mensch; aber ich weiß bis heute nicht, *wie* es bei ihm mit der Erotik bestellt war. Er wußte, daß solche Dinge dem ›Fortkommen‹ hinderlich sind, und hielt sie deshalb im Zaume. Er war in einer Welt groß geworden, wo nur von Geld, Karriere, Macht die Rede war, einer fürchterlichen Welt. Als er mich kennenlernte, sagte er mir: ›So jemand ist mir noch nicht vorgekommen, der *nichts will.*‹ Und die ›Mechanik des Geistes‹ gab er mir mit den Worten, das ganze Buch sei nur eine Umschreibung unseres Verhältnisses.« Er sei durch und durch Romantiker gewesen. Auch sein Wille zur Macht sei ein Stück Romantik gewesen. Auch seine Bewunderung für den blonden, edlen Germanen. Diese Romantik habe mit seinem Judentum zusammengehangen. Feine Juden seien oft Romantiker. Als sie einmal schwerkrank gewesen sei, habe er ihr gesagt: »Wenn Sie wieder wohl sind, fahren wir nach Granada und Sevilla, dort gehören wir hin, dort ist unsere Heimat« (er meinte, bei den Mauren und Arabern). Auch sein Drang zu belehren sei eine jüdische Eigenschaft gewesen, aus dem Talmud stammend. Sie sei bei ihm sehr hervorstechend gewesen.

Zum Schluß versprach sie mir, Rathenaus Briefe an sie zu schicken und ein Konvolut von Briefen von Harden an Rathenau, das sich erst vor kurzem vereinzelt vorgefunden und noch niemand seitdem gelesen habe.

Berlin. 23. November 1927. Mittwoch

Bei Deutschens gefrühstückt. Nachher wieder langes Gespräch mit Frau Deutsch über Walther Rathenau. Von der Mutter Rathenaus sagte sie, es sei eine harte, böse Frau gewesen. Fortwährend Szenen zwischen ihr und dem Vater und auch dem Sohn. Rathenau sei manchmal von Tisch fortgelaufen, weil er die Szenen nicht aushalten konnte. Auch hätten ihm die Eltern keine belletristischen Interessen gestattet. Sie hätten ihm nicht erlaubt, Shakespeare zu lesen, und als sie ihn nachts bei der Lektüre eines Shakespearischen Dramas ertappten, bestraft. Seine ganze geistige Kultur hätte Walther sich selbst erobert; namentlich in Bitterfeld habe er ungeheuer viel gelesen. Er habe fortwährend an sich gearbeitet. Alles sei unwahr gewesen, Demokratie, Republik, Patriotismus; er habe immer nur sich gewollt. Allerdings sei er tief verwurzelt gewesen in der deutschen Kultur und habe von Deutschland nicht losgekonnt; das sei echt gewesen.

Zu Rathenaus Todesahnungen erzählte Frau Deutsch: Bald nachdem er Außenminister geworden war, habe er ihr gesagt, Wirth sei zähneschlotternd zu ihm gekommen und habe ihm erzählt: ein katholischer Priester sei zu ihm gekommen und habe ihm gesagt, er müsse ihm nach schweren Gewissenskämpfen unter Verletzung des Beichtgeheimnisses mitteilen, ihm habe eins seiner Beichtkinder gebeichtet, der nächste, der drankomme, werde Rathenau sein; er werde nächstens ermordet. Der Priester sei dann noch zu Pacelli gegangen und habe sich von diesem die Absolution geholt für die Verletzung des Beichtgeheimnisses.

Rathenau habe ihr das ziemlich ruhig erzählt und sie gefragt, was er tun solle? Und sie habe gesagt: Nichts. Insofern sei sie auch etwas mit schuld an seiner Ermordung. Dann habe sie ihm doch geraten, sich Schutz gewähren zu lassen. Er habe das auch einige Zeit getan; aber dann sei ihm der Schutz lästig geworden, er habe es nicht vertragen, immer Leute um sich zu haben, die ihn auf Schritt und Tritt bewachten und bespitzelten, und er habe den Schutz wieder abbestellt. Er sei überhaupt so gewesen, daß er ihr nie gesagt habe, was er tat oder wo er hinging; das sei immer in tiefes Stillschweigen gehüllt gewesen.

Am späten Nachmittag bei Rathenaus Schwester, Edith Andreae. Bei ihr kommt man in eine noch kühlere, ganz verstandesmäßige Atmosphäre. Sie erzählte und erzählte willig und viel. »Stellen Sie mir Fragen«, sagte sie. Ich fragte zunächst nach der Mutter. Im Gegensatz zu Lili Deutsch schilderte sie die Mutter als eine hochkultivierte Frau; schöngeistig, sentimental, romantisch, ausübend musikalisch, als junge Frau blendend schön, fanatisch ›rein‹, so daß sie nie einen Mann angesehen habe. (Eine Photographie von ihr als junge Frau bestätigte dieses; sie hat einen ausgesprochen südländischen, spanischen Typ. Nachmanns hatten spanische Vorfahren.) Sie sei in einem reichen Hause mit Dienerschaft, Equipage, allem Luxus aufgewachsen und in der viel ärmlicheren Berliner Wohnung ihres Mannes zunächst unglücklich gewesen. Dort sei es recht knapp zugegangen, da der Vater Emil für einen Freund gutgesagt und viel Geld dadurch verloren hatte. Auch hätte sie sich als Süddeutsche schwer in die Berliner nüchterne Atmosphäre hineingefunden. Walther sei ihr ganzer Trost gewesen. In den Auseinandersetzungen zwischen Vater und Sohn habe sie sich immer bedingungslos auf seiten des Sohnes gestellt. Alle geistigen Anregungen habe Walther als Kind von ihr empfangen. Sie sei zwar romantisch gewesen, aber mit der Zeit auf Grund übler Erfahrungen mißtrauisch und hart geworden, im Gegensatz zu ihrem genialen, immer vertrauensseligen und übersprudelnden Mann.

Der Vater habe den zweiten Sohn Erich, der eine liebenswürdige, offene Natur wie der Vater gehabt habe, bevorzugt. Als Walther fünfzehn war, sei sie, Edith, geboren worden; die Mutter habe durch ihre Geburt schwer gelitten und sei jahrelang nachher leidend gewesen. Schließlich habe Erich Gelenkrheumatismus und einen Herzfehler bekommen, an dem er später gestorben ist. Das habe eine große Wandlung in der Mutter herbeigeführt, die sich von da an mehr zurückgezogen habe.

Ich fragte: Wie Walther wieder zu seinem Vater zurückgefunden habe, wieso es zwischen beiden nicht zu einer Katastrophe gekommen sei, Walther nicht Selbstmord verübt habe? Edith Andreae: Dafür, daß es zu keiner Katastrophe kam, habe die Mutter gesorgt, die sich dem Vater gegenüber immer auf seiten des Sohnes gestellt habe. Die Brücke zwischen dem Vater und Walther habe der Tod Erichs 1902 gebildet. Erich sei auf einer Reise mit dem Vater in Assuan gestorben. Dieser Tod habe Emil Rathenau völlig zerschmettert. Er habe gar nicht mehr seine Gedanken sammeln können, in Aktionärversammlungen plötzlich zu weinen angefangen, weil er Erichs Sarg vor sich sah, keine Generalversammlungsrede mehr halten können, alle Zahlen vergessen; kurz, es sei ein völliger geistiger Zusammenbruch gewesen.

Da habe Walther eingegriffen, dem Vater seine Reden ausgearbeitet, alles mit ihm durchgesprochen, sei plötzlich wie der Vater seines Vaters geworden. Allmählich habe sich der Vater so an ihn gewöhnt, daß er nichts mehr ohne ihn machen konnte. Erst dadurch sei das innige Verhältnis zwischen ihnen entstanden. Der Tod von Erich habe die Brücke zwischen beiden gebildet. Walther habe im Vater das gesehen, was er gern werden wollte, einen Menschen von höchstem Geist, der doch völlig unproblematisch war. Für den Vater habe es keine Probleme gegeben. Entweder er konnte eine Sache so vereinfachen, daß er sie ganz klar erfaßte, oder er schob sie beiseite, sie interessierte ihn dann nicht mehr. Die tausendfach gebrochenen Facetten vereinigten sich ihm wieder zum reinen weißen Strahl. Gerade diese Unkompliziertheit habe Walther an seinem Vater fasziniert, weil die gerade war, was ihm fehlte. Dahin wollte Walther hinaus aus seiner Kompliziertheit.

Die Mutter zog sich nach Erichs Tod ganz in sich zurück, wurde hart, mißtrauisch, eifersüchtig auf Walther, so eifersüchtig, daß sie sogar auf Edith und ihr Verhältnis zu Walther eifersüchtig wurde. Wenn Bruder und Schwester sich sprechen wollten, mußten sie sich vor der Mutter verstecken. Sie verabredeten geheime Zeichen, um sich ein Stelldichein zu geben, trafen sich in der Garderobe heimlich, gingen heimlich zusammen in die Siegesallee wie ein Liebespaar, damit die Mutter nichts merke. Das habe bis zum Tode von Walther gedauert. Dann sei wieder eine völlige Wandlung mit der Mutter vor sich gegangen. Sie sei förmlich aufgeblüht, habe sich wieder für alles interessiert, sei breit und gütig geworden. Ganz von sich aus habe sie gesagt, sie wolle an die Mutter des Mörders Techow schreiben, habe geschrieben und den Brief nicht einmal ihrer Tochter gezeigt.

Rathenaus Romantik. Edith Andreae: Er sei durch und durch Romantiker gewesen, ›Eichendorff‹! Seine Schwärmerei für den blonden Germanen sei reine Romantik gewesen. Sie habe ihn immer damit aufgezogen: »Wenn du Siegfried oder Hermann den Cherusker träfest, würdest du davonlaufen; sie hätten dir zu schmutzige Hände.« Auch seine Liebe zu Deutschland sei romantisch gewesen. Der Krieg hätte ihn vernichtet, weil ›seine Geliebte‹ gestorben war. (Auch Lili Deutsch sagte mir, der Krieg habe Rathenau tatsächlich vollkommen gebrochen.) Erst durch den Krieg habe er auch wieder an seinem Judentum gelitten. Als junger Mensch, als er nicht Leutnant werden konnte, habe es schon einmal einen kleinen Stoß gegeben. Aber erst der Krieg habe Rathenau sein Judentum schmerzlich zu fühlen gegeben. Er wollte Deutschland, seiner ›Geliebten‹, helfen, und da wurde ihm sein Judentum wie ein Klotz zwischen die Beine geworfen.

Weimar. 11. Dezember 1927. Sonntag

Mit Max in Hindemiths ›Cardillac‹. Gute Aufführung. Die Musik hat Format und Struktur. Es ist neben Alban Bergs ›Wozzeck‹ die stärkste moderne deutsche Oper, die ich kenne.

1928

Berlin. 19. Januar 1928. Freitag

Aus Weimar herübergekommen, um bei Viénot abends André Gide zu treffen. Große Abendgesellschaft. Helene, Madame de Prévaux, die Enkelin von Liszt usw. Gide schien oder tat sehr erfreut über unser Zusammentreffen. Er las aus seinem ›Enfant prodigue‹ vor, brach aber plötzlich ab mit dem Ausruf: »Non, c'est trop belge, c'est trop mauvais. On ne peut plus lire cela. J'ai fait mieux depuis.«

Bremen. 27. Januar 1928. Sonnabend

Rudi Schröder bei mir im Hotel gefrühstückt. Er ist überglücklich über die Feier und seinen Dr.h.c. Abends bei ihm mit seiner Schwester Dora Bodenhausen, Max, Frau Rilke usw. gegessen. Er versprach mir die Ilias; er habe jetzt nach seinem Ehrendoktor die Pflicht, sie fertigzumachen.

Leipzig. 18. Februar 1928. Sonnabend

Zu Kurt Weills Premiere: ›Der Zar läßt sich photographieren‹ nach Leipzig. Vorher die alte veristische Oper ›A basso Porto‹, deren musikalische Erfindung viel stärker ist: barock, viel Faltenwurf, aber darunter schauen hier und da schöne, gesunde Glieder hervor. Weills Musik hat Tempo, ist aber dürr wie Matzen.

Berlin. 27. Februar 1928. Montag

Vormittags bei Wirth, um ihn über Rathenau auszufragen: Wie er zu Rathenau gekommen wäre? Er sagte: Als Finanzminister habe er im Kabinett den Eindruck bekommen, daß die Minister so hinplätscherten, ohne geistig die Dinge zu durchdringen. So habe er sich gewöhnt, sich Rathenau kommen zu lassen und die Finanz- und Reparationsfragen mit ihm durchzusprechen. Sie hätten auch sonst viele Berührungspunkte gehabt, Rathenau sei Physiker, er Mathematiker gewesen, außerdem beide für Philosophie interessiert. So hätte sich bald zwischen ihnen eine halb politische, halb geistige Freundschaft gebildet. Deshalb habe er Rathenau mit Dernburg zusammen nach Spa mitgenommen, als seine beiden Zugpferde. In Spa habe dann Stinnes ganz offen die Bolschewisierung Deutschlands verlangt. Rathenau sei ihm in einer glänzenden Rede entgegengetreten. Dernburg und Seeckt (!) hätten sich auf Rathenaus Seite geschlagen. Das sei die Geburtsstunde der Erfüllungspolitik gewesen (1920). Gegen Rathenaus Mitnahme nach Spa habe das Auswärtige Amt sich wütend gewehrt; vor allem Rosen.

Im nächsten Jahr, nach dem Londoner Ultimatum, sei es unter den Umständen ganz natürlich gewesen, daß er Rathenau als Wiederaufbau-Minister ins Kabinett nahm; er sei in seine Stellung sozusagen hineingewachsen. Am Ende des Jahres habe die demokratische Fraktion Rathenau ganz gegen dessen Willen aus dem Kabinett zurückgezogen. Rathenau sei wütend gewesen. Im nächsten Jahr (1922), als für Genua ein Außenminister gesucht wurde, habe Stinnes Rosenberg durchdrücken wollen, der immer sein Mann gewesen sei. Aber er, Wirth, habe Rathenau herangezogen. Stinnes sei immer der typische Katastrophen-Politiker gewesen. Aber seine wirtschaftliche Macht sei so groß gewesen, daß niemand außer Rathenau ihm entgegenzutreten wagte. Er, Wirth, und Ebert hätten sich die größte Mühe gegeben, Rathenau und Stinnes zusammenzubringen, einen Ausgleich zwischen ihnen herbeizuführen; aber vergeblich.

Eilsen. 15. Mai 1928. Dienstag

Mit Hauptmann am Vormittag zwei Stunden spazieren. Er erzählte mir sein neues Drama ›Schwarze Fastnacht‹. Wir sprachen über Rathenau. Er meinte, Stresemann äußere sich nicht gerade wohlwollend über ihn. So habe er zu Benvenuto, dessen Pate Walther Rathenau war, gesagt: Zu Rathenau als Außenminister habe man auch nur sagen können: ›Schuster, bleib bei deinen Leisten!‹

Nachmittags ließ mich Hauptmann wieder durch Fräulein Jungmann holen, und wir besprachen in seinem Zimmer die Termine für die Hamlet-Ausgabe. Er versprach, ihn mir fertig bis zum 15. September zu liefern, damit er zu Weihnachten erscheinen könne. Dann kam er, ich weiß nicht wie, auf Hofmannsthals ›Turm‹; es sei ›ein Zusammenbruch‹, schrecklich. Er holte sein Exemplar, das er rot angestrichen hat, und las Stellen daraus vor. Hofmannsthal verliebe sich in einzelne Worte und mache, nur um ein Wort zu bringen, ganze Szenen, die vollkommen unorganisch und undramatisch seien.

Abends bei Tisch sagte er, Tolstois ›Macht der Finsternis‹ habe ihm ›die Tür aufgestoßen‹ zu seinem dramatischen Schaffen. Nicht Ibsen, Ibsen habe ihn wenig oder gar nicht beeinflußt; auch nicht ›Einsame Menschen‹. Aber Tolstoi, ja! Er habe allerdings schon dicht vor der Tür gestanden mit ›Bahnwärter Thiel‹, aber die ›Macht der Finsternis‹ habe ihm den letzten Schritt ermöglicht, zu ›Vor Sonnenaufgang‹. Bei Ibsen sei alles konstruiert, er schaffe die Figuren. Bei ihm, Hauptmann, dagegen komme alles aus den Figuren. So sei es auch bei Goethe, zum Beispiel in ›Clavigo‹, dagegen nicht bei Schiller. Er hatte Platens ›Venezianische Sonette‹ in der Originalfassung eben gelesen; meinte, es sei erstaunlich, was ein Dichter durch Korrekturen verderben könne. Die Fassung, die Platen schließlich herausgegeben habe, sei trivial, banal gewesen, während die Originalfassung frisch und neu wirke.

Er sprach auch über Stefan George. Er werde in seiner Heidelberger Rede (die er im Juni halten soll) nicht umhin können, sich mit dem Stefan George-Gundolf-Kreise auseinanderzusetzen.

Übrigens sagte Hauptmann, daß Hofmannsthals ›Turm‹ gerade durch seine Fehler ihn zu seiner ›Schwarzen Fastnacht‹ angeregt habe.

Leipzig. 19. Mai 1928. Sonnabend

Mittags nach Leipzig. Nachmittags mit Kippenberg Rilke-Ausgabe besprochen. Abends bei Kippenberg Thomanerfest. Die Jungens gesungen. Straube. Bockbier und Würste. Lauter alte Herren.

Berlin. 20. Mai 1928. Sonntag

Reichstagswahlen. In Berlin gewählt. Abends im demokratischen Parteibüro Koch sehr deprimiert über die Verluste der Demokraten.

Berlin. 21. Mai 1928. Montag

Vormittags im Auswärtigen Amt bei Gaus wegen der Publikation von Maltzans Berichten in meinem ›Rathenau‹. Er sagte, inhaltlich habe er gar keine Bedenken; aber eine Aktenpublikation von Nachkriegs-Akten sei etwas so Außergewöhnliches, daß man dahinter wirklich irgendwelche politischen Absichten vermuten könnte. Er ließ daher Dirksen rufen, der meinte, vielleicht sollte man die Russen fragen, wozu Gaus aber keinen Anlaß sah. Er wiederholte, er persönlich habe gar keine Bedenken, aber korrekter sei es, wenn ich noch einmal Schubert fragte. Eventuell wolle er das übernehmen und mir ein Wort schreiben.

Berlin. 23. Mai 1928. Mittwoch

Mein sechzigster Geburtstag. Viele Gratulationen und Blumen. Vor allem ein herrlicher Blumenkorb der Franziska Bruch von Kippenbergs. Zeitungsartikel. Nur ein guter von Scheffler. Abends aßen Max und Guseck bei mir.

Berlin. 29. Mai 1928. Dienstag

Vormittags um elf bei Dirksen, wo Besprechung mit Gaus über die Veröffentlichung der Maltzanschen Berichte in meinem Rathenau-Buch. Sie hatten keine Bedenken gegen deren wörtliche Veröffentlichung, baten aber, sie nicht als Akten, sondern als *meine* Darstellung der Vorgänge zu veröffentlichen, also die erste Person in die dritte zu verwandeln und nicht anzugeben, daß es sich um die Maltzansche Originaldarstellung handele.

Bei Schuberts gefrühstückt. Schubert sagte, er hoffe, er habe mir durch seine Entscheidung über die Maltzanschen Berichte keine zu großen Unannehmlichkeiten bereitet; aber er habe nicht anders entscheiden können, namentlich da er am gleichen Tage einer Deputation, die aus Hoetzsch, Oncken und Brandenburg bestand und die Veröffentlichung der Kriegsakten des A. A. verlangte, aus politischen Gründen ihr Gesuch habe abschlagen müssen. In den Kriegsakten stünden, wie ich ja wüßte, Dinge, die man heute unmöglich veröffentlichen könne. So habe er neulich zufällig beim Durchblättern eine tolle Geschichte gefunden. Amerika habe uns kurz vor dem Kriege, im Sommer 1914, einen Schiedsvertrag angeboten, wie es ihn mit England und Frankreich abgeschlossen hatte, und sogar noch während des Krieges, im November 1914, sein Angebot wiederholt. Es sei aber beide Male hohnlachend von der deutschen Regierung abgelehnt worden, mit geradezu ›mittelalterlichen Gründen‹, wie Schubert sagte; weil das hieße ›unsere Souveränität aufgeben‹; als ob England und Frankreich ihre Souveränität aufgegeben hätten. Auch der Kaiser habe dazu seine Randbemerkung in diesem Sinne gemacht!

Paris. 5. Juni 1928. Dienstag

Nachmittags den soeben in Paris eingetroffenen ›Eisernen Justav‹, den Droschkenkutscher, der mit seiner Droschke von Wannsee nach Paris gefahren ist, in der Rue Royale vor Larue mit seiner Droschke gesehen, die ganz mit deutschen und französischen Fahnen bedeckt war. Eine große Menschenmenge umstand sie und begrüßte ihn, während er seinen weißen Droschkenkutscherhut schwang.

Wien. 11. Juni 1928. Montag

Abends in Wien an; zu spät für die Premiere der ›Ägyptischen Helena‹. Brief von Frau Deutsch und Telegramm von Klemm, daß Deutsch durch Rechtsanwalt Einspruch gegen Erscheinen meiner Rathenau-Biographie erhebt.

Wien. 13. Juni 1928. Mittwoch

Abends aßen Hofmannsthals bei mir im ›Bristol‹. Nachher mit ihnen und Goertz zum Schubert-Festkonzert auf dem Josefsplatz. Die pompösen Barockpaläste ringsherum waren von innen taghell erleuchtet, so daß man durch die offenen Fenster in die festlichen Säle hineinsah, der Platz selbst dunkel; darüber wölbte sich ein ganz klarer italienischer Nachthimmel. Auf dem Platz bewegte sich eine nicht sehr große Menschenmenge zur Musik. Das Ganze machte einen fast rein italienischen Eindruck; und doch wüßte ich wiederum keine Stadt in Italien, die einen so pompösen imperialen Barock-Rahmen bieten könnte. Auch Hofmannsthal sagte, daß er das noch nie hier in Wien so erlebt habe.

Wien. 14. Juni 1928. Donnerstag

Bei Hofmannstahls in Rodaun gefrühstückt mit Richard Strauss, seinem Sohn und seiner Schwiegertochter. Das Gespräch kam nicht recht in Fluß, da jeder etwas andres wollte. Strauss äußerte unter andrem seine drolligen politischen Ansichten, Notwendigkeit einer Diktatur usw., die niemand ernst nimmt.

Abends mit Max in der Oper die ›Ägyptische Helena‹, die zweite Aufführung, gehört. Sehr enttäuscht und gelangweilt. Libretto und Musik gleich schwach und epigonenhaft. Ich bin froh, daß ich mit Hofmannsthal und Strauss nicht darüber zu sprechen brauchte.

Das letzte Mal, daß ich Hofmannsthal gesehen habe! [Spätere Eintragung.]

Prag. 15. Juni 1928. Freitag

Von Wien nach Prag im Auto. Ein andres Auto, das einem jungen jüdischen Ehepaar Federer gehörte, bot sich uns bei der Ausfahrt aus Wien sehr freundlicher Weise zur Führung in der

Tschechoslowakei an. Die tschechischen Straßen sind allerdings unerhört schlecht! Sowohl wir wie das Federersche Auto hatten deshalb mehrere Reifenpannen, und wir kamen daher erst bei Dunkelwerden in Prag an.

Berlin–Prag. 16. Juni 1928. Sonnabend

Vormittags in Berlin an, wo ich die Angelegenheit mit Frau Deutsch und Georg Deutsch klären wollte. Aber bei meinem ersten Anruf bei Klemm teilte mir Schmiegel mit, eben sei alles in Ordnung gekommen; der Rechtsanwalt Wenzel Goldbaum habe soeben telephoniert, die Sache sei in Ordnung. Also hat er nach Durchsicht des Buches entweder sein Mandat niedergelegt oder Deutschens dazu geraten, keine weiteren Schritte zu unternehmen. Da ich nur deshalb nach Berlin gefahren war, mittags schon wieder nach Prag zurück, wo ich abends wieder eintraf.

Prag. 17. Juni 1928. Sonntag

Mit Max Prag besichtigt. Hradschin, Dom, Alchimisten-Gäßlein, Judenfriedhof, alte Synagoge. Das einzige, was haften bleibt, ist der Blick von der Karlsbrücke auf den Hradschin. Die Stadt ist ganz proletarisiert. Alles, auch die Schaufenster, auf den unteren Mittelstand eingestellt. Die Bevölkerung auffallend häßlich; lauter vermickerte Gesichter, die Weiber mit dicken, unförmigen Beinen. Ich sah kein hübsches Gesicht; ganz im Gegensatz zu dem, was man in Wien sieht.

Berlin. 24. Juni 1928. Sonntag

Heute früh erscheint offiziell mein Rathenau-Buch. Die großen Zeitungen, ›Voss‹, ›Börsen-Curier‹, ›Frankfurter‹, ›Kölnische‹ usw., bringen spaltenlange Auszüge. ›Berliner Tageblatt‹ einen ausgezeichneten Leitartikel von Feder. Mittags im Rathenau-Haus Gründung der ›Walther-Rathenau-Gesellschaft‹. Brecht legte bei der Gründungsfeier als erstes mein Buch vor und las daraus ein Stück. Ich sah immer nur das von Gram über den Tod seiner Tochter völlig verstörte Gesicht Franz Mendelssohns.

Berlin. 4. Juli 1928. Mittwoch

Von Weimar nach Berlin. Abends bei Gerhart Hauptmanns im ›Adlon‹ gegessen. Zuerst ganz allein mit Gerhart und Grete; nachher kam das Brautpaar, Benvenuto und die Prinzessin Schaumburg. Sie macht einen sehr energischen Eindruck, trotz ihrer Jugend, und ist wirklich schön: ein Apollo-Kopf, altgriechisch; auch die Haltung ist auffallend, jeder Zoll eine ›Prinzessin‹; sie fällt aus der Familie Hauptmann, die daneben recht bürgerlich aussieht, ganz heraus.

Hauptmann sagte mir zu, mein Rathenau-Buch in der ›Voss‹ zu besprechen im Oktober.

Berlin. 5. Juli 1928. Donnerstag

Vormittags Telegramm von Wirth, er müsse mich ›dringend‹ wegen der Rathenau-Sache sprechen, da er heute den Brief, den wir verabredet haben, schreiben müsse. Ich suchte ihn daher nachmittags im Reichstag auf, wo wir eine ganz freundschaftliche Unterredung hatten und er mir den Brief, den er an mich zur Veröffentlichung geschrieben hat, vorlegte. Ich korrigierte einige etwas aufgeregte Wendungen und versprach, ihm morgen früh meinen Antwort-Brief zukommen zu lassen. Im ganzen hatte ich von der Unterredung und dem Brief den Eindruck, daß Wirth doch ein recht kleines Format ist.

Homburg. 19. Juli 1928. Donnerstag

Abends kam Heinz Simon aus Frankfurt zu mir und las mir einen Teil seines vorzüglichen Artikels über den ›Rathenau‹ vor, der in den nächsten Tagen erscheinen soll.

Homburg. 21. Juli 1928. Sonnabend

Die ›Menschheit‹ bringt einen Brief von Poincaré an den Separatisten Matthes, in dem er sich gegen den ›Rathenau‹ zur Wehr setzt, weil ich (was nicht richtig ist, aber offenbar von Herrn Matthes Poincaré vorgeschwindelt worden ist) angeblich behauptet hätte, er habe in der Zeit der Genua-Konferenz die

Rheinlande ›annektieren‹ wollen. – Antwort an Poincaré aufgesetzt.

Homburg. 24. Juli 1928. Dienstag

Nach Frankfurt gefahren im Auto, um meine Antwort an Poincaré dort abtippen zu lassen. Mit Dewall von der ›Frankfurter Zeitung‹ konferiert, der mir riet, Poincarés Antwort nicht abzuwarten, sondern meine Antwort sofort in der ›Menschheit‹ und andren Zeitungen abdrucken zu lassen.

Frankfurt. 12. August 1928. Sonntag

Sehr imposanter Aufmarsch des Reichsbanners im Ostpark. Etwa achtzigtausend Mann. Fast noch eindrucksvoller der Marsch durch die Straßen, der mehrere Stunden dauerte; die Bevölkerung bildete links und rechts in vielen Reihen Spalier, auch alle Fenster mit winkenden Menschen besetzt. Man sah, daß in Frankfurt die Republik nicht mehr umstritten ist. Viele alte 48er-Fahnen im Zuge.

Nachmittags nach Homburg zurück.

Homburg. 13. August 1928. Montag

Poincarés Antwort auf meinen Brief eingetroffen. Er läßt durch seinen Sekretär abstreiten, daß er die separatistische Bewegung gefördert hätte. Der Brief ist vom 30. Juli datiert und durch Kurier nach Berlin gegangen, wo er am Elften aufgegeben ist; außerdem ganz falsch adressiert.

Koblenz. 15. August 1928. Mittwoch

Früh aus Homburg nach Koblenz, um beim Oberpräsidenten und Bürgermeister Material für meine Erwiderung an Poincaré zu sammeln. Zuerst im Rathaus beim Vertreter des verreisten Bürgermeisters, Beigeordneten Wirtz. Da Poincaré behauptet: ›que le Gouvernement français n'a jamais voulu, en ce qui le concerne, *favoriser* un mouvement séparatiste; il a d'ailleurs jugé qu'il ne lui appartenait pas d'interdire les manifestations spontanées (!!) d'une partie des populations‹, so suche ich nach schlüssigem Material, das die für alle Welt offenkundige Begünstigung der separatistischen Bewegung durch die Poincaré-Regierung in den Jahren 1922/24 beweist.

Nachher beim Oberpräsidenten Fuchs. Anderthalbstündige Unterredung. Er empfing mich nicht im Oberpräsidium, das von den Franzosen (Tirard) besetzt ist, sondern in einem Gebäude in der Gerichtsstraße, wo er ziemlich kümmerlich hausen muß. Großer, starker Mann mit einem breiten, intelligenten Gesicht, in das sich viel Ärger eingegraben hat.

Ich gab ihm die Erwiderung Poincarés zu lesen. Er lachte über ihre Unverfrorenheit: das pfiffen im ganzen Rheinland die Spatzen von den Dächern, daß die Franzosen die separatistische Bewegung ›favorisiert‹, ja gemacht hätten. Aber gerade Tatsachen, die die Spatzen von den Dächern pfiffen, seien oft schwer zu beweisen. Wenn ich eine Schrift zusammenstellen wolle, so sei die mit dem Material, das vorliege, in kürzester Zeit fertigzustellen; aber ein kurzer Brief, der die notorische Tatsache schlüssig beweise, sei kaum möglich. Ja, wenn ein Dokument direkt von Poincaré vorläge, in dem er die Separatisten zu unterstützen befehle! Aber ein solches sei selbstverständlich nicht zu beschaffen. Jeder Einzelfall, den ich anführte, werde aber sofort dementiert oder als Ausnahmefall hingestellt werden. Summa summarum: er konnte mir nichts Brauchbares geben. Er fragte dann, ob ich an eine deutsch-französische Versöhnung unter Poincaré glaube. Der Franzose sei vor allem um seine Sicherheit besorgt; in der Besetzung des Rheinlandes sehe er die einzige Garantie dieser Sicherheit.

Berlin. 17. August 1928. Freitag

Nachmittags auf dem Büro der ›Weltbühne‹ mit Ossietzky konferiert. Ich zeigte ihm den Brief von Poincarés Sekretär. Er lächelte und stellte sich ganz auf meinen Standpunkt in bezug auf die Betätigung und Unterstützung der Franzosen bei den Separatistenwirren. Er sagte, Matthes' Brief habe er nur auf Drängen von Tucholsky gebracht, der Matthes in Paris kennengelernt und menschlich sympathisch und hilfreich gefunden habe. Er versprach, meine Erwiderung an Poincaré zu bringen.

Homburg. 21. August 1928. Dienstag

Nach Frankfurt, wo meine umgearbeitete Antwort Fräulein Heise diktiert und nachher Heinz Simon gezeigt, der sie gut fand. Aber wir kamen überein, sie erst nach der Unterzeichnung des Kellogg-Paktes und den Verhandlungen in Paris und Genf zu veröffentlichen, um mir nicht den Vorwurf zuzuziehen, ich hätte den Franzosen das Fest verekelt.

Trier–Verdun–Reims. 24. August 1928. Freitag

Fahrt über Luxemburg, Longwy nach Verdun und dann von Verdun durch die Champagne nach Reims. Die verbrannten Dörfer auf den Höhen bei Verdun sind das Vorspiel wahrhaft erschütternder Landschaftsbilder. Von Verdun bis Reims auf hundert Kilometer eine wohl seit Jahrhunderten fast menschenleere Einöde, eine Landschaft, die einem zuerst Entsetzen einflößt und dann allmählich, wenn man Kilometer um Kilometer durch sie hindurcheilt, an Soldatenkirchhöfen, an noch immer ihre Arme gegen den Himmel streckenden, verkohlten Bäumen, an verbrannten, verfallenen Bauernhöfen vorbei, in der Ferne immer die kahlen, weiß und grau schimmernden Kalkwellen, tragisch wie die Campagna von Rom wirkt; oder richtiger, tragisch, wie einmal, vor Jahrzehnten, als sie noch nicht bebaut war, die Campagna gewirkt haben muß. Entsetzen und tragische Erschütterung wechseln im Gefühl bei ihrem Anblick. Die dichtgedrängten, kleinen weißen Kreuze in den Soldatenfriedhöfen, Tausende und aber Tausende, wirken in der großen Landschaft winzig und fast meskin; die Rache schreiende Seele der Toten lebt in dieser Landschaft, nicht in ihnen: Rache an denen, die dieses Verbrechen verschuldet haben, ewige Ermahnung zum Frieden.

Und dann als Abschluß plötzlich Reims, die verwundete, schrecklich mißhandelte Kathedrale, vom Feuer wie ausgelaugt, die Steine angefressen, als ob sie Jahrtausende in der Meerestiefe gelegen hätten, unendlich groß, erschütternd, pathetisch furchtbar, und doch noch überirdisch schön in ihrer Verwüstung! Man sollte das ganze tragische Gebiet zwischen Verdun und Reims zu einem Heiligtum für ganz Europa machen, wo in jedem Jahr Pilgerzüge von allen Enden der Erde zur Verurteilung des Krieges und zur Heiligung des Friedens zusammenströmen könnten, um endlich ihre Andacht vor der großen, verwundeten Kathedrale zu verrichten! Jetzt sind es nur Pilgerzüge von Touristen, vor allem Amerikanern, mit Kodak-Apparaten und einem möglichst vollgepfropften Programm von Sight-Seeing, die wie ein widerliches Geschmeiß diese Landschaft entweihen. Wir, Goertz und ich, sind durch sie mit steigendem Entsetzen und wachsender tragischer Erschütterung mehr geflohen als gefahren. Diese Landschaft, die ›Katalaunischen Felder‹ Attilas, die Landschaft von Valmy (durch das wir passierten), schließlich die Landschaft der Marneschlacht hat ihr Schicksal, das ihr ins Gesicht gegraben ist, erfüllt! Man sollte sie jetzt so besuchen, wie die Griechen ihre furchtbaren mythischen Gestalten in der Tragödie sich vorführen ließen: zur Erschütterung und Reinigung.

Paris. 28. August 1928. Dienstag

Maillol in Marly zum Frühstück nach Paris abgeholt mit Max. Zuerst in den Tuilerien-Garten, um zum soundsovielten Male einen Platz für sein Cézanne-Denkmal zu suchen. Einen ausgezeichneten auf der Terrasse des Jeu de Paume (links vom großen Haupteingang zum Garten) ausgesucht. Zufällig kam gerade der Architekt der Tuilerien hinzu, der dem Platz zustimmte. Maillol war ganz beglückt. Nachher bei Ledoyen in den Champs-Elysées gefrühstückt. Reise Maillols nach London beredet zu seiner Ausstellung. Er macht zur Bedingung, daß entweder ich oder Lucien mitkommen, da ihm das Alleinreisen nicht behagt und seine Frau ›toujours de mauvaise humeur‹ sei und daher als Begleiterin für ihn nicht in Frage komme.

Berlin. 27. September 1928. Donnerstag

Mit Géraud und Wilma nach Potsdam. Sanssouci. Abends mit Wilma, Géraud, Goertz und seiner Braut in die ›Dreigroschenoper‹ von Brecht mit Musik von Weill. Sehr fesselnde Vorstellung, Piscator-haft primitiv und proletarisch aufgemacht (Apachenstil), Weills Musik einschmeichelnd und ausdrucksvoll, die Schauspieler (Harald Paulsen, Rosa Valetti usw.) ausgezeichnet. Es ist das Modestück, immer ausverkauft. Wir trafen Prittwitzens (den Botschafter mit Frau), Herbert Guttmanns usw. ›Man muß dagewesen sein.‹

Berlin. 30. September 1928. Sonntag

In der heutigen zweiten Morgenausgabe bringt die ›Frankfurter‹ die letzten beiden Briefe meiner Auseinandersetzung mit Poincaré. Die ersten fünftausend Exemplare meines Rathenau-Buches sind jetzt bis auf rund hundert, wie mir Schmiegel vorgestern mitteilte, verkauft; die neue Auflage ist ausgedruckt und kommt in den nächsten Tagen in den Buchhandel.

Abends Theodor Dreisers Stück ›Ton in des Töpfers Hand‹ im Renaissance-Theater gesehen. Regie von Hartung, wiedererstandener Brahm, so wie das Stück ein wiedererstandener früher Gerhart Hauptmann ist, allerdings schwächer, sentimentaler und mit amerikanischem Moralin parfümiert, insbesondere im letzten Akt. Aber trotzdem war die Wirkung gewaltig, hauptsächlich des dritten, Gerichtsaktes, wo Frida Richard (die jüdische Mutter) und Hermann Vallentin (der alte jüdische Vater) Leistungen boten, die zum Höchsten gehören, was ich auf der Bühne gesehen habe. Namentlich die Richard als völlig zusammengebrochene, aber verstockt und fast sprachlos die Unschuld ihres Sohnes verteidigende Mutter wird mir immer unvergeßlich bleiben; eine Leistung, die an die erschütterndsten der Duse, Jaccoris, Rossis, Salvinis erinnerte.

London. 4. Oktober 1928. Donnerstag

Eröffnung der Maillol-Ausstellung in der Goupil Gallery (Regent Street). Der französische Botschafter Fleuriau hielt eine kleine Eröffnungsansprache. Ich ließ mich ihm vorstellen und sprach ein paar Minuten mit ihm. Er hat wohl heute zum ersten Mal von Maillol gehört, war aber liebenswürdig und bat mich, falls Maillol käme, es ihn wissen zu lassen, damit er für ihn ein Frühstück gebe. Lord Howard de Walden, den ich kennenlernte, hatte schon Karten drucken lassen für ein Frühstück heute ›to meet Mr. Aristide Maillol‹. Die Ausstellung ist geschmackvoll aufgestellt und macht einen meisterlichen Eindruck. Rothensteins luden mich für morgen zum Essen ein; auch sie möchten Maillol ein Frühstück geben.

London. 5. Oktober 1928. Freitag

Bei Dieckhoffs Tee getrunken. Dieckhoff sagt, daß die Beziehungen zwischen Foreign Office und der Französischen Botschaft die allerintimsten sind, während zu den andren Botschaften, auch der unsrigen, eine viel kühlere Haltung eingenommen wird. Jeder Schritt wird vorher zwischen beiden Regierungen besprochen und verabredet. Irritiert sind die Engländer gegen die Amerikaner. Houghton fühlt sich hier nicht glücklich.

Von Emil Ludwigs Empfang bei Sthamer erzählte er: Ludwig habe sich durch den Diener melden lassen als ›Herr Ludwig‹. Sthamer habe ihn gleich empfangen, ohne zu ahnen, wer er war: »Bitte, Herr Ludwig, nehmen Sie Platz; Sie sind Deutscher, Herr Ludwig?« Ludwig, der eine Anspielung auf sein jüdisches Aussehen witterte: »Jawohl. Ich bin der Verfasser eines Bismarcklebens.« Sthamer, plötzlich im Bilde, mit hocherhobenen Armen: »Ach, herrje!« Ludwig faßt das als eine abfällige Bemerkung seines Buches auf und empfiehlt sich rasch. Sthamer, höchst verlegen und mit sich selbst wegen seiner Ungeschicklichkeit ärgerlich, kann sich nicht dazu bringen, Ludwig einzuladen. Worauf Ludwig in höchster Pikage abdampft.

Tyrrell hat Sthamer zum Trost folgende Anekdote von Ludwig erzählt: Ludwig habe zu Tyrrell das Schwinden der Ehrfurcht im deutschen Volk vor großen Männern beklagt: »Wenn Moltke mit Bismarck über die Linden ging, da hat jeder vor ihnen den Hut gezogen. Aber meinen Sie, daß, wenn ich mit Feuchtwanger über die Linden gehe, jemand vor uns den Hut zieht?«

Paris. 9. Oktober 1928. Dienstag

Abends Giraudoux' ›Siegfried‹ bei Jouvet in der Comédie des Champs-Elysées. Die deutschen und französischen Figuren schablonenhaft, daher langweilig und auf die Nerven fallend. Man empfindet vor allem, wie schief selbst ein ganz wohlmeinender Franzose auch nur die Äußerlichkeiten des deutschen Lebens sieht; lächerliche Kostüme der ›Deutschen‹ von 1921! Sie sehen aus wie Possenfiguren aus den sechziger Jahren! Das Maximilianeum und die Propyläen stehen im Gotha! Ludendorff und Walther Rathenau werden im Januar 1921 beide zusammen zu neun Uhr abends zur Audienz bei ›Siegfried‹ bestellt! Die Regie und das Spiel waren, wie neulich im ›Napoleon IV.‹, miserabel, ebenso drollig veraltet wie die Kostüme der ›Deutschen‹. Wenn man von London oder Berlin nach Paris in ein Theater kommt, fühlt man sich plötzlich auf ein ganz andres, viel tieferes Niveau versetzt, sozusagen in die ›Provinz‹, wo noch die Moden und Unarten von vor dreißig Jahren für das Allerneueste gelten.

Paris. 14. Oktober 1928. Sonntag

Vormittags zu Maillol nach Marly hinaus. Fand ihn wieder auf den Beinen, aber er scheint wirklich krank gewesen zu sein. Ich berichtete ihm über die Londoner Ausstellung und die Enttäuschung, die sein Fortbleiben verursacht hatte. Dann skizzierte ich ihm meinen neuen Artikel, daß ich besonders auf die ›Weltverbundenheit‹ seiner Kunst das Gewicht gelegt hätte. Er stimmte laut und energisch zu. Rodins Werke paßten nirgends hin. Sein ›Penseur‹ sehe neben den Bronzen aus dem Park von Versailles, die mit ihm zusammen jetzt bei Maillols Gießer zur Reparatur stehen, nach nichts aus; lauter kleine Einzelheiten, ein schöner Muskel hier und da, aber das Ganze verschwinde neben dieser alten Kunst. Er gab mir auch recht, daß er, im Gegensatz zu Rodin, sich vom neunzehnten Jahrhundert losgesagt und an das achtzehnte wieder angeknüpft habe. »Nous sommes revenus au dix-huitième siècle.« Später sagte er: »C'est plus difficile à placer une statue, qu'à la faire.«

Paris. 15. Oktober 1928. Montag

Vormittags André Gide in seiner neuen Wohnung I^bis Rue Vanneau besucht. Er war mitten im Umzug, empfing mich aber in seiner halb eingerichteten Bibliothek. Ich wollte ihn wegen der Hamlet-Übersetzung sprechen. Er hat den ersten Akt übersetzt, ist dann aber steckengeblieben. Er fragte, was Hauptmann von dem Text hielte. Ich sagte es ihm. «Voyez-vous, c'est ce que j'ai toujours dit, qu'il était profondément corrompu.« Ich skizzierte ihm dann Hauptmanns Umarbeitung. Er sagte aber ziemlich bestimmt nein zu meinem Vorschlag, Hamlet für meine Presse zu Ende zu übersetzen. Er sei so mit Arbeiten im Rückstand, daß er keine neue Arbeit unternehmen könne. So habe er dem ›Forum‹ in Amerika seinen neuen Roman für das Novemberheft versprochen, ihn aber nicht fertigstellen können, weil er im Sommer vier Monate wie gelähmt gewesen sei, nichts vor sich gebracht habe; das ›Forum‹ habe ihm aber einen Aufschub abgeschlagen, und er müsse jetzt alles dransetzen, ihn wenn möglich noch zur rechten Zeit zu vollenden.

Gide sagte mir dann, nebenan wohne eine Dame, die sehr wünsche, mich zu sehen. Es war Mme. van Rysselberghe, die ich seit vor dem Kriege nicht gesehen hatte, von der ich aber weiß, daß sie im Kriege zu denen gehört hat, die mich gegen die Angriffe in der französischen Presse tapfer verteidigt haben. Sie empfing mich, als ob wir uns gestern verlassen hätten, erzählte mir vom Tode von Théo und zeigte mir ihre hübsche, kleine Wohnung. Sie ist ganz weiß geworden, aber sonst frisch und unverändert.

Dann Maillol nach unserer Verabredung bei seinem Gießer Rudier in der Rue Olivier de Serres in Vaugirard aufgesucht. Er arbeitete am Gipsausguß seiner Venus: ›bouchait les trous‹ für den Bronzeguß. Auf dem Hofe standen neben dem ›Penseur‹ von Rodin Brunnenfiguren aus Versailles, die hier repariert werden. Der ›Penseur‹ sieht neben diesen festen, klaren, auf weite Sicht eingestellten Formen recht verblasen und klein aus.

Maillol ging mit Rudier und mir um die Figuren herum und meinte: Neulich, als der ›Penseur‹ auf der Erde gelegen habe, habe man ›des morceaux superbes‹ gesehen, namentlich Rumpf und Rücken; jetzt, wo er stehe, ›on ne voit plus ces morceaux‹, die Arme verdeckten sie. Rodin habe es meisterhaft verstanden, Einzelheiten zu machen, nicht aber, sie zur Geltung zu bringen. Man sollte, fügte er halb im Scherz hinzu, einmal die Arme abschlagen, damit die Herrlichkeiten des Rumpfes zum Vorschein kämen. (Überhaupt haßt Maillol die Arme, auch bei seinen eigenen Figuren: er weiß nichts Rechtes mit ihnen anzufangen. Seine ›Venus‹ findet er ohne Arme schöner.)

Auf dem Hofe stand auch die ganze Gruppe der ›Bourgeois de Calais‹. Sie, ebenso wie der ›Penseur‹, sind von Japan bestellt, vom japanischen Milliardär Matsukata für ein japanisches Museum, dem er sie zum Geschenk machen will. Matsukata ist allerdings inzwischen verkracht, so daß die Figuren hier vorläufig gestrandet sind. Ich fragte Rudier, ob ein jeder denn noch immer Werke von Rodin gießen lassen könne? Rudier sagte, das ›Musée Rodin‹ besitze das Recht dazu und werde aus dem Ertrag der Verkäufe erhalten; man könne jedes Werk von Rodin durch das ›Musée‹ erhalten. Rudier lud Maillol und mich zum Frühstück ein, und wir aßen in einem kleinen, sehr sauberen ›Restaurant Jean‹ zusammen.

Locarno. 17. Oktober 1928. Mittwoch

Bei von der Heydt auf dem Monte Verità gefrühstückt mit Max und Dirksens (aus dem Amt). Das Frühstück litt darunter, daß Dirksens und Heydt, wohl zu meinen Ehren, ihren geistigen

Sonntagsstaat angelegt hatten, so daß das Gespräch sich auf einer Ebene bewegte, die jedem eine krampfhaft ›kultivierte‹ Haltung aufzwang. Mit Dirksen dann privatim ein politisches Gespräch, das natürlicher verlief. Mit Heydt über mein Haus in der Hildebrandtstraße verhandelt und in den meisten Punkten eine Einigung erzielt.

London. 22. Oktober 1928. Montag

Endlich nachmittags Craig erreicht, zunächst telephonisch, der dann mit seinem Sekretär zu mir ins Hotel kam, freundlich und lächelnd wie immer. Sein Sohn Teddy heiratet morgen hier. Wir sprachen die mißglückten Hamlet-Drucke im einzelnen durch, wobei er mehrere Pflöcke zurücksteckte. Auch kurz über den ›Kaufmann von Venedig‹. Er erzählte, daß er für Amerika Kostümzeichnungen zu einer Macbeth-Aufführung gemacht und dieses ihn sehr erfrischt habe, so daß er mit neuem Mut an die Holzstöcke für den ›Kaufmann‹ zu gehen hoffe; ich solle ihm nur Zeit lassen.

Später kam Eric Gill, der im Umzug nach High Wycombe begriffen ist und sehr übermüdet aussah. Ich machte Gill und Craig miteinander bekannt, und sie tranken beide Tee bei mir. Gill meinte nachher von Craig: »I had expected to find him quite different. Why, he is a charming old boy!« Wobei wie ein ›old‹ boy, wenn man beider Köpfe nebeneinander sah, viel eher Gill aussah, der schon stark ergraut ist und heute schrecklich abgespannt war, während Craig, trotz seiner grauen Haare, noch immer etwas Jugendliches und Knabenhaftes hat. Mit Gill nochmals das ›Hohe Lied‹ besprochen.

Berlin. 25. Oktober 1928. Donnerstag

Abends bei Hugo Simons großes literarisches Diner im Frack: Heinrich Manns, Walter von Molo, Jakob Wassermanns, Rowohlts, der Maler Kardorff mit Frau, Frau Hilferding (ohne Mann) usw. Ich saß zwischen Frau Simon und Frau v. Kardorff, die mir erzählte, daß die Ehe Benvenuto Hauptmann-

Schaumburg-Lippe schon auseinander sei! Auf lange Dauer hatte ich sie nie eingeschätzt; aber auf so kurze, noch nicht ein Vierteljahr, auch nicht! Mit Heinrich Mann komme ich nicht weiter; er wirkt auf mich immer wie ein Stockfisch; seine Frau dagegen (Frau Hilferding sagt: ursprünglich Dienstmädchen oder Köchin) ist recht appetitlich, ein etwas üppiger Renoir oder Goya.

Gerhart Hauptmann telegraphiert mir aus Basel: ›Lebe mit Ihrem erschütternden, aufwühlenden, tragisch mächtigen Werk über Walther Rathenau. Drücke Ihnen nur vorläufig im Geiste wieder und wieder die Hand.‹

Berlin. 27. Oktober 1928. Sonnabend

Mit Max in Reinhardts ›Romeo und Julia‹ im Berliner Theater. Eine unbegreifliche Verirrung; aus lauter Geist und Einfällen kommt schließlich eine schlechte Provinz-Darbietung zustande. Palladio-Bühne (Vicenza), Julias Bettstatt auf dem Hof zwischen Wandschirmen, die Balkonszene spielt nach hinten, so daß man Romeos Worte überhaupt nicht, Julias nur ganz undeutlich hört usw. Schauderhaft! Einmal, während Julias Szene mit der Amme, fing das Publikum an, laut zu lachen, was zur Folge hatte, daß die Bergner und die Amme in höchster Erregung und Verwirrung mitten durch den Wandschirm fortstürzten und eine endlose Pause bei verdunkeltem Hause eintrat, wahrscheinlich während irgendein Regisseur hinter der Bühne die Bergner wieder beruhigte. Die Aufnahme war, bis auf eine offenbar bezahlte Claque, die sich äußerst lärmend gebärdete, eisig; nach Schluß entfernte sich das wirkliche Theaterpublikum, alle besseren Plätze, ohne zu klatschen, schweigend. Der junge Lederer und die Bergner sind ein schönes Paar (Lederer auffallend Byron ähnlich), sonst bietet die Aufführung nichts.

Berlin. 29. Oktober 1928. Montag

Mit Max im ›Deutschen Theater‹ Bruckners ›Verbrecher‹. Tendenzstück gegen die Justiz. Hauptmotiv: ›Wir alle sind Verbrecher‹, oder, was dasselbe ist, es gibt keine Verbrecher, sondern nur Umstände, ›Milieus‹, die verbrecherische Handlungen erzeugen, wie ein Sumpf Sumpfblumen erzeugt (Rousseaus These). Als Kunstwerk schien das Stück mir in der Nähe von Sudermanns ›Ehre‹ und von Brieux' Tendenzstücken wie ›La Robe Rouge‹ zu stehen, nicht schlechter, aber auch nicht viel besser. Nur die sechsteilige Bühne und das starke Hervorkehren homosexueller Motive verleiht ihm einen Schein von ›Modernität‹. Das Homosexuelle tritt allerdings noch unverhüllter und breiter hervor als in Heinrich Manns ›Bibi‹ und das Publikum nimmt daran nicht den geringsten Anstoß, selbst bei einer der sehr eindeutigen Schlußszenen, wo ein junger, eleganter Mann in seinem ›Boudoir‹ (so muß man es nach der Ausstattung bezeichnen) einen scheinbar etwa sechzehnjährigen hübschen blonden Knaben auf seinem Schoße herzt und küßt. Für das Theaterpublikum ist diese ganze Frage offenbar schon erledigt, ja kaum noch aktuell. Man nimmt die sexuelle Anziehung zwischen Frau und Frau, zwischen Mann und Knabe als ebenso selbstverständlich und natürlich hin wie die Griechen; allerdings zunächst nur im Theater!

Berlin. 30. Oktober 1928. Dienstag

Abends bei Piscator. Hübsche, helle Wohnung, von Gropius eingerichtet, ›sachlich‹, aber ansprechend, und die Menschen sehen darin gut aus. Ziemlich große Gesellschaft, vierzig bis fünfzig Menschen, Männer und Frauen, die bis nach Mitternacht immer mehr wurden; anscheinend fand die Veranstaltung zu Ehren des russisch-jüdischen Regisseurs Granowsky statt. Viele Schauspieler und Schauspielerinnen.

Brecht kennengelernt. Auffallender Dekadentenkopf, fast schon Verbrecherphysiognomie, sehr dunkel, schwarzes Haar, schwarze Augen, dunkle Haut, ein eigenartig lauernder Gesichtsausdruck: fast der typische Ganove. Aber wenn man mit ihm spricht, taut er auf, wird fast naiv. Ich erzählte ihm, wie es schien, zu seinem größten Vergnügen, d'Annunzio-Anekdoten.

Er ist jedenfalls ›ein Kopf‹, wenigstens äußerlich, und nicht unsympathisch (wie Bronnen).

Herzfelde brachte nachher George Grosz und mir gegenüber wieder seine Idee eines nur aus Ausschnitten aus der Wirklichkeit zusammengestellten Films vor. Grosz verhielt sich ablehnend oder mindestens sehr kritisch, meinte: »Das kann als Dokument ganz interessant sein. Aber das Reale genügt mir nicht. Sehen Sie, ich bin sozusagen ein künstlerischer Mensch, ich erstrebe das Märchen. Die Kamera kann allerlei interessante Ausschnitte geben, aber nie die magische Wirkung der Zeichnung erreichen.«

Grosz scheint überhaupt eine starke Wandlung von der Realität fort durchzumachen; er klagte, daß unsere Zeit alles rationalisiere und so gar kein Verständnis für die irrationalen Bedürfnisse des Menschen habe. Was die linksstehenden Kreise, Sozialdemokraten usw. erstrebten, Verbesserung der Lebensverhältnisse der breiten Massen, Hygiene usw., sei einfach selbstverständlich für jeden, der ein Herz habe; aber damit fange es erst an, das sei kein Endziel; und dafür hätten die Leute kein Verständnis.

Berlin. 11. November 1928. Sonntag

Das ›Berliner Tageblatt‹ bringt heute morgen meiner Erinnerungen ›Vor dem Sturz der Monarchie‹ als riesigen Leitartikel, der fast die ganzen ersten beiden Seiten ihrer Sonntagsnummer füllt.

Die von Ponsonby herausgegebenen Briefe der Kaiserin Friedrich an ihre Mutter gelesen. Trotz allem, was man vom Verhältnis des Kaisers zu seiner Mutter wußte, erweist es sich als noch viel schrecklicher, als man erwarten konnte. Der Kaiser von einer Brutalität, Bösartigkeit, Gemeinheit, Grausamkeit gegen sie, die fast beispiellos sind. Man muß an Tacitus denken, an Nero und Agrippina. Wenn die Zeit es gestattet hätte, wäre der Kaiser vor ihrer Ermordung kaum zurückgeschreckt. Jede neue Publikation macht das Bild dieses Schwächlings, Feiglings, brutalen Strebers und Bramarbas, dieses Hohlkopfs und Aufschneiders, der Deutschland ins Unglück gestürzt hat, noch abstoßender. Nicht ein Zug ist an ihm, der Sympathie oder Mitleid erregen könnte; er ist restlos verächtlich.

Berlin. 13. November 1928. Dienstag

Für die ›Liga für Menschenrechte‹ abends Vortrag über Rathenau im Reichswirtschaftsrat gehalten. Voll war gar nicht der Ausdruck! Ich konnte selbst nicht an die Garderoben herankommen, und im Saal standen die Leute dicht gedrängt wie die Sardinen. Ich redete fast zwei Stunden, und trotz der erstickenden Hitze war kein Laut zu hören; von Anfang bis zu Ende atemlose Aufmerksamkeit und Stille; und nachher ein Beifall, wie ich ihn selten gehabt habe. Hesnard, der französische Pressechef, war nach Schluß als erster bei mir, um mir zu gratulieren. Nachher drängte sich alles, Quidde, der trotz seiner siebzig Jahre die ganze Zeit stehend ausgeharrt hatte, der polnische Legationssekretär Komarnicki, Magnus Hirschfeld, Kuczynski usw. Es war mir um so erstaunlicher, als ich selbst nicht recht befriedigt war, meinen Vortrag lückenhaft, zum Teil unklar, jedenfalls anders fand, als ich vorgehabt hatte. Aber ich fühlte nach zehn Minuten, daß ich das Publikum irgendwie gepackt hatte. Mein erster öffentlicher Vortrag seit meiner ernsten Krankheit vor dreieinhalb Jahren.

Komarnicki sagte mir nachher, daß mein Pilsudski-Brief in der ›Frankfurter Zeitung‹ in der ganzen polnischen Presse nachgedruckt worden sei und großes Interesse erregt habe. Ich sagte: er sei nach deutschen Zeitungsnachrichten doch in Polen verboten worden! Komarnicki meinte: nur eine Stelle, die Äußerung Pilsudskis über Westpreußen; sei vielleicht zensuriert worden. Er selbst habe die ›Frankfurter‹ an seinen Freund Sosnkowski und an Pilsudskis Adjutanten Wek geschickt.

Berlin. 28. November 1928. Mittwoch

Eröffnung der Maillol-Ausstellung. Vormittags sie mit Helene Nostitz, der kleinen Mme. de Margerie, Viénot besichtigt.

Nachmittags feierliche Eröffnung. Großer Andrang. Der Botschafter Margerie, viele Künstler, Berliner Gesellschaft usw.

Der Eindruck groß: in der Masse wirkt Maillols Kunst noch weit stärker, als wenn man bloß einzelne Stücke sieht; ganz im Gegensatz zum Eindruck, den sonst die meisten Kollektiv-Ausstellungen machen.

Nachher zu einem Tanztee bei den Roland de Margeries. Gespräch mit Roland de Margerie und Viénot über meinen Briefwechsel mit Poincaré. Roland sagte mir, man habe sich köstlich amüsiert über meinen Einfall, Poincaré durch meinen Sekretär antworten zu lassen. Auf meine Bemerkung, ich hätte ja auch *in der Sache* recht gehabt, sagte er: »Poincaré hat Ihnen ja auch nicht mehr geantwortet.« Viénot sagte, er sei kürzlich von Poincaré empfangen worden, und dabei sei auch auf diesen Briefwechsel das Gespräch gekommen. Poincaré habe sich zu seiner Überraschung recht milde, pas du tout aigri, darüber geäußert, allerdings daran festgehalten, daß er, und nicht ich, in der Sache recht hätte.

Der belgische Botschaftsrat ließ sich mir vorstellen und sagte: er sei in der fraglichen Zeit Sekretär bei der interalliierten Kommission in Koblenz gewesen. Er könne mir noch eine Menge Material bezeichnen. Natürlich hätte ich in bezug auf Matthes usw., des gens tarés, recht. Aber es seien auch Elemente de bonne foi für die ›Versackung‹ der Rheinlande gewesen, zum Beispiel Jarres. Nachher langes Gespräch mit dem Botschafter Margerie.

Berlin. 3. Dezember 1928. Montag

Abends großes Bank-Essen der Bank Simon. Nach Tisch lernte ich den Bankier Heinrich von Stein aus Köln kennen, der sich als ein alter Bekannter von Papa herausstellte. Er hatte ihn 1893 in New York oft gesehen und sprach sehr liebevoll von ihm: er sei ein Mann gewesen, der keinen Feind gehabt habe.

Berlin. 4. Dezember 1928. Dienstag

Großes Diner bei Hugo Simons. Er hatte sich einen berühmten russischen Koch ausgeborgt, der ein wahrhaft lukullisches Gastmahl nach zaristischen Rezepten auftischte. Wir aßen an drei Tischen zu je etwa zehn Personen, und die Gesellschaft war ebenso merkwürdig wie das Essen: alles, was im Augenblick inmitten der eben aktuellen Skandalaffären steht, war versammelt: Coudenhoves, die eben einen großen Krach in ihrer Pan-Europa-Organisation durchmachen, Meier-Graefe, der in der van-Gogh-Fälschungsaffäre eine Hauptrolle spielt, nicht zum wenigsten Benvenuto Hauptmann, den Sam Fischers uneingeladen mitbrachten und der, etwas abgemagert und mit etwas gezwungener Heiterkeit, aber doch immerhin strahlend und in einer sensationellen weißen Frackweste mit jabotartig vorstehendem Ausschnitt erschien. Ich saß zwischen Hugo Simon, der Gräfin Coudenhove und Frau Meier-Graefe; letztere über die van-Gogh-Affäre ganz taktvoll und leicht hinweggehend, die Gräfin Coudenhove aber während des ganzen Essens nicht locker lassend und immer wieder ihre démêlés mit der ›Ortsgruppe Birnbaum‹ mit Hohn und Spott ins Gespräch werfend. Etwas später kam auch Hilferding, der als Minister auch keine angenehmen Tage hinter sich hat.

Paris. 27. Dezember 1928. Donnerstag

Abends Vorstellung von Diaghilews Ballett in der Oper. Strawinskys ›Rossignol‹ und ›Petruschka‹. Nachher in den Gängen hinter der Bühne, wo ich auf Diaghilew wartete, kommt dieser mit einem kleinen, hageren Jungen in einem zerschlissenen Mantel auf mich zu und sagt: »Kennen Sie ihn nicht?« Ich: »Nein, wirklich, ich kann mich nicht besinnen.« Diaghilew: »Aber es ist doch Nijinski!« *Nijinski!* Ich war wie vom Donner gerührt. Das Gesicht, das so oft wie das eines Gottes geleuchtet hatte, Tausenden ein unvergeßliches Erlebnis ist, grau, schlaff, leer, nur noch flüchtig von einem verständnislosen Lächeln, einem kurzen Schein wie von einer verflackernden Flamme erleuchtet. Kein

Wort kam über seine Lippen. Diaghilew hatte ihn unter einem Arm gefaßt; um die Treppe, drei Etagen, hinunterzugehen, bat er mich, ihn unter den andren Arm zu fassen, weil er, der früher über Häuser springen zu können schien, unsicher, ängstlich von Stufe zu Stufe sich heruntertastet. Ich packte ihn, drückte ihm die dünnen Finger, versuchte ihn durch freundliche Worte zu ermuntern; verständnislos, aber unendlich rührend blickte er mich aus großen Augen wie ein krankes Tier an.

Mühsam, langsam stiegen wir die drei endlosen Etagen hinunter, er schwer auf uns beide sich stützend, bis zu seinem Wagen, in den er, ohne ein Wort gesprochen zu haben, hineingehoben wurde. Ganz stumm setzte er sich zwischen zwei Frauen, die ihn zu betreuen schienen, und fuhr ab. Ob er Petruschka, seine Glanzrolle, erkannt hat, wußte man nicht. Aber Diaghilew sagte, er habe wie ein Kind aus dem Theater nicht wieder fortgewollt. Zum Abschied küßte ihn Diaghilew auf die Stirn. Ich ging nachher noch mit Diaghilew ins Restaurant de la Paix, wo wir mit Karsawina, Misia Sert, Craig, Alfred Savoir bis spät saßen; aber ich war nicht bei der Sache, konnte über dieses Wiedersehen mit Nijinski nicht hinweg.

Ein Mensch, der ausbrennt ... Unfaßbar! Vielleicht noch unfaßbarer, tragischer, wenn ein Verhältnis, eine Leidenschaft zwischen zwei Menschen ausbrennt, nur noch ein leises Aufflackern den hoffnungslosen Leichnam flüchtig erleuchtet.

Paris. 29. Dezember 1928. Sonnabend

Bei Diaghilew gefrühstückt mit Lifar usw. Über mein Ballett. Diaghilew lehnt Weill nach wie vor ab. »Il faudra vous trouver un musicien.« Weill schreibe Musik nach Donizetti, nur camoufliert durch die notwendige Anzahl falscher Töne, die sich immer im richtigen Moment einstellten. Von Berlin sprach er mit großer Bewunderung. Als er im Oktober acht Tage da war, habe er abends nie gewußt, wohin, so viel sei in den Theatern los gewesen. Berlin sei die einzige große Stadt, die er nicht habe erobern können. In allen andren Weltstädten habe er Triumphe gefeiert. Aber ›devant Berlin, je suis comme un collégien qui est amoureux d'une grande dame et qui ne trouve pas le mot pour la conquérir‹. Seine Berliner Experimente hätten jedesmal materiell katastrophal geendet mit einem Defizit von hunderttausend bis hundertfünfzigtausend Francs.

1929

Berlin. 4. Januar 1929. Freitag

Abends bei Ows gegessen mit Kühlmann und Mrs. Harold Nicolson, die ich bei dieser Gelegenheit kennenlernte. Kühlmann erzählte von Brest-Litowsk mit betontem Stolz, er habe mit Trotzki absichtlich nur dialektisch gerungen; er habe Wert darauf gelegt, ihn dialektisch zu überwinden. Ich finde, daß in einem weltgeschichtlichen Moment, wo Deutschlands Schicksal in der Waagschale lag, diese Freude an der Nebensache, am dialektischen Spiel, an einem Triumph persönlicher Eitelkeit sonderbar ist, namentlich aber, daß er sich nach elf Jahren und nach all den aus Brest-Litowsk resultierenden Katastrophen noch damit brüstet. Im übrigen gab er sich nur noch als Sammler und ›Dilettante‹ im altenglischen Sinne des Wortes.

Berlin. 22. Januar 1929. Dienstag

Mrs. Harold Nicolson, Virginia Woolf und ihr Mann, Leonard Woolf, kamen zu mir zum Tee. Virginia Woolf eine nicht mehr junge, etwas vertrocknete, etwas dekadent aussehende, ziemlich große Frau, die die angenehmen Manieren der guten englischen Gesellschaft hat. Leonard Woolf hypernervös, zittert beim Sprechen, klug, geistvoll. Wir sprachen über Mrs. Nicolsons Rilke-Übersetzung und deren Druck vielleicht auf der Cranachpresse. Virginia Woolf sehr typisch ›upper middle-class‹, beste ›upper middle-class‹, englische Professorstochter, Mrs. Nicolson ebenso typisch Aristokratin, große Dame, lang, schlank, große Linie, leichte, freie Haltung bei großem Stil in jeder Bewegung; ein Mensch, der nie irgendeine Verlegenheit oder soziale Schranke gekannt hat.

Berlin. 31. Januar 1929. Donnerstag

Mit Bernhard Stolberg und Frau Simons in ›Katharina Knie‹ von Zuckmayer. Gut inszeniertes schwaches Stück, sogenanntes ›Volksstück‹, nach der ›Gartenlauben‹-Seite tendierend.

Berlin. 2. Februar 1929. Sonnabend

Mittags der Mitarbeiter der ›Literary Supplement‹ der ›Times‹ Gullick mich besucht. Er bereitet eine Sondernummer über deutsche Literatur vor, die im April erscheinen soll. Er sagt, daß nach seiner Ansicht in den letzten fünf Jahren die deutsche Literatur die interessanteste von allen gewesen sei und daß das Interesse des englischen Lesepublikums sich ihr in steigendem Maße zuwende. Allerdings überschätze es Erscheinungen wie Emil Ludwig und Feuchtwanger und beachte nicht genügend Leute wie Thomas Mann und Wassermann. Die Sondernummer der ›Times‹ wolle zu einer richtigen Bewertung beitragen.

Berlin. 23. April 1929. Dienstag

Zum vorletzten Mal in Max' Wohnung Köthener Straße 46 (Telephon Kurfürst 5669, wie oft habe ich diese Nummer angerufen!) gefrühstückt. Zehn Jahre war diese kleine Wohnung für mich in schweren und bewegten Stunden eine Friedensinsel. Die Kisten der Einpacker standen schon im Schlafzimmer. Wir waren beide sehr bekümmert.

Abends im Konzert des kleinen Yehudi Menuhin. Der Junge ist ein wirkliches Wunder; sein Spiel hat die göttliche Beseeltheit des Genies und die Reinheit des Kindes. Eine tolle Virtuosität bleibt ganz sekundär, als ob sie sich von selbst verstünde. Ein wunderbares Stilgefühl, auch nicht die leiseste Spur von Kitsch oder Sentimentalität, sondern ganz reines, tiefes Empfinden. Beethovens Romanze in F-Dur (op. 50) spielte er, wie ich nur von Joseph Joachim Beethoven gehört habe.

Berlin. 27. April 1929. Sonnabend

Bei Flechtheim gegessen mit Tilla Durieux, George Grosz, P. W. usw. Langes Gespräch mit Tilla, die klagte, daß die modernen Dramatiker keine Frauenfiguren mehr schüfen. Und doch sei die moderne Frau trotz Bubikopf, Gymnastik und Berufsleben hinter der glatten, männlichen Fassade ebenso weiblich und romantisch wie die der Vorkriegszeit, nur sei ihre Romantik und Problematik versteckter, weiter nach innen verlegt, so daß der Mann sie nicht mehr entdecke.

Berlin. 10. Mai 1929. Freitag

Bei Rumbolds in der Englischen Botschaft gefrühstückt ›to meet the Maharaja of Kapurthala‹. Der Maharaja, ein etwas bräunlicher, aber elegant aussehender Mann im Cut, wurde mit fast königlichen Ehren behandelt, Vorstellung im Cercle usw. Ich saß zwischen der Frau des Staatssekretärs Weissmann und der Frau eines spanischen Botschaftsrats. Harold Nicolson die Geschichte vom Sturz seines Vaters beim Lichnowskyschen Königsdiner in London erzählt. Sie war ihm neu. Harold Nicolson ist amüsant, aber mir irgendwie unsympathisch; warum, kann ich nicht ganz fassen. – Abends bei Hugo Simon mit Heydt und Franz Ullstein, um meine Presse-Angelegenheit zu besprechen. Franz Ullstein erzählte endlos alle Einzelheiten von der Annahme und Publikation von Remarque. Bisher seien von dem Buch, das am 1. Februar ausgegeben wurde, etwa sechshundertvierzigtausend deutsche Exemplare verkauft. In Amerika scheine die Übersetzung auch Riesenauflagen entgegenzugehen. Der ›Book of the month‹-Club habe gleich sechzigtausend Exemplare bestellt. Ullstein sagte, in der völkischen Presse habe eine Hetze gegen das Buch begonnen. Er war auch empört über die Annonce in der ›Frankfurter‹: ›Renn oder Remarque?‹ Unlauterer Wettbewerb. Heydt wiederholte immer wieder, der Erfolg von Remarques Buch sei ihm unverständlich, da nach seinen Erfahrungen alle Kriegsteilnehmer vom Krieg nichts wissen oder hören wollten.

London. 13. Mai 1929. Montag

Früh bei Donovan. Abends bei Maurice Brown und Hill im ›Savoy‹ gegessen und nachher in ›Journey's End‹ im Savoy Theatre, das Stück, das hier einen ähnlichen Erfolg hat wie ›Im Westen nichts Neues‹ bei uns. Ein paar starke Szenen, aber etwas zu viel ›komisches‹ Zeug für meinen Geschmack. Am merkwürdigsten fand ich das Publikum, das herzlich und unbefangen lachte, so daß die entsetzliche Tragik der Situationen nur wie dazwischengestreut wirkte.

Paris. 18. Mai 1929. Sonnabend

Vormittags mit Wilma in ihrer neuen Wohnung Avenue Kléber. Van de Veldes Innenarchitektur; einfach und stark. Bei Druet die Ausstellung des katalanischen Malers Mariano Andreú, den kennengelernt. Mit ihm Illustration der ›Cristina‹ besprochen. Wilma, Jacques und sein Freund bei mir im Grand Hotel gefrühstückt. Wilma fuhr nach dem Frühstück nach Etelan fort im Auto. Abends im ›Atelier‹ Ben Jonsons ›Volpone‹ in der Zweig-Romainschen Bearbeitung. Commedia-dell'arte-Stil. Eine sehr amüsante und hübsch inszenierte Aufführung.

Paris. 19. Mai 1929. Pfingstsonntag

Vormittags Mariano Andreú in seinem Hause Rue Marbeau besucht. Haus im katalanischen Stil in einer ruhigen Seitenstraße beim Bois mit viel Krimskrams vollgestopft, venezianischen Möbeln, Puppen, Samt usw., etwas Lenbachisch-geschmäcklerisch. Ein wenig färbt dies Geschmäcklerische auch auf seine Kunst ab, die jedoch durch ein strenges, fast hartes Formgefühl purifiziert wird. Das ergibt eine eigenartige, reizvolle, etwas perverse Mischung. Er hat offenbar von Picasso viel gelernt oder *kann* unheimlich viel. Er ist offenbar reich, unabhängig, was für seine Kunst Vorteile und Nachteile mit sich bringt. Nur die schmale, aber stahlharte Barriere seines Könnens trennt ihn vom Kitsch, zu dem sein Geschmack neigt. Zum Glück ist diese Scheidewand, so dünn sie ist, scheinbar unerschütterlich fest.

Ich besprach mit ihm Illustration einer Novelle von Voltaire: ›Candide‹ oder die ›Princesse de Babylone‹. Obwohl Katalane, kennt er nicht Maillol, den er für ›den größten lebenden Bildhauer‹ erklärte, während er Bourdelle verabscheut. Ich lud ihn ein, mit mir morgen nach Marly zu fahren, um ihn mit Maillol bekannt zu machen.

Abends Pagnols ›Topaze‹ in den Variétés gesehen; ein hartes, bösartig destruktives Stück, das von Mirbeau und Becque herkommt, aber noch bösartiger, antisozialer ist. Allerdings schenkt sich Pagnol die Begründung, wieso aus dem ehrlichen, lammfrommen Schulmeister der zynische Schieber und Haifisch des letzten Aktes wird.

Paris. 20. Mai 1929. Pfingstmontag

Mit Andreú nach Marly gefahren Maillol besuchen, der aber noch nicht aus Banyuls zurück war. Andreú schlug statt ›Candide‹ die ›Princesse de Babylone‹ vor, weil in ›Candide‹ soviel Schlachten und Kriege vorkommen, die ihm nicht lägen, während die ›Princesse de Babylone‹ aus lauter Reisen, Prozessionen usw. bestünde, die er machen kann.

Berlin. 22. Mai 1929. Mittwoch

Vormittags mit dem Nordexpreß in Berlin an. Abends mit Max in die Premiere des ›Scala‹-Gastspiels unter Toscanini in der Staatsoper. ›Falstaff‹. Glänzendes Haus, glänzende Aufführung. ›Tout Berlin‹ begeistert. Toscanini dirigiert glänzend, mit einem Nerv, einer Feinheit und Sicherheit, die verblüffend und hinreißend sind. Ich empfand aber mehr Glanz als Tiefe; ergreifen tut er einen nicht. Zur Heiterkeit des Abends trug der Bürgermeister von Mailand bei, ein sehr bürgerlich aussehender Herr mit ebensolcher Gattin und Fräulein Tochter, der zwei Riesenlakaien in scharlachroter Livree mit vielem Gold bestickt während der ganzen Vorstellung in seiner Loge hinter seinem Sessel strammstehen ließ.

Berlin. 23. Mai 1929. Donnerstag

Mein Geburtstag; leider! Nachmittags bei Jenny de Margerie zum Tee, um Paul Morand und seine Frau zu treffen. Seine Frau stellte sich als eine alte Bekannte heraus, die ich bei der Gräfin Greffulhe vor dem Kriege als Hofdame der Königin von Rumänien kennengelernt habe, eine geborene Prinzessin Soutzo. Sie knüpfte gleich wieder an unser damaliges Zusammentreffen bei einem drolligen Tee bei der Gräfin Greffulhe mit Edmond Rostand und Oscar Fried an, als Rostand fast kniend der Königin vorschwärmte, sie sei das Urbild seiner ›Princesse Lointaine‹.

Sie erzählte eine charakteristische Geschichte von Proust, den wir beide bei Larue erlebt haben. Eines Nachts während des Krieges, ebenfalls bei Larue, habe Proust Musik verlangt, obwohl das Musizieren in Cafés in Paris während des Krieges verboten war. Proust habe aber darauf bestanden und schließlich gesagt, er werde, wenn keine andre Musik zu haben sei, das Quatuor Poulet holen. Er sei darauf zu diesem Zwecke fortgegangen, und da er nicht wiederkam, sei sie, die Soutzo, um zwei Uhr morgens in ihr Hotel, das ›Ritz‹, zurückgekehrt. Zwischen drei und vier sei sie plötzlich geweckt worden, Proust stand vor ihrer Tür und teilte ihr mit, er habe das Quatuor Poulet aus den Betten geholt, Monsieur Poulet und Madame Poulet stünden unten in der Hotelhalle, aber ihr Kontrabassist sei an einer Lungenentzündung erkrankt und müsse sich entschuldigen lassen, daher könne das Quartett leider für die Prinzessin heute nacht nicht mehr spielen.

Abends mit Max und Guseck in ›Rigoletto‹ unter Toscanini in der Charlottenburger Oper. Ungeheure Begeisterung des Publikums, zu dem auch Stresemanns und Hilferdings gehörten; mich langweilte diese Musik, diese verstaubte, tönende Romantik, die um unmögliche Situationen anschwillt.

Berlin. 8. Juni 1929. Sonnabend

Abends Premiere von Hindemiths ›Neues vom Tage‹ in der Kroll-Oper, von Klemperer dirigiert. Opera buffissima. Amüsant, die Musik für das äußerst groteske leichte Libretto etwas zu schwer und zerebral; aber doch sehr amüsantes Ganze. Stürmischer Erfolg. Die Figur des ›schönen Herrn Hermann‹, des betonten Scheidungsgrundes, von Wirl glänzend gegeben. In der Regie Anlehnung an die Commedia dell'arte. Oswalt Nostitz kam anstelle von Helene mit. Lange mit Tilla Durieux gesprochen, die vor mir saß und ein auffallendes, sehr schönes Kollier aus schlangenartigen dunkelblauen Steinen umhatte. Nachher noch mit Max im ›Fürstenhof‹.

Berlin. 9. Juni 1929. Sonntag

In die von Max Reinhardt neu einstudierte ›Fledermaus‹ im Deutschen Theater. Geladene ›Presse- und Festvorstellung‹. ›Tout Berlin‹. Hinter mir im Parkett Kühlmann mit einer mir unbekannten hübschen jungen Frau. In der Proszeniumsloge zwei alte Damen, die Witwen von Hans von Bülow (Nachfolgerin Cosimas) und von Johann Strauß selbst. Glänzende Vorstellung, von Reinhardts Regie beschwingt. Helene, die ich eingeladen hatte, blieb aus; nachher stellte sich heraus, daß sie leider unterwegs erkrankt war.

Berlin. 15. Juli 1929. Montag

In der ›BZ‹ heute mittag Nachricht, daß sich Hofmannsthals ältester Sohn Franz erschossen hat. An Hugo um halb drei telegraphiert. Abends Stroheims Film aus dem Vorkriegs-Wien ›Der Hochzeitsmarsch‹ gesehen. Eine geniale Schöpfung, mit der Bosheit eines George Grosz die Hohlheit des Glanzes Alt-Wiens und des Wiener süßen Kitsches (nebenbei auch des Hollywooder) aufgezeigt: alles dessen, was Hofmannsthal immer geblendet und gefangengehalten hat. Das gerade Gegenstück zu Hofmannsthal.

Berlin. 16. Juli 1929. Dienstag

Hofmannsthal gestorben, beim Begräbnis seines Sohnes, aus Aufregung über seinen Selbstmord. Ich bin wie mit dem Hammer vor den Kopf geschlagen. Tragische Generation, tragischer Freundeskreis! Rathenau, Paul Cassirer, Hofmannsthal; auch Bodenhausens Tod war in seinen letzten Ursachen tragisch. Vielleicht hat jeder Mensch eine bestimmte Summe Leides zu absolvieren; wenn er es sich in kleinen Portionen täglich aufs Brot streicht durch allerlei Hemmungen, Verzichte, Opfer, dann lebt er das bourgeoise Leben; wenn er das aber nicht will, dann kommt es mit einem Male über ihn, und dann lebt er das unbourgeoise, ›romantische‹, ›gefährliche‹, tragische Leben. Jede Ethik und soziale Ordnung wäre ein System der Leidverteilung, der sozialen und individuellen Verteilung einer ein für allemal feststehenden Summe von Opfern und Leiden. Man kann diese Verteilung tausendfach variieren, aber vielleicht kann sie die Gesamtlast durch keine Ethik oder soziale Ordnung wesentlich vermindern. Auch hier gilt vielleicht ›das Gesetz der Erhaltung der Kraft‹ (das Gesetz der Erhaltung des Leids); und es bleibt schließlich eine individuelle Geschmacksfrage, ob man bourgeoise Hemmungen oder tragische Katastrophen vorzieht.

Wien. 18. Juli 1929. Donnerstag

Früh hier an. Beisetzung des armen Hugo. Trauerfeier um drei in der Pfarrkirche in Rodaun. Sarg, Altar und Altarbrüstungen verschwanden unter einem Meer von Rosen. Alle Rosengärten Wiens müssen geplündert worden sein, um eine solche Pracht herzugeben. Die kleine Kirche war brechend voll; ich saß neben der Tervin und hinter dem Sohn Richard Strauss'. Strauss selbst und Max Reinhardt fehlten auffallenderweise. Die Feier selbst war nicht sehr stimmungsvoll trotz eines schönen Violinsolos.

Um die Kirche hatte sich eine große Menschenmenge angesammelt, Neugierige aus Wien, die Frauen in hellen Sommerkleidern, auch Amerikanerinnen, und viele Bauern und Kleinbürger aus der Umgebung. Es müssen einige tausend Menschen gewesen sein, die sich auch dem Trauerzuge anschlossen und dem Sarg nach dem Friedhof das Geleit gaben, was bei dem Gedränge und der furchtbaren Hitze allmählich die Stimmung ganz auflöste. Ich ging mit Rudi Schröder, der trotz seiner Erschütterung ebenfalls unter den Begleitumständen litt. Am Friedhofseingang entstand dann eine wahrhaft skandalöse Szene. In einem wilden Gedränge versuchten Trauergäste und Neugierige die Schutzleute zu überrennen und in den Friedhof einzudringen; es gab eine regelrechte Schlägerei. Schröder und ich wurden schließlich hineingelassen. Aber von irgendwelcher Trauerstimmung war keine Rede mehr, es war eine Art von Kirmes bei erdrückender Hitze. Einen Augenblick konnte ich in die Gruft blicken, als ich die Erde auf den Sarg streute. Es fiel mir auf, wie schmal und fein der Sarg aussah, unter dem der Sarg des erschossenen Sohnes hervorblickte. Dann war alles vorüber.

Ein Stück meines Lebens ist mit Hugo Hofmannsthal dahingegangen. Noch vorige Woche hatte er an Goertz in einem Brief kurz unser fortbestehendes Verhältnis umrissen. Gesehen habe ich Hugo das letzte Mal bei dem stimmungslosen, unerfreulichen Frühstück im Juni vor einem Jahr, wo Richard Strauss solchen Unsinn redete, daß Hofmannsthal sich nachher bei mir schriftlich entschuldigte.

Wien. 19. Juli 1929. Freitag

Vormittags mich nach Schönbrunn fahren lassen und dort im Park Hofmannsthals ›Der Tor und der Tod‹ gelesen. Nach dem Frühstück hinaus nach Rodaun, wo ich Gerty Hofmannsthal, Christiane, Raimund, Schröder und die Gräfin Ottonie fand. Die Familie wunderbar gefaßt, fast heiter. Gerty Hofmannsthal meint, und das ist für sie ein Trost, daß der Tod des Sohnes *nicht* am Tode des Vaters schuld sei; Hugo sei schon seit drei Jahren von den Ärzten aufgegeben gewesen wegen schwerer Arterienverkalkung. Hugo sei nach dem Tode des Franz ganz gefaßt gewesen, habe sein gewohntes Leben weitergeführt, viele Briefe geschrieben, viel mit ihr und Raimund über den Tod gesprochen, lange, wunderbare Gespräche, allerdings auch viel und bitterlich geweint.

Am Montag sei er zur gewohnten Zeit aufgestanden, zu den Mahlzeiten wie gewöhnlich erschienen. Als sie um drei Uhr zur Beisetzung gehen wollten und er eben den Hut aufgesetzt habe, habe er plötzlich gesagt, ihm sei schwindlig, und sich auf einen Stuhl gesetzt. Sie habe ihm den Hut abgenommen und ihn ins Arbeitszimmer geführt. Unterwegs habe er noch einen Handschuh, den er fallen gelassen hatte, selbst aufgehoben. Im Arbeitszimmer habe er sich wieder auf einen Stuhl gesetzt. Sie habe ihn gefragt, ob sie ihm nicht seinen Kragen aufmachen solle. Er habe nur undeutlich geantwortet. Ihr sei zu ihrem Entsetzen aufgefallen, daß sein Gesicht ganz schief war. Als sie ihn deshalb etwas scharf ansah, fragte er sie: »Warum siehst du mich so an?«, sei aber nicht zum Spiegel gegangen, wie er es sonst getan hätte, um selber zu sehen, ob etwas nicht in Ordnung sei. Seine Sprache sei schon auffallend schwer gewesen. Sie habe ihn auf die Chaiselongue gebettet, und er habe dann allmählich die Besinnung verloren.

Währenddem ging die Feier für den Sohn in der Kirche weiter. Raimund sagt, als er zur Beisetzung eilte, sei er schon überzeugt gewesen, daß er seinen Vater nicht mehr lebend antreffen werde. Sowohl er wie seine Mutter bezeichnen es als ein Glück, daß er nicht zu einem langen, hoffnungslosen Siechtum wiedererwacht sei. Die Gerty bedauert nur, daß er nicht mehr den Brief von Richard Strauss erhalten hat, in dem er ihm den Empfang des umgearbeiteten ersten Aktes der ›Arabella‹ und seine Freude über die gelungene Umarbeitung aussprach.

Mit Hofmannsthal ist ein ganzes Stück deutscher Kultur ins Grab gesunken. Er war der letzte große Barockdichter, von dem Barockstamm, dessen glänzendste Blüten Shakespeare und Cervantes gewesen sind. Barock: echtes Gefühl an ein bewußt unechtes Objekt gewendet. Das Objekt ist unecht, das Gefühl echt. Zu beachten in diesem Zusammenhang auch das Zeremonielle in Hofmannsthals Schrifttum, wie er an einen Stoff herangeht;

er offiziert sozusagen mit einem Stoff wie der Priester mit der Hostie, legt diesem Zeremoniellen eine gewissermaßen magische Bedeutung bei, dieses namentlich in seinen Prosaschriften. Das direkte Zupacken ist ihm widerlich, unmöglich, kommt ihm respektlos und unwirksam vor. Hofmannsthal sucht Objekte, an die er sein Gefühl hängen kann (›Tor und Tod‹), findet sie nicht in der Wirklichkeit. Daher schafft er sich künstliche Objekte, sucht in der Kunst, in der Literatur nach ihnen. Das ist echt Barock.

Weimar. 23. Juli 1929. Dienstag

Julien Green und sein Freund, ein Monsieur de St. Jean, bei mir gegessen. Sie sind schon eine Woche hier und wollen noch länger bleiben, weil ihnen Weimar so gut gefällt. Green ist ein kräftig, fast bäuerlich aussehender Mensch, etwa Ende der Zwanziger, mit einem ruhigen, angenehmen, ausgeglichenen Wesen. So denke ich mir den jungen Flaubert. Er liest Deutsch, spricht es aber schlecht. Auffallend war mir die etwas wegwerfende Manier, in der er von der amerikanischen Literatur im allgemeinen und von Sherwood Anderson im besonderen sprach. Er hat drei Jahre an der von Jefferson erbauten Universität von Virginia studiert. Ist aber offenbar ganz Franzose.

Homburg. 19. August 1929. Montag

In der Zeitung Tod Diaghilews. Tief erschüttert. Ein Stück meiner Welt ist mit ihm gestorben.

Berlin. 30. August 1929. Freitag

Einigung im Haag. – Mittags war Erich Maria Remarque anderthalb Stunden bei mir (von Hutchinson veranlaßt, um seine Verträge zu besprechen). Niedersächsischer junger Bauernkopf, hart geschnitten, zerfurcht, blond mit blauen Augen und blonden Augenbrauen. Fester, manchmal etwas ins Lyrische abschweifender Ausdruck. Er erzählte mir sehr ausführlich und fast in einem Zuge seine Entwicklung. Hat in Osnabrück als Junge unter Kleinbürgern darunter schwer gelitten, daß niemand ihm im Geistigen irgendeinen Rat oder Fingerzeig geben konnte. Hat mit fünfzehn Jahren die ›Kritik der reinen Vernunft‹ gebüffelt, ohne viel davon zu verstehen. Das größte Wunder sei schon immer für ihn gewesen, wie es komme, daß er überhaupt existiere. Schwermütige Jugend, Selbstmordgedanken. Dann der Krieg.

Als er zurückkam, war seine Mutter eben gestorben. Sah sie tot im Krankenhaus, konnte sie aber nicht wiedererkennen. Im Kriege hätten alle immer gedacht: Wenn erst Frieden ist, wird sich alles schon finden. Aber in Wirklichkeit hätten sie sich dem Frieden gegenüber ebenso hilflos gefühlt wie gegenüber dem Krieg. Was anfangen? Eine Zeitlang sei er bei der Continental-Gummifabrik in Hannover gewesen und habe dort für Continental-Gummi kleine Reklamegedichte und Artikelchen verfaßt. Dann zu Scherl in Berlin. Sportredakteur. Er habe sich damals oft gefragt, ob vielleicht das ›Berliner Tageblatt‹ oder die ›Voss‹ etwas von ihm annehmen würde; denn daß Scherl kein literarisches Niveau habe, habe er gewußt. Er habe sich vorgestellt, wie schön es sein würde, wenn etwas von ihm im Feuilleton des ›Berliner Tageblatts‹ abgedruckt würde.

Dann habe er, eigentlich nur als literarische Übung, ›Im Westen nichts Neues‹ geschrieben, in sechs Wochen und ganz leicht, ohne irgendwelche Mühe. Überhaupt sei das Schreiben etwas ganz Leichtes, wenn man erst den Stoff fest gepackt hätte. Wenn man auf der Eisenbahn fahre, sehe man manchmal gegen Abend irgendwo, zwischen Sowieso und Sowieso, einen einsamen Menschen über ein Feld gehen, und gegen den Himmel erscheine er unendlich groß. Das sei es! Man müsse seine Menschen gegen den Himmel stellen, den Hintergrund hinter ihnen aufbauen, dann seien sie ohne jede Ausschmückung und jedes Pathos groß. Das versuche er, seinen Menschen den Hintergrund des Unendlichen zu geben. Wenn man das erst erfaßt habe, dann sei das Schreiben ganz leicht. Vielleicht seien die Sätze dann nicht so gepflegt wie bei einem Berufsliteraten, aber sie gingen mehr zu Herzen. Arnold Zweig (›Grischa‹) habe ihm vorgeworfen, daß er schludere; aber bei Arnold Zweig stelle sich die Kunst zwischen sein Buch und die Leser, und ihm, Remarque, komme es darauf an, ganz nah an seine Leser heranzukommen, das genüge ihm, wenn sein Stil literarisch auch nicht so gepflegt sei wie der Zweigs.

Der Erfolg seines Buches habe ihn mehr deprimiert als erfreut. Vorher habe er geglaubt, daß ein Erfolg befriedigen könne; aber da habe er gesehen, daß der Erfolg nichts sei, daß er den Menschen nicht ausfülle. Nie sei er dem Selbstmord so nah gewesen wie in den ersten Monaten nach dem Erscheinen seines Buches. Was ihn aus der Depression wieder herausgebracht habe, sei der Gedanke gewesen, daß das Buch irgendwie vielleicht genützt habe. Das sei es, die Hilfe, die man dieser oder jener guten Sache, der des Friedens zum Beispiel, leiste oder irgendeinem Menschen, das sei das einzig Wertvolle. Er möchte später irgend etwas für Vereinsamte, in der Welt Ratlose machen, vielleicht ein Heim, wo junge Schriftsteller sorglos leben und arbeiten könnten. Ob ›Im Westen nichts Neues‹ wirklich ein gutes Buch sei, wisse er nicht; für ihn sei es nur eine Fingerübung gewesen.

Abends bei Hugo Simons gegessen mit Schickeles, Arnold Zweig und dem Bildhauer Scharff. Zweig destillierte unter Rosen Gift gegen Remarque. Als ob jemand Remarque angriffe, obwohl alle ihn lobten, meinte er: »Nein, nein, das Buch ist gut (›gut‹ mit herablassender Färbung); Renn und Remarque sind zwei ›gute‹ Dilettanten-Romane. Remarque hätte aus seinem Buch sogar einen großen Roman machen können; aber das ist das Dilettantische daran, daß er den Punkt, von dem aus er ihn hätte komponieren sollen, nicht gesehen hat, obwohl er ihn gefunden hatte. Er ist aber blind darüber hinweggegangen. Da, wo er den Bauernjungen schildert, der es nicht mehr aushält, als er die blühenden Bäume sieht, und deshalb fortläuft. Damit hätte *ich* den Roman angefangen und das Ganze um diesen Bauernjungen herumgruppiert, dann wäre es ein großes Buch geworden.« Überhaupt gab Zweig sich den ganzen Abend Mühe, boshaft witzig zu sein; da er aber nur über Übelwollen und keinen Witz verfügt, war das Ganze nur ein äußerst fades Literatengeschwätz.

Paris. 17. September 1929. Dienstag.

Früh nach dem Père-Lachaise. Mamas Grab. Am Neunzehnten ist ihr zehnter Todestag.

Nachmittags nach Marly, Maillol besucht. Er hatte weder von Hofmannsthals noch von Diaghilews Tod gehört. »Je ne lis pas les journaux.« Von der Bildhauerin Gordine, die mir Gide empfohlen hat und die Maillol schätzen sollte, sprach er ziemlich abfällig. »C'est une roublarde.« Er erzählte von ihr eine drollige Geschichte: Sie habe ihm gesagt, sie werde ihn um sechs Uhr morgens besuchen, und als er ihr sagte, er stehe erst um zehn auf, habe sie die Beleidigte gespielt und sei überhaupt nicht mehr zu ihm gekommen. »Peut-être qu'elle a voulu coucher avec moi!«

London. 28. September 1929. Sonnabend

Zu Edward Johnston nach Ditchling heraus im Auto. Sehr hübsche Gegend zwischen London und Brighton, und von seinem Hause und Garten lieblicher Blick auf die schöne Hügellinie der South Downs. Ich beauftragte ihn, für mich eine griechische Schrift nach einer italienischen Schrift des fünfzehnten Jahrhunderts, die ich in einem Petrarca im British Museum gefunden habe, zu entwerfen (Friend soll sie schneiden) und außerdem eine neue Antiqua auf Grund der Janson-Schrift von 1470 im Eusebius, aber schwerer und schwärzer, damit sie besser mit Holzschnitten zusammengeht. Ich verbrachte den Nachmittag bei Johnston. Die drei Töchter erschienen zum Tee. Mrs. Johnston war auf Reisen.

Paris. 3. Oktober 1929. Donnerstag

Beim Friseur gegen Mittag Gespräche überhört: »Stresemann est mort.« Ich saß wie auf Kohlen. Dann in ›Paris-Midi‹ die offizielle Nachricht. Er ist heute früh um fünfeinhalb einem Schlaganfall erlegen. Es ist ein unersetzlicher Verlust, dessen Folgen nicht abzusehen sind. So empfindet man ihn auch hier. Alles spricht davon, die Friseure, die Kellner im Restaurant, die Chauffeure, die Zeitungsfrauen. ›Paris-Midi‹ hat eine große Überschrift: ›Un événement d'une portée mondiale et un deuil pour la cause de la Paix.‹ Auf die Botschaft, wo mich eingeschrieben. Der erste, dessen Unterschrift auf den Blättern steht, ist André Tardieu, Ministre de l'Intérieur. Der Botschafter ist auf Urlaub.

So setzt dieses furchtbare Jahr 1929 seine Ernte fort: Hofmannsthal, Diaghilew, Stresemann, ein Stück nach dem andern der Welt, wie sie für mich und meine Generation war, verschwindet. Wahrhaftig eine ›Année terrible‹.

Nachmittags bei Rieth. Er sagt, der Eindruck, den Stresemanns Tod in Paris gemacht habe, sei ungeheuer; die Leute seien geradezu konsterniert. Briand sei schon um zehn heute früh bei ihm gewesen und habe sich mit sehr warmer menschlicher Teilnahme ausgedrückt. Das allgemeine Gefühl sei nicht nur Konsternation, sondern auch Beunruhigung, was jetzt werden solle.

Ich befürchte von Stresemanns Tod in erster Linie sehr ernste innerpolitische Folgen, das Abrücken der Volkspartei nach rechts, einen Bruch der Koalition, Erleichterung der Diktaturbestrebungen.

Paris. 4. Oktober 1929. Freitag

Alle Pariser Morgenzeitungen bringen die Nachricht vom Tode Stresemanns in größter Aufmachung. Es ist fast so, als ob der größte französische Staatsmann gestorben wäre. Die Trauer ist allgemein und echt. Man empfindet, daß es doch schon ein europäisches Vaterland gibt. Die Franzosen empfinden Stresemann wie eine Art von europäischem Bismarck.

Die Legende beginnt; Stresemann ist durch seinen plötzlichen Tod eine fast mythische Figur geworden. Keiner von den großen Staatsmännern des neunzehnten Jahrhunderts, weder Pitt noch Talleyrand, noch Metternich, noch Palmerston, noch Napoleon III., noch Cavour, noch Bismarck, noch Gambetta, noch Disraeli, hat eine so einstimmige Weltgeltung und Apotheose erreicht. Er ist der erste, der als wirklich europäischer Staatsmann in Walhalla eingeht. Die ›Times‹ schreiben in ihrem Leitartikel: ›Stresemann did inestimable service to the German Republic; his work for Europe as a whole was almost as great.‹

Um etwas Ähnliches an allgemeiner Trauer und Weltgeltung zu finden, muß man auf den Tod des von Stresemann so bewunderten Byron zurückgehen. Als ich ihn im Kriege auf meine Kosten auf die ›Times‹ abonnierte, damit er einen europäischen Überblick bekäme, haben weder er noch ich ein solches Ende, eine solche europäische ›gloire‹ vorausgesehen! Es ist sehr bemerkenswert, wie seit dem Kriege fast nur Deutsche Weltgeltung erlangt haben; auf allen Gebieten: Einstein, Eckener, Köhl, Remarque, Stresemann usw., denen an ähnlichen Reihen nur etwa Lindbergh, Lenin, Proust gegenüberstehen. Vieles an diesen Auszeichnungen durch die Masse der Zeitungsleser ist schief und übertrieben, aber das Phänomen als Ganzes ist doch beachtenswert.

Berlin. 6. Oktober 1929. Sonntag

Stresemanns Beisetzung. Strahlend schöner, warmer Tag, aus dem man in den etwas dunklen, mit Flor verhängten Sitzungssaal des Reichstags wie in eine Gruft hineinkam. In der Wandelhalle Molly Bredow getroffen, der die Bismarck zur Frau hat. Ich hatte ihn seit vor dem Kriege nicht mehr gesehen, wir duzten uns aber gleich und waren wie alte Kameraden. Er rechtfertigte sich mir gegenüber dafür, daß er bei Stresemanns verkehrt habe und heute hier sei. Er habe immer gesagt, daß Stresemann ein wirklich nationaler Mann sei usw. Aber seine Rechtfertigung eröffnete in die Ansichten, die in Garde-Kavallerie-Kreisen Kurs haben, einen tiefen Einblick.

Der Sarg war unter einer goldenen, mit dem schwarzen Reichsadler geschmückten Decke aufgebahrt. Da der Adler rote Krallen hatte, war die Decke verschämt Schwarz-Rot-Gold; nicht wie bei Walther Rathenau offen Schwarz-Rot-Gold. Auch unter den Schleifen an den Kränzen waren mehrere

Schwarz-Weiß-Rot. Frau Stresemann saß tief verschleiert neben Hindenburg in der früheren Hofloge. Daneben in der Diplomatenloge alle Botschafter in großer Gala mit Orden. Hermann Müller hielt die Trauerrede; gut, aber schwunglos. Er selbst sah wie ein Todeskandidat aus, mager und gelb. Der kleine Bernhard, Stresemanns Privatsekretär, der hinter Hilferding auf der Regierungstribüne stand, wischte sich immerfort die Augen.

Beim Hinausgehen auf den Platz entstand ein furchtbares Gedränge unter den Trauergästen infolge der Absperrung; ich quetschte mich zwischen Langwerth, Bernstorff usw. qualvoll durch. Der Platz war bis ganz hinten dichtgedrängt voll, es müssen Zehntausende gewesen sein. Kardorff sprach von einer schwarz drapierten Estrade, man verstand aber kein Wort, weil immerfort Flugzeuge laut surrend über dem Platz und dem auf dem Leichenwagen stehenden Sarge kreisten.

Nach der Rede setzte sich der endlose Trauerzug in Bewegung. An der Spitze hinter dem Sarge der greise Hindenburg. Ich schloß mich ihm mit Rauscher an, den ich im Gedränge auf der Freitreppe getroffen hatte. Reichsbanner bildete links und rechts an der Trauerstraße vom Reichstag bis zur Wilhelmstraße Spalier. Vor dem A. A. hielt der Zug. Das Fenster von Stresemanns Arbeitszimmer war schwarz drapiert, und auf der Fensterbrüstung stand ein Korb mit weißen Lilien; das war eigentlich das erschütterndste, menschlichste Bild. Hindenburg verließ hier den Trauerzug und ging ins A. A. hinein; die auswärtigen Diplomaten verschwanden in ihre Autos. Ich fuhr zum Reichstag zurück, wo ich Solf traf, der einen Wagen suchte und den ich zu seiner Wohnung in der Alsenstraße hinfuhr. »Ich habe mich mit Stresemann ausgesöhnt«, sagte er, »obwohl wir im Kriege scharfe Gegner waren. Stresemann war ja damals ein Berserker!«

Berlin. 7. Oktober 1929. Montag

Es zeigt sich immer mehr, in welch gewaltigem Ausmaße das Volk an der Trauerfeier für Stresemann teilgenommen hat. Viele Hunderttausende haben sich vor seinem Sarge verneigt.

Eine Zeitung sagt mit Recht, es war kein Staatsbegräbnis, sondern ein Volksbegräbnis. Das Kapital an Prestige, das er hinterläßt, ist unermeßlich; um so sicherer müssen um das Erbe erbitterte Kämpfe entbrennen, innerhalb der Volkspartei, innerhalb des Parlaments, im ganzen Volke. Das zeigt schon die sehr eigenartige Trauerfeier der Volkspartei. Es wird jetzt mit allen Mitteln versucht werden, das Bild Stresemanns ins Antirepublikanische, Chauvinistische umzufälschen, um das moralische Kapital, das er hinterlassen hat, für die Rechte zu retten.

Berlin. 29. Oktober 1929. Dienstag

Vormittags zuerst zu Hilferding, der mir sagte, mein beabsichtigter Schritt bei Snowden sei im Kabinett besprochen und gebilligt worden. Hilferding aber nach wie vor pessimistisch.

Nachher zu Curtius, den ich bei dieser Gelegenheit kennenlernte. Wir sprachen zuerst über Stresemann. Curtius erzählte, er sei am letzten Abend noch bis gegen zehn mit Stresemann zusammen gewesen. Stresemann habe zwar einen Bronchialkatarrh gehabt, den er nicht sehr ernst genommen habe, sei aber sonst auffallend frisch und guter Dinge gewesen. Überhaupt sei er in letzter Zeit viel frischer und gesunder gewesen als vor einem Jahr, wo er sichtbar schwer krank war. Im Haag sei er im Laufe der Konferenz trotz der großen Anstrengungen und Aufregungen nicht müder, sondern eher frischer geworden.

Am Abend vor seinem Tode habe er mit Curtius seine Zukunftspläne besprochen. Er wolle, sobald er sich von seinem Bronchialkatarrh erholt habe, einen kurzen Urlaub nehmen, dann die zweite Haager Konferenz mitmachen, nachher, sobald der Young-Plan im Reichstag angenommen sei, wieder länger auf Urlaub gehen, am 30. Juni 1930 die Befreiungsfeier im Rheinlande leiten und nachher zurücktreten. Dann habe er eine Reihe von Jahren vor sich, in denen er noch von seinem Leben etwas haben könne. Ein paar Stunden drauf war er tot!

London. 7. November 1929. Donnerstag

Nachmittags Empfang bei Mrs. Snowden, den ich benutzte, um mir die Unterredung mit Snowden zu verschaffen. Der Empfang fand in der schönen, alten Dienstwohnung des Chancellor of the Exchequer in 11, Downing Street statt. Schöne, weiß paneelierte Räume mit guten alten Bildern, Brokatvorhängen, schönen Marmorkaminen. Die etwas proletarische Gesellschaft nahm sich darin ein wenig eigenartig aus. Mrs. Snowden, elegant, empfing mit großer Herzlichkeit und versprach mir, dafür zu sorgen, daß ich neben ihren Mann zu sitzen käme und ihn allein sprechen könne. Bald nach mir kam Henderson, mit dem ich ein Gespräch anknüpfte. Dann setzte ich mich zu Snowden, der mich mit großer Herzlichkeit begrüßte: »I am really glad to see you again« usw. Ich sagte ihm, ich möchte gern eine Unterredung mit ihm haben; hier, im Salon, wo wir jeden Augenblick gestört werden könnten, sei es mir nicht möglich, ihm das zu sagen, was ich ihm zu sagen hätte. Er fragte, worum es sich handele? Ich sagte es ihm, und er bat mich, am Sonnabend um elf zu ihm zu kommen.

London. 9. November 1929. Sonnabend

Um elf bei Snowden in seiner Dienstwohnung, 11, Downing Street. Er saß in einem kleinen, hübschen Zimmer im Parterre an seinem Schreibtisch bei einem offenen Feuer. Ich setzte mich ihm gegenüber in einen Lehnstuhl, und wir gingen gleich in medias res. Ich entwickelte ihm die Vorschläge für eine neue Verhandlungsbasis, die ich ausgedacht habe, Vorschläge, die der schwierigen Lage beider Regierungen gerecht zu werden versuchen.

Snowden hörte sich meinen Vortrag sehr aufmerksam und freundlich an, machte keine Einwände, wollte sich nach Schluß Notizen machen, ich sagte ihm aber, wenn der Vorschlag ihn interessiere, so wolle ich ihn ihm im Laufe des heutigen Tages schriftlich schicken, was er annahm. Er sagte, ich wisse ja, wie er zu dieser ganzen Frage der Liquidation fremden Privateigentums stehe, und machte eine Geste, die bedeutete, daß er dafür nicht verantwortlich sei!

Abends allein im ›Savoy‹ gegessen und mir zu meinem heutigen Erfolg eine halbe Flasche Champagner geleistet.

London. 13. November 1929. Mittwoch

Abends um sechs wieder bei Snowden, der drei viertel Stunden lang sehr ernst und eingehend an der Hand meines Briefes Punkt für Punkt die Frage des deutschen Eigentums mit mir durchsprach (obwohl er gestern einen im Ton äußerst schroffen Brief an Sthamer gerichtet hat, in dem er jede weitere Diskussion der Frage ablehnt und in ultimativer Form und unter Drohungen verlangt, die deutsche Regierung solle endlich das von den Engländern vorgeschlagene Agreement unterzeichnen). Er sagte zu meinen Vorschlägen weder ja noch nein, sondern verschanzte sich dahinter, er müsse, ehe er eine Entscheidung treffe, den Bericht der Kommission in Paris abwarten, wo seine Leute von der Treasury mit Fuchs usw. verhandeln. Es schienen sich allerlei Schwierigkeiten für die Inkraftsetzung des Young-Plans zu ergeben. Namentlich die Fragen, die mit der internationalen Bank zusammenhängen, machten ihm viel Sorge.

Er zog dann eine Abschrift des groben Briefes hervor, den er gestern an Sthamer gerichtet und den mir Otto Bismarck gestern gegeben hat. Ich tat so, als kennte ich ihn nicht, las ihn aufmerksam durch und sagte nur, auch wir hätten den Wunsch und das größte Interesse, die Kommissionsverhandlungen möglichst bald zum Abschluß zu bringen, damit die zweite Haager Konferenz stattfinden und der Young-Plan in Kraft gesetzt werden könne. Aber ich müsse ihm nochmals sagen, welchen Wert eine Geste der englischen Regierung haben würde, die uns erlaube zu sagen, sie habe sich generös gezeigt. Snowden: dann werde die deutsche Regierung sofort aus dieser Geste die Folgerung ziehen, daß sie die ganzen Liquidationsüberschüsse fordere, indem sie das Entgegenkommen der englischen Regierung als ein Zugeständnis auslege, daß sie im Unrecht sei. Er schien aber doch stark erschüttert, blieb bis zuletzt ernst, ruhig und wohlwollend und faßte die Unterredung mit den Worten zusammen: »You have touched my heart, but not my purse.« Zum Schluß sagte er mir, er wolle sich Freitag meinen Radiovortrag anhören, und bat mich, wenn ich wieder nach England käme, ihn zu besuchen.

London. 14. November 1929. Donnerstag

Lunch, den mir meine Verleger, Howe und Bernard, in einem neuen, außergewöhnlich hübschen und guten Restaurant Borometti in Soho Square gaben. Mein Übersetzer, der junge Robson-Scott, ein netter Junge (Oxford), auch dabei.

Nachmittags zuerst bei Leonard und Virginia Woolf in Tavistock Square Tee. Leonard Woolf sprach sehr warm von meinem Buch und sagte, er habe es für die morgen erscheinende ›Nation‹ besprochen. Virginia Woolf sagte: »You know, you have been spoiling my sleep this last week, by my husband insisting on reading to me passages of your book.« Wir sprachen dann sehr eingehend über Rathenau und Stresemann.

Nachher zu Bernard Shaw, der jetzt nicht mehr in der Adelphi Terrace, sondern 4, Whitehall Court wohnt. Sehr luxuriös mit herrlichem Blick auf die Themse. Seine Frau, sehr nett und comfortable wie immer, ist etwas stärker geworden, er noch immer schlank und beweglich wie ein Jüngling, obwohl ganz weiß. Er sprach in der lebhaftesten Weise über Vergangenes und Gegenwärtiges. Wir frischten Reminiszenzen auf von unserer gemeinsamen Kampagne für good will zwischen Deutschland und England vor dem Kriege und von dem Frühstück bei Lichnowsky, wo er diesen vergeblich vor Grey warnte. Dann erzählte er von seinem Zusammensein mit Richard Strauss in Brioni diesen Sommer: »The astonishing thing was that as long as Strauss and I were alone in Brioni, nobody seemed to take any notice of us; but when Gene Tunney (der Boxer) came and joined us, we could not get away from the photographers; they were always all around us taking photographs and films and following and watching us.«

Wir sprachen dann von Lawrence (Colonel Lawrence, dem arabischen Lawrence), mit dem Shaws intim befreundet sind; über seine eigenartige Scheu vor der Öffentlichkeit. Als Lawrence sich einmal darüber beklagte, daß jede seiner Bewegungen von der Presse beobachtet werde, hat ihm Shaw gesagt: »Well, of course, they notice you; you always hide just in the middle of the limelight.«

Bevor ich zu Woolfs ging, hatte ich mit Garvin Generalprobe für unser morgiges Rundfunkgespräch im BBC-Gebäude. Alles wurde noch einmal ausführlich durchgesprochen und nach Zeit festgelegt.

London. 15. November 1929. Freitag

Früh in der ›Times‹ die offiziöse Erklärung, die in schroffer und ganz ungewöhnlicher, ultimativer Form unsere Forderungen in bezug auf das deutsche Eigentum zurückweist. Ich hatte gleich das Gefühl, daß ich nicht gerade ausgerechnet am Tage, wo die englische Regierung der deutschen dieses Ultimatum ins Gesicht wirft, über deutsch-englische Beziehungen sprechen könne. Ging auf die Botschaft und besprach die Sache mit Dieckhoff und dem Botschafter, auch mit Bernstorff und Otto Bismarck. Alle billigten meinen Standpunkt, daß ich nicht meinen Rundfunk-Vortrag unter diesen Umständen heute halten könne.

Ich telephonierte daher an den Chef des Rundfunks, Sir John Reith, ich könne heute nicht sprechen, sei sehr erkältet, möchte ihm aber vertraulich einiges hierzu sagen, wenn er zu mir ins Hotel kommen könne. Nach einer Viertelstunde ließ er sich melden, und ich sagte ihm, ich sei zwar in der Tat erkältet, aber der wirkliche Grund, warum ich mich entschlossen hätte, *heute* nicht zu sprechen, sei das Kommunique in der ›Times‹. Es sei mir unmöglich, wenn ich spräche, stillschweigend darüber hinwegzugehen, und wenn ich es erwähnte, müßte ich sagen, welchen Eindruck es in Deutschland machen werde; und das würde ganz gewiß nicht zur Besserung der deutsch-englischen Beziehungen beitragen.

Berlin. 20. November 1929. Mittwoch

Früh an. Bald nach meiner Ankunft rief mich Ow an und teilte mir mit, die englische Regierung habe durch Harold Nicolson eine offizielle Demarche im A. A. gemacht, um die Erklärung abzugeben, daß weder die Treasury noch das Foreign Office irgend etwas mit der Veröffentlichung des Snowden-Briefes in der ›Times‹ am Fünfzehnten zu tun gehabt hätten; dabei habe Nicolson offiziell die Vermutung geäußert, daß die Veröffentlichung von deutscher Seite erfolgt sei, und den Verdacht ausgesprochen, daß ich (!!) vielleicht deren Urheber sei. Ow sagte mir, Sthamer habe die Anweisung erhalten, eine Gegendemarche bei Henderson zu machen und zu erklären, daß ich mit der Sache nichts zu tun hätte.

Berlin. 29. November 1929. Freitag

Nachmittags bei Harold Nicolson in der Englischen Botschaft. Er war sehr freundschaftlich und boyish; saß mit den Beinen über die Stuhllehne baumelnd und sprach wie ein englischer Undergraduate in einem College zu einem andren Undergraduate. Er sagte, er habe absichtlich bei seiner Mitteilung an Curtius meinen Namen genannt, obwohl er damit seinen Auftrag überschritten habe, um mir die Möglichkeit zu geben, mich zu verteidigen.

Berlin. 3. Dezember 1929. Dienstag

Lampels ›Pennäler‹ in der ›Gruppe junger Schauspieler‹ im Theater am Schiffbauerdamm gesehen. Die Jungen (alle so um Achtzehn, Zwanzig herum) spielen ausgezeichnet. Wolfgang Zilzer spielte die Hauptrolle, einen überarbeiteten, vom verrückten Ehrgeiz eines dummen Vaters vorwärtsgepeitschten Primaner, erschütternd, er verspricht ein ganz großer Schauspieler zu werden. Vor mir saß George Grosz mit seiner Frau, der ebenfalls voller Bewunderung für Zilzer war.

Berlin. 6. Dezember 1929. Freitag

Nachmittags nach Berlin, wo abends großes Diner bei Morgans von der Dawes-Kommission. Da morgens in den Zeitungen eine Denkschrift von Schacht gegen die Reichsregierung und insbesondere Hilferding als Finanzminister abgedruckt stand, die wie ein Pronunziamento wirkt und die Sensation des Tages ist, war ich nicht wenig erstaunt, aus der Tischordnung zu sehen, daß bei Tisch Schacht und Hilferding rechts und links von Mrs. Morgan mir gegenübersitzen sollten. Außer diesen beiden waren noch Schuberts, Kühlmann, Ritter vom A. A., der alte Fürstenberger usw. da.

Ich sagte Hilferding, ich mache mich auf einen Stierkampf bei Tisch gefaßt. Aber die beiden drehten sich bloß den Rücken zu und sprachen nicht miteinander. Nach Tisch sang die Gadski Isoldes Erzählung und den Liebestod. Diese Musik ist im Salon mit Klavierbegleitung heute unmöglich geworden. Man empfindet nur: was geht mich das alles an? Das Geschwollene, Unwahre, Verlogene, das im Theater bei Orchesterbegleitung der musikalische Glanz verdeckt, wird unter dem dünnen Klang des Klaviers unerträglich fühlbar.

Mit Schuberts dann auf die Französische Botschaft, wo Quartett-Abend und fünfhundert Menschen; ›Tout Berlin‹. Als ich zufällig mit Harold Nicolson und Helene Nostitz zusammenstand, kam Kerr auf uns zu und apostrophierte uns, indem er eine Rundbewegung mit der gepflegten Hand machte: »Ah, drei Schriftsteller, die keine Schriftsteller sind!« Wir guckten ihn alle drei sprachlos an, aber es sollte offenbar ein hoch geistvolles Kompliment sein. Denn merkte er, daß er offenbar ausgerutscht sei, versuchte noch, etwas hinzuzufügen, das ganz unverständlich war, und entfernte sich, ohne daß einer von uns dreien ein Wort zur Erwiderung oder zum Dank für das schöne Kompliment gefunden hätte.

Berlin. 8. Dezember 1929. Sonntag

Gegessen bei Baby Goldschmidt-Rothschild am Pariser Platz. Acht bis zehn Personen, kleines Diner, äußerster Luxus, vier unschätzbare Meisterwerke von Manet, Cezanne, van Gogh, Monet an den Wänden. Dreißig Briefe von van Gogh in einem überreichen, häßlichen Einband wurden nach Tisch zu Zigaretten und Kaffee herumgereicht. Armer van Gogh! Man empfindet schließlich pogromhaft: diese Leute müßte man totschlagen. Nicht Neid, sondern Ekel über die Verfälschung und Verflachung geistiger und künstlerischer zu bloß materiellen Werten, zu Gegenständen des ›Luxus‹.

Berlin. 12. Dezember 1929. Donnerstag

Vormittags bei Nicolson in der Botschaft, um mit ihm die weitere Behandlung der Henderson-Angelegenheit zu besprechen. Ich erzählte ihm dann vom alten Weimar der Vorkriegszeit, Hof, Großherzog usw. Wir kamen dann überhaupt auf die Vorkriegszeit. Er meinte: in Deutschland überschätze man allgemein Eduard VII.; sein Vater, der ihn sehr genau gekannt habe, habe ihm immer gesagt, Eduard VII. sei furchtbar faul gewesen und habe eigentlich gar keine Kenntnisse gehabt. Er habe nur eine große Qualität gehabt: he was somebody you could trot out on occasion, um irgendjemanden einzufangen. So habe er 1908 (?) Iswolski, der wegen der Meerengen-Frage nach London gekommen war, so eingeseift, daß er die Meerengen ganz vergessen und nicht einmal erwähnt habe. Dem Kaiser schreibe er nicht die Hauptschuld am Krieg zu, sondern Bülow (was ganz meine Ansicht ist). Der Kaiser habe manches ganz richtig und viel richtiger als seine Umgebung gesehen. Katastrophal seien nur seine Marine-Marotte (sein Vertrauen auf Tirpitz) und sein Haß gegen seinen Onkel Eduard gewesen.

Hinzuzufügen, was Nicolson über die Wirkungen des Krieges sagte. Für England seien sie schlimmer als für Deutschland oder Frankreich gewesen. In Deutschland könnten wir auf dem fleißigen, wissenschaftlichen ›spirit of investigation‹ des Volkes wiederaufbauen, England habe aber immer auf seiner Tradition, seinem Sinn für fairness und seinem team spirit geruht; diese seien durch den Krieg tief erschüttert, und man sehe nicht recht, was an ihre Stelle treten solle. Er drückte sich sehr pessimistisch über Englands Zukunft aus. Ähnlich pessimistisch wie in London mir gegenüber Beatrice Webb.

Berlin. 17. Dezember 1929. Dienstag

Frühstück bei Jordans (vom A. A.) zu Ehren von Björn Björnson, außerdem Georg Bernhards, der junge Meyrinck und ein oder zwei Attachés vom Amt. Björnson trotz seiner siebzig Jahre sprudelnd lebhaft. Als nach dem Frühstück Frau v. Siemens kam, begrüßte er sie mit den Worten: »Waren wir nicht schon einmal vor dreißig Jahren fast verlobt?« Seine Frau, neben der ich saß, erzählte von ihrer viermonatigen Tournee in Amerika, wo sie ununterbrochen gefeiert worden seien. Björnson habe auf eine Ansprache, in der ein Amerikaner Amerika als ›God's own Country‹ gepriesen habe, erwidert, ob Gott Amerika geschaffen habe, wisse er nicht, aber wenn dem so sei, so sei Norwegen vom Heiligen Geist geschaffen, und das sei viel feiner.

Berlin. 31. Dezember 1929. Dienstag

Vormittags rief mich F. Wise an, der auf der Durchreise nach Moskau einen Tag hier ist. Ihn zum Frühstück im Autoklub eingeladen. Meine Darstellung der Genua-Konferenz mit ihm besprochen. Er sagte, er habe Lloyd George veranlaßt, sie zu lesen, und mit ihm eingehend darüber gesprochen. Ich fragte: wie sie Lloyd George gefallen habe? Wise: gut, bis auf die Schilderung der Vorgänge beim Abschluß des Rapallo-Vertrages. Er wolle mit Unterstützung von Lloyd George seine andre Auffassung in einem Zeitschriftenartikel formulieren. Der Rapallo-Vertrag sei eine Katastrophe gewesen, deren Bedeutung Lloyd George in den Worten zusammengefaßt habe: ›If there had been no Rapallo there would have been no Ruhr.‹

Um vier nach Oberhof ab. Von Erfurt im Auto hinauf und

mit Wilma, Jacques und Géraud bei Georg Bernhards im Golf-Hotel Silvester gefeiert. Ein trauriges Jahr zu Ende, das mir schwere menschliche Verluste gebracht hat.

1930

Berlin. 21. Januar 1930. Dienstag

Abends Diner beim Staatssekretär Abegg; eine Abfütterung an kleinen Tischen in einer Wohnung, deren Möbel aus den neunziger Jahren stammen (Stil ›gute Stube‹) und deren Wände mit allermodernsten Bildern bedeckt sind. Der Kontrast ist wie jede sinnlose Disharmonie schmerzlich. Unter andren hängt dort auch mein Porträt von Liebermann, das ich seit vierzehn Jahren zum ersten Mal wiedersah. Diskussion mit Nowak (dem Verfasser von ›Versailles‹ usw.); er hat etwas Schauspielerhaftes. Norah Siemens wanderte wie Klytämnestra aussehend zwischen altem Gerümpel und expressionistischen Bildern herum.

Berlin. 23. Januar 1930. Donnerstag

Nostizens und Vollmoeller frühstücken bei mir bei Savarin. Vollmoeller erzählte prickelnd farbige Geschichten von der Marchesa Casati. Eine, die von Barbey d'Aurevilly hätte erfunden sein können. Von ihrem schönen, alten, in einem großen Garten gelegenen Louis-XV.-Hotel im Faubourg St. Germain ruft sie eines Nachts um drei den Kardinal-Erzbischof von Paris an und bittet, er möge sofort zu ihr kommen, sie müsse ihm unverzüglich eine sehr wichtige Mitteilung machen; es gehe um Leben und Tod ihrer Seele. Der Kardinal, der geweckt wird, weigert sich, mitten in der Nacht sich zu bemühen, und beauftragt schließlich nach längerem Parlamentieren einen Priester, der irgendeine Stellung bei ihm einnimmt, hinzugehen. Der Priester fährt vor, klingelt, wird eingelassen und durch eine Allee des dunklen Gartens auf das Haus zugeführt. Mitten in der

Allee tritt ihm plötzlich völlig nackt, in jeder Hand einen Leuchter mit mehreren Kerzen emporhebend, die Casati entgegen und will eine lange Litanei aufsagen. Der Priester, ganz entsetzt, macht kehrt und flieht, als ob er eine Verkörperung des Bösen gesehen hätte, und am nächsten Tage erstattet der Kardinal eine Anzeige bei der Polizei gegen die Casati wegen Attentat à la pudeur und Gotteslästerung. Die Sache endet damit, daß die Casati auf sechs Monate in eine Nervenheilanstalt verschwindet.

Berlin. 1. Februar 1930. Freitag

Frühstück bei Schwabachs im ›Esplanade‹ mit meiner alten Feindin aus dem Jahre 1914, Lady Cunard. Damals, nach unserem sechswöchigen Krieg, den Margot Asquith, Mechthilde Lichnowsky usw. vergeblich zu beenden suchten, weil ich von der Cunard eine förmliche Entschuldigung für ihr unqualifizierbares Benehmen bei der ›Joseph‹-Probe verlangte, fiel sie mir schließlich beim Herzog von Westminster in einem dunklen Korridor um den Hals, bat weinend um Vergebung und bettelte darum, daß ich eine Einladung bei ihr annehmen solle. Ich versprach ihr ein Frühstück, zu dem sie mich bat, die Gäste zu bestimmen. Ich wählte Margot Asquith und Mrs. Astor, die dem Friedensfrühstück auch beiwohnten, vierzehn Tage vor Kriegsausbruch.

Den Frieden vermittelt hatte die Gräfin Greffulhe, die aus Paris nach London kam und bei unserer ersten Unterredung im Piccadilly-Hotel mir sagte, ich müsse mich absolument mit der Cunard aussöhnen, und, als ich nicht sehr willig auf ihr Drängen reagierte, mich fragte: »Vous la détestez donc bien?« und als ich antwortete: »Non, mais enfin . . .«, mir lebhaft das Wort abschnitt: »Allons, oui, vous la détestez; mais quand on déteste tellement une femme on est bien près de l'aimer!« Also heute war die Cunard plötzlich wieder da (sie ist irgendwie mit Frau v. Schwabach verwandt) und sah nur noch böser aus als damals; sie hat einen wahrhaft megärenhaften Ausdruck bekommen – früher saß das alles noch unsichtbar unter der Haut –, war aber ganz liebenswürdig, als ob nie etwas zwischen uns gewesen wäre.

Berlin. 8. Februar 1930. Freitag

Begrüßungsabend der Maximilian-Gesellschaft im ›Esplanade‹. Gundolf redete über die Droste-Hülshoff, an der er nur ein gutes Haar ließ: die ›Judenbuche‹.

Berlin. 13. Februar 1930. Mittwoch

Diner bei Theodor Wolffs. Molnar, Emil Jannings, Flotow, Kardorff usw. Molnar, ein fröhlich aussehender Greis mit weißen Haaren und frischem Gesicht. Jannings meinte, das Sprechtheater sei zum Aussterben verurteilt; der Tonfilm werde es töten. Nur noch einige subventionierte Theater in Weltstädte würden bestehen können. Wenn jemand die besten Sänger und Schauspieler der Welt für ein paar Mark im Kino sehen und hören könne, werde er nicht in irgendein Provinztheater gehen, um dasselbe Stück, von mittelmäßigen Kräften gespielt, sich anzusehen.

Berlin. 12. März 1930. Mittwoch

Frühstück auf der Französischen Botschaft bei Margerie mit der Herzogin von Gramont (geborene Ruspoli), die ich führte, dem Ehepaar Thurn und Taxis (sie eine Tochter der Pauline Metternich und recht grobschlächtig und wenig aristokratisch aussehend), den Etienne de Beaumonts und Chanel, der berühmten Schneiderin, von der mir Beaumont erzählte, daß sie im vorigen Jahr siebzehneinhalb Millionen Francs Steuern bezahlt habe. Angefangen hat sie, wie man sagt, als Freundin eines älteren Herrn, der ihr sein Vermögen vermacht hat.

Als ich dem alten Hutten-Czapski, der sie zu Tisch führte und mich fragte, *wer* seine Tischdame gewesen sei, antwortete: eine Putzmacherin, stolperte er fast vor Befremdung, aber als ich hinzufügte: »Eine Putzmacherin, die im vorigen Jahre siebzehn Millionen Francs Einkommensteuer bezahlt hat«, beruhigte er sich sofort und meinte nur: »Na, dann . . .« Mich interessierte sie als Freundin von Diaghilew. Sie war bei Diaghilews Tod in Venedig, sagte, er sei sehr friedlich und glücklich gestorben, ohne sich von seinem Zustande Rechenschaft zu geben, im Gegenteil, er habe bis zuletzt allerlei Pläne gemacht, über die er sehr glücklich gewesen sei. Ich verabredete mit ihr, daß ich zu Lifars Premiere bei Cochran nach London fahren und sie dort treffen werde.

Die Gramont erinnerte mich in ihrem Aussehen (sie ist sehr hübsch) und in ihrer Aussprache merkwürdig an die Karsawina. Margerie hatte uns nebeneinander gesetzt, vielleicht weil wir beide Opfer ihrer Stieftochter (die zwanzig Jahre älter ist als sie) Clermont-Tonnerre in deren skandalösen und lügnerischen Memoiren sind.

Leipzig. 14. März 1930. Freitag

Früh um sieben aus Weimar nach Leipzig zur Jury für die Auswahl der fünfzig bestgedruckten deutschen Bücher des Jahres 1929. Siebenköpfige Jury, zu der außer mir Poeschel, Klingspor, Fedor v. Zobeltitz, der Gewerkschaftler Dreßler, Steiner-Prag usw. gehörten. Die Sitzung war in der Deutschen Bücherei und dauerte den ganzen Tag von neun Uhr morgens bis sieben Uhr abends, nur mit einer Frühstückspause. Es war nicht ganz leicht, fünfzig Bücher zu finden, die wir mit Anstand prämiieren konnten. Auch stellte sich deutlich die Überlegenheit der Privatpressen über die Verlagswerke heraus. Wenn wir nicht grundsätzlich die Verlagswerke als die wichtigsten in den Vordergrund geschoben hätten, hätten wir eine viel größere Anzahl von Privatdrucken prämiieren müssen.

Am Schluß der Sitzung hielt Poeschel eine kleine Ansprache an mich und sagte, er habe den Auftrag, mir im Namen der Jury mitzuteilen, daß sie einstimmig den ›Hamlet‹ als das schönste deutsche Buch des Jahres befunden habe; sie würden dafür sorgen, daß dieses Votum auch in der Öffentlichkeit bekanntwerde. Poeschel sagte mir privatim, der ›Hamlet‹ habe ihm eine schlaflose Nacht bereitet, so habe er sich über ihn aufgeregt. Er begreife nicht, wie wir die Zweifarbendrucke von einem einzigen Holzstock gemacht hätten. Da Poeschel wohl der beste deutsche Drucker ist, will das allerhand heißen, wenn er mir das sagt. Außer dem ›Hamlet‹ wurde der Cranachpressen-Druck der ›Zwei Novellen‹ von Goertz als eins der fünfzig besten Bücher prämiiert.

London. 27. März 1930. Donnerstag

Bei Emery Walker im Athenaeum gefrühstückt. Er machte mich mit Henry Newbolt bekannt. Abends Premiere von Cochrans 1930 Review im London Pavilion. Eingestreut in die Varietényummern sind zwei Balletts, in denen Lifar und die Nikitina, die Überreste des Diaghilewschen Balletts, tanzen; das zweite, Night‹, Musik von Sauguet, von Lifar selbst inszeniert, Proletarierstimmung, etwas ›Goya‹haft, ist schön und bedeutend. Eine durchsichtige Hauswand trennt Tänzer und Tänzerin, der Tänzer ein Arbeiter, die Tänzerin eine reichgeputzte junge Frau. Effekt der durchsichtigen Wand, hinter der der Tänzer bald auftaucht und bald verschwindet und durch die die Tänzerin vergeblich durchzukommen versucht. Spukhaft.

Im Parkett traf ich Bernard Shaw und seine Frau, die mich mit Lord Berners bekannt machten, der die Musik zum ersten Ballett von Lifar, ›Luna Park‹, geschrieben hat. Shaw lachte, als er mich sah, und sagte: »I was going to write to you, I owe you an apology; I have ›taken your name in vain‹ in my new book, in which I am collecting all I said during the war; but I will show it you before I publish it.«

London. 2. April 1930. Mittwoch

Zum Tee zu Teddy Craig, wo Martin Shaw kennengelernt, der den ›Masque‹ von Purcell für meine Presse herausgeben soll. Er schlug anstelle von ›Diocletian‹ Purcells ›Fairy Queen‹ vor, eine Bearbeitung von Shakespeares ›Sommernachtstraum‹.

Unterwegs erblickte ich plötzlich ein Haus, das ich als das erkannte, in dem Grandmama gelebt hat und gestorben ist und in dem Wilma geboren wurde (140, Westbourne Terrace). Ich erkannte es im Vorbeifahren gleich wieder, obwohl ich es seit

1882 nicht gesehen habe. Auf dem Rückwege ließ ich halten, ging darum herum und konnte noch jedes Zimmer genau bestimmen, die große Halle, die drei Salons, oben das Zimmer, in dem Großmama gestorben ist, nach vorne mein Schlafzimmer, nach hinten das von Aunt Rosie usw. Es war ein sehr eigenartiges Gefühl, Wehmut und Freude gemischt.

Mit Shaw und Teddy Craig verabredet, daß wir uns am 2. Mai zehn Uhr dreißig im British Museum treffen wollen, um Purcell und alte Musikdrucke zu studieren.

Paris. 10. April 1930. Donnerstag

Nachmittags zum Tee bei Etienne de Beaumonts, die ein wirklich fürstliches Palais im Faubourg St. Germain (2, Rue Duroc) bewohnen, das vom Architekten von Versailles, Brongniart, für seine eigene Familie gebaute Haus; nachher spanische Botschaft und seit hundert Jahren (depuis le retour de l'émigration) Familiensitz der Beaumonts. Der große Salon von geradezu riesigen Ausmaßen, ganz in reichstem Louis-XIV.-Stil in Weiß und Gold mit Ausblick auf einen Louis-XIV.-Garten, ist eine Sehenswürdigkeit. Der Graf und die Gräfin waren allein und zeigten mir das ganze Haus, Schlafzimmer und alles. Sie haben zahlreiche Bilder, Pastelle und Zeichnungen von Picasso, die in die Louis-XIV.-Umgebung nicht besonders gut, aber jedenfalls besser als moderner Kitsch hineinpassen. Ich sagte ihnen, daß ich vergeblich versucht hätte, Picasso zu erreichen. Sie sagten, auch sie sähen ihn seit einem Jahr nie mehr, obgleich sie seine intimsten Freunde seien. Wenn man ihn einlade, nehme er zwar an, aber zehn Minuten vor Tisch käme eine Absage, die Kinder hätten Scharlach oder die Frau sei ›indisposée‹ usw. Auf Briefe antworte er prinzipiell nicht, und am Telephon lasse er sich verleugnen. So gehe es allen seinen Freunden. Niemand wisse, was er eigentlich treibe.

Paris. 12. April 1930. Sonnabend

André Gide nachmittags besucht. Er plant einen längeren Aufenthalt in Deutschland und sprach viel von der deutschen Gesamtausgabe seiner Werke. Er empfahl und schenkte mir die Übersetzung von Samurai-Liebesgeschichten, die tout à fait étonnantes seien. Dann gingen wir zuammen in die Buchhandlung von Gallimard. Er sprach auch viel von seinem Aufenthalt in Weimar vor dem Kriege, als er bei mir wohnte, und von seinen Eindrücken am dortigen kleinen Hof. Er will darüber schreiben, peut-être pour une publication posthume.

Banyuls. 14. April 1930. Montag

Früh an in Port-Vendres. Von dort im Auto nach Banyuls (Hotel Soler), wo Brief von Maillol vorgefunden, er sei erkältet und erwarte mich nach dem Frühstück. Ich fand ihn in einem vom Kaminrauch ganz erfüllten Zimmer mit einem starken Schnupfen, aber sonst munter. Er sagte, bis vor ein paar Tagen sei er trotz schlechten, kalten Winters gesund gewesen, habe sich aber am Tage, nach dem seine Statue fertig geworden sei, erkältet.

Ich brachte vorsichtig meine Wünsche in bezug auf den Horaz vor. Er sagte zunächst weder ja noch nein, klagte nur über viel Arbeit, daß er keine Minute Zeit habe; er solle das Debussy-Denkmal für St. Germain, ein André-Chénier-Denkmal für Carcassonne, ein Kriegerdenkmal für Banyuls machen. Auch müsse er die Radierungen zu Ronsard für Vollard fertigstellen. Ich sagte ihm, Vollard sei ganz unfähig, ein ›Buch‹ zu machen; es sei jammerschade, daß er, Maillol, der doch wisse, was ein Buch sei, sich zu solchen Halbheiten hergebe. Ich zeigte ihm dann meine Probeseiten Horaz in der Johnston-Kursiv und hielt die Ronsard-Radierungen daneben; sagte, wenn ich so etwas drucken würde, würde es doch ganz etwas andres, als wenn Vollard einen ganz gleichgültigen Druck daneben setze.

Maillol stimmte zu und meinte: warum *ich* denn den Ronsard nicht für Vollard drucken wollte? Ich sagte: ich würde gern mit

Vollard den Ronsard herausbringen, wenn ich auch meine prinzipiellen Bedenken gegen Radierungen als Buchschmuck nicht aufgeben könne. Schließlich kam ich mit Maillol überein, daß er an Vollard schreiben solle und wir versuchen würden, Vollard dazu zu bringen, den Ronsard mit mir zu machen. – Ich zeigte Maillol den ›Hamlet‹, den er lobte, aber, wie mir schien, ohne große Begeisterung.

Abends bei Maillols gegessen mit Mme. Maillol und Lucien. Das Wetter ist schlecht; anwachsender Sturm, der mir gerade ins Fenster bläst. Maillol erzählt, daß er als ganz junger Mensch, ehe er nach Paris ging, in Banyuls eine kleine Zeitschrift ›La Figue‹ herausgegeben habe, in der er Illustrationen im Stile des damaligen Modezeichners ›Cham‹ gemacht habe. Er habe etwa zwanzig Nummern dieser Zeitschrift herausgegeben; jetzt sei keine mehr zu finden. Vor ein paar Jahren habe er noch eine Nummer in Banyuls in seinem Keller gefunden und verbrannt.

Er ließ dann durch Lucien ein paar Almanache von Cham aus den siebziger Jahren holen, die er damals gesammelt hat, und zeigte die Karikaturen (Holzschnitte) von Cham und Grévin, indem er betonte, wie ausgezeichnet sie auch noch nach seinem heutigen Urteil seien. Der ganze Toulouse-Lautrec stecke in einigen der Kokotten-Karikaturen Chams.

Banyuls. 15. April 1930. Dienstag

Mit Maillol, der noch immer erkältet ist (der Sturm und die Kälte halten unvermindert an) nach seinem Atelier außerhalb der Stadt. Es ist ein kleines Landhäuschen, eine Art ›Laube‹, an einem steilen Abhang, zu dem man über Geröll hinaufklettert; aber die Aussicht auf das Gebirge ist schön und das Innere komfortabel. Er zeigte mir Zeichnungen von sich und seinem Modell, einer jungen Pariserin, nach der er seine letzte Figur gemacht hat und in die er offenbar stark verschossen ist. Die Zeichnungen, die stark von ihm beeinflußt sind, sind gut. »Elle a du talent, cette jeune fille. Elle écrit, mais elle ne veut pas écrire pour vivre. Je voudrais lui trouver du travail pour qu'elle ne soit plus modèle, pour qu'elle ne pose plus que pour moi. Mais n'en dites rien à ma femme; elle ne peut pas la supporter. Elles étaient amies, et voilà que ma femme ne veut plus la voir. Je m'intéresse beaucoup à cet enfant.« Also wieder das in Maillols Leben übliche Eifersuchtsdrama.

Ich versprach Maillol, wenn er mich mit ihr zusammenbrächte, mich darum zu bemühen, ihr Arbeit zu verschaffen, und fragte, ob sie nicht vielleicht beim Schneiden der Holzstöcke für den Horaz helfen könnte, wenn er ihr die Technik beibringe. Maillol griff den Gedanken gleich mit Befriedigung auf. Das Mädchen ist drei Monate hier in Banyuls bei Maillol gewesen und hat sogar bei Maillols gewohnt, ist aber vor kurzem abgereist. Sie soll aber wieder nach Marly kommen.

Er erzählte dann, daß er der Gemeinde Banyuls ein Denkmal für die Toten des Weltkriegs angeboten habe unter der Bedingung, daß es auf dem kleinen, meerumspülten Felsen beim Institut für Meeresforschung errichtet werde, daß aber der Bürgermeister sich diesem Plan widersetze; dabei hätten sie nur dreißigtausend Francs zusammengebracht, und sein Denkmal sei dreihunderttausend wert; also ein glattes Geschenk.

Ich sagte: der kleine Demeter habe mir hier in Banyuls ein Stelldichein gegeben, um meine Büste zu vollenden. Maillol meinte, er hätte nach dem Kriege gern meine Büste gemacht. »Quand je vous ai vu après la guerre, vous aviez une tête comme Napoléon. Il aurait fallu vous voir par les grands plans.« Ich notiere das in aller Bescheidenheit.

Banyuls. 16. April 1930. Mittwoch

Der Sturm ist heute noch wütender als gestern; das ganze Haus zittert. Maillol nachmittags in seinem Hause besucht, da er wegen des Windes nicht in sein Atelier geht. Er zeigte mir die neue Nummer der Zeitschrift ›Formes‹, in der Jules Romains einen Artikel über ihn geschrieben hat. »C'est assez bien; mais il ne conclut pas.« Romains faßt seinen Gegensatz zu Rodin als einen bewußten und gewollten auf und bemängelt leise seine

›Primitivität‹, indem er ihm gut zuredet, weniger ›primitiv‹ zu sein. Maillol meinte: er habe sich in seinen Anfängen um Rodin überhaupt nicht gekümmert. Und was seine ›Primitivität‹ (das heißt seinen Archaismus) anbelange, so sei er nicht absichtlich primitiv, sondern versuche so vollendet, wie er könne, zu gestalten. »Je ne peux pas construire une figure comme Phidias; si je le pouvais, je le ferais; mais je construis aussi bien que les sculpteurs d'Olympie.«

Er sprach dann wieder ausführlich über sein kleines Modell, die Lucile Passavant heißt; hob ihr Talent hervor. »Je lui ai dit que si elle travaillait, elle n'aurait pas besoin de montrer son cul à tous les sculpteurs de Paris. D'abord ça a très bien marché avec ma femme, elles étaient amies. Mais maintenant ma femme est jalouse, il n'y a plus rien à faire. Je vous ferai dîner avec la petite à Paris; mais je dois être discret. Tout de même, je devrai la faire venir à Marly pour faire les bras du monument Debussy (zu dem sie Modell gestanden hat).« Anscheinend steht Lucien seiner Mutter in der Gegnerschaft gegen die Kleine bei.

Abends bei Maillol gegessen, der sehr erkältet eingewickelt saß. Er fragte mich nach Capri aus, ob es schön wäre, ob man da ein kleines Haus in einem kleinen, ruhigen Ort finden könne. Und sagte dann überraschend: »Parce que j'aurais bien envie de me retirer pour un temps quelque part tranquillement, *sans ma famille*.«

Banyuls. 17. April 1930. Donnerstag

Nach dem Frühstück bei Maillol zum Abschied. Er klagte noch heftiger als gestern über die Eifersucht seiner Frau. »Ma femme me fait plus de mal que mon rhume.« Sie lasse ihm keine Ruhe mehr. Er wolle, sobald sie in Marly seien, fortgehen, irgendwohin, wo er vor ihr Ruhe habe. Er halte es nicht mehr aus. »Je ne dis pas qu'elle n'a pas raison; mais c'est insupportable.« Ich lud ihn ein, auf ein paar Wochen nach Deutschland zu kommen, zu mir nach Weimar und nach Berlin; was er halb und halb annahm.

Berlin. 27. August 1930. Sonntag

Um eins mit dem Nordexpreß nach London abgereist. Im Zuge meine Radiorede über ›Deutsche Jugend‹ für London ausgearbeitet.

London. 28. April 1930. Montag

Früh an. Im ›Metropole‹ abgestiegen. Miß Matheson im BBC besucht und ihr meine Rede vorgelesen. Sie schlug einige Änderungen vor (stilistisch, das heißt more colloquial) die ich vornahm. Abends um neun Uhr fünfundzwanzig im BBC (2, Savoy Hill) im Radio gesprochen. Nachher zu Bett, sehr müde, da die Überfahrt gestern nacht in dichtem Nebel und, weil das Nebelhorn alle paar Minuten tutete, an Schlaf nicht zu denken war.

London. 30. April 1930. Mittwoch

Briefe von Bekannten und Unbekannten über meinen Radiovortrag erhalten. Ein Verrückter ist dabei (natürlich), der ganz in Rot tippt; unter den Unbekannten ein ergreifender Brief einer Mrs. Cartwright, die ihren einzigen Sohn im Kriege verloren hat. Unter den Bekannten ein Brief von Lady Ottoline Morrell (geborene Cavendish-Bentinck, Tochter des verstorbenen Herzogs von Portland), die ich zum letzten Mal vor zwanzig Jahren bei Condor, der sie oft gemalt hat, gesehen habe, damals eine blendend schöne, elegante Frau, schlank und aristokratisch. Wer weiß, wie sie jetzt aussehen mag!

London. 5. Mai 1930. Montag

Gegessen bei Dame Adelaide Livingstone, der sehr reizenden Frau, die einige Jahre lang nach dem Kriege in Berlin die ›War Graves Commission‹ vertreten hat. Außer mir nur eine Verwandte von ihr, eine Mrs. Bordon, eine Amerikanerin, und der Oberst Roddie, der ebenfalls in den schlimmsten Nachkriegsjahren in Berlin an der Botschaft war.

Roddie sprach freundlich von meinem Rathenau-Buch und erzählte, daß er drei oder vier Tage vor Rathenaus Ermordung bei diesem im Grunewald gegessen habe. Als er vorfuhr, sei er von zwei Männern in Zivil angehalten worden, die ihn fragten, zu wem er hinwolle. Er habe sich legitimiert und sei dann durchgelassen worden. Als er ins Haus trat, habe er im Zimmer rechts vom Eingang Musik gehört und dann beim Hineingehen Rathenau gesehen, der bei einer Kerze am Flügel saß und spielte. Rathenau sei aufgesprungen und habe sich entschuldigt. Roddie habe ihm dann gesagt, er freue sich, gesehen zu haben, daß Rathenau jetzt Maßregeln ergriffen habe, um sich zu schützen. Rathenau sei plötzlich sehr erregt gewesen, ans Telephon geeilt, habe irgendeine Stelle angerufen und kategorisch verlangt, daß der Polizeischutz aufhöre; er verbitte sich, daß seine Gäste durch Polizei belästigt würden. Nachher, als Roddie fortging, sei der Polizeischutz verschwunden gewesen.

London. 9. Mai 1930. Freitag

Edward Johnston in Ditchling besucht. Er zeigte mir seine Entwürfe für die Versalien meiner Kursivschrift und erklärte mir die Prinzipien, nach denen er sie konstruiert habe. Es sei die erste Schrift, die er ganz neu, ohne Anlehnung an eine frühere Schrift, entworfen habe.

Abends Empfang auf der Deutschen Botschaft bei Sthamers. Großes Gedränge. Ich wanderte in der Menschenmenge von Raum zu Raum, von dem ein jeder für mich voll von geschichtlichen Erinnerungen, Gespenstern, ist, Gesprächen mit Metternich, Frühstück mit Richard Strauss bei Metternich, wo Strauss die kriegslüsternen Äußerungen von S. M. zum Entsetzen von Metternich wiedererzählte, Frühstück mit Bernard Shaw bei Lichnowsky, die Picassos der Fürstin Lichnowsky, die das Entsetzen der russischen Botschafterin Benckendorff erregten, Mechthilde Lichnowsky in ihrem Boudoir auf dem Fußboden hockend, das Katastrophen-Diner mit dem König und Arthur Nicolson bei Lichnowsky, dann die erste Zeit nach dem Kriege, als ich zum ersten Mal wieder in London war, die Ruhrzeit und meine täglichen Beratungen mit Sthamer, Dufour, Bernstorff, zuletzt noch meine Verhandlungen im vorigen Jahr mit Snowden und Sthamers Verärgerung über Snowdens Ton ihm gegenüber: das alles zog im Gedränge an mir vorüber, und schließlich das lange Gespräch mit Stresemann, als er mir den Botschafterposten in London anbot und offenbar Schubert meine Ernennung vereitelte, um den Posten für sich offenzuhalten.

London. 10. Mai 1930. Sonnabend

Vormittags im British Musuem Musikbücher mit Teddy Craig und Martin Shaw angesehen; Vorbereitung für die Ausgabe des ›Sommernachtstraums‹ mit Purcells Musik und Intermezzi und mit Illustrationen von Gordon Craig.

London. 11. Mai 1930. Sonntag

Bei Leonard und Virginia Woolf zum Tee in Tavistock Square. Sie sind heute von einer achttägigen Autotour in Devonshire und Cornwall zurückgekehrt, wo sie die Bücher ihrer Hogarth Press bei den Sortimentern abzusetzen versucht haben. Leonard Woolf schimpfte heftig auf die Buchhändler in den kleinen Städten, die nichts von Büchern verstünden, sich dafür gar nicht interessierten und überhaupt hoffnungslos seien. Den Absatz der Rilke-Übersetzung Vita Nicolsons, Zahl der Exemplare, Prospekte, Sortimenter-Rabatt, mit ihm besprochen. Er glaubt, in England hundertfünfzig Exemplare absetzen zu können.

Mit ihm nach Hampstead zu Delisle Burns. Dort trafen wir den Inder Shastri, einen Freund Gandhis, einen indischen Gentleman von ziemlich heller Hautfarbe, der perfekt Englisch spricht. Er sagte, Gandhis passive Resistenz sei vollkommen zusammengebrochen; er habe nach Illusionen gehandelt, daß seine civil disobedience in wenigen Tagen die indische Regierung zur Kapitulation zwingen werde und daß, wenn er seinem Volke nur einige wenige ›einfache‹ Begriffe und Maximen beibringe, es sich nach seinen Wünschen und Plänen verhalten werde. Er habe ganz übersehen, daß diese scheinbar so einfachen ethischen Regeln gar nicht einfach seien, sondern aus höchst komplizierten Gedankengängen abgeleitete, für den gewöhnlichen Mann schwer zu begreifende Gebote seien, die eine jahrzehntelange Erziehung zur Voraussetzung hätten. Diese Erziehung fehle dem indischen Volk vollkommen; und deshalb habe Gandhi auf Sand gebaut und sei seine Bewegung gleich zusammengebrochen und in einfache ›mob violence‹ ausgeartet.

Burns und Woolf, der Sekretär des advisory board der Labour Party ist, laden Shastri ein, vor diesem in den nächsten Tagen seine Ansichten vorzutragen und zur Debatte zu stellen. Dieser meinte übrigens, daß in Indien eine Periode fortdauernder Unruhen bevorstünde, die fünfzehn bis zwanzig Jahre dauern könne. Das Haus des Delisle Burns, ein hübsches, einfaches, kleines Landhaus aus dem Anfang des neunzehnten Jahrhunderts, steht ganz in der Nähe des sehr ansprechenden kleinen Hauses, in dem Keats gelebt hat.

Paris. 16. Mai 1930. Freitag

Nachmittags nach Marly; Maillol besucht. Im Garten waren Mme. Maillol und Maillols Schwester, Mme. d'Espie, eine Frau von über Siebzig, der man noch ihre frühere Schönheit und ihren Charme ansieht; sie ist noch heute reizend. Mme. Maillol begleitete mich ins Atelier, wo, wie sie sagte, ›il a modèle‹, und er mich mit seinem ›Modell‹ Lucile Passavant, die sich eben wieder anzog, bekannt machte. Ich fand sie nicht sehr schön, etwas rundlich, ziemlich roh geschminkt, aber intelligent; und Maillol zeigte mir kleine Tonfiguren, die sie modelliert hat und die zweifellos eine wirklich künstlerische Begabung zeigen.

Da Mme. Maillol nicht von meiner Seite wich, um uns nicht allein zu lassen, sagte ich Maillol, ich möchte mir den Bronzeguß seiner Riesenfigur für Puget-Théniers, der im Schuppen stand, ansehen, und ließ Mme. Maillol mit der Passavant im Atelier stehen. Maillol folgte mir auf dem Fuß in den Schuppen und meinte: Voyez-vous comme ma femme est insupportable; elle ne veut pas que je vous parle seul. Je n'en peux plus. Elle me fait des scènes perpétuelles usw. Ich hatte schon Mme. Maillol im

Garten gesagt, daß Maillol, der immer noch kränkelt, eine Luftveränderung guttun werde; was sie bejahte. Ich schlug nun Maillol nochmals, wie schon in Banyuls, vor, er solle mit mir nach Weimar kommen, was er sofort mit sichtbarer Erleichterung und Freude annahm; er war nur enttäuscht, als ich ihm sagte, wir könnten erst nächste Woche reisen, da ich erst noch nach London müsse. Er schien dabei als selbstverständlich vorauszusetzen, daß die Passavant mit nach Weimar kommen würde, und natürlich, daß seine Frau dieses nicht erfahre; dabei zwinkerte er mir mit einem Auge zu.

Es ist also eine regelrechte Flucht aus der Ehe, die bei einem siebenundsechzigjährigen Mann etwas Tragisches hat, bei der ihm Hilfe zu leisten ich aber keine Bedenken trage, weil seine Frau ihm dreißig Jahre lang mit ihrer irrsinnigen Eifersucht im Wege gestanden ist und ihn verhindert hat, jemals ein annehmbares weibliches Modell zu haben. Er hat sich mit allerlei zufälligen Photographien und Heften von Nacktzeitschriften begnügen müssen. Wenn er jetzt endlich diese Drangsalierung satt bekommen hat und etwas Freude und Freiheit sich erobern will, so kann man ihm nur recht geben. Mme. Maillol hat es sich nur selber zuzuschreiben.

Ich lud Maillol morgen nach Paris zum Frühstück ein und sagte, er solle, wenn er wolle, Fräulein Passavant mitbringen, damit wir die ›mise au point‹ von Maillols Holzschnitten durch diese besprächen. Maillol war offenbar hocherfreut, auf diese Weise ohne Aufsicht durch seine Frau die Passavant sprechen zu können. Als wir zusammen in den Garten zurückkehrten, wo die Passavant mit Mme. Maillol und Mme. d'Espie zusammensaß, konnte ›Clotilde‹, wie Maillol seine Frau nennt, ihre Verstimmung und schlechte Laune nicht mehr verbergen, weil ich die Passavant eingeladen hatte, in meinem Auto nach Paris zurückzukehren.

Im Auto sagte mir die Passavant, sie sei zuerst mit Mme. Maillol sehr gut ausgekommen, dann habe diese plötzlich die Eifersucht gepackt und sie sei unausstehlich geworden. Elle écoutait aux portes usw. Ich machte der Passavant Komplimente über ihre kleinen Tonfiguren, sie erzählte, ihre Mutter sei Malerin, habe aber als fast Vierzigjährige einen zwanzigjährigen Mann geheiratet, das Leben sei dadurch im Hause für sie als junges sechzehnjähriges Ding unerträglich geworden, sie sei deshalb auf und davon gegangen, habe sich irgendwie durchgeschlagen, bis sie bei Maillol als Modell gelandet sei. Sie ist mir nicht unsympathisch, gehört aber zu dem Typus von kleinbürgerlichen, dicklichen, geschminkten Pariserinnen, den ich als äußere Erscheinung nicht mag.

Paris. 17. Mai 1930. Sonnabend

Um zwölf kamen Maillol und die Passavant ins Hotel zum Frühstück, Maillol strahlte. Er meinte, aufatmend: »Une journée de liberté! Pourquoi est-ce qu'on ne peut pas toujours être tranquille comme ça; pourquoi y a-t-il des gens qui rendent la vie embêtante«, wobei er ganz offenbar an seine Frau dachte. Er sprach viel über das Talent der Passavant. Wenn sie nur wolle, könne sie eine französische Renée Sintenis werden. Wir besprachen Näheres über die Reise nach Weimar. Ich sagte Maillol, ich schlüge ihm vor, daß wir gegen Ende der nächsten Woche, nach meiner Rückkehr aus London, führen; mir sei es aber angenehmer, wenn er und ich allein führen. Er könnte ja Fräulein Passavant nachkommen lassen; dagegen könne ich nichts einwenden. Aber wenn sie *mit* uns führe, würde mir das nicht angenehm sein, auch sei es für ihn, falls seine Frau darauf bestehe, ihn an die Bahn zu begleiten, empfehlenswerter, Fräulein Passavant nicht gleich mitzunehmen. Er sah das ein und sagte so zu. Wir fuhren nach dem Frühstück zu Zay, Instrumente kaufen, und ich setzte die beiden, die wie ein junges Brautpaar strahlten, dann in einem Kino ab, wo sie sich ›Die Nacht gehört uns‹ ansehen wollten.

Brüssel. 19. Mai 1930. Montag

Vormittags bei van de Velde in seinem Institut in der Abbaye de la Cambre, einem alten Kloster, das ihm von der Regierung zur Verfügung gestellt worden ist für seine Schule. Er führte uns herum, zeigte uns die verschiedenen Abteilungen (sechzehn Professoren, Druckerei, Theaterschule usw). Viele Ausländerinnen als Schülerinnen, eine Polin, eine Rumänin usw. Nachmittags in der Schule Aufführung eines flämischen Bauernstücks nach einer Novelle von de Woestijne, ›La Mort du Paysan‹; das heißt, die Novelle wurde durch einen Radioapparat zu Gehör gebracht, und die Figuren erschienen in phantastischen Masken und Kostümen und machten die die Handlung ausdrückenden Bewegungen in einer Art von monumentaler Stilisierung. So entstanden zeitweise schöne, ja grandiose Gruppierungen wie die in mittelalterlichen plastischen Grablegungen oder Kreuzigungen. Besonders die Erscheinung der ›Mutter‹ und die des ›Todes‹ wirkten erschütternd und großartig. Ein Grammophon spielte die Begleitmusik. Störend war das Radio, die Stimme der Vorleserin im Radio, die ganz unstilisiert und nüchtern neben den monumentalen Bildern einherlief.

Abends bei van de Velde in seinem neuen Haus in Tervueren gegessen. Das Haus ist sehr hübsch, nicht unbeeinflußt von Le Corbusier, aber im echten van de Veldeschen Geist gebaut, das heißt Heiterkeit (sérénité) als Stimmung durchgehend. Nach Tisch kamen die verheirateten van de Veldeschen Kinder, die Zwillinge Tyl und Tylla, mit ihren Ehehälften. Interessant war mir, daß alle, auch van de Veldes, darin einig waren, daß Paris langweilig geworden, Berlin dagegen heute die Stadt sei, in der man sich amüsieren könne. Ich höre das jetzt allerseits.

London. 24. Mai 1930. Sonnabend

Abends ›Othello‹ im Savoy-Theater gesehen, mit dem Mulatten Robeson als Othello, Maurice Brown als Jago, Sybil Thorndike als Emilia und einer bildhübschen und reizenden jungen Schauspielerin Peggy Ashcroft als Desdemona. Bis auf die Ashcroft und Robeson, der ein würdevoller, leidenschaftlicher Othello war, war die Aufführung mäßig, die kleineren Rollen wie Cassio, Rodrigo, Brabantio, der Herzog an Besetzungen in kleinen deutschen Stadttheatern erinnernd, drollig unzulänglich. Das Nationaltheater in Weimar ist im ganzen besser. Ich wundere mich jetzt weniger darüber, daß Maurice Brown es den Londonern vorzuführen wagen wollte; es hätte sich durchaus neben Aufführungen wie der heutigen von ›Othello‹ sehen lassen können. Maurice Brown als Jago war anständig, aber durchschnittlich, so etwa wie ein mittelguter Jago an einem kleinen deutschen Hoftheater. Er ist offenbar kein bedeutender Schauspieler.

Das Savoy-Theater, das eben umgebaut worden ist, gilt für das modernste Theater in London. Mir fiel auf, daß die Drehbühne oder irgendwelche Vorrichtungen hinter den Kulissen während der tragischsten Szenen zwischen Othello und Desdemona und Desdemona und Emilia (so während des kleinen traurigen Liedes der Desdemona) laut und vernehmbar knarrten, so daß die Stimmung gestört wurde. Das Theater selbst ist im weniger guten Sinne ›modern‹, in einem ›modernen‹ Stil, den wir in Deutschland fast schon überwunden haben, lauter Flitter und sinnlose ›moderne‹ Ornamente, ein Stil für eine Tanzbar dritten Ranges, so etwa, wie bei uns vor zehn Jahren ›modern‹ gebaut wurde. In der Architektur sind London und auch noch Paris mindestens ein halbes Menschenalter hinter Berlin, Hamburg, Frankfurt, Stuttgart zurück.

Paris. 30. Mai 1930. Freitag

Aristide Maillol kam zum Frühstück. Er erzählte, daß, seit unserem letzten Zusammensein, il s'était passé des histoires tragiques chez lui. Seine Frau, die an den Türen horcht und durch Schlüssellöcher guckt, hat ihn und die Passavant in seinem Atelier bei irgendwelchen Zärtlichkeiten überrascht, worauf sie wie eine Furie hereingestürzt ist und ›a déchiré tous mes dessins‹, das heißt, die großen Aktzeichnungen nach der Passavant, die Maillol an die Wände seines Ateliers geheftet hatte, unter andren auch eine große Rötelzeichnung, die ich bewundert hatte. Dann hat sie einen tiefroten Kopf bekommen, comme si elle était congestionnée, und ist in Ohnmacht gefallen. Worauf Maillol und seine siebzigjährige Schwester Mme. d'Espie ihr vier Stunden lang Wasser ins Gesicht gießen und ihr die Hände streicheln mußten, bis sie wieder zum Leben erwachte. »Mais ce qu'il y a de plus étonnant, c'est que depuis ce temps, elle est douce comme un agneau. Depuis trente ans elle n'a jamais été aussi douce.« Maillol schien hiervon entzückt. Mir kommt diese plötzliche Sanftmut etwas verdächtig vor. Er fügte hinzu, qu'elle n'avait pas à se plaindre. Er liebe sie trotz allem noch immer. »Je fais l'amour avec elle comme un jeune homme.«

Wir sprachen dann die Einzelheiten von Maillols ›Flucht‹ nach Weimar. Er hat Schwierigkeiten mit dem Visum der Passavant, da diese noch nicht einundzwanzig ist und weder von ihrer Mutter noch vom Vater ›anerkannt‹ ist. Maillols Gießer Roudier, der Beziehungen im Ministerium hat, bemüht sich darum. Sie hätten wie Maillol sagt, sogar ›une pièce fausse‹ anfertigen müssen. Wir verschoben daher unsere Abreise auf Dienstag abend. Die Passavant soll vorausfahren und in Reims einsteigen. Dieser ›départ pour Cythère‹ ist etwas stürmisch und schwierig und entbehrt mit dem siebenundsechzigjährigen Liebhaber nicht einer gewissen Komik. Ich brachte nachher Maillol ins Café de la Paix, wo ihn die Passavant erwartete. Er meinte dabei, wir sollten einige Vorsicht anwenden, denn seine Frau sei in Paris et pourrait rôder autour du café, um ihn zu bespitzeln.

Nachmittags in der Gropius-Ausstellung im Salon des Artistes Décorateurs im Grand Palais. Sie macht hier beträchtliches Aufsehen und ist ohne Zweifel viel interessanter als das daneben ausgestellte französische Kunstgewerbe. Mir schien der Gesamteindruck der einer gewissen Ärmlichkeit, nicht ideell, aber materiell, Arme-Leute-Kunst.

Paris. 3. Juni 1930. Dienstag

Mit Maillol bei Wilma im Hotel Royal Condé zu Abend gegessen mit Jacques. Nachher brachte Jacques Maillol und mich an die Bahn, wo auch noch Lucien Maillol und Colin waren. Um zehn nach Frankfurt abgereist. Nachts um zwölf hörte ich, wie Mlle. Passavant, die nach Reims vorausgefahren war, in den Schlafwagen einstieg und mit Maillol sprach.

Frankfurt. 4. Juni 1930. Mittwoch

Früh um zehn in Frankfurt an und mit Maillol und der Passavant im ›Frankfurter Hof‹ abgestiegen. Um elf unsere Expedition durch Frankfurt mit einer Fahrt zum Römer und nachher zum Dom begonnen. In den alten Gassen zu Fuß herum. Maillol war, wie schon früh im Zuge vom Rhein, auch hier sehr beeindruckt. Dann in das Städelsche Institut, wo uns Swarzenski herumführte. Den stärksten, ja einen überwältigenden Eindruck auf Maillol machte die Athena des Myron. Er meinte, es sei die schönste Antike, die er je gesehen habe. »J'ai pleuré en la voyant«, sagte er nachher. Am stärksten hätte ihn das Gewand ergriffen. »Je saurais bien faire une tête comme celle de l'Athena, mais jamais je ne pourrais faire des plis profonds. Comment ont-ils fait ça, je ne comprends pas.« Er meinte damit selbstverständlich den Ausdruck dieser Falten.

Nach Tisch fuhr ich mit Maillol zum Stadion, wo wir auf der Terrasse über den Schwimmbassins saßen und dem Bade- und Sonnenbetrieb zusahen. Maillol war begeistert über die unbefangene Nacktheit. Er wies immer wieder auf die schönen Körper von Mädchen und jungen Männern und Knaben hin: »Si j'habitais à Francfort, je passerais mes journées ici à dessiner, Il faut absolument que Lucien voie cela.« Ich erklärte ihm, daß dieses nur ein Teil eines neuen Lebensgefühls, einer neuen Lebensauffassung sei, die in Deutschland nach dem Kriege siegreich vorgedrungen sei, man wolle wirklich *leben,* Licht, Sonne, Glück, seinen eigenen Körper genießen. Es sei eine nicht auf einen kleinen, exklusiven Kreis beschränkte, sondern eine Massenbewegung, die die ganze deutsche Jugend ergriffen habe.

Eine andre Äußerung dieses neuen Lebensgefühls sei die neue Architektur, die neue Wohnkultur. Um ihm diese zu zeigen, fuhr ich mit ihm und der Passavant zur Römerstadt. Maillol war fast sprachlos vor Erstaunen. »Jamais je n'ai vu cela. C'est la première fois que je vois de l'architecture moderne qui est parfaite. Oui, c'est parfait, il n'y a pas une tache. Si je savais écrire, j'ecrirais un article.« Wir wanderten zu Fuß in der Römerstadt herum; und immerfort steigerten sich die Ausdrücke seiner Bewunderung. »Jusqu'à présent, tout ce que j'ai vu d'architecture moderne était froid; mais ceci n'est pas froid, au contraire.« Ich erklärte ihm nochmals, daß diese Architektur nur der Ausdruck des gleichen neuen Lebensgefühls sei, das die jungen Leute zum Sport und zur Nacktheit treibe und daher ihre Wärme beziehe, so wie mittelalterliche Bauten aus katholischer Weltanschauung. Nur wenn man diese neue deutsche Architektur in das Ganze einer neuen Weltanschauung hineinstelle, könne man sie verstehen.

Wir fuhren dann nach Königstein weiter, wo wir mit Heinz Simon (von der ›Frankfurter‹) zu Abend aßen.

Weimar. 5. Juni 1930. Donnerstag

Um drei Viertel sieben aus Frankfurt mit dem FD-Zug nach Weimar. In Erfurt ausgestiegen, wo ich Maillol den Dom zeigte. Dann im Auto nach Weimar. In die Presse, wo Max gesehen. Nachher frühstückten Maillol und die Passavant mit Max und mir im Gartenpavillon. Abends fuhren wir alle zusammen nach Berka und aßen dort in der ›Wilhelmsburg‹, Maillol erzählte sonderbare Geschichten vom Charakter seines Sohnes Lucien, der ganz verändert aus dem Kriege heimgekehrt sei. Während er früher seinem Vater vertraut habe, habe seitdem jede Intimität aufgehört und einer heftigen Auflehnung Platz gemacht. Als im vorigen Winter einmal sein Vater ein Bild von ihm gut gefunden und gelobt habe, habe Lucien es noch am selben Tage mit

Fußtritten zerstört, rageusement. Ich mußte an das eigenartige Verhältnis zwischen Craig und seinem Sohn denken.

Weimar. 7. Juni 1930. Sonnabend

Früh auf der Presse gearbeitet. Nachmittags fuhr ich mit Maillol und der Passavant nach Oberhof, wo wir unsere Winter-Wirtin Frau Davoff besuchten und im Golf-Hotel aßen. Die weite, ernste Landschaft machte auf Maillol offenbar tiefen Eindruck. Er sagte, er möchte diesen Sommer auf kurze Zeit mit der Passavant in Oberdorf verweilen. Bei Mondschein zurück. Die Passavant zitierte einen französischen Vers: ». . . par un clair de lune Allemand . . .«

Weimar. 8. Juni 1930. Pfingstsonntag

Mit Maillol und der Passavant in den ›Rosenkavalier‹, den sie nicht kannten.

Weimar. 9. Juni 1930. Pfingstmontag

Maillol und die Passavant frühstückten mit mir im Gartenpavillon. Maillol brachte seine Zeichnung zum ersten Buch Horaz mit, die Passavant Aktzeichnungen, die Maillol sehr lobte und die ich gut fand. Nachmittags fuhren wir nach Naumburg, Dornburg und Jena. Auf der Straße zwischen Weimar und Naumburg passierten wir alle paar hundert Meter dicht mit Rotsportlern (Kommunisten) und roten Fahnen besetzte Lastkraftwagen. Nachdem wir an ein paar Dutzend solcher Wagen vorbeigefahren waren und immer wieder neue trafen, meinte Maillol: »Je vois qu'on se remue beaucoup dans ce pays.«

Wir besichtigten Schulpforta, das Maillol sehr entzückte und interessierte, er habe Nietzsches Leben sechsmal gelesen. In Naumburg war der Dom schon geschlossen. Wir mußten unverrichteterdinge weiter und fuhren über Camburg nach Dornburg. Der tief eingeschnittene enge Weg nach Camburg hinunter war durch zwei Lastkraftwagen des ›Werwolf‹ verstopft, und etwas weiter trafen wir wieder auf einen kommunistischen Lastwagen, der in der entgegengesetzten Richtung fuhr und auf den ›Werwolf‹ im Engweg treffen mußte. Der Chauffeur meinte, da würden einige Schädel eingeschlagen werden. Maillol betrachtete alles auch weiterhin mit Seelenruhe und meinte nur: »Oui, on se remue beaucoup ici«, was bei ihm, dem Lebenskünstler der Ruhe, der Beschaulichkeit, des An-sich-herankommen-Lassens, jedenfalls kein Lob sein soll.

Von Dornburg, dem Garten, dem Blick, war Maillol entzückt. Er meinte: »C'est ici qu'il faudrait habiter, qu'il ferait bon travailler.« Alles stand in vollster Blüte, massenhaft Rosen, Mohn, eine Pracht wie in Hampton Court oder Kew, während in Weimar in meinem Garten die ersten Rosen erst ganz schüchtern aufgehen. Von Dornburg nach Jena, wo wir im ›Schwarzen Bären‹ zu Abend aßen. Ich zeigte Maillol das Bild im Speisesaal, das die Disputation zwischen Martin Luther und meinem Ahnen Johann Kessler im Jahre 1522 in diesem Gasthaus darstellt; mein Ahn ein blonder Jüngling mit einem kleinen Spitzbart. Maillol fand das Bild überraschenderweise ganz gut.

Weimar. 10. Juni 1930. Dienstag

Da wir gestern nicht in den Dom hineingekommen sind, heute wieder mit Maillol und der Passavant nach Naumburg. Zwischen Maillol und ihr scheint eine gewisse Abkühlung eingetreten zu sein; mir fiel auf, daß sie kaum mit ihm sprach und mich aus einer mürrischen Grundstimmung gezwungen anlächelte. Schade! Von den Figuren im Chor machten einen starken Eindruck auf Maillol nur die beiden Gruppen Ekkehard und Uta und Hermann und Reglindis. Er war nicht dazu zu bringen, die andren zu loben, sondern kam eigensinnig immer wieder auf jene beiden Gruppen und besonders auf die Uta zurück. Der Lettner interessierte ihn weniger (war auch ziemlich dunkel), ›c'est plus tourmenté‹.

Wir fuhren dann wieder nach Dornburg, wo wir Professor Wahl vom Goethe-Archiv trafen, der Dornburg in seiner Obhut und Pflege hat. Wahl rief seinen bildhübschen kleinen zwölfjährigen Jungen heran und sagte ihm, er solle dem Herrn die Hand geben und sich den Tag für später merken; nachher bot er Maillol sehr liebenswürdig ein Atelier in Dornburg an, wenn er dort arbeiten wolle, die große keramische Werkstatt, die nächstens geschlossen wird. Maillol meinte: »Mais c'est à réfléchir.« Er scheint wirklich mit dem Gedanken umzugehen, die Einladung anzunehmen.

Von Dornburg fuhren wir wieder nach Jena, wo Maillol das ›Paradies‹, das Bad, die Landschaft, die Menschen sehr gefielen: »C'est gai et plein de lumière. Si Monticelli avait vu cela, il n'aurait pas manqué de le peindre.« Klingers Abbe-Denkmal gefiel ihm dagegen gar nicht. Von Klingers Relief am Sockel meinte er: »Ca n'existe pas; c'est rien du tout.« Auch die Meunierschen Reliefs lehnte er ab: es seien gar keine Reliefs, sondern aufgebackte Figuren. Dagegen gefiel ihm sehr Hildebrands Bismarck-Brunnen auf dem Marktplatz.

Wir aßen bei mir im Gartenpavillon, wobei mir, wie schon im Wagen, die Schweigsamkeit der Passavant auffiel, während Maillol und ich uns angeregt unterhielten. Ich sagte ihr schließlich, sie müsse entschuldigen, wenn wir alten Leute so viel sprächen; das sei schon ein Gebrechen des alten Nestor gewesen. Maillol erzählte, daß er nie Zeitungen läse. Sie brächten spaltenlange Berichte über Ereignisse, die sich in zwei Zeilen abfertigen ließen. »Les seules choses qui m'intéressent ce sont les crimes.« Auf meinen etwas erstaunten Gesichtsausdruck eingehend fuhr Maillol fort: »Oui, parce que j'y vois des drames, quelque chose de Shakespearien. Mais les journaux renseignent si mal sur les crimes. Un jour il y a plusieurs colonnes, et puis, pendant quinze jours plus rien, ou deux lignes seulement. Alors ce n'est pas la peine de les lire.«

Weimar. 11. Juni 1930. Mittwoch

Tagsüber in der Presse gearbeitet. Ich hatte mich mit Maillol und der Passavant um fünf im Schwanenseebad verabredet, wo ich sie im Café sitzend traf. Es war sofort sichtbar, daß die gestrige Verstimmung zwischen beiden sich vertieft hatte. Die Passavant war ganz blaß mit roten, verweinten Augen und sprach geflissentlich kein Wort mit Maillol und antwortete auf seine Fragen nur einsilbig oder gar nicht. Mir sagte sie, sie habe Halsschmerzen, aber nicht schlimm, man brauche sich nicht um sie zu sorgen. Wir saßen eine Stunde in peinlicher Vereisung zusammen, bis ich vorschlug, nach Hause zu gehen und ihr den Arzt zuzuschicken, was sie aber mit Nachdruck ablehnte. »Ce n'est rien, je vous assure.«

Zu Tisch erschien Maillol ohne sie; sie habe sich zu Bett gelegt. Ich sagte ihm, sie sei wohl wirklich etwas erkältet, aber mir schiene irgend etwas Seelisches, irgendeine Enttäuschung mitzuspielen. Ja, sagte er, sie habe ihm auch so etwas angedeutet.

Kurz und gut, es handelt sich um die alte Tragikomödie zwischen einem alternden Mann und einem hitzigen Mädchen; ältester Komödienstoff. Madame Maillol ist gerächt! Mir tut in diesem Falle er mehr als sie leid, die wissen mußte, was sie zu erwarten hatte, da sie schon ein Jahr lang mit ihm eine Liaison hat. Merkwürdig ist, daß mir Goertz gleich am Donnerstag, nachdem er die Passavant zuerst gesehen hatte, sagte, sie sei ein liebes, reizendes Wesen, gehöre aber zu den Frauen, die den Mann nicht lange hielten, weil sie zu sinnlich seien und zu viel von ihm verlangten.

Weimar. 12. Juni 1930. Donnerstag

Früh kam Dr. Bulcke, den ich zur Passavant geschickt hatte, und sagte mir, beide, sowohl Maillol wie auch die Passavant, seien an einer Mandelentzündung mit Eiterbelag erkrankt und müßten zu Bett liegen; er halte es für besser, eine Schwester zu engagieren. Ich ging mittags hin und fand Maillol im Bett und ziemlich guter Dinge, die Passavant dagegen niedergeschlagen, ›triste‹, wie die Schwester sagte. Abends kam Kippenberg und aß mit mir im Gartenpavillion.

Weimar. 13. Juni 1930. Freitag

Maillol geht es viel besser, er muß aber noch liegen, ebenso die Passavant. Er liest Valérys ›Eupalinos‹, den ich ihm geliehen habe, und sprach mit großer Bewunderung davon. Ich sagte ihm, es sei Valérys Ehrgeiz, ›Eupalinos‹ von ihm illustrieren zu lassen. Maillol meinte, das würde sehr schwer sein, denn Valérys Buch sei vollkommen, wenn man es illustriere, müsse man zu dieser Vollkommenheit noch etwas *hinzufügen,* etwas, das Valéry *nicht* gesagt habe, und das würde eine Arbeit von Monaten sein; jeder Holzschnitt so viel wie eine ganze Statue. Er will aber an Valéry schreiben und lehnte nicht positiv ab.

Nachmittags Frau Förster-Nietzsche besucht, die wieder das Thema Mussolini anschnitt. Orsini, der neue italienische Botschafter, hat neulich bei ihr gefrühstückt. Sie hat dazu Frick eingeladen (!) und Orsini gesagt, Italien erscheine ihr jetzt wie Deutschland nach 1870 mit einem Heldenkönig an der Spitze und einem großen Staatsmann, der Bismarck gleiche, Mussolini; das habe ihre Gäste bezaubert. Ich bemerkte: diese Ähnlichkeit mit dem deutschen Kaiserreich sei, was viele herausfühlten; wenn die italienische Herrlichkeit nur nicht ähnlich wie die deutsche ende!

Berlin. 14. Juni 1930. Sonnabend

›Phaea‹ von Fritz von Unruh im Deutschen Theater gesehen. Regie von Max Reinhardt. Es ist ›ganz was Tolles‹, wie eine Gouvernante sich so was vorstellt. »Ich kann auch mal unartig sein«, sagt die Miß, »ha! direkt Genie hab ich für das Verbotene«, und schreibt ›Paea, oder Kitsch, Kitzel und höhere Bedeutung‹. Ich hab mich trotz glänzender Regie und Besetzung vier Stunden lang gelangweilt. Ein Chaos von sündhaften Absichten und kadettenhafter Ausschweifung. Unruh ist hier wieder voll und ganz Lichterfelder Primaner ohne die Entschuldigung und den Charme der Jugend. Armer Reinhardt, der so was inszenieren muß! Bei Unruh merkt man hinter all dem Rummel die sehr bewußte Absicht, wenn auch leider nicht das Talent, viel Geld mit seinem Zeug zu verdienen. Es ist etwas aufreizend Unreines, das zum Kadettenhaften und Pubertätsmäßigen hinzukommt. Wie weit steht das unter den ›Offizieren‹ und dem ›Prinzen Louis Ferdinand‹!

Weimar. 16. Juni 1930. Montag

Maillol besucht, der wieder auf ist. Seine Frau hat ihm durch ihr Dienstmädchen in Marly schreiben lassen, daß er seine Briefe in Tinte schreiben möge, Bleistift strenge ihre Augen zu sehr an; das Mädchen schicke ihm per Postpaket Feder und Tinte! Sie selbst hat Maillol auf vier Briefe noch nicht geantwortet.

Weimar. 17. Juni 1930. Dienstag

Früh um acht kam Demeter aus Berlin an in seinem Wagen. Vormittags arbeitete er an meiner Büste in der Presse, die von Maillol und Mlle. Passavant besichtigt wurde. Maillol lobte einiges, korrigierte aber dann selbst zeichnend und mit Gips daran herum. Er meinte: »Il y a trop de trous. Il faut faire simple et carré. Regardez la tête de Monsieur de Kessler: il n'y a pas de trous. Il faut voir le modèle de loin, l'impression générale.«

Maillol, die Passavant, Demeter, Guseck, John Rothenstein frühstückten bei mir, und dann fuhren wir alle zusammen in Demeters Wagen nach Berka, wo wir Maillol und die Passavant in der ›Wilhelmsburg‹ absetzten. Abends aßen Münchhausens bei mir, mit Rothenstein und Demeter.

Auf der Fahrt nach Berka holte Maillol ein Zollstück beim Zoll ab, das ihm angezeigt worden war. Ich hatte ihm gesagt, es sei gewiß der Federhalter und das Tintenfaß, das ihm seine Frau durch das Dienstmädchen angezeigt habe. Und richtig: Maillol kam lachend, aber ärgerlich aus dem Zollgebäude heraus, in der einen Hand den Federhalter, in der andren die Flasche voll Tinte schwenkend. Die Passavant und ich sagten ihm, er hätte die Annahme verweigern und die Sendung zurückgehen lassen sollen. Er meinte aber: »Puisque ça n'a rien coûté, autant valait l'accepter; ça peut toujours servir.«

Weimar. 19. Juni 1930. Donnerstag

Abendessen im Walde bei Berka mit Maillol, der Passavant, Demeter und Guseck. Ich hatte Essen und Getränke herausfahren lassen, die jungen Leute brachten Grammophon und Lampions mit hinaus, und wir streckten uns auf den Waldboden am Rande einer Schonung aus, über die in der Ferne die langgestreckten, dicht bewaldeten Hügel des Thüringer Waldes hinausragten. Maillol war von der Landschaft entzückt. Als es dunkel wurde, wurden die Lampions angezündet und das Grammophon angedreht, und die jungen Leute fingen an, mit der Passavant zu tanzen. Nachher tanzte auch Maillol, der erklärte, nur Walzer tanzen zu können, mit der Passavant ganz geschickt auf dem unebenen Waldboden. Wir blieben bis gegen eins dort zusammen, die Sterne leuchteten klar, und die Luft war warm und würzig. Ein vollkommen gelungener Abend.

Weimar–Berlin. 20. Juni 1930. Freitag

Die ersten Probedrucke mit Maillols Holzschnitt zum Horaz gemacht. Demeter arbeitete an meiner Büste, die er vollkommen umarbeitete; am späten Nachmittag fuhr er Guseck und mich in seinem Wagen nach Berlin, wo wir bei Hugo Simons zu Abend aßen.

Berlin. 21. Juni 1930. Sonnabend

Renée Sintenis besucht und ›Daphnis und Chloe‹ mit ihr besprochen.

Paris. 22. Juni 1930. Sonntag

Früh um acht aus Berlin nach Paris abgefahren. In meinem und dem Neben-Coupé eine ganze Gesellschaft von Franzosen getroffen, die vom Theaterkongreß in Hamburg nach Hause fuhren: Tristan Bernard und seine Frau, Gémier, Florent Schmitt, den Verleger Cools usw. Den ganzen Tag ging es in unserem Coupé wie in einem Salon zu, in dem Mme. Tristan Bernard die Hausherrin gewesen wäre: Freunde und Freundinnen aus andren Coupés kamen und gingen, es wurde unendlich viel geschwatzt, und Mme. Bernard, die eine Frau mittleren Alters mit sehr viel Charme ist, machte trotz der Hitze ohne jede merkbare Ermüdung stundenlang die Honneurs, während Tristan Bernard, ohne Kragen, Rock oder Weste und sich fortdauernd mit einem Taschentuch die Stirn wischend, ebenso unermüdlich eine

Anekdote nach der andren erzählte, gute, mittelmäßige und unverständliche, von denen die Pointe in seinem Barte steckenblieb.

Eine aber war wirklich komisch: die vom Papagei und dem Affen des Generals Lyautey. Lyautey hatte in Marokko einen Affen und einen Papagei, dem er die Worte beigebracht hatte: ›Charmante Soirée!‹ Wenn Lyautey Gäste hatte oder mit Gästen nach Hause kam, empfing ihn sein Papagei mit den Worten ›Charmante Soirée‹. Eines Tages war Lyautey den ganzen Abend fort. Der Affe benutzte die Zeit, um dem Papageien alle Federn auszureißen. Als Lyautey spät nach Hause kam, empfing ihn dieser wütend, indem er immer wieder die Worte hervorstieß: ›Charmante Soirée, charmante Soirée!‹

Von Maillol sagte Bernard: »J'ai pour lui non seulement de l'admiration, mais de la vénération.«

Paris. 23. Juni 1930. Montag

Mit Wilma und Jacques in ihre von van de Velde in der Einrichtung begriffene Wohnung Avenue Kléber. Auf Jacques' Wunsch Julien Green angerufen, um ihn morgen zum Frühstück einzuladen. Green besetzt. Wir verabredeten eine Zusammenkunft im Herbst. Schiffrin zufällig vor dem Grand Hotel getroffen. Er sprach von seinen Plänen, an denen ich mich eventuell beteiligen soll.

Wieder auf der Straße den unmäßig dicken, wie ein Milchauflauf aussehenden Südamerikaner oder Levantiner getroffen, den ich jedesmal und immer überall, auf der Straße, im Theater, in den Restaurants hier treffe, dessen Namen ich nie erfahren kann und der, immer langsam hinpendelnd und scheinbar in seinem Fett glücklich, der einzige Pariser ist, der den ruhenden Pol in der Erscheinungen Flucht bildet: ›le fantôme blafard‹, wie ich ihn nenne. Er ist mir fast so unheimlich wie die Weiße Frau im Berliner Schloß, eine männliche Gräfin von Orlamünde. Vielleicht wirklich ein Gespenst, das mir hier in Paris schicksalhaft verbunden ist.

Weimar. 27. Juni 1930. Freitag

In der Presse gearbeitet. Nachmittags zu Maillol nach Berka hinaus. Die Passavant hat angefangen, mit Gouache zu malen, mit staunenswerter Begabung. Ihr ein kleines Gouachebild, Fenster mit Blumen, abgekauft, das ich vollendet fein fand.

Berlin. 29. Juni 1930. Sonntag

Mittags Demeter eine Sitzung für meine Büste gegeben, die er ganz neu in Ton modelliert hat. Sie ist viel besser und ausdrucksvoller als die erste. – Vorher kam Marcus Behmer wegen des ›Petron‹ zu mir. Wir hatten die Unterredung schon vor acht Tagen verabredet. Um zehn rief er an, er komme eben nach Hause, habe die ganze Nacht durchgebummelt, weil sein Freund Hadeln aus Florenz plötzlich unerwartet im Auto bei ihm angekommen sei, er lege sich gerade hin und bitte, die Unterredung zu verschieben. Ich sagte, heute nachmittag müsse ich abreisen, deshalb würden wir uns also dann erst im Spätsommer oder Herbst wiedersehen. Von zwölf Uhr an sei ich besetzt. Dreiviertel Stunden später erschien er unerwartet und unangemeldet, sehr verkatert und mit seiner blonden ›Fliege‹ wie ein aufgeschwemmter Gustav Adolf aussehend bei mir, stammelte Entschuldigungen, ich solle nur nicht böse sein usw. Die Wahrheit sei, daß er das Geld für das Auto gescheut habe. Wir besprachen dann, er sehr sachlich und vernünftig, den ›Petron‹.

Weimar. 30. Juni 1930. Montag

Nachmittags um vier kam Eric Gill an und fiel gleich auf dem Bahnhof auf durch seine sonderbare Tracht, Wadenstrümpfe, eine Art von kurzer schwarzer Kutte und ein grellbuntes Halstuch. Er sagte, in Köln hätte alles auf seine Beine geguckt: ob das vielleicht deshalb sei, weil seine Strümpfe so dünn seien? Er gefällt sich darin, als Sonderling aufzufallen. Abends aßen John Rothenstein und Frau mit ihm und mir im Gartenpavillon.

Weimar. 1. Juli 1930. Dienstag

Rheinlands Befreiungstag. Ziemlich viel Flaggen; auf den Privathäusern fast nur Schwarz-Weiß-Rot. Bis heute haben die Schwarz-Weiß-Roten alles getan, um die vorzeitige Befreiung der Rheinlande (die für sie politisch ein harter Schlag ist) zu hintertreiben; jetzt stecken sie ihre Fahnen hinaus. Daß das unehrlich ist, geniert sie nicht.

Nach Berka Maillol besuchen mit Gill und Rothensteins. Es war geplant, daß Maillol und Mademoiselle Passavant abends mit uns nach Weimar zurückkehren sollten. Da aber Maillol offenbar gern noch einige Tage mit der Passavant in Berka bleiben wollte, verhandelte ich mit dem Wirt, der ihre Zimmer schon vermietet hatte, so daß sie noch acht Tage oben bleiben können. Wir aßen dann bei Maillol in der ›Wilhelmsburg‹.

Weimar. 2. Juli 1930. Mittwoch

In der Presse mit Gill zusammen Druckproben von seinen Holzschnitten zum ›Hohen Lied‹ gemacht. Gill begann mein Porträt zu zeichnen.

Weimar. 3. Juli 1930. Donnerstag

Gill fuhr mit dem Porträt fort. Druckproben ›Hohes Lied‹. Abends mit Gill und Rothensteins im Auto nach Oberhof, wo im Golf-Hotel gegessen. Da alles in Smoking und Abendtoilette war, die Frauen ausgeschnitten und mit Schmuck, fiel Gills sonderbarer Aufzug besonders auf: er trug lange rote Strümpfe unter seiner bis zu den Knien reichenden schwarzen Kutte.

Weimar. 6. Juli 1930. Sonntag

Mit Gill, Rothensteins, Maillol und Fräulein Passavant im Auto Tour über den Inselsberg, Liebenstein und die Wartburg. Maillol hatte besonders vom Schloß Altenstein bei Liebenstein und von der Wartburg einen tiefen Eindruck. Wir standen lange auf der kleinen Anhöhe dicht vor der Wartburg, wo man sie aus dem Wald wie aus einer grünen Meeresbrandung aufsteigen sieht; Maillol konnte sich von dem Anblick gar nicht losreißen. »Cette forêt, on dirait un océan.« Wir waren erst gegen zehn wieder in Weimar, wo Maillol und Fräulein Passavant bei mir aßen; nachher fuhren sie nach Berka zurück. Sie fühlen sich nach wie vor wohl in Berka; nur die deutsche Küche behagt ihnen nicht; Maillol klagt über Magenschmerzen.

Weimar. 8. Juli 1930. Dienstag

Mit Gill bei Frau Förster-Nietzsche, die er zeichnete. Es kam allerdings nur eine alte englische Dame, die wie aus ›Pickwick‹ aussah, dabei heraus. Frau Förster sagte, als sie die Zeichnung sah, sie freue sich, daß ein Zeichner sie endlich alt gezeichnet habe; bisher hätten alle sie viel zu jung aufgefaßt. Während des Zeichnens erzählte mir Frau Förster, daß der General Hasse, der Wehrkreiskommandeur in Kassel, der vor kurzem hier zu Besuch war, ihr auf ihre Frage, wen er beim Frühstück bei ihr zu sehen wünsche, geantwortet habe: ›Frick‹; sie habe ihn dann auch wirklich mit Frick zusammen bei sich gehabt.

Weimar. 9. Juli 1930. Mittwoch

Maillol und die Passavant kamen nachmittags aus Berka nach Weimar zurück und aßen abends bei mir mit Gill und Rothensteins.

Weimar. 10. Juli 1930. Donnerstag

Vormittags mit Gill zu Frau Förster ihr zum Geburtstag gratulieren. Nachmittags reisten Gill und Rothensteins ab. Maillol und Fräulein Passavant aßen bei mir. Nach Tisch besahen wir Photographien von unserer griechischen Reise, wobei ich Maillols erstaunliches Gedächtnis für Einzelheiten wie Begegnungen, Personen usw. bewundern mußte.

Berlin. 12. Juli 1930. Sonnabend

Vormittags führte Waetzoldt Maillol, Fräulein Passavant und mich in Begleitung von Frau Simon durch das noch nicht dem

Publikum zugängliche Pergamon-Museum und zu der Amarna-Sammlung. Der Eindruck der wiederaufgebauten antiken Architektur, namentlich des Milet-Tores, war auf Maillol überwältigend. Er meinte: »Je n'aurais pas voulu rentrer à Paris sans voir cela.« Auch der Eindruck des großen Altarfrieses, den er natürlich aus Abgüssen und Photographien kannte, war stärker, als ich erwartet hatte. Ganz entzückt war er von einigen Stücken des kleinen Telephos-Frieses, der ihn an das französische Louis XV. erinnerte, aber besser sei als irgendwelche Skulpturen des achtzehnten Jahrhunderts; namentlich einige lyrisch-poetisch aufgefaßte Frauengestalten. – Von der Antiken-Sammlung im Alten Museum machte nur der kopflose Bronzeknabe auf Maillol einen Eindruck. Die beiden archaischen Göttinnen lehnte er ab.

Berlin. 14. Juli 1930. Montag

Früh um drei Viertel acht holte der Staatssekretär Lewald Maillol, Fräulein Passavant und mich ab zu einer Besichtigung der Hochschule für Leibesübungen im Grunewald; die ganze großartige Anlage im herrlichen Sonnenschein von fast nackten jungen Menschen belebt, die allerlei Sportübungen machten; im hellen Licht und der warmen, würzigen Luft war der Eindruck ganz griechisch.

Es ist schon richtig, was Frau Sarre (geb. Humann) mir später beim Frühstück sagte, daß wir uns, namentlich in Deutschland, wieder in vielen Dingen dem Griechentum zuwenden, aber diesmal (im Gegensatz zum Klassizismus) unbewußt und unabsichtlich, aus dem Leben heraus. Nacktheit, Licht, Luft, Sonne, Anbetung des Lebens, der körperlichen Vollkommenheit, der Sinne, ohne falsche Scham, ohne Prüderie. Auch ist es erstaunlich, wie der Körper, die körperliche Wirklichkeit bei der jungen Generation diesem Drange gehorcht, wieviel schöner die jungen Menschen heute sind als vor dem Kriege. Es ist ein Aufblühen des Volkskörpers, seitdem die Menschen sich nicht mehr scheuen, nackt zu gehen. Maillol ließ mich zwei junge Leute, die ›beaux comme des dieux antiques‹ seien, photographieren. Leider maulte die Passavant aus irgendeinem Grunde die ganze Zeit, was die Freude ein wenig störte.

Nachher großes Frühstück zu Ehren von Maillol bei Simons in der Drakestraße: Gropius (mit seiner sehr hübschen jungen Frau), Justi, Waetzoldt, Goertz, Demeters. Später fuhren wir Maillol und Fräulein Passavant nach Wannsee und Potsdam, Maillol mit Demeter, Fräulein Passavant und Frau Simon in Demeters Wagen, ich mit Goertz in meinem Wagen. In Wannsee ins Freibad, wo Maillol plötzlich zeichnen wollte, hier seien Menschen, die ihm noch mehr sagten als die heute früh in der Hochschule, die zu sehr alle nach einem Muster geformt seien, zu ähnlich einander und zu akademisch. Ausnahmsweise hatte aber weder er noch irgendeiner von uns Bleistift oder Papier mit. Dann fuhren wir nach Sanssouci, was weniger Eindruck auf Maillol machte, als ich erwartet hatte; er war offenbar übermüdet und durch das fortgesetzte Maulen der Passavant bedrückt.

Berlin. 15. Juli 1930. Dienstag

Großes Frühstück zu Ehren Maillols bei Hugo Simons. Einstein, Max Liebermann, Renée Sintenis, Frau Sarre (geb. Humann) wegen Pergamon, Meier-Graefes usw. Ich zeigte, als Einstein eintrat, ihn Maillol. Er meinte: »Oui, une belle tête; c'est un poète?« Ich mußte ihm erst erklären, wer Einstein ist; er hatte offenbar nie von ihm gehört. Nachher wurden sie zusammen photographiert.

Vor dem Frühstück war Maillol im Kronprinzenpalais gewesen, wo ihm vor allem die Plastiken der Renée Sintenis gefallen hatten. »C'est une grande artiste«, sagte er mir, »tout ce qu'elle fait est jeune.« Bei Tisch saßen sie nebeneinander und lächelten einander immerfort an wie ein Liebespaar. »Ist er nicht süß?« sagte mir die Sintenis nachher. Er habe ihr immerfort Komplimente gemacht, und sie habe aus Verlegenheit und in ihrem mangelhaften Französisch nicht gewußt, was sie ihm antworten sollte; sie habe daher immer nur gelächelt. Meier-Graefe dagegen gefiel Maillol sowie Fräulein Passavant ganz und gar nicht.

Die Passavant, die Meier-Graefe zu Tisch geführt hatte, fragte mich nachher, wer dieser unangenehme Mensch sei? Maillol antwortete: Ja, in der Tat, es sei ein unausstehlicher Mensch; im Kriege habe Meier-Graefe ihm Briefe geschrieben, die so gewesen seien, daß er sie nicht einmal beantwortet habe.

Auch zwischen Liebermann und Meier-Graefe gab es eine Szene. Als Liebermann auf ihn zuging, um ihn anzusprechen, drehte sich Meier-Graefe um und kehrte ihm den Rücken. Maillol erzählte Liebermann, daß er (Anfang der siebziger Jahre in Barbizon) noch Millet gekannt habe; was Liebermann sehr zu interessieren schien. Vor Demeters kleinem Steinrelief (Junge und Mächen) sagte mir Maillol: »C'est seul de mes élèves qui m'a compris«, was wohl das höchste Lob war, das er aussprechen konnte.

Den Vormittag hat Flechtheim betriebsam dazu ausgenutzt, um Maillol in seine Galerie zu holen und ihn dort mit Barlach (der vor einiger Zeit abgelehnt hatte, die Einladung zur Maillol-Ausstellung mit zu unterschreiben) zu photographieren.

Berlin. 16. Juli 1930. Mittwoch

Vormittags Demeter zum letzten Mal zu meiner Büste in seinem Atelier in Halensee gesessen. Gegen Schluß der Sitzung kam Maillol; er fand die Büste ›très bien‹, namentlich Mund und Nase, aber die Augen seien nicht richtig im Ausdruck. »Dans un buste, il faut voir non seulement le côté physique, mais aussi le côté moral.« Er nahm dann selbst einen Spachtel zur Hand und korrigierte die Augen, was offenbar Demeter etwas peinlich war, obwohl er Maillol natürlich gewähren ließ und seine Korrekturen respektierte. Maillol meinte dann, die Augen seien immer noch zu tief eingegraben und zu leblos, meine Augen seien blau, sie dürften nicht wie dunkle Löcher wirken.

Nachmittags noch einmal zu Simons und mich von Maillol und Fräulein Passavant verabschiedet. Die Passavant fährt heute abend nach Paris zurück, Maillol morgen auf einen Tag zu Simons nach Seelow, dann am Freitag nach Paris.

Weimar. 23. Juli 1930. Mittwoch

In Berlin nachmittags Marcus Behmer in der Fraunhoferstraße 23 (Charlottenburg) besucht. Er bewohnt da ein mit Büchern und allerhand Zeichnungen und Bildchen vollgepfropftes ›Berliner Zimmer‹, in dem auch noch ein Aquarium mit einem herrlichen weißen mexikanischen Axolotl steht, einem Tier, das so phantastisch aussieht wie eine Behmersche Zeichnung.

Er zeigte mir seine Radierungen zu ›Zadig‹ in einem Buch, das schon 1911 bei Paul Cassirer erschienen und skandalös schlecht gedruckt ist (die Radierungen sind hineingeklebt!). Die Radierungen aber sind bezaubernd schön; wie ich ihm sagte, ganz das, was ich mir für den ›Petron‹ wünsche (nur statt Radierungen Holzschnitte).

Weimar. 24. August 1930. Sonntag

Rudi Schröder früh an mit ›Ilias‹, zehn Gesängen. Nachmittags Gedächtnisfeier für Nietzsche im Archiv.

Weimar. 25. August 1930. Montag

Mit Schröder nach Rökken, wo Feier an Nietzsches Grab. Frau Förster hing sich in meinen Arm und verlangte, daß ich als ihr ›ältester Freund‹ sie führe.

Kandersteg. 15. September 1930. Montag

Ein schwarzer Tag für Deutschland. Gegen vier teilte mir ein Telegramm von Guseck das Wahlresultat mit. Die Nazis haben ihre Mandatszahl fast verzehnfacht, sind von zwölf auf hundertsieben Mandate gekommen und so die zweitstärkste Partei des Reichstags geworden. Der Eindruck im Ausland muß katastrophal sein, die Rückwirkung außenpolitisch und finanziell verheerend. Wir stehen damit (bei hundertsieben Nazis, einundvierzig Hugenbergern und über siebzig Kommunisten, also etwa zweihundertzwanzig Abgeordneten, die den heutigen deutschen Staat radikal verneinen und revolutionär beseitigen wollen) vor einer Staatskrise, die nur durch die straffe Zusammenfassung aller die Republik bejahenden oder wenigstens tolerierenden Kräfte überwunden werden kann, *wenn* diese Kräfte außerdem noch das Talent aufbringen, die wirtschaftliche und finanzielle Lage bis zur nächsten Reichstags-Auflösung zu sanieren. Allerdings wird das nächste Resultat wohl (falls kein Putsch kommt) die Bildung einer ›Großen Koalition‹ zwischen den jetzigen Regierungsparteien und den Sozialdemokraten sein *müssen,* da anders die Regierung überhaupt nicht fortgeführt werden kann. Ein beunruhigendes Detail ist der Mißerfolg der Staatspartei, die nur zwanzig Mandate, also weniger als die Demokraten im vorigen Reichstag, aufgebracht hat trotz des Zugangs des Jungdo. Das deutsche Bürgertum (in ›Staatspartei‹ und Volkspartei verkörpert) scheint endgültig im Aussterben, politisch. Es wird bald zwischen all den aufgeregten Leuten und den sozialdemokratischen Arbeitern überhaupt keine Rolle mehr spielen.

Bemerkenswert ist auch, daß nur die ›Weltanschauungs‹-Parteien im Gegensatz zu den ›Interessenten‹-Parteien gewonnen haben, also das Zentrum, die Kommunisten und die Nazis, die zusammen dreihundertsechsundzwanzig von fünfhundertdreiundsiebzig Abgeordneten stellen. Das ist immerhin, bei aller Verrücktheit und Verruchtheit der nationalsozialistischen Weltanschauung, kein schlechtes Zeugnis für den deutschen Wähler.

Der Nationalsozialismus ist eine Fiebererscheinung des sterbenden deutschen kleinen Mittelstandes; dieser Giftstoff seiner Krankheit kann aber Deutschland und Europa auf Jahrzehnte hin verelenden. Zu retten ist diese Klasse nicht; sie kann aber ungeheures neues Elend über Europa bringen in ihrem Todeskampf.

Mailand. 19. September 1930. Freitag

Stoffe gekauft bei Lisio und Barbini für meine Berliner Wohnung. Wie jedesmal, wenn ich ein paar Stunden in Mailand bin, zum Leonardo. Das Abendmahl ist trotz ›Nachtwache‹ das erhabenste und schönste Bild der Welt. Nachher in der Brera, wo den Piero della Francesca, den Gentile Bellini und den prachtvollen Boltraffio, meine drei alten Bekannten, besucht. Ich machte bei dieser Gelegenheit die Entdeckung, daß die Eintrittsgelder in die Museen von Mussolini abgeschaft worden sind, dagegen eine Legitimation, Paß oder sonst was, gefordert wird. In der Galleria bei Biffi gegessen, da Cova im Umbau begriffen und geschlossen ist. Die Galerie sah mir im Vergleich zu früher tot aus, dünner Verkehr und auch dieser noch ohne die alte italienische Lebhaftigkeit und Bravour. Überhaupt macht Mailand auf mich diesmal einen sonderbar altmodischen und zurückgebliebenen Eindruck, europäische Provinz um 1900.

La Napoule. 22. September 1930. Montag

Vormittags Jacques an. Abends bei unseren Nachbarn, steinreichen Amerikanern, Clews, gegessen in der mittelalterlichen Burg, die sie sich am Meer gebaut haben. Ein Kino-Mittelalter, das aber von der traumhaften Landschaft irgendwie aufgesogen und geadelt wird. Henry Clews selbst ist Bildhauer, nicht ohne Talent, und hat die zahlreichen Säulen und Säulchen seiner Burg mit Kapitellen geschmückt, die durch groteske Masken und Tierfiguren seinen Abscheu vor der modernen Welt der Bourgeoisie, Demokratie, Herdengesinnung usw. ausdrücken; ein reaktionärer Revolutionär, dessen schöpferische Triebfeder ein fanatischer Haß gegen alles, was heute ist, zu sein scheint, obwohl er alle modernen Erfindungen und offenbar auch den modernen Kapitalismus ausnutzt, Telephon in jedem Zimmer, Wasserleitung, vervollkommnete Badeeinrichtungen, Auto usw.: ein George Grosz mit umgekehrten Vorzeichen, das heißt ›aristokratisch‹ oder richtiger romantisch revoltierend, à la Huysmans. Er ist seit fünf Jahren, wie er sagt, nur einmal aus seinem allerdings paradiesisch schönen Garten hinausgegangen.

Der Empfang, als wir abends zu Tisch kamen, war verblüffend: er in weißen Hosen und einer Art von scharlachrotem, seidenem, gesticktem Waffenrock, der ihm bis zu den Knien reichte, seine (sehr schöne) Frau als Königin der Nacht in

Schwarz mit Goldsternen; hinter ihnen drei Lakaien in Weiß mit den Händen an der Hosennaht und hinter den Lakaien zwei wunderschöne große weiße Bulldoggen, die wie chinesische Groteskgötzen aussahen. Beim Essen, das in einer großen, mit Kerzen beleuchteten gotischen Halle an einem steinernen Tisch eingenommen wurde (gute Küche und ausgezeichneter Champagner), in die durch eine offene gotische Loggia ein romantisch vom Mond beleuchtetes Meer hereinglitzerte, sprach Clews geistvoll und tief über Nietzsche (den er sehr richtig von der Seite der Gütigkeit, ›tenderness‹, versteht), über die Beziehung zwischen dem Künstler und dem ›Bösen‹ usw. und zeigte sich als feiner, tiefer Mensch, wenn er auch viel Unsinn über Mussolini, Demokratie, Krieg und Pazifismus, Nationalismus usw. redete, wobei ich trotz allem das Gefühl nicht los wurde, wir würden gefilmt.

London. 28. September 1930. Sonntag

Von Paris nach London gefahren. Craig kam abends zu mir ins Hotel. Erzählte über den Streit um den Briefwechsel seiner Mutter mit Bernard Shaw, wobei er Shaw als Erfolgsjäger, Arrivisten usw. schilderte. Er habe an alle prominenten Schauspielerinnen Briefe geschrieben, in denen er sie für seine Stücke zu gewinnen suchte. Jetzt seien ihm diese Briefe unangenehm.

Berlin. 2. Oktober 1930. Donnerstag

Früh in Berlin an. Um elf im neuen Pergamon-Museum der Eröffnungsfeier beigewohnt. Die antike Architektur, namentlich des Milettors, überwältigend. Eine große Leistung Wiegands.

Abends Staatsbankett der preußischen Regierung im Schloß. Der Eindruck auf mich schauerlich. Wo früher ein farbenprächtiges Bild, schöne oder in ihrer Aufmachung schön erscheinende Menschen die Säle festlich füllten, eine einförmige, formlose graue Masse, wie Läuse, die sich wie ein trüber Alltag durch die alte Barockpracht hindurchschoben. Die englische Botschafterin

Lady Rumbold, die ich durch einige Säle begleitete, bis Weismann sie an einen Tisch heranholte, sagte (und ich empfand genau wie sie): »I feel like a ghost.« Meier-Graefe meinte in seiner schnodderigen Art: »Na, früher waren die Köpfe doch besser, was?« Es war, als ob sich in einem üppigen Hoftheater eine Schmiere etabliert hätte.

Wir haben, und das ist fast ein Wunder, in den zwölf Jahren seit der Revolution eine neue Schönheit geschaffen, die mit der Arbeitsdemokratie in Einklang steht, ja sogar schönere Menschen, feinere, schlankere, strahlendere hervorgebracht; die heutige Jugend ist, namentlich nackt, schöner als die Vorkriegsjugend. Man soll aber diese neue Welt nicht in Kontakt mit der alten Barockwelt bringen; dann beißt sich alles, und der Mißklang, der entsteht, ist unerträglich. Nie ist es mir so sinnenfällig geworden, daß die frühere Epoche abgeschlossen und unmöglich geworden ist, die Revolution nicht nur äußerlich gewesen ist, sondern wirklich das Fazit aus einer epochalen Umwälzung, aus einer unwiderruflichen Umwälzung der grundlegenden Lebensbedingungen gezogen hat. Das Politische daran ist nur Oberfläche; die wirkliche Umwälzung geht weit tiefer. Wenn man genauer zusieht, ist das ›Schmieren‹hafte das Dekor, die verlogene wilhelminische Pracht des Weißen Saals; das Echte, ganz Untheatralische die graue, befrackte, völlig unromantische Masse.

Die Barockwelt hat sich ihren Hintergrund geschaffen, vor dem sie sich bewegen konnte; wir sind dabei, uns unseren Hintergrund in Architektur, Gartenkunst, Malerei, Plastik zu schaffen; unsere Welt wird wahrscheinlich nicht weniger schön sein als die barocke, wenn sie erst einmal ausgereift ist. Man kann aber nicht unsere Welt vor den Barockhintergrund stellen, ohne jedes ästhetische Gefühl zu verletzen.

Weimar. 3. Oktober 1930. Freitag

Abends nach Weimar gefahren. In unserem Zuge und in einem Nebenzuge, der nachher in Weimar auf einem andren Geleise hielt, Transporte von Stahlhelmern, die nach Koblenz zu einer ›Befreiungsfeier‹ fuhren. Alle in Uniform, feldgrau, von der Reichswehr kaum zu unterscheiden. Schon in Halle grölten sie die ›Wacht am Rhein‹ und andre ›vaterländische‹ Lieder; in Weimar ergossen sie sich über den Bahnsteig, die Treppen, die Wartesäle, meistens ganz junge Burschen, ›Rotznasen‹, großenteils offenbar besoffen, die Uniformen halb aufgeknöpft, randalierend, grölend, Reisende anpöbelnd, völlig ohne jede Disziplin; von Soldatentum keine Spur. Ob und wo irgendwelche Führer waren, trat nicht in Erscheinung. In ihrer Verwahrlosung und Disziplinlosigkeit erinnerten sie mich an nichts mehr als an die wilden Truppenteile, die in der Revolution führerlos von der Front zurückfluteten. Trotz ihrer Uniformen haben diese grünen Jungens noch die ersten Anfangsgründe soldatischen Wesens zu lernen. Solch disziplinloses Gesindel würde jeder kleine Trupp von echtem Militär mit dem Besen auseinanderfegen.

Berlin. 10. Oktober 1930. Freitag

Mit Max abends den ›Schwierigen‹ von Hofmannsthal in Reinhardts ›Komödie‹ gesehen mit Helene Thimig in der Rolle der Helene und Gustav Waldau in der des ›Schwierigen‹. Es wird behauptet, daß Waldau sich meine Maske für die Rolle gemacht habe oder habe machen wollen. Da er dick und etwas schwerfällig ist, während ich mager und quick bin, so ist ihm die Maske jedenfalls nicht gelungen. Aber Max behauptete, daß er mir meine Bewegungen, namentlich meine Handbewegungen, überraschend getreu abgesehen hat. Da ich Waldau nicht kenne und, soviel ich weiß, überhaupt heute zum ersten Male gesehen habe, so kann ihm nur Max Reinhardt die Sache vorgemacht haben. Im übrigen muß ich zugeben, daß Hofmannsthal in der Figur des Kari und auch im Verhältnis des Schwierigen zu ›Helene‹ wohl (woran ich bis heute nie gedacht hatte) ziemlich starke Anleihen bei mir und bei der Beziehung zwischen Helene Nostitz und mir gemacht hat.

Die Thimig war als ›Helene‹ erschütternd, von einer Feinheit und Nuanciertheit des Spiels und des Mienenspiels und einer strahlenden Reinheit, die sie neben die ganz großen Schauspielerinnen stellt. Das Stück ist etwas ungleich, der dritte Akt schwach, der zweite mit den beiden Liebesszenen wunderbar, getränkt mit Poesie und Menschenkenntnis, eine unsterbliche Sache. Hofmannsthal, der kein dramatisches Talent hatte, erreicht durch die hinreißende Macht seine Lyrik manchmal, wie hier im zweiten Akt, bezwingende dramatische Wirkungen.

In der ersten Reihe der Orchestersessel vor uns saß der frühere Kronprinz mit der Kronprinzessin und Frau Sarre (geb. Humann). Der Kronprinz ist ganz grau, fast weiß geworden, die Kronprinzessin eine ältliche, dicke Frau; trotzdem hat der Kronprinz seine Leutnantsallüren behalten, stand in den Zwischenakten im Publikum in den Gängen und an der Straße, eine Zigarette im Munde, tänzelnd und scharwenzelnd alten, dicken Juden, die ein und aus gingen, die Tür haltend. Er ist noch immer trotz seiner grauen Haare der junge Prinz, der als Husar den ›frischen, fröhlichen Krieg‹ herbeisehnte, in Stenay den von Verdun zurückkehrenden zerfledderten Regimentern im Pyjama vom Fenster aus zuwinkte, französische Huren im Kriege mitschleppte. In ihm hat die erbliche Geschmacklosigkeit der Hohenzollernfamilie einen fast monumentalen Ausdruck gefunden.

Berlin. 12. Oktober 1930. Sonntag

Abends mit Max und seiner Freundin Reinhardts neue Inszenierung des ›Sommernachtstraums‹ im Deutschen Theater gesehen. Eine wirklich zauberhafte Inszenierung in einer traumhaften Szenerie, teils Festhalle, teils sternenheller Wald, mit lauter ganz jungen Schauspielern, alles in balletthafte Bewegung aufgelöst, pomphaft, bewußt künstlich und doch ganz visionär. Die schönste, dem Shakespearischen Geiste am nächsten stehende Aufführung des ›Sommernachtstraums‹, die ich gesehen habe.

Berlin. 13. Oktober 1930. Montag

Reichstags-Eröffnung. Den ganzen Nachmittag und Abend große Nazimassen, die demonstrierten und am Nachmittag in der Leipziger Straße die Fensterscheiben der Warenhäuser Wertheim, Grünfeld usw. einschlugen. Abends auf dem Potsdamer Platz Ansammlungen, die ›Deutschland erwache‹, ›Juda verrecke‹, ›Heil, Heil‹ riefen und fortwährend von der Schupo, die auf Lastwagen und zu Pferde patrouillierte, auseinandergetrieben wurden. Ich ging um halb zwölf Uhr nachts durch die Leipziger Straße bis zur Friedrichstraße und stand nachher drei viertel Stunden vor dem ›Fürstenhof‹. Die Nazis, die demonstrierten, bestanden zum größten Teil aus halbwüchsigem Lumpenproletariat, das johlend auskniff, sobald die Schupo mit dem Gummiknüppel vorging. Nie habe ich soviel richtiges Lumpenproletariat in dieser Gegend gesehen.

Vor dem ›Fürstenhof‹ beobachtete ich, wie einzelne von diesen Burschen einen richtigen Patrouillendienst versahen, derselbe Junge immer wieder zwischen Prinz-Albrecht-Straße und Potsdamer Platz wie eine Schildwache auf und ab patrouillierte, offenbar bezahlte Arbeitslose. Von Zeit zu Zeit kam ein Trupp Halbwüchsiger, von Schupos verfolgt, in wilder Flucht vorbeigerannt, arme Teufel, die von den Thyssenschen Geldern zwei, drei Mark für die Dokumentierung ihrer ›vaterländischen‹ Gesinnung bezahlt bekommen hatten. Das Straßenbild erinnerte mich an das in den Tagen kurz vor der Revolution, dieselben Ansammlungen, dieselben katilinarischen Gestalten herumstrolchend und demonstrierend.

Wenn die Regierung jetzt nicht fest zupackt, schlittern wir in den Bürgerkrieg hinein. Sowieso schätze ich, daß uns die heutigen Unruhen eine halbe bis zu einer ganzen Milliarde in Kursverlusten und Zurückziehung ausländischer Guthaben kosten werden. Daß die Unruhen organisiert waren, bezeugten nicht nur die patrouillierenden Burschen, sondern auch die Zerstörungen in der Leipziger Straße, die nur Geschäfte mit jüdischen Namen getroffen und sehr demonstrativ die äußerlich christlichen Geschäfte ungeschoren gelassen hatten (so Herpich, die Porzellan-Manufaktur, die Goethe-Buchhandlung). In das Palast-Hotel sind die Nazis eingedrungen und haben in der Halle ›Deutschland erwache‹ und ›Juden heraus‹ gebrüllt. Der Ekel überkommt einen vor so viel verbohrter Dummheit und Bosheit.

Berlin. 26. Oktober 1930. Sonntag

Von einer dem Max-Hölz-Kreise nahestehenden Person zufällig gesprächsweise gehört, daß die Kommunisten, oder wenigstens dieser Kreis, einen bis ins einzelne durchdachten Plan zu einem Putsch in Berlin Mitte November haben, um die Regierungsgewalt an sich zu reißen. Selbst das Datum stehe schon fest. Sie würden nicht so dumm sein, wieder einen Klamauk auf der Straße zu machen wie 1919, sondern, gestützt auf zuverlässige Elemente in der Schupo und Reichswehr, ganz geräuschlos eines Nachts die Sache machen. Berlin werde erwachen und eine neue Regierung vorfinden. Sie seien des Gelingens ihres Anschlags sicher.

Berlin. 15. November 1930. Sonnabend

Mittags bei Reinhardt im Schloß Bellevue, um Nabokow als Komponisten für die Musik zu Savoirs Stück zu empfehlen. Wir kamen dann auf Reinhardts Inszenierung des ›Schwierigen‹ und des ›Sommernachtstraums‹; als ich den jungen Tänzer im ›Sommernachtstraum‹ hervorhob, meinte Reinhardt, ja, der sei in der Tat außerordentlich, er möchte ihn gern halten und davor bewahren, auf die Varietébühne überzugehen; aber Tilly Losch versuche schon, ihn zu bestimmen, mit nach Amerika zu gehen.

Ich sagte darauf Reinhardt: »Wie wäre es, wenn Sie den ›Joseph‹ inszenierten und der junge Svend den Joseph tanzte, der noch nie richtig getanzt worden ist!« Das schien Reinhardt sehr einzuleuchten, und er regte dann von sich aus an, den ›Joseph‹ in Salzburg zu inszenieren in einer großen Barock-Reitbahn, die neben dem Festspielhaus liege. Wir verabredeten, daß ich ihn nach meiner Rückkehr aus London Anfang Dezember wieder aufsuchen solle; bis dahin werde er sich die Sache durch den Kopf gehen lassen.

Der ›Schwierige‹, sagte er, sei ein ganz unerwarteter Triumph. Er habe ihn eigentlich nur aus Pietät wieder inszeniert und geglaubt, daß er nach ein paar Aufführungen wieder verschwinden werde; statt dessen sei er jeden Abend ausverkauft. Tragisch sei, daß Hofmannsthal das nicht erlebt habe. Nach der ersten Aufführung, die in der Berliner Presse miserabel kritisiert worden sei, sei Hofmannsthal am nächsten Morgen zu ihm ins Büro gekommen und habe geweint; er hätte gern noch mehr solche leichten Sachen gemacht, aber dieser Mißerfolg habe ihn vollkommen entmutigt. Vieles Schöne sei dadurch unwiederbringlich verlorengegangen.

Merkwürdig ist, daß Reinhardt weder die bei ihm in den Kammerspielen laufende ›Elga‹ noch Bruckners ›Elisabeth‹ gesehen hat. Er fragte mich, wie ich die Aufführungen gefunden habe? Er könne nicht ins Theater gehen und sich ein Stück als Zuschauer ansehen; das halte er nicht aus. Er möchte gern einen Tonfilm machen. Da sei etwas Neues, da könne man Dinge machen, die im Theater nicht möglich seien.

1931

5. Januar 1931

In Berlin erkrankt, nach Weimar gefahren. Dort bis Anfang März Lungenentzündung.

6. März 1931

Nach Ascona, Lugano, dann Paris und London. In London nach zwei Tagen erkrankt; sofort nach Berlin, wo vom 22. April bis Ende Juli im Franziskus-Krankenhaus. Lungenentzündung (doppelseitig).

Berlin. 4. November 1931. Mittwoch

Oskar Reinhart aus Winterthur war mit Flechtheim bei mir, um sich die große Steinfigur von Maillol anzusehen, die er kaufen will und die ich zu meinem großen Schmerz verkaufen muß.

Berlin. 12. November 1931. Donnerstag

Vormittags kamen die Arbeiter von Knauer, bauten das Gerüst vor dem Fenster auf und holten die Figur. Um zwei Uhr fünf Minuten glitt sie, in ein großes Tuch gehüllt, als ob sie selber trauerte und ihr Haupt verhüllte, zum Fenster hinaus. Das Gesicht schien, als sie ins Freie kam und das Licht es berührte, noch einmal in strahlender Schönheit aufzublühen. Mir war es ein Schmerz, den ich nie ganz verwinden werde.

Paris. 29. November 1931. Sonntag

Gefrühstückt bei der Fürstin Bassiano in Versailles mit André Gide, Groethuysen, Mme. Bucher (der Witwe des elsässischen, von Frankreich subventionierten Propagandachefs während des Krieges, die jetzt in Paris eine Gemälde-Ausstellung betreibt). Gide tat sehr erfreut, mich wiederzusehen, frischte die Erinnerungen an meine Ballonfahrt nach Rußland vor etlichen Jahrzehnten auf, über die er sich genaue Notizen gemacht habe (ich hatte die meisten Einzelheiten längst vergessen). Er war sehr empört über die Sprengung des Pazifisten-Kongresses im Trocadero am Freitag, meinte, die Polizei habe ihre Pflichten grob vernachlässigt, so daß verschiedene Botschafter, die der Versammlung beiwohnten (unter andren Hoesch und Tyrrell) avaient manqué d'être passés à tabac.

Ich erwähnte die bittere Not in Deutschland. Gide meinte, zweifellos sei die Not der breiten Massen groß, aber es sei schwer, in Frankreich Ungläubige zu überzeugen, weil Franzosen, die aus Berlin zurückkämen, von der unerhörten Verschwendung und dem sichtbaren Luxus dort erzählten, und weil auch zahlreiche Deutsche in Frankreich das Geld mit vollen Händen ausgäben.

Bei Tisch bemerkte Gide, daß er nie den ›Zarathustra‹ habe lesen können. »Je crois que j'ai tout lu de Nietzsche; mais le ›Zarathustra‹ non, je n'ai jamais pu.« Der Stil sei ihm unerträglich. Er erzählte auch, daß sowohl Thomas Mann wie auch Kayser (von der ›Neuen Rundschau‹) ihm ausdrücklich bestritten hätten, daß Goethe einen ›Prometheus‹ geschrieben hätte. Sie hätten nur die ›Pandora‹ gekannt und immer wieder den ›Prometheus‹ mit der ›Pandora‹ verwechselt. Ich setzte nachher Gide in Paris beim ›Cinema des Miracles‹ ab, wo er sich auf meine Empfehlung den Film ›Der Kongreß tanzt‹ mit Lilian Harvey ansehen wollte.

Paris. 2. Dezember 1931. Mittwoch

Nachmittags der Italiener Caffi, der bei der Fürstin Bassiano Hauslehrer und mir von dieser wärmstens als Gelehrter (Historiker und Gräzist) empfohlen worden ist (Schüler von Mommsen), zum Tee Avenue Kléber. Eine interessante, faszinierende

Persönlichkeit. Er war vier Jahre unter dem Bolschewismus als Korrespondent des ›Corriere della Sera‹ und nachher an der Botschaft in Rußland, zweimal in den Tscheka-Gefängnissen gefangen, einmal sechs Wochen, immer bei schlechtester Verpflegung (hundert Gramm Schwarzbrot und eine stinkende Fischsuppe, die von einer syphilitisch zerfressenen lettischen Frauensperson einmal am Tage gebracht wurde, diese Lettin außerdem schwer bewaffnet, le fusil en bandoulière). Jeden Sonnabend wurden im Keller unter seiner Zelle Gefangene erschossen, was so klang, als ob Türen laut zugeschlagen wurden. Zu Dserschinskij hat er sogar ganz gute persönliche Beziehungen gehabt, da er mit ihm studiert hatte. Er meint, er sei pathologisch gewesen, im übrigen integer und ganz unfähig, selbst einen Menschen umzubringen, ganz im Gegensatz zum Henker Peters. Dieser sei übrigens nachher wahnsinnig geworden. Länger als zwei Jahre habe es überhaupt kein bolschewistischer Henker ausgehalten; spätestens nach zwei Jahren sei jeder verrückt geworden. In allen Irrenhäusern hätten sie gesessen; die Sanatorien an der Krimküste seien voll von wahnsinnig gewordenen Henkern gewesen.

Frankfurt. 5. Dezember 1931. Sonnabend

Bei Heinrich Simon gefrühstückt und nachmittags mit ihm eine Besprechung gehabt wegen meiner Memoiren. Ich sagte ihm, daß ich etwa ein Jahr brauchen würde, um sie zu schreiben, und während dieser Zeit einen materiellen Zuschuß haben müßte, der auf das Honorar angerechnet werden würde. Er war im Prinzip einverstanden und sagte, er müsse sich die finanziellen Möglichkeiten überlegen, werde mir dann schreiben.

Er sprach offen über die ›Legenden‹, die mir zweifellos nicht unbekannt seien, die meine Geburt beträfen; ich gelte allgemein als ein Hohenzoller, ein Sohn Wilhelms I.; gerade deshalb hätten mir die Rechtskreise mein Eintreten für die Republik so übel genommen, weil ich ein ›Onkel‹ Wilhelms II. sei. Ich sagte ihm, die Sache sei sehr leicht als der Unsinn, der sie ist, festzunageln, da meine arme Mutter den alten Kaiser erst nach meiner Geburt kennengelernt habe. Ja, meinte er, sie sei aber doch die letzte Liebe des alten Herrn gewesen. Ich sagte, vielleicht, aber so, wie Marianne die letzte Liebe des alten Goethe gewesen sei. Jedenfalls, meinte er, stamme ich aus dieser alten, konservativen Umgebung, und es werde interessant sein, die Wandlung zu erleben, die mich auf meinen Lebensweg aus diesem streng monarchischen Kreis zur Fronde gegen Wilhelm II. und dann zur Republik geführt habe.

Ich sagte, wichtigstes Motiv sei wohl die Erkenntnis der geradezu perversen Geschmacklosigkeit Wilhelms II. gewesen, Geschmacklosigkeit in der Auswahl seiner Freunde und Berater, in der Kunst, der Literatur, dem Lebensstil, der Politik, Geschmacklosigkeit in jeder Äußerung. Simon stimmte zu, Wilhelm II. habe durch diese Geschmacklosigkeit alle schlechten Instinkte des deutschen Volkes großgezogen, während es gerade umgekehrt darauf angekommen wäre, diesem kulturell so hochstehenden Volk auch äußerlich ein Profil, eine feste, für alle erkennbare Linie zu geben. Ich sagte, ja, Wilhelm sei geradezu *der* Mann ohne Linie (außer der des schlechten Geschmacks), das gerade Gegenteil des deutschen Edelmannes und des englischen Gentleman gewesen, die eher zuviel als zuwenig Linie hätten, mit andren Worten: ein gekrönter Barbar, der das ganze deutsche Volk in den Ruf der Barbarei gebracht habe.

Jedenfalls ist mir das eine bei meinem heutigen Gespräch mit Simon klargeworden, daß das erste Kapitel der Memorien ›Meine Mutter‹ heißen muß und dem törichten Geschwätz über meine Abstammung ein für allemal ein Ende machen soll. Die Memoiren sind dadurch gewissermaßen eine Pflicht der Pietät geworden.

Berlin. 8. Dezember 1931. Dienstag

K. G. erzählt, daß in Neukölln jetzt KPD und Reichsbanner gegen Nazis zusammengehen. Nur die Führer seien noch entzweit, die Arbeiter, ob KPD oder SPD, hielten zusammen. –

Abends neun Uhr Rede Brünings im Rundfunk zur neuen Notverordnung und gegen Hitler. Ruhiger, etwas professoraler, heller Stimmklang, auffallend dialektfrei, wie sterilisiert; bei der Polemik gegen die Nazis etwas temperamentvoller klingend, offenbar gewollt temperamentvoller.

Berlin. 9. Dezember 1931. Mittwoch

Bei Eduard von der Heydt im ›Esplanade‹ gefrühstückt. Er kam vom Geschäftlichen, das der eigentliche Zweck des Frühstücks war, bald auf François-Poncet, ob ich ihn kennte und was für eine Art von Mann das sei. Ihn interessiere das gerade jetzt, weil Poncet offenbar Verbindungen zu den Nazis suche und man ihn, Heydt, wegen seiner Beziehungen zur Thyssen-Bank und zu den Hohenzollern als eine Art von Brücke benutzen zu wollen scheine. Er sei zwar selber kein Nazi, huldige eher einer liberalen Anschauung, und ganz gewiß kein Antisemit, dazu habe er viel zuviel jüdische Freunde; aber er sehe jetzt nur noch die Alternative zwischen einer Beteiligung der Nazis an der Regierung und einer Diktatur der Reichswehr, und da seien ihm die Nazis schon lieber, gerade weil sie wüßten, daß sie nicht ohne Sachverständige (zum Beispiel Schacht, der ganz ihr Mann sei) regieren könnten, während die Generäle eben Generäle seien und, obwohl sie ebenso schimmerlos wie die Nazis seien, doch alles besser wissen würden. – Die Nazis seien gar nicht so schlimm, wie sie nach ihren Programmen und Erklärungen erschienen; schon weil sie soviel Geld von der Großindustrie und Großbank, von Juden ebenso wie Christen, erhalten hätten, würden sie bolschewistische Pläne gar nicht erst zu verwirklichen suchen. Auch außenpolitisch würden sie nicht unvernünftig sein. Mussolini laufe ihnen nach und mache ihnen allerlei Angebote; aber sie suchten unter der Hand auch mit Frankreich Fühlung, und die Großindustrie fördere diese Richtung. Nun sei er, Heydt, vielleicht berufen, eine Rolle als Vermittler zwischen den Nazis und François-Poncet zu spielen; Hitler komme morgen nach Berlin, und er, Heydt, werde ihn sprechen; auch werde er,

Heydt, in den nächsten Tagen bei Roland de Margerie sein und durch diesen den Botschafter kennenzulernen suchen. Die Großindustrie sehe ein, daß eine Verständigung mit der französischen Industrie notwendig sei; siehe Arnold Rechberg.

Ich sagte, François-Poncet habe schon sehr bald nach dem Kriege solche Pläne mit mir besprochen. Soweit ich mich erinnere, sei der allerdings wohl nicht klar ausgesprochene Gedanke Poncets gewesen, daß die deutsche Schwerindustrie in der französischen Militärmacht eine Stütze gegen ihre Arbeiter finden könnte, um ihren Lebensstandard herunterzudrücken und billiger produzieren zu können. Andrerseits hätte die französische Großindustrie, die schon traditionell weniger sozial denke als die deutsche, ein Interesse daran, die deutsche Sozialversicherung, die als böses Beispiel in Frankreich wirke, möglichst abzubauen und mit der deutschen Industrie Verkaufskartelle abzuschließen, die auf beiderseitig niedrigen Preisen und Löhnen beruhten. Wahrscheinlich verfolge François-Poncet auch heute noch diese oder ähnliche Gedanken. Mir seien sie von Grund aus unsympathisch, da ich nie die Hand zu etwas bieten könne, das die Lebenshaltung der breiten Massen in Deutschland noch weiter herunterdrücke.

Heydt bat mich um allerstrengste Diskretion. Offenbar geht der Wunsch zu dieser deutsch-französischen Fühlungnahme von der Naziseite und vermutlich von Hitler persönlich aus, während von französischer Seite (Roland de Margerie, Poncet) bisher nur nicht ›Nein‹ gesagt worden ist.

Auf meine Frage, wen die Nazis sich denn als Außenminister dächten, antwortete Heydt zu meiner Überraschung, warum nicht Brüning? Ich sagte, Brüning könne doch unmöglich von heute auf morgen eine ganz andre Außenpolitik machen. Worauf Heydt: Brüning habe doch auch zuerst eine pro-österreichische und dann eine anti-österreichische Politik gemacht; für die große Dummheit des Zollunions-Projekts sei er doch ebenso verantwortlich wie Curtius oder Bülow, wenn er auch Curtius nachher habe fallenlassen.

Paris. 31. Dezember 1931. Dienstag

Trauriges Silvester, Ende eines katastrophalen Jahres und Beginn eines voraussichtlich noch katastrophaleren. Bei Wilma gegessen, aber noch vor Mitternacht zu Bett, da in trübster Stimmung.

1932

Paris. 9. Januar 1932. Sonnabend

Um Material für mein Kaliajeff-Drama zu sammeln, mit Schiffrin nach einer russischen Lesehalle Ecke der Rue du Val de Grâce und Rue Nicole (Bibliothèque Turgenieff). Dort machte mich Schiffrin im überfüllten Leseraum auf einen kleinen alten Herrn mit weißem Spitzbart aufmerksam, der eilig hineinkam und in die hinteren Bibliotheksräume verschwand. Es war Burtzeff, der berühmte, fast zur mythischen Figur gewordene Sozial-Revolutionär, der Entlarver von Asew. Ich insistierte gleich, um ihn kennenzulernen.

Schiffrin sprach mit einer der Beamtinnen, und gleich darauf erschien Burtzeff wieder und ließ sich zwischen Tür und Angel, etwas ängstlich umherblickend, mit mir bekannt machen. Er gab mir einige wertvolle Winke, wo und wie ich Material finden könnte, empfahl die russische Buchhandlung von Rodstein, Rue Cujas, und nachdem er noch in einigen Katalogen nachgesehen und Titel von Werken angegeben hatte, verschwand er schnell wieder. Er sieht nach allem andren aus als nach einem großen Revolutionär mit einer so bewegten Vergangenheit. Man würde ihn für einen kleinen, peinlich ordentlichen Beamten halten, einen rond-de-cuir.

Paris. 10. Januar 1932. Sonntag

Auf Rat von Frau Rodstein, die ebenfalls Sozial-Revolutionärin ist, Burtzeff in seinem Stammlokal, dem Café du Mont St. Michel, aufgesucht. Er saß auch richtig da mit einem andren Russen, der die Offiziers-Rosette der Ehrenlegion trug. Ich ging mit Schiffrin heran und begrüßte Burtzeff, der seinen Russen gleich verabschiedete und uns bat, Platz zu nehmen. Ich setze ihm auseinander, worum es sich für mich handelte, und fragte, ob er (selbstverständlich gegen ein angemessenes Honorar) mir seine Erinnerungen an Kaliajeff niederschreiben könnte. Er griff, wie mir schien, eifrig zu, sagte, er könne mir die genausten Einzelheiten über den Prozeß (der vor dem Senat stattgefunden hat und, wie es scheint, öffentlich war), über die Reden der Verteidiger, über die Unterredung Kaliajeffs mit der Großfürstin Sergius usw. zur Verfügung stellen. Wir verabredeten eine neue Unterredung am nächsten Montag um zwölf wieder im Café du Mont St. Michel.

Pontresina. 2. bis 24. Februar 1932

Drei Wochen in Pontresina bei strahlend schönem Wetter. Im Hotel Rosegg. Die erste Szene des ersten Aktes meines Stücks geschrieben; viel Sorgen (materieller Art).

Paris. 9. März 1932. Mittwoch

Vormittags hinüber nach 52, Avenue Kléber, wo Briand gestorben und aufgebahrt ist. Ein jeder kann hinein. Kleine Vierzimmer-Wohnung im zweiten Stock, kleinbürgerlich, fast ärmlich eingerichtet. Interieur eines kleinen, mittleren Beamten, wenig Bücher, triviale, mittelmäßige Drucke an den Wänden. Man merkt nichts von irgendwelchen intellektuellen oder künstlerischen Bedürfnissen, von Luxus gar nicht zu reden. Typisch die Wohnung eines ›kleinen Mannes‹. Sonderbar! Man fragt sich, ob er wirklich gar keine über das mittlere Niveau hinausgehenden Bedürfnisse gehabt. Ich sehe ihn noch neben mir in Genf im Hotel des Bergues in seinem Salon auf dem Sofa sitzen und mit halbgeschlossenen Augen, wie wenn er am Einschlafen wäre, zuhören, während ich ihn wegen der Stellung, die er Deutschland im Völkerbund zugestehen würde, auszuforschen suchte (Ratssitz usw.); und wie er plötzlich die Augen aufschlug und die entscheidende Antwort gab: Es wäre lächerlich, wenn

Deutschland keinen ständigen Ratssitz bekäme; das sei selbstverständlich. Der Eindruck war da auch der eines sehr klugen, ja schlauen Kleinbürgers. Vielleicht war es dieses Kleinbürgertum, das den Boden abgab für das gegenseitige Verständnis von Briand und Stresemann; beides Gastwirtssöhne aus sehr kleinen Verhältnissen. Der Sarg stand im Schlafzimmer auf einem kleinen Katafalk.

Paris. 12. März 1932. Sonnabend

Briands Beisetzung. Eiskalter, ziemlich klarer Tag. Die Champs-Elysées viele Reihen tief von einer dichten Menge eingesäumt trotz der Kälte und des Windes. Um zwei war die Zeremonie angesagt. Aber zwei Stunden mußte man stehen, bis der Zug endlich nach vier vorbeikam. Die Absperrung wurde von Spalier bildenden Soldaten gesichert. Sonst war, namentlich im Zuge, von Militär so gut wie nichts zu sehen.

Zuerst kamen einige Rotten Garde Républicaine zu Pferde, dann riesige Berge von Blumen auf schwarzbespannten Wagen, dann der Sarg selbst in eine Trikolore gehüllt auf einem pomphaften Leichenwagen, der von sechs schwarzbehangenen Pferden gezogen wurde; hinterher Minister, Diplomaten, fremde Auswärtige Minister (ich erkannte Sir John Simon). Zuletzt aber, am eindrucksvollsten, lange Abordnungen von pazifistischen Vereinen, Frontkämpfern, Pfadfindern, Arbeitern mit Plakaten. Man hörte sie schon von weitem kommen, wie sie im Takt riefen: »La Paix, la Paix« und »Dés-ar-móns, dés-ar-móns« und wie die zu beiden Seiten sich drängende Menge der Zuschauer klatschte und ihren Ruf wiederholte.

Ich habe von dieser Beisetzung einen ähnlich starken Eindruck bekommen wie von denen der beiden andren großen Friedenspolitikern, Rathenau und Stresemann, obwohl in jedem Fall natürlich die äußeren Umstände ganz verschieden waren.

Paris. 13. März 1932. Sonntag

Um das Resultat der Wahl abzuwarten, mit Wilma und Christian in den Russenfilm ›Der Mongolei-Expreß‹ (den ich schon in Berlin gesehen habe), und dann um Mitternacht vor den ›Matin‹ auf dem Boulevard. Um halb eins, als letztes vorläufiges Resultat, hat Hindenburg noch nicht die absolute Mehrheit, so daß voraussichtlich eine Stichwahl nötig sein wird, aber doch einen so großen Vorsprung, daß seine Wahl am 10. April ganz sicher ist. Hindenburg achtzehn Millionen fünfhunderttausend Stimmen, Hitler elf Millionen dreihundertvierundzwanzigtausend, Duesterberg ca. zweieinhalb Millionen, Thälmann ca. fünf Millionen. Zur absoluten Mehrheit werden Hindenburg einige hunderttausend Stimmen fehlen, und vor Hitler hat er einen Vorsprung von über sieben Millionen Stimmen. Vor dem ›Matin‹ standen eine Ansammlung von einigen hundert Menschen, zum Teil allerdings Deutsche.

Berlin. 23. März 1932. Mittwoch

Mir gehen ganz sonderbare Nachrichten zu, die keinen Zweifel darüber lassen, daß auf beiden Seiten, Links und Rechts, planmäßige Vorbereitungen umfassender Art zum Bürgerkrieg getroffen werden. Ins Tragigroteske fiele, wenn sie wahr ist, die Mitteilung, daß unter Führung und auf Kosten des Kapp-Putschisten Ehrhardt kommunistische Stoßtrupps, die sich als ›Schwarze Reichswehr‹ getarnt haben, im Laufe des Frühjahrs in Schlesien auf dem Lande militärisch ausgebildet werden sollen; wobei Ehrhardt der Täuschung unterläge, daß er rechtsradikale junge Leute ausbilden lasse! Das ist fast zu komisch, um wahrscheinlich zu sein. Auf kommunistischer Seite soll man für den August einen Hitler-Putsch und als Gegenbewegung und Abwehr einen bewaffneten Arbeiteraufstand unter Führung der Eisernen Front und der dann mit dieser verbündeten Rotfront erwarten.

Berlin. 5. April 1932. Dienstag

Im Rundfunk einen Vortrag gehalten über neuere politische Literatur: Malaparte, Grabowski, Sforza usw.

Berlin. 6. April 1932. Mittwoch

Bei Georg Bernhards gefrühstückt. Bernhard meint, daß die Hitler-Bewegung ihren Höhepunkt überschritten habe und schon rückläufig sei. Das heute veröffentlichte Material, das die preußische Polizei beschlagnahmt hat, werde ihr einen schweren Schaden antun.

Berlin. 7. April 1932. Donnerstag

Am späten Nachmittag Besprechung mit Georg Bernhard über die Verwertung meiner Memoiren. Er gab mir eine Übersicht über die finanziellen Verhältnisse bei den drei großen Links-Zeitungs-Verlagen Mosse, Ullstein und ›Frankfurter‹. Mosse ganz undurchsichtig, Lachmann-Mosse bezahlt seine Schulden nicht. Ullstein haben wohl Überschuß durch ›Illustrirte‹, während ›Voss‹ wahrscheinlich großes Defizit aufweist, aber dreizehn Familien leben vom Geschäft. Simon hat kein Kapital, führt aber seine Sache umsichtig und hält noch immer ein hohes Niveau, während das bei Mosse und Ullstein nicht mehr im früheren Maße der Fall ist. Er riet mir, wegen der Memoiren mit Simon und auch nachher mit Brahn (Verlag für Kulturpolitik) zu verhandeln, sie auch journalistisch auszunützen.

Berlin. 8. April 1932. Freitag

Kundgebung der ›Eisernen Front‹ für Hindenburg im Lustgarten. Große Menschenmassen und ein Wald roter Fahnen, hinter denen die schwarz-rot-goldenen entschieden zurücktraten. Sonderbar, diese rote Demonstration für Hindenburg zu sehen. Ich mußte an das Wort denken, das er mir 1917 in Kreuznach sagte, als David und einige andre Sozialdemokraten ihm zum Geburtstag gratuliert hatten: Er sei bei den Genossen ganz populär, bald werde er sich eine rote Ballonmütze anschaffen müssen. – Nachher Besprechung über politische Verwertung des Nazi-Landesverrats.

Weimar. 10. April 1932. Sonntag

Zweiter Wahlgang für Wahl des Reichspräsidenten. Hindenburg endgültig gegen Hitler gewählt.

Weimar. 13. April 1932. Mittwoch

Abends gegen acht kam im Radio die amtliche Nachricht, daß durch Verordnung Hindenburgs auf einstimmigen Antrag der Reichsregierung die nationalsozialistischen militärischen SA- und SS-Formationen aufgelöst seien. Folge des großen Erfolgs Hindenburgs bei der Wahl am Zehnten.

Der Rathenau-Preis für dieses Jahr ist Carl Melchior und mir erteilt worden.

Weimar. 16. April 1932. Sonnabend

Allgemeine Demobilisation und Desarmierung der verschiedenen Bürgerkriegs-Armeen; radikale Liquidierung der Situation, die mich bei meiner Rückkehr nach Deutschland (siehe 23. März 1932) so überrascht und beunruhigt hatte. Wir standen in der Tat damals, vor einem Monat, unmittelbar vor dem Bürgerkrieg mit vollkommen gedrillten, organisierten, bewaffneten, mit allem Nötigen ausgestatteten Armeen von mehreren hunderttausend Mann auf beiden Seiten, die nur auf das Signal zum Losschlagen warteten. Daß diese Situation durch einen Federstrich so leicht gelöst worden ist, daß sich die SA und SS (angeblich vierhunderttausend Mann) mit solcher Lammsgeduld entwaffnen und auseinandersprengen ließen (irgendwie nennenswerten Widerstand haben sie nirgends geleistet), sieht fast verdächtig aus!

Wenn die Aktion aber wirklich mit vollem Ernst und gründlich durchgeführt worden ist, dann bedeutet sie den größten Umschwung in unserem öffentlichen Leben seit der Niederwerfung des Spartakisten-Aufstandes im März 1919. Cicero hat bei der Niederwerfung Catilinas und der Catilinarier ganz andre Machtmittel verwenden müssen, um sie kleinzukriegen, und ebenso Noske bei der Niederwerfung der Spartakisten. Die Haltung Hitlers und seiner Leute erscheint im Vergleich dazu recht jämmerlich, entspricht aber wohl dem schwächlichen, stark femininen Charakter Hitlers und seiner Umgebung; auch darin Wilhelm II. ähnlich, ein großes Maul und nichts dahinter, wenn die Sache ernst wird. Eine voll ausgerüstete Armee von vierhunderttausend Mann (so behauptet Hitler selbst, und wahrscheinlich glaubt er es auch) und dann so ohne den leisesten Widerstand bedingungslos kapitulieren! Man weiß nicht, ob es zum Lachen oder zum Weinen ist! Das der ›deutsche Wehrwille‹(?), den Hitler angeblich wieder wecken und stark machen will? Ein Jammer!

Weimar. 23. April 1932. Sonnabend

Zum letzten Mal bei Max in der Hummelstraße 2. Er zieht heute aus. Die hübsche Wohnung ausgeräumt, leere Zimmer, leere Wände, wie nach einem Todesfall. Es ist das Ende einer kurzen, aber glänzenden Epoche, der Blütezeit meiner Cranachpresse und der engen, täglichen Zusammenarbeit mit Max. Er auch tieftraurig und erschüttert. Wie viele schöne Hoffnungen und Pläne werden damit zu Grabe getragen; wieviel Menschliches unwiederbringlich zerstört!

Frankfurt. 25. April 1932. Montag

Vormittags von elf Uhr an bis halb zwei Besprechung in der ›Frankfurter Zeitung‹ mit Heinz Simon und seinem Verlagsdirektor Claassen über meine Memoiren. Sie meinten beide, daß bei der Flut von Nachkriegsmemoiren mein Buch etwas Besonderes, noch nicht Dagewesenes bieten müßte. Claassen sähe das in der Betonung des Persönlichen, in einer stark persönlichen Prägung (›charme‹, wie er sich ausdrückte), Simon in der Tatsache, daß bisher alle Memoirenschreiber entweder das Politische oder das Kulturelle fast ausschließlich hervorgehoben hätten, während in meiner Entwicklung beides nebeneinanderher gelaufen sei und so eine Totalität gestatte. Sie wollen sie gleich in Deutschland, England, Amerika, Frankreich, Holland herausbringen, um dadurch eine möglichst breite materielle Basis zu gewinnen.

Da wir heute mit der Besprechung nicht fertig wurden, bleibe ich noch morgen hier. Bei Simons gefrühstückt. Er war dem

Ausgang der Wahlen gegenüber ziemlich ratlos. Meinte, das deutsche Volk bleibe für ihn ein Rätsel; diese Innigkeit und Zartheit in Lyrik, in Werken der Kunst des Mittelalters (Madonna aus Homburg im Liebieg-Haus), und daneben diese Barbarei. Ich sagte, mit der Zeit hätte ich zwei Grund-Wesenszüge des Deutschen, namentlich des jungen Deutschen, als absolut und unveränderlich erkannt, die bei jedem, ob er links oder rechts stehe, ob Kommunist, Nazi, Sozialdemokrat oder Spießer, immer durch alle Umhüllungen und Weltanschauungen hindurchbrächen: die Flucht in die Metaphysik, in irgendeinen ›Glauben‹ (Marxismus, Kommunismus, Hitlerismus, Philosophie oder was immer), und den Trieb zum Drill, zum Strammstehen und Kommandiertwerden oder Kommandieren; im Gegensatz zum jungen Franzosen habe der junge Deutsche gar keinen Trieb zur wirklichen Unabhängigkeit, zur persönlichen, unbeschränkten Freiheit. Der junge Deutsche schlägt auch über die Stränge wie jeder junge Mensch, verlangt aber eben nach Strängen, sonst macht ihm die Freiheit keinen Spaß.

Daher ist Groeners sonst nicht gerade glückliche Idee, eine Art von Zwangs-Sportorganisation zu schaffen, vielleicht das geringere von zwei Übeln, wenn man voraussetzt, daß der junge Deutsche nach Organisation und Zwang wie nach einer Lebensnotwendigkeit dürstet. Es hat sich ja gezeigt, daß er sonst sich selber Privat-Wehrverbände oder ähnliches als Ersatz schafft. Der Deutsche ist eben aus irgendeiner inneren Unsicherheit heraus durch und durch Militarist und durch und durch Flüchtling in irgendein Jenseits oder Zukunftsparadies; und das Schreckliche ist, daß er beides miteinander vermischt! – Simons junger Neffe, der an einem Gymnasium hier Sekundaner ist, antwortete mir auf eine Frage, daß seine Klassenkollegen alle restlos Nazis seien.

Am Spätnachmittag besuchte mich Fritz von Unruh mit seiner Freundin, Frau Ergas. Natürlich drehte sich das Gespräch um den Nazi-Erfolg und den Zusammenbruch der bürgerlichen und republikanischen Parteien. Unruhs Ansicht deshalb besonders interessant, weil er der Begründer der ›Eisernen Front‹ ist, der noch in letzter Stunde diesen Zusammenbruch aufzuhalten versucht hat. Er betonte auch wiederholt sehr stark sein Verdienst um diese Gründung, auf die er offenbar stolz ist. Der Hauptgrund für die Niederlage der Republik sei, meinte er, daß sie vollkommen die Rolle der Jugend und die des Heroismus in der Politik verkannt habe. Er habe (und das stimmt) schon gleich nach dem Krieg in den Anfängen der Republik die Lebenswichtigkeit dieser beiden Faktoren für den neuen Staat erkannt und allen maßgebenden Faktoren gepredigt, insbesondere seinem Freunde, dem preußischen Kultusminister Becker, aber überall nur völlige Verständnislosigkeit und Ablehnung erfahren; man habe sie bagatellisiert, als unwichtig erklärt. So sei ihr Gewicht voll in die Waagschale der Gegenseite, der Reaktion, gefallen und habe jetzt das meiste zum Sieg der Hitlerleute beigetragen, die es verstanden hätten, sich ein Monopol auf die Jugend und die (mystische) Opfersehnsucht zu sichern.

Auch noch jetzt, als er die ›Eiserne Front‹ begründete und in der Gründungsversammlung durch seine Rede, in der er an den Heroismus appellierte, Stürme der Begeisterung weckte, habe er zunächst selbst in der ›Frankfurter Zeitung‹ von Kircher nur Hohn und Spott geerntet. Auch von den Bonzen der SPD das gleiche. Erst nachher hätten die offiziellen Parteiorgane den Wert der ›Eisernen Front‹ und der Hammerschaften erkannt, aber dann sofort ihn hinauszudrängeln versucht, was ihnen auch gelungen sei, da er sich angewidert zurückgezogen habe. Diese Leute sähen als Ziel der Politik nur das Wohlleben, das Materielle (so auch Heinz Simon), verkennten aber ganz die Rolle des Ideellen, des Glaubens, der Sehnsucht nach einem Glauben, für das man sich opfern könne; deshalb hätten sie versagt.

Von der Naziseite seien Fühler zu ihm ausgestreckt worden, nach seinem Erfolg bei Gründung der ›Eisernen Front‹, durch Steinbömer, den Freund des Kronprinzen, ob er nicht zu den Nazis übertreten wolle, und er habe sich auch wirklich gefragt, ob es politisch nicht zweckmäßiger wäre, in die Nazibewegung einzutreten, um sie nach links herüberzuziehen. Aber natürlich komme das für ihn nicht ernsthaft in Erwägung. Dagegen schwanke er noch, ob er nicht versuchen solle, in der republikanischen Front sich als Führer durchzusetzen, um da Begeisterung und Glauben und Opfersinn zu wecken und dadurch die Jugend wieder herüberzuziehen. Ob es wichtiger sei, das zu tun oder einen Roman zu schreiben, den er vorhabe (durch dieses Schwanken selbst ist für mich die Frage im verneinenden Sinne erledigt!).

Alles in allem erweckten seine Ausführungen den Eindruck, daß er die Lage der Republik für ziemlich verzweifelt ansieht. Andrerseits sagte er aber auch, daß, wenn Hitler zur Macht käme, er in kürzester Zeit abgewirtschaftet haben würde, da er keine seiner Versprechungen erfüllen könne, und daß dann die Kommunisten die Herrschaft an sich reißen würden. Er scheint diese Entwicklung jetzt für fast zwangsläufig zu halten.

Weimar. 28. April 1932. Donnerstag

Zur Technik des Memoiren-Schreibens. Memoiren: Sinngebung der Zeit aus der Perspektive einer Persönlichkeit. Eben darum Perspektive, Rangordnung der Dinge und Geschehnisse im Hinblick auf die Persönlichkeit und ihr Drama, ihre wechselnden Situationen, ihre Tragik oder Tragikomik. Dadurch Überwindung der bloßen Chronik, der Rangordnung der Personen nach ihrer bloßen ›Berühmtheit‹; dafür Einordnung in die Situation und den dramatischen Aufbau des Ganzen; Organisierung des Stoffes. Jede Person, mag sie noch so ›berühmt‹ sein, gilt nur so viel, wie sie in diesem höchstpersönlichen Drama des Verfassers gilt, nur so viel, wie in diesem Drama ihre Rolle gewesen ist; ihr Wert für das Werk resultiert nur aus der scharfen Umreißung ihrer Besonderheit (ihres ›Charakters‹) und der Bedeutung dieses Charakters für den Fortgang des *Dramas,* nicht der Weltgeschichte; sie müßte ebenso interessant sein, wenn sie anonym aufträte.

Die große Mehrzahl der Memoiren, namentlich der Kriegs-

und Nachkriegszeit, ist nur chronistisch, primitiv in Aufbau und Sinngebung; sie bemühen sich nicht um die organische Funktion der in ihnen auftretenden Personen im persönlichen Erleben des Verfassers. Weiße Raben sind Montaigne, Retz, St. Simon, Casanova, Goethe, Bismarck, dieser letztere, weil er alles und alle aus der Perspektive eines leidenschaftlichen Machthungers und politischen Wollens beleuchtet und umdichtet. Ehrliche und durchdachte Memoiren müßten immer tragisch wirken, Mitleid, Furcht und innere Befreiung auslösen.

Die Gefahr des Memoirenschreibers (und um so größer ist diese Gefahr, je reicher und bewegter das Leben des Schreibers gewesen ist) – die Gefahr ist die Übermacht und Zähigkeit des Stoffs, den der Verfasser zu kneten und durch seine Kunst zu bändigen hat. Meines Erachtens kann nur, wer dramatisch, und zwar leidenschaftlich dramatisch erlebt, gute Memoiren schreiben. Das ist auch der letzte Grund, warum die Memoiren des kalten Fisches Bülow trotz allen amüsanten anekdotenhaften Aufputzes und boshaften Charakterskizzen nicht gut sind und letzten Endes nur ein Gefühl des Ekels hinterlassen, als ob man eisigen Schleim geschluckt hätte. St. Simon hatte seinen leidenschaftlichen Adelsstolz, Casanova seinen leidenschaftlichen Trieb zu Liebesabenteuern, Bismarck seinen leidenschaftlichen Machthunger; sie alle haben mit ihrer Leidenschaft den Stoff geknetet und zur Form gemacht. Bülow war flach und faul und ohne Leidenschaft (außer der greisenhaften des impotenten Hasses), und deshalb hat er trotz allen feuilletonistischen Talents versagt und nur ein (noch dazu verlogenes) Aktenstück zum Archiv der Historie zusammengeschrieben (cf. 30. April 1932).

Leipzig. 29. April 1932. Freitag

Nach Leipzig, wo Steiner-Prag wegen der Presse und Stützungsmöglichkeiten gesprochen. Abends nach Berlin. – Klaus Manns ›Kind unserer Zeit‹ gelesen.

Berlin. 30. April 1932. Sonnabend

Klaus Manns Buch, obwohl es stark unter dem Einfluß von Proust und Rilke (gar nicht unter dem seines Vaters) steht, eines der persönlichsten Memoirenbücher der jüngsten Zeit. Er gibt vor allem die Dichtigkeit der menschlichen Gemeinschaft, in der er groß wird; indem er und seine einzelnen Figuren immer in dieser dichten, sehr einzigartigen Atmosphäre stecken, wird ihre persönliche, individuelle Prägung erst recht deutlich. Die einzelnen aus einer sehr dichten, scharf sich einprägenden Gemeinschaft oder Gesellschaft herauswachsen lassen, dieser sozusagen ›kollektivistische‹ Kniff der Charakterisierung, sehr wirksam. Auch sonst ist ›Kind unserer Zeit‹ ein wirklich ›bedeutendes‹ Buch, ein Buch, das etwas *bedeutet*, das Buch der jüngsten Generation, das mir als Ausdruck der letzten zwanzig Jahre vielleicht am kongenialsten ist. Es steht mir viel näher, bedeutet *mir* mehr als irgendein Werk des Vaters Thomas oder des Onkels Heinrich Mann.

Die spezifische Atmosphäre einer Zeit in eine kleine Gemeinschaft von intim erlebten Menschen verdichten und aus diesem tragkräftigen, dichten Boden die Persönlichkeiten und Ereignisse der Zeit hervorwachsen lassen. Nichts im luftlosen Raum schweben lassen im Vertrauen auf das Interesse, das es auch sonst als bedeutsames Ereignis oder historische Persönlichkeit für den Leser haben mag. Valeurs, valeurs, wie in einem Gemälde!

Berlin. 12. Mai 1932. Donnerstag

Wieland Herzfelde und Theodor Plievier kamen zum Frühstück. Auch Goertz. Plievier schreibt ein Buch über die Zeit gleich nach dem 9. November. Er überraschte mich durch sein graues Haar. Ich hatte ihn für jünger gehalten. Er will von mir Informationen und Material über die Revolutionszeit. Er und Herzfelde erzählten über die Not in den Arbeitervierteln in Berlin eine Einzelheit, die ich nicht wußte: daß es in Berlin schon zwanzig- bis dreißigtausend ›Besprisornijes‹ gebe, verwahrloste Kinder von elf bis fünfzehn Jahren, die in Rudeln lebten, vollkommen organisiert seien in kleinen Banden, zu denen man nur nach sehr komplizierten Aufnahmezeremonien, zum Teil sadistischer Art, zugelassen werde. Der Chef einer solchen Bande heiße, wenn es ein Junge sei, ›der Bulle‹, und wenn es ein Mädchen ist, ›die Kuh‹. Sie seien vollkommen amoralisch, auf alle Verbrechen eingestellt, zum großen Teil syphilitisch und kokainsüchtig.

Während wir noch am Tisch saßen, kam die Nachricht von einem *unerhörten Tumult im Reichstag*, der durch die Nazis hervorgerufen worden ist, indem eine Anzahl von ihnen sich auf einen Journalisten, einen Kapitänleutnant Koch, geworfen und ihn mit Fäusten und Stühlen blutig geschlagen haben, weil er die homosexuellen Briefe des Hauptmanns Röhm veröffentlicht habe. Löbe hat die Kriminalpolizei in den Reichstag gerufen und vier Nazi-Abgeordnete, unter andren den bereits als Fememörder bekannten Heines, im Reichstag verhaften lassen; ein beispielloser Vorgang. Die Erregung im Reichstag scheint ungeheuer zu sein.

Abends Vortrag von Helene Nostitz im Lyzeum-Klub über Amerika. Nachher begleitete mich der junge Bagarotti bis zum Potsdamer Platz. Unterwegs wurde ein Extrablatt des ›Tempo‹ angeboten, das den Rücktritt Groeners ankündigte. Er soll von den ihm unterstellten Generälen gestürzt worden sein, also durch eine Art von Pronunziamiento. Ein sehr bedenklicher Vorgang, mit dem Gewaltakt der Nazis im Reichstag zusammen ein Symptom für die schon ganz revolutionäre Situation in Deutschland.

Um das Bild der Situation in Deutschland zu vervollständigen, wäre nachzuholen, daß vor ein paar Tagen die Stadtverordneten-Versammlung in Frankfurt a. M. Fritz von Unruhs Stück ›Zero‹ mit einer Nazi- und rechtsradikalen Mehrheit kurzerhand vom Spielplan abgesetzt hat; offenbar eine Rache für die Begründung der ›Eisernen Front‹ durch Unruh. An Unruh telegraphiert und Heinz Simon geschrieben, was nun geschehen solle? Man könne doch diese Ohrfeige nicht einfach einstecken! Ich schlüge vor, den Versuch zu machen, dem Stück jetzt die weiteste Verbreitung zu sichern, indem man die ›Eiserne Front‹ einspanne und an möglichst vielen Orten Aufführungen des Stückes durch Subskriptionen auf Billetts von seiten der ›Eisernen Front‹ sichere.

Berlin. 16. Mai 1932. Pfingstmontag

Wieland Herzfelde in Wannsee besucht; bei ihm und seiner Frau Kaffee getrunken. Er erzählte, daß das Radio heute die Nachricht verbreitet habe, daß gestern japanische Offiziere den japanischen Ministerpräsidenten Inukai ermordet und überall in Tokio Bomben geworfen hätten. Es handelt sich um eine Verschwörung der extremen Nationalisten, die einen Krieg gegen China und Rußland forcieren wollen. Ein erschreckendes Symptom der Spannung in Ostasien, die unübersehbare Folgen haben kann. Wie überhaupt die letzten Tage in der Ermordung Doumers, dem Pronunziamiento der Reichswehr-Generäle, dem Krawall im Reichstag die weltenweite Verbreitung und die Explosivkraft dieses durch die Weltkrise hervorgerufenen politischen Hochdrucks für alle Augen erkennbar gezeigt haben. Wir nähern uns dem Punkt, wo eine verheerende Explosion erfolgen muß, wenn nicht schleunigst die Spannung vermindert wird. Aber wie?

Herzfelde meinte, er glaube nicht an die Möglichkeit, die Wirtschaftskrise in absehbarer Zeit zu mildern. Es müßte ein Wunder geschehen, wenn wir über die nächsten Monate hinwegkommen sollten. Ich sagte ihm, der Titel von Plieviers Buch ›Der Kaiser ging, die Generäle blieben‹ werde von Tag zu Tag aktueller. In der Tat sind wir jetzt wieder fast schon da, wo wir vor vierzehn Jahren unter Ludendorff waren; in einem großen Bogen hat die Entwicklung, die durch Noske und Ebert eingeleitet wurde, so wie Plievier sie schildert, zur Herrschaft des Militärs über Deutschland zurückgeführt; und an der Spitze steht merkwürdigerweise wieder derselbe Mann, Hindenburg.

Berlin. 22. Mai 1932. Sonntag

Zum Avus-Rennen mit Max und Uschi. Es sollen über zweihunderttausend Menschen draußen gewesen sein. Interessant war zu beobachten, wie aus einem gänzlich unbekannten jungen Mann plötzlich der Liebling einer riesigen Menschenmenge wird. Das geschah dem jungen Brauchitsch, der auf einem deutschen Mercedes-Wagen über den bisherigen deutschen Liebling Caracciola, der heute einen italienischen Wagen fuhr, siegte. Plötzlich war Brauchitsch in aller Munde; je mehr sich das Rennen zwischen ihm und Caracciola zuspitzte, um so mehr wurde er umjubelt; als er im letzten Augenblick vorkam und siegte, raste die Menge. Motive: ein deutscher Wagen, mehr noch Brauchitschs Jugend, daß er ein hübscher Junge ist, dann ein outsider, also Überraschungsmotiv. Nachher aßen wir in der Wochenend-Ausstellung am Funkturm. Der Tag wurde durch den tragischen Tod des jungen Fürsten Lobkowitz verdüstert.

Berlin. 28. Mai 1932. Sonnabend

André Gide ist hier. Jenny de Margerie rief an und sagte, Gide wolle mich sehen, ob ich nicht mit ihm und ihr nach Pichelswerder hinausfahren und Erich Mendelsohns Villa besichtigen wolle. Ich ging zu Margeries in die Hohenzollernstraße hinüber und traf Gide auf der Straße, der mir fast um den Hals fiel. Wir fuhren dann hinaus und an den neuen Siedlungen bei Onkel Toms Hütte vorbei, die Mme. de Margerie Gide zeigen wollte: la cité magique nannte sie sie, und auch Gide empfing offenbar einen starken Eindruck von dieser neuen deutschen Siedlungs-Architektur. Er seufzte über die Zurückgebliebenheit Frankreichs. Warum hätten die Franzosen vollkommen den Sinn für Architektur verloren, während er plötzlich in Deutschland aufgeblüht sei? Ich sagte, man könne diese Architektur nicht verstehen, wenn man sie nur als Architektur, abstrakt, sozusagen als ›l'art pour l'art‹ betrachte. Sie erkläre sich nur als Teil eines neuen Lebensstils, einer neuen Auffassung vom Sinn und Zweck des Lebens, die sich diese Lebensformen schaffe. Übrigens sei jede

Architektur, wo und wann auch immer, Ausdruck der herrschenden Lebens- und Weltanschauung gewesen; daher die scheußliche, mickrige und protzige Architektur der Jahrhundertwende, die genau das spießbürgerliche Lebensideal jener Zeit widerspiegele.

Von der Schönheit der Landschaft und der Anpassung an die Landschaft der Mendelsohnschen Villa waren Gide und ich gleichermaßen betroffen. Wir gingen durch den Garten und durch das Haus, in das die wirklich göttlich schöne Havellandschaft überall kunstvoll hineinkomponiert ist, und genossen diese wunderbare Symphonie aus Raumgestaltung, See und Kiefernwald aus vollen Zügen.

Nachher fuhren wir zum Tee zu Helene Nostitz, wo Gide den amerikanischen Journalisten Knickerbocker sehen wollte. Knickerbocker, ein drahtiger, kleiner rothaariger Amerikaner mit einem jugendlichen, verknitterten Gesicht, fing gleich an, mich zu interviewen und nach meiner Meinung über die Weltkrise auszufragen. Er schreibt ein Buch darüber, in dem er untersuchen will, ob sie sich nur quantitativ von früheren großen Wirtschaftskrisen unterscheidet oder auch qualitativ. Ich sagte ihm, nach dem Wort irgendeines älteren Sozialphilosophen gebe es einen Moment, wo Quantität in Qualität umschlage; und ich fürchtete, daß bei der jetzigen Krise dieser Moment bereits eingetreten sei, das heißt, daß sie sich durch ihre ungeheuren Ausmaße bereits qualitativ von früheren Krisen unterscheide.

Ich fuhr dann allein weiter nach Wannsee, wo ich bei Wieland Herzfelde zu Abend aß. Vorher machten wir einen Spaziergang, bei dem ich Max Liebermann und Frau traf; ihn, den ich seit mehreren Jahren nicht gesehen hatte, fand ich recht alt und gebrochen. »Ich bin fünfundachtzig«, sagte er mir. Sie luden mich ein, sie doch einmal in Wannsee zu besuchen.

Berlin. 30. Mai 1932. Montag

Brüning ist heute zurückgetreten, oder richtiger, von Hindenburg entlassen worden. Hintertreppen-Einflüsse haben ihren

Willen durchgesetzt wie zu Zeiten Eulenburgs und Holsteins. Damit ist eine wesentliche Verschärfung der Weltkrise eingetreten. Merkwürdigerweise hat die Berliner Börse auf die Demission Brünings, wahrscheinlich in Erwartung der Segnungen des Dritten Reichs, mit einer teilweisen scharfen Hausse reagiert: die Aktien sind gestiegen, die festverzinslichen Werte gefallen. Inflations-Perspektive. Der heutige Tag bedeutet das vorläufige Ende der parlamentarischen Republik.

Berlin. 31. Mai 1932. Dienstag

Straßenunruhen heute in Berlin beim Aufziehen der Matrosen-(Skagerrak-)Wache vor dem Präsidentenpalais in der Wilhelmstraße und an der Ecke meiner Straße am Kanal vor dem Reichswehrministerium. Mehrere tausend Nazis versuchten die Wache bei ihrem Marsch durch die Straßen zu begleiten, indem sie Hitler-Lieder sangen und Heil-Rufe ausstießen. Goebbels hielt von einem Lastauto in der Wilhelmstraße eine Ansprache. Als die Schupo die Menge zurückzuhalten und die Bendlerstraße abzusperren versuchte, wurde sie mit Steinen bombardiert und antwortete mit dem Gummiknüppel und schließlich mit scharfen Schüssen. Eine Frau wurde durch die Schulter geschossen und fortgetragen. Menschen liefen an meinen Fenstern vorbei. Mein Diener, der kleine Friedrich, war unten und kam ganz aufgeregt zurück; unser Portier, ein fanatischer Nazi (Schlöttke), habe gesagt, die Nazis würden sich den Schupo, der auf die Frau geschossen habe, ›kaufen‹.

Abends meldete das Radio, daß Hindenburg dem früheren Abgeordneten Papen das Kanzleramt angeboten habe.

Berlin. 3. Juni 1932. Freitag

Mit Max nach dem Tiefen See und dann nach dem Scharmützelsee gefahren, wo in Saarow zu Abend gegessen. Zarte blaue Farbe des Scharmützelsees. Liebliche Landschaft mit viel Laubwald, was in der Mark selten ist. Eher wie einer der holsteinischen Seen. Abends bei der Rückkehr nach Berlin Nachricht, daß der Reichstag aufgelöst ist. Papen hat nach der katastrophalen Aufnahme seiner Regierung in der Presse und den schroffen Absagen von SPD und Zentrum nicht gewagt, sich noch vor der Auflösung dem Reichstag vorzustellen.

Berlin. 4. Juni 1932. Sonnabend

Regierungserklärung Papens. Ein kaum glaubliches Dokument, ein miserabel stilisierter Extrakt finsterster Reaktion, gegen das die Erklärungen der kaiserlichen Regierungen wie hellste Aufklärung wirken würden. Die Sozialversicherung soll abgebaut, der ›Kulturbolschewismus‹ bekämpft, das deutsche Volk durch Rechristianisierung (lies Muckertum) für den außenpolitischen Kampf gestählt und auf der Grundlage des extremen Rechts-Junkertums ›konzentriert‹ werden; alle andren Richtungen und Parteien, Sozialdemokratie, liberales Bürgertum, Zentrum, werden als nicht ›national‹ und moralisch zersetzend angeprangert. Ein Regierungsdokument solch politischer Dummheit und Ungeschicklichkeit, so finsterer Reaktion ist seit der Regierung Polignac 1830 nicht veröffentlicht worden. Es trägt deutlich den Stempel des Generalstabes, in seiner psychologischen Verblendung.

Berlin. 9. Juni 1932. Donnerstag

Spätabends nach dem Theater soupierte ich bei Richard Kühlmann in der Wilhelmstraße mit dem Herrn v. Schnitzler von der I. G., seiner Frau Lily Schnitzler und deren Bruder Mallinckrodt. Dieser kam direkt von Reichskanzler Papen, bei dem er den Abend verbracht hatte. Die Beurteilung Papens war allerseits wohlwollend geringschätzig: ein anständiger Kerl, nicht sehr klug. Ich fragte Mallinckrodt, ob nach der Wahl die Nazis sich bereitfinden würden, Minister in das Kabinett Papen zu entsenden? Kühlmann schnitt die Antwort ab, indem er sagte, die Nazis hätten niemanden, den sie zum Minister machen könnten. Kühlmann machte mir einen etwas unheimlichen Eindruck, aufgedunsen, mit gläsernen Augen, lallte, als ob er beschwipst wäre, folgte kaum der Konversation.

Berlin. 11. Juni 1932. Sonnabend

Der deutschamerikanische Kunsthändler Weyhe aus New York besuchte mich. Er schildert die Lage in Amerika schwarz in schwarz. Er habe alle seine Kunden verloren. Kein Mensch drüben kaufe mehr ein teures Buch. Rockefeller und Ford verlören allmählich ihr ganzes Vermögen. Kuhn Loeb seien schwer getroffen. Er selbst mache vielleicht jetzt seine letzte Europareise. Früher sei er immer auf dem Schiff erster Klasse gefahren, diesmal zweiter usw.

Papen hat seine erste Rede gehalten und dabei von der ›gottgewollten‹ organischen Entwicklung gesprochen wie Bethmann Hollweg. Die Zeitungen bringen seine Photographie (das ›8-Uhr-Blatt‹ unter dem Titel ›Der neue Kanzler-Typ‹): er sieht aus wie ein verbiesterter Ziegenbock, der ›Haltung‹ anzunehmen versucht, dazu im seidengefütterten schwarzen Sonntagsrock. Eine Figur aus ›Alice in Wonderland‹.

Berlin. 13. Juni 1932. Montag

Theodor Wolff besucht. Er erzählte, er habe gestern beim Rot-Weiß-Turnier hinter Papen gesessen und ihn beobachtet. Er habe sich in einer lächerlichen Weise in seiner neuen Reichskanzlerwürde gesonnt; sei herumscharwenzelt, hier einer Dame und da einer Dame die Hand küssend, eitel, selbstgefällig. Schleicher habe einen kleinen Abenteurer nötig gehabt, einen Mann ohne Format oder Hintergrund, aber eitel und dumm, den er jeden Augenblick wieder fortschicken könne. Ich sagte, ganz so sei Schleichers Rechnung doch nicht gewesen, denn er habe angenommen, daß Papen einen Teil des Zentrums mit sich ziehen werde. Wolff stimmte zu. Er meinte dann, Schleicher erzählte zu viel und zu vielen, daß er Hitler erledigen wolle. Natürlich erfahre das Hitler auch. Man frage sich, was Schleicher mit diesen Indiskretionen eigentlich bezwecke. Ob er Hitler damit beruhige, daß er das sagen *müsse*, um sich gut Wetter zu schaffen, oder was eigentlich?

Berlin. 24. Juni 1932. Freitag

Zehnter Todestag Walther Rathenaus. Vormittags Feier der Reichsregierung (Papen–Hitler!) im Rathenau-Haus. Gerhard Mutius hielt im Auftrag der Regierung die Gedenkrede und versuchte, Rathenau für die ›nationale Bewegung‹ zu reklamieren. Unter den nicht sehr zahlreich Erschienenen waren Löbe, Severing, Meißner (in Vertretung Hindenburgs), Köpke vom A. A., Bücher, Dessoir, Redslob. Brecht leitete die Versammlung mit einer Ansprache ein, die das einzig richtig Empfundene und Ergreifende war. Köth sprach nach Mutius über die Kriegsrohstoff-Abteilung. – Ich sprach nachmittags im Rundfunk und abends im Reichstag bei der Feier der republikanischen Verbände. Luppe leitete die Versammlung, Brecht sprach wieder ein paar kurze Worte. Neben mir auf der Regierungsbank saß Löbe.

Berlin. 25. Juni 1932. Sonnabend

Das Reich kracht in allen Fugen; die Aufhebung des Uniformverbots hat in Bayern zu einer offenen Revolte gegen das Reich geführt, die bayrische Regierung weigert sich, ihr Uniformverbot aufzuheben. Weil ein paar tausend dumme Jungens sich im Glanz von Uniformen sonnen wollen, wird das Werk Bismarcks, die Einheit des Reichs, aufs Spiel gesetzt. Es wäre grotesk, wenn es nicht so traurig wäre.

Berlin. 27. Juni 1932. Montag

Wie ich schon in meiner Rede im Reichstag sagte, haben die Kämpfe zwischen den radikalen Bewegungen (Kommunisten und Nazis) viel mehr innere Verwandtschaft mit den Religionskriegen des sechzehnten und siebzehnten Jahrhunderts in Deutschland, Frankreich und England als mit den politischen Kämpfen des achtzehnten und neunzehnten Jahrhunderts. Es sind erbitterte und bewaffnete Auseinandersetzungen zwischen Weltanschauungen, die einen Kompromiß ausschließen, während bei politischen Kämpfen gerade Kompromisse gesucht werden. Daher die Erbitterung und der Haß.

Berlin. 28. Juni 1932. Dienstag

Frau v. Ossietzky telephonierte heute nachmittag an Guseck, vor ihrem Hause in einer stillen Straße in Friedenau patrouillierten ununterbrochen Nazitrupps auf und ab. – Allmählich etablieren die Nazis im Westen von Berlin einen regelrechten Straßenterror.

Berlin. 1. Juli 1932. Freitag

Abends holte mich François-Poncet in seinem Wagen ab zum Essen im ›Haus am See‹ in Wannsee. Internationales Publikum. Viel Englisch sprechendes. Am Nebentisch der italienische Botschafter mit seiner Frau. François-Poncet und ich aßen allein, und die Unterhaltung dauerte von acht bis kurz vor Mitternacht. Es wurde so ziemlich alles durchgesprochen, was mit Politik zusammenhängt.

Notizen über einiges: Papen sei schon erledigt. Er habe in Lausanne nicht bloß eine ›gaffe‹ gemacht (das ›Matin‹-Interview), sondern zwei; und der zweite Fehler sei noch katastrophaler gewesen als der erste: nämlich daß er Herriot gesagt habe, Deutschland könne nur zahlen, wenn gewisse *politische* Klauseln des Versailler Vertrages revidiert würden; worauf Herriot sofort eingehakt und geantwortet habe: »Aha! Also Sie zahlen nicht, nicht weil Sie nicht können, sondern weil Sie nicht wollen.«

Schleicher: undurchsichtig, sehr liebenswürdig; was hinter seiner Höflichkeit stecke, nicht zu durchschauen. Aber er (Poncet) müsse doch bekennen, daß Schleicher der einzige aktive deutsche Staatsmann sei, der ihm jemals die *volle* Wahrheit gesagt habe, während andre (er zielte damit offenbar auf Brüning) ihm zwar auch die Wahrheit, aber immer nur einen Teil der Wahrheit gesagt hätten. Neurath: eng und nicht sehr intelligent.

›Le plus sérieux‹ sei Bülow. Allerdings sehr zurückhaltend, aber intelligent. Mit ihm könne man etwas anfangen. Seit einiger Zeit zeige Bülow auch Verständnis für seinen (Poncets) europäischen Wiederaufbau-Plan, der eine planmäßige, auf den

Bedarf zugeschnittene Regulierung und Kontingentierung der europäischen Produktion durch europäische Kartelle vorsieht. Als ich einwandte, daß Bülow schon vor dreizehn Jahren, 1919, meinen Völkerbundplan, der auf der gleichen Idee beruhte, enthusiastisch begrüßt habe (in der ›Deutschen Nation‹), meinte Poncet, bis vor einem Jahr habe Bülow aber nicht viel Verständnis für solche Ideen gezeigt. Jetzt aber sei das anders.

Brüning: für ihn hat Poncet offenbar nicht viel übrig. Er habe die enge Mentalität eines katholischen Pfarrers. Ein Jesuit. Im Herzen ›ein wilder Chauvinist‹. Als ihn Laval im September nach Paris eingeladen hatte, habe er zunächst abgesagt und sei erst auf Drängen von Henderson und Stimson hingefahren. Später, im November und Dezember, habe er sich dem wiederholten Drängen Poncets, doch die Reparationsfrage mit ihm eingehend zu besprechen, immer entzogen. Dann den Zusammentritt der Konferenz von Lausanne im Februar durch sein Interview verhindert. Brüning habe immer nach England und Amerika gesehen, sich nie direkt mit Frankreich an einen Tisch setzen wollen. Alles in allem hatte ich den Eindruck, daß Poncet Brüning recht ungünstig beurteilt.

Sehr ausführlich äußerte sich Poncet über den gegenwärtigen Stand der Reparationsfrage und der Konferenz von Lausanne. Die Reparationen seien tot. Deutschland habe einen ungeheuren, unverhofften Vorteil erzielt. Und schlimmstenfalls werde in wenigen Monaten die Endlösung erfolgen. Jetzt seien schon ganz andre Dinge aktuell: der europäische Wiederaufbau vor allem (siehe oben), über den er für die französische Regierung ein fünfzig Seiten langes Exposé ausgearbeitet habe, auf Grund dessen die deutsch-französische Wirtschafts-Kommission zusammengerufen worden sei. Aber bisher habe diese so gut wie nichts geleistet. Er setze aber seine Bemühungen fort. Nur sei er von Anfang an in Berlin auf Mißtrauen und Feindseligkeit gestoßen. Es sei nicht zu glauben, was die Zeitungen über ihn geschrieben hätten. Unter andrem habe ein Blatt behauptet, daß er an der Ruhr ein minderjähriges Mädchen vergewaltigt habe!

So was sei doch unerträglich! Er habe nun einmal eine feine Haut, und solche Angriffe verletzten ihn aufs tiefste. Er könne nicht darüber einfach hinwegsehen.

Auch empfinde er bei den Politikern, mit denen er zu tun habe, immer Mißtrauen und Mißgunst. Dabei sei sein ganzes Wirken von jeher auf eine enge deutsch-französische Zusammenarbeit gerichtet gewesen. Ja, es sei eine Art von Fatum, das ihn immer wieder seit seinem vierzehnten Lebensjahr nach Deutschland zurückführe. In Deutschland sei er zum ersten Mal zum geistigen Leben erwacht. Deutschland sei das Land, das ihn immer am meisten angezogen habe. Er würde nie einen andren Botschafterposten als den Berliner angenommen haben. Denn er fühle, daß das Schicksal ihn bestimmt habe, hier sein Lebenswerk zu vollbringen. Ich formulierte: »Vous avez plus qu'une ambassade, vous avez une mission«, was ihn offenbar sehr befriedigte. Eine deutsch-französische Zusammenarbeit, ein deutsch-französisches Bündnis (er sagte ausdrücklich ›alliance‹) sei der Eckstein, auf den das neue Europa aufgebaut werden müsse.

Berlin. 4. Juli 1932. Montag

Bei Helene Nostitz im Garten Tee. Gerhard Mutius, Herbert Hindenburg, eine Fürstin Trubetzkoi, Goertz, Clauss usw. ›Alte Gesellschaft‹. Von dort zur Demonstration der ›Eisernen Front‹ im Lustgarten. Ein sonderbarer Kontrast, nach der gepflegten Teegesellschaft im sommerlichen Garten das Meer wehender roter Fahnen und die unabsehbare Menschenmenge, die nicht bloß den Lustgarten, sondern auch die Schloßfreiheit, den Schloßplatz vor dem Marstall und die Straßen hinter dem Alten Museum bis zur Nationalgalerie und der Börse füllte. Es müssen weit über hunderttausend Menschen gewesen sein; jedenfalls die größte Demonstration, die ich im Lustgarten gesehen habe. Politisch sehr bezeichnend und wichtig, daß auch KPD-Abteilungen mit Sowjetfahnen (Hammer und Sichel) mitdemonstrierten und daß das neue Einheitsfront-Abzeichen, die beiden roten Fahnen auf silbernem Grunde, sehr verbreitet war. Stark massenaufpeitschend wirkte der neue Kampfruf ›Freiheit‹ mit emporgereckter Faust, von hunderttausend Menschen ausgestoßen. Es waren auch viele Jugendliche da. Die Jungen sind eben doch nicht alle bei den Nazis!

Berlin. 8. Juli 1932. Freitag

Die Reparationen sind in Lausanne heute endgültig zu Grabe getragen worden. Papen selbst verkündete es um sieben Uhr im Rundfunk in einer großsprecherischen, ziemlich schäbigen Rede, in der er nicht ein Wort des Dankes für seine Vorgänger Rathenau, Stresemann und Brüning oder für Macdonald fand, der der Hauptmacher des Abkommens gewesen ist.

Berlin. 12. Juli 1932. Dienstag

Während wir Sonntag in der schönen Landschaft herumfuhren, sind wieder siebzehn Tote und fast zweihundert Verwundete dem hemmungslosen und organisierten Terror der Nazis zum Opfer gefallen. Es ist eine Tag für Tag und Sonntag für Sonntag fortlaufende Bartholomäusnacht.

Berlin. 14. Juli 1932. Donnerstag

Bei Nostitzens in Zehlendorf zu Abend. Die Atmosphäre im Nostitzschen Hause ist ganz nationalsozialistisch durchsetzt. Helene erzählte mir, daß ihre Schwägerin Marie Hindenburg, eine geborene Engländerin, eine eifrige Nationalsozialistin geworden sei und in der Partei emsig mitarbeite. Kritiken an den Nazis wird hier mit verlegenem Schweigen begegnet.

Der junge russische Tänzer Koschelnikow, der im Hause zu Gast wohnt, kam von einem Tee beim Berliner Universitätsprofessor Carl Schmitt (Staatsrechtler). K. erzählte, Schmitt habe sich ganz mit dem Nationalsozialismus abgefunden. Er habe aber die Regierung Papen als sehr schädlich für die Nazis bezeichnet. Sie hätten gewünscht, Brüning als Gegner weiterzubehalten. Die Regierung Papen unterminiere sie. Sie hätte ihnen in den sechs Wochen ihres Bestehens schon ernstlich Abbruch getan. Die Wiederzulassung der Nazi-Uniform sei für die Nazis schädlich gewesen, weil sie die Bevölkerung gegen sie aufreize. Ja, Schmitt sei so weit gegangen, zu behaupten, daß das frühere Verbot nur erlassen sei, *um* die Uniform nach kurzer Zeit wieder zulassen zu können und dadurch eine besonders provokatorische Wirkung hervorzurufen (!?). Alfred Nostitz protestierte gegen diese Unterstellung, die er auf Schmitts sprunghafte Phantasie zurückführe. Koschelnikow blieb aber dabei, daß Schmitt das behauptet habe. Er, Koschelnikow, habe Schmitt gefragt, warum die Nazi-Führer nicht offen erklärten, daß die Papen-Regierung planmäßig gegen sie arbeite? Schmitt habe geantwortet, man sage das nicht, um die Jungen in der Partei nicht zu entmutigen, die noch immer die Papen-Regierung als eine Übergangs-Regierung zu einer rein nationalsozialistischen ansähen.

Helene sprach von ihrem Buch über ihren Onkel Hindenburg, das bei Reissner herauskommt; sie habe doch Bedenken, ob sie die Figur ganz dargestellt habe. Ich sagte, die Figur des Feldmarschalls, die schon mythisch sei, würde trotzdem durch die Ereignisse immer wieder umgemodelt. Es werde seinem Monument immer wieder ein neues Stockwerk hinzugefügt. Augenblicklich werde sie wieder einmal aufgestockt.

Berlin. 16. Juli 1932. Sonnabend

Vormittags besuchten mich Wieland Herzfelde und seine Frau und trugen mir einen Plan zu einer Anti-Nazi-Plakatpropaganda vor, die die lahme und talentlose Propaganda der verschiedenen republikanischen Parteien ergänzen sollte. Sie würde nicht von einer Partei ausgehen und auch nicht *für* irgendeine Partei werben, sondern nur *gegen* die Nazis gerichtet sein. Verantwortlich zeichnen müßte ein noch zu bildendes außerparteiliches Komitee. Hauptsächlich Bildplakate, für die Arbeiten von Hartfield, George Grosz, Käthe Kollwitz zur Verfügung stehen müßten. Die ganze künstlerische und literarische Arbeit würde unentgeltlich Herzfelde und seine Frau leisten. Den Druck und die Plakatierung müßten die großen republikanischen Organisationen wie Reichsbanner, Eiserne Front leisten. Ich versprach, sofort diese Idee bei den Führern der SPD und Staatspartei zur Sprache zu bringen.

Berlin. 18. Juli 1932. Montag

Gestern hat es wieder fünfzehn Tote und dazu zahlreiche Verwundete im ganzen Reich gegeben, allein in Altona zwölf Tote. Die Nazis sind mehrere tausend Mann stark in zweifellos provokatorischer Absicht in ihren neuen blanken Hitler-Uniformen durch die elendesten Straßen Altonas marschiert, und es ist dann passiert, was vorauszusehen war, die Arbeitslosen und Luden, zum Teil wohl auch Verbrechergesindel, haben sie überfallen. Schuld hat aber hier wie immer der Provokateur. Die Erschütterung über diesen neuen blutigen Sonntag ist allgemein und groß.

Um ein Uhr läßt die Reichsregierung durch den Rundfunk ein allgemeines Demonstrationsverbot für das ganze Reich verkünden. Die eigentliche Ursache des Blutvergießens, die provokatorische Nazi-Uniform, hütet sie sich aber anzurühren.

Berlin. 20. Juli 1932. Mittwoch

Vormittags um zehn Uhr fünfzehn bei Abegg im Ministerium. Er teilte mir mit, daß Papen sich zum Reichskommissar ernannt und unter sich als Kommissar für Preußen den Oberbürgermeister Bracht von Essen sich geholt habe. Severing und Hirtsiefer waren eben in einer Besprechung mit Papen; Abegg wußte daher noch nicht, wie sich die preußische Regierung verhalten werde. Abegg war aber der Ansicht, daß Papens Streich unzweifelhaft verfassungswidrig (mithin ein Staatsstreich) sei.

Mittags kam durch den Rundfunk die Regierungserklärung und die Mitteilung, daß über Berlin und Brandenburg der militärische Ausnahmezustand verhängt, die vollziehende Gewalt an einen General von Rundstedt übergegangen sei und daß der neue Reichskommissar Papen den preußischen Ministerpräsidenten Braun sowie Severing und Grzesinski abgesetzt habe. Severing hat daraufhin erklärt, daß er seine Absetzung nicht annehme und nur der Gewalt weichen werde.

Hier nebenan, vor dem Reichswehrministerium, stehen Doppelposten mit Karabinern vor dem Eingang. Im Innern sollen Maschinengewehre aufgefahren sein. Das preußische Staatsministerium Wilhelmstraße 63 ist seit Mittag militärisch besetzt.

Nachmittags um fünf kam ein Herr Krone aus dem preußischen Ministerium des Innern im Auftrage Abeggs zu mir. Er teilte mir mit, daß Abegg von Papen abgesetzt sei, seine Absetzung aber nicht als rechtsgültig anerkenne und weiter amtiere. Krone sagte, man befürchte für heute nacht den Generalstreik. Die Art und Weise, wie Severing, Braun, Abegg usw. abgesetzt worden sind – Abegg zum Beispiel durch einen einfachen Telephonanruf: »Hier Reichsregierung: Sie sind hiermit Ihres Amtes enthoben« –, bezeichnete Krone mit Recht als denkbar formlos und ungeschickt. Als Badt heute zur Vertretung Preußens vor dem Reichsgericht nach Leipzig fliegen wollte, wurde ihm auf dem Flugplatz gesagt, daß das Flugzeug, das die preußische Regierung ständig zur Verfügung hat, von der Reichsregierung beschlagnahmt sei; der preußischen Regierung war die Beschlagnahme gar nicht erst mitgeteilt worden.

Berlin. 22. Juli 1932. Freitag

Der bisherige Kommandeur der Berliner Schupo ist heute nacht um vier von Reichswehr aus dem Bett geholt und zum zweiten Mal verhaftet worden; ebenso der Ortsvorsitzende des Reichsbanners in Charlottenburg.

Der Rundfunk gibt mittags bekannt, daß im Berliner Polizeipräsidium Personalveränderungen bevorstehen, die sicherstellen sollen, daß die Stellen, die über kulturelle Fragen zu entscheiden haben, ›auf dem Boden der christlichen Weltanschauung und Kultur stehen‹, während die Stellen, die sich mit linksradikalen Dingen befassen, sich einwandfrei von linksradikalen Tendenzen distanzieren. Mit andren Worten, wir steuern mit vollen Segeln in eine Epoche Metternichscher Reaktion hinein.

Berlin. 31. Juli 1932. Sonntag

Reichstagswahltag, Schicksalstag! Schwüles, schweres Wetter, früh bewölkt, gegen Mittag aufhellend. Um elf in der Kaiserin-Augusta-Straße neben dem Reichswehrministerium gewählt. Helene Nostitz rief vormittags an; klagte auch über Beunruhigung und gedrückte Stimmung. – Nachmittags Fahrt in meinem Wagen mit Max und Uschi nach Altenhof am Werbellinsee über Lanke, Finow, Bernau usw. Im Norden Berlins ziemlich starke Beflaggung, wobei SPD und KPD zusammen ein leichtes Übergewicht über Hakenkreuz zu haben schienen. Auf den Dörfern sehr wenige Flaggen, so ziemlich halb und halb, und der Anschein größter Ruhe.

Abends bei Hilferdings mit Georg Bernhards und Oscar Meyers. Bis halb drei Wahlresultate gehört und aufnotiert. Die fortlaufende Sensation des Abends das Anwachsen der Kommunisten, daneben die Zunahme des Zentrums und das vollkommene Debakel der Staatspartei. Überraschend, wenn auch erwartet, der Stillstand der Nazibewegung, die in einigen Wahlkreisen sogar Stimmen verloren hat. Die SPD hat sich gerade noch zur Not behauptet und ist der KPD gegenüber in rückläufiger Bewegung. Zu den Wahlresultaten im Rundfunk ein beschämend schlechtes Konzert, Zirkusmusik, die in ihren Spitzenleistungen etwa das Niveau einer zweitklassigen Kurkapelle erreichte.

Berlin. 1. August 1932. Montag

Die Rechte hat keine Mehrheit im neuen Reichstag; ihren 230 (Nationalsozialisten) plus 37 (Deutschnationale) plus 7 (Volkspartei) plus 6 (Splitter) = 280 Sitzen stehen 327 Sitze des Zentrums und der Linken gegenüber. Die Kommunisten sind mit 89 Sitzen (gegenüber 78 früher) wieder die drittstärkste Partei. Die Nazis, deren Gros eine Mehrheit von fünfzig bis sechzig Prozent erwartet hatte, sind schwer enttäuscht.

In Königsberg haben sie heute früh den früheren Regierungspräsidenten (Volkspartei) in seiner Wohnung überfallen und angeschossen, zwei kommunistische Arbeiter in ihren Wohnungen ermordet, gegen die Häuser der SPD-Zeitung und der staatsparteilichen Hartungschen Zeitung Attentate verübt, kurz eine Aktion unternommen, die im kleinen von dem eine Anschauung gibt, was sie im großen und viel gründlicher im ganzen Reich nach einem Sieg vorhatten.

Es hat vorige Nacht wieder fünfzehn Tote und viele Verletzte im latenten Bürgerkrieg gegeben.

Berlin. 5. August 1932. Freitag

Die Attentate, Bombenwürfe, Morde gehen in Ostpreußen, Bayern, Holstein weiter. Jetzt ist auch amtlich festgestellt, daß die Brandstiftungen und Bombenwürfe in Königsberg von Nationalsozialisten, und zwar von Mitgliedern des Nazi-Sturms zwölf, verübt worden sind. Die Reichsregierung hat gestern darüber eine Kabinettssitzung abgehalten, aber zunächst energische Gegenmaßregeln ›in Aussicht‹ gestellt. Offensichtlich zögert sie, es mit den Nazis zu verderben.

Weimar. 7. August 1932. Sonntag

Nachmittags bei Frau Förster-Nietzsche. Das Nietzsche-Archiv ist jetzt, wie sie selbst sagt, ›mitten in der Politik‹. Zu seinem Vorsteher haben sie einen Nazi-Professor Emge aus Jena berufen, einen Professor der Rechtsphilosophie, der sogar als Nazi-Minister in der thüringischen Regierung in Aussicht genommen ist. Im Archiv ist alles vom Diener bis zum Major hinauf Nazi. Nur sie selbst ist noch, wie sie sagt, deutschnational.

Sie erzählte, wie Hitler sie besucht hat nach der Premiere von Mussolinis Stück im National-Theater. Während mehrere italienische Korrespondenten bei ihr saßen, habe er sich melden lassen und sei mit einem riesigen Blumenstrauß und begleitet von seinem Stabe bei ihr eingetreten. Es habe sich in Gegenwart der Italiener eine lebhafte politische Konversation entsponnen, bei der Hitler sich, wie sie sagt, in einer für ihr Gefühl unvorsichtigen Weise über Österreich und den Anschluß geäußert habe. Er habe betont, daß er den Anschluß nicht wünsche, weil Wien keine rein deutsche Stadt sei. Sie habe das nicht für richtig gehalten, daß er das vor den Ausländern sagte. In seinem Gefolge befand sich unter andren auch Schulze-Naumburg.

Ich fragte sie, welchen Eindruck Hitler menschlich auf sie gemacht habe? Ob er nach ihrem Gefühl Format habe? Sie sagte: aufgefallen seien ihr vor allem seine Augen, die faszinierend seien und einen durch und durch blickten. Aber er habe mehr den Eindruck eines religiös als politisch bedeutenden Menschen auf sie gemacht. Den Eindruck, daß er ein großer Politiker sei, habe sie nicht gehabt.

Winifred Wagner, die mit dem italienischen Botschafter Orsini-Baroni während der Goethe-Feiern bei ihr war, stehe auch den Nazis sehr nahe. Kurz, diese ganze Schicht des intellektuellen Deutschlands, das in der mehr goethischen, romantischen Periode seine Wurzeln hat, ist ganz Nazi-verseucht, ohne zu wissen warum. Das Nietzsche-Archiv hat von seinem Faschismus wenigstens einen materiellen Vorteil, indem Mussolini ihm, wie Frau Förster erzählte, gegen Ende des vorigen Jahres zwanzigtausend Lire überwiesen hat. Am nächsten Donnerstag hat sich die ›Kaiserin‹ Hermine bei ihr zum Tee angesagt; es wird ein ›Dichtertee‹, wie sie sagt: Börries Münchhausen liest Gedichte vor, und Walter Bloem ehrt das Fest durch seine Gegenwart. Man möchte weinen, wohin Nietzsche und das Nietzsche-Archiv gekommen sind!

Noch eins: daß dieser alten, sechsundachtzigjährigen Frau der mächtigste Mann Deutschlands und die Frau des früheren Kaisers heute den Hof machen. Letzteres fast grotesk nach der Einstellung S. M. zu Nietzsche vor dem Kriege! Sie erzählt noch zu diesem Umschwung, daß die Offiziere des in Weimar garnisonierenden Reichswehr-Divisionsstabes ihr bei ihrer Herversetzung offiziell einen Antrittsbesuch machen. Wie war es in meiner Jugend in Potsdam, als ich mit Bernhard Stolberg und meinem Kreise Nietzsche las? Stolberg wurde deshalb von seinem Vater aus Potsdam fortgeholt und sechs Monate mit einem Pfarrer eingesperrt. Damals war Nietzsche Revolutionär und fast ebensosehr vaterlandsloser Geselle wie die Sozis.

Das Gespräch, das in der kleinen guten Stube im ersten Stock vor sich ging, mit dem Blick durch die offene Verbindungstür nach dem Ecksofa, auf dem ich zum letzten Mal Nietzsche wie einen kranken Adler sitzen sah, machte mir einen tiefen Eindruck. Geheimnisvolles, undurchsichtiges Deutschland.

Théoule bei Cannes. 14. August 1932. Sonntag

Früh in Marseille in der Zeitung die Nachricht, daß Hindenburg in seiner Unterredung mit Hitler gestern nachmittag es abgelehnt hat, ihn zum Kanzler zu machen, und daß daraufhin die Verhandlungen zwischen den Nazis und der Regierung abgebrochen worden sind. Die entscheidende Unterredung zwischen Hindenburg und Hitler hat nur dreizehn Minuten gedauert. Was nun? Bürgerkrieg oder ruhmloses Abbröckeln der Nazibewegung? Sicher ist nur, daß wir in die finsterste Reaktion hineinsteuern. Wer reaktionärer von den beiden Konkurrenten ist, die Nazis oder die Schleicher-Clique, ist schwer zu unterscheiden. Zu hoffen ist nur, daß diese beiden Haufen von Finsterlingen jetzt, da sie entzweit sind, sich gegenseitig aufreiben.

Théoule. 18. August 1932. Donnerstag

Mit Géraud auf seinem Motorboot nach den Îles de Lérins. Auf dem Rückwege, etwa fünfhundert Meter vom Ufer, sprang ich ins Wasser, um an Land zu schwimmen. Bald merkte ich aber, vielleicht weil ich überhitzt war, daß ich nicht mehr weiterkonnte, vermochte aber Géraud, der noch im Boot saß, ein Zeichen zu geben. Er sprang mir nach und bugsierte mich kunstgerecht nach Hause, sonst wäre ich wohl ertrunken.

Théoule. 21. August 1932. Sonntag

Tanzlokal der hiesigen Fischer und Arbeiter. Vorne Kneipe. Dahinter eine Treppe hinunter in den Hof, wo ein schmaler Schuppen mit schrägem Dach, nach vorne offen, innen und außen weiß getüncht, das Holzwerk, Fensterrahmen und Läden rot, als Tanzboden dient. Papiergirlanden und das saubere Weiß und Rot geben einen festlichen Anstrich. Links führt eine rotgestrichene Treppe in obere, geheimnisvolle Räume. Die Matrosen, Fischer, Arbeiter, Mädchen tanzen auf den Fliesen des Schuppens, die Fischer und Matrosen meist mit bloßen Füßen. Viele sehr gut; moderne Tänze, Zweischritt, Walzer; einige von den Matrosen tanzen besser als die meisten Tänzer in eleganten Tanzdielen, losgelassener in den Hüften, graziöser, ausdrucksvoller. Alles in allem ein harmloses, lustiges Völkchen, scheinbar ganz apolitisch im Gegensatz zu unseren bis in die jüngsten Jahrgänge politisch überheizten Leuten.

Théoule. 23. August 1932. Dienstag

Große Hitze. Vormittags in Cannes. Das Todesurteil, das das Gericht in Beuthen gegen fünf Nazi-Mörder gefällt hat, scheint nach den hiesigen Zeitungen eine ungeheure Erregung in der ganzen Nazi-Partei ausgelöst zu haben, die sich offenbar bis jetzt für über den Gesetzen erhaben gehalten hat, auch wenn sie die schwersten Verbrechen beging. Hitler persönlich hat an die Mörder telegraphiert, um ihnen seine Sympathie auszusprechen und es für eine ›Ehrensache‹ (!) zu erklären, daß sie begnadigt würden. Diese Leute sollen jetzt in die Regierung hinein!

Paris. 26. August 1932. Freitag

In den französischen Zeitungen, sowohl denen von Paris wie auch in den Provinzblättern, wie ›Éclaireur de Nice‹, ›Petit Marseillais‹, steht die deutsche Innenpolitik, das Duell Schleicher–Hitler, im Mittelpunkt ihres Nachrichtendienstes; zwei, drei Spalten jedesmal nur über Hitler, Papen, Schleicher. Die französische Politik und französischen Politiker treten demgegenüber ganz zurück. Der Durchschnittsfranzose, le Français moyen, wird heute über deutsche Innenpolitik ausführlicher und farbiger informiert als über seine eigene. Die Franzosen haben offenbar ein Gefühl, als ob sich in ihrer nächsten Nachbarschaft ein Vulkan aufgetan hätte, dessen Ausbruch jeden Augenblick ihre Felder und Städte verwüsten könnte und dessen kleinste Regungen sie daher mit Staunen und Angst verfolgen. Ein Naturereignis, dem sie fast hilflos gegenüberstehen. Deutschland ist heute wieder (leider!) wie im Kriege der große internationale Star, der in jeder Zeitung, in jedem Kino die Massen fasziniert aus einer Mischung von Furcht, Nichtverstehen, widerwilliger Bewunderung, in die sich auch nicht wenig Schadenfreude mischt; die große tragische, unheimliche, gefährliche Abenteurerfigur, die sogar Rußland auf der internationalen Bühne an die Wand gespielt hat. Etwa die Rolle, die Frankreich während der Dreyfus-Affäre spielte. Aller Augen sind auf sie gerichtet in banger Erwartung dessen, was kommen wird.

Trübe Elemente wie das Nacktbaden (›le nudisme‹), die Animierkneipen mit hübschen Jungens statt Mädchen, die Umwertung der moralischen Werte bei der deutschen Jugend spielen in dem fast krankhaften Interesse für Deutschland eine Rolle. Und, wie gesagt, auch die letzte Zuflucht des Verängstigten und Machtlosen, die Schadenfreude. Man wittert eine neue Welt, die für Frankreich noch unmittelbarere Gefahren heraufbeschwören könnte als die bolschewistische, und hofft dunkel, daß sie vielleicht doch noch vor ihrer Geburt im Mutterleib zugrunde gehen wird.

Die Rolle, die in der französischen Phantasie vor und gleich nach dem Kriege Rußland spielte, ist heute auf Deutschland übergegangen. Der Franzose hat sich von der Bühne ins Parkett begeben, von wo aus er das deutsche Drama mit angsterfüllter Spannung verfolgt. Er empfindet die Ohnmacht des Zuschauers vor einer antiken, etwas zu blutrünstigen, etwas widerlichen Tragödie, die ihn zugleich abstößt und anzieht. Frage: Was ließe sich für Deutschland politisch aus dieser Situation gewinnen?

Deutsche Tonfilme in deutscher Sprache, wie ›Mädchen in Uniform‹ und ›Emil und die Detektive‹, laufen hier schon seit Wochen täglich vor ausverkauften Häusern. ›Mädchen in Uniform‹, wie ich meine, schon neunzehn Wochen!

Paris. 27. August 1932. Sonnabend

Nachmittags in der großen Manet-Gedächtnisausstellung im Pavillon de l'Orangerie in den Tuilerien. Dominierender Eindruck der der Sauberkeit dieser Kunst, die ausschließlich fast mit einer naiven Ehrlichkeit nur einem Gott, dem der reinen Farbe, dient. Man kommt sich wie gebadet vor; als ob man aus dem Schmutz des Alltags auf irgendeine Höhe, wo die Luft rein und der Himmel klar ist, emporgezaubert worden sei. Damit sind aber auch die Grenzen abgesteckt, die Grenzen jedes Puritanertums, hier vernebelt durch den Charme Pariser Geistigkeit und Erotik. Das zarte Licht der Île-de-France versilbert dieses Puritanertum, leiht ihm einen falschen Schein von Leichtsinn und Boheme.

Was die Erotik betrifft, so wirken diese Akte und Frauengesichter auf uns Heutige merkwürdig grob und undifferenziert. Es würde uns schwer, uns in eine dieser Manetschen Frauen zu verlieben. Nur die Luft, die sie durch die Farbe um sich bereiten, riecht nach Liebe; das Parfüm sticht einem in die Nase, die Frau selbst bleibt ziemlich gleichgültig und sozusagen ›*vertretbarer* Gegenstand‹. Die Vergöttlichung dringt nicht bis unter die Haut, sie bleibt in der Oberfläche stecken. Wie anders bei Maillol, dessen Kopie meiner hockenden Figur ich mit Wehmut einen Augenblick im Garten sah. – Lisette!

Paris. 28. August 1932. Sonntag

Nachmittags Maillol in Marly besucht. Ich fand ihn lesend im Schatten seines Gartens, strahlend vor Zufriedenheit und, wie mir schien, Gesundheit. Für seine Zufriedenheit waren verschiedene Umstände und Geschehnisse maßgebend. Erstens ist seine Frau fort, sie ist mit Lucien in Chamonix. »Je suis bien tranquille ici maintenant; ma femme est à Chamonix! Malheureusement elle revient dans huit jours. Quand elle est ici, elle m'injurie toute la journée. Elle est folle; je ne comprends même pas ce qu'elle me dit.«

Sehr beglückt ist er auch über das Totendenkmal, das er auf der Insel im Meer vor Banyuls macht; ein niedriger, grabartiger Bau auf der Spitze der felsigen Insel, aus graublauem Stein, mit drei Reliefs, in der Mitte die Figur des toten Kriegers, die ich in klein besitze, hier auf Lebensgröße in Stein vergrößert. Er zeigte Photographien. Zugleich auch Aufnahmen von dem Fest, das sein Heimatstädtchen Banyuls ihm zu Ehren im April veranstaltet hat. Dieses hat ihn ganz besonders erfreut. Man sieht ihn inmitten der Mädchen und Fischer, man sieht ihn tanzen, man sieht vier Hammel, die im Walde am Spieß gebraten werden, man sieht die Reigen der Mädchen. »C'était tout à fait grec«, sagte er. Das ist für ihn das höchste Lob.

Ich fragte ihn, ob er schon in der Manet-Ausstellung gewesen sei. Er sagte, nein, noch nicht, er wolle hingehen; aber er habe schon mehrere Manet-Gedächtnisausstellungen gesehen, zuerst habe er ihn geliebt, später gehaßt . . . Maintenant . . .? Ich sagte etwas von Manets Frauen, daß ich sie, abgesehen von der Farbe, uninteressant fände, ohne Suggestionskraft. Maillol: »Ce n'est que de la peinture! Pour avoir un Gauguin de Tahiti je ferais n'importe quel sacrifice, je vendrais ma dernière chemise; pour avoir un Manet, je ne vendrais même pas mes vieux souliers.«

Wir sprachen natürlich auch von der Krise. Er meinte, er persönlich könne sich nicht beklagen, er habe vor einigen Tagen erst eine große Figur nach Amerika verkauft, und Druet hätte vor kurzem auch eine Figur von ihm verkauft. Aber sonst sei es allerdings für die Künstler schlimm. Lucien habe nichts verkauft. »Le monde est tombé dans un trou. Ce que je ne comprends pas, c'est que le génie de l'homme ne suffise pas à le sortir de ce trou.« – Er ist in einer tieferen Wirklichkeit als der unserer gespensterhaften Tageskämpfe verwurzelt.

Er erzählte, daß gestern abend die Passavant (jetzt Mme.

Nicolas) mit ihrem Mann bei ihm in Marly gegessen habe, und strahlte dabei über das ganze Gesicht. Die Passavant sei schon etwas früher, ohne ihren Mann, gekommen und habe geweint, als sie das Atelier wiedersah. Von ihrem Mann sagte Maillol, er sei ein sehr netter junger Mensch und die Passavant mit ihm glücklich, was ihn sehr freue. Ich fragte nach Bonnard. Maillol: man sehe ihn nicht mehr, seine Frau, die Marthe, lasse keinen Besuch zu, sondern werfe jeden hinaus, der zu ihm wolle, auch die ältesten Freunde. »Sa femme est encore plus folle que la mienne.«

Von Louveciennes den Blick über das Seinetal nach Paris. Im strahlenden Sonnenschein eine glückselige Landschaft. In den Wäldern bei St. Cloud viele Ausflügler, meistens en famille, Vater, Mutter und Kind oder Kinder, im Sonntagsstaat auf dem Rasen liegend. Der Gegensatz zu Deutschland ist auffallend. Bei uns tun sich sonntags die jungen Leute zusammen und wandern, spielen, baden, vom bourgeoisen Sonntagsaufputz sieht man selten eine Spur mehr, sondern schöne, kräftige Körper, unbekleidet oder halbbekleidet. Hier herrscht dagegen noch der kleinbürgerliche Stil in Kleidung und Sonntagsvergnügen durchaus vor.

Berlin. 1. September 1932. Donnerstag

Diner beim amerikanischen Kupferkönig Guggenheim im Restaurant Hiller mit Helene Nostitz, von einer Baronin Rebay (Malerin) arrangiert. Frau von Ihne, Wanda Prittwitz (jetzt Frau v. d. Marwitz) mit ihrem Mann und einige andre (auch der mir sehr unsympathische Maler Bauer).

Wanda Prittwitz, die ich zuletzt vor dreißig Jahren im Salon ihrer Mutter gesehen hatte, saß neben mir. Sie erzählte beglückt, daß alle ihre Verwandten Nazis seien; das Schöne an der ›Bewegung‹ sei, daß alle diese jungen Leute, ob hoch oder niedrig, sich als Kameraden fühlten; es sei ein wunderbarer Geist der Kameradschaft unter ihnen. Sie selbst sei nicht Nazi, sondern nach wie vor deutschnational, aber allerdings auch Antisemitin; das sei ich doch wohl auch? Ich antwortete: Nein, denn sonst würde ich nicht heute abend hier bei Juden zu Gaste sein. Sie war so doof, daß sie nicht einmal die Spitze fühlte, sondern ruhig weiterschwärmte. Die Rebay, deren Vater im Kriege General war und die bis zum Jahre 1918 in Straßburg gelebt hat, sich als Elsässerin fühlt, hat auch starke Sympathien für die Nazis, macht ihnen allerdings zum Vorwurf, daß sie das Bauhaus in Dessau aufgelöst haben, meinte aber, die ›Bewegung‹ sei doch darin großartig, daß sie das gewöhnliche Volk dazu erziehe, daß es auch Opfer bringen müsse, während im Kriege nur ›unsere Kreise‹ Opfer gebracht hätten.

Ich sagte, immerhin seien doch auch einige Millionen gewöhnlicher Leute gefallen und einige hunderttausend verhungert; von meinen Bekannten sei niemand verhungert.

Die Frau Guggenheim, die eine außerordentliche schöne Galerie von Primitiven und ganz modernen ›abstrakten‹ Bildern haben soll, sagte mir, sie liebe beide Richtungen, ›obwohl man sie natürlich nicht auf ein Niveau setzen könne, das gehe schon daraus hervor, daß die Primitiven so viel teurer seien‹.

Weimar. 12. September 1932. Montag

Mit Max in der Presse an ›Daphnis und Chloe‹ gearbeitet.

Papen hat heute Hals über Kopf, ohne seine angekündigte große Programmrede gehalten zu haben, den Reichstag aufgelöst im Augenblick, als dieser zu Anfang der Sitzung über die Mißtrauensanträge und die Aufhebung der Notverordnung abstimmen wollte, ja, als bereits die Abstimmung im Gange war; ein Advokatenkniff, der eine nackte Vergewaltigung der Volksvertretung darstellt!

Um sieben Uhr dreißig sprach Papen im Radio: er wende sich, da ihm im Reichstag entgegen der Verfassung das Wort verweigert worden sei, ans deutsche Volk. Es folgte eine aufgeregte, ungeschickte, verlogene Rede voller Wiederholungen, die in der unverschämten Behauptung, hinter ihm stünden alle guten Deutschen, an Hochstapelei und Schwindel grenzte. Die

Mischung aus hohlem Pathos und Unbeherrschtheit wirkte widerlich, zu welchem üblen Eindruck auch noch das dick aufgetragene salbungsvolle Christentum beitrug, das zum aufgeregten, barschen Kommandoton in Gegensatz stand. Sachlich blieb übrig, daß dieser Leithammel uns hinter Bismarck und Stein in den aufgeklärten Absolutismus des achtzehnten Jahrhunderts zurückführen will.

Berlin. 19. September 1932. Montag

Die englische Antwort auf die von der deutschen Regierung gestellte Forderung nach ›Gleichberechtigung‹ wird heute veröffentlicht. Sie ist ebenso wie die französische fast ganz negativ und enthält eine äußerst scharfe Kritik der deutschen Regierung, die durch die Geltendmachung ihrer Forderung in diesem Augenblick die Überwindung der Weltwirtschaftskrise gefährde.

Berlin. 20. September 1932. Dienstag

Der niederschmetternde Eindruck der englischen Note verstärkt sich. In der Wilhelmstraße scheint sie verständnislose Überraschung und Bestürzung hervorgerufen zu haben. Eine Regierung, die sich innerhalb von acht Tagen zwei vernichtende Niederlagen holt, zuerst in der Innenpolitik (fünfhundertdreizehn gegen zweiunddreißig Stimmen!) und dann in der von ihr selbst als die entscheidende bezeichneten Frage der Außenpolitik, aber trotzdem noch an der Macht klebt, ist in der Geschichte wohl noch nicht dagewesen. Papen läßt sich aber auch weiterhin tagtäglich in den Zeitungen lächelnd und selbstzufrieden bei jeder Theaterpremiere, Tennisveranstaltung, Modenschau, Rennsensation, abphotographieren. ›Un inconscient‹, wie die Franzosen einen solchen Windhund und Gecken bezeichnen. Er macht ganz den Eindruck eines deutschen Gramont, des Mannes von 1870, der ›leichten Herzens‹ sein Land in die Katastrophe hineinmanövrierte. Bac-Spieler und Herrenreiter als Außenminister sind doch wohl nicht das Richtige.

Berlin. 21. September 1932. Mittwoch

Rebhuhn-Essen bei Georg Bernhards. Der bisherige preußische Finanzminister Klepper, der am 20. Juli mit hinausgeworfen worden ist, Heinrich Mann, Hugo Simons, Misch von der ›Voss‹, Geheimrat Demuth, ein Herr Manasse. Als ich Frau Klepper, die neben mir saß, meine Verwunderung über das Verhalten Severings am 20. Juli aussprach, daß er ohne weiteres klein beigegeben und nicht die Schupo alarmiert und die Linden abgeriegelt habe, sagte sie, genau dasselbe sage ihr Mann, ich solle doch mit ihm darüber sprechen. Ich redete daher nach Tisch Klepper darauf an und sagte ihm, wie ich mir die Sache gedacht hätte.

Klepper antwortete mit sehr interessanten, ja sensationellen Enthüllungen. Die Sache sei noch viel blamabler. Er, Klepper, hätte sich eine Informationsquelle im Reichswehrministerium gesichert und von dieser schon vierzehn Tage vor dem 20. Juli erfahren, was geplant sei. Er habe sich mit dieser Person gleich in ein Auto gepackt, sei zu Hirtsiefer gefahren und habe mit diesem Gegenmaßregeln besprochen. Sein Vorschlag sei gewesen, im Falle die Reichsregierung einen Gewaltstreich gegen Preußen führe, die Schupo zu alarmieren und die Reichsregierung zu verhaften oder mindestens das preußische Innenministerium durch Schupo in Verteidigungszustand versetzen zu lasen. Hirtsiefer sei damit einverstanden gewesen, und sie seien dann zusammen an Severing herangetreten. Dieser habe erklärt, er habe auch seine Informationsquellen, deren Auskünfte ganz anders lauteten; ein Gewaltstreich, wie ihn Klepper befürchte, käme gar nicht in Frage. Klepper fragte ihn darauf: Angenommen aber, die Reichsregierung führe doch einen solchen Streich, was er dann tun werde? Worauf Severing antwortete: Dann werde er sich schon richtig verhalten, aber er fasse keine Eventual-Entschlüsse. Da sie Severings Charakter damals noch überschätzten, hätten er und Hirtsiefer sich mit dieser Antwort zufriedengegeben.

Als nun am 20. Juli Papen in der Konferenz mit Schleicher,

Severing, Hirtsiefer und Klepper diesen erklärte, daß er sie abzusetzen beabsichtige, habe er, Klepper, vorgeschlagen, daß die drei preußischen Minister sich zunächst einmal untereinander beraten sollten, ehe sie eine Antwort erteilten. Hirtsiefer habe dem zugestimmt, Severing aber zu seiner Überraschung abgelehnt und sich mit einer platonischen Erwiderung an Papen begnügt, die Papen und Schleicher mit sichtlicher Erleichterung zur Kenntnis genommen hätten; denn beide seien offenbar sehr unsicher gewesen und hätten ganz etwas andres erwartet. Severing habe dann für die Galerie seine theatralische Erklärung abgegeben, er ›werde nur der Gewalt weichen‹, tatsächlich habe er aber Bracht gebeten, die Gewalt nicht um sechs Uhr nachmittags, sondern erst um halb acht anzuwenden, da er um sechs noch eine Konferenz habe (!!!); was dann zu der klassischen Anekdote sich kristallisiert habe, Bracht habe Severing gefragt: ›Wann befehlen Herr Minister die Gewalt?‹

Severings Verhalten sei nur daraus zu erklären, daß er ein ›kleiner Mann‹, ein ›Proletarier‹ sei, der doch noch immer einen Heidenrespekt vor den ›Herren‹ habe und um Gottes willen nichts tun wolle, was die Konventionen der Herrenkaste verletze. Er, Klepper, habe sich nachher gefragt, ob *er* nicht die Situation hätte retten können, wenn er von sich aus den Widerstand organisiert hätte. Aber allerdings, die Polizeigewalt, auf die es ankam, stand ihm als Finanzminister nicht zu. Wenn Severing die Linden abgeriegelt und sich ernsthaft zur Wehr gesetzt hätte, wäre auch nach Kleppers Meinung nichts passiert, die Reichsregierung wäre sofort in Verhandlungen eingetreten (Klepper bestätigt also, was ich schon immer gesagt habe.)

Heinrich Mann, der bei dem Gespräch schweigend dabeistand, meinte nachher, die Sozis seien an der Verachtung des Geistes gescheitert; die Zurückdrängung der Intellektuellen und die Vorherrschaft der Gewerkschaften habe sich gerächt; um Widerstand zu leisten, hätte Severing der Intellekt gefehlt.

Später am Abend kam im größeren Kreise das Gespräch auf den historischen Empfang Hitlers durch Hindenburg am 13.

August. Misch erzählte: Es sei nicht richtig, daß die ganze Unterredung im Stehen stattgefunden habe. Zuerst hätten alle gesessen. Klepper fügte hinzu, zwischen Schleicher und Hindenburg sei ein Stichwort verabredet gewesen: sobald Hitler das Wort ›Führung‹ aussprach, solle Hindenburg ihn unterbrechen: »Also, Sie beanspruchen die alleinige Führung im Staate; die aber kann ich Ihnen nicht übertragen!« und ihn verabschieden. Misch wiederum ergänzte: Ja, in diesem Augenblick sei Hindenburg aufgestanden und habe auf seinen Stock gestützt dagestanden, während Hitler in großer Verwirrung auseinanderzusetzen versuchte, daß er keinen Putsch plane; worauf Hindenburg mit dem Finger gedroht und gesagt hätte: »Herr Hitler, ich schieße!« Damit sei die Unterredung zu Ende gewesen. Jedenfalls eine hübsche Anekdote für spätere Geschichtswerke; vielleicht ist sie sogar wahr.

Berlin. 27. September 1932. Dienstag

Rudi Schröder kam zum Frühstück und blieb bei mir als Wohngast. Ich sprach mit ihm wegen einer Beteiligung Martin Bodmers in Zürich an der Cranachpresse. Nach dem Frühstück kam Goertz, und Schröder las uns dann aus seinen neu übersetzen Horaz-Oden vor. Mit ihm nachmittags zu Helene nach Zehlendorf, von wo uns Goertz im Wagen abholte. Abends aß Ludwig Wolde bei mir mit Schröder. Schröder las wieder vor. Beide sprachen äußerst geringschätzig von Hitler, Schröder geradezu beleidigend. Schröder meinte, Gott sei Dank, daß dieser Schwindel jetzt geplatzt sei.

Berlin. 13. Oktober 1932. Donnerstag

Henry Bidou und Jenny de Margerie nach dem Frühstück die neue Arbeiter-Bank am Märkischen Ufer (Architekt Wurzbach) gezeigt. Bidou, der ein Buch über Berlin schreibt, sehr beeindruckt von der Innenarchitektur des Gebäudes. Ich setzte ihm auseinander, daß die neudeutsche Architektur aus der Arbeiterbewegung hervorgewachsen sei, aus dem neuen Lebensstil des deutschen Arbeiters, der viel Wasser (zum Baden), Licht und Blumen verlange. Wenn man sie nicht in diesem Zusammenhang sehe, könne man sie überhaupt nicht verstehen. Ich sagte ihm: »Une architecture ne s'enseigne pas, elle se produit.«

Berlin. 31. Oktober 1932. Montag

Gide frühstückte bei mir. Er ist ganz erfüllt vom Gedanken an Europa und eine deutsch-französische Versöhnung. Ist aber sehr pessimistisch. Herriots Abrüstungsplan sei nicht ernst gemeint, nur für die Galerie eingebracht und in der Hoffnung, daß er verworfen werde. Und doch sei eine Verständigung zwischen den beiden *Völkern,* dem deutschen und dem französischen, durchaus möglich (entgegen einigen von mir geäußerten Zweifeln, die mir seit einiger Zeit immer stärker aufsteigen). Deutschland sei Frankreich um dreißig Jahre voraus (Architektur, Volksgesundheit, Sport, Weltanschauung); Berlin auch Paris in bezug auf Theater, Leben usw.

Er brachte mir einen Artikel des ›Journal des Débats‹ mit, der eine monarchistische Restauration in Deutschland voraussagt, meinte, das sei wohl nur eine Propagandaarbeit, um die französische Bourgeoise zu erschrecken und für neue Rüstungsausgaben mürbe zu machen, was aber meine Ansicht sei? Ich sagte, in der nächsten Zeit glaubte ich nicht an eine Restauration, auch später scheine sie mir unwahrscheinlich, aber selbst wenn sie käme, würde sie nur kurz sein, die Monarchie könnte in Deutschland nicht dauern, weil die großen Massen des deutschen Volkes durchaus revolutionär und antikapitalistisch seien. Überhaupt sei die Krisis, die wir durchmachten, weniger eine politische als eine ethische und religiöse: sie sei viel umfassender und gefährlicher als eine politische oder selbst eine soziale Krisis. Sie gleiche mehr der Geburt einer neuen Religion und eines neuen Menschen als der einer neuen Staatsform. Gide hörte interessiert zu und stimmte bei.

Berlin. 6. November 1932. Sonntag

Reichstagswahl; die fünfte große Wahl in acht Monaten. Vormittags SPD gewählt. Mittags kamen Max und Uschi zum Frühstück, und wir fuhren nachher im Wagen durch die verschiedenen Stadtteile. Überall das Bild einer fast schläfrigen Sonntagsruhe bei naßkaltem, trübem Wetter. Die Beflaggung im Westen und Zentrum ist sehr dünn, aber die Fahnen, die heraushängen, sind in dieser Gegend fast ausschließlich Hakenkreuz; offenbar hat die Partei einen Befehl herausgegeben, der das Flaggen obligatorisch macht. In Neukölln und Moabit (Wedding) ist reichlicher geflaggt, und hier überwiegen die ›Drei Pfeile‹ und Hammer und Sichel.

Vom Verkehrsstreik, der andauert, merkt man nur negativ etwas, indem fast keine Straßenbahnen und überhaupt keine Autobusse zu sehen sind. Das Eigenartige an diesem Verkehrsstreik ist, daß die Nazis und Kommunisten zusammengehen, während die sozialdemokratischen Gewerkschaften ihn mißbilligen und abseits stehen. Er hat jedenfalls die Wahlchancen der Nazis verbessert, die der SPD und der Papen-Anhänger (Deutschnationalen) verschlechtert.

Berlin. 7. November 1932. Montag

Die hervorstechenden Resultate der Wahl sind, daß die Nazis fünfunddreißig Sitze (fast zwei Millionen Stimmen) verloren, die Kommunisten stark gewonnen, daß neunzig Prozent der Wähler gegen die jetzige Regierung gestimmt haben und daß Nazis und Zentrum zusammen nicht mehr die Mehrheit haben, sondern die Deutschnationalen brauchen.

Abends mit Jenny de Margerie in einen Vortrag des jungen französischen Schriftstellers Drieu La Rochelle, der ein Buch geschrieben hat ›L'Europe contre les patries‹. Der Vortrag, der sich sehr breit mit nebensächlichen Erscheinungen wie Dada, André Breton und Aragon beschäftigte, ziemlich leer. François-Poncet, mit dem ich fortfuhr, war bissig und giftig absprechend. Nachher Souper und Empfang bei Margeries, wo das ganze Personal der Französischen Botschaft, Roger Martin du Gard, Alexandro Shaw, Philippe Barrès (der Sohn von Maurice, jetzt Korrespondent des ›Matin‹ in Berlin), Helene Nostitz, Gagarin, die Gräfin Redern usw.

Martin du Gard ist berauscht von Berlin, das er zum ersten Mal kennenlernt. Vor allem fasziniert ihn in Berlin die Straße, ›la Rue de Berlin‹; die Menschen, die er auf der Straße sehe, wären ganz anders als in Paris, sie hätten Zukunft in den Augen. In Deutschland werde der neue Mensch, der Mensch der Zukunft geschaffen. Der Russe sei zu weit von Europa entfernt, zu wenig Individuum; der Westen, Frankreich, England und Amerika, hätten nicht den Idealismus, den inneren Auftrieb, der zu einer Neuschöpfung nötig sei. In Deutschland werde der Mensch entstehen, der die Synthese zwischen Vergangenheit und Zukunft, zwischen Individualismus und Sozialismus verkörpern werde.

Er sagte, er lehne hier alle gesellschaftlichen Einladungen ab, studiere nur die Straße, namentlich im Norden und Osten. Gide, mit dem er eng befreundet ist, sei jetzt auch ganz beherrscht von seinem Interesse für Deutschland, nachdem er eine Zeitlang nach Westen, nach England, geblickt habe; aber jetzt habe er sich dem Osten zugewendet, Deutschland und darüber hinaus Rußland. Aber in Rußland täusche er sich. Deutschland sei das Land der Zukunft. Martin du Gard ist auch von der Schönheit der deutschen Rasse sehr beeindruckt; die schönen jungen Menschen und jungen Mädchen; ein Wiederaufleben von Griechenland. Nachher längere Konversation zu vieren zwischen ihm, François-Poncet, Shaw und mir.

Shaw hat heute mit Papen gefrühstückt. Bei Papen sei er sich noch nicht im klaren, ob er bloß leichtsinnig oder auch noch bis zu einem gewissen Grade fähig sei. Aber sein Eindruck sei doch der des überwiegenden Leichtsinns; ein Klubmensch, dem es immer gut gegangen sei und der sich gar keine Vorstellung von wirklichen Schwierigkeiten mache. Vom Ausgang der Wahlen habe er sich befriedigt gezeigt und Shaw nach *seinem* Eindruck von Deutschland gefragt. Er, Shaw, habe geantwortet: Deutschland komme ihm vor wie ein großes, mit den modernsten Instrumenten ausgestattetes chemisches Laboratorium, wo alles auf das beste organisiert sei; nur gebe es in diesem Laboratorium zwei oder drei kleine Retorten, mit denen er nicht hantieren möchte, weil sie das ganze Gebäude in die Luft sprengen könnten. Papen habe darauf bloß gelacht. Brüning, den Shaw ebenfalls gesprochen hat, sei dagegen sehr besorgt gewesen; er fürchte zwar keinen Gesamt-Putsch, aber sehr ernste lokale Aufstände.

Poncet wendete sich gegen das Kriegsgeschwätz in Frankreich, das unsinnig, aber aus der logischen Mentalität der Franzosen zu erklären sei. Der Franzose sei noch immer Cartesianer und könne sich nicht vorstellen, daß aus den gleichen Ursachen nicht die gleichen Wirkungen folgen müßten. Weil heute in Deutschland die Männer von 1914 an der Macht seien, folgere er logisch, daß auch die gleichen Ereignisse wie 1914 eintreten müßten. Aber die Weltgeschichte wiederhole sich nicht.

Philippe Barrès, der ein großer, langer schwarzer Kerl ist, der seinem Vater ähnlich sieht, natürlich Nationalist, sagte mir, er stehe in enger Verbindung mit den Leuten vom Scherl-Verlag, die mit dem ›Matin‹ geschäftliche Arrangements hätten.

Berlin. 14. November 1932. Montag

Abends Feier der Genossenschaft deutscher Bühnenangehörigen für Gerhart Hauptmann in der Ausstellungshalle am Kaiserdamm. Es müssen an die zehntausend Menschen gewesen sein. Nach sehr mittelmäßigen Reden von Sahm, Zuckmayer und dem alten Wallauer und einer ergreifend schönen Aufführung des Schlusses der ›Götterdämmerung‹ mit der Leider als Brünhilde sprach Hauptmann schön, bescheiden und zu Herzen gehend. Es folgte die große Ansprache des Hans Sachs aus dem dritten Akt der ›Meistersinger‹ und dann ein ungeheurer, beängstigender Sturm der Menge auf Hauptmann, der durch eine Kette von Saalbeamten geschützt und hinausgebracht werden mußte.

Berlin. 15. November 1932. Dienstag

Nachmittags bei Max Reinhardt in Bellevue und ihm von meinem Stück gesprochen und meinem Wunsch, Frau Thimig für die Rolle der Großfürstin zu gewinnen, weil sie die einzige Schauspielerin sei, die gleichzeitig die strahlende Reinheit des Herzens und die große Dame glaubhaft machen könne. Er war vom Sujet, das er übrigens kannte, sehr eingenommen, sagte, der Sturz des Zarentums schreie geradezu nach einem Shakespeare, auch für die Regie von höchstem Reiz. Er schlug vor, ich solle die fertigen Szenen am Freitag nachmittag um sechs ihm und Frau Thimig vorlesen. Außerdem habe er einen jungen Schauspieler Clausen, der für die Rolle des Kaliajeff wie geschaffen sei. Ich müßte ihn mir im ›Prinzen von Homburg‹ ansehen. Ich bat ihn, auch Clausen zur Vorlesung heranzuziehen. Der Anfang ist also aussichtsreich. Namentlich da Reinhardt noch hinzufügte, was dem Berliner Theater fehle, seien die Dramatiker und das Publikum; es sei ein wundervolles Instrument, wie es in solcher Vollendung vielleicht noch nie dagewesen sei; aber niemand wolle es benutzen.

Abends Festvorstellung von ›Gabriel Schillings Flucht‹ im Staatstheater, zu der die Reichsregierung eingeladen hatte. Hauptmann mit Bracht und Grete Hauptmann in der Ersten-Rang-Proszeniumsloge, in der früheren Hofloge alle Botschafter, Rumbolds, François-Poncets usw. mit dem Reichsinnenminister Gayl und seiner dicken Frau, in den Rängen und im Parkett Leuchten der Politik, Kunst und Literatur. Ich hatte einen Platz in der zweiten Reihe des Parketts hinter Einsteins, Kardorffs, Heinrich Mann; neben mir Hugo Simon, in der Reihe dahinter Nostitzens; auf der andren Seite neben mir Fulda und Seeckt.

Das Stück wirkt veraltet, das Problem geht uns nichts mehr an. Albert Einstein antwortete Simon, der sich in der Pause nach dem ersten Akt zu ihm vorbeugte und fragte, wie er das Stück fände: »Na, wenn schon!«, die treffendste Formulierung des Gefühls, das es auslöst! Selbst Lady Rumbold, die eher Edwardian ist, sagte mir nach Schluß, das Stück habe auf sie einen veralteten Eindruck gemacht, solche Probleme interessierten heute nicht mehr, wir hätten ›other sorrows‹. Aber die Aufführung war bis auf Werner Krauß, der in der Hauptrolle versagte, quallig und oberflächlich war, hervorragend; und die Bergner wirkte auf mich als der russische Vamp Hannah Elias wie eine ganz große Künstlerin, mit der Duse vergleichbar, obwohl ich sie bisher nie gemocht habe.

Die ganz große Tragikomödie spielte sich aber außerhalb und diesseits der Bühne ab, der Streit zwischen der rechtmäßigen und der kommissarischen preußischen Reigerung, *welche* von beiden heute Hauptmann die große goldene Staatsmedaille zu überreichen das Recht hätte. Heute früh hat ihm die rechtmäßige Regierung Braun im Hotel Adlon die Urkunde (allerdings ohne Staatssiegel, das die kommissarische Regierung verwahrt) überreichen lassen; heute abend nach Schluß der Vorstellung wurde ein ganz kleiner Kreis von Leuten in den winzigen Teesalon der Kaiserin geladen, um zuzusehen, wie die kommissarische Regierung ihm die Medaille selbst und eine zweite mit Siegel versehene Urkunde überreichte. Statt auf der Bühne vor sämtlichen geladenen Gästen, was das Natürliche und eigentlich Selbstverständliche gewesen wäre, wurde vor dieser zweimal gesiebten Auslese von höchstens dreißig bis vierzig Menschen, offenbar aus Angst vor Störungen, diese sonderbare Zeremonie von Bracht vorgenommen. Ich stand dabei neben Schillings und Helene Nostitz, etwas weiter der alte Sam Fischer mit Frau und Familie. Von den großen Berühmtheiten, die den Saal geziert hatten, war, soweit ich sehen konnte, keiner anwesend.

Bracht las von einem getippten Manuskript, das vor ihm auf dem Tisch lag, mit einem Auge die gewundene Rede ab, wobei er sich die Hände wusch und in halb devoter Haltung Bewunderung für den Meister markierte, eine für einen wenn auch nur auf Abruf diktatorische Funktionen in Anspruch nehmenden Herrn höchst subalterne Gestalt, in Haltung und Ton etwa wie die des Bürgermeisters von Elsterwerda, wenn er den Landesfürsten an der Dorfgrenze empfängt. Man merkte ihm die Verlegenheit und das nicht ganz reine Gewissen in jeder Bewegung seiner Schultern und Hände an. Damit das Satyrspiel nicht fehle, schloß er, der Hauptschuldige neben Papen an dem Wirrwarr und der unerhörten Spaltung in Preußen, mit dem Zitat von Hauptmann: ›Der deutschen Zwietracht mitten ins Herz!‹ Hier hätte es im großen Saal selbst aus dieser Versammlung erlauchter Gäste nicht an einer gewissen merkbaren Bewegung gefehlt, und deshalb war es ganz weise, daß Bracht seine Rede nur vor einer allerkleinsten Korona hielt. Hauptmann antwortete taktvoll und diplomatisch.

Nachher war Souper und Nachfeier im ›Adlon‹, wo Max Reinhardt, Theodor Wolff, Jessner, Hermann-Neiße, mit dem und Hugo Simon ich an einem kleinen Tisch saß. Hauptmann ging noch in eine Nachtvorstellung von ›Michael Kramer‹ und kehrte erst nach eins zurück. Ich verabschiedete mich um halb drei, während alles noch im vollsten Gange war. – Vorher noch länger mit Hauptmann gesprochen, der überglücklich und sehr frisch schien. Benvenuto war nicht zu sehen, dagegen Ivo mit seiner netten Frau und seinem Sohn Harro, einem hübschen blonden achtzehnjährigen Jungen, der noch in Salem auf der Schule ist. Auch Binding wiedergesprochen, den ich seit unserer gemeinsamen Studentenzeit nicht gesehen hatte.

Berlin. 17. November 1932. Donnerstag

Frühstück bei Hugo Simon mit Ivo Hauptmann und einem Herrn v. Bülow, einem Neffen des früheren Reichskanzlers, der bei Krupp ist oder war. Ivo erzählt, daß der preußische Ministerialdirektor Badt heute früh bei seinem Vater war und ihn in ziemlich zudringlicher Weise bestürmt hätte, öffentlich für die rechtmäßige preußische Regierung einzutreten. Gerhart Hauptmann habe abgelehnt, weil er sich prinzipiell nicht in die Tagespolitik einmischen wolle.

Abends mit Max und Uschi in die Vorstellung des ›Prinzen von Homburg‹ im Deutschen Theater, zu der mir Max Reinhardt Karten geschickt hatte, damit ich Clausen sehe, der für die Rolle des Kaliajeff in Frage kommt. Er spielte den Prinzen temperamentvoll mit blauen Augen und goldblondem Haar, aber ohne Zwischentöne, ohne Charme, das Verträumte, Jenseitige der Figur trat ganz zurück hinter Ausbrüchen, die nichts Gestaltendes hatten. Altes Hoftheater und Unreife. Ich sehe ihn noch nicht als Kaliajeff.

Berlin. 18. November 1932. Freitag

Papen ist gestern abend zurückgetreten mit dem gesamten Kabinett. Endlich! Dieser ewig lächelnde, leichtsinnige Dilettant hat in sechs Monaten mehr Unheil angerichtet als in so kurzer Zeit irgendein Kanzler vor ihm. Am schlimmsten ist vielleicht, daß er den alten Hindenburg heillos bloßgestellt hat.

Abends gegen sechs ging ich mit Max nach den ›Kammerspielen‹ zu Reinhardt in sein Büro und las ihm und Helene Thimig den ersten Akt und den Anfang des zweiten meines Stückes vor. Reinhardt nahm das Stück an unter dem Vorbehalt, daß er es noch seinen beiden Direktoren vorlegen müsse; er zweifle aber nicht daran, daß auch sie es auf seine Empfehlung hin annehmen würden. Sie hätten auch noch genügend Platz dafür auf ihrem Spielplan im nächsten Frühjahr, da sie bisher erst ein paar Stücke angenommen hätten. Er fand die zweite Szene des ersten Aktes ausgezeichnet; die einzige Kritik, die er aussprach, war gegen die Sprache Kaliajeffs in der ersten Szene gerichtet; er fand, was er sagt, richtig, nicht aber, wie er es sagt. Die Form sei zu rhetorisch, zu gebunden, die Sätze zu abgerundet; so hätten die Revolutionäre zur Zeit der großen Französischen Revolution gesprochen, heute sprächen sie anders, kürzer, sachlicher, unrhetorischer. Ich machte zwar den Einwand, daß gerade Kaliajeff tatsächlich so gesprochen habe, war aber innerlich gleich überzeugt, daß Reinhardt dramatisch und theatralisch recht hat. Ich muß die Szene umarbeiten.

Ich sagte Reinhardt zu, das Stück bis etwa Ende Januar fertigzustellen. Frau Thimig schien von ihrer Rolle (der der Großfürstin) stark gepackt. Auf meine direkte Frage antwortete sie, sie würde sie sehr gern spielen. Wegen Clausen äußerte Reinhardt selbst, nachdem er die erste Szene gehört hatte, Zweifel, ob er der richtige Mann für die Rolle sei. Frau Thimig meinte, er habe gar kein Fluidum (was gerade für den Kaliajeff unentbehrlich ist). Reinhardt blieb aber doch dabei, daß Clausen nach seiner Meinung der einzige unter den jungen Schauspielern sei, der Aussicht auf eine große theatralische Laufbahn habe.

Berlin. 2. Dezember 1932. Freitag

Heute ist Schleicher von Hindenburg mit der Regierungsbildung betraut worden. Endlich ist das Gespenst Papen, das bis zuletzt drohte, verscheucht worden. Es ist vom Ekel des deutschen Volkes ausgespien worden, zur tiefen Betrübnis des alten Hindenburgs.

Berlin. 23. Dezember 1932. Freitag

Ich ging zu Ullsteins und sprach mit Krell, der die ersten hundert Seiten meines Manuskripts gelesen hat, ebenso wie Schaeffer. Er sagte, er sei ›entzückt‹, ebenso ließ mir Schaeffer telephonisch ähnliches sagen. Krell: Ullsteins seien im Prinzip mit der Annahme des Werks für ihren Verlag einverstanden. Als er mir eine Proposition machen wollte, hielt ich ihn auf und sagte, über das Materielle verhandelte ich persönlich nicht gern; ich werde einen Vertreter schicken. Ich sagte Krell, ich glaube, daß ich das Material nicht in *einem* Bande zusammenfassen könne, es würden wohl zwei nötig sein. Er war auch hiermit einverstanden.

1933

Berlin. 25. Januar 1933. Mittwoch

Diner bei Hilferdings. Brüning, Oscar Meyers, Mrs. Morgan, Schaeffer (von Ullsteins). Brüning machte auf mich einen ganz andren Eindruck, als ich nach den Bildern und Karikaturen erwartet hatte: viel jugendlicher, frischer, ja fast lustig. Seine Augen sind ›pleins de malice‹. Er gab sich auffallende Mühe, mir zu gefallen und gegen mich liebenswürdig zu sein. Wir unterhielten uns lange über die Revolutionstage, wo er in Aachen-Eupen war mit einem Eisenbahntransport. Er erzählte sehr lebendig davon. Nachher fuhr er mich in seinem Wagen nach Hause. Er sagte, er würde sich freuen, wenn wir uns in den nächsten Tagen wiedersehen könnten; er würde anrufen.

Nach Tisch mit Schaeffer über meine Memoiren. Er sagte: er wünsche sehr, sie in Verlag zu nehmen. Hertz sei jetzt auch in seinem Widerstand gegen ein *zwei*bändiges Werk schwächer geworden; nach dem ersten Schreck erhole er sich langsam. Ullsteins kämen mir materiell sehr weit entgegen, weiter als irgend jemandem außer Bülow und Stresemann, wobei im Falle Stresemann Umstände mitgesprochen hätten, die außerhalb der kaufmännischen Kalkulation lagen (Unterstützung der Familie).

In Sachen Bülow sagte er, daß der Staatssekretär von Ullsteins den nachträglichen vollständigen Abdruck der gestrichenen Stellen in den Memoiren verlange. Er habe gerade heute wieder mit ihm darüber verhandelt und diese Forderung erhoben. Alle gestrichenen Stellen sollten in einem Sonderdruck zusammengestellt und den Beziehern der Memoiren gratis zugestellt werden. Da stünden Stellen wie, daß es lächerlich sei, Deutschlands

Schuld am Weltkrieg zu bestreiten, oder daß der Kaiser ›ein Lügner und Betrüger‹ sei und ähnliches. Ich warnte Schaeffer, daß, wenn sich solche Stellen über Engländer (zum Beispiel Londsdale) darunter fänden, die Sache recht kostspielig werden könnte; sogar für Ullsteins keine Kleinigkeit. Er solle sich jedenfalls vom Bülowschen Familienverband eine Rückversicherung verschaffen.

Schaeffer sagte, er möchte mir diese ganzen Stellen in den nächsten Tagen vorlegen, damit ich ihm meine Ansicht sage. Bülow, den er darauf aufmerksam machte, daß ihm als Staatssekretär doch unmöglich daran liegen könne, von seinem Onkel bestätigen zu lassen, daß Deutschland am Weltkrieg schuld sei, und daß das seine Stellung im Amt erschüttern könne, habe geantwortet, das sei ihm alles ganz gleichgültig, er bestehe darauf, daß die gestrichenen Stellen restlos veröffentlicht würden.

Berlin. 28. Januar 1933. Sonnabend

Schleicher gestürzt, Papen mit Verhandlungen zur Regierungsbildung betraut. Er spielt jetzt unzweideutig die Rolle eines Günstlings des Präsidenten, da er ja sonst nichts hinter sich und fast das ganze Volk gegen sich hat. Mich überfällt ein Gefühl der Übelkeit, wenn ich denke, daß wir wieder von diesem notorischen Hammel und Vabanquespieler regiert werden sollen, noch dazu scheinbar als Außenminister, als welcher er alles noch vorhandene, mühsam gekittete Porzellan wieder zerteppern wird. Gravierender als alles übrige sind die Hintergründe dieser Intrige, die den im Augenblick völlig unnötigen Kanzlersturz herbeigeführt hat: der Osthilfeskandal, die riesige Korruption in Ostelbien, die gerade aufgedeckt werden sollte; Schleicher war den korrumpierten Granden zu lasch in der Vertuschung ihrer Schweinereien; daher mußte schnell wieder dem alten Mann sein Liebling präsentiert werden, der robuster in solchen Sachen vorzugehen wagen wird. Das Ganze ist eine Mischung von Korruption, Hintertreppe und Günstlingswirtschaft, die an die übelsten Zeiten der absoluten Monarchie erinnert. Beispiellos ist nur, wie schnell sich alle diese Giftpilze im Schatten der Diktatur dieses Mal entwickelt haben. Vorauszusehen ist, daß, wenn das kommende Kabinett Papen oder Hitler oder Schacht fällt, es den Präsidenten mit in seinen Sturz hineinreißen wird.

Berlin. 30. Januar 1933. Montag

Um zwei Uhr kam Max zum Frühstück, der die Nachricht von der *Ernennung Hitlers zum Reichskanzler* mitbrachte. Die Verblüffung war groß; ich hatte diese Lösung, und noch dazu so schnell, nicht erwartet. Unten, bei unserem Nazi-Portier, brach sofort ein Überschwang von Festesstimmung aus.

Abends war ich Gast von Seeckt, Simons und Solf im ›Kaiserhof‹ bei einem Essen mit anschließendem Vortrag von Coudenhove über ›Deutschlands europäische Sendung‹, die Coudenhove natürlich in der Verwirklichung seiner Pan-Europa-Idee sieht. Was mich stört, ist, daß er sein Pan-Europa als Abwehr gegen Sowjet-Rußland errichten will und so den Imperialisten und Propagandisten eines Vernichtungskrieges gegen die Bolschewiki in die Hände spielt. Er erwähnte auch ausdrücklich, daß Churchill und Amery seine Pan-Europa-Idee unterstützen.

Hoetzsch erwiderte ihm sehr richtig in der Debatte, daß die Idee, Westeuropa gegen Rußland auszuspielen, bestenfalls die älteren Europäer, die über Fünfzig seien, für sich gewinnen könne; daß aber die europäische Jugend schon viel zu sehr mit kollektivistischen und sozialistischen Ideen erfüllt sei (auch die rechtsstehende), um da mitzugehen. Überhaupt sind Coudenhoves Gedankengänge logisch zwingend, aber nicht überzeugend, weil sie von einem viel zu engen und einseitig gesiebten Tatsachenmaterial ausgehen. Aber er spricht klar und menschlich sympathisch; un homme de cœur.

Ich saß an einem kleinen Tisch zwischen ihm und dem berühmten Herrn v. Stauß, früher von der Deutschen Bank, der sich sehr dicke tat mit seinen intimen Beziehungen zu Hitler. Dieser habe ihm versprochen, er werde ihm jeden Wunsch, den er ihm zur Kenntnis bringe, erfüllen. Ich erlaubte mir den boshaften Scherz, ihm zu sagen, ich habe mich gefreut, vor wenigen Tagen von jemandem, der es wissen könnte, zu hören, daß Otto Wolff Hitler seine Schulden bezahlt habe; was Strauß sehr ungnädig und mit rotem Kopf aufnahm und mit einem ärgerlichen Gemurmel bestritt. An unserem Tisch präsidierte der frühere Reichsgerichtspräsident Simons. Es wurde erzählt, daß es bereits in der ersten Kabinettssitzung heute vormittag zu einem Krach zwischen Hugenberg und Hitler gekommen sei. Seeckt lud mich ein, seine Frau, die jeden Montag empfange, zu besuchen.

Berlin ist heute nacht in einer reinen Faschingsstimmung. SA- und SS-Trupps sowie uniformierter Stahlhelm durchziehen die Straßen, auf den Bürgersteigen stauen sich die Zuschauer. Im und um den ›Kaiserhof‹ tobte ein wahrer Karneval; uniformierte SS bildete vor dem Haupteingang und in der Halle Spalier, auf den Gängen patrouillierten SA- und SS-Leute; als wir nach dem Vortrag herauskamen, defilierte ein endloser SA-Zug im Stechschritt an irgendwelchen Prominenten (zweite Garnitur, Hitler selbst war in der Reichskanzlei) vorbei, die sich vor dem Hauptportal aufgebaut hatten und ihn mit dem Faschistengruß grüßten; eine richtige Parade. Der ganze Platz gepfropft voll von Gaffern.

Ich fuhr mit S. nach dem Potsdamer Platz zum Fürstenberg-Bräu. Auch über den Potsdamer Platz marschierten fortwährend kreuz und quer SA-Trupps in militärischen Formationen. Den Höhepunkt erreichte die Karnevalsstimmung aber erst im Bierhaus. Wir saßen zu fünfen mit S. an einem Tisch; da gesellten sich plötzlich zwei blonde Nutten zu uns, die S.s Einladung, sich zu uns zu setzen, prompt annahmen, so daß wir dann den Rest des Abends, bis zwei Uhr, mit diesen zwei blonden Kindern verbrachten. Ich hatte zuerst den Eindruck, daß die beiden Dämchen alte Bekannte von S. seien, was sich allerdings später als unzutreffend herausstellte. Denn er wurde mit dem Fortschreiten der Zeit und weil die beiden gar keine Anstalten machten, sich wieder zu entfernen, sondern im Gegenteil mit gutem Appetit sich von ihm bewirten ließen, immer verlegener, während sie ihm das ›Du‹ anboten und ihn ›Großpapachen‹ nannten. Es war ein würdiger und in die allgemeine Stimmung hineinpassender Abschluß dieses ›historischen‹ Tages.

Berlin. 2. Februar 1933. Donnerstag

Der Reichstag ist aufgelöst; die Neuwahlen sollen am 5. März stattfinden. Die Regierung hat die kommunistische Demonstration am Freitag und die SPD-Demonstration im Lustgarten am Sonntag verboten, dagegen dem gestern in einem Straßenkrawall erschossenen SA-Führer Maikowski ein Staatsbegräbnis im Dom (!!) bewilligt! Propaganda mit der Leiche.

Berlin. 5. Februar 1933. Sonntag

Dem ›Staatsbegräbnis‹ für den Totschläger Maikowski von der SA im Berliner Dom (in dem die letzte Aufbahrung die des alten Kaisers war) haben heute mittag der verflossene Kronprinz, der Reichskanzler Hitler usw. beigewohnt. Diese groteske Feier ist im übrigen ruhig verlaufen.

Berlin. 6. Februar 1933. Montag

Mittags Besprechung mit dem alten, tauben Sam Fischer über meine Memoiren. Er hat das erste Kapitel gelesen und begrüßte mich salbungsvoll, indem er mir die Hand drückte, mit den Worten: »Ich gratuliere Ihnen, Sie sind ein Dichter!« Aber er will von Verhandlungen nichts wissen, solange ich noch mit Ullsteins verhandele.

Berlin–Weimar. 8. Februar 1933. Mittwoch

Vormittags rief Frau Fischer wegen der Memoiren an. Sie habe den letzten Teil (des ersten Kapitels, Mamas Tod) ›unter bitteren Tränen‹ gelesen. Dieser ganze erste Teil sei ein kleines geschlossenes Kunstwerk, das ihr Mann gern als solches in seiner ›Rundschau‹ abdrucken möchte. Kaum hatte sie angehängt, rief Hugo Simon in derselben Angelegenheit an und plädierte für Sam Fischer.

Berlin. 19. Februar 1933. Sonntag

Kongreß ›Das Freie Wort‹ bei Kroll im großen Festsaal, der ganz voll war. Ich war, ohne mein Wissen, bei der vorbereitenden Versammlung gestern ins Präsidium gewählt worden; saß zwischen dem alten Tönnies und Georg Bernhard. Polizeioberst Lange führte den Vorsitz. Die Versammlung verlief zunächst ruhig. Etwas bewegter wurde sie erst, als der preußische Kultusminister Grimme außerhalb des Programms auf der Rednertribüne erschien, mitteilte, daß die Kundgebung des ›Kulturbundes‹ in der Volksbühne vom Polizeipräsidium unterbrochen worden sei, indem Levetzow zur gleichen Zeit ein Platzkonzert der SA auf dem Bülowplatz genehmigt und deshalb diesen abgesperrt habe, so daß das Publikum keinen Zutritt zur Volksbühne hatte. Laute Pfuirufe!

Dann verlas Grimme eine Botschaft, die Thomas Mann für die Kulturbund-Kundgebung bestimmt hatte und die mit starkem Gefühl für die deutsche Republik eintrat, ihr dabei aber nicht den Vorwurf ersparte, durch ihre Gutmütigkeit den jetzigen Zustand herbeigeführt zu haben. Dieser Passus wurde von der Versammlung am stärksten beklatscht. Dann hielt der alte Tönnies eine geschichtspolitische Vorlesung in seinen Bart hinein, die die Versammlung wieder einschläferte, obwohl er privatim mir gegenüber mit dem stärksten Temperament und den schärfsten Ausdrücken gegen Hitler losgezogen war: er nenne ihn nur H. W. und erläuterte die beiden Buchstaben als ›Hans Wurst‹. Er sei der unwissendste junge Mann, der ihm in seiner Laufbahn vorgekommen sei.

Nach Tönnies ergriff Heine das Wort und legte gleich mit den schärfsten Ausdrücken los, mit beißendem Hohn und ätzender Ironie. Ich sagte Bernhard, jetzt werde die Versammlung aufgelöst werden. Und richtig: Als Heine davon sprach, daß die neuerliche Bekehrung der Nazis zum Christentum vielleicht darauf zurückzuführen sei, daß in Palästina in einem zweitausend Jahre alten Grab kürzlich ein Hakenkreuz gefunden worden sei, trat der Polizeioffizier an Lange heran und erklärte die

Versammlung für aufgelöst. Laute Rufe: »Weiterreden, weiterreden!« ertönten, aber Lange löste trotzdem unter großem Lärm auf. Dann wurde allerseits ›Freiheit‹ und von einigen ›Rot Front!‹ gerufen, und ein großer Teil der Versammlung sang die ›Internationale‹ und ›Brüder, zur Freiheit‹.

Während des Gesanges leerte sich allmählich der Saal. Es lag in der Situation ein starkes, mitreißendes Pathos. Viele hatten sicher ebenso wie ich das Gefühl, daß dieses für lange Zeit das letzte Mal sei, wo Intellektuelle in Berlin öffentlich für die Freiheit eintreten könnten. – Als zu Hause bei mir die Auflösung bekannt wurde, kam die Portiersfrau Schlöttke (er ist SA-Mann) auf den Hof, drohte mit der Faust nach oben und schrie fast hysterisch: »Das geschieht denen ganz recht. Dem Verbrecherpack da oben muß noch ganz anders geholfen werden.«

Berlin. 20. Februar 1933. Montag

Wieland Herzfelde bat mich dringend zu sprechen und erzählte mir, daß nach unbezweifelbaren Informationen die Nazis ein gestelltes Attentat auf Hitler planten, das das Signal zu einem allgemeinen Blutbad geben solle. Seine Informationen stammten aus der SA in Dortmund und aus einem abgehörten Gespräch zwischen Hitler selbst und Röhm. Die einzige Möglichkeit, dieses Verbrechen noch zu verhindern, sei, diese Absicht möglichst publik zu machen, und zwar, da das in der deutschen Presse unmöglich sei, in der ausländischen. Vielleicht würden sie dann doch davor zurückschrecken.

Berlin. 22. Februar 1933. Mittwoch

Abegg frühstückte bei mir mit Goertz. Er bekräftigte seine Voraussage eines Blutbades, einer Bartholomäus-Nacht; selbst Hitler könne sie nicht mehr aufhalten, denn er habe sonst nichts seinen Anhängern zu bieten. Er sei in der Lage eines Dompteurs, der mit zehn hungrigen Löwen in einen Käfig gesperrt sei. Wenn er ihnen kein Blut biete, werde er selbst von ihnen zerfleischt. Er zittere, gehe nur noch von zwölf schweren Jungens beschirmt. Göring und Levetzow, die die extremen Elemente verträten, seien ihm feindlich gesonnen und würden ihn im Falle einer Palastrevolution nicht schützen. Levetzow habe geäußert, er würde selbst den alten Hindenburg verhaften lassen, wenn er sich ihm entgegenstellte. Papen und Hugenberg hätten große Angst vor diesen extremen Elementen. Sie hätten dem alten Mann eine Einladung der bayrischen Volkspartei nach Bayern über die Wahltage verschafft, um ihn aus Berlin zu entfernen, wo er nicht mehr sicher sei.

Abegg bestätigte die Nachricht von der Absicht der Nazis, ein Attentat auf Hitler zu simulieren. Löbe beabsichtige, die Sache in den nächsten Tagen in einer Rede publik zu machen. Aber auch das werde nichts mehr nützen. Glücklicherweise werde der Spuk nicht lange dauern, weil die Nazis und Papen-Hugenberg aneinandergeraten müßten. Er schätze etwa sechs Wochen, spätestens aber bis in den Juli. Dann werde aber Abrechnung gehalten werden; nicht wie 1918! Mich warnte Abegg noch einmal eindringlich; ich solle ja vor den Wahlen fortgehen. Es handele sich jetzt nur darum, die nächsten Wochen zu überleben.

Mein Diener Friedrich bestätigte indirekt und unabsichtlich die Warnungen Abeggs. Er kam gestern zu mir und bat um Urlaub, weil sein Vater, ein alter Beamter a. D. und Nazi in Pankow, ihn dringend zu sprechen wünsche. Heute kam er und sagte, er müsse von mir fort; sein Vater habe das ihm absolut befohlen, weil in der nächsten Zeit ›Unangenehmes‹ bei mir im Hause zu erwarten sei und er nicht wünsche, daß sein Sohn darein verwickelt würde. Der Junge war kreidebleich. Ich sagte ihm, er könne gehen, wenn er Angst habe; ich wollte niemanden in Gefahr bringen. Aber vielleicht werde er es später einmal bereuen, seinen Herrn in einer kritischen Stunde verlassen zu haben. Schließlich sagte er, er wolle sich die Sache noch überlegen und mir morgen Antwort geben.

Berlin, 23. Februar 1933. Donnerstag

Die Revision der französischen Übersetzung meines Rathenau-Buches beendet und nach Paris abgeschickt. Gott sei Dank, unter den Umständen! Ich habe zehn Seiten ganz neu geschrieben und viele Teile, wie den Bericht über die Genua-Konferenz, zusammengezogen und präzisiert.

Tee für den Fürsten Rohan bei Münchhausens. Er und sein Bruder Karl Anton, Ceruttis, Margeries, Friedberg (vom Auswärtigen Amt), Nostitzens, Wolde usw. Lange mit Jenny de Margerie über die Lage. Alfred Nostitz sagt mir, daß er nach Erkundigungen, die er in Nazi-Kreisen eingezogen hat, meint, es sei doch besser, wenn ich über die Wahlen nicht in Berlin bliebe; es könnte doch etwas passieren. Karl Anton Rohan bekräftigte, was er mir neulich gesagt hat, daß Hitler nach den Wahlen ganz nach links gehen und daß es in der Tat in zehn Jahren keine Marxisten mehr in Deutschland geben werde. Letzteres bezweifelte ich höflichst.

Abends bei Hugo Simons gegessen. Sie schicken ihre Tochter fort, bleiben aber selber hier, weil Simon seine Angestellten nicht verlassen will.

Mittags bei Sam Fischer und den Vertrag mit ihm abgeschlossen, nachdem ich vergeblich versucht hatte, gestern und heute Hertz telephonisch zu erreichen. Die alten Fischers fahren nach Rapallo. Bermann schwankt noch.

Berlin. 27. Februar 1933. Montag

Ein historischer Tag ersten Ranges. Das geplante Attentat hat heute stattgefunden, aber nicht auf Hitler, sondern auf das Reichstagsgebäude. Als ich mit Max allein bei Lauer am Kurfürstendamm aß, kam gegen zehn der alte Lauer und sagte uns, er habe eben die Nachricht empfangen, der Reichstag brenne! Was daraus folgen wird, ist nicht abzusehen. – Nachmittags bin ich bei Hilferding gewesen. Er teilte mir streng vertraulich und ›nur für mich‹ mit, daß Schleicher, der weiterhin im Reichswehrministerium wohnt, äußerst aktiv gegen die jetzige Regierung wirke. Hilferding weiß von dem geplanten Blutbad und sagte, daß er selbst mit Gerlach und Braun unter den ersten fünf Namen auf der Proskriptionsliste stehe. Er geht nach München, da es keinen Zweck hat, sich nutzlos in Berlin abschlachten zu lassen.

Berlin. 28. Februar 1933. Dienstag

Beim Reichstagsbrand ist als Brandstifter ein armer Hascher, ein angeblicher holländischer Kommunist, Marinus van der Lubbe, festgenommen worden und hat prompt ausgesagt, er sei von kommunistischen Abgeordneten zu der Tat angestiftet worden; auch mit der SPD habe er in Verbindung gestanden. Dieser etwa Zwanzigjährige soll an mehr als dreißig Stellen im Reichstag Brandmaterial verteilt und angesteckt haben, ohne daß seine Anwesenheit oder Tätigkeit oder die Hereinschaffung dieses massenhaften Materials von irgend jemandem bemerkt worden sei. Schließlich ist er der Schupo direkt in die Arme gelaufen, nachdem er vorsorglich alle seine Kleidungsstücke bis auf seine Hose ausgezogen und im Reichstag deponiert hatte, damit ja nicht durch irgendein Versehen seine Identifizierung mißglücken könnte. Er soll sogar mit der Fackel aus dem Fenster gewinkt haben.

Göring hat sofort die ganze Kommunistische Partei des Verbrechens für schuldig und die SPD für mindestens verdächtig erklärt und diese vom Himmel gebotene, einzigartig günstige Gelegenheit ergriffen, um die ganze kommunistische Reichstagsfraktion, Hunderte oder gar Tausende von Kommunisten in ganz Deutschland verhaften zu lassen und die ganze kommunistische Presse auf vier Wochen, die ganze sozialdemokratische auf vierzehn Tage zu verbieten. Die Aktion mit Verhaftungen, Verboten, Haussuchungen, Schließung von Verkehrslokalen geht munter ins Unabsehbare weiter. Göring hält dazu blutrünstige Reden, die stark nach ›Haltet den Dieb‹ klingen.

Alles spricht dafür, daß dieses so überaus opportune Attentat mit den anschließenden Verhaftungen usw. auf ein Kompromiß zwischen den beiden Richtungen in der Nazi-Partei zurückzuführen ist, wonach die Extremen auf das ›Attentat‹ auf Hitler nebst anschließendem Blutbad verzichteten gegen die für Hitler weniger gefährliche und ihm schon deshalb sympathischere

Brandstiftung im Reichstag mit anschließender Kaltstellung der KPD- und SPD-Führer im Gefängnis; diese Kombination war für beide Flügel befriedigend und, nachdem die älteren Pläne aller Welt bekanntgeworden waren, auch ratsamer. Niemand, den ich gesprochen habe, glaubt an eine ›kommunistische Brandstiftung‹. Nebenbei mußte die Zerstörung des verhaßten Reichstages den NSDAP-Leuten auch, abgesehen von jedem politischen Zweck, sympathisch sein.

Nachmittags, als ich gerade auf einen Tag nach Weimar verreisen wollte, kam ein junger Mann, der mich dringend im Auftrage von Plievier sprechen wollte. Er brachte einen Brief von Plievier, der mich bat, ihn zu empfangen. Der junge Mensch, der kreidebleich war, erzählte, Plievier wohne bei ihm; heute früh um sechs seien plötzlich SA-Leute gekommen, um Plievier zu holen. Als sie ihn nicht antrafen, hätten sie die ganze Wohnung zerstört, einen jungen Menschen, der im Bett lag und den sie für Plievier hielten, schrecklich verprügelt und dabei immerfort gebrüllt, an dem Schwein Plievier würden sie sich doch noch rächen. Plievier säße nun irgendwo ohne einen Pfennig Geld und könne nicht fort. Er selbst, der junge Mensch, der mit mir sprach, habe später, als er nach seiner Wohnung zurückkehrte, um zu sehen, was noch aus der Zerstörung zu retten sei, erlebt, wie ein naher Bekannter vor seiner Tür von Nazis niedergeschlagen und wie ein Stück Vieh mißhandelt wurde.

Mit dem Abendzug nach Weimar, um wegen der Hypothek zu verhandeln. In Weimar am Bahnhof empfing mich der alte Gepäckträger mit einem ganz verschüchterten Gesichtsausdruck. Hier in Weimar sei es schrecklich, überall ›Hilfspolizei‹ (SA), man wage nicht mehr ein Wort zu sagen.

Frankfurt a. M. 6. März 1933. Montag

Die Nazis haben 288 Mandate und 43,9 Prozent des Reichstags (gegen 196 und 33,1 Prozent am 6. November und 230 und 37,3 Prozent am 31. Juli). Die Sozialdemokraten haben trotz des unerhörten Druckes und der völligen Lahmlegung ihrer Propaganda nur hunderttausend Stimmen verloren, die KPD nur eine Million; das ist erstaunlich und bewundernswert als Beweis der Unerschütterlichkeit der ›marxistischen‹ Front. Die Nazis und die Deutschnationalen haben jetzt für vier Jahre vollkommene, verfassungsmäßige Bewegungsfreiheit; aber keine Zweidrittel-Mehrheit für Verfassungsänderungen.

Frankfurt–Paris. 8. März 1933. Mittwoch

Nachmittags ab nach Paris über Saarbrücken. In Saarbrücken, wo eine Stunde Aufenthalt, in die Stadt. Im Saarbrücker Abendblatt stand ein Artikel aus einer Pfälzer Nazi-Zeitung abgedruckt, in dem ein gewisser v. Leers die Nazi-Politik gegen die Arbeiter definiert. Sie geht darauf hinaus, aus Deutschland eine wirkliche Heimat für die deutschen Arbeiter zu machen, a land fit for heroes to live in. In Wirklichkeit kann es sich dabei nur um einen neuen Gimpelfang handeln, ein Wiederaufleben des patriarchalisch für seine Arbeiter sorgenden Herrn im Hause, der Arbeiter mehr oder weniger gehätschelt, aber wie ein minderjähriges Kind ohne Selbstbestimmungsrecht. Also nie und nimmer eine ›Links-Politik‹, deren Wesen eben das Selbstbestimmungsrecht jedes Menschen ist, nicht seine Stallfütterung. Kampf dem ›Marxismus‹ heißt bei Hitler nichts anderes als Kampf dem Selbstbestimmungsrecht des Arbeiters und der persönlichen Freiheit aller, Kampf dem freien Menschen! Der Staat soll ein komfortabler Stall werden, in dem alle gehorsamen Haustiere sich wohl fühlen und sich bei Bedarf artig schlachten lassen. Ich wüßte nicht, welche Konzeption mir entwürdigender und verhaßter sein könnte.

Paris. 18. März 1933. Sonnabend

Bis heute hatte ich gehofft, bald nach Berlin zurückkehren zu können. Heute erhalte ich über den Kurier einen Brief von Roland de Margerie, der dieser Hoffnung ein Ende macht. Goertz ist bei ihm gewesen und läßt mir durch ihn mitteilen, daß er durch einen Sturmführer der SA erfahren habe, daß etwas gegen mich geplant sei. Goertz hat daraufhin mit Mutius konferiert; dieser hat sich im Auswärtigen Amt erkundigt, wo ihm mitgeteilt worden ist, daß zwar meine Verhaftung nicht in Aussicht genommen worden sei, ›mais que, pour éviter des violences possibles de jeunes gens irresponsables, l'on envisagerait de vous appliquer, si vous reveniez en Allemagne, le régime de la ‚Schutzhaft‹. Dans ces conditions, il semble à M. Goertz comme à M. Mutius (et comme à moi-même, s'il m'est permis d'émettre un avis) absolument nécessaire que vous prolongiez, pour un certain temps, votre séjour à Paris.‹ Abends rief mich der frühere Botschafter Margerie an, um mich im Auftrage seines Sohnes noch besonders auf die Dringlichkeit seines Briefes hinzuweisen.

Paris. 19. März 1933. Sonntag

André Gide besuchte mich. Er war durch den Brief von Margerie, den ich ihm zeigte, sehr erschüttert. Die Vorrede zu meinem Rathenau-Buch möchte er gern schreiben, sogar eine etwas längere Vorrede, er sei aber nicht recht auf dem Damm, außerdem sehe er nicht recht, wie er eine Vorrede schreiben könnte, die einigermaßen die Balance mit dem Schwergewicht des Buches hielte. Wahrscheinlich wird er nur einen offenen Brief an mich schreiben, der als Vorrede gedruckt werden kann. Er erzählte, daß er mit Strawinsky zusammen ein Ballett ›Persephone‹ für Ida Rubinstein schreibt. Sprach mit großer Anteilnahme von Hermann Hesse. Nachher fuhren wir zusammen in ein Konzert von Strawinsky in der Salle Pleyel, wo wir Ida Rubinstein und Guy de Pourtalès trafen. Die Rubinstein, die ich seit 1914 nicht gesehen habe, ist sonderbar eingetrocknet, eine alte Frau geworden.

Paris. 24. März 1933. Freitag

Den Botschafter Margerie besucht, um ihm für seinen Anruf zu danken. Er fragte mit dem Ausdruck größter Verwunderung, warum gerade ich in Deutschland bedroht sei, obwohl ich in den letzten Jahren mich politisch ganz zurückgehalten hätte? Er meinte, das sei ihm völlig unbegreiflich. Zur Sache selbst sagte er, nach seiner Ansicht sei Stresemann für Frankreich viel gefährlicher gewesen als Hitler, weil Hitler die ganze Welt gegen sich aufbringe, während Stresemann ›grignotait petit à petit‹ den Vertrag von Versailles. Er wies mit einer Art von Triumph auf den Umschwung der öffentlichen Meinung in England hin. Von Hitler selbst, dessen Rede er im Rundfunk gehört hat, hat er eine sehr geringe Meinung; die Rede sei völlig leer und phrasenhaft gewesen, ohne einen einzigen neuen Gedanken; lauter abgedroschenes Volksversammlungs-Geschwätz (ganz meine Meinung). Aber Margerie glaubt ebensowenig wie ich an einen baldigen Krieg.

Paris. 1. April 1933. Sonnabend

Der abscheuliche Juden-Boykott im Reich. Dieser verbrecherische Wahnsinn hat alles vernichtet, was in vierzehn Jahren an Vertrauen und Ansehen für Deutschland wiedergewonnen worden war. Ich weiß nicht, ob man mit diesen strohdummen, bösartigen Menschen mehr Ekel oder mehr Mitleid empfindet.

Paris. 5. April 1933. Mittwoch

Hugo Simon ist hier. Ihn und Demeter bei Wilma gesehen. Er hat Deutschland verlassen müssen, weil er dort nicht mehr sicher war. Zuerst hatten Freunde, die auch zu Papen und Hitler Beziehungen haben, ihm gesagt, er könne ruhig bleiben; Papen und eventuell sogar Hitler würden ihn schützen; dann sind diese selben Freunde zu ihm gekommen und haben ihm dringend geraten, fortzugehen, sie könnten für seine Sicherheit nicht mehr stehen. So ist er vor acht Tagen zu seinen Kindern nach Villefranche gefahren und wollte morgen in Amsterdam Freunde aus Berlin treffen, um Genaues über die Lage dort zu erfahren. Seinen Vorsitz im Aufsichtsrat von S. Fischer hat er niederlegen müssen. Ob S. Fischer in Berlin weiterexistieren kann, erscheint ihm nicht sicher.

Paris. 6. April 1933. Donnerstag

Quidde kam zum Frühstück. Er ist nicht flüchtig, sondern will nach Deutschland zurück. Er erzählte die ziemlich abenteuerliche Flucht von Gerlach aus Berlin und dann aus München nach der Schweiz ohne Paß. Er meint, daß wahrscheinlich nur ein Militärputsch uns von der braunen Pest befreien kann; es sei eine sonderbare Verkehrung der Lage, daß er als alter Pazifist seine Hoffnung auf das Militär setzen müsse.

Paris. 8. April 1933. Sonnabend

Einen kleinen Handkoffer mit Papieren und Briefen erhalten. Brief von Goertz, nach dem mein Diener Friedrich mich bestiehlt und an die Nazis verrät. ›Vor drei Tagen, auf Friedrichs Veranlassung, wurde Ihre Fahne von drei Nationalsozialisten von Ihrem Boden geholt und auf dem Hof zerrissen. Friedrich schämte sich nicht, seine besondere Befriedigung darüber auszulassen. Friedrich ist es gewesen, ich habe Beweise dafür, der die tollsten Nachrichten über Sie den Nazis zugetragen hat. Er ist es gewesen, der Ihren Safe und Ihre gesamten Verbindungen preisgegeben hat.‹ So schreibt Goertz.

Manchmal denke ich, daß ich in einem bösen Traum lebe, aus dem ich plötzlich erwachen werde. Die letzten Tage waren schlimm! Dabei geht das Leben doch irgendwie weiter. Ich arbeite, kann arbeiten, spreche mit Leuten, lese, aber immer ist ein dumpfer Schmerz wie ein dunkler Grundbaß mir bewußt.

Paris. 16. April 1933. Sonntag

Georg Bernhards, die vor kurzem als Flüchtlinge hier angekommen sind, und Annette Kolb aßen bei Wilma, Avenue Kléber. Bernhard, der seine ziemlich abenteuerliche Flucht über Franziskus-Krankenhaus, mecklenburgisches Forsthaus, Warnemünde und Kopenhagen erzählte, sagte, er ›wolle nie wieder nach diesem Lande (Deutschland) zurück. Er betrachte sich nicht mehr als Deutscher‹. Er sprach mit der äußersten Erbitterung.

Paris. 23. April 1933. Sonntag

Mit Nolef bei Mme. Homberg. Möglichkeiten eines deutschen Theaters in Paris besprochen. Plan, Klemperer nach Paris zu berufen, damit er im Théâtre des Champs-Elysées eine deutsche Opernsaison leitet: Weills ›Silbersee‹, Bergs ›Wozzeck‹. Sie rät, Mme. Charles de Noailles geborene Bischoffsheim an die Spitze des Komitees zu stellen. Da sie heute nach Florenz reist, kann die Sache erst nach ihrer Rückkehr im Juni eingeleitet werden. Dieser Tage war Heinz Simon aus Frankfurt auf ein paar Stunden hier. Mit ihm bei Sieburgs gefrühstückt. Er besprach mit mir vertraulich einen Plan, eine deutsche Schule und Universität für freie Deutsche in Barcelona zu begründen.

Paris. 25. April 1933. Dienstag

Voigt, der Korrespondent vom ›Manchester Guardian‹, der vor zehn Tagen aus Deutschland zurückgekehrt ist, frühstückte bei mir. Er erzählte ein grandioses Wort einer Arbeiterfrau in Berlin. Nazis forderten Einlaß in ihre Wohnung, um ihren Mann festzunehmen, der fort war, und einer von den Nazis hielt ihr eine Pistole auf die Brust. Ohne aus der Fassung zu geraten, sagte sie zu ihm in ganz ruhigem Ton: »Warum halten Sie mir die Pistole vor: ich will Ihnen doch nichts tun.« Voigt sagt, daß die Nazis fortfahren, Arbeiter zu verhaften und in furchtbarer Weise zu mißhandeln. Sie verfahren so, daß sie den Betreffenden aus seiner Wohnung verschleppen, acht bis vierzehn Tage festhalten, während der Zeit immer wieder prügeln und mit dem Tode bedrohen. Wenn der Mann nach Hause kommt, ist er physisch und geistig ›eine Ruine‹.

Abends bei Mme. van Rysselberghe gegessen mit Jean Schlumberger und Charles du Bos. Den ganzen Abend nur über Deutschland gesprochen. Du Bos sagte, er habe Vorträge in Deutschland halten sollen, aber abgesagt, weil er das Gefühl habe, daß es für ihn zur Zeit ›impossible‹ sei; er habe innere Hemmungen, die es ihm unmöglich machten, gegenwärtig in Deutschland zu sprechen. Er habe das Gefühl, daß die Deutschen

›effrénés‹ seien, keiner Bremse mehr gehorchten. Das sei ihm mit seinem französischen ›esprit de mesure‹ so konträr, daß er die Atmosphäre in Deutschland nicht ertragen könnte. Zwischen Deutschland und Westeuropa habe sich ein Abgrund aufgetan. Es gebe kein Europa mehr; jetzt noch von ›Europa‹ sprechen sei unmöglich, ›à moins de parler comme Monsieur Herriot‹.

London. 5. Mai 1933. Freitag

Vormittags anderthalbstündige Unterredung mit Hoesch. Er ist diplomatischer und kälter als Bernstorff, sachlich kommt es aber auf dasselbe hinaus, was Bernstorff mir gesagt hat. Die öffentliche Meinung in England sei binnen vierzehn Tagen ins genaue Gegenteil umgeschlagen. Vor Hitler war sie ausgesprochen deutschfreundlich, zu allerhand Konzessionen bereit, sowohl auf dem Gebiet der Abrüstung wie auf dem der Grenzrevisionen; heute sei sie geschlossen franzosenfreundlich und nicht mehr für das geringste Zugeständnis zu haben. Der Umschwung sei in den Tagen eingetreten, wo Macdonald und John Simon in Rom waren. Macdonald oder Simon hat Hoesch gesagt: »I left an England which was pro-German, and when I came back, I found an England which was unanimously pro-French.«

Hoesch hielt mir einen langen, sehr klaren, klugen, fast juristisch formulierten Vortrag, aus dem hervorging, daß *alle* Richtungen, die er eine nach der andren aufzählte, der englischen öffentlichen Meinung, bis auf ganz winzige und einflußlose Kreise, heute antideutsch oder richtiger anti-Nazi sind; und zwar, wie Hoesch sagt, leidenschaftlicher als die Franzosen, weil es sich bei ihnen um eine Art von enttäuschter Liebe handelt.

Die kalte, leidenschaftslose Bilanz, die Hoesch zieht, ist noch vernichtender als die erregtere von Bernstorff. Wenn man ihn gehört hat, kann man, trotz seines Vorbehalts, nur sagen: ›Lasciate ogni speranza.‹ Es ist der grausamste Selbstmord, den ein großes Volk je begangen hat. Auch Hoesch sagt, daß er nicht weiß, wie lange man ihn hier noch lassen wird. Seine englischen

Freunde seien gegen ihn persönlich jetzt vielleicht noch freundschaftlicher als vorher; schrieben ihm ungezählte Briefe. Aber wenn an seine Stelle ein Mann wie Rosenberg komme, werde es ihm so gehen wie dem Sowjet-Botschafter Maiski, der in seinem Hause sitze und von der Gesellschaft vollkommen ignoriert werde.

Paris. 18. Mai 1933. Donnerstag

Bei Grasset zweihundert Exemplare meines französischen Rathenau-Buches mit Widmungen versehen auf Wunsch von Grassets. Mit Henry de Montherlant, der an einem Nebentisch das gleiche für eines seiner Bücher tat. Wir tauschten Widmungen aus. Montherlant: Bauerntyp, untersetzt, kräftig, mit auffallend schönen, energischen blauen Augen.

Paris. 20. Mai 1933. Sonnabend

Nachmittags zum kleinen Sonnabend-Empfang bei Charles du Bos in der Île St. Louis. Literaten und Literaten-Frauen. Jean Schlumberger, Pierre Rops, Ramon Fernandez, der ausgezeichnete Kritiker von ›Marianne‹, den ich kennenlernte, Frau Ziffeter und Fräulein Rotbart vom ›Institut de Coopération intellectuelle‹. Ich sprach länger mit einer Mme. Bopp, einer französischen Diplomatenfrau und Freundin von Mme. Homberg. Die Wohnung der du Bos' in der fünften Etage an der Ecke am Quai ist winzig, so daß man sich kaum bewegen kann, hat aber eine schöne Aussicht auf die Seine, die Panthéon-Kuppel usw. Natürlich standen Deutschland und die Nazis im Mittelpunkt aller Gespräche.

Du Bos entwickelte, daß ein fundamentaler Unterschied zwischen Deutschland und Frankreich darin bestünde, daß in Frankreich die Idee des ›Rechts‹ (l'idée du Droit) im Volk lebendig sei, in Deutschland nicht, und daß daher diese Idee, die in Frankreich automatisch als Bremse wirke, in der Dynamik des deutschen Volks keine Rolle spiele.

Paris. 23. Mai 1933. Dienstag

Mein Geburtstag. Briefe von Max und Uschi. Telegramm von Foeges, Blumen von Wilma und Jacques. Abends mit Wilma und Jacques zur Tänzerin Argentina im Théâtre des Champs-Elysées. Dort Keyserling, der hier Vorträge hält, getroffen. In der Pause mich zu ihm und der Gräfin, der geborenen Bismarck, gesetzt.

Keyserling überschüttete mich in seiner überstürzten Sprache mit der erschreckendsten Schilderung der Zustände in Deutschland, die ich bisher gehört habe. Die letzten drei Monate seien, trotz seiner Erlebnisse in der russischen Revolution, die schwersten seines Lebens gewesen. Die russische Revolution verhalte sich zur deutschen ›wie ein Floh zu einem Elefanten‹. Der Nazi-Umsturz sei ›die totale Revolution‹, die vollkommene Nivellierung, die wirkliche Auslöschung aller Klassenunterschiede. Die Bolschewiki hätten an die Stelle der alten herrschenden Schicht eine neue, das Proletariat, gesetzt. Die Nazis beseitigten radikal alle Klassen.

Dem widersprach allerdings, was Keyserling weiter sagte: daß in Deutschland jetzt nur noch der Bauer und der kleine Butiker, der mit Käse oder sauren Gurken handele, etwas gelte. Es sei die Herrschaft des kleinen Mittelstandes, die Diktatur des Ungeistes. Der Geist, der Intellektuelle, Künstler, Schriftsteller gelte nichts mehr, sei ganz bedeutungslos geworden. Das sei aber gerade, was der Spießer sich immer gewünscht habe, was ihm als der Idealzustand erscheine. Daher seien siebzig Prozent des deutschen Volkes begeistert und stünden geschlossen hinter Hitler. Dieses Regime werde deshalb *bleiben*. Er, Keyserling, habe zum ersten Mal seit drei Tagen, das heißt, seitdem er in Paris sei, wieder ruhig schlafen können.

Als ich ihm mein Erstaunen ausdrückte, daß sein Schwager, Gottfried Bismarck, der doch ein Prominenter unter den Nazis sei, ihn nicht schützen könne, meinte er, solche Beziehungen spielten in Deutschland heute gar keine Rolle mehr, ha, ha, ha! Die Gräfin schwieg, schien es aber durch ihren traurigen Ausdruck zu bestätigen. Er fuhr fort: er, seine Frau und seine Kinder seien ständig bedroht gewesen, bis er eines Tages sein Telephon, das überwacht und abgehört werde, heruntergenommen und an einen Bekannten telephoniert habe, er werde dem ersten Nazi, der bei ihm eindringe, den Hals umdrehen. Das habe genützt; seitdem habe man ihn nicht mehr belästigt, ha, ha, ha!

Paris. 24. Mai 1933. Mittwoch

Wieder stundenlang bei Grasset Widmungen in Bücher geschrieben. Nach dem Frühstück zu Pierre Viénots, wo eine kleine Gesellschaft deutscher Flüchtlinge: Annette Kolb, Hilferding, Kracauer (an dessen monströse Häßlichkeit ich mich nicht gewöhnen kann), ein junger Schriftsteller Helmer, der ganz plötzlich hat fliehen müssen und noch ganz verstört aussieht. Dieser und Hilferding nach den Erzählungen von Sollmann schilderten die eiskalte Methodik der Nazi-Mißhandlungen; die Arbeiter und Intellektuellen, die sie in die Finger bekämen, würden ganz individuell und wie nach einer jedem vorgeschriebenen Kur mißhandelt, tage- und wochenlang, täglich etwa dreimal, morgens, mittags und abends, geprügelt und geistig gequält. Helmer sagte, was die Opfer am meisten herunterbringe, sei, daß man sie zwinge, bei den Mißhandlungen andrer dabeizusein und zuzusehen. Man bringe sie dadurch zum vollkommenen Zusammenbruch.

Hilferding schilderte die viehischen Mißhandlungen, denen Sollmann unterworfen worden sei. Offenbar spielt Sadismus dabei eine wesentliche Rolle; ein hysterischer Genuß an Blut und Leiden, ein krankhaftes Machtgefühl beim Quälen, eine dekadente Grausamkeit, wie sie immer wieder in der Geschichte bei nervenschwach gewordenen Völkern durchbricht, ein letztes Sich-Aufkitzeln der Impotenz, die kranke Seele des Lustmörders (Kürten, Jack the Ripper), die plötzlich in Hunderttausenden von Menschen tätig wird.

Abends Vortrag von Keyserling in der riesigen, fast leeren Salle Pleyel. Er sprach französisch (mit russischem Akzent) über

›Les basfonds de la nature humaine‹; inhaltlich und in der Form glänzend. Er schilderte das Wiederauftauchen des untersten Bodensatzes der Seele in gewissen Epochen, der schon in den Kaltblütern der Urzeit wirksamen Ur-Instinkte der Furcht und des Hungers; der ganze Überbau der Kultur wird dann zeitweise überschwemmt; der Geist spielt innerhalb der von diesen Ur-Instinkten ausgehenden Bewegungen und Ideologien keine Rolle. In seinem nächsten Vortrag versprach er dann aber doch eine Position für den Geist ihnen gegenüber aufzeigen zu wollen. Ohne je das Wort Deutschland oder Hitler zu gebrauchen, war der ganze Vortrag doch eine vernichtende Kritik der Nazi-Revolution. Er zeugte von großem, fast tollkühnem Mut, da Keyserling nach Deutschland zurück will.

Paris. 5. Juni 1933. Montag (Pfingsten)

Frühstück bei Julien Green, vier Personen, er, seine Schwester, eine hübsche, schlanke, sehr lebendige Person, und sein Freund St. Jean. Die Wohnung bourgeois möbliert, mit einigen modernen Bildern, doch im ganzen ziemlich altmodisch. Die Menschen alle drei mir sympathisch, freundlich, klug, offen. Green selbst hat etwas Vierschrötiges, Bäuerliches. Es wurde viel über den ›Rathenau‹ gesprochen.

Paris. 11. Juni 1933. Sonntag

Georg Bernhards, Valeriu Marcu und Anton Kuh frühstückten bei mir im Hotel. Kuh ließ ein Brillant-Feuerwerk von Witzen und Anekdoten los. Eine Geschichte, die er erzählte, war fast shakespearisch. Am 31. Juli 1914, in Wien, als alles auf die serbische Antwort auf das österreichische Ultimatum wartete, hat er Berchtold im Wurstl-Prater gesehen an einem Karussell, das als Treffplatz für Strich-Jungens bekannt war. Ein bildhübscher Junge in weißen Hosen und weißem Pullover fuhr auf dem Karussell und zwinkerte mit einem Auge einem eleganten Herrn zu, der ihn immerfort anschaute. Als das Karussell Pause machte, stieg der Junge ab und ging auf den Herrn zu, der ihn begrüßte und mitnahm. Der Herr war Berchtold. Im Augenblick, wo die beiden zusammen fortgingen, kamen unter großem Geschrei die Zeitungsjungen mit Extrablättern gelaufen: »Serbische Antwort auf das Ultimatum. Krieg mit Serbien, österreichischer Einmarsch in Serbien!« Der Beginn des Weltkrieges, den Berchtold herbeigeführt hatte.

Paris. 12. Juni 1933. Montag

Lefèvre interviewte mich für die ›Nouvelles Littéraires‹; er macht die Sache sehr gewissenhaft und nimmt sich sehr ernst. – Nachher zum Montagsempfang bei der Gräfin André de Fels. Dort lange Gespräche mit Jacques Bainville und Henry Bordeaux. Bainville sagte ich, Léon Daudets zwei Artikel über mein Rathenau-Buch hätten mich ›très touché‹; namentlich da mich Daudet sonst immer heftig angegriffen hätte. Bainville meinte, Daudets Angriffe dürfe man nicht zu ernst nehmen, er sei ›une force de la nature‹ und völlig hemmungslos, aber ein sehr großes Talent. Ich bat Bainville, Daudet auszurichten, daß seine Artikel ›m'avaient touché‹.

Abends traf ich mich mit Wieland Herzfelde, der auf der Durchreise hier ist, im Café de la Paix. Er hat seinen Malik-Verlag wieder aufgemacht in Prag und plant die Gründung eines zweiten, nicht-kommunistischen Verlags für die verbannten deutschen Autoren, für den ihm ein Kapital von hunderttausend Mark zur Verfügung gestellt worden ist. Er fährt zu einer Besprechung dieses Planes morgen nach Amsterdam. Die unterirdische Arbeit in Deutschland komme in Gang. Die ›Rote Fahne‹ erscheine wieder regelmäßig illegal, es fänden wieder Funktionär-Besprechungen in Deutschland statt; sehr beliebt als Ort für solche Zusammenkünfte seien Autobusse, auf denen sich ›zufällig‹ drei oder vier Funktionäre (nie mehr) träfen; eine Autobusreise von drei viertel Stunden genüge vollkommen und biete eine gewisse Sicherheit gegen Beobachtung und Abhören.

Paris. 13. Juni 1933. Dienstag

Nachmittags Empfang bei der Gräfin Jean de Pange geb. Broglie zur Feier der Zuwahl ihres Bruders, des großen Physikers Louis de Broglie, in die Akademie der Wissenschaften. Louis de Broglie hat einen schönen, ernsten Gelehrtenkopf mit dunklen Wuschelhaaren, etwas wie Einstein. Er schien ganz fremd und verlegen im Gedränge von Gesellschaft und Wissenschaft, das ihn umflutete und gegen die Wand preßte. Sehr lebendig ist dagegen sein Bruder, der Herzog, der trotz seiner weißen Haare wie ein Knabe die Treppe (fünf Etagen) hinauflief im Wettrennen mit dem Fahrstuhl, in den er mich hineingestopft hatte.

Die Gräfin, eine Urenkelin der Mme. de Staël, über die und deren ›Entdeckung‹ Deutschlands sie ein kleines Buch geschrieben hat, stellte mich einer Menge von Leuten vor, dem Herzog von Lévis-Mirepoix, einer langen Reihe von Gräfinnen, die sich um mich aufbauten und mit der sehr netten und klugen Mme. Paul Morand mich mit Komplimenten zudeckten, als plötzlich eine Frau, die ich zuerst nicht erkannte, weil sie gegen das Licht stand, den Kreis durchbrach: »Vous ne me reconnaissez pas, j'ai lu votre livre, votre admirable livre. Non, non, je vois que vous ne me reconnaissez pas.« Aus Höflichkeit log ich, daß ich sie ganz gewiß wiedererkenne; als plötzlich, zu meinem nicht geringen Ärger, ich *wirklich* die Herzogin von Clermont-Tonnerre erkannte, die mich in ihrem Buch mit Schmutz beworfen hat. Jetzt war es zu spät, sie zog mich in eine Fensternische, wir müßten uns sehen usw. usw.

Ich lernte auch unseren Botschafter Köster und seine sehr reizende und elegante Frau kennen. Ich erklärte Köster, warum ich ihn bisher nicht besucht hätte. Er meinte, was die Nazis über mich dächten, sei ihm ganz egal, er bäte um meinen Besuch. Auch Frau Köster sagte, sie würde sich sehr freuen, mich bei sich zu sehen.

Paris. 15. Juni 1933. Donnerstag

Nachmittags zur Probe von Nabokows ›Hiob‹ im Théâtre des Champs-Elysées. Ernste Musik großen Formats. Nachher bei

Misia Sert mit Serge Lifar, Nabokow, Nathaniel Wolff usw. Lifar zerpflückte Wolffs Ballett-Libretto, war dabei aber so klug und graziös, daß sogar Wolff ihm recht gab. Lifar sagt von den ›Ballets 1933‹ und insbesondere von Kurt Weills ›Les Sept Péchés Capitaux‹: »C'est de la pourriture de ballet.« Weills Ballett hat überhaupt hier sehr enttäuscht.

Paris. 16. Juni 1933. Freitag

Heute vor dreiundfünfzig Jahren habe ich dieses Tagebuch angefangen.

Nachmittags bei Guy de Pourtalès in seinem Studio in Passy. Großes, helles Atelier, alte Möbel, Ostasiatisches, viele Bücher in hohen Regalen, was man eine ›kultivierte Umgebung‹ nennt, ohne viel Originalität. So etwa wie seine Bücher. Er erzählte, daß er auf seinem Gut in der Schweiz während des Krieges sowohl Lenin wie Trotzki als Mieter gehabt habe; allerdings ohne zu wissen, wer Lenin, der sich Uljanow nannte, wirklich sei. Er habe sie oft in die Stadt gefahren und mit ihnen geplaudert. Als der Bedeutendere sei ihm Trotzki erschienen, aber Lenin habe mehr Seele gehabt. Nach ihrem Fortgang habe er die Bücher, die sie gelesen und zurückgelassen hatten, durchgesehen: alle mit zahlreichen Bleistiftnotizen von Lenin versehen. Diese Notizen seien alle negativ gewesen, das heißt, Auseinandersetzungen mit dem Verfasser, immer im Widerspruch mit ihm. Zu den von Lenin am meisten gelesenen Autoren hätten Nietzsche und Maupassant gehört. Namentlich Maupassant habe ihn offenbar stark gefesselt durch seine pessimistische, die Menschen verachtende Art.

Abends im Théâtre des Champs-Elysées im Rahmen der ›Ballets 1933‹ Erstaufführung von Nabokows Oratorium ›Hiob‹. Leider eine verfehlte Veranstaltung, teils weil ein so ernstes Werk in den Rahmen einer Ballett-Saison überhaupt nicht hineinpaßte und das Publikum des Balletts langweilte und ärgerte, teils weil die Chöre und Sänger mittelmäßig waren. Es kam zu Pfiffen, Teile des Publikums gingen demonstrativ fort.

Viel zum Mißerfolg trugen verwirrend und lächerlich wirkende Laterna-magica-Projektionen von Blakes Illustrationen zum Buch Hiob bei.

Paris. 17. Juni 1933. Sonnabend

Abends mit Jacques im Théâtre des Champs-Elysées zu den ›Ballets 1933‹, wo Kurt Weills Pantomime ›Les Sept Péchés Capitaux‹ gegeben wurde. Sie hat trotz der Beliebtheit, die Weill hier genießt, eine schlechte Aufnahme in der Presse und beim Publikum gehabt. Ich fand die Musik hübsch und eigenartig; allerdings kaum anders als die der ›Dreigroschenoper‹, Lotte Lenya sang mit ihrer kleinen, sympathischen Stimme (deutsch) Brechts Balladen, und Tilly Losch tanzte und mimte graziös und fesselnd. Man hat offenbar von Weill hier zu viel erwartet, ihn gleich mit Wagner und Richard Strauss in eine Linie gerückt; Snobismus.

Paris. 18. Juni 1933. Sonntag

Nachmittags bei Clémenceaus. Man spricht dort mehr deutsch als französisch. Schon das Dienstmädchen empfängt einen auf deutsch. Dort Antonina Vallentin (Mme. Luchaire), mit der Paul Clémenceau zu sprechen sich weigert, Fräulein Köster, Mme. Sautreau, Chocarnes, Frau v. Porada, Toch, Alfred Kerr mit Frau (beide sehr ›stuck up‹, obwohl es ihnen recht schlecht geht), Casella, Marya Freund.

Paris. 22. Juni 1933. Donnerstag

Mit Bermanns und Tagger (Bruckner) bei Calvet gefrühstückt. Mit Bermann vorher über die Verhandlungen mit Plon und Faber gesprochen, die beide vor dem Abschluß stehen. Bermann sagt, daß der Fischer-Verlag in keiner Weise belästigt worden sei, auch keine Nazizelle habe. Ja, er selbst sei, obwohl Jude, in den Überwachungsausschuß für ›Schund und Schmutz‹ berufen worden. Er meint, wenn ich mir in Paris vom Konsulat ein Wiederausreisevisum geben lasse, sehe er keine Bedenken gegen eine zeitweise Rückkehr. Er glaube nicht, daß ich in Deutschland belästigt würde. Überhaupt werde das Regime allmählich milder. Gewisse Leute (Juden), die sie vertrieben hätten (namentlich in der Kinobranche), bäten sie auf den Knien, wieder zurückzukehren, weil sie ohne sie nicht auskämen. Dagegen sei die wirtschaftliche Lage trostlos und werde immer trostloser. Trotzdem glaubt er an eine lange Dauer des Regimes. Tagger meinte dagegen, es werde an seiner Unfähigkeit scheitern.

Abends rief mich zu meiner großen Freude Max aus Weimar an. Er sagte, der Garten sei unbeschreiblich schön, die Rosen seien unwahrscheinlich gewachsen und stünden in reichster Blüte, die Magnolien seien mit Blüten bedeckt. Es sei ein Märchen. Ich war tief bewegt.

Paris. 23. Juni 1933. Freitag

Abends mit Bermanns ins Kino in den Champs-Elysées. Wir trafen auf den Champs-Elysées nachher Franz Osborn, Frau Schnitzler und andre. Der ganze Kurfürstendamm ergießt sich über Paris. Bermann bleibt dabei, daß er den Nazis eine lange Dauer prophezeit, allerdings sei die Endkatastrophe gewiß; aber wann? Ich begründete meine abweichende Ansicht.

Paris. 28. Juni 1933. Mittwoch

Hugenberg ist zurückgetreten, die Deutschnationale Partei hat sich ›aufgelöst‹. So haben sie ihre Quittung für ihren schmählichen Verrat am deutschen Volk. Papen wird auch noch drankommen. Vorläufig ist er nach Rom gereist, offenbar um den Papst zu beruhigen, der die Katholikenverfolgung in Deutschland, die immer schärfer wird, wohl mit steigender Empörung sieht.

Bermann, mit dem ich um zehn eine Unterredung hatte, war ganz durcheinander, einem Zusammenbruch nah. Er, der, als er aus Deutschland ankam, die Lage ganz optimistisch ansah, ist, wie er selbst sagte, nach acht Tagen im Auslande vollkommen umgefallen, befürchtet jetzt das Schlimmste, Enteignung der Juden, der Großgrundbesitzer, der Banken, Bolschewismus usw. Er frage sich, ob man nicht besser täte, so schnell wie möglich aus Deutschland fortzugehen. Ich beruhigte ihn, sagte ihm, er sei von der Emigranten-Krankheit angesteckt, die müsse jeder einmal durchmachen wie Masern oder Grippe; das gebe sich nach weiteren acht Tagen usw.

In Wirklichkeit sehe ich die Dinge auch schwarz; eine Art Bolschewismus kommt sicher, und darunter bereitet sich eine heftige Auflehnung des größeren Teils des deutschen Volkes, der Sozialisten, Kommunisten, Konservativen, Agrarier, Katholiken, Evangelischen, Großindustriellen, Hanseaten, vor, mit dem Hitler nicht fertig werden wird. Am aktivsten sind bisher die Kommunisten, obwohl Hitler in ihrem Sinne arbeitet. Aber auch die andren werden gezwungen werden, aktiver sich zu wehren; und wenn erst irgendwo ein Flämmchen Aufruhr emporzüngelt, wird auch schon der ganze schüttere Nazi-Bau in Flammen stehen. Die Wiener ›Reichspost‹ behauptet, daß die ›Rote Fahne‹ schon wieder in dreihunderttausend (!?) Exemplaren illegal verbreitet wird!

Paris. 6. Juli 1933. Donnerstag

Zur Gare de l'Est, von wo die Gräfin Keyserling nach Deutschland abreiste, während Hermann Keyserling noch bis morgen hierbleibt. Wir setzten uns zusammen nachher auf die Terrasse und tranken zwei Flaschen Champagner, wobei Keyserling sehr interessant über die Nazis und Hitler sprach. Er wiederholte, daß die Nazis eine viel radikalere Revolution als die Bolschewisten vorhätten; denn sie wollten nicht bloß die politische und soziale, sondern auch die geistige Struktur des deutschen Volkes von Grund aus ändern. Es sei in Wirklichkeit eine religiöse Erhebung, wie die Mahomeds, allerdings mit betont lokalem Charakter. Sie seien dabei, den Protestantismus und Katholizismus, ja überhaupt das Christentum abzuschaffen, um zu dem, was sie für den altgermanischen Glauben hielten, zurückzukehren. Daher hätten sie auch weder Zeit noch Interesse für Außenpolitik und machten Zugeständnisse, die keine frühere Regierung gemacht hätte. Ja, sie könnten wie Trotzki in Brest-Litowsk den andren Nationen sagen: ›Warum so wenig? Wollt ihr nicht auch noch das und das haben?‹ Hitler, den er genau studiert habe, sei nach Handschrift und Physiognomie ein ausgesprochener Selbstmördertyp, jemand, der den Tod suche, und verkörpere damit einen Grundzug des deutschen Volkes, das immer in den Tod verliebt gewesen sei und dessen immer wiederkehrendes Grunderlebnis die Nibelungennot sei. Die Deutschen fühlten sich nur in dieser Situation ganz deutsch, sie bewunderten und wollten den zwecklosen Tod, das Selbstopfer. Und sie ahnten, daß Hitler sie wieder einer Nibelungennot, einem grandiosen Untergang entgegenführe; das fasziniere sie an ihm. Er erfülle damit ihre tiefste Sehnsucht. Franzosen oder Engländer wollten siegen, die Deutschen wollten immer nur sterben.

Ich glaube, daß Keyserling in diesem Punkt sehr tief und richtig sieht. Er meinte, daß im Augenblick gegen die Nazis nichts zu machen sei; aber etwa in zwei Jahren würden sie platzen, und dann werde die Zeit für freie Geister, wie er einer sei, wiederkehren. Inzwischen wolle er schweigen und sich für die dann an ihn herantretende Aufgabe vorbereiten. Der unerhörte Druck bereite eine unerhörte geistige Elite vor, eine Renaissance. Wir seien wieder im sechzehnten Jahrhundert, im Reformations-Zeitalter. Auch die Juden würden in Deutschland wieder mächtig werden, viel mächtiger, als sie je gewesen seien. In zehn Jahren würden sie Deutschland beherrschen, weil sie die einzigen sein würden, die Handel treiben könnten. Auf Grund irgendeines Minderheitenstatuts würden sie sich dieses Monopol erkämpfen. Die Deutschen würden zu Bauern und Muschiks degradiert sein mit einer kleinen geistigen Führerschar. Von Hitler meinte er, er selbst sei nichts; nichts weiter als ein Medium, durch das die Bewegung wirke. Andrerseits sagte er aber auch, daß nur Hitler die Bewegung im Zaume halte; wenn ihm etwas geschehe, wenn er sterbe oder verschwinde, dann würden wir Entsetzliches erleben, den furchtbarsten Pogrom, es würden Zehntausende umgebracht werden.

Paris. 10. Juli 1933. Montag

Nachmittags bei Frau von Porada, die eben aus Berlin zurückgekehrt ist. Sie hat dort Gottfried Benn gesprochen, der ein fanatischer Nazi geworden ist und behauptet, die Nazi-›Revolution‹ sei ein geschichtliches Ereignis ersten Ranges, eine totale Neugeburt des deutschen Volkes, die Rettung Europas, das alles mit allerlei Metaphysik durchmischt.

Paris. 11. Juli 1933. Dienstag

Mit Jenny de Margerie und Mme. de Courcel im Louvre den Direktor der ägyptischen Abteilung Borreu besucht. Bei dieser Gelegenheit die neue Aufstellung der Nike von Samothrake gesehen, die, vom Berliner Pergamon-Museum beeinflußt, dem Werk seine ganze hinreißende Romantik und Hoheit wiedergibt. ›Paris-Soir‹ bringt als einzige der Pariser Abendzeitungen als letzte Nachricht (›Dernière minute‹) die Meldung, daß die ›Deutsche Revolution‹ heute nach einer Verordnung des Reichsinnenministeriums ›beendet sei‹! Was das heißen soll, weiß kein Mensch.

Paris. 15. Juli 1933. Sonnabend

Albert Flechtheim gesprochen. Er erzählte von den Vorgängen in Berlin in der Kunst: die entgegengesetzten Richtungen innerhalb der Nazis, die, die die moderne Kunst bejahen, auch Nolde und Barlach, und die, die sie ausrotten möchten unter Führung von Schultze-Naumburg. Die verbotene Ausstellung, die von nationalsozialistischen Studenten geplant war. Flechtheim meint, daß überhaupt innerhalb der Nazis verschiedene Richtungen und Persönlichkeiten sich erbittert bekämpfen, so Göring und Goebbels. Diese inneren Streitigkeiten und die unabwendbare furchtbare Not würden sie zugrunde richten. Flechtheim meint, im Herbst werde der Zusammenbruch kommen.

Paris. 11. Oktober 1933. Mittwoch

Kurt Weill spielte bei uns abends vor Mme. Homberg große Teile seiner ›Bürgschaft‹. Wieder gewaltiger Eindruck. Das Werk wirkt wie das Buch eines alttestamentarischen Propheten, Jesaias, Jeremias, ›messianisch‹, ein Volk im tiefsten Unglück auf den Erlöser wartend, und insofern auch wie ein großes historisches Dokument und Zeugnis vom Zustand des deutschen Volkes um 1930 in Erwartung von Hitler. Ein Werk ganz großen Wurfs und Formats. Mme. Homberg fand aber, daß es gefährlich sein würde, es jetzt in Paris aufzuführen, weil es die Leute durch seine revolutionäre Wucht erschrecken und den ›réfugiés‹ schaden würde.

Paris. 14. Oktober 1933. Sonnabend

Die Nachmittagszeitungen bringen die Nachricht, daß die Hitler-Regierung ihren Austritt aus dem Völkerbund und der Abrüstungskonferenz proklamiert und gleichzeitig den Reichstag aufgelöst und Neuwahlen auf den 12. November festgesetzt hat. Das hat hier und, wie es scheint, auch in London wie eine Bombe eingeschlagen. ›Coup de tonnerre‹ schreiben die Abendblätter. In der Tat ist es das folgenschwerste europäische Ereignis seit der Ruhrbesetzung. Es kann in kurzer Zeit zur Blockade Deutschlands und vielleicht zum Krieg führen.

Paris. 19. Oktober 1933. Donnerstag

Vormittags Hermann Keyserling besucht. Er hat hier an einem Kongreß der ›Coopération Européenne‹ teilgenommen und war in einem Zustand überschwenglichster Erregtheit. Er und Paul Valéry hätten den ganzen Kongreß geleitet, er habe immerfort reden müssen, es sei alles glänzend gegangen. Er verspricht sich von dem Zusammenschluß einiger hundert europäischer Geister die Rettung der europäischen Zivilisation. Das Schrecklichste am Hitlertum sei die Ungeistigkeit. Aber es sei dagegen vorläufig nichts zu machen; man müsse eine Insel schaffen, auf die sich die Geistigen retten könnten.

Paris. 20. Oktober 1933. Freitag

Keyserling auf die Bahn gebracht. Vorher mit ihm gegessen. Er war in einem Zustand fast beängstigender Erregung. Er sagt, das deutsche Volk bestünde aus sechzig Prozent Feigheit und vierzig Prozent Neid. Kein Mensch habe Mut. Das Schauspiel der allgemeinen Plattheit errege selbst bei den führenden Nazis Ekel. Als irgendein früher deutschnationales großes Tier bei Hitler mit dem Nazi-Abzeichen im Knopfloch erschienen sei, habe ihm Hitler nur gesagt: ›Ich hatte geglaubt, Sie hätten mehr Charakter‹ und den Rücken gedreht. Keyserling behauptet, er habe noch niemanden über Dreißig in Deutschland gesehen, der wirklich ein überzeugter Nazi sei. Aber alle täten so. Keyserling flüsterte mir ins Ohr: wenn er zwischen Nazis und Bolschewiken wählen müßte, würde er die Bolschewiken wählen. Ähnlich erzählte mir Bernstorff neulich, Winston Churchill habe zu seiner Nichte Claire Sheridan gesagt, gegen Hitler würde er sogar mit den Bolschewiken ein Bündnis schließen.

Paris. 23. Oktober 1933. Montag

Nachmittags in der Spanischen Botschaft bei Madariaga, um mir mein Visum und eine Empfehlung für den Gouverneur von Mallorca zu erbitten. Abends nach Zürich ab.

Basel. 27. Oktober 1933. Freitag

Früh von Zürich nach Basel. Meine Maillols in der Kunsthalle gesehen. Schmerzlich!

Auf See. 10. November 1933. Freitag

Jacques mittags ins Hotel gekommen. Mit ihm und Max gefrühstückt. Abends ging unser Schiff, die ›Djamilha‹, ein uralter Kasten, der noch dazu schlecht geladen war und ganz nach Backbord überhing. Jacques brachte uns an Bord. Mäßiges Essen, winzige Kabine.

Palma. 11. November 1933. Sonnabend

Um drei in Palma an. Frau Simon und Ursula Demeter am Landungssteg. Mit ihnen im Auto zu ihrem Haus, das eine große Enttäuschung war; fast keine Möbel, keine Heizung außer einem einzigen Kamin in der guten Stube, keine Aussicht, kein Blumengarten, nichts. Frau Simon sagte mir gleich, sie glaube nicht, daß ich mich hier wohl fühlen werde. Die arme Frau tat mir leid. Simon hat offenbar bloß an seine Hühnerfarm gedacht, aus der nun auch nichts geworden ist. Wie er sich mein Leben und das der Goertzens hier in eiskalten, feuchten Zimmern ohne Heizung gedacht hat, ist unvorstellbar, wahrscheinlich war ihm das ganz gleichgültig. Ich müßte mindestens eintausendzweihundert bis eintausendfünfhundert Peseten an Heizungskörpern, Bad, Schränken usw. hineinstecken, um hier überwintern zu können. Natürlich denke ich nicht an einen solchen Unsinn.

Palma. 15. November 1933. Mittwoch

Endlich das richtige Haus gefunden: Plaza Iglesia 3 im Bona Nova, auf der Höhe über Palma mit einem herrlichen, grandiosen Blick auf das Meer, die Bucht von Palma und die Stadt selbst. Hübsches, hübsch eingerichtetes, einstöckiges, ganz modernes Haus mit großen Terrassen und Blumenbeeten nach Süden zu. Wir waren sofort entschlossen, es zu mieten.

Palma. 1. Dezember 1933. Freitag

Vollkommen klarer, heißer Tag wie Hochsommer. Im Garten gesessen und an den Memoiren zu arbeiten wieder angefangen. Leipzig 1890/91.

Palma. 22. Dezember 1933. Freitag

Abends um acht, während ich ganz ruhig Zeitung lesend vor dem Feuer saß, plötzlich mich unwohl gefühlt und einen schweren Blutsturz bekommen; in wenigen Minuten weit über ein Liter Blut verloren. Max und Uschi, die auf der Terrasse waren, gerufen, während das Blut in Strömen mir aus dem Mund floß.

Max ließ gleich telephonisch einen Arzt (César Bañolas) rufen, der in kurzer Zeit da war und mir eine Einspritzung machte, die das Blut aufhielt; sonst wäre ich verblutet. Der Arzt sagt, das Blut käme aus dem rechten Lungenflügel.

Palma. Silvester 1933. Sonntag

Ruhiges Silvester, da noch immer schwach. Vor Mitternacht zu Bett. So endet dieses tragische Jahr.

1934

Palma. 1. April 1934. Ostersonntag

Am späten Nachmittag in der Capella Classica im alten Königsschloß; ein herrlicher, frühgotischer, ganz reiner Bau. Sie war nur mit einer Ampel und einigen Kerzen beleuchtet, sehr geheimnisvoll. Teile von Händels ›Messias‹, ein wunderbarer Bariton, der die herrliche Schilderung vom Tod Jesu tief ergreifend sang.

1935

Palma. 1. Januar 1935. Dienstag

Nachmittags Neujahrsbesuch bei Vidal Quadras und Frau Liebling. In den letzten Tagen Manuskript meines ersten Bandes abgeschlossen und an S. Fischer geschickt. – In den Zeitungen herrscht zu Jahresbeginn ein gewisser Optimismus.

Palma. 25. Januar 1935. Freitag

Vortrag von Keyserling im ›Salon Mallorca‹ über die Zukunft der ›mediterranischen Kultur‹. Hauptideen: Die Welt tritt nach vier Jahrhunderten dynamischer Entwicklung, in der die nordischen Rassen die Führung hatten, in eine solche statischer Zivilisation, in der die Führung wieder den mediterranischen Völkern zufallen wird. Dieses daher, daß die nordischen Völker mit ihrem rastlosen Suchen nach der objektiven Wahrheit, das die unaufhaltsame Entwicklung der Wissenschaft und Technik zur Folge hat, einer dynamischen Zeit angepaßt sind, während die südlichen Völker, wie die Griechen, die Italiener, die Spanier, mehr nach Schönheit als nach Wahrheit suchen und daher grundlegend subjektiv und auf die Seele eingestellt seien. (Ich halte diese Anschauung für falsch: in der deutschen Geschichte spielen die Musik, die Lyrik, die Innigkeit und Gemütlichkeit, das intime Familienleben, der ganz subjektive Protestantismus die erste Rolle; die Griechen usw. waren viel ›objektiver‹; gerade sie haben ja unter andrem die Wissenschaft, die Suche nach der objektiven Wahrheit erfunden.)

Palma. 26. Januar 1935. Sonnabend

Tee bei Lady Brentford. Sie mitgenommen zu Keyserlings Veranstaltung: einer ›Schule der Weisheit‹ im Hotel Alfonso. Da er mich gebeten hatte, ihn zu unterstützen und an dem Gespräch teilzunehmen, neben ihm am Vortragstisch gesessen, mit Francis de Miomandre auf seiner andren Seite. Gespräch über ›Mechanisierung und Kultur‹. Keyserling stellte mich mit einem glühenden Lob meines Rathenau-Buches dem mallorquinischen Publikum vor. Sagte nebenbei auch, daß Rathenau der Mann gewesen sei, der eigentlich alle Ideen, die die heutige Zeit bewegten und formen, vorausgedacht habe. Ich stellte Keyserling die Frage, wie er sich die Rolle der nordischen und südlichen Völker in der neuen ›statischen‹ Zeit denke und wieso er den südlichen mehr Seele und Subjektivität zutraue als zum Beispiel den Deutschen oder Engländern. Er gab eine ziemlich konfuse und unbefriedigende Erklärung: Gerade weil die Deutschen Musik und Lyrik usw. entwickelt hätten, halte er sie für ›objektiv‹ und seelenlos, denn ein Volk gestalte in der Kunst das, wonach es sich sehne, was ihm also fehle. Große Männer oder Künstler seien nie für ihr Volk repräsentativ: im Gegenteil. (Reichlich sophistisch und in der vorliegenden Frage meines Erachtens falsch.)

Vor dem Vortrag bei Keyserling auf seinem Zimmer und eine halbe Stunde mit ihm unter vier Augen. Er sagt, er sei schrecklich von den Nazis behandelt worden, viel schlimmer als seinerzeit in Rußland von den Bolschewiken. Sie hätten ihn eines schönen Tages, ohne irgendeinen Grund anzugeben, ausgebürgert, ihm seinen Paß weggenommen; keine Zeitung oder Zeitschrift in Deutschland wage, eine Zeile von ihm abzudrucken, er werde systematisch ausgehungert und seiner Lebensmöglichkeiten beraubt. Aber er halte durch, er und Furtwängler seien ›die einzigen‹, die das täten, und Furtwängler nur auf seinen dringenden Rat. Er habe vier Monate gebraucht, um seine Ausbürgerung wieder rückgängig machen zu lassen, und es nur durch ›Ironie‹ erreicht, indem er den Leuten zeigte, daß er sie nicht ernst nehme.

Palma. 28. Januar 1935. Montag

Keyserling bei mir im Bona Nova gefrühstückt. Er sah phantastisch aus in einem Sportanzug mit rotem Sweater, violettem Halstuch, gelbem Mantel und riesigem braunem Kalabreser. Er blieb bis fast sechs und sprach unaufhörlich und so rasch, daß ich ihn häufig unterbrechen mußte, um ihn zu bitten, zu wiederholen. Seine Vitalität ist erstaunlich. Er schilderte wieder alles, was er in Deutschland von seiten der Nazis erlitten habe, seine Ausbürgerung, seine literarische Verfemung (keine Publikationsmöglichkeit).

Palma. 29. Januar 1935. Dienstag

Zweites ›Gespräch‹ mit Keyserling, im ›Mediterraneo‹. Wieder Französisch. Ich beteiligte mich wie das erste Mal und trug ziemlich starken Beifall davon, hauptsächlich weil Keyserling so schnell sprach, daß die meisten ihn nicht verstanden.

Palma. 30. Januar 1935. Mittwoch

Keyserling am späten Nachmittag besucht und mit ihm in Charlies Bar, wo wir aßen und Keyserling einen Cocktail nach dem andren trank (im ganzen wohl sechs, sieben, eine ganze Flasche Whisky) und schließlich sehr betrunken war und fast umfiel. Er erzählte Wunderdinge von seiner Familie, daß unter seinen Vorfahren alle deutschen Kaiser, alle byzantinischen Kaiser, alle russischen Herrscher, Dschingis-Khan usw. seien. Auch sonst renommierte er mit allerhand, Frauen, Trinken usw. Mir sagte er, er habe in fünfzehn Jahren noch nie einen solchen Partner bei seinen Gesprächen gehabt wie mich. Ich hätte ein unfehlbares künstlerisches Gefühl für den Kontrapunkt, die Musik eines Gesprächs.

Palma. 25. Mai 1935. Sonnabend

Max auf acht Tage nach Bañalbufar abgefahren. Hitlers große Rede, die er Dienstag im Reichstag gehalten hat, im Original gelesen. Man mag über ihn denken, was man will, jedenfalls ist diese Rede eine große staatsmännische Leistung. Sie bietet in ihren dreizehn Punkten eine Grundlage, die, wenn sie ehrlich ausgebaut wird, den europäischen Frieden auf Jahrzehnte sichern könnte. Es wäre ein Verbrechen gegen Europa und die Menschheit, wenn die andren Staaten diese Vorschläge nicht sorgfältig prüften und alles, was daran praktisch verwendbar ist, in die Wirklichkeit umsetzten. Man muß auch erkennen, daß diese Rede nur durch die Wiedereinführung der allgemeinen Wehrpflicht in Deutschland möglich geworden ist; denn erst sie hat Deutschland zu einem sehr ernst zu nehmenden Verhandlungspartner gemacht, dessen Angebote und Vorschläge Achtung erzwingen.

Palma. 26. Mai 1935. Sonntag

Nochmals Hitlers Rede. Man möchte wissen, wieviel Auswärtiges Amt und wieviel echter Hitler darinsteckt. Im A. A. ist der Geist Stresemanns und Rathenaus noch immer lebendiger als der Hitlers; und große Teile der Rede hätten genauso Rathenau oder Stresemann halten können. Echter Hitler ist allerdings leider ohne Zweifel die Philippika gegen Rußland, die der dilettantischste und bedenklichste Teil ist. Das Ganze sieht aus wie ein Kompromiß zwischen Hitler einerseits, dem man seinen Rußland-Ausbruch konzediert hat, und Gaus und Bülow, namentlich Gaus, andrerseits. Danach läßt sich auch einigermaßen beurteilen, wieweit die Vorschläge ehrlich gemeint sind. In ihren positiven Teilen repräsentieren sie die seit Rathenau bis auf den heutigen Tag kontinuierliche und konsequente Politik des A. A., die sich gegenüber Hitler durchgesetzt hat und daher wohl auch die Kraft haben wird, sich weiterhin durchzusetzen. Auf Hitlers Anteil kommt, außer dem törichten Angriff auf Rußland, Ton und Ausdruck der Rede.

Palma. 1. Juni 1935. Sonnabend

Die ersten Exemplare meines Buches erhalten.

Palma. 6. Juni 1935. Donnerstag

Der junge Kusche erzählt, daß es jetzt in Deutschland nicht bloß ›Ehren-Arier‹ wie Francesco Mendelssohn, sondern auch ›Zeit-Arier‹ (Arier auf Zeit, Arier auf Widerruf) gibt, und führt den Fall Lewald an, der für die Zeit bis zu den Olympischen Spielen zum Arier ernannt worden ist, weil er Präsident des deutschen Olympischen Komitees ist und die andren Komitees in England, Frankreich usw. erklärt haben, seine Absetzung würde die Zustände in Deutschland in einem solchen Lichte zeigen, daß sie dann nicht mehr die Verantwortung übernehmen könnten, ihre Leute zu den Olympischen Spielen nach Berlin zu schicken. Vor der Drohung mit dieser Blamage hätten die Nazis Lewalds jüdisches Blut vorläufig, aber bloß auf Abruf, geschluckt. Nach den Spielen wird Lewald dann endgültig Nicht-Arier.

Barcelona. 29. Juni 1935. Sonnabend

Früh hier an. Im Hotel Bristol (deutsch, sehr sauber und gut geführt) an der Plaza Catalunya abgestiegen. Gerade heute ist hier wieder der Kriegszustand proklamiert worden wegen verschiedener terroristischer Attentate in der letzten Zeit. Aber man merkt davon nicht viel. Auf der Rambla promenieren die Leute so dicht wie immer, an der Rambla de San José sind die Blumenstände nicht weniger schön und bunt; nur tragen die Guardias Karabiner und gehen immer zu zweien. Ernst scheint die Sache nicht zu sein.

Barcelona. 30. Juni 1935. Sonntag

Barcelona, dessen neuere Stadtteile wie eine Mischung aus Paris und Berlin sind, besitzt zwei Dinge, die in ihrer Art einzig sind, die Rambla de San José mit den wunderbaren Blumenständen und den Kreuzgang der Kathedrale mit seinen herrlichen, alten Bäumen. Bäume, Blumen, überhaupt Pflanzen sind die einzigen irdischen Wesen, die selig sind, deren Naturzustand das ist, was wir himmlische Seligkeit nennen. Menschen ist so was fremd, nur als phantastischer, unwirklicher, im wahrsten Sinne unmenschlicher, ›göttlicher‹ Zustand vorstellbar. Pflanzen sind überhaupt, aus der göttlichen Perspektive gesehen, viel vollkommenere Wesen als Menschen. Sie haben keinen Sündenfall erlebt. Sind und bleiben ohne Sünde, wahrscheinlich auch ohne Schmerz. Es liegt eine tiefe Wahrheit darin, daß das Paradies als Garten vorgestellt wird, als Ort, dessen Leben ein Pflanzenleben ist, und wo der Mensch als solcher ein Fremdling ist und bleibt. Der Sündenfall, die Vertreibung der Menschen aus dem Paradies, bedeutet seine nicht wiedergutzumachende Loslösung vom vollkommenen, göttlichen, vegetativen Leben.

Paris. 14. Juli 1935. Sonntag

In den letzten Tagen große Nervosität, die ich nicht teilte, vor den heutigen beiden großen Demonstrationszügen der ›Front Populaire‹ und der ›Front National‹ (Croix de Feu). Bei erstickender Hitze sah ich nur mit Jacques beide Demonstrationen, die an der Bastille der radikal-sozialdemokratischen-kommunistischen Einheitsfront und die am Triumphbogen der Croix de Feu. Beide verliefen ganz ruhig. Die der Linksfront an der Bastille machte einen eher schläfrigen, gutbürgerlichen Eindruck, wie ein von der Hitze etwas bedrücktes, großes Familienfest, die Demonstranten schlichen eher dahin, als daß sie marschierten, viele mit Kindern an der Hand; was sie nicht hinderte, blutrünstige Parolen zu schreien: »La Roque au poteau« und »Les Soviets partout«. Der Zug soll fünf Stunden lang gewesen sein, während der der Nationalisten in den Champs-Elysées, dem ich von Anfang bis zu Ende beiwohnte, genau eine Stunde dauerte, von sechs bis sieben. Hier ›marschierten‹ die Demonstranten, gingen gut ausgerichtet mehr oder weniger im Schritt und mit einem gewissen Elan. Hier schrien die Zuschauer begeistert: »Vive La Roque« und »La France aux Français«. Revolutionär war die Stimmung ebensowenig hier wie dort. Mit den Umzügen in Berlin 1932/33 des Reichsbanners, der Nazis oder der Roten Front waren sie nicht zu vergleichen! Abends spät fuhren Jacques, der junge deutsche Arbeiter Lohr und ich nach der Place du Tertre in Montmartre, wo lustig und harmlos getanzt wurde.

Paris. 20. Juli 1935. Sonnabend

Heute wird meine arme Hauseinrichtung in Weimar versteigert. Ende der Hauptepoche meines Lebens und eines mit großer Liebe aufgebauten Heims.

Vormittags traf ich zufällig Annette Kolb mit dem früheren Reichskanzler Brüning in der Buchhandlung von Ostertag, Rue Vignon. Brüning, der inkognito hier ist und mir sagte, daß er zum ersten Mal eine Nacht in Paris schlafe, machte den Eindruck größter Vorsicht, ja fast Ängstlichkeit. Er drückte aber Annette den Wunsch aus, heute abend bei ihr mich als Dritten beim Essen zu sehen.

Abends mit Brüning allein zu dreien bei Annette Kolb in ihrer hübschen, kleinen Dachwohnung 21, Rue Casimir-Périer gegessen und bis Mitternacht geplaudert. Bald stellte sich auch die Ursache der auffallenden Ängstlichkeit Brünings heraus. Er sagte, er bleibe zum ersten Mal eine Nacht in Paris und verstecke sich, weil er um keinen Preis mit dem Emigrantenklüngel hier in Berührung kommen wolle. Sehr hart urteilte er besonders über Georg Bernhard hier und Olden in London. Sie hätten gleich zu Anfang durch ihr übertriebenes Geschrei und Verbreitung von Geschichten, die sich später als unwahr herausstellten, großen Schaden angerichtet; jetzt glaube man in England in weiten Kreisen den Emigranten überhaupt nichts mehr.

Überraschend und mir neu war, daß Brüning, wie er ganz offen erzählte, 1932 gleich nach der Präsidentenwahl eine monarchistische Restauration einzufädeln versuchte. ›An die Spitze des Deutschen Reichs gehört eine Uniform.‹ Daher sei er immer überzeugter Monarchist gewesen. Wer Monarch sei, sei ziemlich gleichgültig. 1932 habe er an den Prinzen Louis Ferdinand gedacht, der einen offeneren Kopf habe als die meisten Fürsten. Er, Brüning, habe in dieser Sache eine Unterredung mit dem Kronprinzen gesucht, die bei dem General von Willisen stattfinden sollte. Aber Schleicher habe von der Sache Wind bekommen, den Kronprinzen daran gehindert, der Einladung zu Willisen Folge zu leisten, und statt dessen ein Frühstück bei sich angesetzt, wo Brüning und der Kronprinz sich trafen. Die Begegnung habe geheim bleiben sollen, aber Schleicher habe sie schon gleich am nächsten Tage in der Pressekonferenz bekanntgegeben. Die ganze Aktion sei dann verpufft. Auch der alte Hindenburg habe Schwierigkeiten gemacht. Vor der Präsidentenwahl habe er, Brüning, unbedingt die Sozialdemokraten gewinnen und halten müssen. Aber gleich nach der Wahl habe er diese Schritte zu einer Restauration unternommen(!).

Über Hindenburg urteilt er sehr absprechend. Typisch sei für ihn immer, schon im Kriege, gewesen, daß er im letzten Augenblick vor der Verantwortung versagte und sich durch allerlei Nebenrücksichten, Einflüsterungen von Freunden (Oldenburg-Januschau), sentimentale Jugenderinnerungen, Ressentiments (Minderwertigkeitsgefühle) bestimmen ließ. So 1915 (oder 14), als Ludendorff die Russen nach Schlesien bis ins Riesengebirge locken wollte, um sie abzuschneiden und zu vernichten; im letzten Augenblick habe Hindenburg nein gesagt, in Erinnerung an Wahlstatt (Kadettenanstalt), an bekannte Gutsbesitzer usw.

Brünings Redewendung: ›Nur noch die letzten hundert Meter durchhalten‹ sei direkt auf den Präsidenten gemünzt gewesen. Er und namentlich Oskar Hindenburg seien sehr stark von Minderwertigkeitsgefühlen bestimmt worden. So beim Erwerb von Neudeck. Oskar sei außerdem sowohl militärisch wie sonst ganz unfähig. Er habe sich bei allerlei dunklen Börsenmanövern ›mitnehmen‹ lassen und sei dadurch in eine Lage geraten, wo er dauernd ›Enthüllungen‹ zu fürchten hatte. Ebenso Meißner. Dadurch hätte Papen und hätten die Nazis diese ganz in die Hand bekommen. Im übrigen habe Oskar seinen Vater terrorisiert; ihn, wenn der Alte nicht mitmachen wollte, angebrüllt, so daß man es bis in die Wilhelmstraße hörte. Schließlich sei der Alte unter dem Druck des Sohnes in eine Panikstimmung geraten, in der er Hitler zur Macht berief.

Schleicher sei bei Hindenburg diskreditiert worden, indem die Nazis durch einen Einbruch in eine Gerichtskanzlei die

Akten über die Ehescheidung der Frau v. Schleicher sich verschafften und Hindenburg zu Augen kommen ließen.

Papen habe man in der Zentrumspartei politisch nie ernst genommen. Aber Kaas, der eine Vorliebe für den Adel hatte, habe ihn protegiert. Auf meine Anspielung auf die Talon-Affäre Papens in Amerika meinte Brüning, die sei noch lange nicht das Schlimmste, was sich Papen geleistet habe. Trotz dieses lächerlichen Fiaskos in Amerika habe man ihm nach seiner Rückkehr die Aufstellung einer geheimen Spionage-Organisation in Belgien anvertraut. Und nachher habe sich herausgestellt, daß alle seine ›Agenten‹ englische Secret-Service-Leute gewesen seien. Infolgedessen wurden fortlaufend die Pläne des deutschen Generalstabs an die Engländer durchgegeben und jede beabsichtigte Offensive ihnen lange vorher gemeldet. Folge: Hunderttausende von unnötigen Opfern auf deutscher Seite. Ein früherer deutscher Agent von Papen in Amerika, v. Rintelen, der sein Opfer geworden war, habe das in einem Buch geschildert. Darin hätten ursprünglich so haarsträubende Dinge gestanden, daß er, Brüning, zum amerikanischen Botschafter in Berlin ging und durchgesetzt habe, daß das Schlimmste gestrichen wurde. Es hätten da Dinge gestanden, die für das Ansehen des Deutschen Reiches untragbar gewesen wären.

Die Ermordung von Papens Sekretär Jung schildert Brüning so: er, Brüning, habe Jung gewarnt, daß er auf der Schwarzen Liste der ›Umzulegenden‹ stehe, und Jung habe daraufhin auch sich verborgen gehalten. Aber dann sei er doch in seine Wohnung zurückgekehrt, um einen Brief zu holen, den er dort vergessen hatte. Da habe aber schon die Gestapo vor der Tür gestanden und ihn mitgenommen und gleich, schon am 29. Juni, erschossen. Der Hauptgrund für die Ermordung Jungs sei gewesen, daß er zu den wenigen gehörte, die über einen Landesverrat Hitlers im Jahre 1923 ganz genau Bescheid wußten, wenn ich richtig verstanden habe, ›Augenzeugen‹(?) dieses Landesverrats gewesen seien. Er sei ermordet worden, um einen unbequemen Zeugen aus der Welt zu schaffen. Jetzt wüßten nur noch er,

Brüning, und ein andrer um diesen Landesverrat. Hitler sei feige und das Gegenteil eines ›Führers‹, unentschlossen, schwankend, leicht beeinflußbar, so daß er, je nachdem, wen er zuletzt gesprochen habe, immerfort umfiele; aber bauernschlau, gerissen und, wie nur schwache Menschen, grausam. Mörder seien immer schwache Menschen. Hitler mache darin keine Ausnahme. In der Reichskanzlei habe er natürlich in Bismarcks Schlafzimmer schlafen wollen. Aber vor diesem Schlafzimmer seien ihm noch elf weitere Zimmer reserviert. Im ersten schlafe sein Adjutant Brückner, die zehn andren seien von seiner persönlichen Leibgarde besetzt, große stramme Jungens, die keinen durchließen. Trotzdem wage Hitler sich nachts nicht weiter als bis ins dritte Zimmer. Er habe nachts auch schreckliche Angstzustände. Dann schreie er nach Brückner. Dieser gehe aber gelegentlich hinüber in den ›Kaiserhof‹ ein Glas Pilsener trinken. Dann brülle Hitler nach ihm, schnauze die Leibgarde-Leute an, wo Brückner sei? Warum sie ihn fortgelassen hätten?

Einmal sei deshalb ein Mann von der Leibwache zu Brückner in den ›Kaiserhof‹ hinübergegangen und habe ihn holen wollen. Brückner habe sich aber nicht stören lassen, sondern dem Mann nur gesagt: »Mensch, hast du denn *noch* nicht gemerkt, daß der Führer verrückt ist?« Die Ermordung mit ihm befreundeter Personen lasse er sich immer ›abringen‹. Er wühle dann in seinem Haar wie ein Wagnerscher Bühnenheld, stelle sich verzweifelt, ›das *kann* ich doch nicht zulassen‹, und ›erlaube‹ dann, was er bereits vor acht Tagen sich vorgenommen hatte. Ich sagte: »Richard III.« Aber Brüning meinte: »Viel schlimmer«, weil das Theatralische, sentimental Romantische, ›Richard Wagnersche‹ dazukomme.

Göring sei ein Massenmörder, brutal, blutrünstig, aber nur, wenn er eine Morphiumspritze genommen habe. Sonst sei er eher weich und ziemlich vernünftig.

Goebbels schätzt Brüning geistig sehr hoch. Er sei von einer diabolischen Klugheit. Seine Rednergabe sei ganz außerordentlich; turmhoch der von Hitler überlegen. In der Tragödie vom

30. Juni habe er eine dämonische Rolle gespielt. Er habe die telegraphischen Gespräche Görings mit Hitler abgehört, in denen Göring Hitler zur ›Exekution‹ Röhms und seiner Freunde aufreizte. Als er gemerkt habe, daß die Sache ernst werde und er selbst gefährdet sei, habe er sich schnell entschlossen in ein Flugzeug gesetzt, Hitler aufgesucht, Göring in seinen Schilderungen des ›Komplotts‹ übertrumpft und dann mit Hitler zusammen das Blutbad in München geleitet. Erst nachträglich, nachdem Röhm und Heines schon erschossen waren, sei ein ermordeter nackter Junge in ihre Zimmer geschafft worden. (Wahrscheinlich Goebbelsscher Propagandatrick.) Er, Brüning, sei aber nicht von Goebbels, dem er einmal das Leben gerettet habe, sondern von Göring und Hitler auf die Liste der ›Umzulegenden‹ gesetzt worden.

Was die Stimmung in Deutschland und die Dauer des Nazi-Regimes betrifft, sagte Brüning folgendes (er hat zweifellos aus tausend Quellen die genauesten Informationen): mindestens sechzig Prozent der Studenten seien jetzt anti-Hitler, ebenso die meisten jüngeren Reichswehr-Offiziere (nicht die älteren). Die jüngeren Reichswehr-Offiziere nennten Blomberg spöttisch ›Hitlerjunge Quex‹. Die Katastrophe, in die das Regime hineintreibe, lasse sich noch vielleicht ein bis anderthalb Jahre hinausschieben. Ein Jahr könnten sie noch Granaten drehen und Kanonen gießen. Wenn aber alle Lager voll und das Geld alle sei, würden sie die Rüstungsindustrie abbauen und Hunderttausende von Arbeitern wieder auf die Straße werfen. Dann könnten sie sich vielleicht noch ein halbes Jahr (Winter 1936/37) halten, indem sie überall im Lande täglich soundso viel Menschen ›umlegten‹. Aber dann müsse die Explosion so oder so (durch Krieg oder Revolution) erfolgen. (Also etwa im Spätwinter oder Frühjahr 1937.)

Der Sturz des Regimes gleich zu Anfang sei durch Daladier verhindert worden. Pilsudski habe ihm sagen lassen, er sei zum Einmarsch in Deutschland bereit. Aber Daladier habe gezögert und schließlich nein gesagt (wohl weil die Volksstimmung in

Frankreich für einen Krieg nicht zu haben war). Seitdem habe sich Polen von Frankreich abgewandt, weil es eingesehen habe, daß es auf Frankreich nicht rechnen könne.

Vatikan und Konkordat. Das Konkordat sei so kautschukartig abgefaßt, daß es dem Vatikan in der jetzigen Situation nicht viel nütze. Papen habe Pacelli hineingelegt. Ja, im letzten Augenblick, nachdem schon alles festgelegt war und er einen hohen päpstlichen Orden bekommen hatte, sogar betrügerischerweise einen Paragraphen hineingeschmuggelt, von dem nie die Rede gewesen war. Bei der Unterzeichnung der Dokumente habe aber die vatikanische Bürokratie den Betrug entdeckt, und der eingeschmuggelte Paragraph sei natürlich gestrichen worden. Aber seitdem sei Papen im Vatikan unmöglich; gelte dort als ein ganz gewöhnlicher kleiner Hochstapler und Schwindler. Hinter der Verständigung mit Hitler stehe nicht der Papst, sondern die vatikanische Bürokratie und ihr Augure Pacelli. Ihnen schwebe ein autoritärer Staat und eine autoritäre, von der vatikanischen Bürokratie geleitete Kirche vor, die miteinander einen ewigen Bund schlössen. Daher seien Pacelli und seinen Leuten katholische parlamentarische Parteien in den einzelnen Ländern, wie das Zentrum in Deutschland, unbequem und würden von ihnen ohne Bedauern fallengelassen. Der Papst teile nicht diese Ideen. Im Gegenteil, er habe schon eine Enzyklika fertig daliegen, die die vatikanische Bürokratie und das Kirchenregiment völlig umgestalte.

Auf meine Frage, warum er sie nicht herausgebe, gab Brüning keine klare Antwort. Er selbst sei jetzt im Vatikan nicht persona grata. Der Papst würde ihn nicht empfangen. Und mit Pacelli habe er als Reichskanzler die heftigsten Zusammenstöße gehabt, weil er sich Pacellis Rat in innerdeutschen Angelegenheiten verbat. ›In innerdeutschen Angelegenheiten bin ich als Reichskanzler allein verantwortlich; ich verbitte mir daher Ihre guten Ratschläge.‹ Worauf Pacelli angefangen habe zu weinen. Das Feminine, Damenhafte, Elegante in Pacellis Äußerem gab er ohne weiteres zu. Annette meinte, Pacelli, das sei die Duse.

Das ganze Gespräch hinterließ bei mir das Gefühl, daß Brüning wünscht und hofft, wieder zur Macht zu kommen. Als ich ihm sagte, mit einer rein negativen Kritik wie die der Emigranten könne man die Nazis nicht stürzen, um eine solche Bewegung zu erledigen, dazu gehöre eine der ihrigen überlegene Ideologie, antwortete er, vielleicht nicht eine Ideologie, aber zugkräftige Schlagworte. Später deutete er an, daß er ein positives Gegenprogramm habe. Er gab mir eine Adresse in London und bat mich, ihn in London, wenn ich nächstens dort bin, aufzusuchen. Ich nehme an, daß sein Programm die Wiederherstellung der Monarchie in irgendeiner Form und mit gleichgültig welchem Monarchen ist. Aber man kann keine Eierspeise machen, wenn man kein Ei hat.

Paris. 21. Juli 1935. Sonntag

Zum ersten Mal seit Jahren wieder bei Maillol in Marly. Ich fand ihn ganz unverändert, mit vielen neuen Arbeiten, die Frau etwas dicker und gemilderter.

Paris. 30. Juli 1935. Dienstag

Nachmittags bei Annette Kolb mit Jacques und einem jungen Russen, einem Prinzen Bagration, einem Verwandten des russischen Kaiserhauses (seine Tante ist eine Tochter des Großfürsten Konstantin), der hier ein kümmerliches, aber doch halb mondänes Dasein als Reisender einer Bürstenfabrik fristet. Mit diesem und einer jungen Frau Landsberg bei Sherry Tee.

Abends mit Bagration und Jacques in eine populäre (billige) Vorstellung eines russischen Balletts im Riesensaal des Trocadéro (teuerster Platz fünfzehn Francs). Das ganze alte Rußland war da: der Großfürst Andreas in einer Loge mit seiner Frau, der Tänzerin Kschesinskaja, in deren Petersburger Palais (sie war früher Mätresse des Zaren Nikolaus II.) Lenin, als er hinkam, sein Quartier aufschlug. Ihren Sohn, den Prinzen Kschesinski, kennengelernt, ein sehr gewöhnlich aussehender, schlecht angezogener junger Mensch, dem man es nicht ansieht, daß er das Blut der großen Katharina und Friedrich Wilhelms III. in den Adern hat.

Auch sonst viele russische Aristokraten, der ganze alte Zarenhof, aber alle so proletarisiert, daß sie vom übrigen Publikum, französische kleine Bourgeois, nicht zu unterscheiden waren. Ein Graf Loris-Melikow, Enkel des Kanzlers Alexanders II., ist jetzt hier Taxichauffeur und verdient mühsam zwanzig Francs (drei Mark) täglich. Das Ballett, verglichen mit Diaghilews Russischem Ballett, bis auf Woigikowski, mittelmäßig; aber die alten, berühmten Balletts Diaghilews tanzend, ›Spectre de la Rose‹, ›Sylphides‹, Tänze aus dem Prinzen Igor usw. Das Ganze hatte etwas Gespenstisches, die Bühne, das Ballett, das Publikum, alles wie Gespenster einer längst verstorbenen Zeit.

Paris. 31. Juli 1935. Mittwoch

Bei Maillol in Marly zu Abend. Alte Erinnerungen, griechische Reise usw. besprochen. Maillol möchte, daß ich diese möglichst ausführlich in meinen Erinnerungen schildere. Pläne zu einer neuen Reise nach Griechenland. Lucien Maillol fuhr mich nach Paris zurück.

Paris. 15. August 1935. Donnerstag

Heute, am Festtag, die Revision des Teils der französischen Übersetzung meiner Memoiren (bis Schluß des Ascot-Kapitels) beendet, der in meinen Händen ist. Der Übersetzer (Blaise Briod), Beamter der ›Coopération Intellectuelle‹, hat nichts von der literarischen Form und von allem, was zwischen den Zeilen steht, begriffen. Er hat mein Buch so übersetzt, als ob es eine Völkerbundnote oder eine juristische Abhandlung wäre. Seine Übersetzung verhält sich zum Original wie ein Öldruck zu einem Gemälde. Ich habe fast jeden Satz umgießen, neu formen, der französischen Sprache anpassen, zum Leben erwecken müssen, so daß die französische ›Übersetzung‹ wie ein Originalwerk neben dem deutschen steht. Die Arbeit – ich habe mich daran in den sechs Wochen fast totgearbeitet! Aber jetzt steht sie! Ich hoffe, daß sie so etwas von dem, was ich habe sagen wollen, vermittelt. Aber wie mag es mit den französischen (oder deutschen) Übersetzungen von Tolstoi, Dostojewskij, Puschkin stehen? Was mag da alles unter den Tisch gefallen sein? Wahrscheinlich das Entscheidende, der Ton.

London. 22. August 1935. Donnerstag

Heute Kabinettsrat, dessen Beschlüsse in bezug auf den italienisch-abessinischen Konflikt mit großer Spannung erwartet werden.

Brüning besucht bei einer Mrs. Mona Anderson, die in einem palastartigen Apartment-House in Portman Square eine hübsche, etwas präraffaelitsch hergerichtete Etage bewohnt. Brüning bezeichnete dieses als seine ständige Adresse. Morgen fährt er auf zwei Monate nach Amerika. Ich brachte die Rede darauf, daß das schwerste Problem nach dem Sturz der Nazis der moralische Wiederaufbau der deutschen Jugend sein werde. Denn mit den Nazis verschwände ihr einziger Glaube, verlören sie geistig den Boden unter den Füßen.

Brüning sagte, er teile ganz diese Ansicht, aber der Reichswehr sei sie ganz fremd. Sie glaube, mit der Ausschiffung gewisser unmöglicher Persönlichkeiten, Göring, Goebbels, Streicher usw., sei es getan. Hitler stelle sie sich als ›Reichsverweser‹, also als eine Art von Ehrenvorsitzenden vor, der in dieser Eigenschaft bleiben könne. Weiter reichten ihre Pläne nicht. Eine solche Lösung sei aber unmöglich. Er, Brüning, werde sich nie mit einem Mörder wie Hitler in ein Kabinett setzen. Die Duldung der vielen Morde und insbesondere des 30. Juni durch die Reichswehr sei ein einzigartiger Vorgang in der preußischen Armee, die bis dahin immer auf ihre Ehre gehalten hätte. Dieser Widerspruch in ihrer inneren Haltung müsse die Reichswehr zermürben. Die jungen Reichswehr-Offiziere lachten über Hitler und verachteten ihn, seien aber Skeptiker und Opportunisten.

Das gleiche gelte von großen Teilen der Jugend und der

Opposition, zum Beispiel unter den Studenten. Sie glaubten an nichts mehr, nachdem sie alles durchgeprobt hätten und nichts sich als haltbar und der Mühe wert erwiesen habe. Ihre Opposition gegen die Nazis komme großenteils daher, daß diese durch den vielen Dienst das Brotstudium erschwerten und verlängerten. Ihm, Brüning, sei es sehr fraglich, ob die katholische Kirche die Kraft aufbringen werde, die katholische Jugend moralisch wieder aufzubauen. Ein allgemeiner Skeptizismus gegen alles und jeden sei eingerissen, sehr ähnlich wie gegen Ende des Römischen Reiches, vor Diokletian. Die Ähnlichkeit zwischen den Zuständen damals und heute sei überraschend. Die Entsittlichung der Jugend in den Arbeitslagern habe erschreckende Dimensionen angenommen. Die Mädchen zwischen fünfzehn und sechzehn Jahren, die dort geschwängert würden, zählten nach Hunderten und Tausenden. Die jungen Leute würden geradezu systematisch pervertiert. Wie solle man eine solche Jugend moralisch wieder aufbauen? Alles in ihr zerbröckele. Nirgends sei ein Halt. Theorien und Predigten hülfen da nichts; nur große Menschen könnten da einen Wandel schaffen, einen neuen Idealismus erwecken, Menschen, die die Überzeugung erweckten, daß sie ihr Leben für ihre Ideen einsetzten. Die beiden Kirchen seien zu sehr bürokratisiert, der Pfarrer sei ein Beamter mit auskömmlichem Gehalt, Pension usw. geworden; solche Leute hätten keine Überzeugungskraft. Vielleicht werde ihre Verfolgung, indem sie viele Pfarrer zu äußerster Armut und Not reduziere, ein Wiedererwachen bringen. Aber die neuheidnischen Ideen machten nicht nur in Deutschland, sondern auch in England und Holland Fortschritte. Die Tochter von Lord Redesdale sei aus Deutschland begeistert von diesen Ideen zurückgekehrt. Sie habe die Sonnwendfeier bei Hermann Göring mitgemacht und die ganze Nacht mitgefeiert.

London. 26. August 1935. Montag

Zu Will Rothenstein nach ihrer Farm High Point bei Stroud in Gloucestershire zum Frühstück gefahren (zwei Stunden Eisenbahn von Paddington). Bernard Shaw mit seiner Frau ebenfalls dort zum Lunch. Shaw verfocht mit großem Elan und allerhand Paradoxen die These, daß kein weißer Staat den Abessiniern gegen Weiße Beistand leisten könne.

1936

Paris. 1. Februar 1936. Sonnabend

Bei Julien Cain in der Bibliothèque Nationale. Nachmittagsempfang in dem pompösen, von Mazarin erbauten Flügel der Bibliothek, der die Amtswohnung Cains ist. Paul Valéry sagt mir, seine Charakteristik der französischen Romantiker sei in drei Sätzen: ›Insuffisance de culture. Insuffisance de métier. Suffisance outrecuidante personnelle.‹ – Stefan Zweig. Geneviève Tabouis.

Pontanevaux. 28. März 1936. Sonnabend

Abends Max in Lyon abgeholt, der aus Berlin kommt, um eine Reaktivierung der Cranachpresse zu besprechen, die vom Hamburger Hubert-Konzern gemietet und mit den nötigen Mitteln ausgestattet werden soll. Im Auto mit Faberi und Max nach Pontanevaux.

Pontanevaux. 30. März 1936. Montag

In bezug auf das Verbot meines Buches berichtet Max folgendes: der betreffende Dezernent, der es verboten habe, sei ein gewisser Wasmann. Diesen habe Alfred Nostitz aufgesucht, um mit ihm zu unterhandeln. Nostitz habe sich für meine Person und Anständigkeit mit seiner Ehre verbürgt. Wasmann habe ihm gesagt, ich hätte mit ihm, Wasmann, vor Jahren eine Zeitungspolemik geführt, und auch gleich die betreffenden Zeitungsausschnitte aus einer Mappe herausgeholt, habe aber den Großmütigen gespielt und gesagt, er wolle selbstverständlich versuchen, das Verbot wieder aufheben zu lassen. Die ›Äußerung‹, die mir vorgeworfen worden sei, sei nicht von mir, sondern von einem ›Herrn Kessler‹ getan worden. Wasmann habe sie in Gegenwart von Alfred eigenhändig aus den Akten gestrichen. Außerdem habe Alfred mit Welczek gesprochen, der seine Hilfe zugesagt habe, aber gesagt habe, sie werde wirksamer sein, wenn er von Paris aus und nach dem Plebiszit die Sache aufgreife.

Pontanevaux. 6. Juli 1936. Montag

Mein liebes Haus in Weimar heute verkauft. Wie viele Erinnerungen, wieviel von meinem Leben ist mir damit verlorengegangen.

Pontanevaux. 19. Juli 1936. Sonntag

Nachricht, daß unter Leitung der Generale Franco und Godet ein Militäraufstand in Spanien ausgebrochen ist.

Fournels. 14. September 1936. Montag

Mit Wilma und Faveris im Auto nach Fournels. Jacques gestern abend mit der Bahn dorthin abgefahren. Unterwegs gefrühstückt in der ›Hostellerie du Lignon‹ am Flüßchen Lignon, wo uns der alte, bärbeißige Besitzer zunächst unhöflich empfing, dann aber ein ausgezeichnetes Frühstück, Krebse, Hase, Rebhuhn, ein delikater Käse (›Fourme‹, Lokalerzeugnis), alles für sechzehn Francs, dazu eine Flasche Châteauneuf du Pape, versöhnend wirkte. Nachher entschuldigte sich der Wirt bei mir, er sei alter Afrikaner, dem die Sonne hart auf den Schädel gebrannt habe, früherer Hauptmann der französischen Kolonialtruppen, und daher ungeübt in den Künsten des Wirtes. Schließlich lud er uns noch zu einem Gläschen ›Verveine‹ (Lokal-Likör) ein, so daß wir wie alte Freunde voneinander schieden.

Die Landschaft in der Auvergne (Haute-Loire und Cantal), Gebirgszug hinter Gebirgszug, stark bewaldet (vor allem Pinien, die unseren Fichten täuschend ähnlich sehen, und Kastanien, aber auch Tannen), großartig und sonderbar. Eine Reihe erloschener Vulkane, spitze Vulkankegel, verleiht ihr einen eigenen

Charakter. Im Pinienwald stellenweise an märkische Landschaften, im offenen Waldgebirge an Thüringen erinnernd.

Spät bei Nacht in Fournels an. Das Schloß machte im Halbdunkel, bei fast versagender elektrischer Beleuchtung, einen gespensterhaften Eindruck. Die dicken Granitmauern, die steilen, steinernen Wendeltreppen in den Türmen, die dichtgedrängten Ahnenbilder, die selbst an den Steinwänden der Treppen Bild an Bild hängen, die gotisch gewölbten Säle und Zimmer, alle nur schwach erleuchtet, wirkten unheimlich. Mein Schlafzimmer bei Kerzenlicht, in den Ecken ganz dunkel, hätte als Dekoration zu ›Wallensteins Tod‹, fünfter Akt, gut gepaßt.

Paris. 26. Oktober 1936. Montag

Heute ist mein Buch offiziell erschienen. – Jean Schlumberger interviewte mich für die ›Nouvelles Littéraires‹, die mir auch einen Photographen auf den Hals schickten.

Paris. 30. Oktober 1936. Freitag

Arikel über mein Buch in den ›Nouvelles Littéraires‹ von Jean Schlumberger und im ›Jour‹ von Gabriel Marcel. Bei Mme. van Rysselberghe gefrühstückt mit André Gide und Jean Schlumberger. Gide scheint recht enttäuscht aus Rußland zurückgekehrt zu sein. Er ist über den Prozeß der Sechzehn entsetzt. Sagt, ihm scheine in Rußland die Freiheit des Geistes noch grausamer unterbunden zu sein als im Hitler-Deutschland; die Bedrückung der Geistesfreiheit dort sei ihm unerträglich gewesen. Er befrüchtet einen zweiten Prozeß, der ebenso empörend verlaufen werde wie der erste, in den Radek, Bucharin usw. verwickelt werden würden. Stalins Prestige in Rußland bei den Massen sei durch diesen Prozeß schwer geschädigt worden. Um seine Popularität wiederaufzufrischen, werde er rücksichtslos die spanische Regierung mit Waffen und technischen Hilfskräften unterstützen und sich durch nichts abschrecken lassen. Il ira jusqu'au bout. Die besten Sowjet-Piloten seien schon in Spanien.

Nach Gides Ansicht ist übrigens die Sowjet-Fliegerei der

deutschen weit überlegen. Die deutschen Kampfflugzeuge flögen nur zweihundert Kilometer in der Stunde, die russischen vierhundert. Die vorgestern begonnene Offensive der Madrider Truppen gegen die Rebellen scheine schon auf russisches Material und russische Kampfflieger gestützt. Ich fragte, was geschehen werde, wenn eines der russischen Schiffe im Mittelmeer torpediert werde? Gide antwortete: Krieg. Ich sagte, ich glaube nicht, daß dann Frankreich Rußland zu Hilfe eilen werde; denn es werde unmöglich sein, in Frankreich zu diesem Zwecke zu mobilisieren. Was dann? Gide: Bürgerkrieg in Frankreich. Er glaubt offenbar sowohl an Krieg wie auch an Bürgerkrieg. (Eine Ansicht, die in bezug auf den Krieg ich gestern auch von Hilferding und schon öfter von Hugo Simon gehört habe.)

Ich fragte Gide, wann seine Reise-Eindrücke aus Rußland erscheinen würden? Er sagte, in den allernächsten Tagen, obwohl viele seiner Freunde ihm abrieten und versuchten ihn zu bestimmen, das Buch nicht herauszugeben (offenbar seine kommunistischen Freunde, die wissen, daß das Buch über Stalin-Rußland Ungünstiges aussagen wird). Als Symptom, wie weit die bourgeoise Reaktion in Rußland schon gediehen sei, führte Gide an, daß jetzt in Rußland schon wieder Kirchenglocken gegossen würden. Es bereite sich dort eine wieder vollkommen hierarchisierte Gesellschaftsordnung vor, mit einer neuen Aristokratie, neuen Bourgeoisie usw. Um so mehr sei Stalin aber gezwungen, in der spanischen Sache intransigent zu sein, um den Massen etwas zu geben. Allerdings sei dieses spanische Unternehmen echter Trotzkismus (Weltrevolution).

Gide fährt in nächster Zeit nach Barcelona und vielleicht Madrid. Große Bewunderung Gides für Kafka, namentlich den ›Prozeß‹. Auch für Sologub ›Le Démon subtil‹.

Paris. 1. November 1936. Sonntag

Mittags nach Marly, Maillol besuchen. Ich freute mich, ihn zu sehen, und die ganze Familie, die in der Küche versammelt war, schien sehr erfreut, mich zu sehen. Er zeigte mir die große Figur (weit überlebensgroß), die er im Auftrage des Staates für die Weltausstellung macht, eine Variation über meine Figur einer Hockenden, sehr mächtig und im besten Sinne monumental. Er nennt sie ›la Montagne‹. Auch die Figur einer Stehenden für einen Platz in Paris (wahrscheinlich den Hof des Louvre) und mehrere andre Werke, die ich noch nicht kannte, so eine ›Pomona‹ in Marmor und drei Mädchenfiguren, lebensgroß, die sich zu einer Art von Reigen verschlingen, Hand in Hand, die er ›les Nymphes de la prairie fleurie‹ nennt.

Die spanischen Ereignisse regen ihn sehr auf. Er scheint ganz auf seiten der Rebellen. Schimpft über die Blum-Regierung, ›un gouvernement idiot‹, gibt aber zu, daß er nichts von Politik verstehe und nur ausnahmsweise (zum Beispiel jetzt wegen Spanien) die Zeitung lese. Mein Buch hat er gelesen und schien namentlich vom ersten Teil (›Mémé‹) beeindruckt. Die Seiten über Sarah Bernhardt hätten ihn begeistert, weil er ganz Mamas vernichtendes Urteil über sie teile. In mir weckten das Haus, der Garten, das Atelier ziemlich wehmütige Erinnerungen an die Colin-Zeit.

Paris. 5. November 1936. Donnerstag

Maillol bei mir in Paris bei Marius gefrühstückt. Nachher mit ihm in den Luxembourg, um seine dort neu aufgestellte Figur zu sehen. Er klagte über seine Frau, die immer schlechter Laune sei und ihm fortwährend Szenen um nichts und wieder nichts mache. Das geht jetzt seit bald vierzig Jahren so. Wir aßen einen ›homard Lawrence‹, eine Spezialität von Marius, und Maillol erinnerte dabei an eine Bouillabaisse, die wir 1908 in Marseille, vor unserer Abfahrt nach Griechenland, gegessen hätten. Er habe nachher immer wieder das Restaurant gesucht, wo wir diese Wunder-Bouillabaisse genossen hätten, aber es nie wieder finden können.

Im Luxembourg steht seine Figur wie eine Königin inmitten der Menge nichtssagender, prätentiöser, häßlicher Statuen. Auch die meisten Bilder, und ganz besonders die ›Neuerwerbungen‹, sind unwahrscheinlich schlecht. Nur die beiden großen Toulouse-Lautrecs, die er für die Goulue gemalt hat, fallen vollkommen aus allem heraus durch ihre grandiose Komposition, ihre Monumentalität und ihren Humor. Maillol blieb lange davor stehen und schien sich daran nicht satt sehen zu können.

Paris. 7. November 1936. Sonnabend

Bei Misia Sert gefrühstückt mit Vuillard. Cocteau, der auch kommen sollte, hatte im letzten Augenblick wegen Grippe abgesagt. Misia, obgleich sie viel Kummer hat, so frisch und lebendig wie immer. Vuillard ist ganz weiß geworden, hat sich aber sonst gar nicht verändert.

Am späten Nachmittag bei José-Maria Sert in seinem Atelier. Er zeigte mir das Modell und den Entwurf zur Dekoration für den Saal des Völkerbundrats in Genf, eine imponierende und in ihrer Art geniale Sache, deren Pomp und Fortissimo sowohl meine Sinne wie auch mein Herz vollkommen kalt lassen. Eine Kunst ohne Seele, ohne innere Musik, die nur auf den Effekt eingestellt ist. Wie Degas von Serts Wandgemälde für den Dom von Vich sagte: »Ça se dégonfle.« Als Virtuosentum ist Serts Können aber erstaunlich.

Er erzählte mir die Zerstörung seiner Werke in Vich, die ›Roten‹ hätten den Dom zweimal angezündet, das zweite Mal, weil beim ersten Brand noch etwas von seinen Wandgemälden übriggeblieben war. Er habe bis dann nie geglaubt, daß er hassen könne; aber diese Leute, die seine Gemälde zerstört hätten, hasse er; er werde sich an ihnen rächen, er sei entschlossen, sich an ihnen zu rächen! In seinem spanischen Französisch wirkte das halb tragisch und halb komisch.

Er erzählte dann, daß die ›Roten‹ sein Besitztum am Meer in Katalonien ›besetzt‹ hätten. Eine Viertelstunde von dort ist auch das Unglück passiert, das seinem Schwager, Alexis Mdivani, das Leben gekostet hat. Sein Schwager sei aus einem rauschenden Fest in seinem Auto fortgefahren, um die Baronin Thyssen zur Bahn zu bringen. Die Abfahrt habe sich durch allerlei Scherze und Verabschiedungen etwas verzögert, und Mdivani habe deshalb mit großer Geschwindigkeit fahren müssen, um den Zug nicht zu verfehlen. Zwanzig Minuten nach seiner Abfahrt sei Serts Frau, die Schwester von Mdivani, angerufen worden, es sei ein Unglück passiert, und als sie sofort zur Stelle hinfuhr, sei ihr auf der Landstraße schon ein Bauernkarren mit der Leiche ihres Bruders entgegengekommen. Der Schock habe sie gelähmt, und als er, Sert, vierundzwanzig Stunden später aus Venedig heimkehrte, habe er seine Frau von Sinnen vorgefunden. Seitdem könne sie keinen Augenblick mehr schlafen, ohne daß sie sofort im Traume die Leiche ihres Bruders sähe.

Die Ärzte sagten, es hänge mit einer durch den Schock verursachten Störung in den Funktionen der Thyreoiddrüse zusammen, die bei dem heutigen Mangel an Kenntnissen dieser Funktionen zur Zeit unheilbar sei. Dieser Zustand seiner Frau, ihr halber Wahnsinn, habe sein Leben vollkommen umgewälzt; seine Ehe, die glücklich gewesen sei, sei zu einer äußerst unglücklichen geworden. Seine Frau habe für alle Menschen nur noch böse Worte, hasse alle, weil sie am Leben seien, während ihr Bruder tot sei.

Sert scheint sich durch die Übernahme ungeheurer Aufträge betäuben zu wollen. So hat er jetzt wieder eine riesige Dekoration für das Rockefeller-Haus in New York vor und verhandelt über eine noch riesigere Dekoration (›une chose pharamineuse‹, sagte er lachend) für das neue Stadion in London, eine Dekoration, die siebenundzwanzig Meter hoch werden soll (›plus haute qu'une maison de huit étages‹).

Er entwickelte übrigens eine Theorie, wonach diese Riesendekorations-Malerei die Kunst der Zukunft sei, weil die ungeheuren glatten Flächen der modernen Beton-Architektur eine entsprechende Malerei verlangten. Vorläufig stecke sie noch in den Anfängen, seine Riesendekorationen seien nur die ersten Versuche in dieser neuen Kunst, er sei nur deren ›Cimabue‹. Es würden andre kommen, die sie auf die Höhe führen würden. Er behauptet weiter, daß diese neue Kunst monochrom (nicht vielfarbig) sein werde. Was übrigens möglich ist, obwohl das ewige Schwarz auf Gold von Sert auf die Dauer trist wirkt, keine Freude aufkommen läßt. In Wirklichkeit weiß er mit der Farbe nicht viel anzufangen.

Paris. 11. November 1936. Mittwoch

Nachmittags bei den Julien Cains in der Nationalbibliothek; Porte six à huit. Cain sagte mir schöne Sachen über mein Buch, Berenson, den ich seit über zwanzig Jahren nicht gesehen hatte, hatte es ebenfalls gelesen und fragte mich, sonderbarerweise, warum ich es nicht französisch geschrieben hätte? Ich antwortete, weil ich Deutscher und meine Sprache Deutsch sei. Er hat sich wenig verändert, ist noch immer bissig und amüsant, sagt, daß er in seiner Villa in Florenz von den Faschisten streng beobachtet wird und daß sie um ihn eine Art von Sanitäts-Kordon gezogen haben und seine Landsleute aus Amerika vor ihm warnen, ihnen beibringen, daß es keinen Zweck habe, ihn zu besuchen, er sei altersschwach, trottelig, verrückt!

Paris. 13. November 1936. Freitag

Cocteau, der vor einigen Tagen überfahren worden ist, in seinem Zimmer besucht. Er lag zu Bett mit einem mehrtägigen Bart. Wir sprachen über seine Weltreise. Er sagte, der ideale Aufenthaltsort sei Peking, man könne dort in einem alten Palais für nichts leben; mit fünfhundert Francs monatlich sei man ein großer Herr. Aber er fühle sich, obwohl alles andre als Nationalist oder Chauvinist, doch nirgends wohl als in Frankreich. Mir müsse das doch wohl mit Deutschland ebenso gehen? Ich bestätigte dieses. In der Tat fange ich an, ein starkes Heimweh zu haben.

Pontanevaux. 11. Dezember 1936. Freitag

Heute abend um zehn Uhr im englischen Rundfunk die Abschiedsworte Eduards des Achten an seine Völker und an seine Heimat abgehört. Die Erklärung dauerte kaum fünf Minuten, war aber in ihrer Einfachheit, Würde und echten Menschlichkeit tief ergreifend, wie eine Rede aus einem Shakespearischen Königsdrama.

Pontanevaux. 15. Dezember 1936. Dienstag

Nach Lyon auf das Spanische Konsulat, um mir ein Visum für Palma zu beschaffen. Der Konsulats-Sekretär sagte mir, daß nach den neuesten Instruktionen sie Visa an Deutsche und Italiener nicht mehr erteilen dürften. Aber ich solle ruhig nach Palma fahren; da es in den Händen der Rebellen sei, werde es dort gerade umgekehrt sein, niemand werde mir als Deutschem dort die Einreise verweigern!

Pontanevaux. 23. Dezember 1936. Mittwoch

Abends kamen ganz überraschend George Heywood und seine Frau auf der Durchreise nach Cap Ferrat hier an und aßen mit mir. Er ist jetzt Brigadekommandeur in Aldershot. Das Gespräch kam natürlich auf die Abdankung Eduards VIII. Heywood sagte, was ihm am meisten Sorge mache, sei, daß unzweifelhaft diese erzwungene Abdankung dem monarchischen Gedanken in England einen schweren Stoß versetzt habe. Wenn ein Ministerpräsident einen König, der nichts Verfassungswidriges getan habe, zur Abdankung zwingen könne, dann sei vielleicht eine Republik mit einem Präsidenten vorzuziehen.

Pontanevaux. Weihnachtsabend 1936. Donnerstag

Um vier hatte ich einen Weihnachtsbaum und eine Bescherung für die Dorfkinder von Saint-Symphorien d'Ancelles eingerichtet. Zirka fünfzig Kinder von sechs bis zehn Jahren kamen unter Führung ihrer Lehrerin. Die meisten hatten noch nie einen Weihnachtsbaum gesehen und waren durch den Weihnachtsmann, als der vermummt Faveri erschien, sehr beeindruckt. Auch die Hunde, Katzen, Gänse hatten unter dem Baum ihre eigene Bescherung, was sehr lustig war. Es stellte sich heraus, daß die kleinen Mädchen die Puppen verachteten und kleine Küchengarnituren und Eßservice vorzogen. Alle waren erstaunlich artig und wohlerzogen; hübsche Gesichter hatte kaum ein halbes Dutzend kleine Mädchen und Jungen; die meisten sahen aus wie der graue Alltag. Das Volk dieser Gegend, Bourguignons und Lyonnais, ist merkwürdig unschön.

Pontanevaux. Silvester 1936. Donnerstag

Abends mit Wilma die Silvesterfeier aus Berlin abgehört. Um Mitternacht Berliner Zeit das Läuten der Glocken der Berliner Kirchen sehr ergreifend in der Fremde. Um Mitternacht französischer Zeit antworteten ihnen die Glocken aus Paris. Im selben Augenblick sprang Biederle, der vor dem Feuer geschlafen hatte, mir auf den Schoß, wie um mir seine Wünsche zum neuen Jahr zu überbringen.

1936 ist ein trübes, sorgenvolles, unglückliches Jahr gewesen, und die Aussichten für 1937 sind nicht gänzend, entgegen Léon Blums optimistischer Rede, die er mit etwas zittriger und trüber Stimme um halb acht im Radio hielt.

1937

Paris. 10. Januar 1937. Sonntag

Früh um neun Nasenbluten, das sich allmählich zu einem Blutsturz entwickelte, so daß ich fast in meinem Blut erstickte. Der Arzt kam und stillte allmählich das Blut. Ich mußte aber den Tag über regungslos auf dem Rücken liegen. – Nachmittags kamen Jacques und André Hugon und wachten abwechselnd bis spät an meinem Bett.

Paris. 11. Januar 1937. Montag

Nachmittags brachen plötzlich Cocteau und Picasso in mein Zimmer ein und waren sofort wieder verschwunden. Nachher entschuldigte sich Cocteau, er habe die Zimmer verwechselt; machte mir im übrigen Vorwürfe, daß ich ihn Sonntag nicht habe rufen lassen.

Paris. 13. Januar 1937. Mittwoch

Nachmittags bei Misia Sert, die mir vorschlug, mich bei Quiñones de Leon einzuführen, damit er mir meine Reise nach Mallorca und den Rücktransport meiner Papiere aus Palma erleichtere. Er scheint der offiziöse Vertreter der Rebellen-Regierung von Burgos in Paris zu sein. Außerdem sagte sie mir sehr viel Schönes über mein Buch. Sie ist so jung und charmant geblieben wie vor zwanzig Jahren. Sie meinte, ich solle unbedingt im zweiten Bande die Verleumdungen erwähnen und widerlegen, die über mich hier bei Kriegsbeginn verbreitet worden sind. Sie halte das für unerläßlich. Ich machte Einwände: warum diese alten, peinlichen Dinge wieder aufwärmen? Sie hielt aber stand.

Über die zweite Madame Sert, die geborene Mdivani, die halb wahnsinnig geworden ist infolge des Todes ihres Bruders, sagte sie: diese habe in ihrem Wahnsinn lange Zeit abgelehnt, sie zu sehen, habe sie aber oft nachts plötzlich antelephoniert in dem Gefühl, Misia sei der einzige Mensch, der ihr helfen könne. Misia fügte merkwürdigerweise hinzu, diese Frau, die ihren Platz als erste Frau eingenommen hat, sei der einzige Mensch in der Welt, den sie, Misia, wirklich liebe, über alles liebe. Sie und ich sind ›pour ainsi dire la même personne‹. Darin liegt subjektiv wahrscheinlich eine tiefe Wahrheit, die Misia gefühlsmäßig über die schiefe Situation hinweghilft.

Abends in der Comédie-Française, die ich zum ersten Mal seit vielen Jahren wieder besuchte, Mussets ›Chandelier‹ und Molières ›École des maris‹ gesehen. Reizende Inszenierungen, an die von Reinhardt anknüpfend, völlig vom alten Comédie-Française-Stil abweichend. Erstaunlich, wieviel näher uns Molière als Musset steht. Molière ist wie von heute, Musset ganz unleugbar von gestern. Dieses Gefühl wurde noch verstärkt durch den Darsteller des Fortunio, einen jungen Schauspieler namens Julien Bertheau, der einen ausschließlich schwächlichen, weinerlichen Jüngling hinstellte ohne jede Frische oder Knabenhaftigkeit, einen Jüngling ganz aus Schlagsahne, mit einer langen blonden ›indéfrisable‹-Frisur wie ein Botticellischer Engel. Das Publikum sehr bourgeois. Alle Frauen, bis auf ganz wenige, ganz in Schwarz, zum Teil elegant, aber alle diese schwarzgekleideten Frauen erweckten den Eindruck einer Trauerversammlung; man suchte unwillkürlich jemanden, dem man sein Beileid aussprechen könnte.

Paris. 14. Januar 1937. Donnerstag

Großes Frühstück bei Misia Sert: Marcel Achard, der ›junge‹ Porel, Sohn der Réjane, usw., lauter mir unbekannte Leute. Unter diesen ein Pole (Jude), Anatole Mühlstein, Schwiegersohn von Robert de Rothschild, polnischer Gesandter z. D., der ein Buch über Pilsudski schreibt, den er für ›größer als Napoleon‹

erklärt. Er sagte mir, er habe mich schon immer kennenlernen, mir schreiben oder mich um eine Unterredung bitten wollen, da er gewisse Einzelheiten über Pilsudskis Befreiung von mir hören möchte, um Punkte, die ihm geheimnisvoll geblieben seien, von mir zu erfahren. Er fragte mich dann unter anderem, ob Pilsudski mir eine schriftliche Erklärung gegeben hätte, daß er nichts gegen Deutschland unternehmen wolle? Ich bestätigte ihm, daß es sich nur um eine mündliche Erklärung in Form eines Ehrenwortes gehandelt habe, da ich mich dem General Hoffmann gegenüber geweigert habe, eine schriftliche Erklärung von Pilsudski zu verlangen. Außerdem habe mir Pilsudski bereits 1915 erklärt, daß er keinen Zollbreit deutschen Bodens wünsche; aber allerdings auch nicht ausschlagen könne, wenn ihm die Alliierten etwa Westpreußen anböten. Mühlstein sagte, das erkläre ihm die Haltung Pilsudskis bei den Friedensverhandlungen, deren Gründe ihm bisher immer dunkel geblieben seien. Pilsudski habe sich nämlich immer energisch geweigert, an den Verhandlungen über Polens Westgrenze teilzunehmen, die habe er Dmowski überlassen, während er sich ausschließlich mit Polens Ostgrenze beschäftigt habe. Offenbar habe er sich durch sein mir gegebenes Ehrenwort, daß er keinen Zollbreit deutschen Bodens verlangen werde, behindert gefühlt und daher von diesen Annexionsverhandlungen ferngehalten. Eine recht plausible Erklärung.

Mühlstein sagte auch und wiederholte es mehrmals, daß der Unterstaatssekretär Filippovicz, der mir das Verlangen zugestellt hat, Warschau zu verlassen, ›un fou‹ gewesen sei, der ohne Auftrag gehandelt habe. Jedenfalls hat sich Pilsudski, wie es scheint, mit einem etwas schlechten Gewissen um sein mir gegebenes Ehrenwort herumgedrückt.

Paris. 15. Januar 1937. Freitag

Mit Hugo Simons und Dreyfus nach Marly zu Maillol, den wir in einem vom Bruder van Dongen ihm zur Verfügung gestellten Atelier an seiner großen Figur für die Ausstellung an der Arbeit fanden, obwohl es schon fast dunkel war. Er sieht frisch aus, behauptet aber, sehr übermüdet zu sein und möglichst bald nach Banyuls zu wollen, um sich auszuruhen.

Die große Figur läßt ihn nicht los. Ununterbrochen seit vielen Monaten arbeitet er daran herum, um ihre Massen zueinander in ein immer harmonischeres und überzeugenderes Verhältnis zu bringen. Wenn er an der einen Stelle, zum Beispiel der Schulter, etwas ändere, so sei es von der einen Seite gesehen richtig, von der andren falsch. So müsse er es wieder ändern. So kommt er von kleiner Korrektur zu kleiner Korrektur, langsam sich vorwärts tastend, endlich zum vollen Zusammenklang der Massen. Er ist dabei von unendlicher Geduld und unendlichem Fleiß. Was ihn aber nicht hindert, auf seinen metteur au point zu schimpfen, der ein imbécile sei, der die Massen nicht richtig angesetzt habe; denn wenn er diese genau nach dem Tonmodell gemacht hätte, wäre die Figur längst fertig! Aber seit dreißig Jahren schimpft er über jeden seiner metteurs au point, daß sie ihn im Stich ließen und unendliche Arbeit verursachten. In Wirklichkeit macht ihm gerade dieses Herumkorrigieren an seinen Figuren am meisten Freude.

Wir fuhren Maillol nach seinem Hause. Kamen aber vor geschlossene Türen, da Mme. Maillol die Schlüssel mitgenommen hatte, so daß er im Garten hätte warten müssen im Dunkeln bei Feuchtigkeit und Kälte, wenn nicht zufällig das Atelier noch offen gewesen wäre. Seltsame Parallele zwischen der Art, wie Maillol von seiner Frau vernachlässigt und mißhandelt wird, und dem, was er nach Judith Cladel von Rodin erzählt, daß er in seinem Haus in Meudon ›mort de froid‹, an Kälte gestorben sei, weil die Stadt Paris sich weigerte, die Zentralheizung reparieren zu lassen.

Nachher in Paris Tee bei Annette Kolb. Dort Dumaine getroffen, den Dezernenten für Großbritannien im Quai d'Orsay. Ich brachte ihn auf die Panik am Sonntag und die vom Radio usw. verbreiteten falschen Nachrichten über die Landung deutscher Truppen in Melilla zu sprechen. Er sagte, sie hätten im

Quai d'Orsay keine Nachrichten über die Landung deutscher Truppen gehabt, dagegen wohl darüber, daß dort weit vorgeschrittene Vorbereitungen für solche Landungen bestünden. Aus diesen Nachrichten über Vorbereitungen seien dann durch eine Art von ›génération spontanée‹ die Meldungen über bereits geschehene Landungen entstanden. Aber vielleicht sei das ›un mal pour un bien‹ gewesen, weil diese falschen Nachrichten die Erklärung von Hitler an Poncet verursacht und jedenfalls einen solchen Plan, wenn er bestanden hätte, vereitelt hätten, einen Plan, dessen Ausführung eine Kriegsgefahr herbeigeführt hätte.

Paris. 16. Januar 1937. Sonnabend

Gordon Craig heute zufällig beim Frühstück im Café de la Paix getroffen. Er ist jetzt ganz weiß geworden, eine gewaltige weiße Mähne, die zu seinem mächtigen, schönen Kopf gut paßt. Er setzte sich zu mir und erzählte, er sei kürzlich in Moskau gewesen und habe außerdem ein Privatgespräch von zwanzig Minuten mit Mussolini gehabt. Der letztere hätte ihn erstaunt durch die Dummheit und Leere seines Gesichtes: »Quite the Italian waiter! ›What can I do for you, Sir?‹« In Moskau habe das jüdische Staatstheater die beste Truppe und die beste Regie, die er jemals gesehen habe. Ihr ›Lear‹ sei grandios, erschütternd. Er möchte es nach Europa bringen.

Paris. 18. Januar 1937. Montag

Den Grafen Molina im Hotel Meurice aufgesucht, den Sekretär des früheren Botschafters Quiñones de Leon, der jetzt offiziös die Burgos-Regierung hier vertritt und bei dem mich Misia Sert eingeführt hatte. Ich wollte, in Ermangelung eines Visums, ein Empfehlungsschreiben von Quiñones für die Behörden in Mallorca haben. Ich bekam ihn aber nicht zu sehen. Molina setzte mir auseinander, daß mein Wunsch unerfüllbar sei, da Quiñones kein offizielles Schriftstück ausstellen könne und niemanden in Mallorca kenne, an den er schreiben könnte.

Ich merkte bei Molina eine sehr große Nervosität. »Nous

vivons ici *en pays ennemi*, car vous vous rendez bien compte que la France est pour nous un pays ennemi!« Er fragte, ob ich Franzose sei. Als ich nein sagte, Deutscher, wurde er freundlicher. »Alors c'est différent, si vous êtes Allemand. Nous faisons tout ce que nous pouvons pour les Allemands. Ils nous aident, alors nous les aidons, c'est juste.« Aber irgend etwas von Quiñones mir mitgeben könne er doch nicht. Doch solle ich nur ruhig nach Mallorca fahren, mir als Deutschem werde niemand die Landung verweigern.

Paris. 19. Januar 1937. Dienstag

Gordon Craig bei mir im Café de la Paix gefrühstückt. Er erzählte aus Moskau. Die Russen hielten sich für die glücklichsten und reichsten Leute der Welt, während alle andren Völker in der äußersten Not lebten und versklavt seien. Der Besitzer des ›Hotel Metropol‹ in Moskau habe ihn gefragt, ob sein Hotel nicht das beste in der Welt sei? Worauf er geantwortet habe: »No, Sir! It is the very worst, I have ever been in!« Es habe kein Salz und keinen Pfeffer gegeben, außer ›when you clamoured for it‹. In der Straße sei einem immer irgendein Spion gefolgt. Ein Intellektueller, den er von früher her in komfortablen Umständen kannte, habe mit seiner Familie zu fünfen in einem Zimmer gehaust. Dagegen habe Meyerhold eine luxuriöse Villa bewohnt. Allerdings wenn er als Spielleiter vor dem Publikum auf der Bühne erschien, sei er immer in einem alten, abgeschabten Mantel gekommen.

Ich sondierte Craig, ob er eventuell, wenn die Cranachpresse wieder auflebte, für die Gesamtausgabe von Shakespeare, wie ich sie vor Augen habe, die Holzschnitte, einen pro Band, machen würde. Er sagte, ja gewiß! Er wohnt jetzt in Saint-Germain, das er sehr liebt, im Pavillon de Noailles.

Paris. 21. Januar 1937. Donnerstag

Den ganzen Tag mit Schwierigkeiten über mein Visum bei der Préfecture de Police verloren. Die Préfecture weigert sich, mir eines zu geben, wenn ich nicht die Carte d'identité, die ich nicht besitze, vorzeige, trotz eines Schreibens vom Quai d'Orsay, daß diese in Mende in der Lozère auf der Préfecture für mich liegt. Der Quai d'Orsay verlangt energisch, daß mir die Préfecture das Visum trotzdem geben soll. Im Quai d'Orsay setzen sich vor allem Comert und sein Sekretär de Nerciat für mich ein; letzterer ist Lozérien, oder halb Lozérien, seine Mutter eine Morangiès, und interessiert sich deshalb besonders für mich von einer Art von Lokalpatriotismus. Nach vielem Hin und Her und Reisen vom Quai d'Orsay nach der Préfecture und vice versa siegte schließlich die Beharrlichkeit des Quai d'Orsay, und mir wurde das Visum für morgen versprochen.

Paris. 22. Januar 1937. Freitag

Nachmittags auf der Préfecture endlich mein Visum abgeholt. – Abends mit Jacques bei H. Simon. Dort Schickele, den ich seit vielen Jahren nicht gesehen hatte, und seine Frau, der Marchese Farinolla und seine (zweite) Frau, Annette Kolb, Hans Siemsen. Dieser verursachte einen sehr unangenehmen Skandal, indem er zur Marchesa Farinolla sagte: »Mussolini kann mich am A . . . lecken.« Farinolla, der daneben saß, stand zum Protest auf und ging hinaus, Schickele sah Siemsen mit aufgerissenen Augen wie einen Verrückten an usw. Schließlich ging Siemsen fort und entschuldigte sich dann telephonisch. Farinollas waren beide wütend und ließen es merken. Meine Palma-Reise löste von allen Seiten Proteste aus. Farinolla beschwor mich, nicht hinzufahren.

Zürich. 27. Januar 1937. Mittwoch

Vormittags Hunzikers Ausstellung in einem ihm von der Stadt zur Verfügung gestellten Atelier besucht; Gemälde, Zeichnungen und Lithographien. Starker Eindruck. Eine Beseelung der Landschaft und der Figuren, die mich an Munch erinnerte. Als ich dieses Hunziker sagte, antwortete er, auch von andrer Seite sei in diesem Zusammenhang der Name Munch genannt worden. Einen besonders starken Eindruck machte auf mich eine Zeichnung zu Stendhals ›Le Rouge et le Noir‹, der kleine Julien Sorel nach dem ersten Zusammensein mit seiner Freundin; psychologisch von einer seltenen Feinheit und Tiefe.

Nach Tisch mit Simon und Oprecht zum Vorsitzenden der Züricher Büchergilde, einem früheren Berliner Gewerkschaftler Dreßler, mit dem Oprecht mich in Verbindung bringt, um mit seiner Hilfe die Cranachpresse wiederzubeleben. Dreßler scheint sich in der Tat ernsthaft dafür zu interessieren. Mit ihm allerhand Möglichkeiten besprochen; unter anderen auch die, hier und da mal ein Buch für seine Buchgemeinschaft zu drucken oder wenigstens zu setzen. Etwa ein Buch von Ramuz mit Holzschnitten von Hunziker.

Zürich. 20. Februar 1937. Sonnabend

Bei Brentanos in Küßnacht gefrühstückt. Kleines Landhäuschen in einem kleinen Garten mit kleinen Räumen, aber modern und einfach eingerichtet, mit einer anheimelnden Bibliothek und einem großen, komfortablen Schreibtisch. Nachdem ich so lange nur in unpersönlichen Hotelzimmern mich herumgetrieben habe, machte es mir einen seltsamen Eindruck, mich zum ersten Mal wieder in einem richtigen, gut eingerichteten Arbeitszimmer zu befinden. Zwei dicke, blonde, kleine Buben, dreieinhalb und eineinhalb Jahre alt, Michael und Peterchen, vervollständigten das Bild einer glücklichen, soliden Häuslichkeit.

Ich sagte Brentano, mit welcher inneren Anteilnahme ich seinen ›Theodor Chindler‹ gelesen habe, dessen Held der Krieg sei, der gespensterhaft, mit knochigen, bösen Fingern in alles hineingreife, alles verbiege und schief drehe, bis er sich selber auffresse, und fragte, wer nun, nachdem der Krieg sich umgebracht habe, der Held der Fortsetzung sein werde? Er sagte: »Die Republik.«

Nachher zu Thomas Mann, der ein paar hundert Schritt weiter eine schöne Villa bewohnt. Sehr großes, helles Arbeitszimmer mit einem schönen Blick auf den See. Er sprach von meinen Erinnerungen, die ihm sehr gefallen hätten und von denen er einzelne Stellen hervorhob. Dann von Hofmannsthal; den ›Rosenkavalier‹ halte er für unsterblich wie den ›Figaro‹, den ›Barbier‹ und ›Carmen‹, ein völlig geglücktes Werk. Ich erklärte ihm meinen Anteil am Szenario.

Später kam Frau Mann, und das Gespräch verflachte etwas. Er erzählte, daß er jetzt an einer großen Goethe-Novelle arbeite, Besuch der sechzigjährigen Lotte Buff bei Goethe in Weimar. Schon einmal habe ihm Goethe als Novellenfigur vorgeschwebt, aber er habe sich damals doch nicht herangewagt, und da sei der ›Tod in Venedig‹ entstanden, indem die Situation Goethe–Marianne von Willemer in die eines Dichters, der mehr oder weniger er selbst sei, der in einen Knaben verliebt ist, umgebogen worden sei.

Zürich. 25. Februar 1937. Donnerstag

Vortrag des Dr. Werner Wolff über ›Die Erschließung der altamerikanischen Kultur‹, das heißt seine Entzifferung der Mayaschrift, zu dem Thomas Mann, Frau Reiff und ich gemeinsam in die Kunstgewerbeschule eingeladen hatten. Die ganze deutsche Intellektuellen-Kolonie anwesend: Manns mit ihrer jüngsten Tochter, Frau v. Brentano, Frau Wassermann, Stössinger usw. Der Vortrag langweilte, weil er viel zu ausführlich und mit zu vielen Bildern beschwert war. Nachher alle in ›Old India‹ am Bahnhof.

Paris. 10. März 1937. Mittwoch

Mit Fieber aufgewacht. Den Tag im Bett geblieben.

Paris. 11. März 1937. Donnerstag

Auf Simons Drängen einen österreichischen Arzt, Dr. Berger, hinzugezogen.

Paris. 13. März 1937. Sonnabend

Auf Bergers Drängen in eine Klinik transportiert. Ich habe eine beginnende Lungenentzündung (Ödem) und Darmblutung.

Paris. 13. April 1937. Dienstag

Nach wiederholten Bluttransfusionen und immer sich wiederholenden Darmblutungen von Dr. Rouquès operiert: Laparotomie und Abbindung zweier Venen im Darm, die die Blutungen speisten. Eine ganz neue Operation, die noch nie gemacht worden ist. Ich litt sehr, weil ich nicht richtig anästhetisiert wurde aus Angst vor Herzkomplikationen.

Paris. 25. Mai 1937. Dienstag

Endlich heute nach zweieinhalb Monaten die Klinik verlassen und ins ›Castille‹ zurückgezogen, wo Wilma die ganze Zeit über gewohnt hat. Hübsches Zimmer mit Ausblick auf den Garten des Justizministeriums.

Paris. 28. Mai 1937. Freitag

Mit einem Laissez-passer von van de Velde vormittags in die Ausstellung und den belgischen Pavillon besucht. Inneres herrliche Proportionen, diskrete, vornehme Dekoration, sehr schöne moderne Gobelins.

Paris. 31. Mai 1937. Montag

Die ›Deutschland‹ ist gestern im Hafen von Ibiza von spanischen Regierungsflugzeugen bombardiert worden, dreiundzwanzig Mann getötet, über achtzig verwundet. Ein äußerst ernster Fall, der jede Besorgnis rechtfertigt. Deutsche Kriegsschiffe haben als Repressalie Almeria bombardiert und einige zwanzig Tote für die unglücklichen deutschen blauen Jungens in die andre Waagschale geworfen. Damit ist hoffentlich Hitlers Prestigebedürfnis genügt.

Pontanevaux. 21. Juni 1937. Montag

Neue, ziemlich ernst aussehende Komplikationen im Mittelmeer. Die ›Leipzig‹ soll angeblich am Fünfzehnten und Achtzehnten von einem spanischen Regierungs-U-Boot angegriffen worden sein; doch ist kein Schaden entstanden, und niemand hat die Torpedos gesehen. Deutschland fordert gemeinsame Maßnahmen der vier Kontrollmächte gegen die spanische Regierung, worauf England und Frankreich bei dem ungeklärten Stand der Sache keineswegs ohne weiteres eingehen dürften.

Pontanevaux. 24. Juni 1937. Donnerstag

Frankreich und England haben Deutschlands Forderung abgelehnt, worauf dieses erklärt hat, nicht weiter an der Bewachung der spanischen Küsten teilnehmen zu wollen, aber seine Flotte im Mittelmeer weiter verstärkt. Italien solidarisiert sich mit dem Dritten Reich. In den Zeitungen Ausdrücke starker Besorgnis wegen der Zukunft.

Fournels. 11. September 1937. Sonnabend

Heute früh eine Viertelstunde lang geschneit. Witterung recht kalt. Jacques abends nach Paris zurückgefahren. Ihn im Wagen nach der Bahn, nach Saint Chély, gebracht. Unterwegs riet er mir mit großem Nachdruck ab, nach Mallorca zu fahren. Es sei großenteils in deutschen Händen, das heißt in Händen der Nazis. Ebensogut könnte ich nach Berlin fahren. Er ist in Paris mit Bernanos in Verbindung gewesen, der bis vor kurzem in Mallorca geblieben war. Obgleich dieser auf seiten Francos steht, habe er es dort nicht mehr aushalten können. Er ließe mir sagen, daß er mir dringend abrate, nach Mallorca zu gehen, es sei denn, ich stünde mich mit der deutschen Nazi-Regierung gut. Die Zustände dort seien entsetzlich usw.

Fournels. 30. September 1937. Donnerstag

Mit Christian nach Marvejols, um mein Herz röntgen zu lassen. Angenehmer, junger Arzt, Dr. de Fleury, der im städtischen Dispensaire einen Apparat zur Verfügung hat, der von der Marquise de Chambrun, Frau des Senators, Amerikanerin, mit amerikanischem Geld gestiftet ist. Das Städtchen, altmodisch, malerisch, erinnert in Stil und Atmosphäre an Weimar, aber schon fast südlich.

NACHWORT

Seine Abstammung und Jugend hat Harry Graf Kessler, Mäzen und Diplomat, in dem schönen und wehmütigen Buche ›Gesichter und Zeiten‹ ausführlich beschrieben. Es erschien 1935, als der nach Frankreich emigrierte Autor bei uns nicht mehr gelitten war, und geriet daher bald in Vergessenheit, wie Kessler selbst, der zwei Jahre später in der Stille eines burgundischen Dorfes starb. In jenem Buch hat er vor allem seiner schönen Mutter ein Denkmal gesetzt. Sie stammte aus irischem Landadel und war eine harmlose Liebe Kaiser Wilhelms I. Dem ritterlichen alten Herrn muß sie auf der Emser Brunnenpromenade wie ein Wunder von Schönheit, Lieblichkeit und Eleganz erschienen sein. ›Mémé‹ (so nannten sie später ihre Enkel) war in der Tat eine zauberhafte Blüte der europäischen Gesellschaft in den siebziger Jahren. Ihr Gatte (er war Bankier zu Paris und verlebte nur die Sommer in Deutschland) entstammte einer alten Bürgerfamilie der freien Schweiz. Sein Ahn, Johannes Kessler zu Sankt Gallen, Sattler und Laientheologe, hatte 1522 Luther in Jena kennengelernt, worüber er in seinen ›Sabbata‹ genannten Aufzeichnungen reizvoll berichtet. ›Er war‹, schreibt Gustav Freytag von ihm, ›eine anspruchslose, sanfte, reine Natur‹ und scheint die Lust am Tagebuchschreiben seinem vierhundert Jahre später lebenden Nachfahren vererbt zu haben.

Vater Kessler, ein kluger, keineswegs unmusischer Geschäftsmann, 1879 geadelt, 1881 Graf, starb 1895 und hinterließ seinen Kindern ein bedeutendes Vermögen. Der 1868 geborene Harry (ihm folgte später eine Tochter Wilma, Patenkind des Kaisers) hat in französischen, englischen und deutschen Schulinternaten recht bittere Jugendjahre verlebt. Es ging dem auffallend schönen Knaben fast wie dem jungen Arthur Schopenhauer, den sein kaufmännischer Vater in dreier Herren Ländern erziehen ließ, der aber dann kein Bankier, sondern ein übernationaler Denker wurde. Harry Graf Kessler wurde nicht Philosoph, wohl aber großer Europäer, geistig freilich stets in Deutschland wurzelnd. Von seiner erstaunlichen internationalen Freizügigkeit, die jedoch keineswegs unstet und gehetzt wirkt, künden die Tagebücher. Tagebuchcharakter tragen schon seine 1898 erschienenen, zuletzt 1964 neu aufgelegten ›Notizen über Mexiko‹. Sie erzählen klug und suggestiv von einer kurz vorher unternommenen Fahrt durch das faszinierende indianisch-christliche Tropenland.

Es war ein unruhiges Leben, das der kosmopolitische, sich aber durchaus als Deutscher fühlende Graf zu führen pflegte, ein Leben, das ihn trotz allem die fast tägliche Selbstrechenschaft nicht vergessen ließ. Dabei hat er zugleich in Berlin und Weimar seiner Freude an kultiviertem Wohnen gehuldigt. In Berlin hauste er, wie Staatssekretär Richard von Kühlmann erzählt, ›nicht allzuweit vom Anhalter Bahnhof in einer geräumigen, ziemlich schlecht beleuchteten Wohnung, die angefüllt war mit zum Teil trefflichen Werken der jüngsten französischen Schule‹. Sein eigentlicher Hausstand war jedoch zu Weimar in der Cranachstraße, dem Nietzsche-Archiv benachbart. Wie verklärt und in leuchtenden Farben hat Helene von Nostitz dieses Weimar in ihren Erinnerungen beschworen! Hier fand man die erlesensten Bücher und Kunstwerke, hier verkehrten Gerhart Hauptmann, R. A. Schröder, Rilke, Hofmannsthal, Richard Strauss, dessen Ballett ›Josephslegende‹ Kessler entworfen hat. Es erlebte im Mai 1914 zu Paris seine Uraufführung. Denn in Paris war Kessler ebenso zu Hause wie in Berlin, Weimar und London – in dieser gleichfalls versunkenen Welt, die uns Misia Sert, Gattin des genialischen spanischen Monumentalmalers, so faszinierend geschildert hat, in einer Welt voll Licht und Schönheit, wie sie für uns heute noch in Prousts Romanen, in Renoirs Farbwundern, in Mallarmés kunstvoller Lyrik, in Debussys zart verschleierten Klängen weiterlebt.

Hat Graf Kessler somit ein durch Reichtum bedingtes feinsinniges Schlemmerdasein geführt? Ganz und gar nicht! Der Mann, von dem 1906 Edvard Munch ein elegant-hintergründiges Porträt malte, war zunächst verständnisvoller Freund und Mäzen des südfranzösisch-antikischen Bildhauers Aristide Maillol, den er 1905 in Paris kennenlernte. Er lud den kindlich-originellen Weißbart 1908 mit Hofmannsthal zu einer Hellasfahrt ein und besaß von ihm die herrliche Steinplastik eines sitzenden Mädchens. Sie schmückte seine Berliner Bibliothek, und ihr Verkauf hat ihm später bitteren Kummer bereitet. Maillol schuf für Kessler auch die Holzschnitt-Illustrationen zu der berühmt gewordenen Ausgabe von Vergils ›Eklogen‹. Sie konnte erst 1926/27 erscheinen, kündet jedoch bleibend von einer Vorkriegsleidenschaft Kesslers, der er als Liebhaber des schönen Buches Unsummen von Geld, aber auch unendliche Zeit und Liebe geopfert hat: von seiner 1913 zu Weimar gegründeten Cranach-Presse, deren Drucke durch den Insel-Verlag in den Handel kamen. Wie mit Maillol war er auch mit Henry van de Velde, dem Hauptinitiator des ›Jugendstils‹, eng verbunden, der ihm sein Weimarer Haus, seine Berliner Wohnung und die Wohnung seiner Schwester in Paris ausgestaltet hatte.

Mit diesen Andeutungen ist sein Tun, sind seine Verdienste keineswegs alle gekennzeichnet. Seine Tagebücher weisen ihn in stärkstem Maß als Politiker und passionierten Zeitbeobachter aus. Als weltferner Ästhet hätte er sich nach 1918, da sein schönes Vorkriegs-Europa zusammengebrochen war, gewiß trauernd in einen Winkel verkriechen müssen. Er blieb jedoch in Berlin, wo er auf der Straße und in der Gesellschaft die erstaunlichsten Dinge beobachtete. Und er war ja eigentlich Diplomat. Dem eleganten Bonner Studenten war in Kissingen die Riesengestalt des alten Bismarck imponierend entgegengetreten; daß seine Eltern mit den allerhöchsten Herrschaften fast freundschaftlich verkehrten, haben wir bereits angedeutet. Hätte es da nicht nahegelegen, daß der Graf nach dem Umsturz auch schwarzweißroter Reaktionär geworden wäre, Reserveoffizier und Garde-Ulan, der er ohnehin war? Das genaue Gegenteil ist der Fall: seine Standesgenossen haben ihn, den eifrigen Demokraten und Kurator der ›Deutschen Friedensgesellschaft‹, als ›roten

Grafen‹ und halben Kommunisten verschrien und aus ihren Verbänden ausgestoßen. Er war jedoch ein besserer Deutscher als sie und stellte sich 1918 sofort der neuen Regierung zur Verfügung. Über das tragikomische kurze Abenteuer seiner Warschauer Gesandtschaft werden wir in den Tagebüchern ausführlich unterrichtet. Man hat den Eindruck, daß Kessler sein diplomatisches Handwerk trefflich verstand, daß es ihm weder an Einsicht noch an Energie mangelte. Aber er war Vertreter eines gerade zusammengebrochenen Reiches, einer auf schwachen Füßen stehenden provisorischen Berliner Regierung, mitten im Hexenkessel eines nationalistisch aufgewühlten, zur siegreichen Entente hindrängenden Landes. Deutschland hatte Polen noch vor kurzem besetzt gehalten; der Generalgouverneur war bei Nacht und Nebel geflohen, Hunderttausende deutscher Soldaten standen noch in Polen. Und im Osten schob sich, chaotisch und furchtbar drohend, der sowjetische Koloß heran; da konnte ein deutscher Gesandter wenig tun. Kessler mußte nach Berlin zurückkehren, wo sich damals die Regierung in schweren Straßenkämpfen zu behaupten hatte. Er verzichtete dann darauf, seinem Vaterland als aktiver Diplomat zu dienen und etwa als Gesandter oder Botschafter in eine der großen Hauptstädte Europas zu gehen. Er glaubte eine wichtigere Mission zu erfüllen durch seinen Völkerbundplan, den er 1920/21 in mehreren Broschüren und dann als eifriger Redner im In- und Ausland verfocht. Den fragwürdigen Genfer Völkerbund sollte da ein alle Staaten umgreifender Zusammenschluß überstaatlicher Organisationen (wie etwa der Kirchen und Gewerkschaften) ersetzen. Müssen wir anmerken, daß dieser große Plan, entworfen im Jahr des Versailler Vertrages, auf dem Papier blieb? In den folgenden Jahren hat sich Kessler dann im Dienste der Weimarer Republik als Freund Rathenaus und Stresemanns außenpolitisch betätigt. Mit Walther Rathenau fuhr er April 1922 zur Konferenz von Genua; dem von Tragik umwitterten, schändlich ermordeten deutschen Außenminister widmete er 1928 eine Biographie. Aber, wie gesagt, der aktiven Diplomatie hat Kessler nicht mehr angehört. Eine schwere Krankheit warnte ihn schon 1926 vor einer Überspannung seiner Kräfte. Und wenige Jahre später beschwor er, gealtert und rückwärts gewandten Geistes, vergangene ›Gesichter und Zeiten‹ in seinen Lebenserinnerungen.

Daß ein Mann wie Harry Graf Kessler den Machthabern des ›Dritten Reiches‹ nicht genehm war, liegt auf der Hand. Im März 1933 hielt er sich in Paris auf; er ist nicht nach Deutschland zurückgekehrt. Still, unauffällig und fast vergessen starb er am 4. Dezember 1937 – und erlebt nun in seinen hier publizierten Tagebüchern eine Art geistiger Auferstehung. Denn diese Tagebücher sind erstaunliche Dokumente eines reichen, stets aktiven, immer souverän bleibenden Geistes. Sie bieten eine Fülle kluger, ernster Beobachtungen und Zustandsschilderungen, eine lange Galerie treffsicher gezeichneter Porträts interessanter, bedeutender Menschen. Und das Intime, das Allzumenschliche des Schreibers? Es kommt selten zu Wort. Kessler scheint wie ein Größerer – Goethe! – nur das Vorletzte, nicht das ›Eigentliche‹ seines Menschentums zu artikulieren. Und doch befinden wir uns auch hier stets ›im Innern‹, im Zentrum eines reichen und fesselnden Menschentums.

Erhalten sind 23 Tagebücher, schmale saffiangebundene Taschenbücher, in die, anfänglich mit Bleistift, später mit Tinte, fast täglich Eintragungen gemacht sind. Gelegentlich sind Zeitungsausschnitte über politische Ereignisse eingeklebt, Visitenkarten, Programme oder Mitgliedskarten beigelegt. Die Aufzeichnungen sollten offensichtlich als Unterlagen für spätere Memoiren dienen. In der vorliegenden Auswahl wurden längere Inhaltsangaben von Reden, Notierungen politischer Ereignisse, in denen Kesslers Einstellung sich nicht spiegelt, und Berichte, die er nur nach dem Hörensagen aufgezeichnet hat, weggelassen. Erhalten blieb, was Kessler selbst beobachtete und woraus seine persönliche Meinung und seine Interessen hervorgehen. Seine zuweilen von der Stimmung des Augenblicks gefärbten Urteile können nur im Zusammenhang mit Ton und Haltung der gesamten Tagebücher richtig verstanden werden.

In den veröffentlichten Texten ist nichts geändert, abgesehen von gelegentlichen Verschreibungen, vor allem von Namen, die – soweit unzweifelhaft – berichtigt wurden. Im Namenregister findet der Leser die wichtigsten in den Tagebüchern genannten Zeitgenossen Kesslers verzeichnet.

Wolfgang Pfeiffer-Belli

REGISTER

Zu dieser Ausgabe

insel taschenbuch 1779: Harry Graf Kessler, Tagebücher. Der Text beruht auf der Ausgabe: Harry Graf Kessler, Tagebücher 1918-1937. Herausgegeben und eingeleitet von Wolfgang Pfeiffer-Belli. Insel Verlag Frankfurt am Main 1961. Für die erstmals 1982 vorgelegte Taschenbuchausgabe wurde der Text durchgesehen und das Vorwort als Nachwort angefügt. Die vorliegende Ausgabe ist ein unveränderter Nachdruck des insel taschenbuches 659. Umschlagabbildung: Edvard Munch, Bildnis Harry Graf Kessler, 1904.

Klassische deutsche Literatur im insel taschenbuch Eine Auswahl

Wilhelm Busch. Gedichte. Ausgewählt von Theo Schlee. Mit Illustrationen von Wilhelm Busch. it 2531. 195 Seiten

Annette von Droste-Hülshoff
- Der Distel mystische Rose. Gedichte und Prosa. Ausgewählt von Werner Fritsch. it 2193. 170 Seiten
- Die Judenbuche. Ein Sittengemälde aus dem gebirgichten Westfalen. Mit einem Nachwort von Christian Begemann. it 2405. 128 Seiten
- Sämtliche Erzählungen. Herausgegeben von Manfred Häckel. it 1521. 234 Seiten
- Sämtliche Gedichte. Nachwort von Ricarda Huch. it 1092. 750 Seiten

Marie von Ebner-Eschenbach. Dorf- und Schloßgeschichten. Ausgewählt und mit einem Nachwort versehen von Joseph Peter Strelka. it 1272. 390 Seiten

Joseph Freiherr von Eichendorff
- Aus dem Leben eines Taugenichts. Mit Illustrationen von Adolf Schrödter und einem Nachwort von Ansgar Hillach. it 202. 154 Seiten
- Gedichte. Mit Zeichnungen von Otto Ubbelohde. Herausgegeben von Traude Dienel. it 255. 163 Seiten
- Gedichte. In chronologischer Folge herausgegeben von Hartwig Schultz. it 1060. 268 Seiten
- Liebesgedichte. Herausgegeben vonWilfried Lutz. it 2591. 280 Seiten
- Novellen und Gedichte. Ausgewählt und eingeleitet von Hermann Hesse. it 360. 325 Seiten

NF 26/1/4.00

Theodor Fontane

- Briefe an Georg Friedlaender. Herausgegeben und mit einem Nachwort von Walter Hettche. Mit einem Essay von Thomas Mann. it 1565. 486 Seiten
- Effi Briest. Mit 21 Lithographien von Max Liebermann. it 138. 354 Seiten
- Ein Leben in Briefen. Ausgewählt und herausgegeben von Otto Drude. it 540. 518 Seiten
- Ein Sommer in London. Mit einem Nachwort von Harald Raykowski. it 1723. 252 Seiten
- Frau Jenny Treibel oder »Wo sich Herz zum Herzen findt«. Roman. Mit einem Nachwort von Richard Brinkmann it 746. 269 Seiten
- Gedichte. Ausgewählt und mit einem Nachwort von Rüdiger Görner. it 2221. 200 Seiten
- Grete Minde. Nach einer altmärkischen Chronik. Mit einem Nachwort von Peter Demetz. it 1157. 154 Seiten
- Meine Kinderjahre. Autobiographischer Roman. Mit einem Nachwort von Otto Drude. Mit Illustrationen und Abbildungen. it 705. 276 Seiten
- Der Stechlin. Mit einem Nachwort von Walter Müller-Seidel. it 152. 504 Seiten

Georg Forster. Reise um die Welt. Herausgegeben und mit einem Nachwort von Gerhard Steiner. it 757. 1039 Seiten

Johann Wolfgang Goethe

- Elegie von Marienbad. it 1250. 128 Seiten
- Erotische Gedichte. Gedichte, Skizzen und Fragmente. Herausgegeben von Andreas Ammer. it 1225. 246 Seiten
- Faust. Urfaust. Faust. Ein Fragment. Faust. Eine Tragödie. Paralleldruck der drei Fassungen. Zwei Bände. Herausgegeben von Werner Keller. it 625. 690 Seiten
- Gedichte. Sämtliche Gedichte in zeitlicher Folge. Herausgegeben von Heinz Nicolai. it 2281. 1264 Seiten

NF 26/2/4.00

- Gedichte in Handschriften. Fünfzig Gedichte Goethes. Ausgewählt und erläutert von Karl Eibl. it 2175. 288 Seiten
- Goethe, unser Zeitgenosse. Über Fremdes und Eigenes. Herausgegeben von Siegfried Unseld. it 1425. 154 Seiten
- Goethe-Lesebuch. Eine repräsentative Auslese aus Werken, Briefen und Dokumenten. Herausgegeben und mit einem Nachwort von Katharina Mommsen. it 1375. 384 Seiten
- Goethe und die Religion. Aus seinen Werken, Briefen, Tagebüchern und Gesprächen. Ausgewählt und herausgegeben von Hans-Joachim Simm. it 2200. 450 Seiten
- Goethe für Gestreßte. Ausgewählt von Walter Hinck. it 2675. 144 Seiten
- Italienische Reise. Mit Zeichnungen des Autors. Herausgegeben und mit einem Nachwort von Christoph Michel. it 2289. 810 Seiten
- Die Kunst des Lebens. Aus seinen Werken, Briefen und Gesprächen zusammengestellt von Katharina Mommsen und Elke Richter. it 2300. 180 Seiten
- Das Leben, es ist gut. Hundert Gedichte. Ausgewählt von Siegfried Unseld. it 2000. 204 Seiten
- Lektüre für Augenblicke. Gedanken aus seinen Büchern, Briefen und Gesprächen. Auswahl und Nachwort von Gerhart Baumann. it 1750. 177 Seiten
- Märchen. Der neue Paris. Die neue Melusine. Das Märchen. Herausgegeben von Katharina Mommsen. it 2287. 232 Seiten
- Maximen und Reflexionen. Text der Ausgabe von 1907 mit der Einleitung Max Heckers, Nachwort Isabella Kuhn. it 200. 370 Seiten
- Novellen. Herausgegeben und mit einem Nachwort von Katharina Mommsen. Mit Zeichnungen von Max Liebermann. it 425. 293 Seiten
- Novelle. Herausgegeben von Peter Höfle. it 2625. 80 Seiten
- Ob ich dich liebe weiß ich nicht. Liebesgedichte. Herausgegeben von Karl Eibl. Großdruck. it 2396. 175 Seiten

NF 26/3/4.00

- Sollst mir ewig Suleika heißen. Briefwechsel mit Marianne und Johann Jakob Willemer. Mit Abbildungen. Herausgegeben von Hans-J. Weitz. it 1475. 568 Seiten
- Verweile doch. 111 Gedichte. Herausgegeben von Marcel Reich-Ranicki. it 1775. 512 Seiten
- West-östlicher Divan. Mit Essays zum »Divan« von Hugo von Hofmannsthal, Oskar Loerke und Karl Krolow. Herausgegeben von Hans-J. Weitz. it 75. 400 Seiten

Der junge Goethe in seiner Zeit. In zwei Bänden und einer CD-ROM. Herausgegeben von Karl Eibl, Fotis Jannidis und Marianne Willems. it 2100. 1479 Seiten

Goethe und die Naturwissenschaften. Bis an die Sterne weit. Bearbeitet von Margit Wyder. Mit einem Essay von Adolf Muschg und Abbildungen. it 2575. 216 Seiten

Goethes Morgenlandfahrten. West-östliche Begegnungen. Herausgegeben von Jochen Golz. it 2600. 320 Seiten

Wilhelm Hauff
- Märchen. Herausgegeben von Bernhard Zeller. Mit Illustrationen von Theodor Weber, Theodor Hosemann und Ludwig Burger. it 216. 325 Seiten
- Das Wirtshaus im Spessart. Eine Erzählung. it 2584. 202 Seiten

Heinrich Heine
- Buch der Lieder. Mit zeitgenössischen Illustrationen und einem Nachwort von E. Galley. it 1957. 322 Seiten
- Sämtliche Gedichte in zeitlicher Folge. Herausgegeben von Klaus Briegleb. it 1963. 917 Seiten

NF 26/4/4.00

Heinrich Heine. Leben und Werk in Daten und Bildern. Herausgegeben von Joseph A. Kruse. it 615. 352 Seiten

Johann Gottfried Herder. Lieder der Liebe. it 2643. 120 Seiten

E. T. A. Hoffmann
- Die Abenteuer der Silvester-Nacht. Mit farbigen Illustrationen von Monika Wurmdobler. it 798. 81 Seiten
- Die Elixiere des Teufels. Mit Illustrationen von Hugo Steiner-Prag. it 304. 349 Seiten
- Der Sandmann. Mit Illustrationen von Hugo Steiner-Prag und einem Nachwort von Jochen Schmidt. it 934. 84 Seiten

Alexander von Humboldt
- Über das Universum. Die Kosmos-Vorträge 1827/28 in der Berliner Singakademie. Herausgegeben von Jürgen Hamel und Klaus-Harro Tiemann. it 1540. 235 Seiten
- Über die Freiheit des Menschen. Auf der Suche nach der Wahrheit. Herausgegeben von Manfred Osten. it 2521. 208 Seiten

Gottfried Keller
- Der grüne Heinrich. Erste Fassung. Mit Zeichnungen Gottfried Kellers. Zwei Bände. it 335. 874 Seiten
- Romeo und Julia auf dem Dorfe. Mit einem Nachwort von Klaus Jeziorkowski. it 756. 139 Seiten

Heinrich von Kleist
- Geschichte meiner Seele. Das Lebenszeugnis der Briefe. Herausgegeben von Helmut Sembdner. it 281. 449 Seiten
- Michael Kohlhaas. Aus einer alten Chronik. Nachwort von Jochen Schmidt. it 1352. 172 Seiten

NF 26/5/4.00

Eduard Mörike. Die schönsten Gedichte. Herausgegeben von Hermann Hesse. Mit Zeichnungen des Autors. it 2540. 220 Seiten

Karl Philipp Moritz
- Anton Reiser. Ein psychologischer Roman. Mit einem Nachwort von Max von Brück. it 2229. 533 Seiten
- Götterlehre. Herausgegeben von Horst Günther. Mit Fotografien. it 2507. 340 Seiten
- Reisen eines Deutschen in England im Jahr 1782. Mit einem Nachwort von Heide Hollmer. it 2641. 200 Seiten

Theodor Storm
- Eine Halligfahrt. Großdruck. it 2387. 80 Seiten
- Der Schimmelreiter. Mit Zeichnungen von Hans Mau und einem Nachwort von Gottfried Honnefelder. Großdruck. it 2318. 180 Seiten

NF 26/6/4.00